# *Esperando não se sabe o quê*

Sobre o ofício de professor

COLEÇÃO Educação: Experiência e Sentido

# Jorge Larrosa

*Esperando não
se sabe o quê*

Sobre o ofício de professor

TRADUÇÃO Cristina Antunes

1ª EDIÇÃO
2ª REIMPRESSÃO

autêntica

Copyright © 2018 Jorge Larrosa
Copyright © 2018 Autêntica Editora

Título original: *Esperando no se sabe qué: sobre el oficio de profesor*

Todos os direitos reservados pela Autêntica Editora. Nenhuma parte desta publicação poderá ser reproduzida, seja por meios mecânicos, eletrônicos, seja via cópia xerográfica, sem a autorização prévia da Editora.

COORDENADORES DA COLEÇÃO
EDUCAÇÃO: EXPERIÊNCIA E SENTIDO
*Jorge Larrosa*
*Walter Kohan*

EDITORAS RESPONSÁVEIS
*Rejane Dias*
*Cecília Martins*

REVISÃO
*Carolina Lins*
*Mariana Faria*

CAPA
*Alberto Bittencourt*

IMAGEM DE CAPA E FOLHA DE ROSTO (RECORTE)
*A lição de ditado*, 1891,
de Demetrio Cosola (1851-1895),
óleo sobre tela, 93x182 cm. Italia, século XIX.
De Agostini / F. Gallino / Getty Images

DIAGRAMAÇÃO
*Guilherme Fagundes*
*Waldênia Alvarenga*

**Dados Internacionais de Catalogação na Publicação (CIP)**
**(Câmara Brasileira do Livro, SP, Brasil)**

Larrosa, Jorge

Esperando não se sabe o quê : sobre o ofício de professor / Jorge Larrosa ; tradução Cristina Antunes. -- 1. ed., 2 reimp. -- Belo Horizonte : Autêntica Editora, 2024. (Coleção Educação: Experiência e Sentido)

Título original: Esperando no se sabe qué: sobre el oficio de profesor.

ISBN 978-85-513-0414-3

1. Educação - Filosofia 2. Educação - Finalidade e objetivos 3. Professores - Formação I. Título. II. Série.

18-17998                                                      CDD-370.1

Índices para catálogo sistemático:
1. Educação : Filosofia 370.1

Iolanda Rodrigues Biode - Bibliotecária - CRB-8/10014

**Belo Horizonte**
Rua Carlos Turner, 420
Silveira . 31140-520
Belo Horizonte . MG
Tel.: (55 31) 3465 4500

**São Paulo**
Av. Paulista, 2.073 . Conjunto Nacional
Horsa I . Salas 404-406 . Bela Vista
01311-940 . São Paulo . SP
Tel.: (55 11) 3034 4468

www.grupoautentica.com.br
SAC: atendimentoleitor@grupoautentica.com.br

# Sumário

9 **APRESENTAÇÃO**

PRIMEIRA PARTE
**DAS MÃOS E DAS MANEIRAS: UM CURSO**

21 **Dos começos e das disposições**
    21 A experiência, o mundo e o ofício
    26 A materialidade da escola
    35 Começar / repetir um curso

39 **Da vocação**
    39 Uma palavra em desuso
    40 As mãos dos padeiros
    44 O trabalho em geral
    46 Pés e mãos atados
    52 Progressos e regressos
    56 Professores com caráter
    60 Os signos do mundo

65 **Das mãos e das maneiras**
    65 Pensar é parecido com fazer um armário
    67 Elogio e nostalgia das mãos
    69 Mãos inteligentes
    73 Os exercícios digitais dos macacos
    75 Mãos felizes
    77 O santo do cuidado
    79 As mãos escolares

99 **Do amor e da fé**
    99 Amor ao mundo
    102 Cartas de amor
    109 Profissão de fé
    112 Credos de professor
    119 O professor sem matéria
    124 Uma fábula sobre abrir mundos

127 **Do espírito artesão**
    127 Filósofos e mestres
    130 Uma correspondência acerca do ofício
    133 Histórias invisíveis
    139 Professores artesãos
    145 Numância e Samarcanda

151 **Do professor de desenho**
    151 Conversas, nascimentos, acompanhamentos e fracassos
    158 Regras, observações, precariedades e exercícios
    162 Dons, encargos, lugares, correções e tédios

171 **Notas**


SEGUNDA PARTE
# DE ELOGIOS E ELEGIAS: UM EXERCÍCIO

191 **Maneiras de dar aula**
    191 O drama da mediação
    194 Eros e Pedagogia
    199 Enquanto houver tempo
    205 Deveres do professor
    214 Maneiras de estudante
    220 Nobreza obriga
    226 O deserto e a praça

229 **Da dificuldade da escola**
    229 O chamado de uma escola em crise
    232 Separações
    239 *Scholé, sabath* e capitalismo cognitivo
    244 A educação expandida
    249 As regras da sala de aula

261 **Da inatualidade de uma arte grega**
    261  Nossos ócios
    268  Nossos retiros
    275  Nossos jogos
    283  Nossos exercícios
    287  Nossas atenções
    293  Nossos estudos
    297  Nossos amores

305 **De refúgios e refugiados**
    305  Enclaves
    308  Tocas
    311  Asilos
    317  Limbos
    322  Sagreras

329 **Elogio da sala de aula**
343 **Notas**

TERCEIRA PARTE
## DE INCIDÊNCIAS E COINCIDÊNCIAS: ALGUMAS CONVERSAS

    360  Da preparação dos cursos e dos concertos
    367  De crianças, escolas e enseadas
    373  Da escola-jardim
    376  Da aula, da celebração e da festa
    380  De liturgias, temores e tremores
    389  De atores e farsantes
    391  De experiências e exercícios
    393  Do tempo de estudar
    395  Da educação popular
    404  De dunas e catedrais
    406  Da rebeldia e do cuidado
    411  Da voz e da letra
    416  Do silêncio
    419  Dos títulos deste livro
    421  Da lição mais bonita do mundo
    423  De um ofício como outro qualquer

| | |
|---|---|
| 425 | Da aprendizagem natural |
| 429 | Dos ofícios legítimos |
| 439 | De aprendizes e estudantes |
| 442 | Da violência atencional |
| 446 | Do estudo e da melancolia |
| 450 | De ações e retrações |
| 456 | De professores silvestres |
| 465 | Da escola e da vida |
| 476 | Da escola e da morte |
| 487 | Do professor como acontecimento |
| 492 | Das verdades que fazem mundo |
| 494 | Da autoridade e da anterioridade |
| 497 | Das obrigações dos professores |
| 498 | De aprovar e de suspender |
| 504 | Dos alguns e dos outros |
| 509 | Das disposições da alma e do dever de começar |
| 512 | Do viajar e do escrever |
| 514 | Da conversa infinita |
| 516 | **Notas** |

# APRESENTAÇÃO

*Permanece pelo menos: a honestidade
de nossos esforços, o trabalho limpo.*
Ludwig Hohl

**1.**
No livro que reúne seu último curso no Collège de France, Roland Barthes diz que nunca fica aborrecido quando as pessoas falam sobre seu ofício, qualquer que seja. Diz também que as pessoas, em vez de falarem sobre o que fazem todos os dias, costumam se limitar a uma "conversa geral", e que os intelectuais têm "ideias" e "posições" e ficam encantados em falar sobre elas, mas falam "como se não tivessem um ofício". Diz, por último que o que pretende abordar em seu curso tem a ver com a experiência humilde e material do ofício de escrever, com o que ele chama de "o ínfimo cotidiano" e "os afazeres", com essas tarefas diárias e insignificantes que Barthes, de mãos dadas com Marcel Proust, remete ao artesanato.[1]

Neste livro não só se lê, se conversa e se escreve sobre o ofício de professor, mas também se mostra o professor (que sou) em seu exercício, ou seja, preparando aulas, dando cursos, dando palestras, lendo e escrevendo, conversando com seus alunos, com seus ouvintes, com seus leitores, consigo mesmo e, em várias ocasiões, com alguns amigos que, como ele, também se esforçam para compreender como é e como fazer isso de ser professor. Além disso, as diferentes vozes que aparecem nessas conversas não se deixam em segundo plano, mas se fazem presentes, muitas vezes em sua literalidade, e por isso não se omitem as contradições, os paradoxos e as diferentes formas de pensar, de dizer e de encarar o ofício com os quais tenho me encontrado.

Por isso o leitor que queira se deparar com uma ideia sobre o que é ou deveria ser um professor, ou uma posição geral sobre o ofício do professor, ficará desapontado. Mas acredito que aquele que se dispuser a acompanhar pacientemente a crônica do que foram alguns dos meus afazeres encontrará momentos que lhe interessem.

**2.**
Como se sabe, em espanhol, como também em francês, há uma distinção entre o mestre (de escola primária) e o professor (universitário, mas também do secundário). No entanto, e talvez devido à influência do inglês, geralmente se fala em formação de

professores ou em formação do professorado. No Brasil, a palavra "professor" é genérica e inclui todos os níveis da educação formal.

Neste livro se parte do significado etimológico de "escola" como *scholé*, como tempo livre, como separação de um espaço-tempo para a aprendizagem e o estudo, e se diz várias vezes que o que teríamos desde a educação infantil até o doutorado seriam "diferentes tipos de escola". Daí que tenha optado também por uma palavra genérica, "professor" (para evitar as conotações iniciáticas que às vezes tem a palavra "mestre"), e o que haveria, desde os estudos primários até os superiores, seriam "diferentes espécies de professor".

Por outro lado, como se verá, há certa oscilação, às vezes não explicitada, entre os momentos em que falo do ofício na primeira pessoa (onde o que está por trás é meu próprio trabalho na universidade) e aqueles em que discorro sobre o ofício "em geral". Além disso, nas diferentes conversas que compõem este livro, se fala com todo tipo de professores. Portanto, embora possa haver diferentes leitores que se sintam especialmente identificados (ou não) em diferentes passagens do livro, acredito que sejam capazes de ver a figura genérica do professor, uma figura que encarna de modos diferentes em circunstâncias diversas e, certamente, em distintas modalidades de escola. Além disso, tentei mostrar o ofício de professor como um ofício milenar, que muda de acordo com as épocas e as funções às quais se atribui, mas muito similar no que se refere à materialidade concreta de seu trabalho e aos gestos básicos que a constituem.

E direi também que não tentei escrever um livro sobre professores para professores (menos ainda um livro espelho). Na verdade, especialmente na primeira parte, figuram padeiros, engraxates, cineastas, cozinheiros, carpinteiros e todo tipo de artesãos falando sobre seu ofício. Nesse sentido, espero que minha maneira de falar sobre o ofício do professor consiga interessar a todos aqueles que, como Barthes, gostam de escutar as pessoas contando o que fazem e pensando sobre isso.

## 3.

A primeira parte do livro ("Das mãos e das maneiras") transcreve um curso de mestrado oferecido em 2016 e dedicado ao ofício de professor a partir do ponto de vista do artesanato. Existem inúmeros livros que transcrevem cursos, mas o que se costuma encontrar é apenas a voz do professor que os ensina, geralmente um autor reconhecido. Aqui, no entanto, o professor não é um autor, mas um leitor que dá a ler e, por isso, se citam, se comentam e se parafraseiam extensamente os textos trabalhados, se anotam as conversas produzidas, se transcrevem alguns dos exercícios dos estudantes e, inclusive, se dá conta das dificuldades, das dúvidas, dos ensaios falidos, dos desacordos e dos caminhos que se ensaiaram e não levaram a lugar algum. O que teríamos aqui seria o retrato de um professor fazendo um curso sobre o ofício de professor.

A segunda parte ("De elogios e elegias") refere-se a um itinerário de estudo (um exercício) que conduz a um elogio muito pessoal da sala de aula como um lugar de leitura, de escrita, de conversa e de pensamento (como lugar de estudo) justo no momento em que tudo isso está desaparecendo. No entanto, o texto não se limita a expor seu resultado, mas trata de mostrar em detalhes todo o processo de preparação ou, se quiserem, de exercitação: tanto os textos que li quanto minhas maneiras de lê-los e de tentar compor, com eles, certo argumento. O que haveria aqui, então, seria o retrato de um professor estudando o ofício de professor ou, talvez, tentando compor um curso (ou uma classe), em que a natureza desse ofício possa não só se fazer presente para os demais mas também, sobretudo, para si mesmo.

A terceira parte ("De incidências e coincidências") consiste em uma série de conversas que ocorreram ao longo de quase quatro meses de cursos e conferências por vários países da América Latina no final de 2017, nos quais o tema era, justamente, o ofício de professor. Poderíamos encontrar aqui o retrato de um professor na saída da classe conversando com outros professores sobre o que significa isso de ser um professor.

Direi também que este livro está intimamente relacionado com outro, uma espécie de dicionário intitulado "P de professor", que é composto por longas conversas com Karen C. Rechia em torno do que foram meus cursos na Universidade de Barcelona, em um semestre de 2015. O dicionário inclui anotações sobre o assunto de cada uma das matérias que ensinei, sobre alguns dos textos e filmes que trabalhei na sala de aula, sobre os exercícios que propus aos estudantes e sobre as diferentes incidências com que me fui encontrando. E também inclui a elaboração de uma série de palavras (e de não palavras) que dizem alguma coisa da maneira como entendo o ofício.

Em qualquer caso, espero que o leitor se interesse não só pelo tema deste livro mas também por seus registros de escrita (para mim todo um desafio que foi, além do mais, muito divertido), e creio, além disso, que será indulgente com as inevitáveis repetições. Já se sabe que os professores, e ainda mais quando são velhos, tendem a se repetir, a contar várias e várias vezes as mesmas histórias, a pôr na boca, repetidamente, as mesmas citações e as mesmas fórmulas. Mas talvez sejam essas repetições (esse voltar novamente aos mesmos assuntos, aos mesmos motivos, às mesmas expressões) as que mais digam dessas maneiras que foram se cristalizando em nós e que, na idade mais avançada, aparecem com perfis mais simples e, talvez, mais nítidos.

## 4.

Gilles Deleuze começa um de seus livros dizendo: "Talvez não se possa apresentar a pergunta 'O que é filosofia?' até tarde, quando chega a velhice e a hora de falar concretamente". Parece então que a pessoa só pode se perguntar em que consiste isso que faz quando já o fez, quando "finalmente se pode dizer: mas o que era isso, o que estive fazendo durante toda a minha vida?".[2] Também neste livro a pergunta sobre o que é isso de ser professor chega a ser uma pergunta tardia, de velho, a que só pude responder concretamente, a partir de minhas próprias maneiras de sê-lo, num momento em que o que tenho feito durante toda a minha vida começa a ser visto como anacrônico, obsoleto, antiquado, ou simplesmente incômodo.

Giorgio Agamben começa um dos textos que compõem *O uso dos corpos* dizendo que "a forma-de-vida não é algo assim como um sujeito que preexiste ao viver e lhe dá substância e realidade. Pelo contrário, é gerada vivendo [...], é apenas uma maneira de ser e de viver". Um pouco adiante, "é no rastro disso no que temos perdido nossa vida onde acaso seja possível reencontrar nossa forma-de-vida".[3]

Poderíamos parafrasear isso dizendo que a-forma-de-ser-professor é gerada sendo professor, em uma determinada maneira-de-ser-professor, de fazer-de-professor ou de viver-uma-vida-de-professor no exercício cotidiano do ofício. Será entendido então que o tema deste livro não seja "o professor", mas "o ofício de professor", que se tentou abordá-lo na proximidade com uma forma de vida e que tudo isso esteja elaborado a partir da maneira como o professor (que sou) converte o ofício de professor no assunto e na matéria dos seus cursos, de seus exercícios, de suas leituras e escritas, de suas conversas ou, em outras palavras, no assunto ou na matéria de seu próprio fazer-de-professor.

## 5.

O título deste livro remete, é claro, a *Esperando Godot*, de Samuel Beckett, mas é extraído de *Barragem contra o Pacífico*, de Marguerite Duras.[4] Nesse romance, se conta a história de uma tarefa impossível. Uma mãe, depois de evitar a corrupção dos oficiais, consegue a concessão de um lote de terra improdutiva em algum lugar do litoral da Indochina. Ela convence os camponeses miseráveis das regiões limítrofes a lhe ajudarem na construção de um dique contra o mar, a fim de secar as terras periodicamente inundadas pela maré. Todos se entregam com entusiasmo ao trabalho exaustivo, assim como à fé e à esperança de poder fazer algo, como se diz em *O mestre ignorante*, "contra o curso natural das coisas". Iam libertar-se, por fim, "de um passado de ilusões e ignorância, e era como se se houvesse descoberto uma nova linguagem, uma nova cultura". Uma vez construídos os diques, transplantaram os brotos de arroz, que cresceram e ficaram verdes, e então "o mar subiu como de costume, disposto a invadir a planície. Os diques não eram sólidos o bastante. Tinham sido roídos pelos caranguejos-anões dos arrozais. Em uma noite, vieram abaixo".

O primeiro título que me ocorreu foi "De diques, marés e caranguejos". A ideia de muro protetor aparece reiteradamente neste livro. Na segunda parte há dois capítulos, "Da inatualidade de uma arte grega" e "De refúgios e refugiados", em que trato de desenvolver a ideia de que a escola sempre esteve concebida como uma espécie de enclave, de abrigo ou de refúgio, de espaço separado, que emancipava as crianças da tutela da família e as liberava do trabalho para que pudessem se dedicar, por algum tempo, a outras coisas. Mas também aparece neste livro a ideia de que esse lugar protegido está sendo arrasado pelo incontrolável tsunami do programa educativo da chamada sociedade do conhecimento, sociedade da informação e sociedade da aprendizagem, essa que alguns preferem chamar de capitalismo cognitivo. Algo disso está desenvolvido no capítulo "Da dificuldade da escola", também na segunda parte, e as brutais consequências dessa "revolução educativa" para o ofício de professor atravessam o livro. Por último, os caranguejos seriam todos aqueles pedagogos que, às vezes com as melhores intenções, contribuem com suas teorias e suas práticas para minar os princípios que a duras penas sustentavam a sempre frágil e ameaçada escola pública e a mantinham relativamente a salvo de ser colonizada tanto pelos pais quanto pelos empresários: "Não há no mundo outra história como a de nossos caranguejos. Havíamos pensado em tudo, exceto nos ditosos caranguejos. Cortamos sua passagem, mas eles tão frescos, aguardando a ocasião, duas pinçadas e, crac!, fora diques. Alguns caranguejos da cor de barro, criados para nós".

A graça dos caranguejos é que eles são da cor do barro e, portanto, se confundem com os diques. Além disso, os caranguejos estão nos troncos do mangue com os quais são construídos os diques (e, por isso, não pensamos neles). Mas é também que eles foram criados, e aí, forçando um pouco a coisa, não é difícil ver a mão das grandes corporações e organizações internacionais.

Porém, a história da invasão implacável das ondas, tanto àqueles diques tão amorosamente construídos quanto às loucas esperanças de seus construtores, continua com um belo diálogo. Os que falam são Joseph e Suzanne, os dois filhos que a mãe também pretendia salvar, com suas barreiras erguidas contra o Pacífico, de um destino incerto e certamente desgraçado.

> – Que fique clara uma coisa – disse Suzanne, – que o que compramos não é terra...
> – É água – falou Joseph.
> – É mar, o Pacífico.
> – Merda é o que é.
> – Uma ideia que não teria ocorrido a ninguém...
> [...]
> – Quando compramos – Joseph continuou –, construímos o bangalô e esperamos que tudo crescesse.
> – Sempre começa crescendo – disse Suzanne.
> – Até que a merda subiu – respondeu Joseph. Levantamos os diques... Já vê... E aqui estamos, como babacas, esperando não se sabe o quê.[5]

Pareceu-me que as últimas palavras do diálogo, esse "esperando não se sabe o quê", disse um pouco do ofício de professor ou, pelo menos, do espírito que o governa, aquela espécie de espera desesperada de que alguma coisa que não se sabe aconteça, aquela ideia de que o professor não busca resultados, mas provoca efeitos, os quais são sempre imprevisíveis e inesperados. Consultei algumas pessoas e, depois de refletir um pouco, decidi que já tinha o título. Ainda que, para que não soe só a derrota inevitável, o farei ressoar com o caráter inflexível da mãe e com sua obsessão, apesar de tudo, por fazer crescer coisas:

> Mesmo após o fracasso dos diques, não passava um dia sem que ela plantasse algo, qualquer coisa que crescesse e desse madeira, frutos ou folhas, ou nada, que crescesse simplesmente. Uns meses atrás, havia plantado um guau. Os guaus demoram cem anos para se tornar árvores [...]. Uma vez plantadas, contemplou o guau chorando e lamentando não poder deixar traços mais úteis de sua passagem pela terra senão a dessa planta de que não veria sequer as primeiras flores.

Joseph lhe arrancou esse guau, disse que não fazia sentido ver todos os dias algo que demoraria tanto para crescer, então a mãe cedeu e se dedicou às bananeiras, mas havia tantas na região que os frutos eram invendáveis. Além disso, "quando não era às plantas, a mãe se dedicava às crianças"[6] que, dado o caráter paupérrimo da região e a corrupção endêmica dos administradores e dos governantes, nasciam e morriam, ante a indiferença de todos, com a mesma regularidade das marés.

Por isso, esse "esperando não se sabe o quê" do título deve ser lido em relação a uma vontade infatigável de recomeçar, de novo e de novo, opondo ao curso natural das coisas essas separações cada vez mais esburacadas que constituem esta invenção bela, justa e boa que ainda chamamos de escola. Uma vontade, por outro lado, cada vez mais difícil de sustentar.

Nessa lógica, não posso senão dedicar este livro a todos os professores e professoras de escolas (e universidades) públicas que, contra o vento e a maré, continuam fazendo bem o seu trabalho (continuam sendo professores) e levantando diques para que o mundo não se desfaça. Esses diques, é claro, nunca serão suficientemente sólidos, mas tentarão, pelo menos por um tempo, que o solo em que crescem as crianças e os jovens não seja completamente tóxico.

## Notas

[1] BARTHES, Roland. *La preparación de la novela*. Buenos Aires: Siglo XXI, 2005, p. 58.

[2] DELEUZE, Gilles. *¿Qué es la filosofía?* Barcelona: Anagrama, 1993, p. 7.

[3] AGAMBEN, Giorgio. Para una ontología del estilo. *El uso de los cuerpos*. Buenos Aires: Adriana Hidalgo, 2017, p. 401, 411.

[4] DURAS, Marguerite. *Un dique contra el Pacífico*. Barcelona: Tusquets, 2008.

[5] p. 46-48.

[6] p. 89-90.

PRIMEIRA PARTE

# DAS MÃOS E DAS MANEIRAS: UM CURSO

*A Germano Fontana e a Maximiliano López
cujas mãos hábeis se encontraram, por um momento,
e pelo intermédio de uma mulher
na Praia do Forte da Ilha do Desterro.*

*A Lucía López e a Daniel Gómez,
pelo encontro das mãos artesãs
e das mãos amorosas em uma conversa
sobre nossas escolhas vitais, em que apareceu,
irremediavelmente, a palavra vocação.*

*Sinto-me enojado, literalmente, pelo trabalho malfeito, indigno.
Através de um trabalho bem-feito, finalmente volto a me unir
aos antepassados e posso me imaginar com eles.*
Peter Handke

*Trabalho bem-feito significa: por fim me resulta totalmente
indiferente como sou. Afinal de contas, sou.*
Peter Handke

Estas primeiras conversas sobre o ofício de professor foram escritas na sequência de um curso de mestrado ministrado em 2017 na Universidade de Barcelona. O curso que durou um trimestre intitulava-se "A pesquisa da experiência educativa: linguagens e saberes", e foi compartilhado com o professor José Contreras. Como todos os cursos, foi organizado em torno de um assunto que o professor propôs para o estudo, o exercício e a conversação. Para isso, ele colocou sobre a mesa uma seleção ordenada de materiais, neste caso alguns textos e filmes (o que seria, em termos clássicos, um dossiê) e uma coleção de exercícios: algumas coisas para ler e algumas instruções para escrever com a esperança de encorajar (na leitura e na escrita) aquela coisa inexprimível que chamamos de pensamento. No entanto, em um curso com essas características, o que importa é a conversa, isto é, o que ocorre na sala de aula em relação à leitura, à escrita e ao pensamento, quando feitos em público. Em um curso, a leitura e a escrita são necessárias simplesmente para poder entrar na conversa. Um curso é um trabalho coletivo, público, feito com os outros e diante de outros, e não há leitura ou escrita que não envolvam a escuta, o comentário, o contágio e o estímulo mútuo. Além disso, como se sabe, qualquer curso que se pro-põe é frequentemente interrompido e desviado pela conversa em si e nunca corresponde exatamente ao que foi pre-visto ou planejado. Portanto, o que o leitor encontrará aqui serão apresentações de textos (que foram a bibliografia e a filmografia do curso), resumos das discussões que surgiram durante o comentário dos textos e dos filmes, transcrições de exercícios (tais como foram elaborados e apresentados pelos alunos) e algumas divagações.

Tudo isso, é claro, não deve ser entendido como um "conteúdo" com pretensão de esgotar um assunto ou como uma "tese" com intenção de fixar uma posição, mas sim como um rastro e efeito do que fizemos e do que aconteceu conosco (do que lemos, escrevemos, pensamos e conversamos). Todo curso é sobre alguma coisa (neste caso, sobre o ofício de professor), mas esse "algo" só pode ocorrer (e ser pensado) enquanto construído e delimitado ao longo do próprio curso e, em geral, indiretamente e a partir de distintas perspectivas (a partir dos diferentes textos que o nomeiam e das diferentes imagens que o mostram). Além disso, o fato de ser construído a partir de um dossiê faz com que um curso suponha ser inserido em uma conversa que já existe. É por isso que um curso não inicia uma conversa, mas sim entra nela, e não a termina, mas sim a continua. Um curso é uma conversa que começa no meio (de uma conversa) e termina no meio (de uma conversa). O que o professor faz é pro-por essa conversa, de-limitando-a de certa forma, colocando sobre a mesa uma série de autores e textos que, como personagens numa peça de teatro, vão com-pondo a conversa, entrando sucessivamente na cena, ex-pondo suas posições e suas respostas, fazendo com que a conversa seja cada vez mais densa e mais polifônica (por isso cada seção é encabeçada pelos nomes dos conversadores que intervieram nela ou, pelo menos, daqueles que deixaram sua impressão na escrita).

Naturalmente, o que o leitor tem em suas mãos não é uma reconstrução mais ou menos fidedigna do curso, e sim um texto escrito antes, durante e após o curso, inspirado pelo curso, pela matéria do curso, pelas conversações do curso, e que contém algo do que foi, algo do que poderia ser, algo que imaginei que fosse e, certamente, algo do que eu gostaria que tivesse sido. Como a narrativa de qualquer história de amor. Em qualquer caso, se isto tiver algum interesse é porque talvez possa servir como material para outras conversas que, sem dúvida, incluirão outros textos, outros filmes, outros exercícios, outras divagações e outros conversadores.

# DOS COMEÇOS E DAS DISPOSIÇÕES

*Sentir uma meta: impaciência;*
*começar um caminho: paciência (e viva emoção).*
Peter Handke

## A experiência, o mundo e o ofício
*(Com José Contreras, Núria Pérez de Lara e Richard Sennett)*

Um curso é algo que se faz (ou que se segue). Mas também é algo que alguém se dispõe a fazer (ou a seguir). Ou, dizendo de outra maneira, para começar (a cursar) um curso é necessária uma certa disposição, é preciso estar disposto a começar. É disso que depende a maneira de começar ou, se preferir, a maneira de seguir em frente. O que o professor faz quando inicia um curso não é apenas pro-por um caminho mas também dis-por uma maneira de começar a andar, de seguir em frente.

A primeira aula foi feita em conjunto pelo professor Contreras e por mim, e a dedicamos a uma primeira aproximação do que seria o assunto do curso. Como ponto de partida, usamos dois textos. O primeiro, que todos os alunos já haviam lido em outra disciplina, foi a introdução de Núria Pérez de Lara e de José Contreras à sua compilação intitulada *Investigar la experiencia educativa* [Investigar a experiência educativa].[1] Levamos em conta cinco motivos para esse texto. O primeiro, a experiência entendida como uma relação com o mundo em que estamos imersos:

> Ter experiência de algo é, em primeiro lugar, estar imerso em eventos ou ações [...] que carregam suas próprias lições, sua própria aprendizagem, seu próprio conhecimento [...], e é condição da experiência estar envolvido em um fazer, em uma prática, estar imerso no mundo que chega a nós, que nos envolve, que nos compromete ou, às vezes, exige de nós ou nos impõe.[2]

O mundo, portanto, é visto como "isso" sobre o que assumimos uma responsabilidade, que nos ocupa ou nos preocupa, que nos importa, que cuidamos. Pensar a experiência não a partir da distinção entre o sujeito e o objeto, mas a partir do estar-no-mundo como primeira unidade existencial. O segundo motivo foi a relação entre experiência, a vida e o corpo. A experiência supõe: "Não só a atenção aos acontecimentos [...] mas sim ao modo em que o vivido vai se entrelaçando com a vida, tornando-se uma vida, formando o sedimento a partir do qual o mundo é olhado, as coisas são compreendidas e a ação é orientada [...]. O corpo é o lugar onde cada história singular é inscrita, onde os sentimentos e os pensamentos se manifestam em batimentos, em palavras, em imagens".[3]

A experiência como o que compõe uma forma de vida; e o conhecimento da experiência como conhecimento corporalizado, incorporado, encarnado. O terceiro motivo foi o conhecimento da experiência como conhecimento prático, derivado de uma relação ativamente comprometida com o mundo. O conhecimento da experiência como: "uma confiança não cognitiva, não discursiva, incorporada na própria atuação[...]. Um conhecimento que alguns educadores possuem, aqueles que reconhecemos como mestres em seu ofício".[4]

A experiência como maestria no ofício; como uma maestria que não se tem apenas como uma capacidade ou um saber-fazer de caráter técnico, como uma ferramenta, mas sim que está incorporada naquilo que é, na maneira própria de cada um de fazer as coisas. O quarto motivo já estava relacionado com o que acontece quando a experiência é colocada a distância (ou quando nos colocamos à distância da experiência) e se torna um motivo de investigação; tinha a ver com a relação entre experiência e pensamento:

> Pensamos porque algo acontece conosco, a partir das coisas que acontecem conosco, a partir do que vivemos, como consequência da nossa relação com o mundo que nos cerca [...]. É a experiência que imprime em nós a necessidade de repensar, de retornar às ideias que tínhamos sobre as coisas, porque o que a experiência nos mostra é exatamente a insuficiência ou a insatisfação do nosso pensamento anterior [...]. O que faz com que a experiência seja assim é isto: que temos de tornar a pensar.[5]

A experiência e a necessidade de pensar (não se pensa porque se quer, mas sim porque algo nos faz pensar) como uma certa interrupção do nosso modo-de-estar-no-mundo, como o que acontece quando um determinado desengate ocorre em nossos modos habituais, costumeiros, de estar-no-mundo. O quinto motivo, também relacionado à investigação, tem a ver com o dizer ou o escrever a experiência:

> Se a experiência procura ser pensada e expressa, a escrita é passagem, ponte, mediação, tradução entre viver e pensar. Procura dar forma ao que não está exatamente em nenhum lugar, a não ser no "entre", no ir e vir [...]. Por isso escrever é fazer experiência, não apenas relatá-la [...]. Precisamos de palavras que sejam con-sonantes com nossa experiência, que ressoem ou se sintonizem nela, ou melhor, que façam com que a nossa experiência possa ser, possa acontecer, porque nos abre dimensões de nossa percepção, de nossa compreensão, para ver algo mais, para entender de outra maneira.[6]

Não se escreve sobre a experiência, mas sim a partir dela. O mundo não é somente algo sobre o que falamos, mas algo a partir de que falamos. É a partir daí, a partir do nosso ser-no-mundo, que temos algo para aprender, algo para dizer, algo para contar, algo para escrever. Além disso, as palavras não apenas representam o mundo, mas também o abrem, não são apenas uma ferramenta, mas também um caminho ou uma força. Ou, ainda de outro modo, a linguagem como o tato mais fino.

O segundo texto que usamos como ponto de partida para o curso (e que discutimos na primeira sessão com os alunos) é a conclusão de *O artífice*, de Richard Sennett,[7] esse livro no qual se pode ler uma dignificação do ser humano no trabalho, um compromisso com as atividades humanas comuns e uma recuperação do espírito do artesanato. Nesse texto, o conceito de experiência está relacionado com a prática do ofício e funciona como algo que as pessoas precisam para trabalhar bem, como uma certa "liberdade a respeito das relações entre meios e fins",[8] ou, em outras palavras, como uma certa separação do que veio a ser chamado de "razão instrumental". Por outro lado, o texto de Sennett também se distancia do subjetivismo que, nessa época narcisista, se apoderou da ideia de experiência. É claro que a experiência supõe certa receptividade, certa sensibilidade, mas isso não significa que "se aninhe no puro processo de sentir".[9] De fato, a ideia de experiência no ofício tem a ver, fundamentalmente, com atenção ao mundo (e com a responsabilidade para com o mundo), com o fazer as coisas bem-feitas, e não apenas, nem principalmente, com a formação ou com a transformação do sujeito. Nesse sentido, o texto de Sennett rejeita explicitamente a palavra "criatividade" (talvez por causa de suas conotações subjetivas, como se fosse uma qualidade do sujeito criativo), embora procure "tratar conjuntamente ofício e arte",[10] isto é, certa qualidade produtiva e certa qualidade expressiva do fazer humano. Outro motivo que destacamos foi o do "orgulho pelo próprio trabalho que se aninha no coração do artesanato como recompensa da habilidade e do compromisso".[11] Finalmente, enfatizamos a insistência em um assunto que nos parece essencial tanto na educação quanto na pesquisa, a questão do tempo, não apenas do tempo livre dos imperativos de eficácia e produtividade, mas também do tempo indefinido, o tempo que não conta e que não é contado, como Sennett o chama. "A lentidão do tempo artesanal que permite o trabalho da reflexão e da imaginação, torna-se impossível quando são sofridas pressões para a rápida obtenção de resultados."[12]

Nessa linha, tanto o professor Contreras quanto eu insistimos em que se dar tempo (muito tempo e um tempo lento, não sujeito a prazos ou à pressa) é condição da possibilidade de uma concepção artesanal tanto da pesquisa como da educação. Se a investigação tem a ver com ler e reler, pensar e repensar, falar e escutar, escrever e reescrever, conversar, entender- se-á que não pode se ajustar à lógica dos prazos e dos *deadlines*. O dar tempo (um tempo à parte da produtividade e da lucratividade) é também, talvez, a operação fundamental que a escola faz, a primeira condição da educação e o gesto básico do professor.

A partir daí, formulamos aqueles que poderiam ser os tópicos do curso: a educação como profissão e a pesquisa como profissão ou, se preferir, o ofício de educar e o ofício de pesquisar. Também: a experiência no ofício, a maestria no ofício, a relação com o mundo e consigo mesmo no ofício, a linguagem do ofício, a aprendizagem do ofício; usar o ponto de vista do ofício como uma maneira de se distanciar de algumas das doxas contemporâneas que têm a ver com a profissionalização, a produtividade, a padronização e a mercantilização tanto da educação quanto da pesquisa.

As perguntas prévias que formulamos se referiam a se o nosso modo de estar no mundo da educação, ou o nosso modo de estar no mundo da pesquisa (ou o nosso modo de estar no mundo da educação como pesquisadores, ou o nosso modo de estar no mundo da pesquisa como educadores), se parece com um ofício. Nesse caso, em que difere do que fazemos e o que acontece conosco se pensarmos nele como o ato de exercer um ofício e não como a atuação de um profissional ou como a intervenção de um experto ou de um especialista.[13] Também como poderia ser definido a maestria em nosso ofício. Ou se exercer nosso ofício implica um modo de vida (e não apenas uma ocupação ou um emprego). Ou qual é a relação com o mundo e com nós mesmos que está envolvida em nosso ofício. Ou como aprendemos nosso ofício. Ou qual é a relação da educação e da pesquisa com certa tradição do ofício. Ou se é possível, no mundo industrial e pós-industrial, relacionar-se com a educação ou com a pesquisa no modo do ofício. Ou se há um pensamento e uma linguagem próprios de nosso ofício ligados aos conhecimentos produzidos e acumulados no exercício, ou se talvez a linguagem da educação (e da pesquisa) já esteja irremediavelmente capturada por formas instrumentais, industriais e pós-industriais de nomear (e pensar) nossa relação com o mundo e com nós mesmos. Ou se há algo assim como uma comunidade do ofício. São essas coisas, digamos, essas perguntas, que estariam no fundo de nossas respectivas partes do curso e das quais gostaríamos de falar.

O professor Contreras anunciou e apresentou o que seria sua parte do curso: uma espécie de oficina narrativa, experimental e experiencial, acompanhada de alguns textos, para tentar captar a natureza da experiência da pesquisa (ou pesquisa como experiência), algo como uma oficina de leitura e de escrita com o objetivo de esclarecer a maneira como cada um se relaciona com a pesquisa.

De minha parte, anunciei minha vontade de começar colocando à prova a velha e quase impronunciável palavra "vocação". Nesse sentido, aproveitei para fazer uma referência ao único lugar no livro de Sennett em que aparece essa palavra, especificamente numa seção intitulada "Vocación: un relato de apoyo", que vem em continuação a uma reflexão sobre os diferentes significados que o fato de construir uma casa teve para o arquiteto Adolf Loos e para o filósofo Ludwig Wittgenstein. Para Wittgenstein, diz Sennett, a casa que construiu para sua irmã foi uma obsessão e um fracasso e, como se sabe, ele nunca mais tentou construir de novo. Para Loos, no entanto, "cada projeto de construção era como um capítulo de sua vida". A partir daí, e seguindo Weber, Sennett refere-se à vocação como uma espécie de "narrativa de apoio" em que se relacionam "a gradual acumulação de conhecimentos e habilidades e a convicção cada vez mais firme de ter como destino fazer na vida precisamente o que se faz". Isto é, a sensação de que "a vida tem sentido". A vocação, diz Sennett, surge de pequenos esforços disciplinados, sem significado aparente, nos quais "se prepara o terreno para a atividade automotivada e sustentada ao longo da vida".[14] Algo cada vez mais difícil em uma sociedade de empregos flexíveis e aleatórios, em que já existe apenas "o impulso para fazer um bom trabalho" e em que se ignora "o desejo das pessoas de dar sentido à sua vida".[15]

Só para abrir a conversa, ou para provocar um pouco, comecei a falar sobre os adolescentes de hoje (este tópico), esses que já entendem a escola como uma obrigação e que já são incapazes de se interessar por outra coisa senão eles mesmos, esses que dizem que estão tão ocupados com as tarefas escolares e extracurriculares (muitas vezes complementares das primeiras) que "não lhes resta mais vida". Eu não sei o que eles devem entender por "vida", embora eu imagine que se refira às coisas de que eles gostam e que lhes interessam e que são geralmente relacionadas com o contemplar o próprio umbigo, com aquela paixão de nossa época que alguns chamam de "onfaloscopia". As ocupações não podem ser entendidas como "vida" (como se a vida estivesse depois do trabalho e consistisse precisamente na suspensão de todas as obrigações e de todas as responsabilidades), e o que se chama "vida" tem a ver com o que produz satisfação, geralmente com as atividades de consumo (como se o mundo, o interesse pelo mundo, não significasse mais nada). Nesse contexto, o do relato do apoio, do sentido da vida, da acumulação de conhecimentos e habilidades para fazer as coisas bem-feitas, do trabalho automotivado, etc., já não faz mais sentido. Os garotos já estão preparados para ser empregados perfeitos do trabalho flexível de nossos dias, esse que requer um sujeito completamente vazio e esvaziado, sem espessura e sem qualidades ou, como diria Sennett, sem caráter, esse que exige indivíduos cuja única ambição "vital" seja o consumo.

O que acontece é que, certamente, a maioria de seus pais e a maioria de seus professores já compartilham esse mundo e essa estrutura mental que supõe coisas tão estranhas como que para estudar é necessário "motivar os garotos" (já incapazes de qualquer interesse pela coisa em si), que em qualquer coisa que façam "têm que ser os protagonistas" e, claro, "encontrar alguma satisfação subjetiva" (como se a coisa mais importante do mundo fosse eles próprios) e que têm que receber algo em troca do que fazem (geralmente um presente comprado) "porque o merecem" (como se já fossem incapazes de fazer qualquer coisa simplesmente porque é sua obrigação). O que eu queria, em suma, era apontar a ideia de que a relação com o que se faz, com o que a pessoa se ocupa (o estudo, no caso dos adolescentes, mas também o ofício) não tem a ver apenas com o eu gosto/não gosto, nem mesmo com uma questão de talentos ou capacidades (me dou bem com isso/não me dou bem com isso), mas também com uma maneira de entender a vida e, talvez, de entender a responsabilidade com o mundo. De fato, as pessoas de outras gerações não entenderiam que a "vida", nesta época desvitalizada, seja algo separado das obrigações, dos vínculos, das responsabilidades e, claro, do que cada um tem como seu trabalho, suas ocupações e suas preocupações.

A partir daí a conversa girou sobre a cisão contemporânea (que geralmente é muito antiga) entre o saber-fazer e o saber-viver ou, em outras palavras, entre as artes da subsistência e as artes da existência. Hoje se trata de submeter a existência ao consumo e a subsistência à produção e, portanto, de tornar impossível qualquer experiência tanto de singularidade como de comunidade. Trata-se também da negação do amor à tarefa e da responsabilidade com o mundo como motivos fundamentais da ação humana (única possibilidade de que as artes-de-fazer não estejam separadas das artes-de-viver) e de sua substituição por recompensas ou estímulos externos, puramente econômicos ou, no máximo, narcisistas (tudo isso do "ser reconhecido" ou do "ser valorizado" como recompensas). Trata-se, em resumo, de separar o trabalho da vida, a entendamos quer como vida singular, quer como vida coletiva.

Muitos estudantes falaram sobre as suas experiências em relação ao que chamaram de "a proletarização dos professores" (uma proletarização disfarçada de "profissionalização" e que agora se converteu em "desqualificação" e em "precarização"). Também discorreram sobre como essa proletarização precária e supostamente profissionalizada envolve inclusive o cancelamento de uma aprendizagem do ofício digno desse nome (no sentido de que tanto o saber-fazer como o saber-viver exigem experiência e, portanto, aprendizagem) e sua substituição por formas de adestramento que não são outra coisa além de treinamento para a aplicação de protocolos uniformes e de metodologias padronizadas, sem dúvida convenientemente avaliados.

Assim foi colocado o assunto.

## A materialidade da escola
*(Com Peter Handke, Beatriz Serrano, Isabel González, Anna Carreras, Caroll Schalscha e Ivan Illich)*

Para pensar a vocação e o ofício de professor é impossível não se referir à escola, à materialidade da escola (entendendo por escola certa forma de reunir sujeitos, saberes, corpos, procedimentos, linguagens e materialidades em um tempo e em um espaço separados, que vão – com diferentes modalidades – desde a educação infantil até a universidade). O ofício é inseparável do lugar onde é exercido (oficina, laboratório, escritório). Para tornar possível a conversação que pretendia para o curso, é preciso trazer à luz o "professor que todos temos dentro de nós" e, portanto, o "amor à escola" que lhe está subjacente. Porque o que ocorre (o que normalmente ocorre em um curso de mestrado) é que esse "professor que temos dentro de nós" e esse "amor à escola" costumam estar escondidos e obscurecidos. Primeiro nos alunos, porque eles já se sentem mais pesquisadores do que professores e porque, em muitos casos, compreendem a sua relação com a escola a partir da crítica e da renovação (quando não, de uma maneira mais burocrática, a partir da avaliação, da gestão e da inovação). E também nos professores enquanto atuam como peritos e especialistas que estão exclusivamente preocupados em iniciar os alunos nos procedimentos padronizados de produção, avaliação e mercantilização do conhecimento.

E isso, a materialidade da escola e, indiretamente, a materialidade do ofício de professor, havia sido o assunto de uma matéria que eu havia dado no semestre anterior e à qual a maioria dos alunos deste curso havia assistido. Para estudar, pensar e discutir a escola, havíamos trabalhado exaustivamente com o livro de Jan Masschelein e Maarten Simons, intitulado *Em defesa da escola: uma questão pública*,[16] na medida em que esse livro estabelece uma definição muito precisa do que constitui "o escolar" (do que faz com que uma escola seja uma escola) e um tratamento muito interessante da figura do professor (como professor "amador") claramente distanciada das retóricas habituais sobre a profissão e o profissionalismo, sobre a eficácia e a rentabilidade. Para personificar a escola e o ofício de professor de uma maneira mais concreta, lemos também o livro de Daniel Pennac (fartamente citado por Masschelein e Simons), intitulado *Mágoas da escola*.[17] Para completar o argumento, sugeri algumas leituras complementares e propus que fossem assistidos alguns filmes, utilizando estes últimos para tratar de "dar a ver" o ordinário e o material da escola.[18]

Com tudo isso, um dos exercícios propostos foi que cada um dos alunos comentasse alguma palavra que tivesse relação com a escola, uma dessas que se referem claramente "ao escolar", mas tentando que a palavra escolhida tivesse uma referência o mais material e concreta possível, e tentando, além disso, escapar de todos os termos que foram introduzidos recentemente no vocabulário pedagógico e que resultam da colonização da linguagem da educação pela economia (palavras como "resultados", "inovação", "qualidade", "gestão", "recursos", "rentabilidade", "aplicabilidade", etc.) ou pela psicologia cognitiva (e aí a palavra nuclear seria "aprendizagem").

Para enquadrar o exercício (para sugerir a relação entre as formas de nomear e as formas de ver, e para sugerir a importância de escolher e cuidar das palavras), usei duas citações de Peter Handke. A primeira: "Linguagens obscurantistas (literalmente enegrecem os olhos)".[19] A segunda: "Produzir o mundo na luz, sim. Mas qual é a luz do mundo? – A linguagem".[20]

De qualquer forma, o que estava envolvido era a construção entre todos os alunos de uma espécie de vocabulário material da escola que fosse, ao mesmo tempo, um vocabulário do ofício do professor. Ou, como diria Handke, um vocabulário que nos permitisse ver a escola, torná-la presente, fazê-la aparecer na luz.

A escola é para o professor o que a padaria é para o padeiro, a cozinha é para o cozinheiro ou o sapato é para o sapateiro: sua oficina, seu laboratório (se entendemos por laboratório o lugar do seu labor), seu ateliê (se entendemos por ateliê o lugar onde ele atua), o lugar onde ele exerce seu ofício, onde mostra suas habilidades e onde estão tanto suas matérias-primas quanto suas ferramentas ou seus artefatos. Da mesma forma que um vocabulário material de carpintaria poderia ser parte do vocabulário do ofício de um carpinteiro, um vocabulário material da escola configura, em parte, o vocabulário do ofício de professor. Além disso, um vocabulário material da escola deveria fazer a escola falar, deveria ser capaz de fazer com que a escola diga alguma coisa sobre o que ela é.

A lista de palavras que os alunos propuseram e elaboraram foi a seguinte: biblioteca, mochila, pátio, abertura, encontro, sala, gesto, imagem, novidade, perspectiva, representação, recreio, desenho, extracurricular, excursão, refeitório, atenção, escrever, ler, silêncio, presente, lento, valores, caderno, campainha, quadro-negro, uniforme, professor, saber, paciência, disciplina, estudante, matéria (de estudo), amor, comum, cotidiano, localização, interesse, professor, relação, fila, classe, amadorismo, liberdade, tempo, encarnação, horário, humanização, poder, público, espaço, aluno, aprendiz, olhar, jogo, carteira, amigos, descontextualização, autonomia, artesanato, alteridade, experiência, reflexividade, esferográfica, esforço, hábito, livro, escola, avental (bata), inclusão, lápis, respeito, emoções.

A partir daí, para re-enquadrar o assunto desse curso (e para estabelecer certa continuidade com a matéria que havia sido cursada anteriormente), propus que os alunos relessem publicamente algumas das palavras que haviam sido elaboradas nessa disciplina que já havíamos feito. Vou transcrever alguns fragmentos das palavras que foram suprimidas.

As duas primeiras (pátio e recreio) são de Beatriz Serrano, graduada em antropologia, colaboradora na Índia, na época do curso professora de espanhol de pessoas solicitantes de asilo, e interessada em espaços educativos entendidos como locais de "suspensão" do conflito.

### PÁTIO

É um espaço livre dentro do espaço separado da escola e liberado, por sua vez, da aula, de uma determinada disciplina, do curso, da matéria, do professor.

Na escola Rafael Alberti, em Badalona (Barcelona), os alunos da segunda série fizeram um pequeno curta para retratar seu pátio. São pouco mais de 3 minutos em que vão se sucedendo fotografias do pátio, sem crianças, a princípio apenas com o som de pássaros de fundo e mais tarde com essa trilha sonora distante e reconhecível de um pátio escolar cheio de meninos brincando. Dá-se a entender assim, apesar de não haver em momento algum pessoas nem movimentos nas imagens, a transição entre o pátio vazio e o pátio cheio. Inabitado e habitado. Quando o pátio é habitado, as salas de aula são desocupadas e vice-versa. Quando se sai para o pátio, corre-se, quando se entra na sala de aula, faz-se fila (não deixa de ser interessante que se "saia" do pátio e que, ao contrário, se "entre" na sala de aula). Ao longo da sucessão de fotos, todas elas, árvores reais ou representadas em desenhos, aparecem inseridas palavras escritas com caligrafia infantil: "jogos", "pássaros", "árvores", "raízes", "céu", "casca", "imaginação". Aqui se entende o espaço do pátio ilustrado a partir da ideia de "árvore" e de muitas coisas que com ela poderiam se relacionar: o céu que a enquadra, o ar "livre" que ajudou limpar, a imaginação despertada quando seus galhos se abrem, as raízes como uma metáfora desse princípio que, talvez, implique a escola, o jogo como uma possibilidade (a árvore pode ser um forte, uma cabana, um mirante), os pássaros como habitantes temporários, a casca como textura árida porém formosa.

Segundo a etimologia (documentos, pelo menos desde o século XII) a palavra "pátio" viria das variantes *patuum*, *patium* e do diminutivo *patulum*, que primeiro se referem a um prado ou lugar para pastar, em seguida a um lugar cercado para pastagem e, por último, a um recinto cercado, aberto ou descoberto, que abunda nos povoados e nas cidades. Isso faz muito sentido se percebermos a importância imperativa que é dada no curta-metragem não tanto para as crianças que fazem uso do pátio, mas para o elemento natural e o construído que o torna propriamente um pátio. Agora, nos pátios, não são os animais que pastam, mas as crianças que correm.

Talvez seja interessante enfatizar que ainda existem outras linhas de separação, visto que dentro do pátio existem ainda outras separações, sejam por gênero, por idade ou por áreas. Na minha escola existia uma dessas separações internas, e o pátio "da educação infantil" estava cercado por cerca metálica verde-garrafa, feia e velha, no canto à esquerda das pistas. Lembro-me de como queríamos fugir, apesar dos esforços das professoras para nos manter em cativeiro, lembro-me de como esse espaço era um pouco maior do que a sala de aula, que os balanços não davam para todos e que os cantos não eram suficientes para montar um forte para brincar. Um dos momentos mais importantes da trajetória escolar foi, sem dúvida, quando pude sair para o pátio dos "maiores".

Outras definições da palavra "pátio" que encontramos por aí, com referência à escola, são: "onde os alunos podem relaxar e se distrair durante os recreios diários". A partir dessa definição, seria interessante destacar a separação entre atenção e distração, entre relaxamento e tensão. Dessa forma o pátio é entendido em contraposição à aula como um lugar onde não necessariamente o estudante é convidado a estar atento e onde não necessariamente é convidado a ficar quieto e em silêncio.

**RECREIO**

Em muitas ocasiões usamos as palavras "pátio" e "recreio" como sinônimos. Segundo a Real Academia Espanhola, o recreio é definido da seguinte forma: "Nos colégios, suspensão da aula para descansar ou brincar". Aqui o pátio aparece como o lugar de um tempo suspenso, como o local para o "recreio" possível quando as aulas são interrompidas. É curioso como, em muitas escolas e para muitos de nós, o recreio não só marcou uma separação em si mesma (como esse parêntese dentro dos parênteses que já envolve o tempo de formação em relação ao mundo social) como também serve ou nos serviu para distribuir mentalmente os espaços temporais cotidianos dos centros educacionais. Em uma entrevista a Joan Domènech, diretor da escola Fructuós Gelabert de Barcelona, este dizia que, apesar de ter rompido com a separação dos horários por materiais, mantinham outra separação: "Distinguimos três grandes momentos: antes do pátio, após o pátio e, depois de comer. Trata-se de organizar a vida na sala de aula em períodos mais longos, que podem ser adaptados a cada atividade que você está realizando".

A palavra "recreio" deriva do verbo recrear ou recrear-se. Etimologicamente, esse verbo vem do latim *recreare*, que, além de significar criar de novo, significa fazer reviver, restabelecer, reanimar, reparar ou vivificar os ânimos ou as forças. Assim, pois, o recreio é tudo aquilo que nos vivifica e reanima, porque nos repara do trabalho, nos diverte e nos deleita.

A linha que marca essa separação pode ser quebrada e aparecer como um castigo. O "não sair para o recreio", a negação desse tempo dentro do tempo, liberado para o jogo, constitui, sem dúvida, uma ameaça cruel e poderosa. Podemos ver um exemplo disso em uma das primeiras cenas de *Os incompreendidos*, quando o protagonista é castigado a não sair para o recreio. "Você não! O recreio não é obrigatório!", grita o professor a Antoine. Os alunos que não vão para o recreio costumam ser os que sempre pagam as brigas, os acusados em primeiro lugar, só por precaução.

O cantor e poeta Antonio Vega acrescenta: "Há neve, há fogo, há desejo, lá onde eu me recreio".

As palavras a seguir são de Isabel González, chilena, professora de matemática, interessada em questões de gênero e igualdade.

## CADERNO

Segundo a Real Academia Espanhola, "pequeno livro ou conjunto de papel em que se mantêm a conta e a razão, ou em que se escrevem algumas notícias, portarias ou instruções", o caderno dá conta do que é feito na escola. A primeira coisa que os pais faziam para ver se a filha ou o filho trabalhavam durante o dia era revisar o caderno, razão pela qual este tornou-se um elemento de controle, já que se associava o fato de não ter nada nele com o fato de não ter aprendido nada, uma vez que, se não havia copiado os conteúdos, era sinônimo de castigo. Os cadernos também serviam como comunicação com a casa, pois quando um aluno não fazia nada, uma nota que devia ser assinada pelos pais era enviada por meio dele, motivo pelo qual, de vez em quando, os cadernos eram violados e algumas folhas eram perdidas no caminho de casa. No caderno também eram enviadas notas de felicitações que, curiosamente, os alunos nunca se esqueciam de mostrar. Ademais, eles também serviam como controle para as autoridades administrativas, pois, se estas os vissem vazios, isso significava que o professor não estava trabalhando o suficiente.

Havia certas tarefas clássicas que eram feitas com os cadernos, como: numerar suas folhas (tanto como uma medida de controle do que era feito, ou deixado de fazer, como também para os alunos cuidarem bem dos cadernos e lhes darem um bom uso), passar a limpo (nos primeiros dias de aula levávamos para a escola um caderno de rascunho em que escrevíamos sobre todos os assuntos, sem distinção, enquanto os horários definitivos das aulas eram ajustados), colocar notas nos exercícios mostrados nos cadernos (para recompensar a perseverança e a dedicação que se havia tido ao longo do ano, além de mostrar o progresso feito; assim, perder um caderno de notas no final do ano era uma das piores punições que poderiam existir, já que era preciso praticamente reescrevê-lo).

A incorporação e massificação de telefones celulares com câmeras fez com que já não seja necessário o clássico "pedir um caderno emprestado" quando se faltasse às aulas ou quando alguém estava atrasado em copiar, já que agora isso pode ser substituído por tirar fotos da lousa e enviá-las via WhatsApp. Também está sendo incorporado, com grande velocidade, o uso de *tablets* ou *laptops*, que está provocando e deixando em desuso o caderno de notas, aquele de onde as coisas não caem, mas são sustentadas.

**QUADRO-NEGRO**

A Revolução Industrial trouxe consigo as famosas lousas verdes ou pretas em alguns casos. A invenção das lousas pintadas de verde é atribuída a um educador escocês chamado James Pillans, que, por sua vez, teria inventado a primeira fórmula para fazer giz, esse material complementar que dá razão de ser ao quadro-negro.

Escrever no quadro-negro é uma das atividades educacionais clássicas por excelência. Quando um professor pedia a um aluno que fosse até a lousa para executar um exercício, esse momento era considerado uma das atividades mais respeitadas, não só porque causava tensão em quem realizava a ação, como também mantinha em suspenso o resto dos alunos que assistiam à cena como um ato de solenidade. Essa ação mantém a ideia de que o que é feito na escola é público porque é o mesmo para todos e também porque todos podem participar. As experiências compartilhadas ajudam a conhecer mais e com maior profundidade os assuntos de estudo em sala de aula.

O quadro-negro é o foco de atenção dos alunos, já que nele não se escreve qualquer coisa, mas apenas se registra o que é importante enfatizar e lembrar. Durante a aula o quadro-negro mantém um caráter único; poderíamos dizer que a lousa está viva, porque permite ir criando, deixando de lado as confecções já feitas, característica fundamental das apresentações de PowerPoint, que impedem a possibilidade de ir variando, dependendo das circunstâncias que se apresentam durante a aula.

Esteticamente, o quadro-negro sofreu algumas mudanças desde a incorporação das lousas de acrílico, e o giz foi substituído por marcadores, mas ele ainda continua sendo a voz do professor na sala de aula.

**PACIÊNCIA**

Sua origem etimológica provém do latim *patientia,* que significa a capacidade de suportar algo sem se alterar, perseverando, como um ato de vontade sustentada em alguma tarefa. Na escola, se qualquer um dos exercícios não é alcançado, ou há um conhecimento que não se adquire, sempre há tempo para fazer as coisas devagar, por ser a escola uma suspensão do tempo produtivo que antigamente era destinado para o trabalho. Na escola há tempo, e muito, para fazer as coisas, por isso é o lugar ideal para se desenvolver a paciência.

Atualmente existe uma obsessão pelo imediatismo, por obter resultados de qualidade com o mínimo de esforço e o mais rápido possível. Em uma era de padrões e de classificações, de capitalismo feroz, em que as tendências das políticas educacionais são guiadas por organismos econômicos como a OCDE e o Banco Mundial, tudo é feito em busca de certezas e garantia de rendimentos e resultados, esquecendo um dos elementos essenciais que identifica a escola: um lugar que dá tempo para que as coisas que aí se realizam sejam feitas "devagar e com boas palavras", como diz o ditado.

Talvez a palavra "paciência" devesse ser acompanhada pela palavra "constância", que vem do latim *constantia* e que significa a qualidade de estar com algo ou alguém sem se mover ou, em outras palavras, perseverar diante de um objetivo ou tarefa, precisamente o oposto do que comumente se passa na escola, por sua baixa tolerância ao fracasso, e onde as tarefas que não surgem na primeira tentativa são comumente abandonadas.

Encontrar a forma e formar-se exige esforço e paciência, e a escola é o espaço e o tempo para levar isso a cabo.

Em seguida, as palavras que leu Anna Carreras, recentemente formada como professora de educação primária, durante alguns anos monitora voluntária em espaços de lazer com crianças pequenas, interessada na co-docência ou na docência compartilhada.

## COMUM

A escola é um lugar público, a sala de aula é um lugar público. O particular se converte no comum, onde qualquer matéria, qualquer coisa, qualquer mundo se abrem e não são propriedade de ninguém, e sim de todos, convertidas em "bem comum". Como dizem Masschelein e Simons: "a escola é uma invenção que transforma todo mundo em um estudante e, nesse sentido, coloca todos na mesma situação inicial. Na escola, o mundo se torna público". É exatamente o oposto da privatização e da domesticação que restringem o "caráter democrático, público e renovador" da escola. A escola é um local público onde o professor coloca algo sobre a mesa, coloca algo no meio (o converte em público) e é a partir de então objeto de estudo para a classe, para todos. A educação é um dispositivo para transmitir mundos e renová-los. A escola representa o mundo, os mundos.

Mas esse "público" se vê ameaçado pelas novas tendências a que o mundo globalizado e o capitalismo nos levam, essa intenção de restringir o caráter público que dá sentido à escola. O capital olha por e para o capital. A escola não pode estar a serviço do capitalismo. A mercantilização da escola supõe a rendição ao capital, convertendo, cada vez mais, tanto os alunos quanto os professores em indivíduos particulares, guiados por seus próprios interesses, pessoas que só procuram o seu bem. Na escola individualizada, cada um deve procurar seu talento, sua motivação, seus interesses, seus desejos.

Transcrevo, por fim, o que apresentou Caroll Schalscha, também chilena, graduada em educação infantil, com mestrado em psicopedagogia, interessada na relação entre a família e a escola e, na época do curso, pesquisadora dos itinerários laborais dos alunos que passaram pelas escolas Montessori.

**45 MINUTOS**

*Alice: Quanto tempo é para sempre?*
*Coelho Branco: Às vezes apenas um segundo.*
Alice no País das Maravilhas

O tempo dentro da escola parecia não ser o mesmo que fora dela. A unidade de tempo para um professor gira em torno de 45 minutos. Em 45 minutos você deve ser capaz de fazer tudo o que planejou. Às vezes esse tempo parece não terminar, enquanto em outras ocasiões parece que se converte em segundos. Quando você começa uma aula, você nunca tem a certeza de como esse tempo vai transcorrer, você só sabe que deve aproveitá-lo ao máximo. Há uma grande diferença entre os 45 minutos de um começo do ano e os 45 minutos de um final de ano. Quando você está no começo, sente que esse tempo é eterno, que você pode "perdê-lo" fazendo outro tipo de atividade na qual você dedica o tempo para conversar com seus alunos e para abordar temas que têm a ver com eles mesmos, com o humano, com o que acontece com eles, você sente que pode responder a todos os tipos de coisas, conversar sobre o que os preocupa, ajudá-los a resolver seus problemas cotidianos, orientá-los em seu desenvolvimento. No entanto, quando o ano está acabando você sente que o tempo está correndo mais rápido e você percebe que não terá tempo para cobrir tudo o que foi imposto que as crianças devem aprender de acordo com seus cursos, você se exige, você exige deles, sente que já não há tempo para essas conversas. Aí começam as recuperações, as avaliações, os relatórios, todos têm pressa, o tempo é curto, o tempo está se esgotando, e você perde aqueles primeiros dias de classe em que sentia que tinha todo o tempo à frente.

Iniciei uma conversa sobre por que algumas palavras tinham sido elaboradas a partir das memórias da escola da infância e não a partir do próprio trabalho como professores, e, depois de algumas intervenções, a conversa se centrou em como a existência de um vocabulário do ofício depende da existência de uma prática compartilhada e de uma comunidade que fala sobre isso, e sobre como a iniciação no exercício de um ofício também envolve iniciação em uma linguagem comum e compartilhada. Girou também sobre os gigantescos dispositivos de homogeneização da linguagem da educação, especialmente sobre a imposição das linguagens dos especialistas globalizados, transmitidas verticalmente por professores, pesquisadores, peritos e especialistas. Visto que o professor não pode deixar de se referir a livros e indicar bibliografias (caso alguém decida seguir o fio) eu lhes falei sobre a ideia das falas vernáculas ligadas a atividades vernáculas e a comunidades vernáculas, essa ideia desenvolvida por Ivan Illich para se referir à passagem da língua aprendida para a língua ensinada, ou seja, a língua que nasce, se desenvolve e se aprende em uma comunidade e em atividades compartilhadas à língua produzida e capitalizada que se ensina em instituições especializadas. Illich diz que:

> O vernáculo se propaga por seu emprego prático; é aprendido de pessoas que pensam o que dizem e que dizem o que pensam ao seu interlocutor no contexto da vida diária. Não acontece assim com a linguagem que se ensina. Neste último caso, aquele de que aprendo não é alguém que me interesse ou a quem não quero, mas um palestrante profissional [...]. A língua que se ensina é a do anunciante que segue o texto de um redator para quem um publicitário transmitiu o que um conselho de administração decidiu que era necessário dizer [...]. Enquanto o vernáculo nasce em mim do comércio entre indivíduos que conversam uns com os outros com toda integridade, a linguagem que se ensina está em sintonia com o alto-falante cuja missão é transmitir unilateralmente um fluxo de palavras.[21]

Ou, em outro texto: "Tive que distinguir entre a fala vernacular, que é adquirida progressivamente pela interação com as pessoas que expressam o que pensam, e a língua materna inculcada, que é adquirida através de pessoas contratadas para falar conosco e por nós".[22]

E ainda mais:

> Assim como a energia era extraída da natureza graças a ferramentas que reforçaram a habilidade das mãos [...], a linguagem era tirada do meio-ambiente cultural graças ao trato com os outros [...]. A fala comum, a vernácula, mas também a língua do comércio e a da oração, a dos ofícios e a da contabilidade, foram adquiridas na vida cotidiana [...]. Ao falar de língua vernácula, quero que a discussão seja direcionada a um modo vernáculo de comportamento e de ação que se estenda a todos os aspectos da vida.[23]

Todos sentimos que não apenas o nosso trabalho havia ficado desvinculado da nossa vida, mas que nos havia sido expropriado o que talvez foi ou tenha podido ser a linguagem de nosso ofício; refletimos sobre como a formação na pesquisa que o mestrado oferecia também supunha certa colonização de nossa língua pelas diferentes linguagens especializadas nas quais éramos progressivamente introduzidos. Também pensamos em como o domínio dessas linguagens especializadas se utiliza como um óbvio privilégio perante os professores ("sem formação" e, portanto, sem o domínio das línguas legítimas e legitimadas) enquanto a língua cotidiana em que tratam de nomear o que fazem e o que acontece com eles fica reduzida e diminuída ao ser entendida como uma língua menor, primitiva, obsoleta e, portanto, inferiorizada.

## Começar / repetir um curso
*(Com Miguel Morey e Peter Handke)*

Encorajado pelos exercícios dos alunos que estou relendo e transcrevendo enquanto redijo este texto (exercícios realizados com a pretensão de que conformaram certo vocabulário do ofício, mas também certa fenomenologia da escola, da materialidade da escola), tive a tentação de também fazer o meu. O resultado é este texto sobre o primeiro dia de aula ou, mais em geral, sobre o que significa isso de "começar um curso". O texto é escrito da perspectiva do professor, do ofício de professor, e diz assim:

O ofício de professor é exercido, ainda, em um tempo cíclico, quase camponês. O tempo deste é um ciclo em que tudo acaba, morre, desaparece, mas também é um tempo em que tudo volta, retorna, recomeça. Semeia-se, cuida-se, colhe-se, volta-se a semear, a cuidar, a colher. Depois da colheita chega o inverno (tempo de passividade, espera, como também de reparação e de preparação: das ferramentas, da terra, das forças) e depois do inverno a primavera volta e tudo recomeça. Cada temporada é a mesma e, ao mesmo tempo, outra (dependendo dos caprichos do clima e das contingências da vida). Uma colheita ruim é uma decepção, às vezes uma tragédia, mas você sempre pode esperar "tempos melhores", e aí deve recomeçar. Uma boa colheita não garante que a próxima também seja assim.

Do ponto de vista do professor (a partir de sua maneira de habitar os ritmos temporais próprios da escola), um curso começa e termina, e outro curso torna a começar. Um curso de cada vez começa e se repete. Como disse Peter Handke: "A repetição tem que dar frutos, tem que causar esforços; tem que ser, por assim dizer (não, sem 'por assim dizer'), uma peregrinação".[24]

Um curso é sempre "mais um curso" e ao mesmo tempo "outro curso". O curso começa novamente, e outra vez de novo, e esse curso que começa será ao mesmo tempo igual e diferente do curso do ano anterior. Em relação ao curso que começa, o professor é ao mesmo tempo um repetidor e um principiante (e nenhuma dessas figuras deve ser privilegiada sobre a outra). Em um curso que começa haverá algumas das rotinas, dos rituais, das maneiras e das manias do professor que serão repetidas, mas isso não significa que você não sinta a euforia, a incerteza e, por que não dizer, esperança de todo começo.

Antes de começar, o professor definiu e preparou o que seu curso será. Já que para o professor um curso é, basicamente, uma série ordenada de leituras (um dossiê) sobre um assunto, ele já decidiu o assunto que quer discutir e já escolheu e sequenciou os textos, embora saiba que essa seleção e essa sequência certamente serão alteradas ao longo do curso. Com efeito, o fato de o dossiê ser alterado será um sinal (um indicador, como se diz agora) de que o curso foi realmente um curso. No início, e a partir da perspectiva do professor, há uma curiosa relação entre repetição e diferença. Para o professor, um curso é sempre uma releitura (ainda que só seja porque já leu os textos que lerá novamente, com seus alunos, durante ele), uma oportunidade de repetição. O privilégio do professor é poder se dar ao luxo de ler novamente, e de novo, curso após curso, os mesmos textos, mesmo que introduza, é claro, algumas variações. Entre um curso e outro, o professor continuou estudando, ou seja, continuou a preparar seus cursos e se preparar para eles e, portanto, o que recomeça não será exatamente o mesmo: sempre há algo em cada curso que é testado e será testado pela primeira vez. Se o professor decide repetir um curso, não é só porque o considera interessante para os alunos mas também porque quer continuar estudando, porque quer ler novamente. Como Peter Handke diz: "Convidado a escolher entre um novo caminho e a repetição de um caminho me decidi pela repetição, e isso foi uma decisão".[25]

De qualquer forma, e sempre a partir do ponto de vista do professor, os textos não são lidos, mas relidos. O professor é, por definição, aquele que já leu, e os alunos os que irão ler. Mas o que o professor espera é que a sua releitura (feita em outro curso, com outras pessoas, em outras circunstâncias) diga, também a ele, algo novo. O professor tem não só o privilégio de reler como o de reler com alunos que leem pela primeira vez. Isso, e apenas isso, já converte repetição em diferença. Mais uma vez Peter Handke diz: "Não ensine. Mas, quando você ensinar, que seja como se, surpreso, você mesmo acabasse de se inteirar disso".[26]

O professor, ao ensinar, ao repetir, também espera a surpresa, o tomar conhecimento de algo.

Após a preparação (o estudo, a leitura) o curso começa e a primeira aula chega. Nesse dia há um estado de ânimo especial, como em todos os começos (um novo amor, um novo ano, um novo verão, um novo livro, um novo amigo, uma nova cidade). Miguel Morey diz isso de uma maneira muito bonita quando compara o começar com o despertar, o início de um novo dia.

> Mesmo agora, depois de tantos anos, cada manhã, ao acordar, muitos ainda repetimos esse gesto de tomar posse do nosso tempo, mudando de alguma maneira as suas leis, redesenhando suas fronteiras – e nós dizemos que, doravante, nunca mais, ou que hoje sim, que finalmente será hoje o dia em que sim, que de hoje não passa. Em certa medida, não importa tanto que no final as horas acabem sendo ordenadas quase como sempre. É o mal que as usuras têm, as inércias, as dívidas que acarretam os tempos que já são muito usados. O que importa é que o gesto permaneça vivo – dizemos dentro de nós, quase como alguém que ressuscita. Vamos viver o dia de hoje vivos, por conta própria. O que importa talvez seja abrir os ouvidos e os olhos, lembrando que, se o dia é novo, é necessário que ele traga algo novo. Mas, se isso que traz o novo dia de hoje é realmente algo novo, será preciso abrir muitos olhos e ouvidos a fim de chegar a perceber em que consiste e de que se trata. Onde está a diferença? Estar atento, ser prudente, não ter medo.[27]

Entretanto o primeiro dia de aula não só tem a emoção da estreia, da primeira vez (embora a obra já tenha sido ensaiada muitas vezes e já a conheçamos de cor). É claro que é o momento dos primeiros olhares, esses que tentam adivinhar como os outros responderão, como reagirão. No primeiro dia de aula, o professor procura alguns olhos mais abertos que o habitual, alguma voz com uma vibração especial, alguns gestos de concordância particularmente enfáticos, algum rosto especialmente expressivo, alguma postura corporal um pouco mais atenta, um pouco mais concentrada. Mas o primeiro dia de aula é também, e sobretudo, o momento em que o professor faz os primeiros gestos dirigidos aos estudantes, isto é, onde age, pela primeira vez, como professor. Esses gestos iniciais têm a ver, penso, com fazer com que isso que vai começar seja "realmente" um curso, e um curso além disso, escolar, algo que vai se dar nas condições particulares da escola. Parafraseando a citação de Peter Handke que coloquei como lema deste "Dos começos e das disposições", o que o professor faz não é anunciar uma meta, mas começar um caminho.

O primeiro gesto do professor tem a ver com uma operação temporal, com a reiteração do modo escolar de dar tempo. Começar um curso é dar-se tempo, dispor de tempo, liberar tempo, criar tempo livre, tempo liberado não apenas da exigência de produtividade e rentabilidade mas também da urgência e da pressa. O primeiro gesto do professor é dar um tempo livre, indefinido e tranquilo. Não só "aqui temos tempo" mas "aqui temos muito tempo, todo o tempo necessário", e "aqui não precisamos nos preocupar com o tempo".

O segundo gesto do professor tem a ver com uma operação espacial, com a reiteração do modo escolar de dar lugar. Começar um curso é dar-se lugar em um espaço público, em um espaço onde as coisas são feitas com os outros e na presença dos outros. O segundo gesto é dar um lugar a todo mundo e, ao mesmo tempo, exigir que esse lugar não seja uma posição, mas sim uma disposição e, acima de tudo, uma exposição. Não apenas "aqui cada um tem um lugar", mas "esse lugar é um lugar de leitura, de escrita, de conversação, talvez de pensamento". O lugar que o professor dá aos alunos (e o que se dá a si mesmo) é "um lugar que obriga", na medida em que ele se dispõe e se expõe a fazer as coisas seriamente. Como Handke diz: "Verbo para a seriedade: 'obriga' (um belo obrigar)".[28]

Finalmente, o terceiro gesto do professor tem a ver com uma operação material, com a reiteração do modo escolar de dar uma matéria de estudo (um assunto sobre o qual se vai ler, escrever, conversar, talvez pensar). O terceiro gesto do professor é colocar algo sobre a mesa e fazê-lo dizendo "isto é para vocês". Handke diz assim: "Amor que se realiza: 'encontrei isto para você'".[29] Um pouco mais adiante: "Trabalhar de tal maneira que depois você possa entrar e dizer: 'tenho algo para vocês'".[30]

Começar um curso é dar uma materialidade para percorrer, uma linha (textual) para seguir ou, se você quiser, um caminho de estudo, de pesquisa. Mas se trata de um estudo (ou de uma pesquisa) em que se tem que estar presente. Nas palavras de Handke: "O estar no caminho, se você está com uma coisa ou um trabalho, isso pode se converter em uma pesquisa, tanto da coisa quanto de você mesmo".[31]

Somente após esses três gestos o professor pode dizer "vamos começar" ou, nas palavras de Peter Handke: "'Dar' começo, expressão adequada".[32]

# DA VOCAÇÃO

*Pensar é para mim: pensar de novo uma velha palavra.*
Peter Handke

## Uma palavra em desuso
*(Com María Zambrano)*

María Zambrano começa um texto muito curto sobre a vocação do professor dizendo que a vocação quase não é inteligível no mundo moderno e que "nem mesmo a própria palavra, 'vocação', pode ser usada".[33] Em vez de vocação, falamos de profissão como equivalente de ocupação ou meio de ganhar a vida. Inclusive a palavra "destino", que é semelhante à "vocação", também a usamos para nos referirmos ao local de trabalho que conseguimos ou que nos foi atribuído. Por outro lado, nesta era de privilégio do sujeito, o chamado da vocação (um chamado que, como veremos, vem do mundo, e talvez tenha a ver com o amor ao mundo, com responsabilidade pelo mundo, ou com o cuidado com o mundo) se dissolveu no que seriam os gostos, as aptidões, as capacidades ou os talentos de uma pessoa. Há anos, na minha universidade, havia uma especialidade chamada "orientação vocacional" que depois foi substituída por "orientação profissional" e que agora, com quase todas as profissões tradicionais desaparecidas (juntamente com a própria ideia de profissão, pelo menos na sua sonoridade tradicional ligada às profissões "liberais", não mercenárias), está sendo, por sua vez, substituída pela lógica do empreendedorismo e do *coaching*, embora a otimização (que palavra mais feia) da relação entre capacidades individuais, o sistema educativo e o mercado de trabalho ainda continuem sendo a questão dominante.

A palavra "vocação" não pertence nem pode pertencer ao nosso mundo, não faz parte da nossa linguagem, mas talvez não fale muito bem nem do nosso mundo nem da nossa linguagem. No momento, diz Zambrano, "não existe um âmbito adequado para que o fato real da vocação e sua essência se deem a conhecer".[34] Ou, um pouco mais adiante, para que possa se fazer visível "o fato humano, humaníssimo, da vocação".[35] Como se o mundo em que a vocação tinha sentido estivesse a anos-luz de distância e houvesse que fazer um esforço enorme para aproximá-lo e torná-lo minimamente inteligível.

Para explorar a vocação e tratar não só de torná-la pensável, mas, acima de tudo de fazer que algo da condição humana seja pensável através dela, Zambrano refere-se, é claro, ao verbo latino *vocare*, chamar. Toda vocação é uma chamada, mas uma chamada "que designa o sujeito que a recebe para qualificá-lo, para inclusive defini-lo".[36] A vocação, portanto, adquire uma entidade na medida em que é ouvida e seguida, na medida em que dá uma entidade ao sujeito que a ouve e que a segue. A vocação é também uma oferenda "do que se faz e do que se é".[37] Por isso a vocação é o que faz com que "a vida se substancialize e se realize",[38] saindo de seu ensimesmamento e vertendo-se no mundo. Uma vida que não encontrou sua vocação seria uma vida "dessubstanciada",[39] solipsista. Por outro lado, Zambrano relaciona a vocação com a dimensão de promessa, de liberdade e de singularidade da vida humana, com essa definição e realização de cada um "que somente a vida irá liberando à luz".[40]

Tomando esse texto como ponto de partida (e usando o caráter já anacrônico da vocação para produzir uma certa distância crítica do presente), vou tentar dar os primeiros passos para uma consideração posterior (que aqui somente apontarei) de dois dos sentidos possíveis da relação entre a vocação e a escola. Em primeiro lugar, a escola como um dos lugares do descobrimento da vocação. Em segundo lugar, da natureza específica da vocação do professor (que é, na realidade, o assunto que está no fundo do texto de María Zambrano). Mas, como tanto a palavra "vocação" quanto a problemática existencial com que se relaciona são quase inatingíveis para nós (também no caso do professor, entendido agora como um profissional que, felizmente, superou a concepção vocacional de seu ofício), não me restará mais remédio a não ser fazer alguns rodeios.

Na verdade, o que pretendia nesse começo do curso era construir certa sonoridade para a palavra "vocação", tratar de lhe restaurar alguma dignidade perdida e sugerir apenas algumas de suas possibilidades para um pensamento da escola (e da educação, e do ofício do professor) que se afaste um pouco das doxas do presente. Ou, dito de outra forma, que é o que as pessoas dizem sobre nós (do que somos e do que acontece conosco, do que já não somos, do que talvez houvéssemos ter podido ser), o fato certo e irreversível de que a palavra "vocação" já seja impronunciável. O que pretendia, portanto, não era recuperar uma palavra morta, mas fazê-la soar por um instante para provar que o seu aparente anacronismo pode ter, talvez, algum efeito intempestivo, ou in-atual, ou extemporâneo. Se você a faz soar, mesmo por um instante, removendo-a do dicionário de palavras mortas e antes de voltar a enterrá-la definitivamente, você pode contribuir para certa des-familiarização ou des-naturalização do presente.

## As mãos dos padeiros
*(Com Vilém Flusser, Richard Sennett e José Luis Pardo)*

Para tentar compreender o que é (ou o que era) a questão da vocação, teremos que voltar aos velhos mundos dos ofícios e dos artesanatos, e teremos que passar pelas mãos e pelas maneiras dos artesãos. Se ver um artesão trabalhar nos fascina, é, de certo modo, porque esses mundos já se afastaram de nós. O que nos impressiona é, precisamente, o caráter marcadamente corporal desse trabalho, a precisão dos gestos, a atenção à matéria, o uso das ferramentas adequadas, a forma como as mãos se movem de tal maneira que quase se diria que elas pensam por si mesmas, tão expressivas que é como se falassem, tão ligeiras que é como se tivessem uma vida própria, ao mesmo tempo ativas e sensíveis, firmes e amorosas, eficazes e obedientes. Fazer bem alguma coisa ainda é considerado como "ter uma boa mão" para algo, mostrar habilidade para algo ainda é considerado como "ter boas maneiras", e descobrir uma vocação é (ou era) descobrir para que nossas mãos são feitas.

Um dos autores que aparecerão mais tarde nessa divagação pelas mãos, Vilém Flusser, diz que passamos de um mundo de coisas (que devia ser manuseado, manipulado) para um mundo de não coisas (intangíveis, isto é, que não podem ser tocadas). Em uma situação desse tipo: "As mãos não têm nada para procurar ou nada para fazer [...], tornaram-se desnecessárias e podem se atrofiar".[41]

A passagem do artesanato para a indústria (da ferramenta para a máquina e da oficina para a fábrica) e desta para a sociedade da informação (da máquina para o aparelho e da fábrica para o escritório) fez com que nós perdêssemos as mãos. Talvez seja por isso que já não podemos intuir o que é (ou era) essa questão da vocação, na medida em que estava ligada a uma espécie de chamada que vinha do mundo (da materialidade do mundo) e que se dirigia às nossas mãos. Da mesma forma, poderíamos dizer que o ofício do professor não é mais um ofício artesanal (ou está deixando de sê-lo) e, talvez por isso, fale-se constantemente dos conhecimentos, das competências, da eficácia ou da qualidade do professor, mas não mais de suas mãos, seus gestos, ou suas maneiras. Talvez seja por isso que se fale sobre sua profissionalização, mas não sobre sua vocação.

A suspeita, no entanto, é que o que existiu é uma gigantesca expropriação. O ofício de professor, como a maioria dos ofícios, tem sido quase completamente desqualificado. Era necessário converter o trabalho do professor, aquilo que agora é chamado de práticas docentes, qual seja a obra de suas mãos e de suas maneiras, em procedimentos estereotipados, objetiváveis e avaliáveis. Seria preciso converter os professores em profissionais intercambiáveis, reduzidos a ser uma função de uma máquina escolar que pretende ser eficaz e, acima de tudo, controlada e controlável. Além disso, para que os expertos e os diferentes especialistas pudessem impor suas metodologias e, em relação a elas, formar e avaliar os professores, era preciso primeiro esvaziá-los de toda singularidade, de qualquer coisa que se remetesse a uma maneira própria de fazer as coisas. Para que se pudesse impor todos esses termos abstratos com os quais hoje se nomeia o que se faz e o que acontece nas escolas, foi preciso eliminar qualquer vestígio de uma língua do ofício que, como tal, estava muito ligada a situações concretas e dificilmente generalizáveis, assim como a uma entonação singular (quando não nos limitamos a impostar comunicativamente jargões especializados e homogeneizados, os seres humanos também têm suas próprias maneiras de falar). Se a linguagem da escola foi colonizada tão rapidamente pela tecnologia, pela psicologia e pela economia, é porque qualquer outra possibilidade foi previamente deslegitimada e destruída.

Não é que tenhamos perdido as mãos, mas sim que nos foram cortadas; não é que tenhamos perdido os gestos (e as maneiras), mas sim que tenham sido ignorados e menosprezados; não é que tenhamos perdido a língua, mas sim que nos ensinaram a falar em uma que não é a nossa. Por essa razão, repensar a vocação através do desvio do artesanato, das mãos e das maneiras, pode talvez servir para reivindicar a dignidade (talvez irremediavelmente perdida) do ofício do professor, para sugerir que se pode pensar (e fazer) de outra maneira ou, pelo menos, para lembrar que talvez o que nos é dado como natural e necessário não seja nada mais do que aquilo que nos foi imposto e que ainda nos é imposto, na maioria das vezes, é claro, com a nossa colaboração entusiasta.

Além disso, a perda de qualquer coisa que se pareça com uma vocação mostra que isso de perguntar às crianças o que elas querem ser quando crescerem já se tornou uma piada cruel. Há um capítulo em *A corrosão do caráter*, de Richard Sennett, intitulado "Ilegível: Por que as formas modernas de trabalho são tão difíceis de entender". O texto conta a transformação do trabalho (e dos trabalhadores) nas padarias de Boston em um período de 25 anos. Em sua primeira visita, os padeiros que Sennett entrevistou eram todos gregos e quase todos filhos de padeiros que haviam trabalhado na mesma fábrica. A padaria "uniu seus empregados, criando neles uma consciência de si mesmos". A preparação do pão "era um exercício coreográfico que exigia anos de treinamento para dar certo". Além disso: "Na padaria a imperava o tumulto; o cheiro de fermento se misturava com o do suor humano em salas quentes; as mãos dos padeiros estavam constantemente imersas em farinha e água; os homens usavam o nariz e os olhos para decidir quando estava pronto o pão. O orgulho do ofício era forte".[42]

Anos mais tarde, no entanto, a padaria se tornou parte de uma enorme cadeia do ramo da alimentação e está trabalhando "segundo os princípios da especialização flexível, usando máquinas complexas e reconfiguráveis". A padaria "já não cheira a suor e é assombrosamente fresca [...] e sob as relaxantes lâmpadas fluorescentes tudo tem uma aparência estranhamente silenciosa". Além disso:

> A padaria informatizada havia mudado profundamente as atividades físicas coreográficas dos trabalhadores. Agora eles não tinham contato físico com os ingredientes nem com os pães, supervisionavam todo o processo em telas usando ícones [...] e poucos padeiros realmente veem as fogaças dos pães que fabricam [...]. O pão se converteu em uma representação na tela [...]. Os padeiros já não sabem como se faz o pão [...]. Os trabalhadores dependem de um programa de computador e, consequentemente, não podem ter um conhecimento prático do ofício. O trabalho já não resulta legível, no sentido de que eles já não entendem mais o que estão fazendo.[43]

Como resultado de tudo isso, um dos trabalhadores diz: "Em casa faço pão sim, porque sou padeiro, mas aqui só pressiono botões". Sennett diz que o que todos os trabalhadores dizem, com uma palavra ou outra, é exatamente isso: "aqui, na verdade, eu não sou um padeiro". Do ponto de vista operacional, abstrato, tecnológico, as coisas estão muito claras, o que cada um faz é simples e fácil, mas do ponto de vista da identidade, o trabalho é completamente ilegível, irreconhecível, incompreensível. Ou, nas palavras de Sennett: "Sua compreensão do trabalho é superficial; sua identidade como trabalhador é frágil".[44]

Podemos traduzir o título do capítulo de Sennett em algo como "por que é tão difícil imaginar o trabalho dos mais velhos". Nas escolas da Espanha há um tema clássico que geralmente é tratado quando as crianças têm entre 10 e 12 anos de idade: "os ofícios". Normalmente, se organiza alguma excursão escolar para as crianças visitarem alguma oficina artesanal (uma padaria, uma ferraria, uma sapataria, uma carpintaria), alguma atividade agrícola (uma granja pouco mecanizada), ou algum lugar especialmente atraente para elas (a sede do corpo de bombeiros, por exemplo, ou uma clínica veterinária para animais de estimação). Além disso, os pais são convidados a irem à escola para explicar em que consiste seu trabalho, embora só possam ir aqueles que têm um trabalho explicável ou reconhecível. Não tenho certeza se um dos padeiros de Boston que apenas aperta botões ou que só vê o pão em uma tela poderia ir à escola de seus filhos.

A maioria dos trabalhos dos pais é ininteligível para as crianças, já que não estão mais associadas a uma materialidade concreta, a um lugar definido, a uma tradição específica ou uma série de gestos específicos e identificáveis. O ato de acompanhar seu pai ao trabalho, de ir com ele para ver o que ele faz e, talvez, de poder ajudar um pouco, já pertence à memória dos velhos. Para as novas gerações isso é quase impossível. O trabalho tornou-se flexível, abstrato, incorpóreo e, portanto, inimaginável. A única coisa que as crianças podem imaginar é se seus pais ganham dinheiro suficiente ou, se elas têm certa sensibilidade, até que ponto retornam felizes (ou destruídos) do seu trabalho.

Essa impossibilidade de imaginar (e, portanto, de entender) o trabalho dos pais também pode ser vista na crescente dificuldade de "brincar de ofícios" As crianças só podem brincar de lojas, de bombeiros, de médicos, de carpinteiros, dos antigos ofícios que ainda estão ligadas a uma materialidade, um lugar, uma gestualidade, uns rituais, uns hábitos, um corpo em suma. Eu não tenho certeza se as crianças ainda brincam de fingir que são professores e alunos, que ainda podem imitar, em uma brincadeira, o que é feito em uma escola.[45] Como diz Sennett, o trabalho tornou-se ilegível e, portanto, inimaginável e inimitável.

Houve um tempo em que se reivindicava um "trabalho digno". Mas o *slogan* de hoje é "por uma ocupação de qualidade". Nessas condições, não podemos nos surpreender quando perguntamos a uma criança "o que quer ser quando crescer" e ela nos responde que quer ser "super-herói", "mafioso", "aparecer na TV", "poder fazer o que gosto" ou "ganhar muito dinheiro". Um dos estudantes disse que a maioria dos jovens de seu país quer ser consultor financeiro, que sentir o chamado do dinheiro não é a mesma coisa que sentir o chamado do mundo, e que se os caras sentem que o trabalho está ligado ao dinheiro é porque não há mais um mundo (o trabalho já não é mais uma forma de estar no mundo, de se relacionar com o mundo). Outro deles disse que seu sobrinho e muitos de seus amigos querem ser *youtubers*, que isso talvez esteja relacionado com que a única coisa que eles fazem que é "ser eles mesmos" e converter "isso que são" em mercadoria, e que isso talvez também tenha a ver como fato de que sua ideia de trabalho já não supõe nenhum interesse no mundo, nem responsabilidade pelo mundo, nem atenção para o mundo, nem cuidado com o mundo.

José Luis Pardo discute a introdução aparentemente bem-intencionada do termo "qualidade" e a refere com a época da avaliação dos serviços públicos por meio de procedimentos de medida quantificáveis, o que permite a fixação de seu "valor" (e de seu preço) e, consequentemente, sua conversão em mercadoria. Diz que:

> Quando por algum motivo funesto, quando os tradicionais direitos a um julgamento justo, a uma moradia digna, a uma educação íntegra ou a um emprego decente (que voltam a ser meros epítetos para designar um julgamento, uma moradia, uma educação ou emprego que sejam verdadeiramente merecedores de tais nomes) são substituídos por justiça de qualidade, moradia de qualidade, educação de qualidade ou emprego de qualidade [...] parece que deveríamos contratar alguns misteriosos "especialistas em qualidade" [...] que traduzam a justiça, a dignidade, a integridade ou a decência a uma coleção de propriedades quantificáveis cuja presença ou ausência possa ser certificada.[46]

Uma escola digna, uma educação digna ou um professor digno é uma escola, uma educação e um professor que merecem o seu nome, isto é, uma escola, uma educação ou um professor "de verdade", que sejam "realmente" escola, "realmente" educação ou "realmente" professor, e não esses simulacros indignos a que somos condenados pelas tabelas e *rankings* de qualidade.

## O trabalho em geral
*(Com José Luis Pardo)*

José Luis Pardo começa um texto sobre o *status* do saber na chamada sociedade da informação (ou do conhecimento, ou da aprendizagem) falando sobre Adam Smith e sua categoria de "trabalho em geral". Por isso, entende-se, diz Pardo: "Não o trabalho desta ou daquela classe, de marcenaria ou de alvenaria, mas simplesmente o puro trabalho, abstração feita de qualquer determinação ou qualificação que pudesse especificá-lo".[47]

Imediatamente Pardo relaciona esse "trabalho em geral" com a proletarização, isto é, com a conversão do artesão ou do camponês em mera "força de trabalho". Então cita Marx em *O Capital*, aquele fragmento em que se diz: "A indiferença a respeito do trabalho determinado corresponde a uma forma de sociedade na qual os indivíduos podem passar facilmente de um trabalho para outro e onde o gênero determinado do trabalho é fortuito e, portanto, indiferente".[48]

A atividade produtiva torna-se assim uma "gelatina de trabalho indiferenciado", isto é, na intercambialidade entre tempo de trabalho e dinheiro. Com isso, o trabalho fica liberado de qualquer conteúdo determinado e adquire "a mesma homogeneidade e vacuidade que o dinheiro". O proletário é um trabalhador desqualificado, alguém que perdeu todas as propriedades que o qualificavam como sapateiro, marceneiro ou carpinteiro e se converte em força de trabalho pura, abstrata, sem qualidades, um trabalhador "em geral", intercambiável, flexível e permanentemente reciclável. Essa desqualificação do trabalho está relacionada à desqualificação da formação para o trabalho:

> O trabalhador flexível de nossos dias é aquele cujo ofício carece de toda delimitação rigorosa: não é sapateiro, nem alfaiate, nem sequer operário de uma cadeia de montagem de automóveis, mas deve ser capaz de fazer qualquer coisa em um período de "formação permanente" que se identifica com a longitude completa de sua vida laboral e ao longo da qual deve estar disposto a se reciclar, se reformar, se redefinir e se reajustar tantas vezes quantas forem necessárias e na medida em que o seja [...]. Daqueles que ocupam esses empregos potenciais e efêmeros seria preciso dizer, portanto, que eles são, na verdade, empregados potenciais, trabalhadores unicamente virtuais, mas não atuais ou reais, permanentemente em formação e, portanto, em irrevogável minoria de idade, incapazes de abandonar a escola.[49]

Ao trabalho em geral corresponde o conhecimento em geral, esse que já não seria conhecimento deste ou de outro, mas um mero desenvolvimento de competências (mais flexíveis o possível, claro) ou, o que é pior, como um mero "aprender a aprender" que nunca termina. Desse ponto de vista, a desqualificação dos saberes concretos, definidos e determinados e sua abstração em competências de aprendizagem que, naturalmente, devem ser formadas e reformadas constantemente, é consistente com "uma mão de obra completamente desqualificada, necessitada de uma permanente requalificação e suficientemente apta – ou seja, suficientemente inepta – para recebê-la".[50]

À gelatina de trabalho indiferenciado corresponde uma gelatina do conhecimento indiferenciado. Nas palavras do próprio Pardo:

> Um empregado fixado a um posto de trabalho, encaixado em um ofício bem determinado ou experiente em um ofício concreto resulta um empecilho para sua empresa e para si mesmo, e a habilidade verdadeiramente competitiva de nosso tempo é a maleabilidade, isto é, a capacidade de mudar de emprego, de profissão, de posto de trabalho, de cidade, de país, de empresa e de setor, uma habilidade que é mais apreciada quanto mais rápido for seu potencial de mutação. Isso explica o aparente paradoxo de que o "conhecimento" que é buscado e apreciado dessa maneira seja exatamente o conhecimento de nada (de nada em particular e tudo em geral), um fluido amorfo capaz de se adaptar a qualquer molde e se modular segundo as condições do mercado.[51]

Poderíamos pensar a partir daqui como os apelos à "qualidade do corpo docente" são inseparáveis da constituição de um "professor em geral", desprovido de mãos e de maneiras, esvaziado de qualquer qualidade que pudesse determiná-lo e singularizá-lo, suscetível de estar em "formação permanente" e, claro, flexível e adaptável. Isto é, um professor sem ofício e sem vocação ou, o que é ainda mais alarmante, um professor cujo ofício e cuja vocação são considerados como um fardo.

Poderíamos pensar também por que a escola das competências e do aprender a aprender, a escola do conhecimento líquido, já não pode ser um dos lugares da descoberta da vocação, isso que poderíamos definir, provisoriamente, como a descoberta do que interessa a cada um (que é o que o chama) e para o que tem habilidades especiais (para que o tem uma boa mão).

Além disso, essa escola das competências, dos resultados de aprendizagem e do aprender a aprender já está preparada para se des-localizar e, no limite, para desaparecer, uma vez que se pode aprender em qualquer lugar e a qualquer hora e, claro, sem professores; tal captura técnico-cognitiva da aprendizagem constitui uma espécie de "aprendizagem em geral" que substitui o "trabalho em geral" como uma força motriz da assim chamada sociedade do conhecimento ou do capitalismo cognitivo. Da mesma maneira que só se pode amar "um ou vários" trabalhos, e sempre concretos e definidos (e não o trabalho em geral, que está condenado a ser feito sem amor e de qualquer maneira), também só se pode amar "um ou vários" assuntos, uma ou várias matérias de estudo, uma ou mais coisas por cuja aprendizagem estamos interessados. Aristóteles dizia que não pode haver ciência do singular. Mas do singular pode haver paixão sim, ou, em outras palavras, só se pode amar o singular e, além disso, de uma determina maneira que só pode ser, também, singular (daí que a aprendizagem em geral também está condenada a se dar sem amor e de qualquer maneira).

Começamos a entender, talvez, que o assunto desse curso não era tanto o ofício de professor, senão sua falta de ofício, e que o que estávamos elaborando nesses primeiros momentos não era tanto a vocação do professor, e sim a sua impossibilidade. De fato, a sensação com os estudantes era que o que começamos a ter em comum (e falar sobre isso e a pensar juntos) não era tanto o nosso ofício (o fato de que somos todos professores) ou nossa vocação (o fato de que todos nós amemos a escola e nos sintamos chamados a trabalhar nela ou para ela), mas o convencimento de que tanto a possibilidade de exercer um ofício quanto de seguir uma vocação (seja isso o que for) já foram irremediavelmente expropriadas.

## Pés e mãos atados
*(Com Maarten Simons e Jan Masschelein)*

Estávamos às voltas com a desqualificação do trabalho quando me ocorreu que seria bom voltar ao livro de Simons e Masschelein que havíamos lido na disciplina anterior, sobretudo aos dois capítulos dedicados ao que eles chamam de "a domesticação do professor".[52] Assim pedi aos alunos que o voltassem a ler (já disse que me agrada essa coisa de reler, de repetir, de recapitular, de voltar uma e outra vez sobre os mesmos textos, os mesmos assuntos, as mesmas perguntas, as mesmas perplexidades) e que eles trouxessem para a próxima aula alguns textos sublinhados que tivessem a ver com que o trabalho de professor apenas possa ser pensado como um ofício e, portanto, apenas pudesse ser praticado a partir da vocação (essa palavra quase impossível).

Eu mesmo, é claro, voltei para esses capítulos e, para minha surpresa e alegria, notei algo que tinha passado por alto. A seção sobre a domesticação do professor começa definindo-o como escravo liberto e, para isso, dá o exemplo de um engenheiro industrial que deixa seu trabalho na empresa para se tornar professor. Lembrei-me então de que no ano anterior, entre os meus alunos desse mesmo mestrado, havia dois deles enfadados, desses desertores do mundo econômico que tinham encontrado na escola uma espécie de refúgio: um professor de desenho que tinha deixado sua promissora carreira como artista (veja a seção intitulada "Do professor de Desenho", neste mesmo livro) e um professor de matemática que havia deixado seu emprego como engenheiro em uma empresa de telecomunicações. Ambos porque não podiam suportar o ambiente mercenário e altamente competitivo de suas ocupações anteriores, o fato de terem que se "vender" constantemente a si mesmos, demonstrando e demonstrando-se repetidas vezes que podiam tornar seu conhecimento algo rentável. O escravo liberto de que falam Simons e Masschelein é alguém que se liberta da submissão a si mesmo e da arte que domina (de sua matéria) a ordem econômica e a ordem social e que encontra no ofício de professor não apenas um tipo da liberdade pessoal mas também, acima de tudo, a sensação de que pode experimentar livremente com sua matéria o próprio ato de apresentá-la às novas gerações (uma versão encarnada desse duplo amor que Hannah Arendt coloca como fundamento da educação – e da escola). Isso, muitas vezes, ao preço de não ser considerado (como tinha acontecido com meus antigos alunos) como um artista ou um engenheiro "de verdade", ao preço também de serem percebidos como incapazes ou fracassados "no mundo real", ou ao preço de se converterem, como dizem Simons e Masschelein, em uma figura sem qualidades, sem *status*, sem um lugar bem definido na ordem econômica ou social.

> O engenheiro transformado em professor não é mais "escravo" da economia, nem da ordem social, nem da esfera familiar [...]. Ele é um tipo de escravo liberado: um liberto. Alguém que se entrega ao seu amor pela técnica (ou, em um sentido geral, a seu amor pela matéria ou pelo mundo). Ele se importa mais com a matéria do que consigo mesmo ou com a ordem social à qual a matéria está subordinada – e que fixa tanto seu uso como seu significado. Ele também se entrega ao seu amor pelas crianças: ele ama os filhos mais do que ama os pais.[53]

O professor não coloca sua matéria a serviço da sociedade, nem da economia, nem da velha geração, mas a libera e, nesse mesmo gesto, se liberta. Digamos que o professor precisa ter as mãos livres para poder exercer seu ofício, para poder fazer o que tem que fazer.

Além disso, não utiliza sua matéria como se fosse um meio ou um instrumento para outra coisa, mas pela maneira como a encarna. O ofício de professor não tem a ver com a aplicação de competências ou procedimentos padronizados com maior ou menor eficácia, mas sim "[...] é uma arte incorporada, encarnada, uma arte que se corresponde com um modo de vida – algo a que poderíamos nos referir como uma 'chamada' ou uma vocação, palavras usadas [...] muitas vezes com uma conotação de surpresa a respeito da irracionalidade (econômica) de certas buscas e opções vitais".[54]

O que acontece é que as mãos livres do professor só podem gerar desconfiança e, nesse sentido, são postas em prática várias estratégias para que o escravo liberto retorne à obediência:

> Esta estratégia consiste em neutralizar ou "profissionalizar" a relação de amor transformando-a em uma relação de obediência (fazendo com que o liberto novamente volte a ser um escravo: funcionário escravo do Estado, crente escravo da religião, doméstico escravo da economia), ou transformando-a em uma relação contratual (convertendo o liberto em um profissional de serviços ou em um empreendedor autoempregado autônomo flexível) [...]. Os professores se tornam "profissionais" que passam a ter posições claras nada ambíguas na ordem social.[55]

A partir daí, decidi começar a aula abrindo uma conversa sobre por que, para nós, a questão é sempre o que é a função do professor, para que serve ou a quem serve, de que ou de quem é um instrumento, porque temos a tendência de vê-lo como uma figura instrumental, servil e funcional, como um encarregado. Para isso pus na mesa a etimologia de serviço e de servidor, a etimologia de função e de funcionário e a etimologia de cargo e de encarregado.

A palavra "servidor" vem de servo, desse *servus* latino que era uma das denominações do escravo e desse *servire* que tinham a ver com o ser escravo de alguém, com estar a serviço de alguém. Não deixa de ser interessante que as palavras "reservar", "preservar" e "conservar" estejam relacionadas a servir. Há uma frase latina, sem dúvida, uma frase feita, comumente usada, recolhida pelo Código de Justiniano, que diz *"servi ex eo appellati sunt, quod imperatores servos vendere, ac per hoc servare, nec occide resolent"*, e poderia ser traduzida assim: "por isso se chamam servos, porque os imperadores os vendem, e é por isso que os conservam (ou os reservam, ou os preservam) e geralmente não os matam".

Ou seja, quando nos fazemos a pergunta de para que servem os professores, ou qual é o serviço fazem, o que realmente estamos nos perguntando, definitivamente, é quem é o dono deles. Sabendo também que o dono, o amo, o senhor, o *dómine*, é o que tem o poder de matar e que, se não o exerce, é simplesmente porque decidiu reservá-los, ou conservá-los ou preservá-los (isso sim, bem dominados, enquanto eles ainda valem para alguma coisa, contanto que seu serviço lhe sirva para algo ou, pelo menos, enquanto eles ainda podem vendê-los).

A palavra "função", por sua vez, vem de *functio*, formado a partir de *functus*, que é o supino do verbo *fungi*, que se traduz por cumprir ou satisfazer e, por extensão, por desempenhar um emprego, um cargo ou uma função. Não deixa de ser curioso, em primeiro lugar, que a palavra "falecimento" [*defunción*] seja etimologicamente aparentada com "função" (o falecido [*difunto*] seria o que já não cumpre sua função, o que já não funciona mais) e, em segundo lugar, ela também está relacionada com "fungível", como a expressão "material fungível", ou seja, tudo aquilo que se pode consumir, o que se pode gastar, e que se consume e se esgota ou se acaba em sua própria função, que desaparece em sua própria função. De modo que poderíamos dizer, talvez forçando um pouco as coisas, que, se o servo é conservado é porque funciona, isto é, porque se funde ou se confunde com sua própria função. Ou, colocando de outra forma, que servir e funcionar são a mesma coisa, que se alguém não serve é morto, e se alguém não funciona, se converte em defunto.

Assim, quando a escola se converte em um instrumento, o professor se converte em um servidor, em um funcionário, em um empregado, em um prestador de serviços, em um produtor, em alguém cuja função é servir àqueles que definem as políticas educativas, aos que dizem, em cada caso, qual é a sua função e quem são, fundamentalmente (e sem entrar em detalhes), os empresários, os representantes da economia, aqueles que entendem a educação como uma inversão, a escola como uma empresa e o professor como um encarregado ou um mandado.

A palavra "cargo" vem do verbo latino *carricare*, que significa acumular ou transportar coisas em um carro. Palavras como "carreira", "estrada" ou "pista" estão relacionadas à palavra "carro", *carus*. Além disso, o dicionário da Real Academia Espanhola diz que cargo é a ação de carregar coisas seja nas costas ou em qualquer veículo, e que, por extensão, se aplica a um emprego, uma profissão, a um trabalho ou a uma pessoa que desempenha uma certa função. Finalmente, a palavra "cargo" também tem um uso jurídico relacionado ao crime que é imputado a uma pessoa (daí que, em julgamentos, se fale das acusações como cargos e das defesas como descargos). Por outro lado, a palavra "encargo" tem a ver com a passagem de alguma coisa (de alguma carga, de alguma função, de alguma missão ou de algum mandato) de uma mão para outra, de uma pessoa para outra, de um carro para outro.

Por outro lado, a palavra "mandato" vem do latim *mandare*, uma palavra formada por *manus* (mão) e *dare* (dar, ou entregar) que alude a algo que alguém (um mandatário) dava a outro (um mandado) na mão para que o guardasse (o mantivesse) ou para que o transmitisse a terceiros.

Não deixa de ser interessante que a palavra "missão" tenha a ver com mandato e com encargo. Missão vem do verbo latino *mittere* que significa enviar. Um missionário é um enviado, um emissário, mas um enviado ou um comissionado com uma missiva, isto é, com uma tarefa, um mandato, um encargo. Daí que missão também significa encargo, e que demitir seja descarregar-se de uma missão, de uma tarefa ou de um mandato. Além disso, esse *mittere* latino aparece em palavras tão interessantes quanto "admitir", "omitir", "emitir", "transmitir" e também "prometer", "submeter" ou "cometer".

Assim, depois de brincar um pouco com a oposição entre o liberto e o escravo colocando-a em relação a todas aquelas operações que têm como ponto de partida a questão sobre qual é o serviço, ou a função, ou o encargo, ou o mandato, ou a missão do professor (uma pergunta sempre formulada a partir da perspectiva do amo), já podíamos estar em condições de fazer soar na sala de aula os destaques que os alunos haviam feito na seção sobre a domesticação do professor do livro de Simons e Masschelein. Enquanto estávamos lendo e comentando sobre esses sublinhados, alguém ordenou as operações destinadas a acabar com as mãos livres do professor em seis divisões. Chamaremos a primeira de "a corda do conhecimento especializado", que consiste em amarrar as mãos (e impedir as maneiras) do professor através de:

> Substituir a assim chamada sabedoria da experiência do professor pelo saber experto [...]. O professor ideal [...] é alguém cuja perícia se baseia em um conhecimento validado e confiável [...]. Esta base é construída sobre teorias, modelos e métodos cientificamente comprovados [...]. Escondido atrás do rótulo de "científico" está o suposto critério de que "funciona", e frequentemente envolve a aplicação de conhecimentos que que "demonstraram" cumprir (melhor) determinados objetivos.

A segunda divisão, chamamos de "a corda das competências", e a relacionamos com amarrar as mãos (e impedir as maneiras) do professor mediante:

> Os perfis profissionais elaborados pelos governos e as listas com competências básicas que são esperadas dos professores iniciantes [...]. As competências são uma tradução de todos os elementos considerados necessários num ambiente de trabalho – neste caso a escola como local de trabalho para os professores – que devem estar presentes para implementar as tarefas e funções requeridas [...].

Na terceira divisão, colocamos o título de "a corda da prestação de contas", essa que se ampara no significativo vazio da "qualidade", que geralmente é acompanhado por um corpo de supervisores e avaliadores de todas as camadas (com o correspondente crescimento desmesurado das tarefas burocráticas), fazedores compulsivos e de pontuações e de classificações, e que envolve atar as mãos (e impedir as maneiras) do professor através de: "Uma cultura da contabilização [...], uma necessidade de dar conta dos indicadores de qualidade predefinidos".

A quarta divisão foi intitulada de "a corda da flexibilização" e tem a ver com atar as mãos (e impedir as maneiras) do professor através da constituição de: "Um professor flexível [...] que pode se dedicar a qualquer coisa [...] para quem a escola é um local de trabalho como outro qualquer [...], um professor multifuncional e polivalente [...] que não está mais ancorado em um único local, ou a quem se exige renunciar aos vínculos (com a uma escola, com uma matéria)".

A quinta divisão tinha o nome de "a corda da padronização" e consiste em amarrar as mãos (e impedir as maneiras) do professor através da constituição: "De um marco padronizado que permite disponibilidade e a mobilidade; um marco em que tudo e todos são intercambiáveis e estão interligados, que tem a mesma unidade de medida e que utiliza a mesma linguagem".

Finalmente, a sexta divisão que chamamos de "a corda do incentivo" e a relacionamos com as estratégias orientadas a atar as mãos (e impedir as maneiras) do professor, fazendo dele um personagem interessado e calculista, supostamente incapaz de fazer qualquer coisa simplesmente porque é sua obrigação, porque é seu ofício, ou pelo pudor de fazer bem as coisas: "O ponto de partida tende a considerar o professor como um ser calculista que só faz um esforço extra se houver 'incentivos' pelo meio [...]. A suposição é que os professores atuem fundamentalmente em seus próprios interesses e realizem análises de custo-benefício antes de decidirem agir".[56]

A conversa girou em torno de como a cultura econômico-empresarial devastou a escola e, portanto, o ofício de professor. Ela também versou sobre a relação entre a obsessão pelo controle e a implementação de uma espécie de política de desconfiança, essa que pressupõe que os professores devem ser vigiados (avaliados) para fazer (bem) seu trabalho. Também tinha a ver com aquela ideia infame e indigna que supõe que os professores só farão (bem) o seu trabalho se forem recompensados, incentivados ou estimulados adequadamente. Como a aula tinha ido de etimologias, aproveitei a oportunidade para dizer que a palavra "estímulo" em latim significa "ferroada" e, por extensão, "espora" (comentários adicionais não foram necessários).

Decidimos terminar o exercício escrevendo na lousa uma espécie de grito de guerra dirigido a especialistas, expertos, políticos, supervisores e avaliadores (que não são outra coisa que mandados dos políticos e dos empresários, que são na realidade os mandatários) que dizia:

*TIREM AS MÃOS DE CIMA DE NÓS.*

Nessa mesma noite não pude resistir a enviar aos alunos algumas das declarações de uma das ladainhas que havíamos preparado em Florianópolis (Brasil), há alguns meses, em um exercício coletivo intitulado "Projetar a escola".[57] Por exemplo:

> Da educação pela cidadania, livrai-nos, senhor. Do empreendedorismo, livrai-nos, senhor. Do livro didático, livrai-nos, senhor. Dos programas escolares, livrai-nos, senhor. Das competências básicas, livrai-nos, senhor. Do aprender a aprender, livrai-nos, senhor. Da motivação, livrai-nos, senhor. Da performatividade, livrai-nos, senhor. Da edu-comunicação, livrai-nos, senhor. Dos ismos pedagógicos, livrai-nos, senhor. Da educação emocional, livrai-nos, senhor. Da interatividade, livrai-nos, senhor. Da educação pela democracia, livrai-nos, senhor. Das coordenações pedagógicas, livrai-nos, senhor. Do imperativo da produção, livrai-nos, senhor. Da aula-show, livrai-nos, senhor. Do professor comunicador, livrai-nos, senhor. Da cibercultura, livrai-nos, senhor.

Da aprendizagem significativa, livrai-nos, senhor. De Jacques Delors, livrai-nos, senhor. Da formação continuada, livrai-nos, senhor. Da escola sem partido, livrai-nos, senhor. Dos modismos educacionais, livrai-nos, senhor. Do entulho tecnológico, livrai-nos, senhor. Dos livros de autoajuda e das palestras motivacionais, livrai-nos, senhor. Dos pais na escola, livrai-nos, senhor. Dos alunos clientes, livrai-nos, senhor. Da escola que gera lucro, livrai-nos, senhor. Dos materiais online, livrai-nos, senhor. Do celular escondido atrás do livro, livrai-nos, senhor. Do medo de perguntar se alguém leu o texto, livrai-nos, senhor. Do "é uma questão de opinião", livrai-nos, senhor. Mas se forem teus desígnios... dê-nos forças para suportá-los e armas para combatê-los. Amém.

## Progressos e regressos
*(Com Walter Benjamin e Richard Sennett)*

Comecei a aula inquirindo se havia alguma pergunta ou alguma consideração a respeito do que tínhamos falado sobre a impossibilidade de vocação, a desqualificação do trabalho e as mãos atadas do professor, e alguns dos estudantes expuseram suas objeções. Disseram que tanto o uso do motivo da vocação (essa palavra em desuso) quanto o itinerário pelo mundo dos ofícios e do artesanato construíam implicitamente um relato um tanto trapaceiro montado sobre o esquema "o que era antes/o que é agora" e em que é quase inevitável incorrer, como parecia que eu tinha feito, em certa idealização do passado. Talvez, disseram, o professor nunca foi um artesão e, além disso, teria que contextualizar esse relato demasiado simplista em uma história do ofício que não podia ser separada de uma história da escola e, sem dúvida, de suas condições sociais. Por outro lado, tanto o esquema do escravo liberto como o do professor domesticado implicam um relato de emancipação (no primeiro caso) e um relato de adestramento (no segundo) que também funcionam de um modo tácito a partir de um antes e um depois. Como se houvesse (antes) uma submissão da educação à ordem familiar e econômica, para ser (depois) um gesto de liberação que torna possível a escola. Como se houvesse (antes) um professor artesão, vocacional, amoroso e com as mãos livres que é domesticado por diferentes estratégias de padronização e de controle para se converter (depois) em um profissional de pés e mãos atados.

O relato implícito à aproximação que estávamos fazendo (um relato, além disso, altamente dicotômico) torna difícil identificar a qual professor estamos nos referindo quando usamos umas ou outras categorias. Além disso, esse esquema é cego para os aspectos "escravizantes" da (antiga) constituição do ofício de professor, da mesma maneira que é insensível aos aspectos "libertadores" das (novas) formas de habitá-lo. Não só, talvez, o professor nunca foi artesão como tampouco, talvez, os ofícios artesãos eram o que estamos assumindo que eram. Além disso, disseram eles, essa história de "mãos livres" *versus* "mãos atadas" leva a que a conversa se encaminhe quase inevitavelmente a pensar em que se pode fazer para nos liberarmos, como professores, das cordas que matam o amor e fazem do professor amador um servidor ou um encarregado. Essa conversa se converteria, quase automaticamente, na de que fazer para encontrar uma forma "própria", pessoal, de exercer o ofício, uma forma que parta das próprias ideias, das próprias posições, das convicções ou da própria experiência, "liberando-se" assim de umas constrições que, por definição, sempre vêm de fora.

Reconheci e agradeci as objeções e tentei situar novamente o assunto do curso. Insisti que não se tratava de fazer história ou sociologia dos professores, que tampouco se tratava de analisar e avaliar "modelos de professores" (tudo isso do professor normativo, do professor técnico, do professor reflexivo, do professor dialógico, do professor crítico, etc.), mas sim que o assunto era ver o que acontece quando se considera o fazer dos professores desde o ponto de vista do ofício. Ou, para colocar de outra forma, de provar se isso de considerar o que o professor faz "como se" fosse um ofício, e de olhar para ele da perspectiva os ofícios artesanais, poderia dar a pensar (ou não) algo interessante. Além disso, insisti, minha ideia não era construir um novo modelo (o de professor vocacional, o de professor artesão) para adicionar aos existentes.

Afirmei então que o assunto do curso era, sim, o ofício de professor, que minha proposta era desenvolver essa ideia percorrendo os ofícios artesanais, mas isso não significaria necessariamente afirmar que o trabalho dos professores é um ofício (como o dos carpinteiros ou dos padeiros) ou que alguma vez o foi. Do que se tratava, pelo menos no que tínhamos feito até esse momento, era experimentar a força desse "como se". Nesse sentido, disse que o que eu estava propondo era uma espécie de exercício de pensamento, que eu mesmo não sabia onde esse exercício poderia parar e que, é claro, em algum momento, tanto eles como eu poderíamos ter a impressão de estarmos errados, não só por estarmos andando por caminhos que não levam a lugar nenhum, mas, acima de tudo, por estarmos andando por caminhos que não oferecem nada de interessante para ver, para conversar ou para pensar. Disse que o exercício que lhes propunha partia da suposição de que lidar com o ofício de professor (e não, por exemplo, com a "tarefa docente") também nos permitiria lidar com a linguagem, com as ferramentas, o lugar e os gestos do professor "como se" fossem as linguagens, ferramentas, lugares e gestos de um ofício; e, acima de tudo, que nos permitiria tentar ver o professor trabalhando. Em qualquer caso, nem sucessão nem alternativa: nem um relato do tipo "antes e depois", nem uma alternativa do tipo "isto ou aquilo". A proposta tinha a ver com tentar provar se o ponto de vista do ofício nos colocava em um bom lugar para ver e pensar algo que "faria a diferença" e nos daria uma boa distância para falar sobre o que somos, o que fazemos e o que acontece quando atuamos como professores.

Nesse sentido, a introdução da palavra "vocação" (essa palavra em desuso) não necessariamente tem a ver com a construção de uma história de acordo com um antes e depois (do professor vocacional ao professor profissional) para fazer com relação a ela uma lista de ganhos e perdas, mas que tem a ver com provocar um efeito intempestivo ou inatual que, na aula, elaborei no estilo benjaminiano, esse que tenta procurar no passado não algo que tenha sido superado mas algo que tenha sido destruído, vencido, humilhado ou descartado. Não para sugerir sua reintegração, mas para ver de que modo pode nos ajudar a identificar duas coisas: a primeira, quais poderiam ser as possibilidades não realizadas do passado; a segunda, quais são as forças destrutivas do presente. A citação que usei (e que li de uma maneira um pouco distorcida, elidindo seus motivos políticos e teológicos), é bem conhecida:

> Articular historicamente o passado não significa conhecê-lo "como realmente foi". Significa apropriar-se de uma lembrança tal como esta relampagueia em um instante de perigo [...]. Em cada época é necessário esforçar-se para erradicar a tradição ao conformismo que está a ponto de subjugá-la [...]. Só tem direito de acender no passado a centelha de esperança aquele historiador trespassado pela ideia de que nem mesmo os mortos estarão a salvo do inimigo se ele vencer. Esse inimigo não deixou de vencer.[58]

Contextualizei e comentei um pouco essa citação, tentando situar o que havíamos lido (o que Zambrano, Sennett ou Pardo diziam ou sugeriam do passado) como se fosse uma memória que poderíamos, talvez, possuir. Apesar de não saber "o que realmente foi", mas para poder pensar melhor sobre o que acontece conosco, quais são os perigos que nos ameaçam e também, é claro, para que o relato dos vencedores (daqueles que pensam em termos de avanços, progressos ou superações) não seja o único relato. Algo como usar uma determinada imagem do passado (e do passado vencido) como crítica do presente e talvez como a abertura de um possível que não seja só o dos que já sabem até onde o futuro vai.

Passei em seguida para a segunda das objeções, para a questão de como pensar "a libertação dos laços". Disse que, se pensarmos no ofício, essa "libertação do professor" não pode ser vista como uma "libertação pessoal" ou como uma libertação "que vem da pessoa" (de suas ideias, de suas posições, de sua experiência), mas como algo que tem a ver com o amor ao ofício com lealdade ao ofício, com esse desejo de "fazer as coisas direito" que, de acordo com Sennett, é a fonte de todos os artesanatos. Ou, dito de outra forma, não se trata de pensar que seria um "professor livre", mas que seria um professor que faz de um modo livre e com as suas próprias maneiras "o que deve fazer", ou seja, o que já está dado nas tradições e nas regras de seu ofício e que ele deve, simplesmente, interpretar e incorporar.

Nesse contexto, concluí que seria bom colocar na mesa a maneira como Sennett enquadra seu trabalho e ler algumas citações não da conclusão de *O artífice* (que havíamos discutido na primeira aula), mas da introdução. A primeira citação insistia que o artesanato não se refere ao que era, e sim ao que continua sendo, mas talvez esteja oculto e deva ser revelado: "É possível que o termo 'artesanato' sugira um modo de vida que enfraqueceu com o advento da sociedade industrial, mas isso é enganoso. 'Artesanato' significa um impulso humano duradouro e básico, o desejo de fazer uma tarefa bem, sem mais delongas".

A segunda citação, também muito breve, refere-se à variedade de ocupações que podem ser pensadas a partir do artesanato: "O artesanato abarca uma faixa muito mais ampla do que aquela correspondente ao trabalho manual especializado. Efetivamente é aplicável ao programador de computador, ao médico e ao artista".

A terceira, com apenas duas linhas, tem a ver com os obstáculos que se opõem ao que poderíamos chamar de "o espírito artesão" e que não são necessariamente de agora: "No entanto, muitas vezes as condições sociais e econômicas se interpõem no caminho da disciplina e comprometimento do artesão".

A quarta citação, em relação ao caráter objetivo ou subjetivo do ofício: "O artesanato se centra em padrões objetivos, na coisa em si".[59]

Por último:

> O modo de trabalhar do artesão pode servir para se ancorar na realidade material. A história traçou falsas linhas divisórias entre prática e teoria, técnica e expressão, artesão e artista, produtor e usuário; a sociedade moderna sofre dessa herança histórica. Mas o passado do artesanato e dos artesãos também sugere maneiras de usar ferramentas, organizar movimentos corporais e refletir sobre os materiais, que continuam sendo propostas alternativas viáveis sobre como conduzir a vida com habilidade.[60]

Quase para terminar, pedi aos alunos um pouco de confiança, um pouco de paciência, e lhes disse que esperava que tudo isso ia ser mais claro quando trabalhássemos com exemplos concretos, quando víssemos em ação carpinteiros, músicos, cozinheiros, sapateiros ou cineastas artesãos; que seria então quando poderíamos pensar se a sua maneira de entender e de praticar seu ofício é capaz de nos dizer algo interessante sobre o que é isso de agir como professor; e que, talvez, então, com base em seus exemplos rigorosos, pudéssemos continuar pensando nas mãos livres e nas mãos atadas. Na verdade, insisti, um curso é o desdobramento no tempo de um assunto, alguns textos e alguns exercícios; algo que é seguido, algo em que as coisas não acontecem todas de uma só vez, mas vêm, como no texto escrito, alinhadas, uma após a outra; portanto, esperava que essas objeções que eu havia levantado pudessem ser ajustadas ou modificadas mais tarde.

Como uma das garotas havia dito que tanto a leitura dos textos quanto a conversa em sala de aula inevitavelmente tinham a ver com a maneira como cada um relacionava isso com a sua própria experiência pessoal, eu pensei que talvez o tom com o qual eu tivesse feito soar as leituras sobre a desqualificação do trabalho teve a ver com minha própria experiência como um antigo professor universitário de filosofia da educação (sublinhando isso de professor "antigo", do professor "universitário" e do professor "de filosofia"), ou seja, como membro de uma geração concreta de um tipo particular de professores que sofreram em suas carnes e, em muito poucos anos, os efeitos devastadores da maneira mercantilista e credencialista de entender seu trabalho.

Supus que as ressonâncias que tinham para mim os textos que havíamos lido e comentado poderiam ser muito diferentes daquelas que poderiam ter para professores de outra geração, de outras disciplinas e de outros níveis de ensino. E também imaginei que em uma conversa não apenas a letra é importante, mas também a música, não apenas o que é dito, mas também como é dito e de onde é dito. Isso me fez pensar que a maravilha do ofício de professor não está (apenas) na possibilidade de que ele tenha que ser "inspirado" pelo sujeito de estudo (tornando-se ele mesmo um estudante), mas pela possibilidade de que ele também tenha de trabalhar em público essa matéria, e pela alegria de ver como os textos que ele coloca na mesa soam e ressoam em uma conversa que é, por definição, plural.

## Professores com caráter
*(Com Richard Sennett e Elías Canetti)*

Para levantar a questão da desqualificação do trabalho de professores em outro lugar que não o da vocação ou da libertação (embora relacionada com elas), decidi colocá-lo em relação ao caráter e falar do que poderia ser uma "descaracterização" do professor ou, em outras palavras, a domesticação de um "professor com caráter" para ser convertido em um "professor em geral". Para isso, tomei dois parágrafos da introdução de um dos livros que Richard Sennett dedica às formas de trabalho no novo capitalismo flexível (esse em que está a análise do trabalho dos padeiros que havíamos lido anteriormente). Ele escreve:

> Talvez o aspecto mais confuso da flexibilidade seja seu impacto no caráter. Os antigos falantes de inglês e, sem dúvida alguma, os escritores da Antiguidade, tinham perfeitamente claro o significado do termo "caráter", a saber: o valor ético que atribuímos aos nossos desejos e às nossas relações com os outros. Horácio, por exemplo, escreve que o caráter de um homem depende de suas relações com o mundo. Nesse sentido, "caráter" é uma palavra que abrange mais coisas que a moderna "personalidade", um termo que se refere a desejos e sentimentos que podem existir dentro de nós sem que ninguém saiba. O caráter centra-se, em particular, no aspecto duradouro de "longo prazo" de nossa experiência emocional. O caráter é expresso por lealdade e compromisso mútuo [...]. O caráter está relacionado com os traços pessoais que valorizamos em nós mesmos e pelos quais queremos ser valorizados.
>
> Como decidimos o que é de valor duradouro em nós mesmos em uma sociedade impaciente focada no imediato? [...] Como sustentar a lealdade e o compromisso recíproco em instituições que estão em contínua desintegração ou reorganização? Essas são as questões relacionadas ao caráter que o novo capitalismo flexível representa.[61]

No entanto, acrescentei que a palavra "caráter" também se refere ao modo de ser de uma pessoa (ou de uma coisa), na medida em que enfatiza sua singularidade. Como quando falamos do caráter de fulano de tal, mas também de uma cidade ou uma casa "com caráter". Além disso, esse "modo de ser" é inseparável da maneira como algo ou alguém se mostra em sua aparência sensível ou, no caso de uma pessoa, em seus "modos de fazer". O caráter teria a ver também com "as maneiras" de cada um. Nesse sentido, eu li na classe a descrição que faz Elías Canetti dos professores da escola de que ele participou em Zurique a partir da primavera de 1917, essa que pode ser encontrada no primeiro volume de sua autobiografia, *A língua absolvida*, concretamente, em uma seção intitulada "Sedução pelos gregos. Escola para o conhecimento humano". Não deixa de ser interessante como Canetti observa a relação constitutiva entre a matéria ensinada e a maneira característica de ensinar de cada professor, como se o "quê" da transmissão não pudesse ser separado da "maneira" como cada professor a encarnava e, de alguma forma, a "atuava" ou a "re-apresentava" em sua aula:

> Tudo o que aprendia de viva-voz pela boca dos professores conservava o semblante de quem o dizia e assim ficava fixado para sempre na minha memória. Mas, ainda que de certos professores não aprendesse nada, me impressionavam, apesar de si mesmos, por sua aparência peculiar, seus movimentos, sua maneira de falar, e especialmente por suas simpatias ou antipatias em relação a nós, segundo cada um se sentia. Havia todos os graus de calor e afeto, e eu não me lembro de um professor que não tentasse ser justo. Mas não era a todos igualmente fácil serem justos, esconder suas preferências. A isso se somava a variedade de recursos internos – a paciência, a sensibilidade, a expectativa.[62]

O primeiro professor cujo "semblante" descreve é Eugen Müller, que lecionava grego.

> Quando falava conosco sobre os gregos, ele abria os olhos enormemente como se fosse um vidente bêbado; ele nem nos olhava, apenas olhava para aquilo de que estava falando; seu discurso não era rápido, mas incessante, tinha o ritmo de espessas ondas do mar; aquela batalha que se travava terrestre ou marinha, que parecia que se estava no meio do oceano. Com as pontas dos dedos, ele enxugava a testa, que costumava estar coberta com um suor leve, e às vezes passava a mão pelo cabelo encaracolado, como se estivesse soprando algum vento. A hora declinava com seu entusiasmo delicioso; quando ele respirava para uma nova explosão, era como se bebesse. Mas às vezes o tempo era perdido, quando nos interrogava. Ele nos fazia escrever composições que depois comentava conosco. Então, lamentávamos cada minuto que, de outro modo, houvesse nos arrastado para o oceano.

O segundo é Fritz Hunziker, o professor de alemão que:

Era de uma natureza um pouco mais seca, na qual possivelmente seu estranho tamanho influenciou, cujo efeito não foi melhorado por sua voz um tanto estridente. Ele era alto, com um tórax estreito e parecia estar de pé somente sobre uma perna longa; quando esperava por uma resposta, caía em paciente silêncio. Ele não incomodava ninguém mas também não perguntava a ninguém, seu escudo era um sorriso sarcástico ao qual ele se agarrava; ele o mantinha mesmo quando era inadmissível. Seu conhecimento era equilibrado, talvez muito categorizado, em qualquer caso, uma pessoa não ficava atordoada diante dele nem tampouco desorientada. Seu senso de mensuração e de comportamento prático foi muito marcado. Ele não valorizava muito a precocidade ou a exaltação. Eu o considerava como o antípoda de Eugene Müller. Algum tempo depois, percebi o quão erudito ele era, mas sua erudição carecia de arbitrariedade e de emoção.

O terceiro "caráter" é Gustav Billeter, professor de latim:

Até hoje estou impressionado com a coragem com que ele se apresentou à turma, dia após dia, com seu gigantesco bócio. Ele preferia ficar adiante, no canto esquerdo da sala, de onde nos oferecia a parte menos proeminente de seu bócio, com o pé esquerdo apoiado em um banquinho. Então ele começava a falar fluentemente, em voz baixa e suave, sem divagações inúteis; se ele se zangasse, para o que não lhe faltavam motivos, nunca levantava a voz, apenas falava mais depressa. O latim elementar que ele tinha que nos ensinar deveria aborrecê-lo e provavelmente por isso sua atitude era mais humana. Aqueles que sabiam pouco não se sentiam pressionados, muito menos anulados, e aqueles que conheciam muito latim não se sentiam mais importantes por isso. Suas reações nunca eram previsíveis, mas também não eram temidas. Uma ironia curta e gentil era tudo o que ele se permitia; nem sempre era compreendido, melhor dizendo, era como uma piada particular que fazia consigo mesmo. Ele era um devorador de livros, porém nunca dizia nada sobre aqueles que realmente o interessavam [...]. Ele também não valorizou excessivamente a importância do latim que nos ensinava.

Não sabemos se o Canetti caracterológico de suas obras maduras, a de *O todo-ouvidos* por exemplo,[63] ou o que elabora a teoria de máscaras acústicas para o teatro e a literatura, é o que re-constrói a imagem dramática de seus professores ou se, como parece se destacar da última página do texto que estou comentando, é o Canetti escolar o que começa a desenvolver esse talento para a construção de caracteres precisamente no impacto que a diversidade de seus professores produziu:

A diversidade dos professores era extraordinária; é a primeira diversidade de que se está consciente na vida. Os que estão tanto tempo seguindo diante de você mostrando cada movimento, sendo constantemente observados, foco de interesse hora após hora, sempre durante o mesmo e limitado tempo de que não podem fugir; sua preponderância, que você não quer reconhecer de uma vez por todas, e que o torna alguém perspicaz, crítico e malicioso; a necessidade de acercar-se deles sem dificuldade excessiva, porque ainda não se é um trabalhador dedicado e exclusivo; o mistério que envolve o resto de sua vida, durante o tempo em que eles não fazem sua representação diária diante de nós; e também a alternância daqueles personagens que vão aparecendo, um após outro, no mesmo lugar, no mesmo papel, com o mesmo objeto, eminentemente comparáveis – todos esses elementos dão algo muito diferente da escola oficial, eles dão uma escola que ensina a diversidade dos seres humanos; e se você a leva um pouco a sério, acaba por ser a primeira escola consciente para o conhecimento do homem.

Um pouco mais adiante: "À primeira tipologia infantil baseada nos animais e que sempre continua sendo efetiva, se sobrepõe uma nova tipologia: a dos professores. Em cada aula há sempre alguém que imita os professores especialmente bem e que age na frente de seus colegas. Uma aula sem esses imitadores seria como uma aula sem vida".

Naturalmente, lembramos aqui com grande alvoroço os apelidos de nossos professores, muitas vezes associados a animais; o modo como todos nós já ensaiamos na escola nossa capacidade de reconhecer tipos e tipologias. Eu mesmo me lembrei de um dos meus primeiros anos como professor, quando eu vim para a aula antes da hora e surpreendi um aluno, pouco mais jovem do que eu, naquele momento, imitando maravilhosamente meus gestos, meus movimentos, minhas pistas verbais e o tom da minha voz. Várias pessoas na classe também falaram sobre os professores excêntricos de seus anos de faculdade, aqueles dos quais dificilmente nos lembramos do que estavam dizendo ou o que ensinavam, mas cuja personalidade inconfundível e indelével estava precisamente na peculiaridade de seus gestos. Canetti continua assim:

> Agora, evocando-os, fico impressionado com a heterogeneidade, a peculiaridade e a riqueza dos meus professores de Zurique. Aprendi com muitos, como convém aos seus propósitos, e a gratidão que sinto depois de cinquenta anos é feita todos os dias, por estranho que pareça, maior. Mas também aqueles que não me ensinaram grande coisa se destacam tão claramente em minha memória como pessoas ou personagens, que só por isso sinto que lhes devo algo [...]. Eles são inconfundíveis, uma das qualidades da mais alta classe; o fato de que eles também se tornaram figuras típicas não diminui nada sua personalidade. A fronteira fluida entre indivíduos e tipos é uma grande preocupação do escritor.

Não é uma má ideia que os professores sejam concebidos como a primeira mostra da diversidade humana. Diante daqueles que elaboram sisudos "modelos de professor" por meio de complexas pesquisas, Canetti nos faz sentir falta das crianças e de sua imaginação tipológica, certamente mais aguda. Confrontado com os professores clônicos e sem caráter da escola atual, Canetti faz-nos sentir saudades daqueles professores com caráter que representavam diante de nós durante várias horas por semana um modo inconfundível de estar na sala de aula que por vezes desfrutávamos e por vezes padecíamos mas que sempre era interessante. Não digamos nada sobre professores impessoais, meras próteses a serviço do bom funcionamento das máquinas de aprender.

Canetti diz em várias ocasiões que desenvolveu a ideia de máscara acústica ouvindo Karl Kraus e a habilidade que este tinha de chegar ao fundo de uma pessoa imitando sua maneira de falar, algo que não tem a ver apenas com a escolha das palavras, mas com o ritmo, a tonalidade ou a modulação: "Kraus me ensinou a ouvir as vozes de Viena; através dele eu realmente aprendi a ouvir as vozes humanas".[64]

Mas, pelo que ele diz em sua autobiografia, foi provavelmente na escola e nos estudantes que imitam os professores, onde seu talento como escritor e "ouvidor" começou a ser forjado. É que para Canetti não havia "professor em geral", pois não poderia haver "aprendizado em geral", porque a escola que ele viveu e a que, segundo ele, está cada vez mais agradecido, era um lugar singular de encontro de singularidades, isso sim, sempre por meio de uma matéria de estudo que cada professor encarnava e fazia presente à sua maneira. Com a qual cada aluno também se relacionava, é claro, à sua própria maneira (na verdade, Canetti também aplica seu talento caracterológico a seus colegas de classe e seu modo de ser estudantes).

## Os signos do mundo
*(Com Platão, Jacques Rancière e Gilles Deleuze)*

Os carpinteiros, os sapateiros ou os médicos são, por vezes, personagens filosóficos. Veja, por exemplo, o *Mênon* platônico e a discussão sobre a aprendizagem da virtude, da excelência ou da *areté* específica de cada atividade. São conhecidos o elitismo intelectual de Platão e o fato de que ele não conceda nenhuma importância à educação dos artesãos. Mas há um momento em que ele aponta o paralelismo entre a educação filosófica e a aprendizagem dos artesãos. Na última parte do diálogo, na conversa com Ânito (que será um dos acusadores no julgamento de sua condenação à morte), Sócrates pergunta por quem podem ser os mestres da virtude. Se você quisesse que *Mênon* chegasse a ser um bom médico, pergunte se seria preciso mandá-lo com os médicos; se quisesse que ele se tornasse um bom sapateiro, talvez precisasse mandá-lo com os sapateiros; assim com todos os outros ofícios. Quando perguntado se não ocorre o mesmo com a política, Sócrates argumenta já havia muitos homens virtuosos que queriam ensinar a virtude a seus filhos e não conseguiram, e conclui que a virtude política não é algo que se ensine, da mesma forma que *areté* dos ofícios artesãos.[65]

De outro ponto de vista, também é perceptível a maneira como Rancière, em *Le philosophe et ses pauvres* [O filósofo e seus pobres], mostra como os filósofos gregos recorrem aos artesãos para a discussão sobre as divisões do tempo e do espaço que determinam a distribuição (desigual) dos lugares sociais e das capacidades e incapacidades que estão ligadas a cada um deles. Rancière toma a fábula platônica dos metais, que diz que há ferro na alma dos trabalhadores e ouro na dos guardas, e cada um tem que fazer uma só coisa, a que é adequada para sua condição. Mas ele imediatamente enfatiza que o argumento principal para justificar que ninguém pode sair de seu lugar não é tanto a condição (o talento de cada um, que diríamos agora), mas o tempo. Os artesãos não podem pensar porque não têm tempo. O fator de exclusão, diz Rancière, "é a ausência de tempo – ou ausência de ócio: a *ascholia*".[66] Em algumas linhas que parecem se referir a *A noite dos proletários*,[67] ele diz que a emancipação dos trabalhadores começa com o gesto de ganhar "sobre a noite destinada a reproduzir a força de trabalho, o tempo de ler, escrever ou não falar não como um trabalhador, mas como qualquer outro." Como se o caminho da emancipação começasse pela abertura de um tempo que não se tem, pela ocupação de um espaço que não está predeterminado e pela aparição desses "seres anfíbios denunciados por Platão ou Marx: uma população de viajantes entre os mundos e as culturas, que apagavam a distribuição de identidades, as fronteiras de classes e de saberes".[68] Como se a escola – que é uma invenção grega que tem a ver com a *scholé*, com o tempo livre, e que consiste, ou consistia, precisamente, em um lugar em que havia tempo para ler, escrever e para falar – fora o único lugar em que os seres humanos podiam sair das ocupações que lhe haviam sido dadas (por sua condição) e podiam imaginar a possibilidade de serem qualquer coisa.

Mas aqui a questão não é a excelência, nem a divisão entre o pensar e o fazer, nem a relação entre tempo livre e tempo escravo, nem a emancipação das condições dadas (embora haja algo de tudo isso), mas sim a vocação e a descoberta da vocação. Neste ponto talvez possamos aprender algo, também, dos carpinteiros e dos médicos. A primeira citação será de Gilles Deleuze, desse livro maravilhoso intitulado *Proust e os signos*. Como se sabe, Deleuze lê aí a obra de Proust como o relato de aprendizagem, ou de formação, de um homem de letras. O parágrafo que nos interessa, bem conhecido, é o seguinte:

> Aprender, diz respeito, essencialmente, aos signos. Os signos são o objeto de uma aprendizagem temporal e não de um saber abstrato. Aprender é, antes de mais nada, considerar uma matéria, um objeto, um ser, como se emitissem signos a serem decifrados, interpretados. Não se chega a carpinteiro a menos que se fique sensível aos signos da madeira, não se chega ao médico a menos que se fique sensível aos signos da enfermidade. A vocação é sempre predestinação em relação aos signos. Tudo o que nos ensina algo emite sinais, todo ato de aprender é uma interpretação de signos ou de hieróglifos. A obra de Proust é baseada na aprendizagem dos signos e não na exposição da memória.[69]

O mundo emite signos. Esses signos pedem para ser decifrados, interpretados. Aprender é tornar-se sensível aos signos (da madeira, no caso do carpinteiro; da doença, no caso do médico). Descobrir uma vocação é descobrir a quais signos se está pre-destinado, a que signos se é sensível, quais são os signos relevantes ou significativos. Isso é aprendido no tempo e com o tempo (é um aprendizado temporal) e de uma maneira concreta (não através de um saber abstrato). Aprende-se, digamos assim, no trato com o mundo, com os signos do mundo. É assim, nesse trato, onde se descobre que há coisas que não lhe dizem nada, que são mudas e opacas, insignificantes, que não emitem signos, e há coisas que, no entanto, estão como que querendo nos dizer algo, como que nos chamando de alguma maneira. A partir daí, o sentido da vocação como um chamado pode ser esclarecido. A vocação seria algo como um chamado do mundo, como algo do mundo, dos signos do mundo, que nos atraem, que nos chamam, que nos reclamam. Isso que chamam ou que solicitam é, antes de tudo, nossa atenção.

Descobrir a vocação é reconhecer o que nos chama a atenção. Mas uma atenção, se seguirmos Deleuze, de uma natureza interpretativa já em sua raiz. Uma atenção, poderíamos dizer, que nos leva a querer de-cifrar, a querer ler o que ali nos está dizendo ou nos está querendo dizer. Aprender seria então como uma interpretação progressiva desses signos que nos chamam, isto é, uma leitura.

Uma leitura, se pensarmos no médico ou no carpinteiro, que não é abstrata, mas é feita com todo o corpo (não é apenas inteligível, mas é fundamentalmente sensível). Você aprende a ler lendo e observando como os outros leem (olhando por cima do ombro da pessoa que sabe ler, como Illich disse), em uma leitura que, além do mais, não é apenas teórica, abstrata, mas é feita no próprio processo de fazer algo, de fazer um armário no caso do carpinteiro, curar uma doença no caso do médico ou de escrever no caso do homem de letras. O mundo também se lê com as mãos, manipulando, ou manejando, ou manuseando aquilo que se lê. É por isso que o mundo, aquilo que emite signos, aquilo que quer nos dizer algo, aquilo que nos chama, não é algo que é oposto, como um objeto, mas aquilo em que estamos envolvidos, complicados, concernidos, imersos, ocupados ou preocupados, aquilo com que estamos envolvidos ou nos comprometemos, aquilo que nos diz ou quer nos dizer algo, aquilo que nos chama, nos importa, nos incumbe, nos afeta, nos toca, nos comove. Aquilo que se deixa tocar, manusear, manipular, manejar, aquilo que se oferece a nossa atenção e, claro, para nossa sensibilidade e nossa inteligência, mas também para as nossas mãos. Descobrir uma vocação é sentir-se chamado a interpretar, a ler, mas também a fazer (fazer uma peça de mobília, curar uma pessoa doente, escrever).

É por isso que não há mundo mais mundos. O trabalho de Proust, diz Deleuze, consiste na exploração de diferentes mundos de signos "já que os signos são específicos e constituem a matéria de tal ou qual mundo". Cada mundo seria uma espécie de sistema de signos "emitidos por pessoas, objetos, materiais".[70] Daí descobrir uma vocação significa descobrir qual é o mundo que nos interessa (o mundo da carpintaria, ou o da medicina, ou o da escrita) e daí também que se iniciar um ofício significa entrar em um mundo específico. O que chama, na vocação, não é o mundo em geral, mas um mundo. Esse chamado, às vezes, se assemelha ao do amor. Enamorar-se, diz Deleuze, é "individualizar alguém pelos signos que este causa ou emite. É se sensibilizar perante esses signos, fazer deles a aprendizagem".[71] Mas os signos de amor são enganosos (e fazem você sofrer) se você não transcender a outra coisa. Portanto, parece dizer Deleuze, a chamada da vocação não é apenas uma flechada, um deslumbramento, mas também uma exigência, uma obrigação, um ascetismo "que requer um trabalho do pensamento".[72] Na interpretação de signos, "não se trata de prazer, mas de verdade", e a verdade "nunca é o produto de uma boa vontade anterior, mas o resultado de uma violência no pensamento".[73] Ou, um pouco mais adiante, "é a inteligência, e apenas a inteligência, que é capaz de fornecer o esforço do pensamento ou de interpretar o signo".[74]

Descobrir uma vocação não é apenas averiguar o que gostamos ou o que nos satisfaz, mas o que ela exige de nós. Essa exigência tem a ver com co-responder ao que há aí para aprender, para interpretar, para fazer, para pensar. Sem essa dimensão que, para Deleuze, tem a ver com a verdade, com a exigência da verdade, a prática de qualquer atividade, qualquer ofício, permanece na frivolidade, na superficialidade, na aparência, no caráter convencional e vazio do meramente mundano (no sentido convencional), ou no engano, na dissipação, no egocentrismo e nas insatisfações do meramente amoroso (no sentido emocional).

Por outro lado, os diferentes mundos entre os quais descobrimos esse que nos interessa, esse que nos chama, não estão separados, mas estão entrelaçados entre si de maneiras misteriosas. Os mundos diferentes se interferem uns com os outros, reagem uns aos outros, se recortam uns sobre os outros. É por isso que a descoberta de uma vocação às vezes requer desvios estranhos:

> Nunca se sabe como alguém aprende; mas, seja qual for o modo como aprende, é sempre por meio de signos, ao perder o tempo, e não pela assimilação de conteúdos objetivos. Quem sabe como um escolar de repente se torna um "bom latinista"? Que signos (se é preciso amorosos e até mesmo inconfessáveis) serviram de aprendizagem? Nós nunca aprendemos em dicionários o que nossos professores ou nossos pais nos deixam. O signo, portanto, implica assim a heterogeneidade como uma relação. Nunca aprendemos agindo como alguém, mas agindo com alguém que não tem nenhuma relação de semelhança com o que se aprende.[75]

Por isso também muitas vezes uma vocação não se descobre *a priori*, mas *a posteriori*, não antes, mas depois, não no início, mas no final de uma vida cujos signos e avatares, no entanto, é como se nos houvessem estado pre-destinados. É como uma pre-destinação que só no final se mostra como tal, na sua necessidade e na sua verdade.

A partir daqui, a conversa se centrou, primeiro, no sentido ao mesmo tempo receptivo e ativo da atenção, nos signos do mundo como o que "chama a atenção", mas também como o que "pede atenção", na atenção como uma forma de receptividade que se converte em exigência (e vice-versa). Versou depois sobre os desvios da aprendizagem, sobre o fato de que a descoberta da vocação não é linear, mas sinuosa; sobre como não aprendemos, talvez, com os dicionários dos pais, mas sim, às vezes com os amigos, sobre o que é e o que significa pertencer a uma nova geração, sobre quem e como eles nos conduziram ao que somos, sobre quem e como eles orientaram nossa atenção e descobriram os signos aos quais somos sensíveis. Também falamos de acaso e da necessidade, do sujeito e de suas circunstâncias, de como o relato da descoberta da vocação (dos signos aos quais estamos pre-destinados) só tem sentido no final, uma espécie de história retrospectiva, quando o assunto não é mais "o que poderíamos ser", mas sim "o que temos sido", não "o que poderíamos amar", mas "o que amamos", não a que aprendizagem e a que ofício "estamos destinados", mas "o que fizemos com nossa vida". Finalmente, deixamos no ar a pergunta sobre quais são os signos que levam alguém a ser professor: se são os de uma matéria de estudo (se é o amor a alguma disciplina de conhecimento que leva a querer compartilhá-la e transmiti-la), os da infância (se é o amor aos novos o que leva a querer viver e conviver com eles, a se dedicar a eles) ou os da escola (se é o amor à escola, à materialidade da escola, às formas escolares de trabalho, o que leva a querer permanecer nela, a fazer dela o lugar da nossa interpretação, de nosso fazer e de nosso pensar).

# DAS MÃOS E DAS MANEIRAS

*"Eu trabalho" significa: não me contento*
*em garantir minha subsistência.*
*"O que eu faço aí é trabalho" significa: posso repetir isso.*
Peter Handke

## Pensar é parecido com fazer um armário
*(Com Martin Heidegger)*

A segunda citação, desta vez apenas com carpinteiros, é de Martin Heidegger e pertence ao livro *Was heißt Denken?* [O que significa pensar?]. O fragmento que me interessa é precedido por uma breve e curiosa definição de aprendizado. Aprender significa, escreve Heidegger: "Ajustar nosso agir e nosso não agir para o que nos é atribuído em cada caso como essencial. Para poder fazer tal correspondência, é necessário que nos ponhamos a caminho".[76]

Aprender, em primeiro lugar, tem a ver com algo que nos é atribuído ou designado. Como se não fôssemos nós os que decidiram o que queremos aprender, mas foi o próprio mundo que nos designou ou apontou o que devemos aprender. A aprendizagem não parte do sujeito, mas do mundo, e na sua origem há algo como um chamado vindo de outro lugar e que, de alguma forma, é direcionado para nós. Aprender, em segundo lugar, tem a ver com um ajustar, com um corresponder, com um ajustar-se ou colocar-se em correspondência com algo, com algo do mundo que nos foi atribuído. Aprender, em terceiro lugar, tem a ver com agir, mas também com uma não ação, com um fazer e um não fazer, com um lado que diz sim e um lado que diz não; implica, portanto, certas renúncias, certas abstinências. Aprender, finalmente, exige estar no caminho. Imediatamente antes da citação que me interessa, depois de repetir que a aprendizagem tem a ver com o ajuste da ação e a não ação ao que nos é atribuído como essencial, Heidegger acrescenta: "Dependendo da índole do essencial, dependendo do âmbito de onde vem a sua atribuição, a correspondência será diferente e, com isso, o tipo de aprendizagem requerido".[77]

Como se houvesse diferentes lugares de aprendizagem que foram definidos por diferentes maneiras de correspondência com o mundo, como se houvesse uma pluralidade de mundos para aprender e, portanto, uma pluralidade de caminhos de aprendizagem. É aí que Heidegger escreve:

> Um aprendiz de carpintaria, ou seja, alguém que aprende a construir armários e coisas semelhantes, ao aprender não só se exercita na habilidade com o uso de ferramentas. E não se limita a se familiarizar com as formas usuais dos objetos a serem feitos. Se ele se tornar um verdadeiro carpinteiro, saberá, acima de tudo, como se colocar em correspondência com os diferentes tipos de madeira e com as formas possíveis que ainda estão latentes ali; se ajustará, então, à madeira tal como essa, com a plenitude oculta de sua essência, integra o habitar do homem. E essa relação com a madeira imprime sua marca em toda a obra do artesão. Esta, sem a dita relação com a madeira, não passa de realizar uma atividade vazia. Neste caso, sua ocupação é totalmente determinada pelo negócio. Todo trabalho de um artesão, toda ação humana, sempre corre esse perigo. E a poética não é exceção, assim como o pensamento não é exceção.[78]

Um pouco mais adiante: "Nós tentamos aqui aprender a pensar. Talvez pensar possa ser comparado simplesmente com algo assim como fazer um armário. Em qualquer caso, é um trabalho manual. De fato, tem uma relação peculiar com a mão".[79]

Uma obra manual, um trabalho feito com a mão, se diz em alemão *Hand-werk*, uma palavra que, se removermos o hífen, se torna *Handwerk* que significa ofício. Pensar então é um trabalho manual, isto é, um ofício, como fazer um guarda-roupa é o trabalho do carpinteiro e, ao mesmo tempo, um ofício do carpinteiro. Mas a mão não é apenas um órgão preênsil do corpo: "Só um ser que fala, isto é, pensa, pode ter uma mão e executar trabalhos manuais através de seu manejo".[80] Ou, um pouco depois, "todo trabalho manual (todo ofício) é baseado no pensamento".[81]

Aprender um ofício envolve a mão mas também a fala e o pensamento. Além disso, a mão, para Heidegger, não é apenas um agarrar mas também um acolher, não é apenas um instrumento ativo, mas também receptivo, é também um abrir a mão para se deixar impregnar pela matéria, pelo mundo, e assim poder corresponder com ele:

> O trabalho da mão é muito mais rico do que costumamos pensar. A mão não apenas agarra e prende, não apenas apreende e colhe, ela não apenas pressiona e empurra. Além disso, a mão oferece e recebe, e não apenas objetos, mas sim se dá a outros e se recebe de outros. A mão mantém. A mão segura. A mão designa, provavelmente porque o homem é um signo.[82]

A palavra para "signo" é *Zeichen*, e a palavra para "designa" é *Zeichnet*, que também poderia ser traduzida por assinala, ou faz sinais, e até por desenhar. A mão de-signa e de-senha porque o próprio homem é um signo e uma senha. Em todo caso, Heidegger não fala, como Deleuze, do carpinteiro como aquele que interpreta os signos do mundo, ou de um mundo (da madeira), mas como alguém que se coloca em correspondência com esse mundo, com o que é (com os diferentes tipos de madeira) e com o que poderia ser (com as formas que ali dormem). Colocar-se em correspondência não é ter um projeto (isso seria a habilidade de usar instrumentos para atingir certos fins, a técnica, a razão instrumental), mas sim estabelecer uma relação com a madeira que seja, ao mesmo tempo, ativa e receptiva. Algo de que a mão entende precisamente porque não é apenas um instrumento de manipulação (agarrar e prender, apreender e colher, pressionar e empurrar), e sim também de relação (a mão entrega e recebe, e se entregue e se recebe). Além disso, as mãos não só fazem, mas investigam, pesquisam, sabem, averiguam e certamente, diz Heidegger, elas falam e pensam.

Refletimos sobre a citação a respeito do carpinteiro. Primeiro, o que seria um fazer puramente instrumental, aquele para o qual o carpinteiro precisa saber exatamente o que quer fazer (estar familiarizado com as formas usuais dos objetos que ele tem que fazer) e saber como usar as ferramentas certas. Em segundo lugar, o que seria um fazer artesão, esse em que o carpinteiro tem que ser sensível a "o que pode" a madeira (a o que dorme ou está latente nela) e remeter seu fazer ao habitar humano, não apenas ao viver, mas ao habitar, e habitar tem a ver com hábitos ou, como se diria em grego, com um éthos; por isso que o fazer artesão é um fazer não só técnico, mas também ético. Terceiro, o que poderia significar que o carpinteiro "revela" ou "desperta" ou "traz à presença" as possibilidades da madeira, e se isso tem a ver com a passagem da potência ao ato ou, talvez, de um modo um pouco mais sutil, com a ideia de verdade como *aletheia*, como des-ocultação, como um des-ocultar a relação entre madeira e o habitar humano (que não é a mesma coisa que com as necessidades do homem); portanto, o fazer artesão não está dirigido apenas a dominar o material, mas a mostrá-lo de maneira sensível, em sua *aisthesis*; por isso o fazer do artesão também é estético.

No final da aula, tentamos estender a analogia de Heidegger ao nosso assunto e começamos a nos perguntar qual é a "madeira" com a qual o professor trabalha ou, em outras palavras, qual é a sua matéria de trabalho; lá nos limitamos a anotar na lousa algumas perguntas: os estudantes? As aprendizagens? Os exercícios? A atenção? Alguém disse que a resposta para essa questão não pode ser teórica, mas teria que ser fenomenológica, ou seja, teríamos que olhar atentamente para os professores trabalhando (olhar suas mãos, seus gestos, suas ferramentas) e, acima de tudo, olhar para ele em relação à materialidade do que "há" em uma sala de aula.

## Elogio e nostalgia das mãos
*(Com Ramón Gaya, Edmond Jabès, Gaston Bachelard, Juhani Pallasmaa e Joan Vinyoli)*

Embora seja uma divagação ou um parêntesis, não posso resistir aqui a transcrever um belíssimo soneto de Ramón Gaya (amigo de María Zambrano, e de quem ela escreveu intensa e extensivamente) sobre a mão do pintor, intitulado "Mão vacante". O poema pertence a uma série densa e compacta de quatro sonetos cujo título genérico é *Do pintar*.

> A mão do pintor – sua mão viva – / não pode ser ligeira ou minuciosa, / capturar, perseguir, nem pode ociosa, / desenhar sem razão nem ser ativa, / nem

sábia, nem brutal, nem pensativa, / nem artesã, nem louca, nem ambiciosa, / nem pode ser sutil nem artificiosa; / a mão do pintor – a decisiva – / há de ser uma mão que se abstém / – não muda, nem neutra, nem acovardada – / uma mão vacante, de testemunho, / intensa, trêmula, que ajusta / que fica estendida, meio fechada: / uma mão nua, de mendigo.[83]

Tampouco posso resistir a citar o poema de Edmond Jabès sobre a mão do que escreve: "O corpo acariciado expande a mão. Ao punho falta a carícia; falta igualmente a pena. / A pena entreabre a mão".[84]

Nem uma citação de Gaston Bachelard sobre a mão que sonha e imagina: "Até a mão tem seus sonhos. Ajuda-nos a entender a essência mais íntima da matéria e, portanto, também nos ajuda a imaginar".[85]

E, a propósito, também cito o belo livro do arquiteto finlandês Juhani Pallasmaa, *As mãos inteligentes*, em que, a partir de concepções fenomenológicas e existenciais, recolhe muitos testemunhos sobre a importância da mão, do gesto e, em geral, do corpo, no trabalho dos arquitetos e de outros artistas mas também no velho mundo do artesanato. Depois de observar como as mãos e seus movimentos revelam o caráter de uma pessoa, Pallasmaa diz também que elas revelam o ofício de cada um. Cita então André Wogenscky, assistente de Le Corbusier, descrevendo as mãos de seu professor e o modo como eram elas que desvelavam sua relação com o mundo, ou Rainer Maria Rilke, assistente por um tempo de Rodin, fascinado pela precisão dos gestos e pela sabedoria manual do escultor. Nessa linha, ele escreve:

> Sempre que observo a completa correspondência e a afinidade inexplicável entre um artesão com as mãos e seu ambiente de oficina, me emociono profundamente. A unidade do mundo profissional do sapateiro com as mãos; a oficina escura de um ferreiro coberto de fuligem e com cheiro de carvão queimado; o todo integrado, que formam um marceneiro, suas ferramentas, a oficina e o aroma de limpeza de madeira; assim como a coerência entre a higiênica sala de espera de um dentista e suas mãos enluvadas, ou entre a sala de cirurgia altamente tecnológica de um cirurgião e do médico com sua máscara. Todos esses exemplos expressam o vínculo entre um indivíduo e seu ofício, sua responsabilidade e seu orgulho. Essa unidade reflete dedicação, determinação e esperança. Cada um desses indivíduos treinou suas mãos para uma tarefa altamente especializada e estabeleceu um pacto com o ofício para o destino final de sua vida.[86]

Finalmente, a conclusão de um poema de Joan Vinyoli que diz assim:

> As ferramentas de trabalho dormitam a entrada / da quinta em sombras, cada dia mais / deixada de lado pelo triunfo vermelho / das grandes máquinas de ferro / que sobre os campos navegam. / Picaretas, enxadas, ancinhos / dizem pela

manivela o desamparo / de não poder servir sem a mão de um homem, / mas proclamam sem trégua, / sob óxido do fio, / a velha força da mão do homem.[87]

## Mãos inteligentes
*(Com Richard Sennett e Vilém Flusser)*

Richard Sennett começa a segunda parte de *O artífice*, intitulada "O ofício" com um longo capítulo sobre a mão. A tese fundamental é a relação entre as mãos e o pensamento. Poderíamos dizer, a partir daí, que, se os movimentos da mão e o sentido do tato definem camadas profundas do pensamento humano (são responsáveis pela humanização e ao mesmo tempo por seu resultado, como se o *homo sapiens*, que é definido pela linguagem, pelo saber e pelo pensamento não pudesse ser separado do *homo faber* do homem que faz e que fabrica, a perda de mãos como essencial de nossa relação com o mundo e sua substituição pelo dispositivo anunciam mutações básicas, não apenas na natureza de nossas ações mas também, e acima de tudo, em nosso pensamento. Ou, ao modo heideggeriano, em nossa maneira de ser-no-mundo.

A primeira seção desse capítulo é intitulada "A mão inteligente (como a mão se tornou humana)" e é dedicada ao segurar e ao tocar. Para Sennett, segurar alguma coisa, pegá-la, sustentá-la, é, ao mesmo tempo, fixá-la e colocá-la a distância, permitindo assim "a reflexão sobre a natureza do que se tem na mão". Daí talvez nomearmos a questão de nossas ocupações e preocupações, o que é de nosso cuidado, o que importa para nós, como "o que temos entre as mãos". Um professor amigo geralmente começa suas aulas pedindo um lembrete do assunto que está sendo tratado com a pergunta: "O que é que temos entre as mãos?". Por outro lado, o gesto de soltar algo tem a ver com se separar de algo, se livrar disso para pegar outra coisa. Pegar algo e segurá-lo com as mãos implica deixar outras coisas (liberar as mãos de outras tarefas, de outras ocupações), mas supõe também a possibilidade sempre aberta de soltar, ou abandonar, ou deixar cair o que segurávamos quando deixa de nos interessar ou, ainda mais, quando não podemos suportar a sua presença. Por outro lado, o toque e o tato têm a ver com uma espécie de "indagação sem intenção consciente". A língua também conserva aspectos do tato quando falamos sobre o tema ou sobre o assunto " em que vamos tocar hoje", ou quando alguém que não lidou com algo ou que o negligenciou diz que "nesse assunto eu não toquei", ou "que hoje não toca", ou que esse assunto, essa tarefa "não me toca".

A segunda seção se intitula "A preensão" e está dedicada ao pegar algo. "Pegar algo" significa, para Sennett, que estamos fisicamente envolvidos em uma ação preparatória, adaptando a forma das mãos ao objeto em questão. Seria como um ato de antecipação de significado. Em espanhol, dizemos "Já o peguei" quando temos a sensação de que compreendemos alguma coisa. Entre os músicos, por exemplo, quando alguém é convidado a entrar em um ritmo ou uma melodia, diz-se: "Pegue-o"; o que tem que pegar não é outra coisa senão a base ou o fundamento, rítmico ou melódico, sobre a qual o músico convidado irá improvisar procurando por seu próprio lugar. Desse ponto de vista, "já o peguei" significa "já compreendi do que se trata, já sei como estão as coisas, já entendo no que tenho que entrar e como tenho que continuar". Além disso, as palavras "aprender" e "compreender" ainda conservam algum desse sentido de apreensão como uma ação de pegar algo que é ao mesmo tempo física e mental, e que também tem a ver, mas de outra maneira, com a presa e com a predação.

A terceira seção se chama "Virtudes da mão (na ponta dos dedos)" e é dedicada à veracidade. O que se experimenta com a base dos dedos é o erro ou o acerto, a correção ou a incorreção, o estar fazendo bem ou mal, o que Sennett chama de "o compromisso com a verdade" e que também poderia ser chamado de o compromisso com o fazer as coisas bem. "Passar a mão" por um objeto feito ou fabricado é comprovar sua feitura, o modo como está feito. A quarta seção é intitulada "Os dois polegares" e é dedicada à coordenação e à cooperação. As duas mãos são assimétricas, desiguais, mas podem coordenar e cooperar, não apesar dessa mesma assimetria, mas precisamente por ela. De fato, ajudar alguém ainda é chamado de "dar uma mão". "Mão-pulso-antebraço (a lição da força mínima)", é o nome da quinta seção, dedicada à liberação de tensão e da ansiedade derivada do esforço e ao logro de gestos suaves, precisos, relaxados, calmos e serenos através da minimização da força usada. Algo assim como essa aparência de naturalidade, de ligeireza, de leveza e de falta de esforço que às vezes as mãos dos artesãos nos dão.[88]

A sexta seção é intitulada "A mão e o olho (o ritmo de concentração)" e está destinada à análise da atenção. A tese de Sennett vai contra a corrente de um tópico pedagógico muito resolvido, esse que diz que é preciso motivar as crianças para que sejam capazes de se concentrar em algo ou, de outro modo, esse que diz que somente no caso de que o sentido de uma aprendizagem seja percebido com antecedência (o que chamam de "aprendizado significativo") é possível aceitar o esforço e o compromisso que ele exige. Para Sennett, no entanto, a aprendizagem de ofícios manuais mostra a primazia das rotinas de atenção sobre o interesse. Não é que as coisas primeiro nos interessem, nos motivem ou nos atraiam e, a partir dessa premissa, sejamos capazes de nos concentrarmos nelas, mas sim que primeiro aprendemos a estar atentos, muitas vezes através da repetição e da prática, e somente depois adquirimos o compromisso pessoal com isso ou, em outras palavras, compreendemos o seu significado. O que Sennett diz é que a atenção tem sua própria lógica:

> Frequentemente, os educadores procuram interessar as crianças, intelectual e emocionalmente, para desenvolver suas habilidades de concentração. Para isso, baseiam-se na teoria de que o compromisso real gera concentração. Porém o que mostra o desenvolvimento a longo prazo das habilidades manuais é o oposto dessa teoria. A primeira coisa que ocorre é a capacidade de se concentrar por longos períodos; somente quando uma pessoa alcança isso, ele se tornará emocional ou intelectualmente envolvida. A capacidade de concentração física segue suas próprias regras, que são baseadas em como se aprende a praticar uma atividade, repetir o que é feito e aprender com a repetição.[89]

Um pouco mais adiante:

> Qualquer um que tenha estudado latim ou grego em sua infância poderia chegar à mesma conclusão. Grande parte do aprendizado dessas línguas era rotina e seu material era escasso. Só pouco a pouco as rotinas que nos permitiram aprender a língua grega ajudaram que nos interessássemos por uma cultura estranha e há muito desaparecida. O mesmo acontece com outros aprendizados que ainda não penetraram no conteúdo de um tema: a primeira coisa a aprender é a se concentrar [...]. A aprendizagem rotineira não é uma inimiga em si mesma.[90]

Sennett conclui que há duas maneiras de se comprometer com algo: por decisão e por obrigação. Na primeira, decidimos se vale a pena fazer alguma coisa, se isso nos causará alguma satisfação, se será útil, se vai servir para alguma coisa. Decidimos nos comprometer com algo quando entendemos seu significado. Na segunda, no entanto, fazemos as coisas por dever, por hábito, e o que fazemos tem algo de ritual repetitivo e aparentemente sem sentido. Sustenta que, em muitas ocasiões, a obrigação está antes da decisão, a repetição antes do sentido, a atenção (ou a concentração) antes do compromisso livremente assumido. Às vezes é preciso colocar "mãos à obra" e ser capaz de "ficar lá" sem saber muito bem por que ou para que o fazemos. Deixar que a ação em si nos leve, quase sem perceber, a nos entregarmos a ela. Só então alcançaremos a atenção máxima que não é outra senão nos sentirmos absorvidos pela tarefa como uma finalidade em si mesma: "Se eu pudesse expressar isso, diria que agora estamos absortos em algo, que já não somos conscientes de nós mesmos, nem sequer de nosso eu corporal. Nós nos convertemos na coisa em que estamos trabalhando".[91]

Algo disso está no belo poema de W. H. Auden que Sennett cita e comenta em outro de seus livros, *Respeito: a formação do caráter em um mundo desigual*, em uma seção que trata também das habilidades do artesão. Sennett introduz o poema distinguindo entre dois tipos de caráter que ele chama de ofício e domínio: "A capacidade pode ser colocada a serviço de um ofício ou a serviço do domínio sobre os outros. O ofício tem a ver com a capacidade de fazer algo bem feito; o domínio com a demonstração para os outros de quão bem que algo está feito".

O poema pertence ao livro intitulado *Horae Canonicae*, escrito em 1954, e sua primeira parte diz o seguinte: "Não faz falta saber o que alguém faz / para saber se é sua vocação, / basta observar os olhos: / um cozinheiro preparando um molho, um cirurgião / praticando uma incisão primária, / um balconista estendendo a fatura de um embarque, / têm a mesma expressão extasiada, / esquecendo-se de si mesmos em uma função".

Na segunda parte, o poema contrapõe esse esquecimento de si mesmo que se percebe nos olhos do artesão absorvido por sua tarefa (que está entregue ao ofício, a fazer as coisas direito) com a sensação de domínio, de conquista e, portanto, de demonstração de mérito e de superioridade que se percebe em um gesto da boca:

> Não faz falta ouvir as ordens que dá / para saber se alguém tem autoridade, / basta observar sua boca / quando um general sitiador vê / a lacuna que suas tropas abriram na muralha, / quando com um olhar de soslaio para o jurado / sabe o fiscal que o acusado será enforcado, / seus lábios e as comissuras em torno deles / se relaxam, não só na expressão simples / de prazer pela doce conquista obtida, / mas de satisfação por ter razão.[92]

Como conclusão de seu capítulo sobre a mão, Sennett aponta para uma teoria dos gestos (das maneiras):

> A concentração leva à plenitude uma determinada linha de desenvolvimento técnico da mão. Antes as mãos tinham que experimentar através do tato, mas de acordo com um padrão objetivo; aprenderam a coordenar de maneira desigual; aprenderam a aplicação da força mínima e a liberação. As mãos, consequentemente, estabelecem um repertório de gestos aprendidos. No âmbito do processo rítmico produzido e mantido pela prática, é possível refinar ainda mais os gestos ou modificá-los.[93]

Em seguida, e uma vez que a inteligência das mãos e a habilidade das maneiras ainda estão subjacentes ao modo como entendemos muitas das atividades humanas, nos dedicamos a improvisar algumas perguntas. Por exemplo: o que o professor "sustenta"? Quais atividades escolares poderiam ser pensadas a partir "do pegar" e "do soltar"? O que é que "maneja" e "manipula"? O que é o que "pega" e o que "solta"? Quais atividades escolares podem ser pensadas a partir "do pegar" e a partir "do soltar?" Há algumas coisas das quais o professor tenha que "se livrar"? O que é que o professor "toca", o que é que "o toca" (concerne a ele) e o que é que "não o toca" (o que não lhe diz respeito, que não é assunto seu)? Como o olho e a mão do professor se relacionam? Para que tem "bom olho" e para que tem "boa mão"? O que é que o professor tem que "dominar"? O que é isso a que tem que atender, "se colocar a seu serviço"? Há algumas vezes em que o professor está tão imerso no que faz que "se esquece de si mesmo"? Você poderia tentar uma espécie de fenomenologia dos "gestos" do professor? Você poderia dizer de alguém que "tem gestos (ou maneiras) de mestre"? Quais seriam os "gestos pedagógicos" fundamentais? Haveria algo assim como gestos próprios do professor?

Estávamos nisso quando me lembrei que Flusser, no final de sua vida, pensando sobre as possibilidades da imagem (e os limites da escrita) para o pensamento filosófico, acalentou o projeto de fazer um vídeo sobre os gestos que se mostrassem imagens de mãos em movimento. É o que Silvia Wagnermaier conta no epílogo da *Comunicologia*:

> Flusser cultivava a ideia de mandar fazer um vídeo sobre o seu trabalho: "devem ser mostrados movimentos das mãos, e ao mesmo tempo uma voz explica o que esses movimentos significam quando verbalizados". Flusser sugere o título:

"Da boca para a mão" e quer que as seguintes palavras sejam "demonstradas": *fassen* (captar), *erfassen* (apreender), *auffassen* (conceber), *greifen* (apanhar), *begreifen* (conceber), *ergreifen* (tomar), *Begriff* (conceito), *Ergriffenheit* (comoção), *eingreifen* (intervir), *vorgreifen* (antecipar-se), *stellen* (colocar), *herstellen* (produzir), *vorstellen* (representar), *einstellen* (instalar), *einholen* (recolher), *herholen* (buscar), *heirenholen* (trazer), *überholen* (ultrapassar), *wenden* (virar), *anwenden* (aplicar), *umwenden* (revirar), *einwenden* (objetar), *handeln* (comerciar), *Handel* (comércio), *Handlung* (ação), *verhandeln* (negociar), *unterhandeln* (parlamentar), *vorderhand* (em primeira mão), *vorhanden* (subsistente), *zuhanden* (manipulável), *handfest* (robusto), *manipulieren* (manipular), *Manufaktur* (manufatura), *Manifest* (manifesto), *Manuskript* (manuscrito), *fingern* (pinçar), *befingern* (tatear), *Fingerspitzgefühl* (tato), *digital* (digital), *digitalisieren* (digitalizar). Ele pede ao cineasta austríaco Felix Breisach que lhe informe as condições técnicas e financeiras. Não há outras correspondências sobre esse projeto; a ideia de Flusser permanece irrealizada.[94]

A partir dessa lista, pensamos que ao menos se podia tentar uma espécie de antologia visual de gestos pedagógicos e que isso poderia ser feito por meio da filmagem de professores que trabalhavam selecionando pinturas, fotografias ou fragmentos de filmes. Espero que alguém se anime, e lhe seremos eternamente gratos. Não consigo imaginar uma contribuição mais interessante para uma fenomenologia do ofício de professor. No momento, ocorreu-me que, além de trabalhar com palavras que se refiram à materialidade da escola, talvez fosse interessante trabalhar com as que se refiram aos gestos do professor. Pensei que esse poderia ser um dos exercícios do curso, mas, por razões que não vêm ao caso, decidi não propô-lo e deixá-lo, talvez, para outra ocasião. Dedicamos-nos um pouco a brincar com as palavras com as quais Sennett fala da inteligência das mãos, e o que fizemos foi uma lista de verbos inspirados por seu texto e pelo projeto de Flusser com a ideia de deixá-los lá, na lousa e em nossos cadernos, como o traço e a possibilidade não realizada de selecionar e de-monstrar alguns gestos pedagógicos. A lista é a seguinte: sustentar, reter, manter, conter... pegar, escolher, recolher... prender, desprender, entender, aprender, repreender, surpreender... provar, aprovar, reprovar, comprovar... manejar, manipular, manusear...

## Os exercícios digitais dos macacos
*(Com Elías Canetti)*

Elías Canetti dedica uma seção à mão no capítulo de *Massa e poder* em que fala de segurar e de incorporar. Seu assunto é a relação de poder entre o que toca e o que é tocado, entre o comestível e o devorado. A mão que segura e que não solta é um símbolo de poder. Por isso o submetido é aquele que está "nas mãos de alguém" ou, no limite, "nas mãos de Deus", do onipotente. A mão que aprisiona também é a que agarra, que imobiliza, que esmaga. Do poder da mão, Canetti passa ao poder dos dentes e ao poder da boca, isto é, ao devorar e ao incorporar. Essa mão ainda é uma garra. Daí, talvez, a relação entre prender e presa, o caráter predatório e o limite devorador de toda preensão e de toda apreensão (talvez também de todo aprendizado).

A mão que inicia a hominização, que é caracterizada pela separação do polegar, é a que pode segurar mas também, e acima de tudo, soltar. Canetti vê esse movimento na alternância da função das mãos nos macacos que se movem através das árvores segurando-se nos galhos. Aí uma mão segura (ou se segura) enquanto a outra solta (ou se solta), quase ao mesmo tempo. As mãos trabalham juntas, mas se alternam em suas funções. Nos galhos das árvores as mãos aprendem um segurar cuja finalidade não é a alimentação, o caminho rápido e monótono da mão até a boca. Elas também aprendem um soltar, um desprender-se daquilo que agarraram (ou a que se agarraram). Finalmente, aprendem que só podem cooperar se diferenciarem suas ações e criarem um ritmo: agarrar, soltar, agarrar, soltar.

Entretanto a mão alcança sua perfeição, diz Canetti, não só quando renuncia à violência, à presa e ao gesto único e monótono (quando aprende a soltar, a dividir o gesto e a produzir um ritmo), mas, acima de tudo, quando é capaz de retardar seus movimentos e agir por nada: "A verdadeira grandeza das mãos está em sua paciência".[95]

As mãos se tornaram pacientes nessas atividades estranhas das quais os macacos gostam muito, ou seja, arranhar a pelagem de seus companheiros. Essa atividade, que não é utilitária, Canetti chama de "os exercícios digitais dos macacos". Neles:

> Os dedos se tornam cada vez mais delicados; os numerosos pelos que eles sentem ao mesmo tempo contribuem para o cultivo de uma sensação tátil especial, que se distingue muito particularmente das sensações mais grosseiras de atividades precipitadas e funcionais. Não pode parar de pensar em todas as ocupações ulteriores do homem baseadas na finura e na paciência de seus dedos. Os ancestrais ainda desconhecidos do homem têm atrás de si um prolongado período de exercícios digitais [...]. Na origem desse cuidado podem ter influenciado diferentes coisas, quais sejam, em primeiro lugar, uma busca por insetos, ou as primeiras vivências dos filhotes de macacos junto ao peito aveludado da mãe. Mas o fenômeno, tal como hoje é visto desenvolvido em todos os macacos, já tem sua própria unidade e significado. Sem ele, nunca teríamos aprendido a modelar, a costurar ou a acariciar. Com ele, a mão adquire vida realmente própria.[96]

É essa vida própria das mãos, essa capacidade que têm de emancipar-se de nossa vontade, de fazer lenta e demoradamente e como sem querer, para nada, é essa libertação das mãos de nós mesmos a que se conserva, diz Canetti, na gesticulação. Daí, talvez que nossos gestos (nossas maneiras) sejam um dos elementos que mais nos caracterizam e, ao mesmo tempo, sejam independentes de nossa vontade. Como se os gestos (as maneiras) fossem o que há de mais nosso e, ao mesmo tempo, o que menos podemos controlar.

# Mãos felizes
*(Com Vilém Flusser)*

A descoberta da vocação, para Deleuze, é averiguar a quais signos estamos pre-destinados, quais mundos falam conosco (ou nos dizem, ou nos chamam – a atenção). Para Heidegger, trata-se de descobrir a que nossa mão é sensível, com o que ela pode se colocar em correspondência, para que áreas de atividade temos boas mãos ou para que coisas nossas mãos estão feitas. Das mãos de Sennett e de Canetti, vimos tanto a complexidade evolutiva e funcional de mãos habilidosas quanto a prodigiosa mistura de atividade e passividade de que essas habilidades são feitas. Também vimos que o fazer das mãos, quando se torna próprio e pessoal e ao mesmo tempo adequado ao objeto, se resolve em gestos (em maneiras).

A próxima citação (a próxima série de citações) é de Vilém Flusser, de um livro intitulado precisamente *Gestos* especificamente de "O gesto de fazer", e nele não aparecem o médico ou o carpinteiro, o pintor, o escultor ou o arquiteto, mas outro artesão com uma longa tradição na filosofia, o sapateiro. Além disso, da mesma maneira que o fazem Deleuze e Heidegger colocando o carpinteiro com o escritor ou o pensador, Flusser também des-hierarquiza os distintos ofícios humanos quando compara o sapateiro com o poeta e o pintor e afirma que não há vocações que sejam mais nobres ou mais importantes que outras.

Porém devo dizer, primeiro, que Flusser remete os gestos a duas palavras alemãs muito complexas e muito importantes na fenomenologia existencial pós-heideggeriana, *Stimmung* e *Gestimmtheit* (mais tarde voltarei a elas) que o tradutor traduz como "acordo" e "acordamento" mas que teriam também a ver com estado de ânimo, com um tom vital, ou com o modo de estar (no mundo). São palavras que possuem conotações musicais, que estão relacionadas com afinar, harmonizar, entoar, temperar ou sintonizar. Os gestos remetem, então, às formas como estamos (ou não) acordado uma vocação é averiguar s, afinados, sintonizados ou entoados com o mundo, com a maneira existencialmente primigênia como nos encontramos no mundo e com o mundo.[97] A isso se refere, creio, Giorgio Agamben, quando diz que "no final do século XIX, a burguesia ocidental já havia perdido definitivamente seus gestos",[98] ou seja, as velhas maneiras de se afinar ou de concordar ou de se ajustar ou de se sintonizar com o mundo, umas maneiras que eram, ao mesmo tempo, práticas, estéticas, éticas e políticas. Os gestos constituem (ou constituíam) e, simultaneamente, expressam a relação entre um saber-fazer, um saber-viver e um saber-viver-juntos que vai mais além da funcionalidade porque ocorre em formas (em formas-de-fazer e em formas-de-viver) e, portanto, em beleza.

Os gestos tinham que ser ao mesmo tempo bonitos e justos (no sentido de ajustados, adequados). Além disso, os gestos deviam corresponder ao modo de ser de cada um (deviam ser gestos, de algum modo, próprios, singulares) e, ao mesmo tempo, às exigências da materialidade e da situação em que se fazem, a um aqui e agora concreto, ao que os gregos chamavam de *kairós*, a oportunidade, isso que nos permite falar da oportunidade de um gesto ou de um gesto oportuno. Nesse sentido, é a precisão dos gestos do carpinteiro que mostra, como coloca Heidegger, sua correspondência com a madeira, ou, para dizer como Deleuze, sua sensibilidade aos signos da madeira. Mas as citações que me interessam agora têm a ver com a mão, ou melhor, com as mãos, já que Flusser corrige Heidegger dizendo que os seres humanos não têm mão, mas mãos; temos duas mãos que são, ademais, assimétricas, ou seja, nunca podem coincidir:

> Não é suficiente dizer que o mundo está "à mão" para descrever nossa posição no mundo. Nós temos duas mãos. Nós abraçamos o mundo de dois lados opostos e, portanto, o mundo é perceptível, compreensível, palpável e capaz de manipulação [...]. Graças à assimetria de nossas mãos, que estão em oposição recíproca, o mundo é para nós "dialético". Para nós, o mundo tem duas faces: uma boa e outra ruim, uma bela e outra feia, uma clara e outra escura, uma direita e outra esquerda. E, quando abraçamos a totalidade, a abraçamos como uma confluência de duas oposições. Isso é o que constitui o gesto de fazer.

A partir daí Flusser descreve a enorme complexidade do gesto de fazer (que inclui coisas como o entender, o investigar, o produzir ou, em geral, as diferentes formas do fazer humano), também aborda a questão da especialização e divisão do trabalho (derivada do fato de que cada objeto é diferente e, portanto, requer uma forma diferente de manipulação ou gestos de elaboração também diferentes) e chega depois à questão da vocação quando as mãos, depois de terem descoberto o segredo das coisas, podem também voltar-se para si mesmas e

> [...] descobrir seu próprio segredo, sua própria habilidade e indústria em relação a esse objeto. Conhecemos maneiras de falar como "isso é algo que é feito para mim", ou melhor ainda "isso não significa nada para mim" [...]. Quando as mãos captaram que o objeto não é nada para elas, o deixam cair em um gesto de desencanto e até de desespero [...]. Mas, quando as mãos entendem que o objeto lhes é adequado, elas ficam felizes e começam a trabalhá-lo. Cada gesto é, pois, a prova de que as mãos encontraram seu objeto, aquele que está destinado a elas [...]. O gesto de elaboração fundamenta o ter escutado uma "voz" para seguir a "vocação" [...]. A vocação não é o chamamento de uma voz misteriosa [...]. A descoberta da vocação é o resultado da luta das mãos contra a astúcia do objeto, de qualquer objeto. É simplesmente a descoberta de que cada par de mãos é diferente de qualquer outro par, e que muitas mãos são mais capazes de "elaborar" sapatos enquanto outras o são para "elaborar" uma poesia.[99]

Descobrir uma vocação é averiguar para que temos uma boa mão, para que gestos estão feitas nossas mãos, ou melhor, que tipo de coisas parecem que estão feitas para nós, para a habilidade particular de nossas mãos. Quando isso acontece, diz Flusser, as mãos são felizes. No entanto isso nem sempre acontece e então observamos:

> [...] como as mãos andam perdidas pelo mundo quando não encontram "seu" objeto. Quando as mãos não têm objeto algum para imprimir uma forma e marcar um valor, o mundo não tem literalmente valor algum para as mãos. Elas não podem se encontrar entre si, e seu movimento é absurdo.[100]

O que vemos cada vez mais são mãos vazias e gestos vãos (embora muito agitados, como se quisessem disfarçar, no seu não parar, seu próprio gesticular vazio e em um vazio) que correspondem a pessoas que não encontraram nada para imprimir uma forma e para marcar como valioso. O que encontramos também, cada vez mais, são gestos estereotipados, gestos de mão que, sem haver tido nem o tempo nem o espaço para encontrar seu objeto, foram capturadas pela indústria, pela tecnologia, pelos protocolos, pelos modos convencionais e impessoais (mecânicos) de fazer. Para Flusser, as mãos são felizes quando são criativas, e criar é "a elaboração de ideias durante o gesto de fazer".[101] Também a ação humana, que é sempre de caráter manual, requer o pensar. É por isso que as mãos não são criativas, não pensam, não falam, isto é, não são mãos humanas "[...] quando imprimem à força algumas ideias já prontas, isto é, alguns estereótipos, em um material preparado *ad hoc*, como ocorre na produção industrial".[102]

Heidegger também refletiu sobre a substituição do trabalho do artesão pelo trabalho de fábrica, quando os gestos do carpinteiro se transformam em gestos de um operário "que atende dia e noite a mesma alavanca" no momento em que se modifica a relação com a madeira: "Onde está a relação com algo assim como as formas potenciais e latentes da madeira, se se trata das manipulações de um operário industrial?".[103]

Mãos que gesticulam no vazio, mãos mecânicas e mãos também que, tendo perdido o tato (ao ser mãos apenas ativas e não mais receptivas), também perderam a capacidade de distinguir aquilo tocam. As mãos não só fazem, mas com o gesto de fazer conferem valor ao mundo.

> São as mãos nuas que, com as pontas dos dedos, com as palmas e com toda a sua sensibilidade, podem descobrir a diferença entre um objeto e uma pessoa [...]. No entanto, as mãos equipadas com instrumentos não possuem a sensibilidade das mãos nuas. Não podem distinguir um objeto de uma pessoa. Tudo se tornou manipulável [...]. Nas mãos armadas dos instrumentos, prevalece um estranho solipsismo: estão sozinhas no mundo e não podem mais reconhecer outras mãos. E isso é o mais perigoso, porque, se não há outra pessoa, o fazer se torna um gesto absurdo.[104]

## O santo do cuidado
*(Com Peter Handke)*

Para sugerir essa confluência entre técnica, ética e estética (e até mesmo política) que se mostra nos gestos dos artesãos, li na classe duas belas páginas em que Peter Handke descreve o trabalho de um engraxate de rua. Sabe-se que Handke afirma que as comunidades de artesãos são uma das formas dignas de comunidade. E também é sabido que, muitas vezes, ele usa exemplos de artesanato como modelos de seu próprio trabalho de escrita. As páginas são intituladas "O engraxate de Split" e estão no livro *Noch einmal für Thukydides* [Mais uma vez por Tucídides]. Depois de contemplar as figuras de madeira da porta da catedral, o escritor (ou o viajante): "Desceu o ensolarado calçadão da praia, onde viu um velho engraxate que, tendo ficado provavelmente muito tempo desempregado, começou a limpar suas próprias botas, embora não precisasse. E fez isso tão cuidadosamente como se fosse para outro, que não podia remediar isso, lentamente, meticulosamente, pedaço de couro a pedaço de couro".[105]

Lá ele encontra o engraxate trabalhando porque sim, porque não pode fazer mais nada, e fazendo o melhor que sabe. Atraído e talvez comovido por essa forma cuidadosa, o escritor se aproxima, o faz limpar suas botas e observa admirado:

> Já o manuseio do pincel torcido para o pó era de uma suavidade e firmeza, que, juntos, eram percebidos como uma bênção para os pés, o peito do pé e as pontas dos dedos. Em sua lata de graxa só restava um grão do tamanho de uma unha, mas conseguia com isso, ponto por ponto, besuntar lentamente, por completo e profundamente, todo o par de sapatos com uma amplitude que superava amplamente os tornozelos; usava cada floco com grande cuidado, ele não aplicava dois no mesmo lugar. No final, ele voltou à parte superior da lata, esperando ainda encontrar ali um resto de graxa. Ajustou meticulosamente os cordões dos sapatos do viajante, com mãos quase solenes e, antes de começar a besuntar as lapelas, colocou-as entre o cano da bota e a meia.

A precisão dos gestos, sua solenidade (como se fossem de uma importância que vai além da utilidade ou eficácia), o uso mínimo de materiais, a graça dos movimentos e um cuidado com as coisas (com os sapatos) que contrasta vividamente com o esquecimento de si mesmo, com o descuido de tudo o que não sejam os sapatos: "As meias do sapateiro, no entanto, apertavam umas ceroulas largas, escuras nas bordas, que saíam para fora de suas calças, e da mesma forma, o colarinho da camisa completamente escurecido passava a imagem de um perfeito solitário ou um homem que vive sozinho.

O trabalho do engraxate continua:

> Quando ele pegou as duas escovas de polimento e passou-as em movimentos de vaivém pelo sapato, sua atividade foi transformada em uma obra de arte, e a fricção das escovas se misturava ao tumulto do calçadão do porto com uma música muito baixa, sussurrante, entusiasta como o toque de um baterista de jazz especialmente concentrado e absorto em si mesmo; não, ainda muito mais sutil, mais suave, mais intenso, o acompanhamento sem precedentes da canção de advertência do muezim, acima do minarete.

O gesto do engraxate entra em concordância (em sintonia) com os sons do lugar, torna-se música e, além disso, música sacra. Como se seus gestos estivessem conectados ao universo inteiro. Nessa mesma linha: "As escuras sementes caídas da palmeira se juntaram nas poças das chuvas de inverno do dia anterior, onde se reuniram para formar um grande arquipélago ensolarado; em cima disso, oscilava a cabeça redonda e grisalha do sapateiro com a coroa bronzeada".

E continua:

> A cada vez que o viajante trocava o pé, o velho dava alguns toques fortes e secos em sua caixa com uma pequena escova como se estivesse reservada para esse propósito. Os sapatos agora brilhavam como nunca, no entanto, ele ainda pegou um pequeno pano preto de polir para o *grand finale*; antes sacudiu o paninho num pequeno ritual e, para o encerramento, passou-o por cima das pontas dos sapatos – só por cima delas – para que desprendessem um último e nunca suspeito brilho adicional a partir das mais finas veias e linhas da pele. Então, seu trabalho estava terminado, e ele deu um breve toque de despedida.

O viajante se alegra com seus sapatos resplandecentes, observa-os repetidas vezes, protege-os para que não se sujem e santifica o engraxate: "Por um momento, ele viu um santo no engraxate de Split: o santo do cuidado".

Para finalizar, o escritor lembra como esse brilho foi ampliado no espaço e no tempo: "Levava-os à neve da Macedônia, ao pó das ervas aromáticas das montanhas do Peloponeso, às areias amarelas e cinzas do deserto líbio e árabe. E, no entanto, meses depois, um dia no Japão, foi o suficiente para passar brevemente um paninho pelo couro, e o brilho original do passeio de Split voltou a aparecer, imaculado".

## As mãos escolares
*(Com Jan Masschelein e Félix de Azúa)*

Nós estávamos refletindo sobre as mãos que fazem, que dão, que sustentam, que impulsionam, que acariciam, que pensam; as mãos inteligentes, habilidosas, pacientes, felizes e cuidadosas; tentando imaginar quais seriam as mãos (e os gestos) do professor (se é que seu ofício ainda tem alguma coisa de manual e se é que ainda não tenha perdido os gestos), quando Jan Masschelein me enviou um texto que tinha acabado de escrever e em que a relação entre as mãos e a escola aparece de maneira surpreendente. Tanto que dava uma guinada inesperada (e de uma enorme força expressiva) à tentativa em que nós havíamos embarcado, essa de relacionar o ofício de professor com os gestos de fazer, como se o professor fosse uma variante do *homo faber*, o homem que faz e que fabrica, o homem que produz (de fato, nossas perguntas estavam orientadas para pensar sobre o que é o "fazer" do professor). Em contraste com a perspectiva em que estávamos trabalhando, as únicas quinze páginas que havia recebido contavam uma história completamente diferente e, no contexto do curso, enormemente preocupante (mas também, como eu pensei uma vez, já recuperado da surpresa, extremamente esclarecedora e inspiradora).

O texto se intitula "*An Educational Cave Story (On Animals That Go to 'School')*" [Uma história educativa da caverna (Sobre os animais que vão à "escola")][106] e desenvolve um motivo que já aparecia no final do livro que havíamos lido na disciplina que eu tinha ensinado anteriormente a meus próprios alunos, particularmente nessa "Alegoria da escola (ou a escola como é explicada para nossas crianças)"[107] que termina a última parte da escola de *Em defesa da escola*, intitulada "*Experimentum scholae*: a igualdade do começo".

Nessa alegoria, e depois de descrever essa sociedade do conhecimento caracterizada pela conexão, a mobilidade e a flexibilidade de todos os seus membros; essa em que a aprendizagem dura a vida toda e é constantemente avaliada, documentada e acreditada; essa em que todos os talentos têm a oportunidade de se desenvolver e em que todos os indivíduos têm sempre a possibilidade de desenvolver e renovar suas competências e suas diferentes inteligências; essa que se vê como "uma comunidade de aprendizagem ampla, compartilhada e em constante evolução," Jan Masschelein põe à prova a imaginação do leitor com uma fábula que remete a outra muito antiga, de uma época remota em que os contos se chamavam mitos e ainda não eram um gênero literário:

> Observa uma pessoa – vamos chamá-la de pedagogo – que não se dirige às crianças como aprendizes, mas que as pega pela mão e as convence a segui-la até uma caverna escura, iluminada apenas por um fogo que queima lentamente. Esse pedagogo parece ser cúmplice de um grupo de idiotas que tentam prender as crianças em uma cela [...]. Mantê-las aí parece um ato de violência e uma usurpação de seus direitos básicos [...]. Mas os idiotas são incrédulos e veem as coisas de maneira diferente. Eles chamam a si mesmos de professores [...]. Imagine que esses professores projetem coisas no muro de pedra e que obriguem os estudantes a olhar para elas. E isso sem perguntar-lhes antes o que é que querem ver. Em vez disso, imagine que aqueles idiotas insistem que aquilo que projetam é importante. Não por ser é útil e utilizável, mas porque eles querem compartilhar o que lhes parecia interessante. E esses professores estão convencidos de que o mundo é mostrado no que projetam e no que dizem sobre isso. Eles estão convencidos de que somente nessa caverna mal iluminada é possível invocar o mundo e despertar o interesse dos alunos para este.[108]

Naturalmente, essa ideia de que talvez a educação não consista em sair da caverna, mas em entrar nela, além do uso de algumas palavras que vão claramente em contraponto com a doxa pedagógica dominante (palavras como "encadear" e "obrigar") fizeram com que o texto causasse grande perplexidade no grupo e, é claro, alguns protestos. Eu mesmo era incapaz de dar um sentido amigável ao texto, embora tratasse de sugerir algumas de suas possibilidades críticas, ou pelo menos de mitigar a óbvia hostilidade com que foi recebido e comentado. Isso que, fazendo um aceno para os estudantes latino-americanos, trouxe à tona, sem sucesso, a figura espanhola e ameríndia das Salamancas, essas cavernas misteriosas, construídas como uma imagem invertida da famosa universidade, nas quais é o diabo que transmite uma sabedoria iniciática.

Acontece que desde os tempos antigos há inúmeras referências de viajantes e escritores sobre a cova de Salamanca como uma espécie de espelho invertido, subterrâneo e obscuro da famosa universidade onde talvez se cobiçaram círculos intelectuais heterodoxos – judeus, alquimistas, cabalistas e maçons. Talvez seja daí que venha uma lenda que aparece na obra anônima *Recueil des Histoires de Troyes* [Coleção de histórias de Troyes] (publicada em 1464) e que foi reelaborada por Cervantes em um de seus *Entremeses*. Ele conta que Hércules fundou em uma caverna de Salamanca uma espécie de academia em que havia vários livros proibidos sobre as artes liberais e em que se davam ensinamentos mágicos. O que a lenda diz é que, na ausência do herói, o povo atribuiu o trabalho docente ao demônio Asmodeo que, em períodos escolares de sete anos e na escuridade da noite, dava aula de adivinhação e outras artes tenebrosas para sete alunos. E talvez disso venha o fato de que na América colonial se chamassem de Cavernas de Salamanca, ou apenas Salamancas, alguns dos lugares destinados às práticas religiosas e iniciáticas dos indígenas. Parece que havia Salamancas na Argentina, Chile, Uruguai e Bolívia; e parece que eram lugares de ensino nos quais se aprendiam saberes que, se fossem aplicados fora da gruta, não apenas não serviam para nada como também não traziam utilidade alguma àqueles que os haviam aprendido. Como se fosse o correlato da ideia, já presente na lenda espanhola, de que dentro da caverna todo trabalho vale ouro e o que você come é o melhor, mas nada pode sair de lá porque, se for levado para o exterior, as coisas se convertem em matéria grosseira e sem valor. Me pareceu, embora não servisse de nada, que talvez a história esotérica das Salamancas, como a fábula de Masschelein, falasse de um lugar de conhecimento e aprendizagem que não seguia as regras do exterior, da sociedade ordenada e diurna, mas sim que se desconectava deles para fazer outras coisas e, também, para fazê-las de outra maneira.

Em todo caso, considerei que a leitura do novo texto de Jan em relação com o assunto deste curso (o ofício de professor, suas mãos e suas maneiras) me permitiria, talvez, livrar-me do espinho que restara do meu fracasso anterior, além, é claro, de oferecer aos meus alunos uma perspectiva sem precedentes do ofício de professor como um ofício manual, mas em que as mãos renunciam a fazer qualquer coisa: um ofício que, talvez, já não teria relação apenas (nem fundamentalmente) com o artesanato. Como o texto era em inglês e eu não tinha tempo nem capacidade de traduzi-lo e lê-lo *in toto*, dediquei-me a citá-lo e parafraseá-lo com algum detalhe (e assim aproveitava para pensar e repensar mais cuidadosamente o que Jan me dava para ler, tanto no exercício de traduzi-lo como no de expô-lo e comentá-lo em público, diante de meus alunos).

A intenção do texto é construir uma fábula pedagógica da caverna e distingui-la daquela fábula filosófica dominante a partir da qual, como sabemos, inúmeras leituras educacionais foram feitas. Basicamente, as que imaginam o papel do filósofo como liberado e libertador. Nessa fábula a caverna é vista como uma prisão, que também está associada a uma série de elementos negativos, como a impossibilidade de movimento, a escravidão, a privação da luz, o engano, a imposição, a ignorância, o desespero, a confusão e a ilusão. Nesse contexto, o filósofo sofre e, como diz Masschelein, "experimenta o desprazer do mundo e o modo como estamos presos à falsidade". Por isso luta para fugir e, uma vez liberado, depois de um primeiro momento de conversão (literalmente, de virar a cabeça, olhar para outro lugar) e um segundo momento de voo e subida, decide voltar para a caverna para conduzir outros homens à luz, ao conhecimento, à verdade e à clareza. O gesto pedagógico, segundo essa fábula, estaria ligado àquele movimento de volta à caverna para denunciar suas ficções e ajudar os escravos a empreender, também eles, o caminho ascendente e libertador.

Em contraste com essa fábula repetida mil vezes (com variantes diferentes), Masschelein trata de:

> Propor uma visão pedagógica ou educativa que pode abrir uma história alternativa da caverna, uma que nos convide a repensar a forma como entendemos a educação e que questione a fábrica da ilustração (do iluminismo) e da libertação que constitui a história filosófica de Platão. Essa fábula educativa não justifica nem afirma a necessidade de um "libertador", não concebe a educação como "conversão", mas sim implica algumas sugestões relacionadas com o surgimento da escola e a aparição do pedagogo como aquele que conduz à escola. Essa fábula pedagógica da caverna é a história dos seres que entram na caverna e deixam vestígios nas paredes, oferecendo uma cena da educação do ser humano como cenário de poder e imanência. Ela discorre não sobre a ilustração ou iluminação no sentido de um movimento que vai da opinião para a verdade ou da ilusão para a claridade, mas sim sobre a luz que nos torna capazes de iniciar algo através da exploração, da abertura, e da exposição ao mundo imaginando-o, fazendo imagens (e inscrições). É a história de seres que se encontram nesse mundo de sombras, na companhia de cenas, impressões e inscrições que eles mesmos fizeram com suas mãos, que abrem suas vidas e que também os faz em sonhar. Essa liberação, no entanto, não aponta para a transcendência, mas para a imanência, e não é a conversão ou o retorno, mas a errância.

Para elaborar essa fábula, Masschelein utiliza o trabalho de paleontólogos, antropólogos e filósofos que estudaram as cavernas com pinturas pré-históricas e que as tomam não como locais simbólicos ou religiosos (a história clássica, já muito discutida, das pinturas como meios mágicos para promover a caça), mas como gestos e movimentos. Isso não se refere tanto às pinturas figurativas de animais ou às não figurativas de linhas ou traços agrupados ou sobrepostos, mas sim às imagens das mãos, essas que se encontram em muitas cavernas no mundo e foram datadas em uma amplíssima categoria temporal. O ser humano dessas cavernas, diz Masschelein:

> Entra na caverna mais do que tenta escapar dela, produz luz com suas mãos e de suas mãos [...] e revela seu poder de fazer uma imagem; a imagem de um ser que se converte pela primeira vez em um espectador de suas mãos, não como um objeto ou um instrumento mas como uma imagem, inaugurando assim o olhar humano sobre o mesmo ser humano e sobre o mundo [...]. Nossa capacidade de olhar (de observar, mas também de respeitar e de considerar) emerge de nossas mãos descobrindo sua capacidade para fazer imagens. Vendo-se assim, podemos esclarecer tanto o fato específico da representação quanto o gesto específico do espetáculo (o ato de expor aos olhos de um público).

Nas pinturas de mãos das cavernas podem ser encontradas três operações que não têm nada a ver com a liberação ou com a conversão (e que, precisamente por isso, contam uma história muito diferente da que nos contou Platão). O primeiro é o movimento de esticar os braços em direção ao muro e, ao mesmo tempo, manter-se afastado dele apenas na distância do braço. Nesse movimento, diz Masschelein, o olhar:

> Já não é como lá fora, no sol, onde seus olhos podem ver muito mais longe do que suas mãos podem tocar [...]. Fora, os olhos têm um horizonte para examinar. O horizonte é a experiência de um intervalo que desperta o sonho de dominação, provoca o desejo de conquista ou inspira um terror paralisante. A inacessibilidade do horizonte corresponde às figuras imaginárias da transcendência. Mas na caverna o horizonte não propõe nada além da modesta distância de um braço. É a imanência de um corpo-a-corpo ou de corpo-contra-a-parede.

Nesse primeiro movimento, diz Masschelein: "O olho é subjugado à ordem das mãos". A primeira operação, portanto, consiste em criar uma distância para o olho (e para o corpo) que não é a do horizonte e que não se estende até onde a vista alcança. A segunda operação refere-se à pigmentação. Nas paredes da caverna, diz Masschelein, as mãos criam uma imagem de si mesmas. Porém não desenhando-as com a ajuda de ferramentas, e sim introduzindo-as na pintura, colocando-as sobre a parede e pressionando-as contra ela por um tempo (as assim chamadas "mãos positivas"); ou tomando pigmento com a boca, colocando as mãos na parede e soprando o pigmento sobre elas enquanto permanecem pressionadas (as "mãos negativas"). Com essa ação as mãos são colocadas a distância em um gesto orientado para mostrá-las (e não utilizá-las).

> Esse gesto implica uma mudança no uso das mãos; eles não mais fazem gestos de sobrevivência (pescar, caçar ou cultivar), nem gestos de fazer amor, nem gestos

de fabricar objetos ou usar ferramentas. A mão deixou de ser uma mão que agarra, esculpe, grava ou até mesmo acaricia, e a boca deixou de ser uma boca que morde, rasga ou devora. Os usos da boca e das mãos já não são preênseis, possessivos, alimentícios ou predatórios, nem para acariciar ou amar [...]. O ser humano sopra em suas mãos, que não têm nada nem fazem nada, mas que simplesmente o man-têm em relação à parede.

A terceira operação é a de retirada ou retraimento.

> A mão tem que se retirar, o corpo tem que se separar. Mas agora já não é sua mão coberta com pigmentos que o ser humano olha, é uma imagem que aparece diante de seus olhos, aquilo que ele pode ver, embora suas mãos não estejam mais ali. Essa mão-imagem já não tem mais nenhum dos poderes que o homem construtor-de-ferramentas poderia reconhecer. No entanto, é na suspensão de seus poderes manuais que a mão-imagem indica a capacidade ou o poder do olhar que olha para ela [...]. Retirar-se é produzir a própria imagem e oferecê-la ao olhar dos olhos como um traço vivo, mas separado de si mesmo [...]. Ver a si mesmo é sempre ver-se a distância e a partir da distância. Na caverna, no entanto, ver a si mesmo não é a mesma coisa que se refletir na superfície da água ou nos olhos do outro [...]. Essas mãos são o autorretrato não especular do ser humano. E o mesmo acontece com o mundo: é oferecido ao olhar dos olhos, mas na medida em que está separado de si mesmo, colocado à distância. Olhar para o mundo é sempre olhar a distância, mas aqui o olhar não olha do topo de uma montanha, ao limite da floresta ou de uma planície, mas olha imagens em uma parede. Imagens de animais, de mãos, produzidas "autonomamente" por mãos "atrás dos olhos" como pre-sente, como um "prae-esse" com que ele mantém uma relação e, portanto, a possibilidade de "inter- esse". Nessa fantasia [...] a caverna como um espaço fechado e limitado não é uma prisão que sugere uma cena de impotência e transcendência. Em vez disso, oferece uma cena de potência e imanência, de libertação, mas em um sentido particular.

A partir daqui Masschelein começa a construir sua fábula pedagógica com vários motivos. Em primeiro lugar, o motivo para a caverna como um espaço separado, um outro espaço, uma heterotopia, enquanto é espaço separado que também carrega um tempo separado, um outro tempo, uma heterocronia. As cavernas em que as pinturas

> Não são casas de família, não há nelas restos que indicam que foram habitadas. Mas tampouco deveriam ser vistas como santuários religiosos, o que imediatamente daria às pinturas e aos locais em que se encontram o significado de um lugar de culto [...]. A caverna é o lugar da outra experiência espacial e temporal, uma relação espaço-tempo ou um meio espacial e temporal particular

(incluindo a temperatura, o ar, o solo, a fumaça, o cheiro, o silêncio, os sons, a escuridão). É um lugar "real", mas também um lugar que não tem lugar na ordem regular de lugares, um lugar sem lugar. Existe em tempo "real", mas fora do tempo regular, um tempo fora do tempo.

Em segundo lugar, já nesse ponto Masschelein cita Jean-Luc Nancy, o motivo da suspensão, o das imagens como presenças em si mesmas, separadas de qualquer utilidade:

> Não há nenhuma razão para dar às imagens outro sentido que o sentido sem significado da exposição [...], a simplicidade da presença – ser sem ser, ou ser sem nenhuma essência que o encontre, o cause, o justifique ou santifique. Ser simplesmente existindo [...]. A imagem, aqui, não é o dublê apropriado ou inapropriado de uma coisa no mundo: é a glória daquela coisa, sua epifania, sua distinção de sua própria massa e sua própria aparência. A imagem louva a coisa como destacada do universo das coisas.

Nesse sentido:

> A caverna é o lugar de separação, da saída, da distância e da suspensão. Saída do mundo da vida cotidiana, separação do ciclo eterno da vida e da morte, do ciclo das mudanças das estações, das variações de temperatura ou do ritmo do dia e da noite. Um local de suspensão: imagens de mãos, de humanos, de animais ou de objetos. As mãos não são mais ferramentas, os animais não são mais presas ou predadores, foram removidos do ciclo de reprodução e da sobrevivência, apenas desnudos e belos. A imagem não é o conceito de "cavalo" ou "bisão" ou "mão", mas uma imagem que foi feita e que contém a profanação e a suspensão (temporária) do "cavalo" ou do "bisão" no seu ambiente natural ou social [...], e uma suspensão do poder habitual das mãos.

Terceiro, o motivo da luz e da iluminação como artifícios produzidos pelo homem:

> No interior do espaço singular e fechado e do tempo singular e escuro da caverna, o ser humano se torna dono da luz, dono do dia e da noite, já que ele tem uma tocha de carvão vegetal que tem sido acesa com suas mãos, com a qual dá a luz bruxuleante que ilumina as paredes.

Citando, desta vez, Marie-José Mondzain, o quarto motivo poderia ser o do poder e da autoprodução do ser humano:

> O ser que se torna humano não aparece como caído da luz do céu e sujeito ao poder dos outros ou do Outro, maior que si mesmo e que o define como

impotente, incapaz e fraco. É antes o ser que entra na caverna e configura sua própria definição, ao mesmo tempo que se cria e é criado pela obra de suas mãos. A teologia prefere trazer seres humanos das mãos de um poder divino. O homem na caverna fabrica seu horizonte e dá à luz si mesmo colocando suas mãos em uma estranheza vivificante e irredutível: suas mãos.

O quinto motivo tem a ver com a gramatização, com a atenção e com a contemplação: "Esse ser transforma a relação de forças nas quais o real o esmaga em um relacionamento imaginário através do que poderíamos chamar uma espacialização como gramatização: fazendo imagens, desenhando signos. Não há apenas tempo para viver, para trabalhar ou para amar, mas também há tempo para atenção e contemplação".

O sexto motivo refere-se à vontade, à valentia, ao risco e à curiosidade:

> É importante assinalar que esse ser entra na caverna querendo, e que para isso tem que encontrar o valor para entrar em um lugar que é mais escuro do que a noite mais escura, e também incômodo [...]. Esse ser faz um esforço vital já que as pinturas estão localizadas muito longe da entrada e em locais de difícil acesso. E ele não faz isso movido pela distorção ou a confusão; entra na caverna tateando o caminho, excitado e cheio de curiosidade.

O sétimo motivo tem a ver com o encontro, a igualdade e a comunidade. O ser que entra na caverna, diz Masschelein, partindo desta vez de uma citação de John Berger, o faz:

> Movido pela necessidade de companhia. Não busca a verdade, e sim o encontro [...]. Além disso, as imagens nas paredes inauguram não só o ser humano como mostrador e espectador mas também a comunidade como público de espectadores: uma coleção contingente em que cada ser singular ocupa o espaço da caverna, a câmara onde estão feitas as imagens nas paredes. Uma comunidade que não está constituída por uma identidade ou um pertencimento compartilhado (a uma família, uma tribo ou um culto religioso), mas pela relação com o que está na parede e pela presença no mesmo lugar [...]. A coletividade de espectadores não se baseia na identificação psicológica com o produtor das imagens ou com seus desejos, ela se arraiga em estar em contato como mostradores e espectadores do mundo.

Como o leitor já adivinhou, essa fábula pedagógica faz da caverna uma espécie de escola ao colocar em jogo as categorias fundamentais que, em seu livro com Maarten Simons, definem a escola. Então: "As operações de separação, suspensão e profanação, o tempo fora do tempo, o lugar sem lugar, a criação de um público observador e atento, as condições físicas e as tecnologias envolvidas, os exercícios da mão e do olho".

Também a convicção de que o ser humano: "Forma-se a si mesmo em um esforço vital baseado na curiosidade (buscando companhia e não verdade) e na coragem (não para o conflito, mas para o encontro e a exploração)".

E de que:

> Um ser sem destino natural, sem finalidade, um ser errante, se configura a si mesmo olhando (em diversos sentidos, inclusive: considerando, observando, sentindo-se preocupado, respeitando, prestando atenção, relacionando-se) o mundo através de tecnologias, exercícios e práticas que ele mesmo inventa ou usa, mas que também, em troca, criam a ele e a suas "artes", abrem-no e expõem-no a um mundo que lhe é dado ou apresentado.

Desse ponto de vista a figura educativa fundamental já não é a do filósofo que pretende tirar as pessoas da caverna dizendo-lhes que na realidade não sabe o que olha nem o que diz. As figuras educativas fundamentais são, primeiro, a do pedagogo, entendido como aquele que guia e acompanha as pessoas na caverna e as ajuda e apoia quando falta a coragem que se necessita para entrar nela. Segundo, a do professor, entendido: "Não apenas como o que projeta as imagens na parede, mas também como o que introduz ou incita as palavras, nomeando o mundo de maneira que se faça disponível para a contemplação, o estudo e o exercício".

Sem dúvida, o prolixo percurso que fiz através do texto que recebi não contribuiu muito para mitigar a hostilidade com a qual meus alunos receberam a ideia de que a educação consiste em separar as crianças do mundo e levá-las para uma caverna (para um espaço fechado e separado e, para piorar, incômodo e sem luz natural) a fim de ali lhes oferecer não tanto "o mundo" senão as "imagens do mundo", umas imagens, além do mais, que eles não criaram nem escolheram. Entretanto sugeriu, pelo menos, que talvez valesse a pena pensar com mais cuidado sobre o assunto e explorar com alguma atenção se essa imagem poderia nos ajudar a suspeitar um pouco e a tomar certa distância daquela doxa pedagógica na qual somos constituídos.

Uma das alunas, professora de história de uma escola secundária, contou sobre sua visita recente e emocionante às cavernas de Niaux, na região francesa de L'Ardège, a uma das poucas cavernas com pinturas magdalenianas que podem ser visitadas. Lembrou-se da estranha sensação de escuridão e silêncio absolutos que ocorreu quando o guia pediu que as pessoas desligassem as lanternas que levavam e que continuassem andando no escuro, sem falar, segurando uma corda a meia altura; lembrou-se também de lágrimas de emoção quando o guia iluminou a figura de um bisão com uma luz cálida e bruxuleante, semelhante à das tochas pré-históricas, e explicou que as palavras do guia e as poucas leituras que pôde fazer nos dias seguintes desmontavam tanto o tema da vida nas cavernas (o que as transformaria em casas "naturais") quanto o a das pinturas como objeto de práticas religiosas ou mágicas destinadas a propiciar a caça (o que converteria as cavernas em templos "naturais" onde se colocam coisas com poderes especiais). Também insistiu na dificílima acessibilidade dos lugares onde as pinturas estão e em que, sobre algumas, poderia ser dito que nem sequer foram feitas para serem vistas; enfatizou que qualquer coisa que podemos dizer sobre as pinturas rupestres diz mais sobre nós mesmos (de nossas categorias de interpretação) que sobre elas, expressou sua alegria pelo colapso de qualquer tentativa de interpretação funcional e sugeriu que compreender as pinturas a partir do ponto de vista de sua serventia não faz senão sublinhar nosso próprio funcionalismo, ou seja, nossa tendência de ver qualquer coisa a partir do ponto de vista instrumental, como um meio para outra coisa. Nesse sentido, disse também, lhe havia parecido muito honesto que Masschelein apresentasse sua história como uma fábula, mas acrescentou rapidamente que há fábulas mais verdadeiras (ou verossímeis) do que outras, que as fábulas, às vezes, são boas para pensar (também a própria história como uma coleção de fábulas verossímeis sobre o passado da humanidade) e que é precisamente isso, seu poder de gerar pensamento, o que as torna mais ou menos interessantes.

Ocorreu-me dizer, nessa linha, que o próprio texto de Jan era um bom exemplo do que um professor faz, uma vez que suas palavras não faziam nada além de assinalar até as imagens nas paredes das grutas, fazê-las falar (fazer com que digam alguma coisa) e fazer com que nós falemos sobre elas, que coloquemos em jogo, em relação a elas, o que sabemos e o que pensamos. Ou, ainda, apontar para a fábula platônica do escravo liberto, essa que todos nós conhecíamos e reconhecíamos (entre outras coisas, porque havíamos ido à escola, porque alguém nos tinha ensinado) e fazer com que a lêssemos de outro modo, que nos dissesse coisas diferentes ou, até mesmo, talvez, fazer que nos voltássemos outra vez sobre ela e que a re-lêssemos e a re-significássemos. Ou, também, assinalar para a escola e para algumas das palavras que associamos a ela (palavras como "prisão", "obrigação", "ignorância", "ideologia") e fazê-la falar de outro modo, nos convidando assim a vê-la de outra maneira, a olhá-la sob outra luz, a pensá-la de novo outra vez. Ou, ainda, assinalar determinadas maneiras de imaginar o papel da escola e o papel e a função do professor (aqueles que têm a ver com mudar o mundo, ou mudar o assunto, ou desenvolver competências, ou transmitir valores) e sugerir-nos que talvez existam imagens alternativas que ninguém nos mostrou ou que ainda não fomos capazes de ver. Ou simplesmente despertar a nossa curiosidade e nos dar o vontade de continuar olhando, lendo, conversando e pensando (com a máxima atenção de que sejamos capazes) sobre essas coisas do mundo (nesse caso o ofício de professor) em que estamos envolvidos. Ou, ainda mais simplesmente, contar-nos o que viu, leu, falou e pensou, colocando tudo isso na mesa que está no meio da sala de aula (e, portanto, entre nós), ou fazendo isso soar através de minha voz no silêncio de uma sala de aula em que há uma série de pessoas as quais se supõe que estejam interessadas pelo mesmo, para então formular depois as duas perguntas simples do professor ignorante: E você, o que vê? E você, o que pensa?

Um dos rapazes que estava envolvido nos estudos visuais e se dedicava a investigar o lugar da imagem na escola recordou as frequentes associações da caverna platônica com uma sala de cinema e recomendou o filme de Werner Herzog sobre gruta de Chauvet, *A caverna dos sonhos esquecidos*. Eu mesmo disse algo sobre a extensa tradição que associa a gruta à transmissão de um saber iniciático, desde os ritos órficos até os românticos alemães (Novalis, por exemplo, que era um engenheiro de minas e que, em seu romance de formação – o *Henrique de Ofterdingen* – conta uma jornada formativa na qual a passagem pelo interior profundo, oculto e escuro da Terra tem um papel fundamental). Uma das meninas, uma professora educação infantil, relatou a mistura de medo e fascínio com a qual as crianças pequenas haviam entrado, numa viagem escolar, numa mina de sal. Tratando de voltar às cavernas pré-históricas, citei algumas razões de um texto de Félix de Azúa que me parecia ter a ver com o que havíamos lido. O primeiro, sobre o surgimento da visão, a separação da natureza e do dado e a possibilidade de imaginar os mundos possíveis, diz o seguinte:

> O que é indubitável é que em algum momento [...] os humanos produziram imagens. Por que naquele momento e não dez mil anos antes? Com que finalidade? Nenhuma hipótese até agora resiste a uma análise. Só podemos imaginar que as imagens nasceram (e nasceram perfeitas) quando os seres humanos sentiram a vontade irresistível de ver "para fora", de maneira que se converteram no "ponto de vista", o lugar orográfico a partir de onde "se vê" [...] De um só golpe, os humanos se separaram do mundo ou fizeram do mundo um espetáculo que contemplavam desde a poltrona de seus olhos. Nossos avós decidiram ser os olhos do cosmos, e a visão foi para sempre separada de tudo quando podemos ver. A aparição das primeiras imagens inventa a visão (em absoluto o contrário) [...]. A máquina de construir mundos possíveis tinha-se colocado em movimento e, graças a ela, o mundo obrigatório (aquele a que havíamos sido condenados) se converteu em um domínio controlado. O que aconteceu há trinta e dois mil anos para que uma solução tão inesperada se tornasse irremediável? Insisto: que necessidade era essa de cindir com um machado mau e para sempre o âmbito que mais tarde seria chamado de "Mãe Terra" ou "Natureza" e o dos humanos capazes de representá-la com imagens "desde fora", como se já não formassem parte da mesma?[109]

O segundo motivo, o da imagem como condição de possibilidade de abstração e do domínio do mundo:

> A impiedade de representar cavalos, bisões, mamutes ou veados consistia em rebaixá-los de categoria, reduzi-los a unidades intercambiáveis e abstratas, uma generalidade que já não se agitava com força interior porque não representava nenhum "indivíduo". Já nunca poderíamos falar sobre esse cavalo ou aquele outro, eram tão nítidos como você e eu. A partir da primeira imagem ficava dominada a totalidade dos cavalos, e Platão podia chegar (vinte e nove mil e quinhentos anos mais tarde) para dar-lhes o pontapé definitivo que elevaria o mundo das ideias.

Um pouco mais tarde:

> Para quem nunca conheceu imagens, os cavalos e bisões reais eram esplendores que se cruzavam algum dia em seu caminho, seja galopando, seja já mortos e com as entranhas fumegantes, trazidas por caçadores para o povoado [...]. Esses cavalos e bisões individuais eram escassos na vida de qualquer criança e tão assediados pela morte como os seres humanos que lhes davam caça [...]. Pelo contrário, para a criança que já cresceu vendo bisões e cavalos, os espécimes vivos ou mortos que se cruzaram em seu caminho eram apenas cópias (ou casos) dos verdadeiramente únicos e reais cavalos e bisões que presidiam a caverna [...]. As imagens eram o permanente. Suas cópias vivas no mundo, apenas formas efêmeras que como sombras se cruzavam um instante com a luz solar para desaparecer imediatamente em uma nuvem de poeira.[110]

Após esse passeio inevitável através das grutas de nossas vidas, tentei focar a conversa nas mãos escolares, nessa operação que Jan faz em seu texto e que consiste em afirmar que não são exatamente mãos que fazem, mãos que, como disse Flusser, se enfrentam na resistência de seu objeto, ou mãos hábeis no sentido em que Sennett fala das mãos dos artesãos, mas que surgem precisamente na suspensão de toda habilidade e de todo o fazer instrumental. Isso se dá a partir de vários pontos de vista.

A fábula pedagógica da caverna que Masschelein nos havia contado não começa com umas mãos, digamos, "reais", mas com a imagem de umas mãos, ou seja, com umas mãos que já não são funcionais (no sentido de que se despojaram de todo o uso de toda tarefa, que escaparam do mundo do trabalho e da necessidade) e que aparecem nas paredes da caverna, poderíamos dizer, como as mãos puras, como apenas mãos, como mãos que já não servem nada, que se separaram de seus contextos de uso e se limitam a estar aí, sem ser nada além de seu próprio aparecer e de sua própria aparência, sua própria posição e exposição, sua pura presença. Essas mãos, além do mais, se separaram também do ser que as tinha e as usava (o ser que podia dizer que *essas* eram *suas* mãos e que agora, como disse Masschelein, se retirou delas) e se tornaram, por assim dizer, nas mãos de todos em geral e de ninguém em particular, de qualquer um, em umas mãos que, precisamente por isso, por não pertencerem a ninguém, podem ser oferecidas à contemplação de todos. São também umas mãos que permaneceram quietas, imobilizadas, e que por isso se pode voltar a elas, podem ser vistas e contempladas repetidamente, uma e outra vez, uma vez que são mãos que se mantêm imóveis no tempo, que atravessam o tempo (que tudo o destrói e em que tudo muda), que são, de alguma forma, a-temporais e que precisamente por isso que podem se fazer presentes, novamente, cada vez que são iluminadas.

Não deixa de ser interessante, neste contexto, que a palavra "respeito" vem de *re-spectare*, isto é, de olhar de novo, de olhar mais devagar, mais atentamente, de voltar a olhar. As mãos que aparecem impressas na parede tiveram sua utilidade suspensa, sua propriedade removida e seu tempo subtraído. Se as mãos hábeis dos homens fazem o homem, como nos dizem os antropólogos, paleontólogos e filósofos, o mesmo acontece com as imagens das mãos, embora de uma maneira muito diferente. Como Masschelein diz, o surgimento da imagem das mãos permite a emergência do homem espectador, do que usa seus olhos de outra maneira (para contemplar). A escola, como se sabe, tem estado ligada, desde suas origens, com o aparecimento do homem teórico, da vida contemplativa e, também, portanto, do homem espectador e re-espectador, do homem respeitoso, o homem que coloca o mundo a distância (ou que se põe a distância do mundo) para olhá-lo e estudá-lo.

Nesse ponto, e para evitar mal-entendidos, talvez devamos lembrar que a escola não é a caverna magdaleniana (ou caverna platônica), mas um curioso invento grego (tal como a democracia, a filosofia e o teatro), que, é claro, foi se transformando historicamente. Mas é a caverna magdaleniana (ou a fábula que Masschelein conta com a caverna magdaleniana) que em si pode nos dar uma ideia do que é a escola ou, pelo menos, como indica o subtítulo do texto, de como se constitui o animal que vai à escola. Se sairmos por um momento da caverna mas nos mantivermos na escola, se nos lembrarmos, como Masschelein diz, que na escola as coisas são oferecidas para a contemplação, mas também para o estudo, a prática e para o exercício, entenderemos que essa suspensão do uso não tem a ver somente com a contemplação quieta e silenciosa, embora talvez essa forma de contemplação (que só podemos imaginar) constitua a origem do que Jan chama de várias formas de atenção. Por outro lado, a imagem rupestre é apenas o primeiro passo do que Jan chama de espacialização-gramatização, ou seja, a produção de inscrições discretas que estão em lugar de outra coisa (ou, talvez melhor, que podem se tratar na ausência da coisa) e que constituem uma espécie de memória extracorporal que tem uma permanência maior que os corpos (mortais) dos homens e que permite, nada mais e nada menos, que o surgimento do arquivo.

Na verdade, a invenção da escola, essa invenção grega, se corresponde historicamente com o surgimento de outra forma de gramatização, a da escrita (que é, entre outras muitas coisas, uma espacialização e uma fixação da língua), e talvez seja por isso que o escolar, por excelência, não é apenas o animal que se tornou capaz de contemplar (imagens) enquanto espectador, mas também o animal capaz de ler (textos) enquanto estudante. Da mesma forma que o professor por excelência não é só o que mostra imagens (e as faz falar) como também o que mostra livros (comentando-os) e o que ensina a ler e a escrever. Ou, em outras palavras, aquele que mostra as letras (e as faz falar).

Nesse sentido, a imagem clássica do professor seria tanto a de alguém que assinala ou ensina uma imagem (seja com um dedo, indicando, ou com um ponteiro, apontando) como a de alguém que assinala ou ensina ou indica ou aponta um texto (a imagem clássica de São Tomás de Aquino, por exemplo, patrono dos professores, mostrando um livro aberto e apontando-o com o dedo). Em qualquer caso, o ofício de professor tem a ver com mostrar (e fazer falar) imagens do mundo (o *Orbis Pictus* de Comênio seria aqui a referência essencial) e também com ler (e comentar) textos sobre o mundo. Poderíamos dizer então que a escola depende da gramatização do mundo, sim, da constituição de um determinado arquivo, também, mas que sua história está ligada às diferentes formas de gramatização (e de arquivo) entre as quais a imagem e o texto continuam sendo fundamentais. Mas vamos voltar para a caverna.

A fábula pedagógica da caverna começa, já disse, com a imagem de algumas mãos. Mas essa imagem, diz Masschelein, não vem ao nosso encontro, não é encontrada em lugares familiares e habituais; mas é necessário buscá-la. É aí que intervém a figura do pedagogo, mas não como figura histórica, é claro, porque o pedagogo é uma figura histórica grega (à qual nomeamos com uma palavra também grega). Masschelein, não o esqueçamos, está contando uma fábula pedagógica da caverna para contrapô-la à fábula filosófica clássica (de que se derivou também certa ideia da educação e certa ideia da escola). Da mesma forma que o mito platônico da caverna se converteu em uma história, digamos, a-temporal enquanto foi lido e interpretado em contextos muito diferentes, a fábula pedagógica de Masschelein, embora ancorada em um estudo das cavernas magdalenianas, também se quer, de alguma maneira, a-temporal. Como todos os contos, poderia ter começado com um "era uma vez, em um país muito distante, há muito tempo", que é outra maneira de dizer "em qualquer lugar e em qualquer tempo".

A figura do pedagogo, nesse caso, é derivada do fato de que as imagens não estão nos lugares habituais, mas em outra parte, e nessa outra parte você não está, mas tem que ir. O pedagogo seria, portanto, a encarnação a-temporal desse deslocamento, dessa passagem. E também, me parece, da ideia de que as pessoas não vão naturalmente para a escola (neste caso, para a caverna em cujas paredes há mãos pintadas), mas que, de alguma forma, têm que ser conduzidas até lá.

Na fábula filosófica clássica, o movimento de conversão que leva à saída da caverna implica, é claro, certa violência. Uma violência autoinfligida, no caso do primeiro escravo que se liberta (enquanto tem que virar a cabeça e, com ela, todo o corpo e toda a alma para deixar de olhar para as aparências confusas e enganosas projetadas nas paredes e observar até uma luz que, além disso, por não estar acostumado a elas, dói nos seus olhos). E uma violência depois, quando o escravo liberado convertido em filósofo liberador volta à caverna e nota que os homens que estão ali acorrentados não percebem suas cadeias, não sentem nem a necessidade nem o desejo de empreender o caminho diligente até a luz, riem-se do filósofo e, inclusive, o percebem como alguém que ameaça seu modo de vida. Na fábula pedagógica masscheleiniana, no entanto, essa em que o pedagogo não conduz as pessoas de dentro para fora, mas, ao contrário, de fora para dentro, há uma atração pela gruta e pelo que pode ser encontrado nela (em palavras de Jan, a curiosidade), mas o movimento de deixar os lugares e as ocupações habituais para entrar em um espaço e um tempo estranhos é também um movimento forçado e esforçado que requer vontade e coragem. Não só porque a caverna é escura, fria, incômoda e assustadora, mas também porque as operações que ocorrem lá envolvem rupturas fundamentais com a ordem externa. É por isso que Félix de Azúa, depois de insistir que o gesto que faz aparecer as imagens no mundo é mau, perverso e cruel em relação ao mundo anterior (pois muda radicalmente o mundo e, portanto, os seres que o habitam), escreve:

E isso aconteceu sem luta? Ninguém ficou abalado com o terror do que aquela separação estava colocando em marcha? Não houve, então, humanos sensatos que se recusavam a deixar a terra comum? Que abominaram a abstração dos vivos? Nunca saberemos disso, mas podemos suspeitar que a perfeição das imagens rupestres talvez esconda centenas ou milhares de anos de confronto e iconoclastia, horror e sacrilégio. Foi, suspeito, uma paciente e dolorosa aprendizagem com arrependimentos, rejeições, sacrifícios, talvez guerras.[111]

Em qualquer caso, e voltando à figura (repito: mítica e fabulosa) do pedagogo, sem dúvida de que seu ofício, sua obra, consiste em separar as pessoas dos espaços, dos tempos e das ocupações de rotina (em tirá-las de casa, poderíamos dizer), em acompanhar o seu movimento em direção à entrada da caverna (tratando de que não se distraiam pelo caminho e de que não se deixem atrair por outras "curiosidades" que possam aparecer lá) e em proteger sua passagem do umbral que separa e, ao mesmo tempo, comunica o exterior e o interior (reforçando a vontade e a coragem necessárias para entrar na caverna). Se a figura do pedagogo, na fábula que estamos discutindo, é uma figura e-ducativa, o é porque tem a ver com o *ex-ducere* (com levar para fora), com *ducere* (com guiar e acompanhar um deslocamento) e com *in-ducere* ou *intro-ducere* (com incluir ou introduzir no interior). Suas mãos, poderíamos dizer, não são mãos que fazem ou fabricam (já não são mais exatamente as mãos de um *homo faber*), mas mãos que extraem e separam (de casa, de lugares e tempos de fazer e de produzir, da necessidade e da sobrevivência de luz natural e ritmos naturais), mãos que conduzem, transportam, guiam, acompanham, apoiam e impulsionam (um movimento, um deslocamento, uma passagem), e mãos que incitam, induzem, empurram e introduzem (em um cronotopo estranho no qual existem coisas tão estranhas e antinaturais como imagens de mãos). Mãos, em suma, que produzem uma separação, um deslocamento e uma introdução, talvez forçada e certamente esforçada, mas que o pedagogo tem que sentir que vale a pena.

A cena da escola e a figura do professor (também míticas, fabulosas, não históricas) aparecem dentro da gruta. É preciso imaginar esses seres (não se poderia chamá-los de indivíduos, ou pessoas, ou sujeitos, porque essas categorias e essas formas de ser aparecem muito mais tarde, mas desde que a fábula os converte em seres a-temporais, em figuras abstratas, podemos chamá-los como quisermos) reunidos na câmara escura onde estão as imagens, algumas imagens que nem sequer sabemos se foram feitas para serem vistas. Esses seres não fazem nada (abandonaram suas tarefas), simplesmente estão lá, talvez silenciosos, talvez lotados, talvez alienados, talvez em várias filas, talvez de cócoras, mas, em qualquer caso, o seu modo de estar já não está determinado por sua posição ou por suas habilidades no mundo exterior. Ao ultrapassar o limiar, deixaram para trás o que eram e o que estavam fazendo, abandonaram suas ocupações e preocupações (tudo isso já não faz mais sentido dentro da caverna) e, juntamente com a sensação de estar em outro mundo, experimentam uma igualdade estranha.

Podemos imaginar, seguindo essa lógica, que algo fundamental ocorreu nas pessoas pelo simples fato de se deslocar para a caverna e entrar nela. Ao abandonar seus afazeres, ao se separar desse mundo em que seus corpos e suas mentes estão sempre ocupados e preocupados, ao entrar em outro tempo fora do tempo (e, portanto, dar-se tempo) e em outro lugar sem lugar, os seres humanos se fizeram disponíveis para outra coisa. Concretamente, para servir num mundo que não se caracteriza porque se está dentro (porque se está implicado ou complicado nele), mas sim porque se está em frente (que pode ser visto e contemplado). Mas essa já é a próxima cena, e o que podemos dizer é que, ao entrar na gruta, o que mudou foi a posição (no mundo) e a disposição (ao mundo).

De repente, aparece alguém, e a câmara se ilumina com uma luz que também não se parece com a do lado de fora. É uma luz artificial e trêmula que faz aparecer algumas imagens, como se emergissem da escuridão em que descansavam. Algo, algumas mãos quietas, de ninguém, separadas de seu proprietário e de suas funções, são trazidas à presença. Esse ser que as ilumina não é o que as fez (talvez nem mesmo saiba quem e quando e como as fez, e na realidade, não importa). Sua arte, seu ofício, não consiste em fazer (nem a ensinar a fazer, ele tampouco já é um *homo faber*), mas em apresentar, em tornar presente, em trazer à presença, em fazer com que as imagens de mãos se convertam em uma re-presentação das mãos. Isso é feito dando-lhes luz (uma luz que eles, as imagens, não têm).

Talvez a mesma luz que ilumina as imagens também ilumine, indiretamente, os rostos e os corpos das pessoas que estão lá. De algum modo a luz também ilumina sua presença, também os faz presentes, mas isso não faz com que se olhem entre eles: eles não entraram na caverna para pilhar-se entre si, eles não são o espetáculo, ainda que a pessoa que iluminou a câmara olhe para eles, de vez em quando, para comprovar se olham onde devem olhar, se estão atentos ao que se fez presente diante dos seus olhos com aquela luz que ele fez surgir de uma tocha de carvão. Na fábula pedagógica masscheleiniana, o que acontece na caverna não é, em primeiro lugar, uma relação intersubjetiva. É claro que não é no sentido de uma relação dos espectadores entre si, desde que eles tivessem sido iluminados para que se olhassem uns aos outros. Nem é no sentido de uma relação entre o que faz presentes as imagens e aqueles a quem as imagens lhe são apresentadas, enquanto haviam sido iluminados para serem, eles mesmos, visíveis. As relações que se estabelecem o são sempre contanto que haja algo, as imagens, que centram e con-centram os olhares.

As mãos do professor são então mãos que iluminam, que trazem à presença, que apresentam e representam; também são mãos que mostram, que indicam, que assinalam, que chamam ou atraem a atenção, que ensinam, que fazem sinais para o que aparece e merece o esforço de ser olhado. Em relação às imagens que apresenta, o professor é um representante (não faz o mundo ou as imagens do mundo, mas as faz presentes, as apresenta e as representa). Em relação aos seres que o pedagogo trouxe para a caverna, o professor é um profitente (no sentido de que ele ensina o mundo). É a partir daí, e só a partir daí, que poderíamos dizer que o professor é um mediador; não um fazedor mas um mediador; não um mediador entre indivíduos ou grupos, mas entre as pessoas (as quais ele converte em espectadoras) e o mundo (enquanto é apresentado e representado em uma parede).

Até agora, a figura do professor é cumprida em dois elementos. É aquele que ilumina, aquele que dá luz (e, portanto, presença). É também aquele que realiza toda a série de gestos envolvidos no mostrar. Mas Masschelein também diz que a relação que o professor estabelece com as imagens está orientada tanto para serem contempladas, quanto para serem compartilhadas e faladas. Lembre-se de que o ser que está na caverna é um ser capaz de "experimentar o compartilhar de um mundo com o qual pode se relacionar e sobre o qual pode falar, sobre o qual se sente convidado ou mesmo incitado, provocado, para falar".

Deste ponto de vista, continuemos recordando:

> Podemos imaginar o professor não apenas como o que projeta as imagens na parede mas também como o que introduz ou incita as palavras, como o que nomeia o mundo de tal maneira que esse mundo se torna disponível para um ser que também é feito disponível para si mesmo; disponível, isto é, para a contemplação, o estudo, o exercício.

Se os seres humanos, ao abandonarem suas tarefas, se tornarem disponíveis para outra relação com as coisas do mundo, então as coisas do mundo, ao serem iluminadas, mostradas e nomeadas, também são disponibilizadas para os seres humanos. E talvez pudéssemos dizer, a partir daqui, que as mãos do professor não fazem (recordemo-nos de que já não é um *homo faber*), mas que dis-ponibilizam, põem à disposição ou tornam disponíveis (para as pessoas, para as imagens re-presentadas do mundo e as imagens re-presentadas do mundo para as pessoas). Ou, dito de outra forma, são mãos que com-põem relações entre os seres humanos dispostos como espectadores e as imagens do mundo dispostas como re-presentações. Essas relações são de contemplação e também de fala (e de pensamento), de exercício e de estudo.

Podemos então imaginar que as mãos do professor são também mãos expressivas, que acompanham a sua palavra (essa palavra que convida ou urge ou provoca a falar) e fazem falar (mãos suscitam e sustentam a palavra plural dos que se con-centraram ali); mãos, por extensão, que fazem estudar e que fazem se exercitar (mãos que suscitam e que sustentam o estudo e o exercício).

Em qualquer caso, é o que havia provocado minha surpresa e meu assombro quando li o texto que Jan me enviou, as mãos do professor não se parecem com as mãos fortes de caçadores ou mãos precisas dos coletores, ou as mãos hábeis dos artesãos, nem, em geral, com as mãos úteis e laboriosas daqueles que contribuem para a subsistência ou defesa do grupo. São, em vez disso, mãos débeis, macias, não curtidas ou endurecidas pelo trabalho, umas mãos que não sabem fazer nada, semelhante nisso às mãos das crianças, mas que são destras, no entanto, na realização de toda uma série de gestos expressivos orientados a iluminar, mostrar e fazer falar as imagens re-presentadas das coisas do mundo (incluindo também a imagem re-presentada das mãos quietas, abandonadas, desfuncionalizadas e a-temporais do homem).

Então deixamos isso como o fim de toda essa consideração das mãos e das maneiras do professor, essa que tínhamos feito através de um longo desvio que nos havia levado das mãos pacientes dos macacos para as mãos hábeis dos artesãos, passando pelas mãos representadas das cavernas magdalenianas; abandonamos por um momento as cavernas sutilmente iluminadas onde, de acordo com Masschelein, se dão algumas das condições de possibilidade para que o animal humano vá à escola (para que essas condições culminem na escola propriamente dita, terá que esperar mais de vinte e cinco mil anos); e nos dedicamos a falar um pouco sobre até que ponto o ofício do pedagogo continua consistindo (e de que maneira) em separar as crianças de sua posição na família e na economia e transferi-las para a escola; sobre se a escola ainda é (e de que maneira) um espaço, um tempo e umas ocupações separadas do mundo ordinário (esse que estaria representado pelos espaços, os tempos e as atividades da família, da produção e do consumo); sobre se o ofício de professor continua consistindo (e de que maneira) em iluminar, mostrar, centrar a atenção, falar e fazer falar, suscitar o exercício, a prática e o estudo.

Depois disso nos dedicamos a comentar longa e amplamente uma das frases do texto de Masschelein que o grupo tinha considerado mais provocadora, essa de que a educação (e a vocação pedagógica) não tem como ponto de partida adultos sentindo-se em desacordo com o mundo, experimentando que não gostam do mundo, sofrendo com o estado do mundo e dedicando-se a um ofício que lhes permita, de alguma forma, contribuir para transformá-lo "liberando" as pessoas de confusão da obscuridade, da ignorância e da distorção em que vivem. Lemos (duas vezes, sublinhando algumas palavras) as últimas linhas, aquelas que dizem que:

> A história educativa da caverna, no entanto, a que a toma não (ou não apenas) como uma metáfora mas como um lugar real, oferece uma aproximação pedagógica da educação que não começa com a experiência (adulta) do desacordo, da confusão ou da distorção, mas com a experiência (infantil) de poder começar, de ser curioso e de sentir-se atraído para entrar na caverna da alegria do exercício-produção-descobrimento (sendo a alegria a marca do acontecimento por excelência) de um novo grau de liberdade ante (e de vinculação com) um novo mundo. Talvez isso esteja relacionado com a filosofia no sentido de exercício – "epimeleia". Mas o importante é que, em primeira instância, esses exercícios têm a ver com o descobrimento, a abertura, a companhia e o cuidado do mundo e não tanto com o cuidado de si mesmo ou com a arte de viver. E que a educação não tem a ver, primeiro, com dizer aos outros que eles estão errados, e sim com apresentar o mundo, fora e ao lado deles mesmos, dizendo-lhes que deviam atender e tentar. Parece-me que isso é o que está em jogo para os animais que vão para a escola.

Além da apresentação e do mundo, as palavras sublinhadas foram "curiosidade", "alegria", "descobrimento", "abertura", "exercício", "cuidado", "atenção", "liberdade" e "vinculação". Muitos alunos, especialmente aqueles que trabalham com crianças, gostaram disso que a educação não começa com o desconforto (que é, em última análise, uma experiência adulta do mundo), mas com curiosidade e aventura (como experiências infantis do mundo).

Decidimos que seria bom retomar à elaboração que Sennett faz das mãos hábeis, a que faz Canetti das mãos pacientes, a que Flusser faz das mãos felizes e a que Handke faz das mãos cuidadosas para pensar nas mãos e nas maneiras do professor, mas não já como umas mãos e umas maneiras que fazem (e que estariam orientadas a uma obra ou a um produto, a algo que tem que ser "feito") mas umas mãos e umas maneiras (também hábeis e pacientes, felizes e cuidadosas) que o que "fazem" não é uma "coisa", mas que seu "fazer" consiste em convocar, mostrar, assinalar, ensinar, chamar a atenção, convidar (para a conversação, o exercício e o estudo), disciplinar, interessar e coisas assim. Ocorreu-nos que as mãos do professor não seriam as mãos "como" as dos padeiros, ou dos sapateiros, ou dos médicos, ou dos carpinteiros, mas sim as mãos que mostram a padaria, a sapataria, o remédio ou a carpintaria. Não as mãos que "fazem coisas", mas aquelas que chamam a atenção para as coisas e as põem ou as dis-põem para a contemplação, a conversação, o exercício ou o estudo.

Quando voltava para casa me lembrei de uma conversa recente com Joan-Carles Mèlich em que ele me contou que estava pensando em ler o livro de Sennett sobre o artesanato, pois sempre havia elaborado a questão educativa a partir da dicotomia entre o técnico e o artista (essa velha expressão de "a ciência e arte de educar"), e ultimamente estava se interessando por essa figura intermediária do artesão e essa questão do ofício, também e sobretudo por seu caráter de material, e corporal e além disso em relação à categoria heideggeriana do cuidado (*Sorge*) que estava revisando com certa atenção; pensei que talvez o caminho que eu estava propondo nesse curso não era de todo despropositado, mas talvez na minha próxima conversa com Mèlich (quando já tivesse lido o livro) iria tentar dirigir o assunto para que tipo de ofício é o ofício do professor: se pode ser considerada como uma variante de *homo faber* ou se é melhor tentar colocá-lo em uma espécie de lugar nebuloso e intermediário entre a vida ativa e a vida contemplativa ou, para dizer de forma mais abrupta, como um trabalhador que, na realidade, não trabalha (ou como um agente que estritamente não faz nada), como alguém, afinal, que não se dedica a fazer senão a cuidar.

Em qualquer caso, embora o texto de Masschelein tivesse rompido o argumento principal do curso que havia preparado (isso do professor como artesão) – e embora a questão do cuidar estivesse começando a me interessar mais do que a do fazer –, decidi que, a essa altura, eu não tinha escolha senão seguir até o final com o dossiê que havia preparado. Tinha que continuar a mostrar artistas e artesãos na classe para elaborar com seu exemplo alguns "como se" que nos permitiriam, por analogia, discutir sobre esse estranho ofício cujas mãos e maneiras já estavam começando, pelo menos para mim, a deixar de ser evidentes.

# DO AMOR E DA FÉ

*Verbo para o amor: suscitar.*
*Outro verbo para o amor: torna você minucioso.*
Peter Handke

*Na verdade, agora não era nem mesmo uma representação mental*
*nem uma ideia, mas uma espécie de fé.*
*Portanto: fé. Que tipo de fé?*
Peter Handke

## Amor ao mundo
*(Com Gilles Deleuze, Vilém Flusser, Martin Heidegger e Rüdiger Safranski)*

  Um indivíduo sem vocação é um leitor que não encontrou seus signos (aqueles para os quais poderia estar pre-destinado), alguém a quem o mundo não dá nada para ler; um indivíduo de mãos vazias que não tenha encontrado seu objeto (aquilo com o que tivesse podido se colocar em correspondência), alguém a quem o mundo não dá nada para fazer; um indivíduo de mãos mecânicas, solipsistas e solitárias que não encontraram seus gestos (que foram providas de instrumentos e só são capazes de fazer sem tato, ou seja, sem outro, sem a dimensão ética, política e estética do fazer humano); um indivíduo com os olhos e com ouvidos que já não olham e ouvem (que já não leem), mas que calculam (porque foram providos de dispositivos técnicos de interpretação): um indivíduo sem mundo.
  Essa perda de capacidade interpretativa, essa perda das mãos, é própria de um mundo feito de máquinas e de aparatos. Diferentemente do mundo das ferramentas, que ainda eram extensões da sensibilidade (e das mãos), neste nosso mundo são as mãos que se põem a serviço das máquinas e aparelhos. Nosso trabalho, como nossa pesquisa ou nosso pensamento, delegamos a máquinas e aos aparatos. É por isso que o nosso mundo mostra as marcas dos instrumentos que o produziram, e não as impressões das mãos que o modelaram. Somos valorizados (ou não), somos usados (ou não), em função de nossa adaptação às máquinas e aos aparatos. Somos indivíduos sem olhos, sem ouvidos e sem tato para interpretar os signos (captamos apenas os signos produzidos e selecionados por máquinas e aparelhos); indivíduos sem bocas para dizer o que vimos e ouvimos (já

não somos mais nós que falamos, mas sim as máquinas, ou os aparatos, que nos fazem falar); indivíduos sem mãos para trabalhar e inventar (já não somos nós os que trabalhamos, são as máquinas que fabricam; e já não somos nós que criamos, são os aparatos os que desenham ou, como se diz agora, os que inovam). E os indivíduos sem mundo são indivíduos sem amor.

Deleuze fala dos signos do amor como pre-condição (ou como desvio necessário) para a descoberta da vocação. Amar algo é sensibilizar-se diante dos signos que emite. Aquilo que é amado expressa um mundo possível e desconhecido que pede interpretação. Amor, diz Deleuze: "É tratar de explicar, desenvolver, explicar, esses mundos desconhecidos que permanecem envoltos no amado".[112]

Amar é sentir-se atraído por mundos que nos excluem, dos quais não fazemos parte, mas que de alguma forma nos são oferecidos e nos convidam a entrar em si. Os signos do amor são enganosos, às vezes levam ao sofrimento (quando aquilo que amamos resiste a nós, ou nos ignora) ou ao desengano (quando aquilo que amamos não nos entrega o segredo que esperávamos). Porém não há descoberta de um mundo que não tenha sua origem em um tipo de arrebatamento amoroso ou que o provoque e o impulsione.

Para Flusser, no entanto, o amor vem no final. O que está no início do gesto de fazer é uma espécie de atração, de chamada: algo solicita a atenção de nossas mãos e nos impele a explorá-lo, a fazer algo consigo, a descobrir seu segredo e, finalmente, a nós mesmos descobrirmos qual é o segredo (ou a habilidade) de nossas mãos. No entanto o amor que aparece no final não é uma atração (para o fazer), nem uma satisfação (para o que está feito), e sim uma oferta. Todo o fazer, diz Flusser, termina em derrota, simplesmente porque o gesto de fazer é infinito, porque a obra nunca está completa, acabada, porque as duas mãos nunca podem alcançar sua perfeita coincidência. O fazer não se acaba, mas sim termina, diz Flusser:

> Quando as mãos se retiram do objeto, abrem suas palmas em um grande ângulo e fazem com que o objeto escorregue para dentro do contexto da cultura. Nós conhecemos esse gesto. É o gesto do sacrifício, da resignação e do dom: "o gesto da oferenda" [...]. O gesto de oferecer é um gesto de amor: outorga, dá algo, se oferece e se dá. Ao entregar sua obra, as mãos a oferecem a outras. Trazem sua obra para a luz, a publicam. O gesto de oferecer é um gesto político. É o gesto de abertura.[113]

No texto de Heidegger, por outro lado, algo assim como o amor pode ser encontrado em dois momentos da descoberta da vocação. O primeiro tem a ver com colocar-se a caminho do que nos corresponde, em direção àquilo que nos colocamos em correspondência (a madeira, no caso do carpinteiro). Esse se colocar a caminho, diz Heidegger, tem a ver com isso que nos corresponde, não nos é dado, mas sim nos é subtraído (e é por isso que temos que aprendê-lo). Sobre essa subtração, diz Heidegger:

> Pode tocar o homem mais essencialmente e absorvê-lo mais do que todo o presente que o toca e se refere a ele [...]. O que nos é subtraído nos atrai a favor de si, embora não o percebamos imediatamente. Ao entrar na esfera da atração do subtrair a nós mesmos, já estamos no caminho para o que nos atrai, subtraindo-nos a nós mesmos.[114]

No começo há uma espécie de atração pelo que nos toca e nos absorve (por isso nos chama a entrar em sua esfera), mas que, ao ser retirado, ao não se dar de imediato, nos coloca no caminho. O segundo momento tem a ver com a natureza desse colocar-se em correspondência, que Heidegger relaciona com o cuidar ou, melhor, com um fazer que é cuidar.

A palavra "amor" não pertence ao vocabulário teórico heideggeriano. No texto que comentei, em uma seção dedicada à relação entre amar e pensar que aparece em um verso de Hölderlin ("quem pensa o mais profundo, ama o mais vivo"), Heidegger diz que se esconde aí o perigo de cair no sentimental. Mas se considerarmos o amor não como sentimento, mas como *Stimmung*, como um estado de ânimo ou uma disposição afetiva que abre ou dá ao mundo, talvez a coisa possa parecer diferente. Algo como Rüdiger Safranski sugere quando diz que o amor constituiu durante muito tempo (no platonismo, por exemplo, e de outra forma no cristianismo) uma espécie de elemento vivificador. O amor, diz Safranski, como a poesia e outras formas de trabalhar dos homens, era o que fazia que "algo passe do não ser ao ser".[115]

O amor atuava: "Ali onde os homens são animados pelo impulso criador, pelo desejo de criar e de produzir".[116]

Além disso: "A filosofia não é apenas amor à sabedoria, mas provem do amor [...]. É uma declaração de amor [...]. O amor é o a priori da filosofia, sua força motriz. A filosofia é conhecer por amor".[117]

O pensamento cristão elevou o amor a um princípio ontológico e afirmou não apenas que o homem "não pode viver sem amor",[118] e sim, mais radicalmente, que não há ser sem amor ou mesmo que o próprio Deus é amor. No entanto, no nosso tempo, Safranski continua, o amor está ausente: "Na mesma medida em que aumenta uma relação instrumental e de domínio com a natureza",[119] e, poderíamos acrescentar, com o ser em geral. O amor por nós é antes um obstáculo para o relacionamento com o mundo (seja uma relação de conhecimento como de ação), e talvez seja por isso que o reduzimos ao sentimental, ao psicológico, ao emocional e, certamente, ao privado.

Nesse contexto, diz Safranski, a fenomenologia é uma tentativa de retomar essa tradição eroticamente inspirada. Não tanto uma filosofia sobre o amor, mas uma filosofia entendida: "Como uma continuação do amor por outros meios. A filosofia do amor ao mundo".[120]

Um pouco depois: "Para a fenomenologia, o mundo não é tudo o que é o caso, mas tudo o que nos concerne, tudo o que se abre diante de nós e inclusive, se somos receptivos, nos acolhe. Entre muitas outras coisas, a fenomenologia é também uma declaração de amor ao mundo".[121]

O pensamento fenomenológico, diz Safranski, ou, talvez melhor, a maneira fenomenológica de pensar "[...] é atenção e consideração. Por isso Heidegger pôde dizer que pensar é agradecer [...]. E aqui percebemos um eco daquele antigo amor em que outrora se revelava as profundezas do mundo. Em Heidegger, o encontro com o ser é uma história de amor que prefere permanecer em segredo".[122]

## Cartas de amor
*(Com Raquel Leão, Leonardo Crochik, Peter Handke, Georgina Martín, Karen Rechia e Isabel González)*

O primeiro exercício proposto durante o curso foi a escrita de uma carta de amor que tivesse a ver com o ofício de professor ou com o local onde esse ofício é exercido, a escola. Com isso, não só se fazia uma referência ao parágrafo final de "A crise na educação" – o famoso texto de Hannah Arendt em que relaciona a educação com o amor ao mundo e o amor para aqueles que nascem – como também se tratava de trocar por um olhar amoroso o foco crítico, jurídico e avaliador que é dominante no campo: tudo isso de olhar o trabalho do professor e a escola não a partir do que eles são, mas a partir do que eles deveriam ser; tudo isso de pensar, de pesquisar e de escrever do ponto de vista do que não gostamos, do que deveria ser mudado, do que deveria ser diferente. Vou transcrever partes de algumas dessas cartas.

O primeiro fragmento é de Raquel Leão, que, na tese de doutorado que finalizava, trata de contar o que se passa e o que ocorre com ela em uma oficina de leitura e escrita que faz com adolescentes. Sua carta, intitulada "Palavras de outro, minhas palavras", declara seu amor pela palavra como matéria educativa e começa assim:

> Peço ajuda a Clarice Lispector, em *Água Viva*:
> "Então escrever é o modo de quem tem a palavra como isca: a palavra pescando o que não é palavra. Quando essa não palavra, a entrelinha, morde a isca, alguma coisa se escreveu. Uma vez que se pescou a entrelinha, poder-se-ia com alívio jogar a palavra fora. Mas aí cessa a analogia. A não palavra, ao morder a isca, incorporou-a. O que salva então é escrever distraidamente".
> A personagem sem nome, de Clarice, ensinou-me há algum tempo que escrevemos alguma coisa e, arrisco dizer, que contamos uma história, quando nossa palavra funciona como isca, como um atrativo daquilo que não é palavra. Ao mesmo tempo, ao ser capturada pela palavra como isca, esse mundo que não é palavra se encontra imediatamente incorporado a ela.
> Contar uma história me parece fazer parte desse movimento interminável de estar à espreita, de atentar para a possibilidade da entrelinha, de ir em direção ao toque íntimo da palavra que já não está. A palavra me parece a coisa pela qual se apaixonar. A palavra é, em si mesma, a constatação do que pode ser, do que nos falta, da necessidade de criar, pela

ausência, um modo de encontrá-la em outros mundos possíveis. É como o que acontece à menina de "Felicidade Clandestina", conto também da Clarice, em que lemos uma menina que finalmente consegue ter em suas mãos o livro tão desejado, *Reinações de Narizinho*:

"Criava as mais falsas dificuldades para aquela coisa clandestina que era a felicidade. A felicidade sempre iria ser clandestina para mim. Parece que eu já pressentia. Como demorei! Eu vivia no ar... Havia orgulho e pudor em mim. Eu era uma rainha delicada [...]. Às vezes sentava-me na rede, balançando-me com o livro aberto no colo, sem tocá-lo, em êxtase puríssimo. [...] Não era mais uma menina com um livro: era uma mulher com o seu amante".

A linguagem de Clarice está cheia da possibilidade de examinar, ainda que distante, esse amor à palavra. A pergunta que me faço parece sempre essa: como enamorar-me de uma certa entrelinha, da palavra vital, da ausência que se faz presença no modo como invento minhas palavras, pra ouvir e pra contar no trânsito entre mundos?

A menina desejante do livro, a mulher com seu amante, a não palavra pescada em êxtase puro parecem-me compor uma potência, uma paixão alegre, que favorece e amplia outras vidas, outros mundos...

A palavra (em uma oficina de leitura e escrita) como o que abre mundos, como o que abre possibilidades do mundo, como o que permite o trânsito entre os mundos. Também tem a ver com a abertura de mundos a carta de amor de Leonardo Crochik, professor e formador de professores, físico de formação e doutor em educação, alguém que trabalha, teórica e praticamente, num pensamento de ciência como arte e da educação como arte. Sua carta diz assim:

Dos muitos mundos que compõem o nosso, sinto atração por todos aqueles que me parecem prometer uma ampliação do mundo em que vivo. Quero dizer: não acredito que o nosso mundo possa ser reduzido àquele em que vivo; vejo que nosso mundo está fragmentado em uma multiplicidade de mundos que se sobrepõem, formando um todo mais ou menos incoerente; tenho vontade de ampliar o mundo em que vivo, encontrando um todo mais ou menos coerente; não acredito que a coerência possa ser *a priori* desejada, porque isso redundaria em uma imposição mais ou menos inconsciente do meu mundo nos outros mundos; tampouco acredito que a incoerência possa ser aceita sem desconforto, porque isso resultaria em uma renúncia à pretensão de viver em um mundo comum; nem todos os mundos permitem ampliar aquele em que vivo; alguns preferem estreitá-lo, reduzi-lo ou até mesmo negá-lo ,e, a esses, trato de combatê-los.

O primeiro mundo em que me lembro de me sentir confortável era o da matemática. Isso ocorreu desde o início da escola (eu tinha cerca de sete anos) e talvez tenha algo a ver com meu pai, que era analista de sistemas. Os primeiros mundos nos quais me recordo de me sentir desconfortável foram aqueles relacionados ao corpo (esportes, dança, contatos sociais, etc.) e à expressão artística (concretamente, o desenho, que era tudo o que a escola entendia por artes). Mesmo que seja um mundo um pouco (ou bastante) restritivo, foi na escola onde encontrei o lugar que eu procurei ampliar meu mundo. Eu sempre gostei da sala de aula. Ainda que eu fosse tímido, naquele espaço, por incrível que pareça, senti que podia falar mais livremente. Os intervalos eram os momentos mais difíceis para mim: neles minha timidez retornava com toda sua força. E continuei minha vida procurando ampliar, nas relações do tipo educacional, o mundo em que vivo, embora não necessariamente dentro dos espaços escolares formais, mas sempre estabelecendo relações com diferentes professores. Foi também na relação com os professores que encontrei os mundos do corpo e da expressão artística que me haviam negado na escola. Depois, há o mundo da luta política (que talvez eu tenha abordado por causa da influência inicial de minha mãe, professora de história). Nesse mundo também encontrei oportunidades de ampliar meu mundo em greves, manifestações, ocupações e reuniões intermináveis que já ocorriam entre iguais, sem precisar de um professor para estabelecer seus caminhos e objetivos. E acho que foi a partir do mundo da política que re-encontrei o mundo das relações pessoais mais próximas e íntimas. Então, para mim, os coletivos, hierárquicos ou não, vieram antes das relações interpessoais de caráter mais privado da vida adulta.

Ser professor, então, representa para mim a continuidade de um caminho no qual posso continuar a expandir os mundos que habito, colaborando na ampliação daqueles habitados pelos alunos com os quais interajo. Às vezes o espaço da escola é curto para mim. Procuro então outros espaços para explorar novos mundos, e quero levá-los à escola, que parece não prever a simples possibilidade de sua existência. Também os estudantes trazem consigo muitíssimos mundos que desconheço e às vezes difíceis de acessar por acontecerem em um espaço que muitas vezes se recusa a acolher a diferença. De qualquer forma, acho que a escola continua sendo um espaço público privilegiado onde a pessoa pode se enxergar perante a diferença e ampliar seu mundo.

C. P. Snow falou das "duas culturas", associadas às ciências naturais e humanas, que parecem formar dois mundos diferentes, sem comunicação. De fato, a possibilidade de habitar esses dois mundos ao mesmo tempo é a busca a que dedico minha vida. Mais do que buscar uma mesma organização racional que os ordene, penso que se trata de relacionar-se com as distintas técnicas das distintas artes que os constituem, percebendo sua dimensão não apenas representativa ou significativa mas também expressiva, poética, aprendendo o mundo que se revela a partir de cada relação técnica, concretamente estabelecida, e permitindo que esses mundos possam ser, até certo ponto, incoerentes. Como um efeito da simples possibilidade de transitar entre esses mundos, podemos pouco a pouco habitá-los e, assim, a intimidade entre eles também pode crescer pouco a pouco.

Como essas duas primeiras cartas têm a ver com a escola como abertura dos mundos, permito incorporar aqui uma citação muito bonita, de Peter Handke, que pode fazer sentido nesse contexto. A nota refere-se à abertura de outra medida de tempo e diz o seguinte: "A outra medida significou: passar deste mundo para um segundo mundo que, por seu tempo especial, tinha exatamente o mesmo direito de se chamar mundo; passar para outro modo de suceder no mundo".[123]

Quando se repreende a escola que está separada do mundo, talvez não seja demais recordar que o mundo da escola também tem o direito de se chamar de mundo, especialmente quando na escola ocorre outra maneira de suceder (ou de abrir-se, ou de mostrar-se) o mundo. Um mundo, o da escola, que é formado e colocado sobre a mesa pelo professor, o que Handke chama de "segundo mundo", que só faz sentido se estiver em relação (e ao mesmo tempo em tensão) com o que na citação se chama "este mundo".

A terceira carta é de Georgina Martín, professora de educação infantil e também de alunos que dizem ter necessidades educacionais especiais, além de treinadora de basquete. Sua carta de amor é o olhar como uma matéria de comunicação educativa e também para o cuidado, a acolhida e a relação educativa com o que ela mesma chama de o pequeno, o inocente e o inofensivo. Transcrevo alguns fragmentos:

> Na comunicação há algo mais forte que as palavras e inclusive do que o contato físico: trata-se do olhar [...].
>
> A razão para dedicar a carta de amor ao olhar é sua importância em meus três trabalhos. O visual é vital entre os bebês que ainda não pronunciaram suas primeiras palavras, o olhar é vital entre crianças com necessidades educacionais especiais que quase não falam, e o olhar é vital entre jogadores de basquete que, a duras penas, conseguem se comunicar verbalmente com o técnico no jogo.
>
> Um olhar tem força suficiente para modificar o espaço físico, porque, em um relance, a professora pode ver que os bebês estão com sono e, portanto, providenciar os berços; e também pode ver o nervosismo de crianças com dificuldades educacionais e apresentar uma atividade mais ativa; ou também pode ver o cansaço dos jogadores de basquete e tirar os cones para fazer um momento de arremessos. O olhar, então, tem a força suficiente para gerar ações, para pegar nos braços um bebê que está prestes a chorar quando seus pais saem, para acompanhar o assombro por algo que algumas das crianças reconheceram ou para pedir mudanças quando um jogador não aguenta mais.
>
> Mas há algo mais no olhar, que é único entre o aluno e a professora, e é isso que descreve a relação entre os dois. É esse olhar que ocorre quando você chega na sala de aula e de repente um novo espaço é gerado, que é o espaço da escola, a pequena sala do refeitório, da quadra de basquete. É um olhar indescritível porque é único com cada um deles [...]. A professora que responde às suas motivações e inquietações é aquela que cuida e dá importância ao olhar [...]. Porque o olhar da professora esconde sua concepção de educação, a perspectiva a partir da qual ela vive, o valor que ela dá à criança e a todo o processo de aprendizagem.
>
> Eu amo o meu olhar, que é o fruto do que sou, daquilo em que sou bom, do que me faz sentir, do que me move a fazer e do que me faz pensar e questionar. É um olhar que dá nome à minha presença e que, quando não está lá, porque às vezes acontece,

se mostra no ambiente e se mostra nas crianças. E eu amo o olhar das crianças, que é a transparência total, que diz tudo, que é um manual diferente para cada uma delas, que lhe dá o ritmo da aula e que também lhe ajuda a se autoavaliar. E amo o que nasce dos olhares que se fundem, que misturam histórias e energias, que geram ambientes, que decidem o que virá e explicam o que já aconteceu. E gostaria de compartilhar alguns olhares com os quais trabalho:

Eu chego à sala de aula, olho para eles e meu olhar vai diretamente para Alma. Seus olhos estão lacrimejantes e avermelhados, mais fechados que o habitual. Seu piscar é lento e suas sobrancelhas estão mais baixas que o normal, embora um pouco elevadas no centro, como se estivesse dizendo, você percebe? Não é necessário tocá-la ou que a tutora me diga qualquer coisa, eu já sei, ela está com febre, ela se sente mal, ela quer seus pais.

Ouço um grito, Àlex está chorando e vem buscar meu conforto com um dedinho apontando para Sara. Eu olho para ela, ela olha para mim. Seus olhos brilham, um pouco mais abertos que o normal e suas sobrancelhas se arqueam. Seu olhar diz tudo, por um lado, as sobrancelhas comunicam a situação das circunstâncias por ter sido descoberta e seus olhos tentam me dissuadir com seu charme para que não brigue com ela. Sara tentou morder Àlex.

Ele me segue em todos os lugares; além da expressão corporal, seus olhos estão totalmente abertos, suas sobrancelhas estão arqueadas e buscam focar seus olhos firmemente nos meus. Tem claramente um objetivo para comunicar, precisa compartilhá-lo comigo, e acompanha o olhar com gemidos e movimentos dos braços. Mas, quando também o intercala ocasionalmente com um cenho franzido, fica claro que Àlex está com fome e deve ser o primeiro a comer se eu não quiser um escândalo na aula.

Eu pego o outro menino, Lluc, em meus braços e o penduro no trocador, ele olha para mim e eu não tiro os olhos dele enquanto o troco. Seu olhar transmite tranquilidade e cumplicidade, é um momento íntimo entre nós dois. Nos olhos de Lluc vejo muita calma e um pequeno sorriso que me pergunta o que virá ou se já sabe, as cócegas na barriga antes de colocar sua fralda. Eu respondo ao pedido, e outro dia começa nossa rotina de hábitos de higiene.

Esse curso sobre a vocação, sobre as mãos, me faz pensar que um bom artesão também tem um olhar especial que o ajuda a tomar decisões para trabalhar com as mãos. Os professores vocacionais são sensíveis aos signos das crianças e da educação. No meu caso, com os bebês do meu grupo, sou sensível aos signos que estão no olhar que dão ordens às mãos. E esses signos não apareceram no primeiro dia da aula, são signos que me foram chamando ao longo da minha vida e que, por isso, perseguindo sua chamada, me dediquei ao que me dedico [...].

Volto a anos atrás e me lembro de ser uma criança [...], e me lembro de quantas coisas se moviam por dentro quando eu passava o verão cuidando de gatinhos abandonados, dos passarinhos que tinham caído do ninho, dos porcos-espinhos que apareciam à noite, das lagartixas que eu salvava dos gatos famintos, dos peixes que eu soltava de novo na água quando meu avô os pescava, dos filhos pequenos dos amigos dos meus pais, dos meus primos, etc. Uma sensibilidade especial para com o inofensivo, o inocente, o pequeno.

Os anos passaram, e a sensibilidade para os signos ia se tornando mais sutil. Continuava tendo um amor infinito pelo pequeno e inofensivo, mas também nascia em mim uma nova sensibilidade para a aprendizagem. E uma menina teimosa apareceu com seu irmão mais novo (que tem uma deficiência cognitiva) que ensinei a andar de bicicleta e a esquiar, e a quem ajudei a fazer sua lição de casa. E já não cuidava apenas dos filhos pequenos dos amigos dos meus pais, preparava grandes atividades com representações e figurinos ou trabalhos manuais com todo o material que eu ia acumulando, destinado simplesmente às crianças e que ocupavam grande parte dos meus armários.

E os anos continuaram passando, e a sensibilidade para com o inofensivo, o inocente e o pequeno cresceu e se expandiu com a paixão pelo cuidado das plantas e por um amor profundo pelas pessoas mais velhas. E as novas responsabilidades permitiram que entrasse em ação como monitora de crianças pequenas, e em mim não havia nenhuma dúvida, minha "vocação" estava em ser professora de educação infantil. O tempo e o contexto em que cresci me ajudaram a descobrir pouco a pouco quais eram os signos que me chamavam, a que signos estava pre-destinada e, portanto, qual era minha vocação. Esse curso me ajudou a compreender meu caminho como professora e a dar nome àquilo que mais gosto de fazer, ao que sou chamada. E se tantas vezes usei a palavra "amor" é porque minha vocação não pode estar separada desse sentimento: é um mundo que me chamou, e eu me enamorei de alguns signos e da exigência que me supõe segui-los e fazer deles meu trabalho.

Karen Rechia, professora de história do ensino médio no Colégio de Aplicação da Universidade Federal de Santa Catarina, chegou a Barcelona justamente para assistir à aula em que os alunos apresentavam sua carta de amor. Pedi a ela que fizesse a sua, mas mal teve tempo de escrever algumas notas não desenvolvidas. São intituladas "Ideias para uma declaração de amor", e me permito transcrevê-las tal como me foram entregues, porque têm algo dessa atenção aos detalhes relevantes do ofício de professor (entendido como um ofício artesão), que está na base deste texto. Suas notas, que versam principalmente sobre questões espaciais, dizem assim:

> Declaro meu amor aos materiais dos alunos sobre a mesa, à geometria que eles compõem, aos textos sublinhados de cores diferentes. Ao momento em que entro na aula e encontro a lousa escrita por outro professor. Ao espaço entre o quadro-negro e a primeira mesa, e à maneira como esse espaço me dá um lugar onde posso me mover. Ao assunto de estudo, ao tema do dia, a como sua preparação me afasta e me aproxima. Ao caderno de classe, onde tudo se encaixa. À porta da classe, que abre e fecha, através da qual passam os desgarrados do rebanho após o sinal soar; essa porta por onde desponta a coordenadora e eu digo "agora não" com prazer disfarçado; essa porta que se abre aos recadinhos, às rotinas mas também às surpresas; essa porta

que, às vezes, quando há vento, faz "toc, toc". Ao corredor, a tudo o que acontece no corredor, ao que está pendurado no corredor. O corredor da escola sempre me pareceu um grande quadro neorrealista, desses em que os personagens entram e saem, desses que emolduram as coisas que acontecem e as que não acontecem, as saídas que são entradas e ao contrário, a perspectiva que se desenha segundo o ponto de vista de quem olha, a alternância de cheios e vazios, os ruídos que não sabemos de onde vêm.

Isabel González, a que já apresentei como glosadora das palavras "quadro-negro", "caderno" e "paciência", escreveu uma bela carta de amor para a biblioteca da escola de sua infância. Diz assim:

> A biblioteca a que dedico esta carta de amor não é essa que a Unesco promove como uma necessidade em uma sociedade do conhecimento, nem aquela nova modalidade de biblioteca de sala de aula, tão em voga em inovações educativas. A biblioteca a que eu declaro meu amor é a da minha escola, essa onde eu ia nos recreios em busca de silêncio e calma; essa que tinha os livros mais bonitos, com ilustrações que me fizeram viajar para outros mundos; essa que tinha alguns mapas que me pareciam gigantescos; essa que me convidou para jogar os jogos mais estranhos (para os meninos e meninas da era digital), como procurar uma palavra no dicionário, uma rara, e inventar canções, ou aprender as capitais e as bandeiras dos lugares mais remotos. A essa biblioteca é que quero dizer: obrigada por me mostrar a beleza das letras e das paisagens do mundo.
> 
> Na minha escola havia duas bibliotecas, uma de ensino primário e outra do secundário. A do primário era pequena, com mesas de madeira coloridas, amarelas e vermelhas, com estantes cheias das histórias mais fantásticas por descobrir. Lembro que, sempre que precisava usar um dicionário, embora sempre carregasse um na minha mochila, pedia à professora que me deixasse ir à biblioteca buscar um, só para ver e respirar aquele cheiro de livro antigo e brincar com o globo da terra, fazendo-o girar com os olhos fechados, esperando que parasse e meu dedo indicasse para que lugar do mundo o destino iria me levar.
> 
> Ao terminar a educação primária, era um ritual poder escolher a biblioteca da escola secundária. Lembro-me de perguntar aos meus professores quando podíamos ir àquela biblioteca, que me parecia grande demais e onde não podíamos ir. O rito começava com uma palestra e um simples mas solene passeio no qual nos comprometíamos a seguir as regras desse templo do conhecimento, juntamente com a entrega do cartão, para o qual nos pediam previamente duas fotos. Aprender a encontrar os livros me levou tempo, tive que procurá-los em alguns fichários, por autor, por assunto, escrever o código e seguir a numeração, entre muitas estantes, nas quais eu gostava de me perder, então quando tínhamos que procurar um livro para trabalhar em um grupo, eu nunca era a enviada.

Na minha biblioteca havia as mais belas enciclopédias, as que mais de uma vez quis profanar, para fazer algum trabalho, porque as imagens eram belíssimas, e fotocópias não eram de muito boa qualidade, nem meus desenhos, mas nunca me atrevi, embora no último ano de escola, superando todas as barreiras, o perfume de Patrick Süskind, quisesse ficar comigo.

Lembro-me de que a bibliotecária, a quem chamávamos Tutancâmon, sabia de tudo, a admirávamos, em várias ocasiões ficávamos conversando sobre livros, ou ela me recomendava onde procurar alguma informação ou me informava que novos livros haviam chegado. Eu sempre consegui inventar uma desculpa para ficar na biblioteca. Às vezes eu apenas gostava do silêncio, de ficar vendo como o resto lia ou fazia trabalhos, enquanto imaginava que eles estavam lendo um livro escrito por mim.

Há alguns anos, voltei para visitar minha escola, que frequentei por doze anos, mas ela já não era mais a mesma. E a biblioteca também não: parecia cada vez mais com as livrarias do centro comercial. Onde estão os arquivos, perguntei a mim mesma de forma ilusória, já que foram substituídos por computadores. Bastava escrever o autor e apareciam e a seção e o código onde o título deveria estar, tudo simplificado e fácil. Eles não anotavam uma ficha com o seu nome e a colocavam no final do livro com a data em que você teria que entregá-lo, tampouco você podia ver quem mais o havia lido, algo que eu sempre gostei de conferir, para ver quem poderia compartilhar os segredos revelados.

Tantas possibilidades que as bibliotecas nos oferecem, como poucos espaços na vida: você pode viajar para o passado, reviver e entender cenários de lutas, deliciar-se com os mais belos poemas. Um menino ou uma menina sem acesso a uma biblioteca em sua escola, ou que simplesmente não goste de ir, perde a oportunidade de imaginar novos mundos, de criar cenários. Às vezes, receio que as bibliotecas se tornem lugares inóspitos, que um livro seja substituído por um filme de Hollywood e que o silêncio já não tenha mais espaço.

A biblioteca é e será sempre uma instigadora de sonhos, o portal para novos mundos; é por isso que hoje, mais do que nunca, brindo por ti e te declaro meu amor eterno.

## Profissão de fé
*(Com Jacques Derrida, David Villar e Gabriela Mistral)*

A declaração de amor que sugeri como exercício poderia ser substituída, se os alunos quisessem, por uma profissão de fé. De fato, a declaração de amor à palavra de Raquel poderia ser lida como uma profissão de fé na palavra, como um credo, como "creio na palavra, na força da palavra, na capacidade educativa da palavra". Pode-se dizer o mesmo das outras cartas que poderiam ser lidas como declarações de fé na educação como a que abre mundos, ou no olhar, ou na carteira, ou na lousa, ou nos textos sublinhados com lápis de cor, ou na porta da sala de aula, ou na biblioteca da escola. Além disso, enquanto em suas cartas os estudantes declararam seu amor e professavam sua fé, eles também se comprometiam, de alguma forma, com a defesa daquilo que eles dizem amar, daquilo em que eles dizem acreditar. A carta de Raquel poderia ser lida como uma defesa da palavra, ou a de Isabel como uma defesa da biblioteca, ou a de Georgina como uma defesa do olhar (ou do cara a cara na escola), ou a de Karen como uma defesa do espaço entre o quadro-negro e as mesas dos alunos. Todas essas cartas defendem o valor educacional daquilo para o qual declaram seu amor, no que têm fé. Para enquadrar isso da profissão de fé, li algum fragmento de *A Universidade sem condição*, de Jaques Derrida:

> Professar significa [...] declarar abertamente, declarar publicamente [...]. A declaração de quem professa é uma declaração performativa de uma certa maneira. Compromete-se, através de um ato de fé juramentada, um juramento, um testemunho, uma manifestação, um atestado ou uma promessa. Trata-se, no sentido forte da palavra, de um compromisso. Professar é dar uma prova comprometendo nossa responsabilidade. "Fazer profissão de" é declarar em voz alta o que se é, em que se acredita, o que se quer ser, pedindo ao outro que acredite nessa declaração sob palavra [...]. O discurso da profissão é sempre, de um modo ou de outro, uma livre profissão de fé; manifesta o puro conhecimento técnico-científico (a pura competência, o saber-fazer) com o compromisso da responsabilidade.[124]

Um pouco mais adiante:

> Embora não seja impossível, não se falará facilmente da profissão de trabalhador agrícola temporário, de padre ou de pugilista, já que seu saber-fazer, sua competência e sua atividade não implicam nem a permanência nem a responsabilidade social que lhe reconhece uma sociedade em princípio laica, a alguém que exerce uma profissão comprometendo-se livremente a realizar um dever com ela. Falaremos, portanto, mais facilmente, e especialmente, da profissão de médico, de advogado, de professor, como se a profissão, mais vinculada às artes liberais e não mercenárias, implicasse o compromisso de uma responsabilidade livremente declarada, quase sob juramento: em uma palavra professada. No léxico de "professar" eu não enfatizaria tanto a autoridade, a suposta competência e a segurança da profissão ou do professor quanto, mais uma vez, o compromisso que deve ser mantido, a declaração de responsabilidade.[125]

Amar algo relacionado ao ofício é, então, acreditar nela, defendê-la, assumir a responsabilidade por ela, comprometer-se com ela, aceitar um dever para com ela. Fazer dessa fé, dessa responsabilidade, desse dever, uma declaração pública e livre. Dos textos que meus alunos escreveram como exercício, apenas David Villar, educador social, monitor de jovens, escreveu uma carta de amor que é, ao mesmo tempo, explicitamente, uma profissão de fé. Transcrevo alguns fragmentos:

Em primeiro lugar, declaro meu amor pela educação como um ato de fé. Isso nada mais é do que entender a educação como um ato mágico, uma visão de nossa vontade plasmada em um modo de vida. Por isso, parece-me impossível um amor pela educação que parta do ateísmo. Tampouco pode partir do pessimismo. Por muito que vejamos nosso mundo muito negro, viciado e contaminado com aquilo que nos desagrada, não consigo me imaginar um educador, um professor, pessimista. Seu trabalho, sua maneira de agir e se relacionar com o mundo tem a ver com o amor. Com a capacidade de abrir mundos, alimentá-los, compará-los, atravessá-los e viajar em um sem fim de possibilidades. Por isso, devemos acreditar em algo, e esse modo de acreditar não tem nada a ver com deuses ou religiões, senão com um credo pessoal, que nasce do interesse e da paixão por algo. Algo que é revelado e nascido em uma pessoa, algo que sucede, acontece em um lugar, de uma forma concreta e inspira. É nessa inspiração que nasce a possibilidade de que a magia ocorra. Por isso, é necessário que algo nos inspire, nos mova e nos emocione com tal intensidade que seja capaz de dar luz e sombras ao ofício do professor.

Em segundo lugar, declaro meu amor pela educação como um modo de vida. Eu olho em volta e vejo um mundo que foi organizado em torno de uns comportamentos desumanizados e de uma competitividade insana. Se existe algum lugar no mundo onde eu possa sentir que as peças se encaixam, este é em uma sala de aula, em um pátio, em um espaço e tempo dedicados à educação. Seja como formador, monitor, educador ou, talvez no futuro, professor, onde a suspensão temporária e espacial se manifesta como uma descontaminação de realidades perversas. Como algo que concentra a atenção em um aqui e agora, em uma matéria. É por isso que amo a calma, a tranquilidade, o dar espaço e o tempo que necessita a educação, o amor pelas coisas bem-feitas e a vocação de fazer as coisas por prazer [...].

O amor de que estamos falando aqui nada mais é do que a paixão por alguma coisa, o centrar a atenção em alguma coisa que se descobre como relevante, interessante e comovente. E eu declaro tudo isso porque eu amo muitas outras coisas, amo a filosofia, a história, as palavras, amo a música, o teatro, amo as pessoas que vivem com paixão e vocação suas vidas, amo viajar, amo a comida, amo aprender, amo conversar e compartilhar interesses, amo bons livros, amo a poesia. Há tantos signos por aí que não se sintonizar com esse mundo seria não amar o mundo. Declaro assim meu modo de amar um mundo, o da educação, que me é revelado como um modo de viver, de compreender e de me relacionar. Declaro meu amor pelo mundo. Declaro meu amor pela educação.

Já que estamos nesse tom de virtudes teologais (depois do amor e da fé, só nos faltaria a esperança, ainda que de esperança estejam cheias todas as cartas que meus alunos escreveram), não posso deixar de transcrever aqui a "Oração da Mestra", um poema de Gabriela Mistral com o qual Isabel González encabeçou uma seção de seu trabalho de conclusão de curso intitulado *Qué es eso de la vocación* [O que é vocação?]. Este é o poema:

Senhor! Tu que ensinaste, perdoa que eu ensine; que leve o nome de mestra, que Tu levaste pela Terra. / Dá-me o amor único da minha escola; que nem a queimadura da beleza seja capaz de roubar minha ternura de todos os instantes. / Mestre, faz-me duradouro o fervor e passageiro o desencanto. Arranca de mim esse impuro desejo de justiça que ainda me perturba, a mesquinha insinuação de protesto que sobe de mim quando me ferem. Não me doa a incompreensão nem me entristeça o esquecimento daqueles que ensinei. / Dá-me ser mais mãe que as mães, para poder amar e defender como elas o que não é carne de minha carne. Dá-me que alcance o fazer, de uma das minhas meninas, o meu verso perfeito e a deixar nela cravada minha mais penetrante melodia, para quando os meus lábios não cantem mais. / Mostre-me possível teu Evangelho em meu tempo, para que eu não renuncie à batalha de cada dia e de cada hora por ele. / Põe em minha escola democrática o resplendor que pairava sobre a tua roda de crianças descalças. / Faz-me forte, mesmo no meu desvalimento de mulher, e de mulher pobre; faz-me depreciadora de todo poder que não seja puro, de toda pressão que não seja tua vontade ardente sobre a minha vida. / Amigo, acompanha-me! Segura-me! Muitas vezes não terei senão a Ti a meu lado. Quando minha doutrina seja mais casta e mais queimante minha verdade, ficarei sem os mundanos; mas Tu me oprimirás então contra teu coração, o que soube farto de solidão e desamparo. Não buscarei senão em teu olhar a doçura das aprovações. / Dá-me simplicidade e dá-me profundidade; livra-me de ser complicada ou banal na minha lição diária. / Dá-me o levantar os olhos do meu peito ferido, ao entrar cada manhã na minha escola. Que não leve à minha mesa de trabalho minhas pequenas vontades materiais, minhas mesquinhas dores de cada hora. / Aligeira-me a mão no castigo e suavize-a mais na carícia. Repreenda com dor, para saber que eu corrigi amando! / Faz que faça de espírito minha escola de tijolos. Envolva na chama de meu entusiasmo seu átrio pobre, sua sala nua. Meu coração lhe seja mais coluna e minha boa vontade mais horas que as colunas e o ouro das escolas ricas. / E, por fim, lembre-me, na palidez da tela de Velázquez, que ensinar e amar intensamente na Terra é chegar ao último dia com a lança de Longino no costado ardente do amor.[126]

## Credos de professor
*(Com John Maxwell Coetzee, Oscar Wilde, Simon Critchley, Paulo Freire, Jacques Rancière, Jan Masschelein e Hannah Arendt).*

A passagem do amor para a fé levou-me a pensar que eu deveria preparar para a próxima aula uma breve intervenção que pode se entender por fé e a respeito do qual poderia ser o credo do professor. Pensei que o livro de Simons e Masschelein sobre a escola fala de amor (e do professor amador), mas não da fé (ou apenas indiretamente), porém há outro texto dos mesmos autores em que eles desenvolvem a ideia da "utopia escolar", que tem a ver com uma espécie de crença e da qual se poderia derivar, talvez, uma ideia da profissão de fé do professor em que ele não só se compromete publicamente com sua matéria de estudo (como o professor que "professa filosofia", no texto de Derrida sobre a universidade), como também se compromete com as novas gerações e talvez, acima de tudo, com a escola. Além disso, lembrei-me de uma conversa com Jan, em Lisboa, onde falamos sobre algumas construções humanas como a encarnação material, na cidade, de alguma crença compartilhada (e, claro, disputada). A pergunta de Jan, na condicional, era: se pensávamos, por exemplo, que uma igreja era a materialização, na cidade humana, de uma crença (compartilhada e disputada) em Deus, ou se um parlamento era a materialização de uma crença (compartilhada e disputada) na democracia, ou se um tribunal era a materialização da crença (compartilhada e disputada) na justiça, qual era a crença (compartilhada e disputada) que se materializava em uma escola? Ou, em outras palavras: a existência de escolas em uma cidade, o fato de que uma sociedade tenha inventado e instituído a escola é a encarnação material da crença em quê? O que aconteceu foi que, quando cheguei em casa, descobri que não ia ter tempo para essa intervenção, que me restavam poucas aulas, que já havia distribuído os tópicos, os textos e os filmes, e que a coisa acabaria, resumidamente, em selecionar alguns livros, sublinhar algumas citações e fazer uma série de notas para uma aula possível orientada a conversar sobre qual é a crença que institui a escola e, portanto, sobre qual poderia ser a profissão de fé do professor.

Pensei que se poderia começar retomando o texto de Derrida e insistindo em que aí não se fala de fé, mas da profissão de fé, da fé pro-ferida na declaração pública de uma promessa, de um compromisso ou, talvez melhor, de uma promessa que compromete. A fé, desse ponto de vista, não é uma crença privada, mas tem a ver com um prometer ou com a pessoa comprometer-se em relação àquilo em que acredita. Trata-se, então, não de examinar as crenças de cada um, mas de pensar a própria fé como um ato declarativo, como uma proclamação ou, em termos de pragmática linguística, como um performativo. A declaração de fé é uma proclamação que traz à presença aquilo que proclama ou, em outras palavras, que o faz existir. Se a fé em Deus constrói igrejas, a fé na democracia institui parlamentos e a fé na justiça edifica tribunais, então qual seria a fé que "faz" uma sociedade ter escolas e, portanto, professores?

E também poderíamos começar dizendo que a proposta de conversar sobre a fé (e o amor) do professor não tem nada a ver, em absoluto, com um tipo de retorno à religião ou uma reivindicação de ideologias fortes, mas sim com ensaiar como poderia funcionar o apelo a um certo compromisso existencial que possa se contrapor, talvez, à decepção, ao cinismo, à desmotivação e ao enfraquecimento geral da existência nesses tempos incrédulos, e também, seguramente, à crescente indiferença, à falta de responsabilidade e compromisso que está se instalando nos professores "profissionalizados", na medida em que seu trabalho vai sendo despojado de toda a dimensão existencial.

Para introduzir o assunto pode-se contar o último capítulo maravilhoso do romance de J.M. Coetzee, *Elizabeth Costello*. Ali, a protagonista do romance tem que atravessar uma porta misteriosa que não se sabe onde dá, mas, para poder cruzá-la, ela é obrigada a fazer uma declaração de suas crenças perante um estranho tribunal. O relato tem a ver com a ausência, a dificuldade ou talvez a impossibilidade de crer, especialmente quando se exige que essas crenças não tenham a ver apenas com convicções particulares ou com enunciados genéricos ou abstratos, mas que atravessem a maneira como a pessoa está no mundo e como atua nele. De fato, Elizabeth Costello é uma escritora profissional (e militante da causa animal), mas só nesse último capítulo se depara com o imperativo e a dificuldade de declarar a fé que subjaz à sua atividade como escritora. Um exemplo:

> Quando era jovem, em um mundo que não existe mais, encontravam-se pessoas que ainda acreditavam em arte, ou pelo menos no artista, e que tentavam seguir os passos dos grandes mestres. Não importava que Deus tivesse falhado e o socialismo também: era possível seguir Dostoiévski, Rilke ou Van Gogh com aquela orelha enfaixada que representava a paixão. Ela conservou essa fé infantil em sua velhice, a fé no artista e em sua verdade? Inicialmente, eu diria que não. É claro que seus livros não demostram nenhuma fé na arte. Agora que a tarefa de uma vida inteira de escrita finalmente chegou ao fim, ela é capaz de, a partir do presente, olhar com suficiente distância, ela acredita, e até mesmo com suficiente indiferença, para não ser enganada. Seus livros não ensinam nada ou pregam qualquer coisa. Simplesmente descrevem, tentando esclarecer, acima de tudo, como as pessoas viviam em um determinado lugar e uma certa época. Para dizer de forma mais modesta, eles descrevem como vivia uma pessoa, uma entre milhares de milhões: a pessoa a quem ela, no seu íntimo, chama de "ela" e a quem os outros chamam de "Elizabeth Costello". Se ela acredita em seus livros mais do que acredita naquela pessoa, trata-se somente de uma crença, no mesmo sentido em que o carpinteiro acredita em uma mesa sólida ou um toneleiro em um barril resistente. Ela acredita que seus livros são mais consistentes do que ela.[127]

A escritora não acredita na arte, não acredita no artista, não se sente protegida pela ideia de seguir os grandes mestres, não acredita que seus livros possam ensinar ou pregar qualquer coisa. Seus livros a descrevem, e apenas a ela. Mas ela acredita em seus livros porque eles são mais consistentes do que ela e acrescentam algo consistente ao mundo. Elizabeth Costello já não pode mais acreditar que "ela" seja mais do que ela, nem que seus livros sejam "mais" do que livros. Para escrever, ela não tem nenhuma fé transcendente ou precisa de uma. Porém pensa que seus livros devem ser claros, devem dar uma descrição real de uma pessoa e de seu mundo, devem ser consistentes: como uma mesa maciça. Pensa que seus livros são simplesmente o seu trabalho e nada mais do que isso, mas sente que deve "fazer bem" o seu trabalho, que deve fazer livros que sejam consistentes (como uma mesa maciça ou um barril robusto), e para isso, diz, para sentir o que esse "dever" a obriga, não precisa de crenças. No entanto, no final do livro, Elizabeth Costello pronuncia uma estranha declaração que poderia ser tomada como uma profissão de fé na realidade e na força da palavra para lhe dar voz. O livro de Coetzee é uma meditação sobre a fé do escritor (sobre a fé na "realidade" que o escritor coloca em palavras, e sobre a fé na força da "palavra" com que o escritor "prova" a "verdade" do que o mundo lhe diz).

É possível mencionar também a introdução ao livro de Simon Critchley, *The Faith of the Faithless* [A fé dos descrentes], especialmente o comentário que ele faz de algumas linhas do *De profundis*, de Oscar Wilde, que dizem o seguinte:

> Se por acaso começo a pensar sobre a religião, sinto como se quisesse encontrar uma ordem para aqueles que não podem acreditar: talvez fosse chamada a Irmandade das Pessoas sem Fé, onde, sobre um altar no qual não se queima nenhuma vela, um sacerdote, em cujo coração não há paz, oficie com pão não abençoado e um cálice vazio de vinho. Tudo deve se tornar uma religião para ser verdade. E o agnosticismo deveria ter seu ritual, o mesmo que a fé.[128]

Critchley o comenta assim:

> A frase mais surpreendente é a de que "tudo deve se tornar uma religião para ser verdadeiro". O que significa "verdadeiro" aqui? Claramente, Wilde não está se referindo à verdade lógica das proposições ou às verdades empíricas da ciência natural. Acho que ele está usando a palavra "verdade" de um modo similar ao da raiz de seu significado, como "ser fiel a algo" [...], a experiência de fidelidade com que se promete primeiro e adquire um compromisso mais tarde.[129]

Com o último capítulo do romance de Coetzee e com a introdução do ensaio de Critchley, é possível enquadrar a classe como uma proposta de conversa sobre a fé daqueles que não têm fé, nem no sentido religioso nem no sentido ideológico (embora, para capturar o significado da fé e da profissão de fé, seja essencial voltarmos ao campo religioso, pois a nossa maneira de pensar consiste numa versão secularizada de um motivo que tem sua origem e articulação nesse campo), mas que, de alguma forma, acreditam que "devem fazer bem" o que fazem porque, dito com Coetzee, é mais consistente do que eles próprios ou, dito com Wilde, porque o fazê-lo contém, ou revela, ou verifica alguma "verdade" (não transcendente) à qual foi prometida fidelidade ou com a qual a pessoa se com-prometeu.

Para situar a conversação de uma maneira mais concreta no ofício de professor, achei que poderia contar uma história pessoal. Como tenho o hábito de chegar à faculdade muito cedo, costumo ser o primeiro em uma aula ainda vazia, e, depois de deixar as minhas coisas sobre a mesa, gosto de ir lá fora fumar um cigarro, enquanto vejo nascer o sol, me concentro um pouco sobre a aula e aceno para os alunos que vão chegando; é então quando, de uma parte mais alta, vejo as risadas dos estudantes que saem do metrô e sobem o morro que leva às salas de aula. A imagem sempre me surpreende, e às vezes me pergunto o que é que os faz vir para a universidade, o que os move a sair de casa e ir para aquele lugar estranho que ainda é chamado de universidade e onde eu e outros professores como eu estamos esperando por eles, com alguns papéis sobre a mesa, para fazer a aula do dia. E também me pergunto o que faço ali, o que me fez também sair de casa e ir para meu local de trabalho com a sensação de que eu vou trabalhar, é claro, que eu vou ganhar a vida fazendo a única coisa que sei fazer, fazendo algo de que também gosto; entretanto talvez eu também esteja indo para "algo mais" do que isso, assim como penso que alguns dos alunos também sobem a colina com a secreta esperança de que lá, na sala de aula, aconteça "algo mais" do que o trâmite cotidiano de "obter um diploma" ou "livrar-se de" uma matéria. A pergunta para a fé de alunos e professores que não têm fé teria que ver então com o que é esse "algo mais" que nos faz sentir, ainda que obscuramente, que o que vamos fazer durante o dia, se o fizermos o melhor que podemos e se colocarmos nele o melhor que somos, talvez não tenha a ver apenas com a transmissão de conteúdo ou com a obtenção de resultados de aprendizagem. A pergunta sobre a fé (e o amor) do professor poderia ser, talvez, o que é que faz com que ele vá à escola todos os dias, e se esse "ir à escola" revela "algo mais" que dê ao esforço cotidiano certo valor ou certo sentido além da necessidade de cumprir com certas obrigações mais ou menos agradáveis ou tediosas.

A partir daí, é possível trabalhar com dois exemplos de profissões de fé pedagógicas. A primeira poderia ser as últimas linhas da *Pedagogia do oprimido*, de Paulo Freire: "Se nada resta destas páginas, esperamos que pelo menos alguma coisa permaneça: nossa confiança nas pessoas. Nossa fé nos homens e na criação de um mundo em que seja menos difícil amar."[130]

A segunda, uma das últimas linhas do *O mestre ignorante*, de Jacques Rancière:

> O Fundador havia morrido em 7 de agosto de 1840. Sobre sua lápide, no Cemitério de Père-Lachaise, os discípulos fizeram gravar o *credo* da emancipação intelectual: *Creio que Deus criou a alma humana capaz de se instruir por si própria, e sem mestres.* Mas essas coisas, decididamente, não se escrevem, nem mesmo sobre o mármore de uma tumba. Alguns meses mais tarde, a inscrição seria profanada.[131]

De fato, tanto os discípulos de Freire quanto os de Jacotot se tornaram uma espécie de enviados para anunciar uma fé "pedagógica" ou uma fé que fundamente o trabalho pedagógico: no homem como criador do mundo em um caso, na igualdade das inteligências em outro. A ideia de igualdade como pressuposição, como ponto de partida, e não como objetivo, poderia ser também um bom exemplo de declaração de fé que, de alguma forma, constitui aquilo que declara. Por exemplo: "É certo que não sabemos que os homens são iguais. Nós dizemos que 'talvez' o sejam. É nossa opinião e tentamos, com aqueles que acreditam como nós, comprová-la. Mas sabemos que esse 'talvez' é o mesmo para o qual uma sociedade de homens é possível".[132]

Não deixa de ser interessante que tanto Freire quanto Jacotot fossem criadores e experimentadores de métodos pedagógicos, mas que para ambos o método não tivesse apenas a ver com a eficácia de seus resultados, e sim se baseasse em uma espécie de proclamação de fé na qual aquilo em que se acredita é ensaiado e colocado em prática repetidas vezes "para ver se é verdade".

Nessa linha, seguindo a esteira de Rancière do que significa ensinar pressupondo a igualdade das inteligências, Jan Masschelein (e outros) formulam uma estranha ideia de utopia pedagógica que tem algo de profissão de fé na escola e na educação:

> Em vez de projetar uma utopia no futuro, apontamos para uma utopia intrinsecamente ligada ao pensamento sobre a escola, não como uma visão desejável e irrealizável, mas como um ponto de partida fascinante e inescapável. Nossa tese é que a ideia de escola, e para que está a escola, sempre foi e continua sendo utópica. A ideia utópica sobre a qual a escola é construída pode ser formulada da seguinte maneira: "Qualquer um pode aprender qualquer coisa".[133]

Essa ideia, dizem eles, é uma verdadeira utopia na medida em que "se refere a uma crença e a uma realidade impossível". Isso que qualquer pessoa possa aprender qualquer coisa significa que a capacidade de aprender é incondicional e, além disso, que aquilo que uma pessoa pode aprender não é pre-determinado. Daí:

> Que "qualquer pessoa pode aprender qualquer coisa" baseia-se na suposição de que não há pre-destinação – nem pelo nascimento, nem pela natureza. As pessoas não nascem com um destino predeterminado. A ideia utópica implica, antes, que é necessário aprender para dar forma ao próprio destino. Essa ideia está na base da escolarização [...]. A utopia pedagógica articula a crença de que a escola é o lugar onde qualquer um é capaz de encontrar seu destino e co-definir seu futuro [...]. Fundar, edificar, organizar ou melhorar as escolas sempre começa com essa ideia utópica.[134]

Ou, no final do texto: "Que 'qualquer um pode qualquer alguma coisa' é a ideia utópica que fundamenta a escola e não a que apresenta um cenário possível para o futuro, a ideia é um ponto de partida fascinante, irreal e inescapável. Adotar essa ideia utópica na educação implica questionar radicalmente a ideia de que o futuro das novas gerações é predeterminado".[135]

A utopia pedagógica de que falam os professores de Leuven, essa de que o futuro não está predeterminado, de que tudo está aberto, de que nada é dado na natureza humana, de que nem a origem nem o destino são determinantes, de que o ser humano se define a si mesmo a cada momento de sua história, subjaz também, creio, à fé de Paulo Freire, no homem como criador dos mundos, e à fé jacototiana, na igualdade das inteligências e na qual se pode aprende sem professor. Poderia também se relacionar, penso eu, com a "brecha de tempo" de Hannah Arendt (aquele intervalo entre o passado e o futuro que é formulado na introdução à série de textos, entre os quais está "A crise na educação"). Por exemplo: "Observado do ponto de vista do homem, que sempre vive no intervalo entre passado e futuro, o tempo não é contínuo, um fluxo de sucessão ininterrupta, porque está partido ao meio, no ponto em que 'ele' se ergue; 'seu' ponto de vista não é o presente, como geralmente o entendemos, mas sim uma brecha no tempo".[136]

Um pouco mais adiante:

> Este pequeno espaço intemporal dentro do coração do próprio tempo, ao contrário do mundo e da cultura em que nascemos, só pode ser indicado, mas não herdado ou transmitido do passado; cada nova geração, cada novo ser humano, indubitavelmente, na medida em que se insere entre o passado infinito e um futuro infinito, deve descobri-lo de novo e pavimentá-lo com diligência.[137]

A escola, a partir desse ponto de vista, seria a instituição que algumas sociedades criaram para materializar e moldar essa brecha temporal em que cada nova geração (cada novo ser humano) vem ao mundo e na qual tem a possibilidade de definir-se a si mesma. Talvez a escola seja a materialização da crença nessa possibilidade enquanto a ideia de que "qualquer um pode aprender qualquer coisa", a ideia de que "o homem é um construtor de mundos" ou a ideia de que "não há nenhuma diferença natural entre as inteligências humanas" supõem, todas elas, que o passado não é determinante e que o futuro está aberto.

No entanto, essa fé que, segundo Masschelein, está inscrita na própria ideia de escola e educação, tem que ser atualizada sempre de novo pelos escolares, pelos indivíduos que frequentam a escola.

É essa fé, talvez, a que está materializada na escola, porém também deve ser incorporada nos professores que fazem, com o seu trabalho diário, que a escola seja escola. Porque são os indivíduos, em suas ações movidas por uma fé (compartilhada e disputada), os que fazem (e ao mesmo tempo "verificam") que uma igreja seja uma igreja (e não outra coisa) e que os deuses tenham consistência; aqueles que fazem (e verificam) que um parlamento seja um parlamento (e não outra coisa) e que a democracia seja "verdadeiramente" democracia; aqueles que fazem com que um tribunal seja realmente um tribunal e que a justiça seja merecedora de seu nome; aqueles que fazem (e verificam) que uma escola seja realmente uma escola (e não uma fábrica, ou um lar, ou um shopping) e que educação seja verdadeiramente educação (e não, por exemplo, aquisição de habilidades úteis ou satisfação de necessidades emocionais).

Para terminar, e depois de falar um pouco sobre os credos dos professores, talvez pudessem ser dadas algumas indicações sobre o que pode ser entendido por profissão de fé, seguindo a esteira de Derrida (isso da declaração de fé como performativa).

Em primeiro lugar, a profissão de fé não declara uma crença abstrata, e sim um compromisso apaixonado que é experimentado subjetivamente. Mas, na medida em que essa experiência subjetiva implica uma declaração pública, o sujeito passa a ser publicamente constituído nessa declaração na medida em que faz uma promessa e assume, perante os outros, um compromisso. Não há profissão de fé sem um compromisso subjetivo que a sustente, e não há sujeito (desse compromisso) sem um anúncio público de fé que o constitua.

Em segundo lugar, a profissão de fé não se baseia apenas em razões. Limitar-se a pedir razões, testes ou fundamentos cognitivos da fé não é entender seu significado. Uma declaração de fé não afirma apenas certezas, não se sustenta apenas sobre o conhecimento, não se deriva apenas das razões ou dos raciocínios. Mas aquele que não obedece apenas a razões não significa que seja irracional. Poderíamos dizer, talvez, que a fé cria suas razões ou, de outro modo, que as razões da fé fazem parte da profissão de fé.

Em terceiro lugar, em uma profissão de fé, importa, é claro, o que é declarado como o conteúdo da fé (em que se acredita), mas o que é ainda mais importante é qual é a força desse compromisso, o que esse compromisso faz com o sujeito e o que esse sujeito o leva a fazer.

Em quarto lugar, a fé que se professa não vem do sujeito, mas o coloca em relação a um tipo de chamada. A fé é uma resposta para alguma coisa. É por isso que implica responsabilidade e um tipo de conversão (de algum modo, a fé se define em relação a uma existência anterior da qual ela se separa). A experiência fundadora de Jacotot na Universidade de Leuven ou o relato freiriano de seu encontro existencial com a miséria e a opressão dos trabalhadores brasileiros poderiam ser bons exemplos.

Em quinto lugar, a profissão de fé apela para uma comunidade, uma confraria, um grupo ou uma coletividade que a incorpore, ainda que tenha pretensões de universalidade. A fé só pode existir enquanto compartilhada (e disputada), e é por isso que se anuncia e se proclama.

Em sexto lugar, e aí talvez estivesse a conexão entre a profissão de fé de David e a oração de Gabriela, a declaração de fé não afirma a fortaleza ou a potência do sujeito, mas sua debilidade e sua impotência. A fé tem força, tem efeitos da realidade, move montanhas, mas ao mesmo tempo é débil, fraqueja, desfalece. É por isso que Gabriela Mistral tem que acompanhar sua declaração de fé com uma oração em que pede ajuda.

E talvez a partir daí se possa pedir aos alunos que voltem a Paulo Freire, a Joseph Jacotot ou a qualquer um dos grandes pedagogos (poderíamos pensar em Comenius, Pestalozzi, Montessori, Makarenko, Freinet) e tratem de pensar, em relação a alguns deles, a forma que suas profissões de fé têm (na escola e na educação) e de que modo essas declarações têm efeitos de realidade (na escola e na educação) enquanto todos eles (bem como seus seguidores) tornam-se inventores de procedimentos para verificá-la.

## O professor sem matéria
*(Com Jan Masschelein, Maarten Simons, Laura Fontán, Nicolás Ríos e Eric Ortega)*

Para voltar ao amor ao ofício e, sobretudo, a que tipo de amor poderia se referir ao ofício de professor, sugeri aos estudantes que relessem a seção intitulada "Uma questão de amor" do livro de Simons e Masschelein com que havíamos trabalhado no curso anterior, essa em que se falam do professor amador como alguém que ama sua matéria e por isso quer compartilhá-la com os alunos. Por exemplo:

> Um professor amador é alguém que ama a sua disciplina ou matéria, que se preocupa com ela e que presta atenção a ela. Junto ao "amor pela matéria", e talvez a causa deste, o professor também ensina por amor ao aluno. Como amador, o professor não é apenas alguém entendido em algo mas alguém que também se preocupa e se envolve ativamente nele. Não só é alguém entendido em matemática, como também alguém apaixonado pela disciplina, inspirado pelo seu trabalho e pelo material. Seu entusiasmo se revela em pequenos atos e gestos precisos, que são expressões de seu conhecimento mas também de seu envolvimento no ofício (no que ele traz entre as mãos) e de seu lugar nela. Esse entusiasmo tem, literalmente, a capacidade de dar voz ao objeto de estudo ou de prática, seja matemática, linguagem, carpintaria ou desenho.[138]

Para retomar o assunto em sala de aula, pedi aos alunos que formulassem alguma pergunta ao texto e depois trabalhassem em conjunto sobre ela. O que mais interessou a todos, a questão do professor sem matéria, apareceu na pergunta que Laura Fontán nos enviou:

> No ofício de professor junta-se um amor pela matéria, uma vez que se é professor de algo, e um amor pelos alunos. Na seção "Uma questão de amor" do livro que lemos, encontra-se: "Junto com o 'amor pela matéria', e talvez por causa dele, o professor também ensina por amor ao estudante". Embora no livro ambos os amores estejam unidos, gostaria de separá-los para formular minha pergunta. Minha pergunta é se um professor o é fundamentalmente por causa da matéria em que ele está centrado, ou se é pelos alunos. Caso que o seja apenas pela matéria, teríamos um professor sem alunos, e se for principalmente para os alunos, é possível ser professor sem uma matéria específica? Afinal de contas: qual é o objetivo do professor amador?

Foi aqui que interveio Nicolás Ríos, professor de história, que escreveu que sua primeira resposta à questão de saber se é possível haver um professor sem matéria seria que não. Para ele não poderia haver um professor sem matéria, ele disse amar a história e que era isso o que queria transmitir, já que não poderia conceber a si mesmo como professor se não fosse por esse amor à história, mas ao pensar em muitas de suas companheiras de classe, isso não era tão claro. Então ele escreveu o seguinte:

> Em quase todas as escolas do Chile existem os professores de educação diferenciada que trabalham em sala de aula com o(a) professor(a) da matéria. Eu entendo que eles não são especialistas em matérias específicas, mas sim em dificuldades ou necessidades para a aprendizagem. Sei que minha definição é pouco precisa. Onde está aqui a matéria?

Creio que, embora haja uma matéria que sempre está mediando, refiro-me à matéria em que o aluno requer um "apoio"; esta não é a matéria da professora diferencial, uma vez que ela só aparece em função das necessidades do aluno. Mas, por outro lado, acredito que há uma matéria própria do(a) professor(a) diferencial: a dificuldade. São especialistas no que poderia ser um obstáculo para o aluno acessar uma matéria, sobre isso sabem muito mais do que qualquer outro tipo de professor poderia saber, e isso as torna especialistas no que fazem e conhecem. Creio que a matéria aqui está no aluno. O aluno "tem" essa matéria, "é parte" dele ou dela. Assim, ser um especialista nessa matéria (as dificuldades ou necessidades de aprendizagem) permite que o professor diferencial compreenda melhor o aluno, leia-o, estude-o, para que, por sua vez, ele ou ela possa ler ou estudar outra matéria.

Quando falamos de dificuldades na aprendizagem, devemos dizer que todos nós as temos e que estas não são necessariamente medicalizadas, mas podem ser resultado de questões socioeconômicas. Nesse sentido, existe, na dificuldade para aprender, o efeito de uma injustiça social, uma falta de amor no seio social. A educadora e o educador diferencial, eu acho, têm o poder de tornar essas questões visíveis, "de colocar essa matéria ou esse assunto sobre a mesa". Portanto, e voltando à questão, no caso de um(a) professor(a) diferencial, acredito que, embora possa não haver matéria no sentido de algo que o professor ensina, há uma na necessidade e dificuldade que o aluno (e cada um de nós) traz consigo, e sobre a qual esse tipo de docente é um especialista. Essa é sua matéria.

Eric Ortega também interveio com o seguinte escrito:

Vamos tentar nos concentrar na pergunta de Laura e na resposta de Nicolás a partir de um lugar diferente. Convenhamos, então, que da mesma forma que nos afastamos do que é um professor quando falamos de – ou convertemos o "professor de alguma matéria" em – professor "em geral", também perdemos que coisa seja aprender quando nos apontamos à moda pedagógica e falamos do "aprender a aprender" ou do aprender "em geral". Quando falamos de aprender – sem dizer o que –, nos esquecemos de que esse "o que" determina, na totalidade, qualquer aprendizagem. Porque aprender matemática não é a mesma coisa que aprender literatura, ou ciências naturais em vez de desenho; o professor de geografia dificilmente poderá abstrair-se de sua matéria e do que fique como resultado da dita abstração para passar a ensinar, com o mesmo entusiasmo, filosofia. Podemos dizer, portanto, que a matéria determina a estrutura e o modo em que vai ser transmitida – ou encarnada – no professor e, portanto, a forma em que será percebida pelo aluno e, na melhor das hipóteses, exercitado nela.

Dito isso, convém adiantar que não sou a favor de negar a matéria aos professores ou professoras de educação diferenciada. Não quero fazer da professora diferenciada uma professora diferenciada "em geral". E uma maneira de evitar isso é tratando a questão como um "brincar de". Proponho, então, que brinquemos de que o professor diferenciado tenha uma matéria. Uma matéria que, se me permitem a ironia, poderia ser chamado de "errorologia de", ou, para aqueles menos dados a neologismos, "ciência do erro de". A finalidade dessa matéria "negativa" não seriam "os problemas de aprendizagem" considerados em geral e que poderiam nos aproximar de algum tipo de prática clínico-psicológica. Também não seriam os fundamentos da questão em questão (por exemplo, geografia). Simplesmente se encarregaria de estudar, com uma intenção puramente pedagógica, a relação – em ocasiões falida – que se dá entre a matéria e alunos, isto é, que tipos de erros são cometidos pelos alunos em seus exercícios de geografia e qual é a lógica subjacente a eles. Porque da mesma forma que a matéria condiciona sua transmissão e exercitação, não é despropositado pensar que também determina o erro. E embora possa não haver ninguém melhor do que o professor de geografia para conhecer os erros próprios de sua matéria, entretanto, sua determinação em organizar os fundamentos da matéria para sua exercitação ou estudo torna possível sua des-atenção nesse aspecto. Podemos pensar, então, em uma figura pedagógica cuja tarefa principal fosse converter os erros dos estudantes de diferencial em matéria de estudo. Uma matéria que, como comentava Nicolás, também tem, portanto, algo do aluno. "A matéria, aqui, dizia ele, está um pouco no aluno, que a tem e que faz parte dele ou dela." Mas não apenas isso, eu acrescentaria: também faz parte dela a disciplina na qual o aluno erra. Essa abordagem nos permite, um pouco na linha do que expusemos no início, considerar que o professor diferenciado não é um professor diferenciado "em geral", mas que dispõe de um tipo muito preciso de matéria constituída, ao mesmo tempo, pela disciplina escolar e pelo aluno que erra. Falando com propriedade, deveríamos dizer: eis aqui o professor diferenciado de geografia.

A questão ficou apresentada assim, e eu disse que o jogo de "errorologia" que Eric nos propunha era um jogo, porque o que fazia era dividir o professor de uma matéria no interior de si mesmo fazendo com que um deles se concentrasse na matéria a partir do ponto de vista de sua transmissão, e o outro do ponto de vista de sua aquisição ou, em outras palavras, do ponto de vista do aluno. No meio estaria, é claro, da matéria, e o que faria o "professor diferenciado de geografia" seria amar a geografia, mas atendê-la, digamos, do ponto de vista do que comete erros em sua maneira de introduzir-se nela. A questão, disse eu, continuava sendo se é possível um professor sem matéria e, portanto, se o que no Chile é chamado de "professor diferenciado" seria, estritamente falando, um professor.

Nesse sentido, lembrei-me de uma conversa que tive com uma professora de "práticas" em uma faculdade de educação. O que ela fazia era desenhar, orientar e avaliar as práticas que os alunos faziam nas escolas como parte de sua formação profissional; portanto, não era estritamente professora de coisa alguma. No entanto, ela dizia que o que convertia em matéria de estudo, de prática e de exercício não era, obviamente, uma disciplina do conhecimento, mas que ela era estudiosa das maneiras de trabalhar tanto os professores em exercício como os futuros professores. Acrescentou que nesse trabalho não era indiferente que os alunos começassem como "professores de história" ou como "professores de matemática".

Na verdade, ela trabalhava na faculdade de história, ela mesma era historiadora e professora de história, e o que fazia era trabalhar sobre as maneiras como a história se converte em matéria de estudo e, porque não dizer, em matéria de ensino e aprendizagem.

Um dos participantes contou a história de uma professora de inglês que queria ensinar esta língua, mas, quando começou a trabalhar em uma escola considerada "difícil" e "conflituosa", descobriu que passava mais tempo conversando com seus alunos sobre seus problemas (também sobre seus problemas na escola) do que ensinando inglês. Assim, chegou à conclusão de que não podia ensinar tal idioma e que não podia "ser professora", e que a situação da escola e de seus alunos a converteram em "outra coisa que não professora."

Eu mesmo disse que isso de "professor sem matéria" não está apenas na "aprendizagem em geral" ou no "especialista em dificuldades de aprendizagem" (o professor diferenciado que provocou a conversa), mas que também pode ser visto, talvez, em todos aqueles professores que se dedicam a coisas como educação moral, ou educação emocional, ou educação em valores; naqueles que trabalham em questões que nada têm a ver com "aprender isto ou aquilo", mas com a regulamentação das identidades e dos comportamentos, por exemplo, a educação sexual ou a educação alimentar; ou todas as atividades escolares que têm a ver com problematizar escolarmente situações da vida cotidiana das crianças. Uma das moças, professora de educação infantil, mencionou a questão da matéria nas crianças mais novas. Outra professora de educação física levantou-a em relação às aprendizagens corporais. Uma terceira, também diferenciada, disse que sua matéria fazia sentido do ponto de vista de uma escola inclusiva, de uma escola "para todos', e que talvez isso das "dificuldades de aprendizagem" soasse psicológico demais (de fato reconheceu que sua formação era essencialmente psicológica) e que talvez se pudesse pensar em uma abordagem mais pedagógica e, portanto, mais relacionada com o que seja "o escolar" do ponto de vista do que ela havia lido no livro de Jan e Maarten. Seguindo um pouco essa linha de pensamento, sugeri que talvez fosse bom voltar ao livro de Daniel Pennac que havia trabalhado na disciplina anterior[139] e ver se a forma como ele trata o "aluno idiota", o que não quer aprender ou é declarado incapaz de aprender, poderia ou não corresponder à lógica psicológica com a qual é geralmente abordada a aprendizagem. Disse que achava que me lembrava que no livro de Pennac não havia professores diferenciados nem nada parecido com a educação moral ou a educação emocional (e que isso me agradava). Também disse que poderíamos explorar o "professor diferenciado" a partir da ideia da aposta da escola pela capacidade de todos ou, pelo menos, pelo redesenho da distribuição social dada (sociológica mas também psicológica) das capacidades e das incapacidades, e que talvez isso das "dificuldades de aprendizagem" poderia ser traduzido por inventar maneiras e procedimentos para "verificar" a capacidade de todos diante das incapacidades pressupostas ou declaradas.

Por aí continuamos sem resolver nada, enredando-nos cada vez mais em uma pergunta que, por força de segui-la em todos os seus cantos e recantos, foi se tornando cada vez mais artificial para nós. Isso até que o aluno que havia iniciado a conversa interveio para dizer que talvez estivéssemos tratando do assunto de maneira demasiado analítica, que a questão essencial dessa parte do curso era o amor, que talvez isso do amor à matéria e do amor aos estudantes devesse ser completado pelo amor à escola; seria bom que pensássemos nas conversas que acontecem entre os diferentes professores que trabalham em uma escola (os professores com matéria e os professores sem matéria) porque poderíamos ver aí que tudo é misturado, e, como todas as misturas, as conversas não ocorrem sem conflitos.

## Uma fábula sobre abrir mundos
*(Com Naomi Kawase)*

O filme, simples e transparente como uma fábula, é de Naomi Kawase, estreou em 2014 e se intitulava *Sabor da vida*. Sentaro é um homem que perdeu o mundo. Na primeira cena o vemos fumar de costas para as cerejeiras, sem as ver. Ele trabalha fazendo *dorayaki* – espécie de panqueca japonesa cujo recheio mais comum é creme e doce de feijão azuki – embora nunca tenha sido capaz de comer um inteiro. Compra o *anko* a granel, industrializado, e se limita a misturar a farinha e os ovos, fazer as panquecas e servi-las aos compradores. Ele tem um emprego, mas não tem um ofício. Deve uma grande quantia de dinheiro ao dono da pastelaria e, portanto, está acorrentado por toda a vida a um emprego que faz mecanicamente. Nunca sorri. Wakana é uma adolescente solitária que não se integra no absurdo em que seus colegas de escola vivem. Quer continuar estudando, mas sua mãe diz que estudar não serve para ganhar a vida. Cuida de um canário enjaulado e gosta de livros e de ler com as crianças. Todos os dias, antes de fechar a loja, Sentaro lhe dá as panquecas que saíram defeituosas. Duvida se deve candidatar-se ao emprego oferecido na confeitaria ou ir ao instituto. Presa entre o pragmatismo de sua mãe, a estupidez de suas companheiras e sua própria indecisão, Wakana ainda não encontrou seu mundo. Um dia chega Tokue, uma velha que pede o trabalho. Suas forças escassas e mãos deformadas fazem Sentaro desconfiar. Ela pergunta a Sentaro se ele faz seu próprio *anko* e ele não gosta disso porque não o faz. Também fica desgostoso por fazer e vender doces já que não os aprecia. Para Tokue, o *anko* é o que dá vida aos *dorayakis*, logo e não pode ser tratado levianamente. Ela entrega a Sentaro uma caixa que ela mesma fez para que ele experimente. Quando Sentaro prova, não lhe diz que seu *anko* é melhor, mas sim que é diferente. E contrata Tokue.

Com ela Sentaro aprenderá que você tem que olhar os grãos antes de colocá-los no fogo para fazer as coisas com cuidado e tempo, porque é preciso ser capaz de interpretar os processos seguindo a evolução das cores e dos aromas. Com ela aprenderá o gesto certo, o momento oportuno, a temporalidade apropriada. Uma criança pede a Wakana que leia, e ela parece feliz lendo com todo o corpo, com sua voz, com os gestos, com os olhos, respondendo não só à leitura do livro como também às palavras e aos silêncios da criança com quem lê. Sua mãe derrama cerveja sobre o livro, e era como se doesse nela. Para Tokue tudo fala com ela: as árvores, o vento, a água fervente, o feijão. Para ela tudo tem uma alma. Em um ponto na história descobrimos o segredo de suas mãos deformadas: ela sofre de lepra desde que era adolescente e que a deixou encarcerada por 50 anos. Descobrimos também que queria ser professora de japonês, ensinar poesia às crianças, mas que o caos da guerra e da doença tornaram isso impossível. Tokue nem sequer teve a possibilidade de ter mundo, mas ali, no leprosário, aprendeu a fazer doces, a cozinhar, a brincar com os enfermeiros e outros pacientes, e isso lhe deu um mundo. Quando os estudantes escandalosos se queixam de que tudo na escola é tedioso, que não faz nenhum sentido, que é inútil, que nada lhes interessa, Tokue lhes diz que é preciso agir para que isso não seja assim, que eles deveriam fazer algo que os faça felizes, que eles deveriam converter em um jogo aquilo que não lhes importa, que eles deveriam estar à altura dessa liberdade que têm e que ignoram. A dona da pastelaria chega com seu sobrinho, um jovem estúpido que estudou para ser cozinheiro-chefe, que quer reformar o negócio, inovar, adaptá-lo aos novos tempos, e pede a Sentaro que trabalhe com ele. O sobrinho da proprietária, como os estudantes, como a mãe de Wakana, também não têm nenhum mundo, mas parecem não se importar, vivendo tranquilamente nessa ausência e, é claro, estão permanentemente ocupados. O boato da lepra se espalha pela vizinhança e Sentaro tem que demitir Tokue. Tokue tem as mãos disformes, mas Sentaro foi, durante algum tempo, suas mãos, e dessa forma aprendeu o que significa ter mãos. Sem Tokue, sem o seu modo de se relacionar com o mundo, o trabalho, mais uma vez, torna-se um mero trabalho. Além disso, Sentaro lamenta não ter sabido defender Tokue. Então ele recebe uma carta:

> Querido chefe, como as coisas estão andando pela loja? Eu me preocupo com o seu humor. Ao preparar o *anko*, sempre ouvia as histórias dos feijões e então imaginava os dias chuvosos e os dias ensolarados que eles tinham visto, como seria a brisa que balançava seus caules, ouvia a história de sua jornada. Acho que tudo neste mundo tem algo a nos contar, até o sol e o vento. Talvez seja essa a razão pela qual a noite passada a brisa soprava sobre o azevinho. Ela parecia me dizer para entrar em contato com você. Tentamos levar uma vida sem mácula, mas às vezes estamos sujeitos à hostilidade do mundo. E temos que usar nossa engenhosidade. Deveria ter dito isso. Tenho certeza de que um dia você terá uma ideia digna de você e criará um *dorayaki* a seu modo. Confie em si mesmo e siga o seu caminho.

Em uma visita ao leprosário, Sentaro e Wakana conhecem o lugar onde Tokue passara a vida, e como, graças à cozinha, havia feito desse lugar um mundo. Na segunda visita Tokue havia falecido, mas antes de morrer deixara para Sentaro suas ferramentas (suas panelas, suas peneiras, suas colheres de madeira). Também libertara o canário de Wakana. Esta então sai de casa e decide estudar. Quando caminha pela rua um menino a saúda, como se fizesse sinais para ela, como se lhe desse boas-vindas. Sentaro abandona a loja e decide fazer seus próprios doraiyakis. Quando as cerejeiras florescem, novamente sai ao parque para vendê-los, a gritar, desta vez convencido e com a cabeça erguida, que seus doraiyakis são os melhores do mundo.

As mãos envelhecidas, contraídas, e semiparalisadas de Tokue, essas que aos olhos da maioria não servem para nada, são as que fizeram com que Sentaro e Wakana descobrissem a felicidade e o segredo das próprias mãos e seguissem o caminho que essa felicidade e esse segredo lhes assinalava.

E talvez não se trate de outra coisa, neste curso, que de tentar que a palavra "vocação", a palavra "ofício", a palavra "amor" ou a palavra "fé", também envelhecidas, ressecadas e paralisadas, quase sem vida, palavras que muitos consideram superadas e suspeitosas, sejam capazes de contribuir para que os professores possam se colocar no caminho de descobrir, por si mesmos, a felicidade, a dignidade e o segredo de suas mãos, quer dizer, a verdadeira natureza de sua maestria e ofício.

# DO ESPÍRITO ARTESÃO

> *Amplia o cotidiano e nada mais*
> *(ver Goethe: "Cumprimento cotidiano de gestos rigorosos /*
> *Não há necessidade de nenhuma outra revelação").*
> Peter Handke

## Filósofos e mestres
*(Com os personagens de um filme de Tao Ruspoli)*

*No mundo* é um filme de Tao Ruspoli que estreou em 2009. Ruspoli se graduou em filosofia em Berkeley em 1988. Foi aluno de Hubert Dreyfus em um curso sobre o existencialismo na literatura e no cinema. Em 2008 voltou a Berkeley, para ver Dreyfus e propor-lhe um filme sobre as diferentes maneiras de ser-no-mundo que também seria um filme sobre a sobrevivência do humano na era tecnológica. Dreyfus o colocou em contato com antigos alunos seus, agora professores, e com Charles Taylor, um dos filósofos mais importantes na introdução da assim chamada "filosofia continental" nos Estados Unidos, perante as correntes analíticas dominantes. Decidiram que o conceito heideggeriano de ser-no-mundo poderia ser o conceito condutor do filme e se dedicaram a buscar alguns personagens que lhes servissem de inspiração e de exemplo para seu filme. Este, então, alterna intervenções dos "filósofos" com aparições de "mestres", concretamente Manuel Molina (músico flamenco), Leah Chase (cozinheira) e Hiroshi Sakaguchi (carpinteiro). Aparecem também uma malabarista, diversos músicos de jazz e alguns pilotos de lanchas no chamado "mar de Salton".

O filme, como se fosse um livro, se divide em vários capítulos: uma breve história da filosofia ocidental; o ser e o tempo; o debate da inteligência artificial; estados de ânimo; as regras do jogo; risco; compromisso; autenticidade; além da conformidade; criação de mundos; a história do ser; a compreensão tecnológica do ser; práticas focais; o sentido do sagrado. Trata-se de uma leitura da fenomenologia existencial em chave pragmatista e com certo tom anti-intelectual (como era de se esperar em uma interpretação norte-americana de *Ser e Tempo*) e, além do mais, despojada de seus acentos mais graves e trágicos. Mas há algumas intervenções dos mestres que podem nos interessar para esse estranho propósito de tornar inteligível essa coisa da vocação e, sobretudo, de fazer que algo se torne inteligível através dessa velha palavra.

O baixista de jazz faz o elogio de seu instrumento (atribui-lhe alma, personalidade), diz que a conexão com seu baixo é conexão com a música e consigo mesmo, diz também que é o som que lhe diz aonde tem que ir e, inclusive, que tem a impressão de que tocar o baixo o torna melhor.

O carpinteiro declara seu amor às ferramentas (diz que olha para elas, toca nelas e inclusive que dorme com elas) e diz que seu "ser carpinteiro" está encarnado em seu corpo, em seus movimentos, em seus gestos, como se seu trabalho revelasse a madeira, as possibilidades da madeira, mas também as possibilidades de seu próprio corpo.

A cozinheira conta seu assombro ao entrar pela primeira vez em uma cozinha, quando tinha 18 anos. Diz que que aprendeu a amar a cozinha e a amar a comida, que sentiu com clareza que "isso" é o que queria fazer e que "ali" é onde queria trabalhar.

O cantor diz que o flamenco é uma forma de vida, uma forma de relação com as pessoas e com as coisas, uma variedade de emoções (riso e choro concomitantes), como se a música, ao mesmo tempo, expressasse e construísse um estado de ânimo, ou uma série de estados de ânimo, nos quais se revela uma forma de estar no mundo.

O carpinteiro diz que escolhe a madeira como se fosse um ser humano, que a cor, a fibra, a textura, a dureza e o peso dela expressam sua personalidade, que uma boa madeira faz com que ele se sinta bem, e que quando ela é ruim, fica de mau humor.

A cozinheira conta que não pode trabalhar com receitas, que cozinhar é sempre interpretar as receitas, ir além delas ou, inclusive, deixá-las para trás, deixar-se inspirar pela própria comida.

O barqueiro diz que para navegar tem que ler a água, ser sensível a ela, e que a lancha é o sensor que lhe permite se dar conta das possibilidades que a mesma água lhe dá para sua navegação.

O trompetista de jazz diz que a improvisação o faz tocar coisas que surpreendem a si mesmo, coisas que não pensava ser capaz de tocar, como se a conexão livre e ao mesmo tempo atenta e respeitosa com a música lhe permitisse descobrir possibilidades da música que ainda estavam ocultas para ele.

O carpinteiro fala de seus anos de aprendizagem, de seu estar aí, na carpintaria de seu mestre, afiando ferramentas, varrendo o pó de serra, olhando como se faz as coisas, aprendendo pouco a pouco a diferenciar o que é relevante do que não é, aprendendo a se interessar e a estar atento, a se comprometer com o ofício. Ele fala também da sensação de não ter sido ele quem escolheu a carpintaria, mas sim de ter sido escolhido por ela, que foi quem o chamou, quem lhe deu uma forma de vida significativa.

O cantor disse que o violão tem que ser feito à mão porque a mão sente, está viva, se dedica ao que faz, importa a ele o que faz.

O percussionista disse que há uma prática solitária, exercitante, mas que tocar com outros músicos implica escutá-los, estar conectado com eles, e escutar também o público, a atmosfera singular da sala.

O carpinteiro disse que seu ofício não está orientado para a eficiência e muito menos para o dinheiro, que a eficiência e o dinheiro são o que rege o modo de fazer daqueles aos quais dá na mesma, aos quais as coisas não lhes concernem, não lhes importam, dos que não sabem distinguir a madeira boa da ruim porque tudo é madeira em geral, ou seja, valor e dinheiro, e que por isso seu ofício requer um tempo que não pode ser medido e, sobretudo, muita paciência para esperar e poder recolher a madeira no momento adequado, deixá-la secar o tempo que necessita, cortá-la com a calma e o cuidado que ela requer.

O cantor, depois de uma série de três músicas tocadas e cantadas de pé, com a cabeça alta e os olhos fechados, como se estivesse em transe, absorvido pela música, abre os olhos e pergunta: onde estou, onde estou?

O que todos eles mostram é seu estar vinculados a um mundo, seu estar chamados a atuar de certa maneira em um mundo, seu estar prontos ou preparados para responder ao que dizem as distintas situações nas quais se encontram em sua maneira de viver o ofício. Mostram como essa vinculação é a que lhes dá uma espécie de naturalidade, essa sensação de saber fazer em cada momento o que toca, o que é preciso, sem esforço aparente, sem saírem deles mesmos, como se fluíssem quase naturalmente de sua forma de estar ali, isso que se aprende com treinamento, disciplina e atenção, mas que não tem a ver com seguir procedimentos padronizados, princípios, regras ou normas.

Mostram também que o que os faz ser originais ou singulares em sua maneira de encarnar o ofício não tem nada a ver com uma suposta espontaneidade, mas depende da apropriação de um fundo de modos de fazer, de modelos prévios, costumes, convenções e práticas assentadas que constituem uma tradição em que é preciso confiar porque só desde ela, ou a partir dela, podem se sentir livres.

Mostram, por último, que há uma autoridade do mundo independente de nós, que transformamos em mundos mas que nosso fazer não consiste em submeter o mundo a nosso saber, a nosso poder ou à nossa vontade, mas sim deixar que seja o próprio mundo aquilo que nos guia, como se houvesse uma dupla chamada e uma dupla receptividade: a música responde à chamada do músico (como a comida à chamada da cozinheira, ou a madeira à chamada do carpinteiro), mas é o músico que responde também à chamada da música, aquele que segue a força e o poder da música (e a cozinheira, da comida, etc.).

A malabarista diz que a ela emociona compartilhar suas habilidades porque, ao mesmo tempo que está absorvida no que faz, é capaz de sentir que as pessoas se detêm, calam e concentram sua atenção. A isso ela chama de um momento mágico de conexão com os outros.

O baixista fala que o que o levou ao jazz foi o fato de os músicos formarem uma espécie de comunidade, e que se introduzir nesse mundo é também introduzir-se nessa comunidade.

A cozinheira diz que reabriu seu restaurante depois da catástrofe do furacão Katrina para dar de comer aos flagelados, e porque sentia que a comida tradicional e bem-feita sustentava uma comunidade, sendo uma forma de estarem juntos, de dar um sentido de pertencimento, algo que tinha a ver com a alegria e com a felicidade.

O cantor relaciona o flamenco com compartilhar, com uma festa que se dá imediatamente quando se compartilha um pouco de comida, e que isso é como rezar, como estar juntos para agradecer essas pequenas coisas que são os dons do mundo.

O carpinteiro diz que trabalhar bem a madeira é uma forma de honrar a beleza do mundo dando-lhe o melhor que uma pessoa tem ou sabe.

## Uma correspondência acerca do ofício
*(Com José Luis Guerín e Jonas Mekas)*

No carro, voltando para casa depois da aula e pensando ainda na dimensão coletiva do artesanato (em sua capacidade de criar mundos comuns) que aparece na última parte do filme de Tao Ruspoli, recordei que também se fala disso na correspondência fílmica entre José Luis Guerín e Jonas Mekas, e decidi levá-la na próxima aula. A correspondência foi propiciada pelo Centro de Cultura Contemporânea de Barcelona e realizada entre o fim de 2009 e o de 2010. Está formada por cinco cartas de Guerín (que é quem inicia a correspondência e a encerra) e por quatro de Mekas, e nos interessa aqui porque tem muito a ver com a forma como cada um deles vive o ofício. Destacarei alguns motivos.

Em primeiro lugar os que se referem à materialidade do ofício. Surge aí a questão das regras quando Guerín, em sua primeira carta, conta a Mekas o protocolo que o conduzia à realização de *Guest*, filme que estava preparando durante a correspondência. Guerín havia decidido aceitar, durante anos e sem nenhuma restrição, todos os convites que recebesse para participar de festivais, congressos e todo tipo de eventos. Esse estatuto de *guest*, de convidado, constitui, disse Guerín, uma forma de estar-no-mundo um tanto artificial, um tanto disparatada talvez, mas que vai ser "sua aliança com o mundo nesse lapso de tempo", porque vai permitir a ele trabalhar com as possibilidades e os limites que essa forma de vida lhe impõe. Além disso, na quarta carta, Guerín fala de como necessita restrições para se manter atento, de como as limitações, as renúncias e os marcos rígidos o fazem sentir-se próximo ao artesão "que tem que dominar uma técnica que se subleva a ele", que resiste a ele. Nesse sentido, diz que necessita "certa adversidade técnica", que "desconfia do servilismo tecnológico" como se o fato de que as coisas serem demasiado fáceis (o fato de que se disponha de todas as possibilidades) fosse antes um obstáculo para o seu trabalho. Por outra parte, tanto Guerín como Mekas mostram suas modestas ferramentas de trabalho: a mesa de montagem de Mekas (em sua segunda carta) com um equipamento antiquado, e o escritório de Guerín (em sua terceira carta) com um equipamento moderno de edição com o que se sente ainda torpe.

Na terceira carta Guerín fala outra vez do "espírito artesanal" de sua forma de fazer cinema quando, em uma viagem no inverno aos bosques nevados de Walden, se reconhece em *Nanook, o esquimó* (o filme de Robert Flaherty, de 1922, um dos fundadores do documentário) no espírito da cabana de Thoreau e em *Francisco, arauto de Deus* (o filme de Rossellini), quer dizer, em um ideal de vida simples, humilde, pobre, franciscano, que contrasta nitidamente com o mundo da promoção, do negócio, dos festivais, do *glamour*, da produção industrial do cinema. Guerín reivindica essa ideia do trabalho perseverante, esforçado, solitário, anônimo, concentrado, que recomeça repetidas vezes, e ao que volta a aludir no larguíssimo plano das formigas que tentam arrastar uma folha por uma parede vertical na última tomada da última carta. Os cineastas, parece dizer Guerín, são como os artesãos, que, por sua vez, são como as formigas.

Em sua última carta, e em uma glosa maravilhosa à figura de Mekas como cineasta, mas sobretudo um "agitador" do cinema independente nos anos 1980, Guerín enuncia a ideia de comunidade. Alude, nostalgicamente, a essa época dos coletivos, das revistas, dos manifestos, da experimentação, a essa validade, a essa alegria de estar juntos, a esse sentimento de compartilhar, de fazer parte de algo, que reúne gente muito diversa (e não só cineastas) mas com um horizonte comum, o de criar "um novo cinema". A época, diz Guerín, em que "os cineastas falavam entre si" e não só de questões gremiais. A época, talvez, em que se compartilhava não só uma tarefa ou uma forma de fazer as coisas (uma forma de estar no mundo) mas sobretudo um estado de ânimo. E o ânimo, como vimos, abre mundo, assinala possibilidades de mundo. Agora, sem dúvida, diz Guerín, "é muito difícil que os cineastas falem, que se encontrem". Agora "os cineastas estão sós".

Além de uma ideia de comunidade, a profissão implica também a ideia de fazer parte de uma tradição. Nesse sentido, sobretudo nas intervenções de Guerín, há constantes referências ao passado do próprio cinema. Aos velhos operadores solitários da época dos pioneiros, nos quais reconhece a Mekas e a si mesmo (na primeira carta). A Ozu, cuja tumba visita e em que deposita uma garrafa de saquê (na quinta carta). Ao próprio Mekas, a quem se refere como "o que amparava e dignificava nossa precariedade", aquele em que pensavam os jovens cineastas espanhóis em tempos difíceis e cuja figura ao mesmo tempo lhes tutelava e lhes dava ânimos (também na quinta carta).

Em relação ao cinema, à natureza específica do ofício de cineasta, o primeiro motivo é o do cinema como reação à vida. A isso se refere Guerín em sua primeira carta quando cita a famosa frase de Mekas "I react to life", "reajo à vida", como se a câmera fosse um instrumento de conexão com o mundo, de reação ao mundo. E a isso se refere também Mekas (também em sua primeira carta) quando aparece em uma conversação com uma amiga e insiste repetidas vezes que a vida "é real", que o mundo "é real", que o mundo é independente de nós mesmos e não só uma projeção de nós mesmos, não só "uma atitude".

O segundo motivo é o do cinema como uma forma de desenraizamento. Nesse sentido, Guerín (na quarta carta) se reconhece nos personagens que povoam os espaços públicos – o romeno que toca acordeão, o paquistanês que vende flores, o africano que vende bolsas falsas –, nas pessoas que perderam seus espaços originários como diz Guerín, o próprio Mekas, lituano deslocado, emigrante forçado para os Estados Unidos depois da guerra, e também ele mesmo, convidado errante, cineasta sem casa própria, habitando o mundo como um *guest*, como um hóspede.

O terceiro motivo é o do cinema como um sonho. Em sua última carta, Mekas fala de "nós, os últimos sonhadores". Mas os cineastas, diz Mekas, não são os que fabricam os sonhos da humanidade (o velho motivo de Hollywood como fábrica de sonhos), e sim aqueles que os seguem: "seguimos os sonhos da humanidade", diz Mekas, e com isso filmamos as formas de resistência ao irremediável do mundo: "Os sonhos serão a nossa salvação".

O quarto motivo, constante nas cartas de Mekas, é o do cinema como uma celebração sensível do mundo e da vida, como uma fixação e sacralização das formas e das cores que formam a pele sensível do mundo e dos gestos cotidianos formadores da trama simples da vida. Daí as contínuas tomadas enviadas por Mekas em que ele filma a comida, as árvores, a neve, a flor de lavanda (um pedaço do paraíso), os amigos, as ações contínuas de cantar, dançar, comer, beber, passear, conversar, brincar. "É assim que transcorre minha vida", repete Mekas, enquanto fala sobre o cinema como "participação no que acontece diante de si mesmo".

As considerações sobre o ofício que estão na correspondência de Guerín-Mekas incluem, de maneira essencial, referências à passagem do tempo e da morte, à irremediável finitude de qualquer obra humana. Quando Mekas mostra sua mesa de edição (na segunda carta), faz aparecer imagens desbotadas dos velhos tempos (em que éramos jovens), de velhos amigos (alguns já mortos), ao mesmo tempo que alude à dicotomia entre inverno e primavera, velhice e juventude, morte e renascimento. "É primavera lá fora e é inverno nos filmes antigos a que estou assistindo" (ou o contrário), e enquanto celebro os tempos passados, também celebro que "as árvores se tornam loucas na primavera". Como se o cinema, tal como qualquer ofício humano habitada pela caducidade e pela morte, se propusesse a resistir à passagem do tempo e ao mesmo tempo se render a ele. Quando Guerín (na terceira carta) mostra as datas das fachadas dos edifícios que cercam sua casa em Barcelona e imagina os filmes a que seus construtores poderiam assistir. O tempo passa, os construtores deixam casas, os cineastas deixam imagens, os construtores de casas e os fixadores de imagens morrem, mas suas casas continuam a ser habitadas por outros homens e suas imagens a ser vistas por outros olhos. Quando Guerín (na mesma carta 3) faz uma homenagem à jovem cinéfila eslovena assassinada em Manila com quem havia conversado durante um festival em Lisboa sobre sua descoberta do cinema, sua formação como espectadora e sua decepção com o rumo das políticas culturais do seu país. Quando Mekas (em sua terceira carta) se refere à memória do sofrimento do mundo, que mostra com imagens de uma viagem a Cracóvia (um cemitério judeu destruído pelos nazistas) e uma viagem à Eslováquia (a prisão onde se prendia e se torturava aqueles que se recusaram a trabalhar pela força nas minas), e que condensa na imagem de um Cristo crucificado encontrado na parede de uma cela.

Finalmente Mekas alude, penso eu, a algo semelhante à vocação quando em sua terceira carta ele grava para Guerín um monólogo emocionante no qual diz:

> José Luis, continuamos filmando, sim, continuamos filmando. É outro dia, outra noite, é tarde, são três da manhã. Todo esse assunto da realidade e da

poesia[...] a verdade é que tudo que faço é filmar. Nem sequer isso. Gravo em vídeo momentos da minha vida e da vida ao meu redor, detalhes que necessito gravar por algum motivo que eu desconheço e que me obriga a fazê-lo, mas tenho que fazê-lo. Depois as pessoas me perguntam por que o faço, e que sentido tem. Então eu tento racionalizar isso, mas é apenas um jogo, um jogo de palavras. Tudo se resume ao que eu faço, e o que você vê são momentos, fragmentos que capturo com minha câmera enquanto a vida se esvai, enquanto a vida continua. E é tudo real [...]. Então o mistério continua [...]. Essa é a beleza da vida, que continuamos vivendo, seguimos adiante, e não são necessárias explicações. As explicações são apenas parte do jogo. Na verdade, o que estou tentando dizer a você é apenas para me manter acordado a essa hora da madrugada.

## Histórias invisíveis
*(Com Jonas Mekas, Isabel González, Georgina Martín, Andrea Graciano e Raquel Leão)*

A correspondência fílmica a que acabo de me referir me fez pensar no formosíssimo "Antimanifiesto del centenário del cine" de Jonas Mekas.[140] Nós o lemos em classe, com grande alvoroço, e propus o exercício de reescrevê-lo como "Antimanifiesto de la invención de la escuela". Transcrevo aqui quatro desses antimanifestos com a esperança de que a repetição da estrutura de uma ideia do texto original de Mekas, enquanto que a variação dos enfoques permita adivinhar algo das diferentes sensibilidades dos alunos que povoavam o curso. O primeiro será de Isabel González, de que já transcrevi algumas de suas palavras e sua carta de amor à biblioteca. Diz assim:

Como bem sabem, foi Deus quem criou esta Terra e tudo que há nela, pelo menos isso é o que me contou um tal de Jesus de Nazaré. E ele achou que tudo era genial. Todos os pintores, e os poetas, e os músicos cantaram e celebraram a Criação, e tudo estava bem. Mas não de todo. Faltava algo. Então, há alguns anos, Deus decidiu criar a escola. E o fez. E então ele criou um professor e disse a ele: "Olhe, aqui você tem um lugar separado de mundo, onde você tem tempo, é composto de materialidades, e nele você poderá ensinar coisas interessantes. Vá, ensine tudo o que você sabe e abra mundos para os meninos e as meninas, celebrando a beleza do conhecimento, da Criação e dos sonhos do espírito humano, e divirta-se fazendo as aulas".

Mas isso não agradou ao diabo, que queria manter as pessoas controladas e preocupadas em consumir e competir umas com as outras. Então, como Deus enviou o seu filho, também o diabo enviou o seu, e dessa forma é como chega à Terra Milton Friedman, que disse aos professores: "Por que vocês querem ensinar, celebrar a beleza do mundo e seu espírito, se eles são mais dedicados a formar capital humano, e a ser mais competentes? Podem dedicar-se a autoeducar-se, através da formação para toda a vida e os vários cursos e cursinhos que lhe proponham para o desenvolvimento de sua carreira profissional, e assim você poderá subir no mercado de trabalho e capitalizar seu conhecimento". E, acreditem ou não, todos os professores correram a buscar os cursos pela rede, palestras e simpósios de inovações pedagógicas, qualquer coisa que lhes permitisse ser mais competente do que seus pares. O Senhor percebeu que havia cometido um erro. Então, para corrigir seu equívoco, Deus criou os professores inspiradores e disse a eles: "Aqui está a escola. Vão e ensinem os conhecimentos, mostrem a beleza da Criação e divirtam-se. Mas terão dificuldades para fazê-lo e terão que lutar contra o livre mercado e a privatização da educação".

Assim falou o Senhor a Gabriela Mistral, José María Arguedas, Rosa Sensat, José Antonio Encinas, Luis Felipe Borja Pérez, María Isabel Carvajal, Agustín Nieto Caballero, Diego Barros Arana, Carmen de Burgos, José Daniel Crespo, Andrés Bello, Dolores Alfonsín, Domingo Faustino Sarmiento, María Moliner, Ramón Indalecio Cardozo, Concepción Arenal, María Montessori e muitos outros. Muito mais em todo o mundo. E puseram-se na frente dos quadros-negros com giz, para enchê-los com os conhecimentos mais interessantes e bonitos do mundo, com as aventuras complexas do espírito humano, e passaram um bom tempo fazendo isso. E as classes não gostam das autoridades do colégio, e têm muitos problemas com as agências internacionais de avaliação de qualidade porque aparentemente o que eles ensinam não é considerado útil, muito menos lucrativo.

E em escolas de todo o mundo comemoram-se algum aniversário da invenção da escola, com um custo de milhões de dólares que são usados para que a escola-empresa seja mais competitiva; com as instalações das mais altas tecnologias que pretendem substituir o trabalho do professor para ensinar, o que os enlouquece com o aprender a aprender, com seus projetos de inovação e assessores de qualidade. Mas ninguém menciona nem o quadro-negro nem os livros, e o professor caiu no esquecimento.

Eu vi os programas de escolas e dos ministérios da educação em todo o mundo. Mas todos eles dizem: "Não nos importamos com as suas aulas". Em tempos de neoliberalismo feroz, de privatização do público, de competência desenfreada, eu gostaria de falar pelos pequenos atos, invisível espírito humano: sutis, tão pequenos que morrem quando são desenhados com giz. Eu gostaria de comemorar as pequenas formas de ensinar: recitar um poema, fazer exercícios, ditado, procurar no dicionário, copiar um mapa, passar a limpo um caderno, sublinhar as coisas importantes. Em um tempo em que todo mundo quer obter bons resultados, ser bem-sucedido, e empreendedor, eu quero cantar àqueles que abraçam o fracasso social diário para perseguir o invisível, as coisas pessoais que não são rentáveis, nem quantificáveis essas que não são taxadas no mercado de trabalho, nem fazem história contemporânea, história de inovação educacional, ou de qualquer outro tipo. Eu advogo pela escola que fazemos uns pelos outros, pelo amor ao mundo.

Estou no meio da rodovia da informação, rindo, porque uma borboleta em uma pequena flor na China acabou de bater suas asas, e sei que toda a história, a cultura, mudará drasticamente por causa desse bater de suas asas, enquanto algumas crianças atentas acabam de copiar um poema de Neruda do quadro-negro em algum lugar de Antofagasta; é por isso que o mundo nunca mais voltará a ser o mesmo.

A história autêntica da escola é história invisível: história de professores e alunos que se unem e fazem aquilo que amam. Para nós, a escola está começando com cada porta que se fecha em uma sala de aula. Com cada nova lição que ensinamos, nossos corações saltam adiante, meus amigos.

A segunda é de Georgina Martín, de quem transcrevi também sua carta de amor ao olhar e ao cuidado educativo dos seres inocentes, frágeis e inofensivos. Diz assim:

Como bem sabem, foi Deus quem criou a Terra e tudo o que há nela. E pensou que tudo era genial. Todos os tutores, especialistas, psicopedagogos, entre muitos mais, cantaram e celebraram a criação, e tudo estava bem. Mas não de todo. Faltava algo. E aí faz alguns anos que Deus decidiu criar as telas digitais. E o fez. E então escolheu um professor e lhe disse: "Aqui está um instrumento chamado tela digital. Pegue-a e utilize-a como ferramenta na aula, para abrir possibilidades e permitir o conhecimento de novos mundos e formas de expressão aos alunos, divirta-se com ela".

Mas o Diabo não gostou disso. Então colocou um monte de vídeos de entretenimento e atividades preparadas e disse aos professores: "Por que querem se esforçar para abrir possibilidades e permitir o conhecimento de novos mundos a todos os seus alunos se podem ganhar tempo com esse material preparado?". Acreditem ou não, todos os professores correram atrás dos vídeos e das atividades programadas, e todos os desenhistas desses vídeos e dessas atividades ganharam muito dinheiro. O Senhor se deu conta de que havia cometido um erro. Assim, uns vinte e cinco anos mais tarde, para corrigir seu equívoco, Deus criou os professores dedicados e reflexivos e lhes disse: "Aqui está a tela digital. Peguem-na, vão e cantem a beleza da criatividade, e divirtam-se. Mas terão dificuldade para fazê-lo, e nunca ganharão tempo com esse instrumento e ele nunca tornará seu trabalho mais suportável".

Assim falou o Senhor a muitos professores e também às mães e aos pais a quem havia chegado a tela digital. Muitos por todo o mundo. E colheram suas telas digitais, computadores e tablets e começaram a descobrir seus milhões de possibilidades educativas (singulares em cada grupo e contexto), e passaram muito bem fazendo isso. E os milhões de possibilidades pensadas, utilizadas e criadas em cada momento não davam tempo nem faziam nada do que se considera útil pelos seguidores do Diabo. E, sobretudo, esses professores e esses pais não se converteram em compradores e aplicadores de sistemas industriais e padronizados, mas sim conservaram seu espírito artesão.

E os aplicativos, programas, editoriais de todo o mundo estão celebrando o aniversário da tela digital com um custo de milhões de dólares e tornando-se loucos com seus últimos modelos. Mas ninguém sabe daquela atividade que um dia um professor ofereceu a seus alunos, em que existia um trabalho criativo do adulto pensado para esse momento específico, em que não se ganhou nada de tempo e de que não se fez publicidade.

Vi a publicidade, os jogos que os meninos têm com o nariz pregado nas telas, os editoriais que vendem sua alta qualidade de atividades educativas, etc. Mas todos eles dizem: "Não nos importa sua tarefa". Em tempos de moda, da tela com entretenimento, eu gostaria de falar pelos atos pequenos, invisíveis, do espírito humano, sutis, tão pequenos que morrem quando se fecha a porta da escola. Gostaria de celebrar as pequenas formas de utilizar as telas digitais: para buscar mapas, para mostrar imagens, para reproduzir criações próprias, pra ler musicogramas. E uma época em que todo mundo quer ter êxito e vender, eu quero cantar para aqueles que abraçam o fracasso social diário para perseguir o invisível, as coisas que não dão dinheiro, nem economizam tempo, nem são impulsionadas pelas modas que produzem as grandes marcas. Advogo pela criatividade e a dedicação que temos uns pelos os outros, como amigos, como pais e como educadores.

Encontro-me no meio das autoestradas da informação, rindo, porque uma borboleta sobre uma pequena flor na China acaba de bater suas asas, e sei que a história inteira, a cultura, mudará drasticamente por causa desse bater. Uma professora com seus alunos acaba de descobrir, com o "Google Maps" projetado na tela, que é mais perto ir para Paris do que para Lérida a partir de seu povoado, e o mundo não será o mesmo.

A verdadeira história das telas digitais é invisível: história de amigos que se unem e fazem aquilo que amam, histórias de aulas que abrem novos mundos, histórias de famílias que as utilizam para outras coisas além de ter as crianças em modo "*out*". Para nós, as telas digitais estão começando com cada gesto de dar de ombros ao que está na moda, ao que é mais simples, ao que nos facilita a vida. Com cada clique pensando em nosso *mouse*, nossos corações saltam adiante, meus amigos.

A terceira variante é de Andrea Graciano, uma professora universitária argentina comprometida com a igualdade e com a escola pública e com uma ampla trajetória como formadora de futuros professores. Diz assim:

Como bem sabem, parece que foi Deus iluminado e iluminista quem criou a Terra e, portanto, tudo o que há nela (ou havia, porque já destruímos muito). E pensou que tudo era genial. Todos os pintores, e os poetas, e os músicos cantaram e celebraram a Criação, e tudo estava bem. Mas não tudo. Faltava algo. Assim, há 300 anos, Deus decidiu criar uma escola para quase todos no Ocidente (sempre haverá negros, índios, descapacitados, trans, amarelos ou pobres que não terão acesso, está claro). E o fez. E então criou a professora e o professor dessa escola pública e disse a eles: "Olhem, aqui está uma instituição chamada escola. Tomem-na e entreguem às infâncias o saber que os tornará homens e mulheres mais trabalhadores, mais civilizados, pessoas que poderão escrever, ler, somar, subtrair e outras muitas coisas que fazem parte da cultura da humanidade. Porém lembrem-se que deverão formar homens e mulheres como eu os mando, segundo meus mandamentos. Também certamente haverá alguns que escapem ao que se espera deles e que trarão muitas penúrias às sociedades porque tentarão romper as regras do jogo das sociedades e se converterão em artistas, transgressores, anarquistas, indigenistas, pacifistas, ecologistas e outras ervas que pululam sempre molestando".

Mas o Diabo não gostou disso. Assim que colocou uma bolsa de dinheiro ante seus ministérios de educação, disse aos funcionários. "Por que querem celebrar a beleza do mundo e seu espírito se podem ganhar dinheiro com as escolas?" E, acreditem ou não, muitos funcionários e muitos professores correram atrás da bolsa de dinheiro. Assim construíram escolas para alguns: os católicos, os judeus, os ricos, os padres, os inteligentes, os deficientes, os criativos, os tecnológicos, os humanistas, os militaristas, os fascistas, e muitos mais, separando e separando cada vez mais uns dos outros, e solicitando remunerações a cada grupo em troca de prêmios, trabalhos futuros e distinções variadas. E também armaram as classificações que hierarquizam as escolas para que os que têm mais dinheiro lutem entre si para entrar nas que se definiram como mais inovadoras, as de maior qualidade, as de melhores resultados. O Senhor se deu conta de que havia cometido um erro. Assim, para corrigir seu equívoco, Deus criou os professores alternativos, humanistas, libertários, ecologistas, existencialistas, anarquistas, des-coloniais e demais ervas e lhes disse: "Aqui está a infância, filhotes de cervos maravilhosos que podem criar, rir e ser felizes aprendendo. Construí escolas entre jardins, lagos, mares e montanhas, ou nas cidades. Porém terás dificuldades em fazê-lo, e ganharás pouco dinheiro e deverás lutar com burocratas, ministérios e governantes".

Assim falou o senhor a muitos professores e professoras por todo o mundo. E colheram seus livros ilustrados, livros em todos os idiomas (inclusive aqueles que foram sendo esmagados por brancos poderosos), instrumentos musicais tradicionais (e outros muitos para armar), blocos, lãs, jogos e brincadeiras de todo tipo, filmes, alguns instrumentos tecnológicos, pinturas, gizes, lousas, banquinhos, e começaram a educar contra o vento e a maré mostrando outros mundos possíveis, outros mundos "onde cabem outros mundos", a beleza do mundo mas também suas misérias, suas desigualdades, e as complexas aventuras do espírito humano, e passaram muito bem o fazendo, embora de vez em quando alguns sejam perseguidos ou desistam.

Mas hoje as primeiras escolas criadas por esse Deus já não são as mesmas, e as das classificações enfermam as crianças, e já não são crianças, mas maquinistas alienados, e o dinheiro ainda move montanhas. Não sabemos o que acontecerá com as criações desse Deus branco. Cada escola diferente consegue humanizar algumas crianças que são sementes potenciais para novas criações. E os governos do mundo continuam com suas classificações (para eles há um só mundo) e celebram suas listas classificatórias sem ver outras escolas distintas, cooperativas, libertárias, caracóis zapatistas, baixios populares, e muitas mais...

Vi os programas escolares, e ao redor do mundo só pensam em custo-benefício, racionalidade, eficiência, produtividade, eficácia, tecnologias. Mas todos os ministros dizem: "Só acreditamos nessas escolas, a sociedade do conhecimento é a democracia, e a democracia só se consegue com as maravilhas das novas tecnologias". Em tempos de violências múltiplas, do espetáculo do crime organizado, de guerras e contaminações de todo tipo e cor, gostaria de falar pelos atos pequenos, invisíveis do espírito humano: sutis, tão pequenos que dão novos sentidos aos atos de educar. Gostaria de celebrar as pequenas formas dessas escolas carregadas de vida onde uma horta, um artesanato, um relato, um poema, o estudo, um esboço, um retrato, um arabesco, uma colagem e umas canções rendem homenagem às vidas simples, humildes e anônimas. Em um tempo em que todo o mundo quer ter êxito e vender, eu quero cantar àqueles que abraçam o fracasso social e diário para perseguir o invisível, as coisas pessoais que não dão dinheiro nem pão, nem fazem história contemporânea, ou de nenhum outro tipo. Advogo por escolas que descubram outros mundos possíveis, onde os pobres, os gays, os trans, os negros, os tatuados, os descapacitados e os indígenas tenham um lugar hospitaleiro.

Aqui estou no meio das autoestradas da informação, rindo, porque uma borboleta sobre uma pequena flor na China acaba de bater suas asas, e sei que a história inteira, a cultura, mudará drasticamente por causa desse bater. Uma escolinha em um caracol zapatista acaba de encontrar uma estratégia coletiva de comunicação com outra escolinha do sul da Patagônia, e o mundo não voltará a ser o mesmo.

Há outras histórias na escola, histórias invisíveis: história de amigos que se unem e fazem aquilo que amam. Para nós, a confiança na educação e na escola hoje nos leva por caminhos sinuosos. Com cada experiência nossos corações saltam adiante, meus amigos.

E transcrevo, para terminar, alguns parágrafos do antimanifesto de Raquel Leão, a professora que escreveu a carta de amor às palavras que citei anteriormente:

Como bem sabem, foi Deus quem criou a Terra e tudo o que nela há. E pensou que tudo era genial. Todos os pintores, e os poetas, e os músicos cantaram e celebraram a Criação, e tudo estava bem. Mas não tudo. Faltava algo. Assim Deus decidiu criar a escola. E o fez. E então criou uma professora. E disse a ela: "Olha, aqui está um espaço chamado sala de aula e outro chamado biblioteca. Traga as crianças à sala de aula e encha a biblioteca de livros, de filmes, de músicas. Leve as palavras, os sons e as imagens da biblioteca para a sala de aula e entregue-as às crianças. Fale de tudo, questione tudo, faça pensar, celebre a capacidade de fazer boas perguntas, divirta-se com as crianças e produzam coisas juntos".

Mas o Diabo não gostou disso. Assim fez com que os políticos conservadores e os empresários contratassem especialistas para criticar o que a professora fazia em suas aulas e lhes pediram que inventassem outra escola, a que chamaram de "escola sem partido". "O que é isso de falar de tudo, de fazer boas perguntas? Isso é ideologia e, além do mais, de esquerda!" E, acreditem ou não, muitas pessoas brancas acreditaram nisso da neutralidade e começaram a ditar o que a professora não podia fazer com as crianças. O Senhor se deu conta de que havia cometido um erro, pois ele havia inventado também os políticos conservadores e as pessoas brancas. Assim, mais tarde, para corrigir seu equívoco, Deus permitiu que as crianças e os professores saíssem às ruas e ocupassem as escolas: "Entrego-lhes sua vontade e sua capacidade de dizer não! Gritem, ocupem, façam fogo, façam greves. Mas saibam que isso não vai mudar nada, pois meu erro passado foi colocar muito dinheiro nas mãos dessas pessoas que agora mesmo estão rindo de vocês em um *resort* em Punta Cana." Assim falou o Senhor, e muitos professores e estudantes do Brasil fizeram passeatas contra os políticos, ocuparam as escolas e voltaram a cantar algumas velhas canções que recuperaram de tempos mais nebulosos.

Todos os políticos do mundo e todas as grandes empresas repetem com louros que "o futuro é a educação". Mas ninguém menciona nem os professores nem os estudantes das escolas públicas que lutam para que a escola possa ser realmente escola e possa ser realmente pública.

A autêntica história da escola é uma história invisível: história de uns poucos professores e umas poucas crianças que se dedicam a se divertir e a produzir coisas juntos. Jamais foi elogiada, ninguém honrou sua grandeza. Mas tampouco faz falta que o seja. Para os seres anônimos que continuam povoando as salas de aula e as bibliotecas, o segredo da escola começa com cada novo dia, cada história inventada por uma criança, com cada conto narrado na biblioteca, cada anedota entre crianças e professores sobre a cara feia da direção. Nossos corações, que saltam preocupados ao ver tantos amigos sofrendo, também se aquecem com as pequenas celebrações da vida que acontecem cada vez que um menino ou menina se aproxima para dizer: "Olhe, profe, o livro que comecei a ler agora".

## Professores artesãos
*(Com Dolores Medio, Azorín, Eduardo Blanco Amor, Josefina Aldecoa, Manuel Rivas, Luis Cernuda, Ana María Matute, Albert Camus, Georges López e Alicia Vega)*

Para que as mãos e as maneiras dos diferentes artistas-artesãos que foram desfilando por esse curso pudessem ressoar com as mãos e as maneiras de professores, e para que as "histórias invisíveis" em que meus alunos haviam, sem dúvida, pensado enquanto replicavam o antimanifesto de Mekas, preparei uma pequena antologia de professores artesãos a partir de um livro que recolhe cenas escolares tomadas da literatura.[141]

Comecei pelo *Diario de una maestra* [Diário de uma professora], de Dolores Medio, e pelo senhor Bonard, um professor de desenho de crianças de sete ou oito anos. Uma de suas ex-alunas, uma tal de Irene Gal, agora também professora, lembra de sua primeira aula de perspectiva. O professor colocou uma cadeira sobre a mesa e convidou os alunos a desenhá-la. Irene não havia compreendido muito bem essa coisa de perspectiva e ponto de vista e se limitou a desenhar a cadeira tal como a via. Quando terminou o desenho, o senhor Bonard a aplaudiu, como também aplaudiu com entusiasmo os desenhos que as outras crianças lhe apresentavam a ele. Irene se surpreendeu que nenhuma das cadeiras desenhadas fossem parecidas entre si, ainda que todas fossem, segundo o professor, "reproduções exatas do mesmo modelo". Agora Irene pensa que essa primeira lição de perspectiva foi também, para ela, a primeira aula de filosofia; e que nela aprendeu que não existe a verdade, mas sim que toda a verdade é subjetiva e que "é absurdo e pretensioso acreditar que nós, somente nós, temos razão quando expressamos nosso ponto de vista."[142] E agora que é professora sempre se lembra dessa lição (se agarra sempre a essa posição) quando se sente tentada a julgar seus alunos a partir de si mesma.

Continuei com um breve texto de Azorín intitulado "La Gaya tropa infantil" em que aparece o mestre Reglero com suas excursões escolares. As crianças vão com o mestre à casa do ferreiro, do carpinteiro, do tecelão e, finalmente, "ao grande livro". Então:

> Todos marcham para o campo saltando e gritando. O campo – na primavera e no outono – está cheio de animaizinhos. As crianças levantam as pedras, observam os buracos, veem correr sobre as águas os insetos com suas longas patas. O mestre vai dizendo a eles os nomes de todas essas bestazinhas e de todas as plantas. As crianças voltam carregadas de ramas perfumadas e florezinhas da montanha. Dom Joan os acompanha por alguns dias. "Eu quero – disse o mestre – que essas crianças tenham uma grata lembrança na vida".[143]

Contei posteriormente sobre Dom Xaume e Dona Monserrate tal como os descreve Eduardo Blanco Amor em "Aquella gente", um texto em que fala de uma escola laica rural, inspirada na Escola Moderna de Ferrer i Guardia. No povoado onde trabalham ninguém trata deles nem os convida à casa, seus estranhos costumes da capital despertam suspeitas, e se diz, inclusive, que ele foi professor universitário e ela médica e que deixaram tudo pela escola. Dois meninos ficam temerosos na escola, e os professores, em vez de repreendê-los, lhes dão uma merenda. Depois lhes ensinam a escola:

> Falavam de tudo o que iam mostrando, como se falassem de coisas vivas, até na maneira de tocá-las. O que mais gostamos: Paquito, o laboratório de Física e Química, com seus equipamentos, brinquedos reluzentes, algo misterioso, isso sim. E eu, os mapas que Dom Xaume fazia sair de um aparelho, seguindo uns aos outros, presos a uma tela, girando uma manivela [...]. Também sacou uma História Natural que quase não podia com ela, seis livros enormes, ao abri-los eram tão formosos como nunca tínhamos visto em nossa vida [...]. Abriu um por onde começou, sem escolher o lugar. Todas as lâminas cheias de flores, de pássaros; feras, serpentes, peixes, o que não havia ali!, que algumas até pareciam inventadas, e outras eram uma coisa e pareciam outra, duas vezes nos enganou com flores que resultavam ser pássaros e ao contrário.
> – Vocês gostam deles?
> – Caramba, acho que sim!
> – Vamos ver, quantos peixes você conhece? – disse Dona Monserrate

– Bem ... as sardinhas, os chicharros, as sardas, a pescada...
– Os caranguejos, os mariscos, os vôngoles, o polvo...
– Pois olhe.
Começou a passar lâminas sem parar, e tão rápido que os peixes pareciam se mover na água verde e dourada.
– Como você pode ver, Deus é muito mais farto do que eles te ensinam por aí.
– Sim, senhora.
– Pois aí estão à disposição de todos. Quando quiserem, podem vir – agora nos ensina a máquina de escrever, que boniteza, com um chapeuzinho de arame e lata preta. Mesmo que não sejam da escola, podem vir à biblioteca, que é pública, como em todas as nossas escolas.[144]

Depois saquei Dom Ezequiel, um professor rural lembrado por Josefina Aldecoa na *Historia de una maestra* [História de uma professora], e que faz tudo o que pode para que Mateo, um menino "que sofria de uma diminuição considerável de suas faculdades", pudesse ir à escola: "Cada dia Ezequiel preparava um trabalho especial para Mateo. Tratou de reconstruir as etapas perdidas. Arquitetava para fazê-lo entender o valor dos símbolos, das letras, das palavras, dos números. Mas não podia dedicar muito tempo a ele. Mateo permanecia silencioso escutando as explicações de Ezequiel, tratando de compreender o interesse que os outros mostravam".[145]

Segui com Dom Gregório, o mestre de *La lengua de las mariposas* [A língua das borboletas], de Manuel Rivas, esse que tudo o que tocava transformava em um conto:

O conto poderia começar com uma folha de papel, depois de passar pelo Amazonas e pela sístole e diástole do coração. Tudo conectava, tudo tinha sentido. A grama, a lã, a ovelha, meu frio. Quando o professor se encaminhava para o mapa-múndi, ficávamos atentos como se se iluminasse a tela do cinema Rex. Sentíamos o medo dos índios quando ouviram pela primeira vez o relinchar dos cavalos e o estrondo do arcabuz. Íamos nas costas dos elefantes de Aníbal de Cartago pelas neves dos Alpes, a caminho de Roma. Lutávamos com paus e pedras em Pote Sampaio contra as tropas de Napoleão. Mas nem tudo eram guerras. Fabricávamos foices e relhas de arados nas ferrarias do Incio. Escrevíamos cancioneiros de amor na Provença e no mar de Vigo, construíamos o Pórtico da Glória. Plantávamos as batatas que tinham vindo da América. E para a América emigramos quando a praga da batata chegou [...]. Mas os momentos mais fascinantes da escola eram quando o professor falava sobre os bichos. As aranhas da água inventavam o submarino. As formigas cuidavam de um gado que dava leite e açúcar e cultivavam cogumelos. Havia um pássaro na Austrália que pintava seu ninho de cores com um tipo de óleo que fabricava com pigmentos vegetais. Eu nunca vou esquecer. Seu nome era Tilonorrinco. O macho colocava uma orquídea no novo ninho para atrair a fêmea.[146]

Continuei com o anônimo mestre de retórica que Luis Cernuda recorda em *Ocnos*:

> Um dia tentou na classe ler-nos versos, sua voz transparecendo o entusiasmo emocionado, e deve ser duro compreender o ridículo, primeiro velado, descoberto e maligno depois, dos estudantes – porque ele admirava a poesia e sua arte, com ressentimento acadêmico como é natural. Foi ele quem tentou fazer-me recitar alguma vez, embora um pudor mais forte que minha complacência esfriasse minha elocução; ele que me fez escrever meus primeiros versos, corrigindo-os mais tarde e me dando como um preceito estético o que em meus temas literários sempre tinha um apoio plástico.
>
> Coloquei-me à frente da turma, uma distinção que cedo comecei a pagar com certa impopularidade entre meus colegas e, antes dos exames, como compreendesse minha timidez e desconfiança em mim mesmo, disse-me: "Vá à capela e reze. Isso lhe dará coragem".
>
> Já na universidade, egoisticamente, parei de visitá-lo. Numa manhã de outono dourada e profunda, em meu caminho ao início da primeira aula, vi um pobre enterro solitário dobrar a esquina, a parede de tijolos vermelhos da escola, esquecida por mim: era o dele. Foi o coração que, sem aprender de outros, me contou. Ele deve ter morrido sozinho. Não sei se teve em que se apoiar nos últimos dias de sua vida.[147]

Apresentei depois Dom Fermín, o mestre que aparece em *El rey* [O rei], de Ana María Matute. Todos os dias, quando acaba seu trabalho na escola, ele vai à casa de Dorotea, sua cozinheira e faxineira, para ensinar o filho deficiente desta, "que passava a vida sentado em uma poltroninha junto da janela, a ler, escrever e fazer conta". Como Dino vivia perto da escola, conhecia os horários das aulas de entrada e saída, de leitura, de aritmética, de geografia... e também sabia de memória, de tanto ouvi-las das crianças, a tabuada de multiplicar, algumas orações e algumas fábulas de Esopo. Quando soavam as seis no relógio da torre e as crianças saíam da escola, Dino esperava os passos lentos de Dom Fermín e sua saudação cotidiana. Então:

> Dino sorria e começava a aula. Depois da aula, Dom Fermín ainda estava lá por muito tempo. Isto era o melhor para Dino. Dom Fermín falava com ele, contava-lhe histórias, explicava coisas sobre homens e terras distantes dali. Então, às vezes, Dino sonhava, durante as noites, com as histórias de Dom Fermín.
>
> – Encha sua cabeça, Dom Fermín – dizia Dorotea, entre orgulhosa e dolorida. A vida é tão difícil!
>
> – Ele não é como os outros, Dorotea – dizia Dom Fermín. – Oh, não, felizmente ele não é como nenhum de nós.
>
> Dom Fermín comprou livros para o menino. Livros de histórias, contos que faziam sonhar. Os livros chegavam num ônibus, e Dom Fermín abria o pacote cerimoniosamente, diante da impaciente curiosidade de Dino [...].

Dom Fermín escrevia pequenas cartas para a cidade, com sua bela letra inglesa: "Peço-lhe que me enviem contrarreembolso...". Dom Fermín limpava os óculos com o lenço e, enquanto cozinhava o jantar, Dorotea dizia para si mesma: "Deus seja abençoado, que enviou Dom Fermín para esta casa. Espero que este professor do meu menino viva por muitos anos".[148]

Continuei com o professor sem nome, mas com um apelido que lembra Augusto Monterroso em *Los buscadores de oro* [Os garimpeiros de ouro], depois de insistir que a escola não lhe agradava e que era um local de suplício para ele. No entanto, escreve:

> Recordo-me claramente do rosto e das maneiras daquele professor, mas não como se chamava. No entanto, é sem dúvida a ele quem devo minhas primeiras leituras sérias de poesia ou ensaio. Assim, desse terceiro ano, do quarta e parte do quinto, que não terminei, ele permanece em minha memória, o que faz ao final, uma janela muito grande em uma sala de aula de um segundo andar, e nesta sala, iluminada pelo sol da manhã, a figura daquele professor movendo-se incessantemente de sua mesa para o quadro negro e vice-versa. Talvez por causa desses pequenos voos e de seu rosto afilado de pássaro ele tivesse recebido dos estudantes o inocente apelido de 'Pombo'. Lembro-me dele fazendo-me ler em voz alta pequenas peças de um livro pouco comum entre os de sua turma, intitulado "Lecturas para colegios", que havia sido preparado pelo educador costarriquenho Moisés Vincenzi. Quaisquer que tenham sido os meus problemas com o ensino, fico feliz em afirmar, com ênfase, que dificilmente poderia existir um livro de leituras melhor do que esse na escola primária. Também sei com certeza que ele me abriu outro dos caminhos pelos quais, sem saber, continuava a penetrar na literatura.[149]

Para terminar, li algumas linhas da descrição que Albert Camus, em *O primeiro homem*, faz do senhor Bernard, um professor da escola colonial francesa na Argélia, que "sempre foi interessante pela simples razão de que amava apaixonadamente seu trabalho". O senhor Bernard, muito rigoroso em termos de conduta:

> Sempre sabia tirar do armário, no momento oportuno, os tesouros da coleção de minerais, o herbário, as borboletas e os insetos dissecados, os mapas... ou o que despertasse o interesse enfadonho dos alunos. Ele era o único na escola que havia conseguido uma lanterna mágica, e duas vezes por mês fazia projeções sobre temas de história natural ou de geografia. Em aritmética ele instituiu um concurso de cálculo mental [...]. E aquelas crianças que só conheciam o vento siroco, a poeira, os aguaceiros prodigiosos e breves, a areia da praia e o mar chamejante sob o sol, liam diligentemente, marcando os pontos e as vírgulas, algumas histórias para eles míticas, em que algumas crianças usando gorros e cachecóis de lã, calçando tamancos, voltavam para casa com um frio

glacial arrastando feixes de lenha por caminhos cobertos de neve [...]. Para Jacques, essas histórias eram a personificação do exotismo. Sonhava com elas, enchia seus exercícios de redação com as descrições de um mundo que nunca tinha visto [...]. Para ele, essas histórias faziam parte da poderosa poesia da escola, também alimentada pelo cheiro do verniz das regras e das lapiseiras, pelo delicioso sabor da alça de sua pasta que mordiscava interminavelmente, aplicando-se com afinco a suas lições de casa, pelo cheiro amargo e áspero da tinta violeta [...]. Apenas a escola oferecia essas alegrias a Jacques e Pierre. E, indubitavelmente, o que eles amavam tão apaixonadamente nela era o que não encontravam em casa, onde a pobreza e a ignorância tornavam a vida mais dura, mais desolada, como se fechasse sobre si mesma.[150]

Eu tentei garantir que a conversa não fosse sobre o caráter excepcional desses professores em relação aos outros ignorantes, violentos, mesquinhos e desprezíveis, que também povoam a literatura. Tratei de que tampouco não girasse na idealização da velha escola tradicional e do professor comprometido, especialmente quando eles estão localizados em ambientes rurais e pobres. Tentei não ficar atolado no antes e no agora, nem mesmo em que os professores pudessem ter sido pessoas notáveis em outra época, em relação às crianças pobres e trabalhadoras, mas que agora têm que lidar com essas crianças clientes que têm tudo ou com aquelas crianças impossíveis que vivem em ambientes social e culturalmente devastados. Tratei de me certificar de que a conversa não fosse histórica nem sociológica, e que não se distraísse por questões como a de que todos os professores que aparecem são homens ou como a de que os conteúdos da escola colonial não apenas não permitem que as crianças conheçam seu próprio mundo mas também que impõem modelos alheios, normativos e hierárquicos de subjetividade

Tentei que essas histórias de professores artesãos nos dissessem algo que nos permitisse imaginar, de um modo concreto e reconhecível, o que é este "abrir mundos" ou "despertar o interesse", como eles são e o que fazem essas mãos e essas maneiras que mostram, oferecem, convidam, permitem ler, permitem olhar, permitem tocar, solicitam e disciplinam a atenção, ampliam o mundo e o fazem falar. Também tentei que palavras como "vocação", "amor", "fé" ou "compromisso" tivessem um significado material, humilde, cotidiano, concreto, singular, encarnado de certas maneiras de exercer o ofício e, em suma, de estar no mundo. Tratei de colocar sobre a mesa a questão da "linguagem do ofício" convidando os alunos a pensar se a maneira de trabalhar do senhor Bonard, do mestre Reglero, de Dom Xaume e Dona Monserrate, de Dom Ezequiel, de Dom Gregorio, do Pato, de Dom Fermín ou do senhor Bernard pode ser definida, sem traí-la, em termos de conhecimento e competências, de eficácia, de qualidade, de resultados de aprendizagem, de procedimentos padronizados, de regras, de normas e, inclusive, de metodologias.

Perguntei se acreditavam que os professores artesãos da minha antologia poderiam estar no filme Tao Ruspoli, juntamente com os músicos, o carpinteiro ou a cozinheira (por seguir o lema que abre o filme, de que "o homem pode encarnar a verdade, mas pode não conhecê-la", se acreditavam que os professores de minha antologia também incorporam uma verdade – embora não a conheçam – na maneira como estão no mundo), e convidei a imaginar um filme semelhante ao de Tao Ruspoli em que alguns filósofos de educação que conhecemos bem, Jan Masschelein ou Maarten Simons, por exemplo, construíssem sua ideia de professor amador, ao mesmo tempo que alguns dos professores em minha antologia (ou outros similares nos quais, sem dúvida, estávamos todos pensando) mostrem o seu trabalho e falem como eles o vivem e o que significa para eles. Também retomei, em relação aos professores artesãos, um dos motivos que inspira o livro de Sennett sobre o artesanato, essa coisa de rever a tendência de separar o pensar e o fazer ou, dito de forma platônica, a ideia de que os artesãos (como os poetas) fazem "mas não sabem o que fazem" e, portanto, precisam dos filósofos para dar conta de sua atividade e a valorizá-la. Disse que não me parecia que os professores que havia mostrado em minha antologia separassem o fazer do pensar e, claro, que qualquer cena em que um pesquisador chegasse para analisar e avaliar sua prática docente (dizer o que fazem ou o que deveriam fazer) seria completamente ridícula.

Uma vez que os filmes que tínhamos visto na disciplina feita anteriormente tratavam de "revelar" ou de "tornar presente" a escola,[151] pensei que teria sido bom mostrar nesse curso outros em que o protagonista era o professor, mesmo com um nome próprio. De fato, alguns dos alunos disseram que vários artistas e artesãos haviam aparecido no curso, mas que o professor artesão não havia sido mostrado na materialidade e na vida cotidiana de seu ofício. Por isso, pensei que poderia ter incorporado ao argumento do curso (e à conversação) a gestualidade pedagógica calma e rigorosa de Georges López, o professor de *Ser e ter*, de Nicolas Philibert. Pensei também em Alicia Vega, essa mulher maravilhosa, cujo trabalho está coletado em *Com crianças esperando um trem*, de Ignacio Agüero, e descrito em um livro intitulado *Oficina de cinema para crianças*, onde a pessoa pode cuidar não só das maneiras de fazer dessa professora artesã mas também de seu amor pelo cinema e de sua vida ao mesmo tempo pedagógica, estudiosa e comprometida.[152] Sugeri aos estudantes que poderiam elaborar um repertório literário e cinematográfico de professores artesãos tratando de fugir dos filmes que se concentram em eventos dramáticos e extraordinários e limitando-se àqueles que mostram o trabalho corrente, repetitivo, sem drama e sem *glamour* de um professor ordinário simplesmente agindo como professor. Como quase sempre acontece comigo quando estou prestes a terminar um curso, tive a sensação de que era agora, depois de várias semanas de trabalho, que já estávamos em condições de começar a lidar seriamente com nosso assunto: o ofício de professor, suas mãos e suas maneiras.

## Numância e Samarcanda
*(Com o caderno de Karen Rechia, Peter Handke e Ludwig Hohl)*

Até aqui contei o que foi o curso, o que lemos, o que escrevemos, pensamos e conversamos durante as aulas. Apareceram padeiros, carpinteiros, homens de letras, médicos, sapateiros, pensadores, pintores, escritores, cirurgiões, arquitetos, cozinheiros, músicos, escultores, dentistas, ferreiros, malabaristas, confeiteiros, cineastas e também alguns professores e algumas pessoas que falaram sobre o que os professores fazem. Estiveram também as palavras com que os alunos criaram um certo vocabulário do ofício, suas cartas de amor, suas declarações de fé e seus antimanifestos da invenção da escola. Fizemos alguns desvios pelos velhos mundos do artesanato para pensar sobre o que se parece e em que se diferencia o ofício do professor de qualquer outro ofício artesão. A conversa (e os exercícios) em torno dos textos nos permitiram, direta ou indiretamente, ir moldando nosso assunto. O curso não podia senão terminar com algumas perguntas. Talvez não para respondê-las, mas para testar se elas têm ou não sentido e se podem ser úteis ou não para tratar de captar a natureza do ofício do professor. Por isso, pedi aos alunos que revisassem as anotações do curso e, a partir delas, tentassem enunciar algumas questões. Transcrevo algumas delas tal como pude reconstruí-las a partir das notas no caderno de Karen Rechia:

> O ofício do professor, como todo ofício, consiste no manejo de certas técnicas (ferramentas, procedimentos) para fazer alguma coisa. O que é que o professor "faz"? Trata-se de transmitir conhecimento, de despertar o interesse, de desenvolver a atenção? Esse "algo" que o professor faz: é uma obra como o armário do carpinteiro, ou um resultado, ou talvez um "efeito"? Talvez seja um "dar forma", como poderia ser o ofício de um escultor ou, melhor, como um "modelar"? O trabalho do professor é semelhante ao de um padeiro, que toma coisas que não são pão (farinha, água, sal, fermento) e com elas faz pão? Parece com o de um pescador que certamente não faz os peixes mas, dia após dia, conhecendo o estado do mar e das correntes, estende suas redes com esperança, nunca garantida, de que os peixes entrem nelas? Ou é mais parecido com esse "fazer" que não produz realmente nada, como o engraxate ou o cortador de grama, ou a faxineira, que sabem que os sapatos e casas vão tornar a ficar sujos, a grama vai voltar a crescer, e que terão que começar de novo, de novo e de novo? Há coisas que o professor "faz" que são invisíveis para o próprio professor, até mesmo para a escola, e que, de algum modo, são incalculáveis?
>
> Fazer "algo" não é fazer "qualquer coisa", muito menos "fazer tudo". Como todo ofício, o do professor tem limites e há coisas que não o tocam, que não lhe dizem respeito. O trabalho do professor na escola começa e termina (como o trabalho de carpinteiro começa e termina na carpintaria) ou o professor também trabalha no que há antes da escola (a família, por exemplo) e no que está fora da escola (o mundo do trabalho)? Como demarcar os limites do ofício do professor em relação à "vida de seus alunos"? Como demarcá-los em relação às "demandas sociais"? Não seria bom que o vocabulário com o qual a função do professor (e da escola) costuma ser nomeado fosse um pouco mais humilde, um pouco mais consciente de nossa própria finitude, de tudo o que não podemos? Não deveríamos pensar em um professor que, diante de certos encargos, poderia dizer "eu preferiria não fazer isso?".

Se os estados de ânimo "abrem mundos": não se poderia pensar o trabalho do professor como uma criação de estados de ânimo? Como se poderia pensar, desse ponto de vista, um professor que anima? Não seria o professor que anima a sala de aula aquele que faz com que tudo que está lá se movimente? Não é o professor o que anima os alunos mas também os livros, os mapas, os relacionamentos, o assunto do estudo em suma?

Poderíamos considerar o professor como um "desenhista", como alguém que desenha tempos (durações, séries, ritmos), espaços (posições, disposições, composições de corpos e materialidades) e atividades (procedimentos, modos de fazer, exercícios, tarefas)?

Houve alunos que não fizeram exatamente perguntas, mas se dedicaram a desenvolver algumas das condições para recuperar (ou reinventar) um verdadeiro espírito artesão no trabalho do professor e, em relação a isso, na formação de professores. Transcrevo três dessas considerações, que se relacionam de um modo mais explícito com três dos motivos que apareciam tanto na correspondência entre Guérin e Mekas como no antimanifesto que os alunos reescreveram: o motivo da tradição, o da comunidade e o da independência. Sua formulação foi a seguinte:

Seria necessário trabalhar em uma espécie de reconstrução da tradição do ofício. Não uma história do pensamento pedagógico, tampouco uma história social ou política da educação, mas sim uma memória pedagógica da escola que considere as contribuições dos professores inventores (de artefatos pedagógicos, de modos de fazer, de maneiras) e que nos dê a consciência de que pertencemos a um ofício milenar que, naturalmente, tem de se reinventar a cada vez. Seria preciso sentir que nosso ofício é orientado por aqueles que vieram antes de nós e cujas maneiras de encarná-lo não podemos deixar de agradecer (e renovar). Seria bom que, se existisse algo assim como a descoberta da vocação de professor, essa descoberta teria a ver com uma chamada que vem de uma tradição que nos convida a nos inserirmos nela.

Seria bom criar, ou inventar, ou permitir a existência de comunidades de professores em que se pode falar sobre o que fazemos e o que nos acontece, onde se possam trocar e compartilhar experiências e ferramentas, procedimentos, formas de fazer as coisas, o que poderíamos chamar de "as maneiras" de cada um. Seriam comunidades de experiência e de experimentação mas também de linguagem e de pensamento (que não podem ser confundidas com as comunidades de expertos ou de especialistas), cuja tarefa seria a de "tornar públicas" e "colocar em comum" as várias maneiras que diferentes professores têm de incorporar seu ofício. Para isso, é claro, seria necessário permitir aos professores que pudessem ter algum tempo (livre) e um espaço (público). E esse tempo e esse espaço seriam essenciais para que os professores novos e em formação pudessem ter certo sentimento de pertencimento.

Da mesma forma que há, em muitos domínios, um certo retorno ao artesanato que coexiste, é claro, com os modos industriais de produção e consumo, mas que, de alguma forma, constitui uma alternativa a eles; e da mesma forma que pode ser visto aí, nesse retorno ao artesanato, não apenas uma motivação econômica mas também uma motivação, poderíamos dizer, existencial, vital (uma certa vontade de trabalhar e de viver de outra maneira); a pergunta seria se nessa lógica do ofício em que estamos trabalhando não teríamos que abandonar a dicotomia entre escola pública (estatal) e escola particular (meritocrática, clientelista) e trabalhar para a criação de escolas independentes, comunitárias, autogeridas e, definitivamente, livres, em que os professores não fossem o último elo de um maquinário massivo e padronizado, mas que pudessem, de alguma forma, sentir-se protagonistas e donos e responsáveis por seu próprio trabalho, de modo que tivessem a sensação de que seu ofício, sua própria maneira de encarná-lo, está a serviço da educação e não dos aparatos estatais ou do mercado econômico (se é que eles ainda podem ser distinguidos).

Pensar no ofício do professor envolve pensar em certa liberdade para suas mãos e suas maneiras. Mas o trabalho do professor está sujeito a uma série de "demandas" que não vêm dele e que, muitas vezes, o impedem de exercer seu ofício. Essa liberdade não pode ser pensada a partir da "autonomia profissional", e talvez seja necessário dotar o professor de uma força que agora não tem. Não só ele se tornou precário, mas se fez muito frágil, muito vulnerável. Como se tivesse sido expropriado de sua "voz pedagógica", de sua responsabilidade, de seus critérios, de sua capacidade de tomar decisões, de sua liberdade de decidir o que é e o que não é educação.

A partir daí abrimos a conversa e, quase para terminar e como despedida, usei as primeiras linhas de um romance de Peter Handke para tentar iluminar o que, para mim, havia sido "o espírito do curso": "Cada país tem sua Samarcanda e sua Numância. Naquela noite, os dois lugares estavam aqui, conosco, nas margens do Morava. Numância, no planalto ibérico, foi o último castelo para onde fugir e se defender do Império Romano. Samarcanda, fosse qual fosse o papel que representasse na história, tornou-se e é algo lendário".[153]

Eu disse que acreditava que, entre todos, tínhamos encarnado, por algum tempo, algo do espírito de Numância, de resistência, e algo do espírito de Samarcanda, de sonho, embora eu me lembrasse imediatamente que os numantinos sofreram um cerco de 10 anos, que preferiram o suicídio à rendição (os poucos que sobreviveram foram vendidos como escravos) e que sua cidade fosse devastada por Cipião Africano, um bem-sucedido homem de futuro que tinha anteriormente destruído Cartago. Lembrei-me também que Samarcanda, na rota da seda, fora inumeráveis vezes destruída e reconstruída: havia sido persa, grega, sassânida, romana, turca, árabe, mongol, e assim por diante, e diz-se que ali existiu a primeira fábrica de papel do mundo e que no século XII viveu o grande poeta e filósofo Omar Khayyam. Em qualquer caso, Numância não pôde resistir e Samarcanda, como a ave Fênix, surgiu novamente e novamente de suas cinzas, mas não sabemos se ela vai se recuperar alguma vez de sua declaração como património da humanidade e de sua promoção como destino turístico, quer dizer, de sua conversão em mercadoria e parque temático. Mas o que Handke disse é que Samarcanda, o espírito de Samarcanda, habitou sobretudo na imaginação e delírio de alguns sonhadores que nunca estiveram lá e para quem a cidade existiu como um lugar de lendas. Samarcanda, acima de tudo, foi uma cidade inventada ou, melhor, uma inspiradora de invenções. Numância, que nunca se rendeu, permanece na memória de todos aqueles que sabem que só podem perder, mas que fazem de sua luta sem esperança uma forma de resistência aos tempos que correm e que são, como todos os tempos, hostis à vida.

Para concluir, reiterando as questões com as quais tínhamos começado (e para assinalar, de passagem, o caráter cíclico deste curso, o fato de que eu estava terminando no mesmo lugar onde havia começado), também li um parágrafo de Ludwig Hohl que aqui, neste livro, pode ressoar com a frase que coloquei na abertura, a de que "resta pelo menos: a honradez de nossos esforços, o trabalho limpo".[154] O parágrafo diz o seguinte:

> Um dia – mas anos terão passado desde então – de repente pensei essas perguntas desconcertantes:
> O que é trabalho? O que custa esforço, como dizem os moralistas de patente? O que relata um benefício (material), como sustentam os ladrões e financistas? O que contém uma expressão completa do ser, assim como o desejo? O que de alguma forma, como um passo pequeno ou grande, leva ao topo do próprio ser, não importa qual seja este? O que de alguma forma, independentemente de ser fácil ou difícil, favorece os outros? O que é o trabalho?[155]

# DO PROFESSOR DE DESENHO

*Trabalho: descoberta da forma própria,
da forma que me é própria.*
Peter Handke

### Conversas, nascimentos, acompanhamentos e fracassos
*(Com Raúl Morales e Ivan Illich)*

Raúl estudou Belas-Artes, agora é professor de desenho, e eu o conheci, como aluno, nos meus cursos de mestrado do ano anterior. Quando o curso recriado nessas páginas estava chegando ao fim, Raúl esteve comigo e com alguns dos alunos durante um longo almoço no qual a conversa girou, em parte, sobre o ofício de professor, sobre como se chega a ser professor, sobre a natureza artística ou artesanal do ofício de professor, sobre o lugar específico do professor de artes. Contamos a Raúl o que estávamos lendo, escrevendo, conversando e pensando sobre a matéria que estávamos terminando e, no final do almoço, sugeri a ele que empreendesse uma conversa por escrito sobre esses assuntos. Essa conversa ocorreu quando o curso já havia acabado, mas não seria errado dizer que ela pertence ao curso na medida em que foi inspirada por ele. Então eu me permito incorporá-la a este texto.

**31 de maio de 2017**
**Caro Raúl,**
Escrevo a partir do curso sobre o ofício de professor, e os materiais que temos trabalhado nos apresentam pessoas que trabalham entre a arte e o artesanato. Nesse contexto, o que me interessa sobre seu "personagem", sua "figura", é construir com ela o movimento que vai da arte à escola, do artista (ou do artesão) ao professor, e não ao contrário. Aquilo sobre o qual falamos outras vezes. E o que eu tenho pensado é a possibilidade de escrever uma conversa (não mais do que três ou quatro páginas) que eu possa inserir no corpo do texto. Para que você faça uma ideia, estou interessado em coisas como essa história sobre você e a professora de piano, sobre a angústia de viver como artista e a escolha de uma vida como professores, essa história da felicidade que ter se tornado um inventor de exercícios lhe deu, dos exercícios como jogos ao longo do tempo, por aí. O que me ocorreu é iniciar uma troca de e-mails. Eu começo dando o contexto, você responde com o que quer que isso lhe sugira, e vamos ver se dá para alguma coisa. Você dirá.

Abraço.

1º de junho de 2017
Jorge,

É claro que estou interessado em sua proposta, não apenas para dar uma mão mas também pelo o que posso aprender no processo, pela potência do interlocutor.

Quanto ao método que você propõe, eu entendo que seria construir uma conversa escrita, algo como uma correspondência temática, e depois "citada" ou inserida em seu texto. Aqui vejo dois problemas, um do tipo estético e outro metodológico. O primeiro é uma simples questão de desgosto de minha parte, e é que não gosto de ler diálogos escritos. Pelo menos não quando tentam reproduzir uma conversa. Eu gosto do tom coloquial de longas réplicas, mas não do tom "realista" das respostas rápidas, digamos, romanceadas.

Quanto ao método, não tenho clareza de que seja essa a maneira em que eu posso funcionar melhor porque tendo a me bloquear. Outro dia, Víctor Erice falava na Filmoteca sobre seus trabalhos por encargo. Dizia que adorava trabalhar assim, mas somente se lhe deixassem colocar algumas condições (o que daria muito para falar). Como cada um tem que carregar seu caráter, sempre me preocupei com a necessidade de fazer as coisas: anos atrás isso aparecia quando tentava pintar e desenhar artisticamente (um tema que também dá para muita coisa), e agora volta a aparecer na questão da necessidade da escrita ensaística para um professor (devemos pensar até que ponto estamos falando sozinhos). Quando alguém começa em qualquer prática criativa, uma vez superada a fase de exercício e o resto das contingências prévias, surge a questão da falta de inércia própria da pessoa: "Não sai nada".

Até onde chega minha experiência, a necessidade de uma escrita reflexiva nasce da conversa apaixonada, que faz fronteira com a discussão. Por exemplo, de nossa sobremesa da outra segunda-feira, em que falamos de tudo, e cada um do seu, acho que cada qual saiu com algo em mente. Em seus *Diários de 1910-1911*, Lukács se dá conta de que, uma vez que seu amigo Leo tenha cometido suicídio, já não pode mais escrever, "não lhe sai nada". O que sente como uma verdadeira perda são suas longas conversas, não sua presença ou sua proximidade. Dedica umas tantas páginas para refletir sobre a perda do seu verdadeiro interlocutor. Diz, curiosamente, que seus professores universitários (Simmel, Bloch) não serviram para ele porque sabiam demais. "Os especialistas são para o que está acabado", diz ele. Eu não concordo de todo com isso. Talvez tenha sido algo do caráter particular de Lukács. Para mim, a potência do interlocutor não me incomoda nem pelo fato de ser "experto" em nada, sempre que o tema da conversa me interesse. Embora, claro, a pessoa seja prudente e não se deixe levar a qualquer lugar. O que eu acho muito importante é que isso mostra que no impulso inicial da escrita reflexiva há um tipo especial de conversa.

Assim, considerando essa dimensão metodológica do processo de escrita, estou praticamente certo de que quanto mais se aproximar a coisa das formas da Encargo, mais meu discurso será bloqueado. Não sei se isso, de alguma maneira, tem a ver com a dimensão retributiva ou a normativa, mas certamente tem a ver com o que você chama de "felicidade do inventor dos exercícios", porque é exatamente o que eu senti quando parei de tentar desenhar seriamente e comecei a preparar aulas de Desenho. Aliás, escrever este rolinho me fez pensar que o Exercício, tal como é proposto aos alunos, não deixa de ter algo de Encargo. Tentarei pensar sobre o que deve ser diferenciado para não gerar bloqueios, pelo menos para os alunos que tenham a mesma disposição que eu.

De qualquer forma, não sei se seria útil de minha parte esticar a toalha de mesa até a minha parte da mesa e propor alguma mudança de método. Antes de pensar em algo concreto, prefiro esperar para ler o contexto sobre o qual você me falava.

Saudações,

1º de junho de 2017
Raúl,
Parece bom, claro, que você puxe a toalha de mesa em direção à sua parte da mesa. Mas o que eu não quero, pelo menos agora, é que você leia o "contexto" em que quero inserir seu texto. Pelo menos a redação tal como está, porque ainda é provisória e tem muitas linhas abertas. O que eu posso fazer, o que já pensava em fazer, é "colocar você na situação" na maneira que eu abra a conversa. Por outro lado, minha ideia não era "simular" um diálogo cinematográfico, com réplicas curtas, mas trabalhar as réplicas longas, ainda que não a fim de construir um texto longo. Então insisto que você me deixe começar, que você leia a maneira como eu abro a conversa e que seja a partir daí (se você não gosta, ou não se sente confortável) que modifique a maneira de fazê-lo. Posso enviar-lhe o "*incipit*"? Se você disser sim, vou redigi-lo neste fim de semana prolongado.

E outra coisa. Com as pessoas do mestrado (em que Leonardo e João estão, os que você conheceu no "comitê de avaliação" e no almoço subsequente da semana passada), vamos fazer um piquenique na próxima quarta-feira, a partir das 18h30 ou 19h da tarde, lá em Mundet. Se você quiser vir, podemos conversar alguns minutos sobre o assunto da minha proposta. E eu levaria a você minha "pequena biblioteca" sobre o ensaio.

Abraço,

7 de junho de 2017
Querido Raúl,
Aqui vai o começo que lhe prometi. Vamos ver o que sugere a você.

Como você sabe, nós estamos no meio de um curso sobre o ofício de professor em que começamos, de uma forma um tanto intempestiva, com a palavra "vocação" (uma palavra antiga, desprestigiada e quase ininteligível nestes dias), e em que lemos alguns textos, vimos alguns filmes e trabalhamos com depoimentos de artistas e artesãos de diversas disciplinas. A ideia é que a maneira como eles falam sobre o seu ofício (aquilo que é ao mesmo tempo uma forma de estar no mundo, ou uma forma de vida) nos permite isolar alguns tópicos para pensar sobre o ofício de professor e, indiretamente, para ver se existe algo assim como um "chamado do mundo" que leva alguém a ser um professor. E é aí quando eu pensei em você, em nossas conversas no ano passado e nessa figura que eu acredito que você personifica, a do artista que deixa de ser artista (ou de querer ser artista) para se converter em professor de desenho em uma escola da periferia. Você já conhece o tópico: "Aquele que sabe, sabe, e o que não sabe, ensina", como se ensinar fosse uma saída para os fracassados de qualquer atividade humana. E você também sabe que o relato convencional, o relato reputado de "ascendente", costuma ser o inverso do seu, o do professor que "chega a ser" artista. É verdade que isso de "ser artista" é uma questão que podemos duvidar até mesmo se existe uma atividade humana dotada de uma nobreza especial, separada de outras atividades e chamada de "arte", porque talvez "dedicar-se à arte" seja praticar um ofício como outra qualquer. Mas, em qualquer caso, você optou pelo ofício de professor e não pelo ofício de artista (então, seguindo o tópico, seria um "relato descendente"). E isso me fez pensar (lembre-se de nossas conversas no ano passado) nessa figura do "mestre amador", isto é, daquele que se desconecta da aplicação prática (produtiva, econômica) do seu conhecimento para entregá-lo, por amor, por prazer, por gosto, para as novas gerações. Poderíamos inverter o tópico e dizer que o que quer ganhar dinheiro com o seu saber vende a quem melhor paga, e o que não quer (ou não sabe, ou não pode) vender e vender-se, se dedica a ensinar. Não sei se aí há certa modéstia, ou um certo desapego, mas acredito que o que o professor amador exige (está em seu direito exigir) é o respeito pelo seu trabalho e, portanto, um ambiente escolar amistoso que combine com seu amor (no seu caso, se eu puder colocar dessa forma, com seu amor pelo desenho e com seu amor pelos jovens da periferia). Vamos ver o que ocorre a você.

**15 de junho de 2017**
**Querido Jorge,**

Abro minha parte com muitos escrúpulos, como eu lhe disse. Primeiro, porque não está claro o que estou fazendo, para quem eu escrevo ou mesmo que seja eu quem está realmente escrevendo. Esse formato da conversa escrita é muito difícil para mim: se não é uma conversa, espero que não se converta em uma entrevista. Segundo, porque você usa algumas palavras que eu não usaria, como "mundo" e "amor" ou "jovens da periferia". Mas de qualquer forma, você fala sobre fracassar no que é próprio da arte e tornar-se um professor de Desenho. Disso sim, posso tentar dizer alguma coisa: pensar meu ofício como professor de Desenho a partir do fracasso da minha vocação de artista.

1. Fracassar em um desenho, como prática artística, é normal. Diria que a mesma coisa acontece com o resto das técnicas artísticas. Toda a questão celebrativa, desde o sutil elogio ao martelar do leilão, pertence às práticas mercantis associadas à arte. Diria também que a mesma coisa acontece nas outras práticas em que o

Desenho participa como técnica. O Desenho sempre fracassa. O que acontece é que esse desenho recém-nascido é imediatamente auxiliado pelos aspectos práticos que o solicitaram. "Parece muito com você", significa que é um bom retrato. "Agora que vejo isso, precisaremos de mais jardim", sugere que é um bom plano para um arquiteto. "Olha, um javali passou por aqui." Um bom esboço de porco, bons arranhões na casca de uma árvore, são esses traços um desenho, mais um fracasso? O gesto do desenhista não deixa vestígios, mas marcas. A fronteira distante do desenho poderia ser procurada ali onde começamos a querer que nossas marcas sejam algo mais que uma fenda.

2. Fracassar no desenho é deixar de desenhar. Embora as razões para começar a desenhar sejam sempre formas de prazer, as razões para parar de fazer isso nos vão trazendo a vida. No meu caso, o prazer da técnica do lápis foi suficiente para sustentar minha prática inicial e meu aprendizado de Desenho. Mas a técnica do lápis não é um ofício. O desenho também não. O Desenho como uma prática artística, sim. Muitas profissões requerem desenho, desde a alvenaria à ilustração, e todos eles colecionam os desenhos recém-nascidos e os envolvem cuidadosamente em panos quentes.

O ofício artístico pode ser caracterizado pelo pouco cuidado com que auxilia seus recém-nascidos. Se for um desenho, às vezes cobre um pouco e diz "é um esboço de um trabalho posterior", ou "aqui você pode ver seu processo criativo", ou "é o pensamento visual" Outras vezes, nem isso.

3. Nos meus anos de tentativas e fracassos adquiri uma experiência especial do olhar. Mais do que uma técnica de olhar, é uma forma de desfrute incomunicável, muito mais prazerosa do que a do lápis, e que continua ali, sem a necessidade de desenhar.

A necessidade do Desenho é uma questão limite. No fundo, não é tanto uma questão de para que serve um desenho, mas sim de *para quem* se desenha. Para si mesmo, eu diria que não. Para um cliente, um comprador, tampouco. É uma questão chave que está, para todo o resto, muito pouco clara, mas é a que torna possível entender o lugar do Desenho em qualquer ofício.

4. Se tivessem existido postos de artista oficial em nosso país, eu teria me esforçado para conseguir um de desenhista. Convertido em prática artística profissional, desenho teria sido tão desagradável quanto antes, mas, entre encargos e reivindicações de liberdade, eu teria me divertido. Uma posição assim me permitiria tentar e tentar e falhar até a aposentadoria. Mas a realidade é que logo me cansei da sensação desagradável de estar produzindo objetos obsoletos (desenhos) sem uso (artístico). Em nosso país, sim, há cargos de professor de desenho oficial e eu consegui um. É um ofício que requer do Desenho em alguns momentos, mas também de muitas outras técnicas.

Ensinar não é um ofício. Ensinar, como a arte, é composto de uma multiplicidade de práticas e técnicas. Ser professor de desenho no secundário é sim um ofício, que assiste com muito cuidado os desenhos que são necessários. Fracassos todos que, por estarem em uma escola, são chamados de exercícios de Desenho.

27 de junho de 2017
Querido Raúl,

Entendo seus escrúpulos e espero, como você, que isso não se torne uma entrevista. Eu aceito sua objeção ao meu uso da expressão "jovens da periferia" no sentido de que o seu lugar como um professor não está definido nem pela localização do centro onde você trabalha, nem certamente pelo *status* de seus alunos. No entanto, colocar a palavra "mundo" e a palavra "amor" ao lado da palavra "vocação", seja ela qual for, não parece totalmente irracional, mas, como você sabe, são palavras talvez demasiado grandes e, portanto, arriscadas. O "amor", porque tende ao sentimental (o amor como uma emoção subjetiva) e o "mundo" porque tende ao metafísico. Mas vamos ao que nos interessa e, para começar, o que você diz de pensar meu ofício como professor de desenho a partir do fracasso da vocação. A primeira pergunta é por que você escreve "Desenho" com uma letra maiúscula. A segunda é sobre a relação entre ofício e vocação (vejo também que a palavra "vocação" não volta a aparecer novamente em seu texto). É também uma daquelas palavras que você não usaria?

Vamos agora com o que você me conta (e eu agradeço). Você já não quer fracassar na arte, já não quer produzir desenhos fracassados em sua utilização artística (o que você teria feito, diz, se houvesse desenhistas-profissionais-com-cargo-oficial), mas se dispõe a fracassar como professor, como alguém, como você diz, que não desenha, e sim que requer desenhos e, portanto, não tem que assistir seus próprios desenhos recém-nascidos ou cuidar deles mas sim dos desenhos dos alunos. A isso, a exigir desenhos em uma escola, é o que você chama, se bem entendi, exercícios de Desenho, uns exercícios que, é claro, também fracassam, e que, portanto, também farão você tentar e tentar e fracassar até a aposentadoria, mas esse fracasso faz parte do ofício de professor de Desenho e, portanto, não é tanto um fracasso do Desenho, mas sim dos exercícios de Desenho. Diz que o Desenho não é um ofício, mas é sim, o é quando faz parte de uma prática regulada determinada, da prática artística em primeiro lugar, e também o é quando é uma prática auxiliar de outras profissões (a qual talvez pudéssemos chamar de Desenho profissional). Você diz que o Desenho não é um ofício, mas que ser um professor de Desenho é sim. E diz que o Desenho fracassa em todas esses ofícios, mas que esse fracasso poderia ser pensado de forma diferente em cada caso. Você gostaria de desenvolver um pouco a distinção entre fracassar como artista de desenho, fracassar como profissional de desenho e fracassar como professor de desenho?

Também diz que em cada ofício, se assiste os desenhos recém-nascidos pelos aspectos práticos que o solicitaram. Gostaria de desenvolver um pouco mais o que seria, em seguida, assistir desenhos que são solicitados pelos exercícios de desenho, e em que sentido essa assistência é diferente da que requerem os desenhos solicitados pelas práticas artísticas ou pelas práticas profissionais? E outra coisa, você poderia desenvolver também um pouco mais o que é isso de desenhos recém-nascidos? Tem a ver com o que se faz na escola, o que se solicita, se dá no estado nascente? Você tem algum interesse especial, ou alguma emoção especial, de cuidar dos desenhos que nascem? Esse assistir, ou esse cuidar, tem a ver com um estar atento? E, nesse caso, o ofício do professor tem a ver com estar atento aos desenhos que nascem?

Seguindo por esse caminho, e em relação ao ofício de professor, compartilho o que você diz sobre um professor ser alguém que pede desenhos através de exercícios. O que um professor de desenho faz, então, não é desenhar como inventar, propor e acompanhar exercícios. No exercício os desenhos não são solicitados para que sejam artísticos nem para que sejam profissionais, mas sim para que sejam desenhos. No exercício, portanto, o desenho é um meio puro, uma atividade que tem em si mesma sua própria finalidade. No exercício, portanto, trata-se de desenhar por desenhar. Há algum prazer em inventar, propor e acompanhar exercícios? É possível dizer que o ofício de professor tem a ver com adquirir certa habilidade, certa experiência, certa maestria em desenhar exercícios? Nesse caso, o que significaria ter uma boa mão, não tanto para desenhar mas para solicitar desenhos, para inventar e acompanhar exercícios de desenho? Seria a mão do professor de desenho não mão que desenha mas mão que faz desenhar?

Para terminar (e com o medo de que isso já vai lhe parecer uma entrevista), eu gostaria de fazer uma referência ao que é a experiência do olhar, isso que você chama de *uma forma de desfrute incomunicável*, que você adquiriu, segundo diz, em seus anos de *tentativas e fracassos*. E se se tratasse disso, Raúl, de fazer desenhar e assistir os desenhos recém-nascidos como forma de exercitar o olhar? Há um livro muito bonito de Ivan Illich intitulado *La perte des sens* [A perda dos sentidos]. Nele há duas palestras sobre o exercício, ou ascetismo, ou disciplina do olhar, em que recorre tradições milenares do que ele chama *ascese ocular* ou, em termos escolares, *custodia oculorum*, que poderia traduzir-se como cuidado ou proteção aos olhos, mas um cuidado que é, acima de tudo, ético, no sentido de que supõe a formação de uma postura pessoal, de uma atitude, de um hábito ou de uma disposição. Interesso-me pela ética do olhar, diz Illich, como o efeito de uma formação pessoal (*askésis*, em grego) sobre nossa maneira de ver e olhar.[156] O olhar, diz Illich, não é um dom natural, mas uma questão de reflexão e de formação, e é isso ao que se refere quando fala do *ascetismo ou da formação do olho*. Dá como exemplos a avó que começou a aprender aquarela para abrir os olhos antes de sua primeira viagem à Itália; os funcionários prussianos que, independentemente de quais eram suas profissões, deviam passar por provas de caligrafia e desenho; e sua própria infância, quando se considerava que o desenho formava o olho da mesma forma que a música formava o ouvido e a dança o movimento; si mesmo pintando flores e paisagens, sob o olhar atento de uma viúva de Bremen, a fim de cultivar a minha atenção. E termina o parágrafo dizendo que cada época, cada ofício e cada meio era portador de suas próprias exigência em matéria de técnicas oculares.[157] Não é isso que você como professor de desenho quer compartilhar com os jovens, não tanto o domínio de uma técnica (artística ou técnica) e sim a possibilidade de uma experiência do olhar? E essa experiência tão agradável não tem nada a ver com atenção? E a formação de atenção não requer coisas tão raras como tempo, paciência e, talvez, a suspensão de toda a funcionalidade, toda utilidade? Não é isso que um professor de desenho faz com seus exercícios, dar tempo para desenhar?

A propósito, ontem eu estava andando com Ester Jordana (também conversando sobre as alegrias e dores do ofício de professor nestes tempos difíceis), e ela me disse que te conhece e envia-lhe saudações. E essa conversa entre os professores que refletem sobre o que fazem e ao que lhes acontece está se tornando cada vez mais ampla e, aparentemente, mais necessária.

## Regras, observações, precariedades e exercícios
*(Com Raúl Morales, Jaime Gil de Biedma, Antonio Saura e Byung-Chul Han)*

**4 de julho de 2017**
**Querido Jorge,**

Como se é respeitoso nos processos criativos, e devemos deixar as coisas que fazemos juntos tomarem um pouco de forma, pensei em continuar com o ritmo atual das réplicas e, portanto, responder sem aviso de recebimento. As correspondências têm uma dinâmica interna muito bonita. Encanta-me ler livros de cartas. Muitas vezes aparece essa súplica de acelerar a resposta, "escreva logo", que eu gostaria de pensar que surge do impulso da conversa que subjaz alguns intercâmbios escritos, e que lhes dá um caráter íntimo. Naturalmente, a sua última carta fez efeito, e eu comecei a escrever assim que a recebi.

O fato de que a necessidade original de um certo tipo de escrita (especialmente aquela que me ocupa agora, a escrita reflexiva ou ensaística) seja a conversa me devolve à questão do *para quem* a pessoa escreve (se a pessoa não estiver escrevendo uma carta). Foram necessários vários dias à procura de uma citação que, segundo minha memória, está em uma coleção de cartas de Joan Ferraté e Gil de Biedma, em que um dos dois reconhecia que se escreve poesia, no fundo, para uns poucos amigos (amigos de um tipo especial, eu adicionaria, que compartilham um interesse, se dedicam à mesma coisa e se convertem em pessoas valiosíssimas – valor que é revelado apenas na sua ausência – para quem se dedica à criação. No momento não aparece a ditosa citação. Viria muito bem para sustentar a afirmação de que a chave para o assunto do Desenho como criação é esse mesmo *para quem* a pessoa desenha. O trânsito da figura do artista para a figura do professor, que você se interessa em pensar em relação ao lugar-comum de ensino como refúgio de incapazes, e que eu tão pobremente represento, oferece, a partir deste ponto de vista, uma imagem peculiar: a pergunta sobre a necessidade, que no momento de desenhar como artista era um impedimento criativo, se transformou no momento de dar aulas de Desenho, em verdadeira euforia criadora (dos movimentos *up-and-down* posteriores dessa euforia e de "levá-lo bem", no sentido que lhe dá Sloterdijk, tentarei falar em meu trabalho de maestria que vou me ocupar no verão). Algo que no Desenho como prática artística não havia conseguido ou funcionado, talvez devido à incapacidade, talvez por falta de companheiros que compartilhassem do meu interesse, desapareceu imediatamente quando a atividade mudou. O que aconteceu aí? Insisto que vale a pena pensar a questão da necessidade como uma chave para as práticas criativas.

Enquanto não aparece a ditosa citação, vou me valer de outra diferente. Encontrei-a em uns rascunhos de Gil de Biedma sobre Jorge Manrique, nos quais ele tenta articular porque as Coplas são um grande poema[158]:

> [As Coplas] Fascinam porque são um grande poema; por ordem de importância, de menos a mais /
> 1) Ter algo a dizer / sentido público / mensagem; / tudo o que no texto é pretexto /
> 2) Ter algo específico para fazer / não no sentido de um soneto? / produzir um efeito / estético, emoção? / em que a voz que fala se situa com respeito ao que diz, atitude verbal, tom / saber dizer / nível de estilo
> 3) Ter necessidade de fazê-lo: o mais misterioso / necessidade à relação, efeito.

O fac-símile mostra, em suas rasuras e palavras sobrescritas, até que ponto vão essas ideias que ainda não foram colocadas em ordem (representam o momento anterior de ir ver um companheiro e discutir apaixonadamente sobre tudo isso). No entanto: a *necessidade de fazer algo* já está claramente identificada como a questão-chave poética, embora não se identifique com a pergunta *para quem*.

Caberia se perguntar isso mesmo quando se dá aula: para quem se ensina? Espanta-me pensar que essa pergunta, embora pudesse gerar-me a mesma sensação de abismo paralisante, de solidão e de asco que me gerava no caso do Desenho, resulta que, no caso do ensino, não me afeta em nada. Eu acho que posso apontar duas diferenças: em primeiro lugar, que a pergunta agora é feita a partir de dentro de um ofício, professor de Desenho na escola secundária, uma *prática social regulada*, como você diz (uma prática que não pode se dar em solidão), e não a partir da aberrante abstração de uma prática genérica como *desenhar ou ensinar* (que podem pretender-se "dedicações" individuais, mas não são ofícios em si mesmos); em segundo, que no contexto regulado da prática, a pergunta não é mais para quem se ensina mas para quem se preparam esses exercícios de Desenho, muito concretamente, coisa que parece ter uma resposta mais tranquilizadora (ou pelo menos para mim parece que sim).

1. Na parte anterior tentei *pensar no meu ofício como professor de desenho a partir do fracasso da vocação*. Do texto que me saiu, eu poderia dizer que contém uma ideia de ofício e uma visão das práticas do fracasso no Desenho. Fica claro que você levou sua leitura a sério, então só posso seguir com o mesmo cuidado cada uma das suas anotações e adicionar o que facilmente puder.

Escrevo Desenho com letra maiúscula porque é uma prática, uma disciplina, com entidade histórica própria, um pouco como quem escreve um topônimo; também para indicar o lugar central que ocupa no texto essa entidade Desenho; também, porque na legislação educacional espanhola, as especialidades do corpo docente são escritas com maiúsculas, coisa que me caía bem para dar certa continuidade tipográfica ao argumento; e, finalmente, porque na literatura atual sobre educação artística, isso do professor de desenho está anatematizado, e me incomoda.

2. A questão da vocação e de seus fracassos, você tem razão, não está presente. Para discorrer sobre vocação, gostaria de pegar emprestada uma palavra de pintor: Antonio Saura fala de *firmeza* para se referir a algo que soa muito melhor para mim do que uma vocação. Algo que se afasta um pouco do campo semântico do *destino*, dos matizes deterministas da vocação, e se aproxima das ideias de insistência, pertinácia e teimosia. No caso da firmeza, compreende-se melhor que se está sujeito a certas realidades, as que considera suas: a graça está em saber reconhecer onde, em que, vale a pena empenhar-se; e a desgraça está em equivocar-se, que é o mais fácil. E lá vamos nós. Firmeza no que a pessoa se desloca de si, porque não se trata de promover o egocentrismo: o que Saura chama de *obsessão* de um artista é um pouco parecido com *o chamado* da vocação transcendente. A citação é a seguinte:

> A vanguarda tornou-se gradualmente uma sucessão tensa e acelerada de impulsos contrários que acabaram por provocar não somente a desconfiança do espectador como também a impossibilidade de amadurecer dos artistas e sua submissão dolorosa com os ditames da moda. Assim, acompanhados de surpreendente beatitude crítica, assistimos ao triunfo provisório do artista repentino, sem outra experiência que não a novidade a qualquer custo; para o triunfo de um grande e terrível ismo: o da arte efêmera. A seu lado, com igual cinismo, contemplaremos o elogio da abrupta mudança conceitual, da adaptação permanente à moda e, portanto, a fascinação pelo artista camaleônico e a surpreendente rejeição daqueles criadores cujo trabalho se focaliza substancialmente no cultivo da obsessão e no aprofundamento do universo pessoal.[159]

3. A ideia de vocação como firmeza traz algum matiz à questão do fracasso da vocação. No meu texto (número 2), o fracasso da vocação do artista aparece como o momento em que alguém para de desenhar. Se não pensarmos na vocação do desenhista como algo pré-configurado pelas práticas do Desenho (ou pela forma como alguns dos chamados cartunistas, mais ou menos famosos, conseguiram continuar desenhando), e sim como algo que vai tomando forma conforme o desenhista encontra posturas em que possa obcecar-se melhor, então o fracasso definitivo da vocação ocorreria quando você parasse de procurar uma boa posição e parasse de ficar obcecado. Pode ser que essas evoluções de desenhista afastem a pessoa do Desenho, mas, a partir da perspectiva de um prazeroso *aprofundamento do universo pessoal*, parece não haver nenhuma importância (veremos agora para onde saem, e com que forma, minhas obsessões); desde a perspectiva de alguém que se comprometeu com a conservação do Desenho, esse afastamento pode sim resultar dramático. As pessoas comprometidas com a conservação do Desenho fariam bem se se preocupassem em facilitar a seus cartunistas contemporâneos obcecados as melhores posições para continuar a desenhar (nisso podemos ter algo a ver com os professores de Desenho).

Para transitar de artista de Desenho a professor de Desenho, cada qual tem suas razões. No meu caso, foi simplesmente a incapacidade de transformar o Desenho em um ofício artístico. Essa transição para o ensino não foi imediata, então as inércias de minhas tentativas anteriores já haviam desaparecido quando tive que preparar minhas primeiras aulas; tinha que pensar no Desenho a partir de um lugar diferente. Essa é uma ideia importante para mim, mas, como aqui não é o lugar para desenvolvê-la, vou apenas apontá-la: o professor de Desenho, o mesmo que o resto, não deve arrastar suas *obsessões* de desenhista para o ensino (e aqui é que as *vocações* preconfiguradas podem gerar mal-entendidos), porque o conteúdo de suas aulas não é o seu próprio trabalho, mas o de toda a matéria, o Desenho.

4. Pensava eu que os desenhos são objetos radicalmente precários. Por definição, dependem de uma prefiguração, que é o que os diferencia de qualquer traço visível: estão configurados pela intenção de quem desenha. Quando são exigidos por uma profissão, sua utilidade está determinada pela função atribuída a eles. No caso de um plano técnico, por exemplo, poderia ser dar a conhecer as medidas de um objeto (ainda que o consiga com sucesso, o projetista pode estar descontente com o resultado: não importa, o próximo sairá melhor). No caso de um exercício escolar de Desenho, a utilidade pode ser aprender alguma técnica específica, como fazer traçar e sombrear, ou praticar alguma experiência significativa, tais como concentração e percepção do contorno das figuras (o aluno, é claro, não vai ser feliz com o resultado e olhará seu desenho com estranheza: não importa, parece que o professor está satisfeito). A tudo isso me referia com a metáfora de receber o recém-nascido com panos quentes. O caso do desenho artístico é um caso-limite, porque toda a assistência utilitária é deliberadamente retirada (aqui é fácil confundir três questões: a suspensão da função dos desenhos como objetos artísticos, a aparente falta de regulação social das práticas artísticas – em que qualquer um pode "dedicar-se" à arte e fazer "o que quiser" – e a extensa precariedade laboral dos ofícios artísticos).

Caso à parte é a "dedicação" ao Desenho como prática individual, desconfigurada, descontextualizada: sem ofício. Essa dedicação para mim é uma miragem bonita, mas insustentável. Creio que é uma ilusão suportável enquanto se aprende as técnicas, enquanto vai acompanhada por uma certa experiência de progresso. Minha experiência é que, quando essa dedicação se torna algo sério, a pergunta sobre o para quem e sobre a necessidade criativa torna-se intratável a partir dessa desconfiguração social. Acredito, portanto, que o ensino dessas práticas deveria ser acompanhado pela certeza expressa de que essa dedicação, por si só, *não nos leva a nada*. Byung-Chul Han acrescenta uma reviravolta surpreendente a esse *nada*, falando sobre a experiência negativa de profundo tédio e do medo que acompanham a solidão radical: chama-a de "fazer o idiota".[160] Em seguida invoca Heidegger e Deleuze e diz que isso é precisamente o que é próprio da filosofia. Diz que "o tédio profundo exorta a existência a abordar sua própria possibilidade de ser, isto é, de agir. Tem um caráter apelativo. Fala. Tem voz".

E acrescenta: "O espírito só obtém sua verdade se dentro da rasgadura absoluta se encontra a si mesmo. A negatividade do rasgamento e da dor é a única coisa que mantém o espírito vivo".[161]

Eu sustento que a dedicação séria ao desenho sem ofício é insustentável (e não entendo como se pode propor *viver a dor*) e que são os panos quentes de cada ofício concreto que tornam possível seguir empenhando-se e fracassando. Sim, eu gostaria de pensar nessa precariedade radical do Desenho e seus fracassos como uma forma de *rasgo absoluto* e no gosto obsessivo para desenhar esse apelo do *tédio profundo*.

5.- Pensar e preparar exercícios é, para mim, a parte mais bonita de ser professor. Eu creio que é o lugar crítico disso que chamam de ação docente. No caso do Desenho no Secundário, a questão do olhar é fundamental, como a da forma, do lápis e da mão. Não tenho ideia de qual é a melhor maneira de ensinar tudo isso, mas, para mim, um bom exercício é o que faz com que algo estranho se torne *real* e palpável. Às vezes, sim, tenho a sensação de conseguir o que me proponho concretamente em meus exercícios – e se trata disso –, embora eu não esteja seguro de estar conseguindo que o Desenho seja algo *real* para os meus alunos, nem sei o que eles pensam de tudo isso depois das minhas aulas. Não sei se estou ajudando a preservar algo do que para mim é o Desenho, mas gostaria de pensar que, pelo menos, estou em uma boa posição – uma posição melhorada, mais extensiva que intensiva – para continuar tentando até me aposentar. Por outro lado, essa dimensão criativa do ensino, especialmente em matérias artísticas, pode nos levar a confundir o trabalho de preparação de exercícios com o da própria obra artística (no sentido anterior da obsessão pelo próprio universo). Isso seria negligenciar a generosidade necessária para lidar com os *fundamentos* da matéria (e não apenas do que mais gostamos ou do que nos ocupa nesse momento em nossa relação com a matéria). Para pensar e preparar bons exercícios, é preciso conseguir relacionar tudo o que sabemos sobre nossa matéria com tudo o que sabemos sobre nossos alunos. É por isso que sempre se deve pensar novamente nos exercícios. Para mim, a *explicação*, a introdução expositiva, só faz sentido em relação ao exercício, porque é neste que os alunos experimentam por si mesmos o que nós colocamos diante deles; é onde você se pode *implicar*, e essa implicação depende em grande parte do exercício que lhes propomos.

Saúde.

## Dons, encargos, lugares, correções e tédios
*(Com Raúl Morales, Maximiliano López, Yara Alberio, María Zambrano, Louis I. Kahn, Peter Handke e Leonardo da Vinci)*

**5 de julho.**
**Raúl,**

Eu tinha imaginado apenas quatro ou cinco páginas e você já vê por onde estamos indo. Tenho ficado muito interessado em suas considerações sobre a dificuldade de fazer as coisas no vácuo, fora de qualquer prática mais ou menos regulamentada e, acima de tudo, independentemente de qualquer "para quem são feitas". Talvez isso da vocação e isso da profissão tenham a ver com esse fato, com encontrar um lugar habitável e tranquilo para nossas obsessões e, por que não dizê-lo, para nossos hábitos, para essas pequenas rotinas que moldam nossa vida e, com certeza, o que somos. Um lugar onde possamos nos sentir protegidos por uma tradição e por modos de fazer que já estão aí e que nós necessitamos, isso sim, reinterpretar e, acima de tudo, potenciar (no sentido de tentar investi-los com uma certa potência em um lugar e em um tempo determinado). Quando ele não existe, tudo gira no vazio e se faz, de alguma maneira, vão. Para mim, o que eu gosto é de ler e escrever, ser professor tem sido um presente, uma forma de felicidade, embora isso não signifique que seja sempre divertido (ou interessante) ou que o trabalho não seja difícil e muitas vezes ingrato. Uma das características do nosso tempo (embora isso tenha sido preparado por muito tempo) é a desvinculação entre o fazer (e o saber-fazer) e o viver (o saber-viver) ou, se preferir, entre nossas implicações práticas com o mundo (reduzida não mais ao trabalho, mas à mera "ocupação") e nossas formas de vida.

Eu também estava interessado na ideia de que o professor de desenho deveria colocar o desenho (e não a si mesmo) sobre a mesa. Sua obrigação (ou sua generosidade), como você bem diz, é expor ou dispor "os fundamentos da matéria" para a prática, para o estudo, para o exercício e para a experimentação. Mas isso não significa, creio eu, que alguém possa dispensar o próprio modo como ele mesmo está "inspirado" pela matéria. Se a sua tarefa é que a esta, como você diz, "se torne real" para o aluno, tal matéria também deve ser "real" para ele. Você já sabe que eu li com interesse Stoner, e que o protagonista diz que ser professor é "simplesmente ser um homem para quem o livro diz a verdade".[162] Eu não posso ler ou comentar um livro (muito menos na aula) se eu não confio que ele diz a verdade ou, em suas palavras, que o que existe ali é "real" para mim e pode "tornar-se real" para outros. Mas para isso fazem falta tempo (dar-lhe tempo) e espaço (dar-lhe lugar). Talvez os exercícios de desenho não passem de procedimentos para dar (ao desenho) um lugar e um tempo.

E vou levantar daqui minhas últimas perguntas (ou pro-vocações). Primeiro, sobre o espaço (a sala de aula como o lugar onde o professor faz um lugar para o desenho) e sobre o tempo (o exercício como o tempo em que o professor dá um tempo ao desenho). O que eu gostaria é que você me contasse algo sobre as operações espaciais e temporais de seu trabalho como professor, sobre suas formas de fazer lugar e de dar tempo. Além disso, se você quiser, e apenas se quiser, eu gostaria que você desenvolvesse um pouco o compromisso do professor com o que você chama de "a conservação do desenho". E eu também gostaria que você me (nos) desse alguma história (eu sei que suas histórias nunca são banais e você é bom em contá-las) dessas que funcionam ou que aspiram a funcionar como histórias exemplares.

A propósito, voltei a ver Esther e me contou que você tinha voltado a falar sobre o ofício de professor e que havia se escandalizado um pouco com o uso de palavras como "tédio", "repetição", "disciplina", "ordem", "perseverança" e outras desse estilo. Certamente elas soariam estranhas para um "artista" metido a "professor de arte". E certamente isso tem a ver com o que você diz no início sobre como, nos discursos e práticas atuais de "educação artística", a figura clássica e um tanto antiquada do "professor de desenho" está amaldiçoada. Uma maldição paralela, parece-me, àquela que se dirige a essa invenção chamada "escola tradicional", transformada em clichê com cheiro de mofo, da qual, dizem, deveríamos nos distanciar.

E agora sim, para terminar (não com minhas palavras, mas de outro), quero lhe dar o último parágrafo de um texto que um amigo, com quem também converso com frequência sobre as glórias e misérias desse ofício de professor, acaba de me enviar (eu o envio completo, no caso de lhe apetecer e no caso de lhe inspirar). É uma seção intitulada "Sobre a transmissão de uma arte", que diz assim:

> Pode-se dar e receber as ferramentas, os materiais e algumas obras exemplares, pode-se mostrar e conhecer alguns procedimentos, os nomes das coisas e as características gerais dos elementos empregados no trabalho, mas não se pode dar ou receber o significado do trabalho nem a relação singular que une cada sujeito com a arte que cultiva. O repertório é um vestígio e, como tal, não constitui mais que um resíduo que, necessariamente, deve ser atualizado em uma relação singular, única e irrepetível. Sem essa vivificação dos vestígios recebidos, nunca haverá cultivo, isto é, cultura, arte, no sentido pleno. Uma teoria da transmissão deveria ser capaz de distinguir, dentro do cultivo de uma arte, aquilo que se pode possuir e, portanto, dar e receber; aquilo que só se pode conhecer e, portanto, mostrar, sem jamais chegar a possuir; e aquilo que é necessário sustentar, seguir, cuidar ou cultivar (e que não é possível possuir ou mostrar). Finalmente, digamos que existe em toda arte algo que não pode ser possuído, mostrado ou produzido e que, portanto, não pode ser objeto de transmissão, mas que, no entanto, é uma espécie de bússola para qualquer artífice. Esse algo só pode ser convocado, tal como um espírito convocado. Sua aparência é incerta e, diante disso, só é possível, em qualquer caso, tornar-se digno de sua presença. Na ausência de palavras melhores, chamemos de verdade ou, simplesmente, beleza.[163]

**17 de julho de 2017**
**Olá, Jorge,**

Obrigado por sua resposta tão rápida. Atrasei-me porque estive lendo as conferências de Ivan Illich sobre história da visão antes de responder, para ver se me ajudavam com sua pergunta sobre a exercitação ascética de um tipo de olhar ético em minhas aulas de Desenho, coisa de reservados, que qualquer um leva na brincadeira. Algo de seu *fazer ver* que ficou impregnado em meu texto. Eu também li o de seu amigo Maxi. Como você diz, essa coisa que trazemos entre as mãos já se vai fazendo muito longa e temos que encerrá-la, então me ocorreu convidar para a conversa nossa amiga comum Yara Alberio, para obter uma imagem mais geral antes de escrever minha última parte.

Yara me apontou uma questão que surgiu no início e que havia permanecido no tinteiro: as diferenças e as semelhanças entre Exercício e Encargo (em maiúsculas, para sugerir que estamos falando de gêneros). Concordando comigo que a questão da necessidade e do *para quem* é fundamental, tanto na escrita quanto no ensino (como práticas criativas), me propus a pensar se a tarefa do professorado poderia ser entendida como algo feito por encargo, na ordem do artesanato. Ela me citou María Zambrano, que dizia que o fato de se ter uma vaga ideia de que alguém nos lerá talvez tenha a ver com aquele de desejar "produzir um efeito, o fazer que alguém se informe de algo".[164] E a partir desse *informar-se de algo*, se perguntou qual é a dimensão educativa do Encargo (na determinação de um *quando*, um *como* e um *que*, que de alguma forma, desloca a pergunta *para quem* para a pergunta *a troco de quê*). Depois de conversar um pouco, chegamos a concordar que um encargo solicita uma atividade, mas não fornece *supervisão*: seria como o típico trabalho final que nos pedem (encomendam) na universidade, sem acompanhamento, sem resposta, um fechamento que não leva a nada mais que a certificação (um pouco como a tradição da guilda da obra-prima). Então nós temos o Exercício, uma atividade diferente, sustentada em um ir-se equivocando e em um ir *vendo* como se faz algo, com olhos que não são nossos, e sim do olhar mestre. Um bom exercício seria então aquele que consegue dominar o olhar do outro: enviar àqueles que não sabem, àqueles que vão quase cegamente e que, pouco a pouco, como María e Yara dizem, *descobrem algo*. E um bom pedagogo (exercitador) seria aquele que, além de nos acompanhar na escola, nos faz ver que, de fato, existe uma escola onde não víamos nada (mas ainda temos um longo caminho a percorrer). O comprometimento do professor com a conservação de sua matéria poderia ser entendido como essa dupla necessidade: manter aberta *sua escola* (uma escola em que vale a pena continuar caminhando, sem barraquinhas e tábuas trincadas) e fazer com que seus alunos a vejam, com cada vez mais clareza (deixando-os um pouco obcecados, dando-lhes uma boa posição).

No texto de Maxi se faz uma distinção muito interessante entre o que pode ser dado e o que não pode ser dado no ensino: ferramentas, materiais, vocabulário, procedimentos e bons exemplos (repertório), da parte do transferível; sentido próprio, atenção, cultura individual e beleza, da parte do intransferível. Essa metáfora da transmissão da propriedade (o *nemo dat* jurídico) faz com que a atividade do ensino se concentre nos bens. Se, por outro lado, a metáfora é mais propriamente uma topologia do *lugar*, a atividade volta a se concentrar nos lugares, nas posições, nos cursos e nas rotas. A estranha topologia do espaço docente seria a que define a dupla necessidade de estar bem instalado em um sítio (sede, sedentarismo, sedimento; residir, assento... cátedra) e ao mesmo tempo estar percorrendo vez ou outra caminhos bem conhecidos e que se dirigem para esse espaço (disposição, proposição, exposição). Claro, alguém pode se perder às vezes por aí, fora dos caminhos (mas sem perder a própria escola). Isso daria uma *variedade*, como dizem os geômetras, com muitas tensões superficiais (sessão e obsessão, recorrência – umas firmezas –; tração, atração, contração, abstração, distração – um transportar docente em todas as direções possíveis, vamos) que, além de gerar novas residências, provocaria posições de dissidência, desídia ou insídia. Com todo esse grupo, mais topológico que mercantil, é como eu tentaria definir as operações espaciais e temporais do meu fazer em sala de aula.

### 18 de julho de 2017
### Querido Raúl,

No e-mail que acompanha seu escrito, você diz que há um momento em que fala sobre o professor que empresta seus olhos, e que essa figura é muito parecida com o que diz o arquiteto Louis I. Kahn em um livro que Yara lhe emprestou. Você me diz que não quis citá-lo para não se alongar mas, certamente para me provocar, me adiciona as páginas em que o autor fala da "sala de correções" (onde o professor comenta os trabalhos que os estudantes apresentam) como o "lugar sagrado" de uma escola. Leio essas páginas e não posso resistir a fazer redação dessa citação (o que você preferiu não fazer).

Kahn diz que cada edifício deve ter um lugar sagrado e que para captar seu espírito deve ser capaz de reconhecê-lo. Diz depois, dando um exemplo, que procurou por esse local sagrado em um teatro que estava construindo. Primeiro, acreditou que o lugar sagrado era o do ator (os camarins, a sala de ensaios). Então pensou que era o cenário. Mais tarde, talvez fosse o vestíbulo, o lugar onde o teatro convida e convoca. É aqui que ele se pergunta qual é o lugar sagrado de uma escola (de arquitetura), e o encontra no que chama de "sala de correções", onde as pessoas se reúnem para comentar o que fizeram: esses projetos (esses exercícios) que começaram com um papel em branco. A sala de correções, indica Kahn, não é o lugar para "colocar nota", o lugar da "avaliação", o lugar de ansiedade para julgar e ser julgado, o lugar da possível reprimenda, mas o lugar da reação amável ao exercício do outro. Uma reação que não é de aprovação (ou de desaprovação), e sim de correção. Além disso, para capturar a atmosfera da citação, é preciso levar em conta que se trata de uma conversa com os alunos (de arquitetura). O texto que importa para mim começa assim:

> Qual é o lugar sagrado de uma escola de arquitetura? Poderia ser o vestíbulo, mas também poderia ser o lugar onde vocês se reúnem para comentar e trocar impressões. Uma reação ante seu trabalho significa milhões de aprovações, ainda que só sejam uns poucos. É o tipo de coisas com as quais se aprende a crer naquilo que apresenta, e isso é tremendo. Chamem-no de sala de correções se quiserem, mas na realidade é a sala onde vocês se reúnem, onde todas as classes se reúnem, para uma espécie de comentário acerca da experiência ao fazer um edifício... que começou com um papel em branco.

E termina assim:

Creio que ao redor disso é possível construir uma escola. Há muitas salas. Elas podem ter paredes toscas; não importa. Podem pendurar casas onde achar melhor. Podem pôr a pintura pelo solo. A aula pode ser como um Jackson Pollock, mas, quando você vai à sala de correção, não. Deveria haver algo maravilhoso nesse lugar. Um lugar onde se possa tomar um chá... uma sala que sempre deveria ser amigável. Sempre um santuário, não uma sala que o faça sentir como como se fosse ser julgado. Simplesmente uma sala maravilhosa. O espaço sagrado de uma escola de arquitetura.[165]

O texto me lembrou uma conversa que tive com uma professora que se dedicava à formação de professores de língua e literatura. Ela disse, com certo desdém, que os professores se dedicavam simplesmente a "tomar leitura". Para mim isso de "tomar leitura" me agradou, e pensei que o mesmo que faço como professor não é nada além de "tomar leitura", isto é, ver o que os alunos leram e como o fizeram e tratar de "corrigir" essa leitura. Não no sentido, é claro, de fazê-la "correta", mas sim de tratar de torná-la um pouco mais atenta, mais complexa, mais densa, mais interessante. Eu sempre pensei que, como professor, a pessoa não apenas "dá a ler", mas trata de "ensinar a ler", que a única coisa que se faz são "exercícios de leitura", e que esses exercícios devem acontecer às vezes no momento da correção. Não do juízo, mas da correção (um pouco do que você dizia sobre a diferença entre a Encargo e Exercício). E isso, corrigir, nada mais é do que repetir aquele velho gesto pedagógico de "você pode fazer melhor", dando, é claro, algumas indicações sobre o que poderia significar esse "melhor".

A parte do livro em que haverá essa conversa será intitulada "Das mãos e das maneiras". E acho que poderíamos dizer, neste ponto, que as mãos do professor fazem muitas coisas, mas também corrigem. Às vezes, ao menos quando estão na "sala de correções", são mãos que corrigem. E isso tem a ver, como Kahn diz muito bem, com a fé ou com a confiança. Kahn diz que o aluno tem que "aprender a acreditar naquilo que apresenta". E parece-me que as mãos que corrigem (as mãos do professor) têm que fazê-lo de maneira que o aluno aprenda a acreditar nas suas próprias mãos. Ou, em outras palavras, que descubra, pouco a pouco, com a prática e o exercício, que pode confiar em nelas.

Fiquei lisonjeado, claro, que você lesse as conferências de Illich citadas em alguma das minhas intervenções, então, em justa troca, li o texto completo com o qual me tentou com apenas as quatro páginas que me enviou. Na parte que nos interessa, Kahn responde a perguntas que têm a ver com a formação do arquiteto. E o que faz é ir repassando os diferentes espaços de uma escola de arquitetura e dizendo como os imagina, como se os estivesse projetando. Fala primeiro da biblioteca. Depois das salas de aula. Posteriormente das salas de seminários. E, por fim, daquele lugar sagrado que ele chama de sala de correções.

Pois bem, quando comenta a citação de Maximiliano López, você insiste em preferir uma concepção topológica do ofício do professor a uma concepção, como a de Maxi, baseada na transmissão, em o que o professor dá e o que ele não pode dar, no professor como "doador". E, no final de sua intervenção, você diz que é assim, topologicamente, como tentaria ir definindo "as operações espaciais e temporais do seu fazer em sala de aula". O texto de Kahn viria a sugerir que o que o professor faz é provocar e acompanhar certos deslocamentos, certos movimentos entre uns espaços e outros. Imagino que não é necessário transitar por espaços separados, mas sim fazer com que o local de trabalho, do ofício, às vezes tenha algo de biblioteca, algo de aula, algo de seminário, algo de sala de correções. E que aí se poderia traçar rotas, sequências, transições.

Quero pedir a você, então, daí, agora sim, uma última carta. Tome isso como um "castigo" por não haver fechado seu texto anterior; por ter sucumbido à preguiça e não ter desenvolvido o que Yara lhe deu com o livro de Kahn e que você, simplesmente, passou para mim (e que eu, claro, agradeço); por ter anunciado um assunto, o das "operações espaciais do seu fazer em aula", que você sabia que me faria salivar. Pode ser? Você já sabe que uma conversa tem isso, que nunca está claro qual vai ser a última palavra.

Ah, e eu encontrei uma citação de Handke sobre corrigir: "Corrija quem você ama e deixe seus inimigos em paz".[166]

E a citação me fez pensar em *O sol do marmelo* (o filme de Erice) e na rememoração de Antonio López e Enrique Gran sobre as correções que seus professores de desenho fizeram, em seus anos de formação.

Saúde, e cuide-se dos calores.

**19 de julho de 2017**
**Querido Jorge,**

Aceito com um sorriso que você me castigue por preguiçoso. Vai minha parte, desta vez cheia de impurezas. Li seu texto como uma demanda de exemplos concretos, e me pareceu divertido compartilhar com você os detalhes do tédio em minhas aulas. Quanto a terminar, tenho pânico dos parágrafos finais retumbantes, aqueles términos meio místicos que aparecem até no comentário de um filme sobre vaqueiros. Por isso me esforço em terminar "normal", embora possa parecer inacabado. A citação de Handke é muito bonita (faço aniversário com ele, e os sagitarianos são simpáticos *a priori*), mas para mim as práticas amorosas devem ser recíprocas (não religiosas) e a escolaridade obrigatória dá a tudo isso um caráter muito difícil para mim. Por isso dizia também sobre os diferentes ofícios de ensino (diferentes instituições, idades, etc.): cada um tem seus aquilos. Mas, bem, a generosidade e as boas intenções estão por aí, não? Não sei.

Você me pede, antes de terminar a conversa, para falar um pouco sobre a articulação prática, o resultado concreto de meus exercícios em aula que tão cuidadosamente escondem o fracasso do Desenho; para ver se visualizássemos em imagem algumas dessas operações no espaço e no tempo, que configuram minha *estranha variedade topológica* como professor de Desenho no Secundário – meu vaivém mais ou menos *eufórico* em todas as direções possíveis, que persegue *treinar* o olhar dos meus alunos –, e cuja intenção é *tornar real* para eles os fundamentos da *minha escola*. Que bom, deixar que um bom fluxo de realidade, com todas as suas impurezas, dê um banho higiênico em todas essas palavras, que por si só não vão muito longe, e depois ver o que resta delas.

Uma das minhas *firmezas* é a experiência imersiva do Desenho. Começo com ela porque me parece que é o melhor fundamento em uma abordagem propedêutica: sem tê-la experimentado, não acredito que se possa construir algo com um lápis na mão. O aprendizado das técnicas vem depois; a questão das posições do desenhista em seu ofício concreto, muito mais tarde. Como o curso de Desenho no primeiro curso do Secundário consiste em cerca de umas 60 sessões (e no segundo curso não há Desenho), uso esse tempo para colocar meus alunos (cerca de cem, em quatro grupos) na *melhor posição* para experimentarem, por si mesmos, esse modo de imersão. No texto de Maxi se fala disso como a *vivificação dos vestígios recebidos*. Aliás, nos institutos onde trabalhei, costuma-se haver uma aula de Desenho, na qual os responsáveis pela organização de todas as matérias insistem em me colocar e onde eu sempre me recuso a entrar, porque costuma ser uma aula normal, com mesas e cadeiras, e sem qualquer vantagem sobre uma sala de aula de um grupo normal (mais que uma pia, montões de lixo e outros materiais de outros professores). Por que perder toda a força inercial de uma aula escolar em troca de nada? Então eu fico em uma aula normal, sem pias.

Um desenhista, depois de – por exemplo – três horas de trabalho intenso, obtém duas coisas: um fracasso gráfico humilhante (como sempre, já falamos sobre isso) e uma sensação particular de esforço (cuja valoração moral depende de cada um). Às vezes, esse tempo de imersão no desenhar é maravilhoso. É uma experiência difícil de se expressar, mas que aqueles de nós que desfrutamos desenhando reconhecemos perfeitamente – é possível dizer que é identificável – e, por ser uma experiência reconhecível, ouso tentar ensiná-la. Talvez seja também por isso que se pode dizer que seja algo *compartilhável*, embora eu prefira não falar em termos de doação. Maxi diz que *não se pode dar ou receber o sentido*. Para mim, essa experiência de imersão é o *sentido* da maioria dos exercícios que preparo para o curso. Acho que para fazer com que um exercício funcione, eu tenho que ser capaz de fazer os alunos entenderem o sentido do que proponho. Isso não significa que eu compartilhe *meu* sentido com eles tal qual, mas que lhes prepare um à sua medida. Nesse caso, expliquei da seguinte forma: aprender a desenhar é muito difícil e demorado, então não vou ser capaz de lhes ensinar (na escola eu não estou na *melhor posição* para ensiná-los, para continuar com os termos que usamos antes). O que eu posso fazer é ensiná-los a *entediar-se desenhando*, e isso eles entendem perfeitamente. Por isso, dedicamos algumas sessões para compartilhar o que é entediante para cada um e, em seguida, faço um resumo de suas contribuições, que anexo para você.

A maioria das minhas aulas é dedicada a fazê-los desenhar rabiscos e traços para tentar desfazer suas ideias do que é um bom desenho (primeiro eles amam o joguinho, depois o odeiam: "Quando vamos começar a desenhar 'de verdade'?", momento crítico em que tenho que demostra-lhes de alguma forma que eu, *sim, sei desenhar*, porque suspeitam que sou uma fraude). Na metade do curso, damos um passo e experimentamos o nível mais baixo do iconismo, onde esses risquinhos "se parecem com algo" quase por acaso (isso está no *Tratado* de Leonardo da Vinci, quando fala dos "jogos a que se hão de aplicar aqueles que desenham").[167] Em seguida, misturamos histórias e personagens inventados com esses grafismos para lidar com as questões do simbolismo (também incluo aqui alguns desenhos para ilustrar um pouco disso tudo). Na última parte do curso, introduzo a questão do rigor gráfico com exercícios de desenho construtivo e geométrico (à mão livre) e de caligrafias clássicas.

Quanto ao tédio, torna-se o conteúdo *real* de muitas aulas. Depois de lhes dar as instruções específicas do desenho da vez, especifico o tempo dedicado ao tédio nesse dia, anoto a hora inicial e final no quadro-negro e vamos trabalhar. Eu fico na porta observando-os e percebo aqueles que se distraem, os que parecem parar, para tentar adivinhar se estão pensando em como continuar ou estão esperando o tempo passar com certa dissimulação. A coisa se torna rotina muito rápido e todo mundo faz o que lhes é pedido, muito obedientemente. Claro que, em troca, eles obtêm o melhor das classificações, então o jogo está funcionando nesse nível. Se com isso eu conseguir que eles experimentem o que eu queria, é difícil dizer, mas estou inclinado a pensar que sim: porque às vezes eles fazem comentários como "o tempo passou voando"; porque algumas pessoas me perguntam se faremos "o exercício do tédio" e, de maneira mais geral, porque não há nenhuma escalada de reclamações nem uma espiral de indignação. Além disso, o fato de aumentar o aprendizado como tédio significa que, se alguém o estiver desfrutando, ele não se atreverá a reconhecê-lo; podem reclamar de tudo o que quiserem, que é o que os adolescentes gostam de fazer.

Um abraço e, claro, ansioso para ver como tudo isso que estamos fazendo ficará ao fim.

# NOTAS

[1] CONTRERAS, José; LARA, Núria Pérez (Comp.). *Investigar la experiencia educativa*. Madrid: Morata 2010.
[2] p. 25-26.
[3] p. 31.
[4] p. 56.
[5] p. 21.
[6] p. 82.
[7] SENETT, Richard. *O artífice*. Rio de Janeiro: Record, 2009.
[8] p. 353.
[9] p. 355.
[10] p. 356.
[11] p. 361.
[12] p. 362.
[13] Não deixa de ser interessante que a profissão de professor esteja ligada ao exercício, que faça do professor um ser exercitante, que se possa dizer que a pessoa é um "professor em exercício" ou que alguém "é professor, mas faz vários anos que não exerce a profissão".
[14] SENNETT, Richard. *O artífice*. Rio de Janeiro: Record, 2009, p. 324-325.
[15] p. 328.
[16] Belo Horizonte: Autêntica Editora, 2013.
[17] Barcelona: Mondadori 2008.
[18] Entre eles *Escolta*, de Pablo García, *Teoria da escola*, de Maximiliano López e *Elogio de l'escola*, de Cinema en curs, os três incluídos no livro organizado por mim, intitulado *Elogio da escola* (Belo Horizonte: Autêntica 2017).
[19] HANDKE, Peter. *Historia del lápiz. Materiales sobre el presente*. Barcelona: Península, 1991, p. 222.
[20] HANDKE, Peter. *À ma fenêtre le matin. Carnets du rocher, 1982-1987*. Paris. Verdier, 2006, p. 203.
[21] ILLICH, Iván. El trabajo fantasma. *Obras Completas. Vol. II*. Cidade do México: Fondo de Cultura Económica, 2008, p. 106-107.
[22] ILLICH, Iván. El género vernáculo. *Obras Completas. Vol. II*. Cidade do México: Fondo de Cultura Económica, 2008, p. 188.
[23] ILLICH, Iván. La lengua materna enseñada. *Obras Completas. Vol. II*. Cidade do México: Fondo de Cultura Económica, 2008, p. 522, 523, 525.
[24] HANDKE, Peter. *Ayer de camino*. Madrid: Alianza, 2011, p. 268.
[25] HANDKE, Peter. À ma fenêtre le matin. *Carnets du rocher, 1982-1987*. Paris. Verdier 2006, p. 14.
[26] HANDKE, Peter. *Ayer de camino*. Madrid: Alianza, 2011, p. 567.

[27] MOREY, Miguel. Carta a una princesa. *Pequeñas doctrinas de la soledad*. Cidade do México: Sexto Piso, 2007, p. 431-432.

[28] HANDKE, Peter. *Ayer de camino*. Madrid: Alianza, 2011, p. 281.

[29] p. 106.

[30] p. 261.

[31] p. 356.

[32] p. 466.

[33] ZAMBRANO, María. La vocación del maestro. *L'art de les mediacions. Textos pedagògics*. (Selecció, introducció i notes de Jorge Larrosa y Sebastián Fenoy). Barcelona: Publicaciones de la Universitat de Barcelona, 2002, p. 90.

[34] p. 91.

[35] p. 97.

[36] p. 98.

[37] p. 99.

[38] p. 103.

[39] p. 102.

[40] p. 100.

[41] FLUSSER, Vilém. La no-cosa II. *Filosofía del diseño. La forma de las cosas*. Madrid: Síntesis, 2002, p. 111.

[42] SENNETT, Richard. *La corrosión del carácter. Las condiciones personales del trabajo en el nuevo capitalismo*. Barcelona: Anagrama, 2000, p. 68.

[43] p. 70-71.

[44] p. 77.

[45] Atrevo-me a sugerir uma pesquisa sobre como as crianças brincam de escola (se é que ainda brincam de escola, ou, de um modo mais geral, se é que ainda brincam de profissões). Porém não perguntando a eles, e sim observando como fazem isso. Se alguém se atrever a filmar, seria estupendo.

[46] p. 159-160.

[47] p. 256.

[48] p. 256.

[49] PARDO, José Luis. *La regla de juego*. Madrid: Galaxia Gutemberg, 2004, p. 416-417.

[50] PARDO, José Luis Pardo. El conocimiento líquido. *Nunca fue tan hermosa la basura*. Madrid: Galaxia Gutemberg, 2010, p. 265.

[51] p. 269.

[52] SIMONS, Maarten; MASSCHELEIN, Jan. *Em defesa da escola: uma questão pública*. Belo Horizonte: Autêntica, 2017.

[53] p. 120.

[54] p. 122-123.

[55] p. 123-124.

[56] Todas as citações anteriores estão entre as páginas 125 e 138.

[57] A ladainha, junto com os outros exercícios realizados, pode ser encontrada no DVD incluído em LARROSA, Jorge (Org.). *Elogio da escola*. Belo Horizonte: Autêntica 2017.

[58] BENJAMIN, Walter. *Tesis de filosofía de la historia*. *Angelus Novus*. Barcelona: Edhasa, 1971, p. 79-80.

[59] Essas quatro citações são o resultado da decomposição de um só parágrafo que pode ser encontrado em SENNETT, Richard. *O artífice*. Rio de Janeiro: Record, 2009, p. 20-21.

[60] p. 23.

[61] SENNETT, Richard. *La corrosión del carácter. Las condiciones personales del trabajo en el nuevo capitalismo*. Barcelona: Anagrama, 2000, p. 10.

[62] CANETTI, Elías. *La lengua absuelta*. Barcelona: Muchnik, 1980. Todas as citações estão entre as p. 187 e 191.

[63] CANETTI, Elías. *Cincuenta caracteres. El testigo oidor*. Barcelona: Labor, 1977.

[64] Conversación con Hans Heinz Holz in CANETTI, Elías. Arrebatos verbales. Obra completa 9. Barcelona: Debolsillo, 2013, p. 760.

[65] PLATÃO, *Menón*. 90b e seguintes. PLATÃO. *Diálogos*. Madrid: Gredos, 1983, p. 320 e seguintes.

[66] RANCIÈRE, Jacques. *El filósofo y sus pobres*. Buenos Aires: Universidad Nacional de General Sarmiento, 2013, p. 25.

[67] RANCIÈRE, Jacques. *La noche de los proletarios. Archivos del sueño obrero*. Buenos Aires: Tinta Limón, 2010.

[68] RANCIÈRE, Jacques. *El filósofo y sus pobres*. Buenos Aires: Universidad Nacional de General Sarmiento, 2013, p. 13.

[69] DELEUZE, Gilles. *Proust e os signos*. São Paulo: Editora Forense Universitária, 1987, p. 12-13.

[70] p. 13.

[71] p. 15.

[72] p. 20.

[73] p. 24-25.

[74] p. 33.

[75] p. 32.

[76] HEIDEGGER, Martin ¿*Qué significa pensar?* Buenos Aires: Nova, 1972, p. 13.

[77] p. 20.

[78] p. 20.

[79] p. 21.

[80] p. 21.

[81] p. 22.

[82] p. 21.

[83] GAYA, Ramón. Mano vacante. *Algunos poemas de Ramón Gaya*. Valencia: Pre-textos, 2001, p. 67.

[84] JABÈS, Edmond. La memoria y la mano. El umbral / La arena. *Poesías completas*. Castellón: Eliago, 2005, p. 645.

[85] BACHELARD, Gaston. *El agua y los sueños. Ensayo sobre la imaginación de la materia*. México: Fondo de Cultura Económica, 1978, p. 25.

[86] PALLASMAA, Juhani Pallasmaa. *La mano que piensa. Sabiduría existencial y corporal en la arquitectura*. Barcelona: Gustavo Gili, 2012, p. 54.

[87] VINYOLI, Joan. *La mano del fuego*. Avinyonet del Penedés (Barcelona): Candaya, 2014, p. 55.

[88] Todo o anterior pode ser encontrado em SENNETT, Richard. *O artífice*. Rio de Janeiro: Record, 2009, p. 185-212.

[89] p. 213.

[90] p. 218.

[91] p. 215.

[92] SENNETT, Richard. *El respeto*. Barcelona: Anagrama, 2003, p. 92-93.

[93] SENNETT, Richard. *O artífice*. Rio de Janeiro: Record, 2009, p. 220.

[94] WAGNERMAIER, Silvia. Continuar a pensar a Comunicologia. In: FLUSSER, Vilém. *Comunicologia. Reflexões sobre o futuro*. Martins Fontes: São Paulo, 2015, p. 365-366. Depois da lista de palavras, a tradutora introduz uma nota de rodapé em que sugere ao leitor explorar as distintas sonoridades (por suas etimologias e seus radicais) das palavras em alemão e em português.

[95] CANETTI, Elías. *Masa y poder*. Barcelona: Muchnik, 1981, p. 209.

[96] p. 213.

[97] Transcrevo aqui a nota em que o tradutor da edição castelhana justifica e especifica suas opções. "Stimmung pode significar 'afinação' (de um instrumento musical), 'estado de espírito' (humor, impressão, sensação) e em sentido metafórico também se aplica ao mundo inanimado: 'ambiente', 'atmosfera' (de uma paisagem, de um pôr do sol, etc.). Gestimmtheit é uma palavra inventada pelo próprio autor oriunda do particípio passivo de stimmen mais o sufixo –heit, com o qual se formam abstratos, com o sentido de 'à maneira de' ou 'no estado ou condição de'. Stimmen no sentido transitivo significa 'afinar' (um instrumento) e metaforicamente 'captar', 'acalmar', 'granjear' (o ânimo do outro), e em um sentido intransitivo significa 'ser correto', 'estar bem' (para expressar concordância ou consentimento)". FLUSSER, Vilém. *Los gestos. Fenomenología e comunicación*. Tradução de Claudio Hook. Barcelona: Herder, 1994, p.

[98] AGAMBEN, Giorgio. Los gestos. *Medios sin fin*. Valencia: Pre-textos, 2001, p. 47.

[99] FLUSSER, Vilém. *Los gestos. Fenomenología e comunicación*. Barcelona: Herder, 1994, p. 60.

[100] p. 61.

[101] p. 61.

[102] p. 62.

[103] HEIDEGGER, Martin. *¿Qué significa pensar?* Buenos Aires: Nova, 1972, p. 28.

[104] FLUSSER, Vilém. *Los gestos. Fenomenología e comunicación*. Barcelona: Herder, 1994, p. 65.

[105] Cito o texto da antologia de literatura alemã realizado por DREYMÜLLER, Cecilia (Ed.). *Confluencias*. Barcelona: Alpha Decay, 2014, p. 21-23.

[106] MASSCHELEIN, Jan. An educational cave story (on animals that go to 'school'). SMEYERS, Paul (Ed.). *International Handbook of Philosophy of Education* (no prelo).

[107] SIMONS, Maarten; MASSCHELEIN, Jan. *Em defesa da escola: uma questão pública*. Belo Horizonte: Autêntica, 2017, p. 153-156.

[108] p. 154-155.

[109] AZÚA, Félix de. *Autobiografía sin vida*. Barcelona: Mondadori, 2010, p. 32-33.

[110] p. 35-37.

[111] p. 33-34.

[112] DELEUZE, Gilles. *Proust e os signos*. São Paulo: Editora Forense Universitária, 1987, p. 16.

[113] FLUSSER, Vilém. *Los gestos. Fenomenología e comunicación*. Barcelona Herder, 1994, p. 66-67.

[114] HEIDEGGER, Martin. *¿Qué significa pensar?* Buenos Aires: Nova, 1972, p. 14.

[115] SAFRANSKI, Rüdiger. Teoría sobre el amor y teoría por amor. *Heidegger y el comenzar*. Madrid: Círculo de Bellas Artes, 2006, p. 44.

[116] p. 44.

[117] p. 46.

[118] p. 47.

[119] p. 49.

[120] p. 51.

[121] p. 53.

[122] p. 53-54.

[123] HANDKE, Peter. *La noche del Morava*. Madrid: Alianza, 2013, p. 224.

[124] DERRIDA, Jacques. *Universidad sin condición*. Barcelona: Trotta, 2002, p. 32-33.

[125] p. 48.

[126] MISTRAL, Gabriela (1919). *Oración de la Maestra*. Disponível em <https://www.poemas-del-alma.com/la-oracion-de-la-maestra.htm>.

[127] COETZEE, John Maxwell. *Elizabeth Costello*. Madrid: Debolsillo, 2005, p. 211.

[128] WILDE, Oscar. De profundis, *apud* CRITCHLEY, Simon. *La fe de los que no tienen fe. Experimentos de teología política*. Barcelona: Trotta, 2017, p. 12-13.

[129] WILDE *apud* CRITCHLEY, 2017, p. 12-13.

[130] FREIRE, Paulo. *Pedagogia do oprimido*. Rio de Janeiro: Paz e Terra, 1974, p. 188

[131] RANCIÈRE, Jacques. *O mestre ignorante. Cinco lições sobre a emancipação intelectual*. Belo Horizonte: Autêntica, 2002, p. 178.

[132] p. 98.

[133] VERBURG, An; SIMONS, Maarten; MASSCHCLEIN, Jan *et al.* School: Everyone can Learn Everything. In: ACHTEN, Veerle; BOUCKAERT, Geert; SCHOKKAERT, Erik (Eds.). *A Truly Golden Handbook. The Scholarly Quest for Utopia*. Leuven: Leuven University Press, 2016, p. 263.

[134] p. 265-266.

[135] p. 270.

[136] ARENDT, Hannah. Prefacio: la brecha entre el pasado y el futuro. *Entre el pasado y el futuro*. Barcelona: Península, 1996, p. 16-17.

[137] p. 19.

[138] SIMONS, Maarten; MASSCHELEIN, Jan. *Em defesa da escola: uma questão pública*. Belo Horizonte: Autêntica, 2017, p. 72.

[139] PENNAC, Daniel. *Mal de escuela*. Barcelona: Mondadori, 2008.

[140] MEKAS, Jonas. Antimanifiesto del centenario del cine. Apresentado no American Center de Paris, em 11 de fevereiro de 1996, publicado na revista de distribuição gratuita *Point d'Ironie*, n. 1. París, maio de 1997, e em espanhol em *Caimán. Cuadernos de cine*, n. 11 (62), dezembro de 2012, p. 19.

[141] LOMAS, Carlos. *La vida en las aulas. Memoria de la escuela en la literatura*. Barcelona: Paidós, 2002.

[142] p. 447.
[143] p. 390.
[144] p. 365-366.
[145] p. 352.
[146] p. 124-125.
[147] p. 111-112.
[148] p. 109-110.
[149] p. 59.
[150] p. 49-50
[151] Trata-se de *Escolta*, de Pablo García; *Teoria da escola*, de Maximiliano López; e *Elogi de l'escola* da Escuela de Bordils com a colaboração de Abaoqu. Os três filmes podem ser encontrados no DVD que acompanha o livro: LARROSA, Jorge (Org.). *Elogio da escola*. Belo Horizonte: Autêntica, 2017.
[152] VEGA, Alicia. *Oficina de cinema para crianças*. Santiago do Chile: Ocho libros, 2012.
[153] HANDKE, Peter. *La noche del Morava*. Madrid: Alianza, 2013, p. 7.
[154] HOHL, Ludwig Hohl. *Matices y detalles*. Barcelona: DVD Ediciones, 2008, p. 25.
[155] p. 147.
[156] ILLICH, Iván. Surveiller son regard à l'age du show. *La perte des sens*. París: Fayard, 2004, p. 190.
[157] p.195.
[158] BIEDMA, Jaime Gil. Facsímil de unas notas sobre poesía a propósito de Jorge Manrique. *El pie de la letra. Ensayos completos*. Barcelona: Crítica, 1994, p. 384.
[159] SAURA, Antonio. Los funerales de la modernidade. *Fijeza. Ensayos*. Barcelona: Galaxia Gutemberg, 1999, p. 347. E uma conferência lida em 1994 no Museu Picasso de Barcelona.
[160] HAN, Byung-Chul. Miedo. *La expulsión de lo distinto*. Barcelona: Herder, 2017, p. 57.
[161] p. 54-55.
[162] WILLIAMS, John. *Stoner*. Tenerife: Baile del sol, 2016, p. 103.
[163] LÓPEZ, Maximiliano. *Sobre el cultivo y la transmisión de un arte* (inédito).
[164] ZAMBRANO, María. Por qué se escribe. *Hacia un saber sobre el alma*. Madrid: Alianza, 2002, p. 39. (originalmente na *Revista de Occidente*, tomo XLIV. Madrid, 1934, p. 318).
[165] KAHN, Louis I. El diseño conduce la forma a la presencia. *Conversaciones con estudiantes*. Barcelona: Gustavo Gili, 2012, p. 69-70. O texto é um bate-papo com os estudantes da Rice School of Architecture, que ocorreu na primavera de 1968.
[166] HANDKE, Peter. *Historia del lápiz. Materiales sobre el presente*. Barcelona: Península, 1991, p. 93.
[167] "Como aumentar e estimular a criatividade por meio de várias atividades. Não posso deixar de incluir entre esses preceitos uma atividade nova e especulativa que, embora pareça medíocre e boba, é, sem dúvida, muito útil para estimular a criatividade. É o seguinte: se você observa atentamente um muro sujo, com manchas, ou contruído com pedras diferentes e você começa a imaginar cenas, poderá ver ali a imagem de distintas paisagens, embelezadas com montanhas, rios, rochas, árvores, planícies, grandes vales e colinas de todos os tipos. E você ainda verá batalhas e figuras agitadas ou rostos de aparência estranha, e vestidos e infinitas coisas que você poderia converter a alguma forma completa. Acontece com esses muros coloridos o mesmo que com o som dos sinos, em cujo toque você vai descobrir o nome ou a palavra que você imagina." DA VINCI, Leonardo. *Tratado de pintura*. Madrid: Akal, 2007, p. 364.

SEGUNDA PARTE

**DE ELOGIOS E ELEGIAS:
UM EXERCÍCIO**

*Aos meus professores e professoras das escolas de Andorra (Teruel), que me ensinaram as primeiras letras
e dos quais nem me lembro os nomes.*

*Para Fernando Bárcena e Joan-Carles Mèlich,
velhos colegas e velhos amigos,
velhos professores que ainda tremem ao entrar na sala de aula.*

*É engraçado que eu meça a beleza de um lugar
pelo meu desejo de trabalhar lá
(de fazer lá, de atuar lá).*
Peter Handke

Quando propus na aula escrever uma carta de amor para algo que tinha a ver com a materialidade da escola ou com a cotidianidade do ofício de professor (ver a seção intitulada "Cartas de amor" na primeira parte deste livro), fiz uma breve consideração de caráter pessoal. Disse que estou cansado de pensar contra, de dizer de novo, e de novo, o que não é, o que não gosto, o que não quero. É verdade que os tempos são particularmente feios e que a reação mais imediata ao que ocorre é mostrar desgosto. Além disso, o exercício de negação e da crítica continua dando bons resultados na educação, pelo menos em alguns lugares, e, embora eu esteja seguro de que a assim chamada crítica seja necessária ante tanto experto, tanto especialista e tanto ideólogo a serviço do que existe, também acho que é importante pensar a favor da escola e do ofício de professor, dizer o que é, o que nos agrada, o que queremos, o que merece nossa atenção, nosso cuidado e nosso compromisso. Disse que devemos saber combinar a distância crítica com a aproximação amorosa, e que sabemos muito sobre a relação entre a escola e o poder, sobre os professores castigadores, vigiadores e normalizadores, mas temos apenas explorado com rigor suficiente (para além de declarações de boas intenções) a relação entre o saber e a emancipação, entre a transmissão e a renovação, entre o ofício de professor e a abertura do mundo. Disse que é importante dar tempo e espaço, como diria Calvino, ao que no interior do inferno não é o inferno; que alguma vez eu gostaria de felicitar a mim mesmo no Ano-Novo, como faz Nietzsche no aforismo 276 de *A gaia ciência*, propondo-me a não fazer mais a guerra, não acusar, e dizer que "minha única negação seja afastar o olhar". Disse que gostaria de ser um afirmador, por mais difícil que seja, hoje em dia, dizer sim. Disse que meu caráter faz com que eu tenda a louvar, a elogiar, a ressaltar a beleza, a apresentar as coisas em sua cara mais formosa, a fazer declarações de amor. Disse que isso do amor ao mundo (e a esse pedaço do mundo que nos ocupa, em que estamos ocupados e preocupados) está cada vez mais complicado, e não apenas porque o mundo da educação e da escola esteja feio mas também porque estou ficando velho e começo a habitar um mundo (uma escola, algumas formas de entender a educação) que não entendo. Disse que gostaria de poder amar alguma coisa, para dizer "sim" a alguma coisa, afirmar alguma coisa, embora deixando claro que esse amor e essa afirmação não teriam nada a ver com o otimismo, nem com a fé, nem com a esperança nem com isso que hoje em dia se chama pensamento positivo. Para esclarecer essas afirmações, transcrevo a famosa citação de Calvino:

> O inferno dos vivos não é algo que será; existe um, é aquele que já existe aqui, o inferno que habitamos todos os dias, que formamos estando juntos. Há duas maneiras de não sofrê-lo. A primeira é fácil para muitos: aceitar o inferno e tornar-se parte dele a ponto de não vê-lo mais. A segunda é perigosa e exige atenção e aprendizagem contínuas: buscar e saber reconhecer quem e o que, no meio do inferno, não é inferno, e fazê-lo durar e dar-lhe espaço.[1]

Transcrevo também a de Nietzsche:

> Quero aprender todos os dias a considerar como beleza o que as coisas têm de necessário; assim serei dos que embelezam as coisas. "*Amor fati*": seja este doravante meu amor. Não quero fazer a guerra à fealdade. Não quero acusar, nem mesmo aos acusadores. Seja minha única negação afastar o olhar. E, sobretudo, para ver o grande, quero em qualquer circunstância não ser desta vez mais do que afirmador.[2]

Li e comentei também uma citação muito bonita de Bernard Stiegler sobre a dificuldade do sim:

> Desconfio do que muitas vezes há de profundamente preguiçoso no NÃO, desconfio do NÃO que serve tantas vezes para não dizer SIM porque dizer SIM é cansativo. Com certeza eu poderia objetar que dizer NÃO é ainda mais cansativo do que dizer SIM, que o SIM é o que aceita tudo tal como se apresenta, e que nada é mais preguiçoso que isso. Mas isso seria mal-entender o que entendo por SIM.[3]

Completei essa citação com outra de Adam Zagajewski:

> Perante o mundo pode-se tomar duas atitudes. A primeira é declarar-se a favor dos silenciosos céticos e cínicos, que, alegremente, se dedicam a desdenhar os

fenômenos da vida e gostam de reduzi-la a seus ingredientes mais miúdos, evidentes e ainda banais. Ou, como segunda opção, aceitar a possibilidade de que as coisas grandes e invisíveis existam de verdade, sem cair na exaltação vã nem na retórica insuportável dos predicadores ambulantes que tentam expressá-las ou, pelo menos, prestar-lhes homenagem, o que, no mais, não significa em absoluto que então se vá fechar os olhos a todo o pequeno e baixo.[4]

Transcrevo agora, para terminar, uma série de três fragmentos de Peter Handke que têm a ver com a complexidade e a sutileza dos estados de ânimo com as quais encaramos o mundo e nossos afazeres de cada dia, tais como a escrita, e que não se reduzem, é claro, a sim ou não, gosto ou não gosto, a favor ou contra, mas sim que têm a ver com o tipo de sim e o tipo de não que são colocados em jogo. O primeiro diz assim:

Somente devem ser admissíveis os estados totais, como a tristeza, o desamparo, a fraternidade: neles o universo se apresenta para mim ao mesmo tempo que eu. Inadmissíveis hão de ser a crueldade, o mau humor, o desprezo, o medo – os estados fragmentados, nos quais o "universo" se desprende de "mim".[5]

O segundo: "Quem transmite a cultura? Só a transmite as pessoas que amam, e por elas existe a cultura. Os outros devoram, apaixonam-se (talvez), entusiasmam-se (raramente) – mas sem amor não transmitem".[6]

E o terceiro: "Única possibilidade de educar: fazer com que alguém se dê conta de algo; mais frequentemente por causa da tristeza, menos pela alegria, menos pela cólera".[7]

Estávamos nisso, no desejo de dizer sim com amor e a partir da tristeza, quando, levado por certa euforia, me comprometi a fazer eu mesmo o exercício que havia lhes proposto e ler publicamente, no final do curso, minha própria declaração, embora ainda não soubesse se ia sair-me uma carta de amor (triste) ou uma profissão de fé (desamparada). O que ocorreu é que eu não fui capaz de cumprir minha promessa e, na última aula, só consegui enunciar algumas das ideias que me haviam me ocorrido e que apenas havia começado a esboçar. Ao fim do curso, decidi honrar meu compromisso, dar-me um tempo (limitado, tais como os exercícios escolares, que sempre têm um prazo de entrega) e redigir essa declaração que tão irresponsavelmente havia anunciado. O que vem a seguir, portanto, como a conversa com Raúl que transcrevi na seção "O professor de desenho", também não se passou dentro do curso, mas, no entanto, pertence a ele. Daí que se mantenha o tom do curso e que esteja escrita como se fossem suas últimas aulas, ou seja, como uma série ordenada de textos, citações e de comentários, com os quais fosse possível construir um argumento, sequer implícito, que me levasse lentamente e com alguns rodeios ao texto prometido.

Decidi que minha declaração não seria exatamente uma carta de amor nem uma profissão de fé (um credo pedagógico), mas um elogio. É verdade que as cartas de amor que os alunos do meu curso fizeram poderiam ser tomadas como elogios (ao quadro-negro, à biblioteca da escola, ao pátio de recreio). Mas a palavra "elogio" tem a ver com cantar as virtudes de alguém (ou algo) no momento de seu desaparecimento. Daí que o elogio tenha a ver com a elegia, e que o "elogio" como um gênero retórico se constitua no discurso fúnebre. Do latim *elogioum* e do grego *elegeíon*, "elogio" remete a uma inscrição escrita sobre uma tumba ou sobre uma imagem com a intenção de louvar a um defunto ou a um personagem conhecido. Por isso tem relação com "epitáfio" (uma palavra formada pelo prefixo *epi*, sobre, e pelo substantivo, *taphos*, tumba) e com "elegia" (uma composição poética de lamento pela perda de algo ou de alguém). E o que eu queria era que o meu elogio cantasse o amor a algo (relacionado à escola, com o ofício de professor), mas no momento de sua conclusão. Algo que correspondesse com meu próprio desfecho como professor, com meu olhar ao ofício a partir do final de seu exercício.

Além disso, uma das formas retóricas de elogio é a *epi-dêixis*, uma palavra composta pelo prefixo *epi* (o mesmo que está em epitáfio, em episódio, em epílogo ou em Epimeteu, um prefixo que poderíamos traduzir pela preposição "sobre" ou pelo advérbio "depois de") e pelo substantivo *deixis* (que poderíamos traduzir por "mostrar", no sentido mais simples de ensinar, que é apontar com o dedo, daí os "dícticos", essas palavras e expressões que, na língua, servem para mostrar, e daí também "indicadores" e "indícios"). A *epi-deixis*, então, tem a ver com mostrar, com um apontar com o dedo, sempre de caráter valorativo, algo assim como um vindicar ou reivindicar, um fazer justiça a algo ou a alguém que está sendo atacado, e sempre além disso, em público, como se disséssemos "trazendo-o à presença" e "colocando-o diante dos olhos de todos".

Pensei que me convinha essa atitude de vindicação e de "fazer justiça" (aos elementos da escola, ao ofício de professor) que está na *epi-deixis*, assim como essa mescla de amor e de dor que está na palavra "elogio" e que Peter Handke estabelece em seus termos justos em um aforismo muito bonito: "O olhar de amor, sim; o olhar a dor, sim; – mas o olhar dos olhares é, portanto, esse em que um estado de coisas está diante de nossos olhos, se oferece à reflexão. E dela nascem também o amor e a dor".[8]

Também decidi que meu elogio estaria referido à sala de aula considerada como o lugar central, ou sagrado, da escola e, no meu caso, da universidade. Uma sala de aula, além do mais, completamente menosprezada nesta época em que os universitários concebem a si mesmos, basicamente, como pesquisadores ou produtores de conhecimento e em que o que ocorre ou deixa de ocorrer nas classes regulares, o que agora se chama de "docência", não importa a ninguém, nem mesmo para a universidade como instituição (a menos que nós consideremos como preocupação as formações do pessoal docente, as avaliações de qualidade dos títulos, as avaliações de qualidade do professorado ou os projetos do que agora é chamado de "inovação docente", coisas completamente formais quando não diretamente mentirosas e ridículas). Se antigamente um professor era fundamentalmente alguém que preparava e dava aulas (alguém cujo ofício se exerce basicamente para a aula e na aula), hoje ele se tornou uma espécie de gestor de sua própria carreira acadêmica, alguém que vai a congressos, encontros e seminários (de preferência internacionais) e que dedica a maior parte de suas energias e de seu tempo a elaborar ou avaliar projetos, memórias, informes, relatórios e todos os tipos de documentos burocráticos escritos, além do mais, em uma espécie de neolíngua orwelliana que ninguém fala mas à qual todos se submetem.

Meu elogio, além do mais, não estaria direcionado ao seminário ou o ao auditório (essas variantes nobres da sala de aula), mas a essa sala comum, a sala de aula 201 do segundo andar do conjunto de salas de aulas, por exemplo, essa que a minha universidade me concede a cada ano para que eu trabalhe nela um semestre inteiro, em um horário fixo, com um número elevadíssimo de alunos que não conheço e que não me conhecem, que não me escolheram e que eu não escolhi, em que nada, nem mesmo o interesse, pode ser dado como suposto, e em que o professor tem que ganhar um dia sim e outro também, se não a atenção, o respeito dos alunos, ou, pelo menos, sua indulgência. Decidi elogiar, com uma mistura de amor e dor, e tentando fazer justiça, esse lugar tão esforçado como pouco glamoroso, muitas vezes rotineiro e sem brilho, esse em que o professor tem que trabalhar duro e todos os dias, enfrentando um montão de contradições, sentindo-se igual a todos os professores que o precederam e que também sentiram aí as alegrias e os dissabores próprios do exercício honesto, cotidiano e normal de seu ofício. E tive a clara sensação de que só podia me referir à sala de aula nessa mistura de elogio e elegia que é o elogio fúnebre. Na verdade, pensei, elogiar a sala de aula é também anunciar sua conclusão, sua crise, sua raridade ou sua mutação. Além disso, uma vez que considero que a sala de aula é o "lugar sagrado" da escola (e da universidade), seu atual menosprezo e banimento (do mesmo modo que o menosprezo e o banimento da parte "docente" no trabalho do professor) nos levaria a pensar que já estamos trabalhando em uma instituição que não tem mais um núcleo essencial que lhe dê significado. Como se o lugar para o qual os professores trabalham não fosse mais a aula, mas sim esse não lugar chamado comitês de avaliação e de acreditação, e como se o trabalho da universidade (o que a universidade faz) não estivesse mais voltado para os estudantes e sim para as classificações de qualidade e para o que hoje é chamado de "impacto" e que ninguém sabe muito bem do que se trata, mas que, isso sim, parece poder ser medido e quantificado.

Eu certamente não pretendia nenhuma idealização da aula, embora estivesse determinado a empreender o elogio, que, como qualquer elogio fúnebre, não poderia estar construído nem como verdade nem como mentira, mas como ficção (uma entre outras), ou seja, como uma maneira de contar e de contar-me algo que eu acho que (me) acontece quando me dirijo todos os dias para esse lugar central e essencial de meu ofício que está se tornando cada vez mais difícil não só amar mas até mesmo reconhecer. Além disso, os elogios fúnebres clássicos, os *epitáphioi logoi*, não são só lamentos mais ou menos dramáticos e dramatizados, mas uma mistura de aplauso (*egkómion*), exortação (*paraínesis*) e de consolo (*paramuthía*), ou, dito de outra forma, são discursos altamente convencionais do ponto de vista retórico, feitos com a pretensão de louvar os mortos, instruir os jovens e aliviar o peso da idade dos velhos,[9] e algo de louvor, de exortação e de consolo teria, talvez, o meu elogio, e por essa razão pensei que me seria difícil escapar de certa solenidade, de certa grandiloquência.

E nessas condições comecei a trabalhar.

Algum tempo atrás gravei um abecedário da educação (ou do ofício do professor), no qual a primeira palavra era "aula", então eu a tomei como um ponto de partida.[10] Transcrevo as notas que escrevi em meu caderno para elaborar o que disse ali:

> A sala de aula é uma invenção prodigiosa, talvez a que melhor caracterize a escola. Uma escola (entendendo por escola desde o jardim de infância até a universidade) se distingue porque tem salas de aula. E podem ser distinguidos tipos de escola pelas diferenças entre suas salas de aula.
>
> Em português, se diz "sala de aula", e isso me parece mais bonito do que "sala de classe" (*salle de classe* ou *classroom*). Além disso, no Brasil, os professores dão aula, ou preparam aula, e os alunos fazem aula ou tomam aula.
>
> A palavra "aula" tem uma etimologia muito interessante. Significa um círculo cerimonial no qual as pessoas concentram sua atenção no que está no meio (em direção ao que é contemplado, ouvido ou celebrado, em direção àquilo que é, naturalmente, o mais importante). Também se refere a um tipo de curral ou cercado que envolve e protege as crianças. Além disso, significa pátio palaciano de uso indeterminado. Assim, um funcionário da corte sem função específica era chamado de oficial áulico. Goethe, por exemplo, era um conselheiro áulico na corte de Weimar. E acho que a sala de aula tem algo de cerimonial, de refúgio, de confinamento (um local fechado, em que não se pode entrar e sair à vontade) e de espaço indefinido, indeterminado, vazio, disposto para qualquer coisa.
>
> A sala de aula é o dispositivo escolar por excelência. É um lugar fechado (a aula começa quando a porta é fechada), o lugar da atenção compartilhada (a aula começa quando o professor chama a atenção de todos para alguma coisa), o lugar da voz e da presença (é preciso entrar na sala de aula, estar nela, que é um espaço acústico), o lugar da escrita (os instrumentos fundamentais da sala de aula são o quadro-negro como superfície da escrita pública e o caderno de notas, ou de exercícios, como superfície da escrita individual), o lugar da imagem (as paredes da sala de aula não se assemelham com nenhuma outra parede precisamente porque nela se pode pendurar ou projetar textos e imagens), o lugar dos alunos (que se constituem como tais no momento em que entram na sala de aula) e o lugar do professor (que é o que faz a aula, o que faz que a aula seja aula, e ao mesmo tempo o professor é feito, constituído como professor, por essa forma arquitetônica particular, por essa disposição particular das coisas, dos corpos, dos olhares, das palavras e dos silêncios).
>
> E o que encontramos agora é a dissolução da sala de aula. Não só pela noção de que se pode aprender qualquer coisa em qualquer lugar e a qualquer momento (esse lugar-comum que anuncia o desaparecimento de escola porque a toma, na minha opinião erroneamente, por um lugar de aprendizagem), mas também pela sua progressiva transformação em "ambiente de aprendizagem". A sala de aula está desaparecendo a toda velocidade, e o pior é que não estamos nos dando conta disso.

Em seguida, e provavelmente pelos vícios adquiridos na minha condição de professor, comecei a montar um pequeno dossiê de releituras possíveis, a fazer algum sublinhado e a tomar algumas notas. O que fiz foi selecionar uma pequena biblioteca em minha biblioteca, tão arbitrária, insuficiente, desordenada e ineficaz como qualquer biblioteca pessoal. De alguma forma, o exercício que me propus não tinha nada a ver com uma exploração temática de caráter sistemático, mas com a localização, entre minhas leituras e minhas releituras, dos textos que me pareciam poder ser inspiradores para esse elogio ao qual já estava começando a me dirigir. Por isso esta parte do livro não é um trabalho sobre a sala de aula, mas um exercício de escola necessariamente limitado, que enquadra e, ao mesmo tempo, conduz a um texto, o elogio propriamente dito, do que seria não só o prelúdio como também o estudo.

Nesse sentido, pareceu-me apropriado enquadrar meu elogio à aula dentro de uma determinada comunidade e o fazer através da grata referência aos respectivos textos muito conhecidos de María Zambrano e de Roland Barthes, e através de menção a alguns escritos de Marina Garcés, de Miguel Morey e de Ramón Valdés, dos quais também sou grato, que representam a possibilidade de uma conversa imaginária sobre as "maneiras de dar aula" com professores que, como eu, têm ou tiveram uma relação problemática com a universidade que é e, acima de tudo, com a universidade vindoura, se é que a isso ainda se pode continuar chamando de universidade, e se é que nela ainda haverá, ou poderá continuar havendo, salas de aula.

Então decidi empreender um caminho até o elogio, e decidi seguir esse caminho, por assim dizer, em boa companhia, com a confiança de que meu elogio da aula pudesse conter algo do que havia podido aprender com aqueles que me precederam no ofício[11] e com a confiança também de que eu pudesse dizer algo que fosse de algum interesse para aqueles que virão depois de mim. Entretanto, isso também está cada vez mais difícil. Os companheiros são cada vez menos, e já não podemos mais ter certeza de sermos elos de uma cadeia milenar. Uma jovem professora me contou que, quando começou a trabalhar na universidade, em seu primeiro curso (obrigatório) de "didática de ensino superior" – um desses que foram inventados para formatar os professores novatos nos novos modos do lugar –, a primeira coisa que ouviu foi que se esquecesse de tentar imitar os professores que tinha admirado em sua época de estudante e com os quais, sem dúvida, queria tentar se parecer. Aquela afirmação de que "é preciso adaptar-se à mudança dos tempos" se converteu no disfarce de todos os chamados à ordem, muitas vezes violentíssimos e sem apelação.

Enquanto preparava meu dossiê de leituras, decidi revisar alguns pensadores da escola (e da universidade) que a consideram mais a partir de sua forma do que a partir de sua função, e mais a partir de sua separação do que a partir de sua conexão. O que me interessava era mostrar o caráter excepcional da sala de aula a partir da especificidade de seus tempos, espaços, atividades, materialidades e temas, ou seja, a partir do que a faz um lugar distinto e extraordinário que não se parece com nenhum outro. Nesse sentido, pensei que autores como Jacques Rancière, Vilém Flusser, Jan Masschelein, Pierre

Bourdieu, Giorgio Agamben, Michel Foucault, Peter Sloterdijk ou Bernard Stiegler poderiam me dar pistas para enunciar o que poderia ser uma "razão de escola" ou uma "razão de aula", claramente separada da "razão social", da "razão econômica" ou da "razão política". E pensei também que algumas figuras da separação como os enclaves de Handke, as tocas de Peran, os asilos de Deligny, os limbos de Agamben ou as *sagreras* de Illich poderiam me ajudar a inspirar a ideia da sala de aula como refúgio.

Claro, eu sabia que com isso claramente me situava em um dos lados da eterna controvérsia entre as concepções "extramundanas" e "intramundanas" da escola (e da universidade), ou seja, entre aqueles que a consideram um lugar de separação (contemplativa ou crítica) do mundo e aqueles que a consideram um lugar de relação (mais ou menos funcional) com o mundo. Com isso queria reivindicar para a sala de aula uma determinada exterioridade ou certa extraterritorialidade em relação às lógicas sociais, econômicas ou políticas que pretendem e têm pretendido, em cada momento histórico, colocá-la ao seu serviço, embora também soubesse que os "separados" e os "integrados" precisam um do outro, mesmo que fosse para construir uma imagem simplificada e estereotipada do outro lado com o qual contrastasse a própria posição. Os "funcionais" precisam construir a sua posição em comparação com esses professores vaidosos e ridículos, enclausurados em seus cortiços ou em suas torres de marfim, entregues a atividades que só fazem sentido para eles, excêntricos e completamente inúteis a partir de qualquer ponto de vista sensato; e os "exilados" precisam manter sempre viva a denúncia desses professores lacaios que se põem, sem nenhuma vergonha, a serviço dos poderes e das superstições de cada época.

Em qualquer caso, pensei que meu elogio à sala de aula só poderia ser feito se a considerasse como o espaço-tempo do exercício, da leitura e da escrita, da conversação, do pensamento e, finalmente, do estudo. E pensei também que só a reivindicação (também elegíaca) dessas antiguidades me colocava irremediavelmente, nestes tempos que correm, do lado dos refratários a qualquer forma de subordinar a sala de aula ao que agora se chamam "demandas sociais" e que não são outra coisa senão os imperativos do mercado. Quem, a não ser um reacionário que não foi libertado, poderia dizer hoje em dia que a escola, ou a universidade, é a casa do estudo, que se vai à escola ou à universidade para estudar, para se tornar um estudante, ou que a sala de aula é o lugar em que o estudo é tornado público e, portanto, é concedido, repartido e compartilhado? Como tentar dizer, sem se afastar do vocabulário dessa época, e adotando, portanto, as posturas do "extramundano", que a sala de aula é (ou foi) esse lugar extraordinário em que conviviam, durante algum tempo, estudiosos e estudantes?

De todo modo, embora eu tivesse a nítida sensação de que o meu elogio me colocaria em um dos lados da contenda e, portanto, me exporia a toda uma bateria bem codificada de críticas, pensei que deveria tentar mostrar, mesmo que indiretamente, que essa consideração da sala de aula como um lugar liberado e relativamente diferenciado das lógicas dominantes do mundo em que vivemos não significa, de modo algum, que o que está em jogo ali não tenha uma relação interessante com o que vemos e o que pensamos, com o que sentimos e o que dizemos, com o que somos e o que acontece conosco, com a forma como elaboramos o sentido ou o sem sentido da nossa vida mortal e, claro, mundana. De alguma forma, nossa capacidade de colocar o mundo a distância ou, em outras palavras, nossa capacidade de nos distanciarmos do mundo (entre outras coisas, para problematizar a nossa relação com ele) é uma das coisas que nos faz ser o animal estranho que somos, esse que não apenas vive mas também fala, lê, pensa e escreve e, sobretudo, que sabe que vive, que fala, que lê, que pensa e que escreve.

Por outro lado, também pensei que, como meus alunos haviam feito em suas cartas de amor, meu elogio à sala de aula tinha que dizer algo sobre o ofício do professor. Na verdade, a carta de amor à palavra, de Rachel; a de amor à arte, de Leonardo; a de amor ao olhar, de Georgina; a de amor à biblioteca, de Isabel, ou, inclusive, a profissão de fé de David também falavam sobre como eles entendiam seu "fazer de professores". Nessa linha, portanto, o caminho até o elogio e o próprio elogio deveriam ser, de alguma maneira, como uma continuação possível do curso que contei na primeira parte deste livro. Algo como tentar ver o professor, mas desta vez não como no curso a partir do ofício e do artesanato (assim, em geral), mas a partir da natureza específica do lugar concreto em que se realiza seu ofício de artesão.

Por outro lado, esse caminho até o elogio da sala de aula que é o essencial desta segunda parte do livro consiste, como já disse, na exposição de uma série de leituras e de comentários delas. Poderíamos dizer, portanto, que o que se segue também está escrito a partir da posição de professor, ou seja, de um leitor que mostra suas leituras, exibe seus sublinhados, constrói um fio argumentativo, faz pequenos comentários mais ou menos esclarecedores, elabora as transições e cuja única "autoria" está na seleção que faz dos textos e no modo como sugere, com eles e entre eles, um itinerário de leitura. Nesse sentido, o que ofereço aqui ao hipotético leitor não pretende outra coisa senão sugerir alguns elementos para que a conversação sobre o ofício do professor possa continuar em outras vozes, em relação a outros textos, talvez orientada a outros elogios e a outras elegias.

# MANEIRAS DE DAR AULA

*Devo ter nascido para louvar, porque já não tenho voz a não ser para isso.*
*O resto que sai de mim é afônico ou resulta estridente.*
*Mas por que atualmente se torna cada vez mais difícil encontrar as coisas belas?*
*Por que vocês, os de antes, puderam dizer sem mais: Para cima os corações!*
*ou a coisa mais simples do mundo: Há tempo!*
*E por que vocês puderam bendizer mesmo aqueles que vieram depois?*
*E por que com cada passo que dou continuo me afastando de vocês,*
*de modo que já não posso deixar-lhes nada de sua bênção aos nossos filhos,*
*que detrás do horizonte se movem ignorantes sobre o abismo?*
Peter Handke

## O drama da mediação
*(Com María Zambrano)*

Comecei o curso que constitui a primeira parte deste livro com uma referência ao texto de María Zambrano sobre a vocação do mestre. Apresentei ali o que ela diz da vocação, mas não o que diz do mestre, e por essa razão começarei este outro curso (o que me levará ao elogio da sala de aula) com o mesmo texto. Zambrano entende a tarefa do mestre, a especificidade de seu fazer, como mediação. O mestre é um mediador, mas de um tipo particular. Além disso, tal como Hannah Arendt em relação à educação, María Zambrano começa constatando que a mediação está em crise, e que essa crise é um sintoma de uma crise geral da cultura e, talvez, de uma crise da própria vida, visto que: "A vida, não é necessário dizer a social, pois a vida humana o é de raiz, e mesmo a vida sem mais, necessita congenitamente de mediação".

Toda cultura é mediação (exige a presença de "formas" de mediação) e, por isso, quando uma cultura entra em crise, o que primeiro se percebe é "a crise da mediação em todas as suas formas", entre elas aquelas que ocorrem na escola, nessa forma particular de mediação e para a mediação que é a escola. A crise "[...] não pode ser senão a crise de uma forma, de uma dessas formas de que depende a sorte da própria forma de cultura".

Por isso, na sala de aula, esse lugar vazio, e no mestre, esse que com a sua presença e com os seus gestos faz com que a sala de aula seja aula, é onde a crise da mediação aparece com maior nitidez. No entanto, aqueles que creem delatar a crise, que creem descobri-la, são as novas gerações, e isso por seu repúdio à tradição: "É justamente a história, inclusive a que poderia ser a sua, o que mais rechaçam. Justamente a história. Começar a viver de novo, sem a mediação do tempo".

Porque o que o mestre entrega, diz Zambrano, é "[...] antes que um saber, um tempo; um espaço de tempo, um caminho de tempo. O mestre há de chegar para dar tempo e luz, os elementos essenciais de toda mediação".[12]

O professor dá tempo, faz tempo. Primeiramente, porque ele sabe que o mundo não começa agora, entende que os novos chegam a um mundo que já existe e, portanto, sabe que dar o mundo é dar um mundo velho, envelhecido, um mundo anterior, feito de tempo e que mostra os traços, as rugas e as podridões do tempo; mas também sabe que dar o mundo é dar inclusive as possibilidades do mundo e as possibilidades de renovação e de rejuvenescimento do mundo. Em segundo lugar, porque a própria escola é, fundamentalmente, uma forma institucionalizada de dar tempo: um espaço para a *scholé*, para o tempo livre.

Porém, além de um "espaço de tempo" (um espaço para o tempo livre), a escola é também, diz Zambrano, um "caminho de tempo", isto é, um tempo posto em caminho, feito caminho, um tempo orientado, convertido, para dizer também como María Zambrano, em método. O método é, em María Zambrano, de natureza musical. É por isso que um de seus livros chama-se *Notas de un método* [Notas de um método]. Por isso o método remete ao caminho, e já, desde o início, à melodia e ao ritmo. À melodia como revelação, como imprevisibilidade, e ao ritmo como uma mistura de continuidade e de descontinuidade.[13] O mestre é, poderíamos dizer, um artesão do tempo. O que o mestre maneja, poderíamos dizer, são as artes do tempo, as artes de fazer tempo, de dar tempo, de organizar e orientar o tempo. Não um tempo que já seja seu, mas um que nasce da própria aula: "Esse tempo que se abre como a partir de um centro comum, o que se derrama pela aula envolvendo o mestre e discípulo, um tempo nascente, que surge ali mesmo, como um dia que nasce. Um tempo vibrante e calmo; um despertar sem sobressaltos. E é o mestre, sem dúvida, o que o permite surgir, fazendo com que o aluno sinta que tem todo o tempo para descobrir e para ir descobrindo a si mesmo".[14]

Como se fosse a própria sala de aula quem dá origem ao tempo. Um tempo que envolve o mestre e o aluno ao mesmo tempo. Como se fosse a sala de aula quem dá tempo a ambos, mesmo que seja o mestre que faz surgir, o que o revela ou desvela, o que o traz à presença. Porque o tempo não nasce do mestre, mas da própria sala de aula, e a única função do mestre é fazê-lo nascer, dar-lhe substância, melodia, ritmo: senti-lo e fazer com que o aluno também o sinta. Não só tempo, mas muito tempo, todo o tempo do mundo, um tempo que não conta e que não é contado, um tempo indeterminado. Um tempo concomitantemente calmo e vibrante. E um tempo que tem a ver com o despertar, mas também, e sobretudo, com a descoberta e com a autodescoberta, isto é, com tornar possível que se veja o que está coberto, com remover coberturas, com desvelar e revelar, com a luz e com a visibilidade.

É por isso que a sala de aula é também o lugar onde são postas em jogo diferentes maneiras de esclarecer as coisas, de chamar a atenção sobre elas, de torná-las visíveis.

O mestre dá luz, e então seria algo como um artesão da luz, alguém cuja maestria está em saber manejar as artes da iluminação, as artes de mostrar. Da mesma forma que o mestre não é o que faz o tempo, mas o que faz surgir um tempo que nasce da sala de aula (que encontra na própria sala de aula sua condição de possibilidade), tampouco a origem da luz é o mestre. Ela, como o tempo, está na própria sala de aula. Não é em vão que existe um texto de María Zambrano no qual ela compara a sala de aula, com claras ressonâncias heideggerianas, com a clareira da floresta.[15] Nesse texto, a autora diz que o dar luz ou o dar a ver a sala de aula, do mestre, não podem ser limitados à cartesiana, constante e homogênea, a essa "claridade que rechaça as trevas sem penetrar nelas, sem desfazê-las em penumbra, sem abrir nelas arestas de luminosidade". A luz da sala de aula não é homogênea e abrangente, da mesma forma que o tempo da sala de aula não pode ser reduzido a um tempo linear, sucessivo, plano e planificador. Para Zambrano, "Tempo e luz são as constantes que enquadram, abrem e fecham caminhos e horizontes para a vida humana". Por isso: "O modo de habitar na luz e em sua privação, e o modo de transitar pelo tempo determinam os diferentes modos de ser homem".[16]

Porém, antes de dar tempo e luz, o mestre deu sua presença. O fragmento que parafraseio agora é muito bonito, tem a dramaticidade de uma cena teatral, dessas que são decisivas no desenvolvimento do drama, porque contêm um desses momentos críticos de que depende tudo o que virá a seguir. María Zambrano descreve um cruzamento de olhares, silencioso, entre mestre e alunos. O fragmento, como se chama a atenção em seguida, foi escrito pensando em uma sala de aula universitária. De fato, a crise da mediação, com a qual o texto começa, faz alguma referência às revoltas estudantis e ao nascimento, nesses anos, do que Zambrano chama de "poder estudantil". Além disso, certamente, Zambrano está pensando, ao escrever, em seu mestre Ortega, que na Universidad Complutense de Madrid, antes da Guerra Civil Espanhola, a ajudou a descobrir e a especificar sua vocação.[17] Mas eu já disse várias vezes que a universidade é uma espécie de escola e que o professor universitário é uma espécie de professor (embora esteja claro que a universidade atual se considera cada vez menos como escola e que o professor universitário atual se considera cada vez menos como professor). A citação é a seguinte:

> O que fazer se é mestre, como se manter em seu lugar? Lá no estrado, como subir para a cátedra? A mediação do mestre já se mostra no simples estar na sala de aula: deve subir à cátedra para olhar a partir dela, para baixo, e ver os rostos de seus alunos todos levantados para ele, para sentir seus olhares a partir de seus semblantes que são uma interrogação, uma pausa que acusa o silêncio de suas palavras, esperando e exigindo que soe a palavra do mestre, "agora, já que te damos nossa presença, dê-nos tua palavra". E ainda, "tua palavra com tua presença, a palavra de tua presença ou tua presença feita palavra para ver se corresponde ao nosso silêncio".[18]

O mestre é um artesão da presença. Não só porque tem que estar presente mas também porque tem que produzir e responder à presença dos alunos. O mestre tem que saber como estar na sala de aula, no lugar que lhe corresponde na sala de aula, e tem que garantir que os alunos também estejam aí, no lugar que lhes é próprio. O mestre renuncia à sua responsabilidade, diz Zambrano, quando não consegue segurar seu lugar e sua presença, quando sente a vertigem e a dificuldade desse lugar que deve ocupar e em que tem que se apresentar, em que deve fazer-se presente, e abandona seu lugar quer refugiando-se na autoridade estabelecida, quer querendo se situar no mesmo plano que os alunos. Poderíamos dizer, também neste ponto, que é a sala de aula que dá o lugar, o seu lugar, tanto para o mestre quanto para os alunos. A sala de aula é o que coloca cada um em seu lugar, embora às vezes tanto os professores quanto os alunos não sejam capazes de sustentá-lo (nem de sustentarem-se nele) e busquem que os lugares se esfumacem e se confundam, ou bem se limitem a ocupar meras posições administrativas.

Além disso, como sua presença se faz através da palavra, o mestre é também um artesão da palavra ou, melhor, da oscilação entre a palavra e o silêncio. Dando sua palavra, o mestre abre o diálogo e se converte, portanto, em um artesão do diálogo. Mas o que o mestre faz, dando sua palavra, é dar a palavra,[19] não só, ou não fundamentalmente, aos estudantes, e sim para a matéria de estudo. O mestre, poderíamos dizer, dá uma palavra que não é sua. E isso porque o que faz com sua palavra é que seja o mundo aquele que fale, que seja a matéria de estudo aquela que diga alguma coisa. De certo modo, tanto a palavra do mestre quanto a dos alunos só têm sentido se fazem falar a relação que cada um deles tem com a matéria e, através dela, com o mundo.

Para que a mediação seja possível, o mestre tem que dar tempo, luz, presença e palavra. É disso que a sala de aula está feita. Ela é um dispositivo temporal (no qual se fazem, se desenham ou se constroem formas de temporalidade), um dispositivo luminoso (no qual se dá a luz, se dá a ver, no qual as coisas se descobrem, em que se desenham e se constroem formas de iluminação e de visibilidade mas também formas de obscuridade e de opacidade), um dispositivo posicional e presencial (em que cada um tem que estar presente, fazer-se presente, manter-se presente na posição que lhe é própria) e um dispositivo textual e verbal (feito de leituras e comentários, de palavras e silêncios, de perguntas e respostas, de conversas e diálogos).

O mestre, em suma, nada mais faz que propiciar que a sala de aula seja verdadeiramente sala de aula. Ou, ao contrário, o que faz a sala de aula, em suma, nada mais é do que fazer com que o mestre seja verdadeiramente mestre. É o mestre aquele que faz a sala de aula, e é a sala de aula aquela que faz o mestre.

## Eros e Pedagogia
*(Com Roland Barthes)*

Roland Barthes foi professor durante 20 anos. Entre 1960 e 1977 foi diretor de Pesquisa na École Pratique des Hautes Études (EPHE). De 1977 até sua morte, em 1980, trabalhou no Collège de France, onde entrou por proposta de Foucault. O texto que quero comentar (e que é, como se verá em seguida, tanto uma declaração de amor quanto um texto enamorado) se intitula "Au seminarie" (não "Sobre o seminário" e sim "Ao seminário", embora também pudesse ser traduzido como "No seminário") e é de 1974. Na EPHE, Barthes tinha um assim chamado "seminário restringido" em que escutava e comentava as exposições dos alunos em torno de um tema proposto com antecedência. Algo como uma oficina ou um laboratório de produção de textos. Tinha também um "seminário aberto", em que dava aulas de um curso magistral, monológico, em geral a respeito de assuntos sobre os quais estava escrevendo, para um grupo fixo de estudantes inscritos. No seminário aberto não havia apenas troca de palavras, mas isso não quer dizer que os cursos não fossem concebidos para seus ouvintes, embora estes estivessem tomados como uma espécie de primeiros leitores. De alguma maneira o destinatário (ou certa idealização do destinatário, o que poderíamos chamar de ouvinte implícito) estava inscrito no cerne dos cursos ao passo que estavam expressamente dirigidos a ele, a despertar seu desejo: de ler, de aprender, de estudar. Para os estudantes, o seminário é um lugar de desejo e experimentação. Para o professor, é um lugar de incitação do desejo (dos alunos) e de ensaio de seu próprio trabalho de escritura em curso. Na sessão de 8 de janeiro de 1976 do seminário sobre o discurso amoroso, Barthes recorda o que é um seminário:

> Quis recordar primeiro que todo seminário da Escola é um seminário de pesquisa [...]. O diretor de estudos expõe o que está buscando, trabalhando. Trata-se de um trabalho no presente, sem retrocesso, sem retroatividade, sem proteção, sem rede: de uma produção mais do que de um produto. Essa é a razão pela qual me sinto ligado à minha profissão, que é fazer seminários: prática que só se justifica situando-se fora da escrita como Monumento.[20]

O texto que vou comentar se refere ao seminário restrito (mais parecido com um cenáculo, ou uma capela, ou uma confraternidade), esse em que os participantes, geralmente muito poucos, expõem publicamente o que estão fazendo (lendo, pensando ou escrevendo) em certa cumplicidade de linguagem e, sobretudo, em um claro desejo de texto, do prazer derivado do texto (da leitura, da escrita, da conversa). Aí, diz Barthes, o saber compartilhado e, acima de tudo, o desejo da escrita, são o pre-texto de uma tipologia sutil de relações corporais e desejosas, de natureza horizontal, que se compara com o falanstério de Fourier. De fato, o seminário é um espaço ao mesmo tempo institucional, textual e amoroso, e todos os seus paradoxos se derivam da superposição (impossível) dessas três instâncias. O texto começa assim:

> Ao seminário. Trata-se de um lugar real ou fictício? Nem um nem outro. Uma instituição tratada de modo utópico: traço um espaço e o chamo: "seminário". É verdade que a assembleia em questão ocorre toda semana em Paris, quer dizer "aqui e agora"; mas esses advérbios também são os do fantasma. Assim, nenhuma caução de realidade mas também nenhuma gratidão da anedota.

É possível dizer de outro modo: que o seminário (real) é para mim o objeto de um (ligeiro) delírio e que eu estou, literalmente, enamorado desse objeto.[21]

O seminário, como o objeto amado ou a pessoa amada é, ao mesmo tempo, real e fantástico (ou nem um nem outro, nem completamente real nem completamente imaginário). Ao falar do seminário, como quando se fala daquele que se ama, Barthes não pode se subtrair a certo delírio. Por isso seu texto não pode ser lido como meramente descritivo (como se tratasse de mostrar, de uma forma fria e imparcial, "a realidade" do seminário) nem como puramente projetivo (como se o seminário não fosse outra coisa senão a encarnação imaginária de um desejo). Seu texto pode ser lido tanto como um texto sobre o amor (ao seminário) quanto como um texto enamorado (do seminário).

Da mesma forma que o amor, o seminário funciona singularizado, quer dizer, através das diferenças (e não dos conflitos) que ao mesmo tempo supõe, descobre (ou inventa) e produz. No seminário, diz Barthes, as relações "se originalizam". E isso quer dizer que cada relação, pouco a pouco, com o tempo: "Encontra a originalidade dos corpos tomados um a um, evita a reprodução dos papéis, o caráter afirmativo dos discursos, qualquer colocação em cena do prestígio ou da rivalidade".[22]

Há, por um lado, uma rejeição do socratismo (a ironia permanente, o orgulho intelectual, a relação de poder contida em umas palavras que parecem competir ou lutar) e, por outro lado, uma afirmação da corporeidade. Um dos tópicos, ou das obsessões, de Barthes é como conseguir desarmar a linguagem, inclusive quando está armada em nome da verdade. Outro de seus temas é o do prazer do texto, o da relação entre o texto e o corpo desejoso, gozoso, decepcionado, sofredor, o corpo enamorado em suma. Por isso o ódio ao socratismo (a certo socratismo) pode coincidir com uma afirmação do momento grego, dessa relação explícita entre eros e pedagogia, dessa afirmação do corpo e do desejo, à qual Barthes remete nada mais e nada menos que "a moral do seminário". Para Barthes, o seminário é um espaço erótico em sentido amplo, um espaço de exposição e de expressão ao mesmo tempo textual e corporal, que faz pensar imediatamente em *O Banquete* de Platão. Não só na primeira parte, aquela em que os comensais trocam discursos e, de alguma maneira, disputam amistosamente entre si, mas sobretudo na segunda, aquela em que, uma vez terminado o banquete (o simpósio), entra Alcibíades bêbado e começa, com Sócrates, o jogo da sedução.

Esse mesmo caráter amoroso, erótico, pode ser visto na relação entre o seminário e o texto. O seminário, para Barthes, é sempre desejo e anúncio de um texto por-vir. É por isso que tem algo de gasto (algo que cada um dos participantes entrega a todos, publicamente) mas também de retenção (algo que não se dá, que permanece em reserva, prometido mas não entregue). Nisso, o texto por-vir no seminário, que ao mesmo tempo se anuncia e se esconde (que apenas se sugere), se assemelha ao corpo por-vir, que na sedução amorosa se oferece e se subtrai ao mesmo tempo. Assim, quando o seminário remete para a conversa, imediatamente especifica que: "Na conversa há também uma reserva, e esta reserva é o corpo. O corpo é sempre o por-vir do que se diz 'entre nós'".[23] Por outro lado, o mesmo ato de tomar notas adquire no seminário um caráter aturdido, ébrio, leve e imprevisível.

A escuta do outro comove, desloca e subverte a estabilidade e os automatismos da língua (como se a fizesse tremer e a pusesse em movimento, como se a erotizasse) e nas notas não há nada para imitar, para registrar. A anotação, diz Barthes, "[...] está separada do saber como modelo (coisa a copiar); é escrita, não memória; está na produção, não na representação".[24]

O que se faz no seminário tem algo de aprendizagem se entendermos por isso a relação tradicional, artesã, entre o mestre e o aprendiz, essa em que o mestre trabalha diante do aprendiz, muitas vezes sem dizer uma palavra, mostrando suas maneiras de fazer no ofício. Na aprendizagem, diz Barthes, "[...] uma competência se transmite silenciosamente, monta-se um espetáculo (o do fazer), no qual o aprendiz se introduz pouco a pouco".

Também tem algo de maternagem, essa prática educativa em que a mãe, com um filho que aprende a andar, não pretende ensinar-lhe o que é caminhar ou mostrar-lhe como o faz, mas o "[...] segura, anima, chama (ela volta e chama); incita e rodeia".

No seminário há algo de aprendizagem e maternagem, mas a única coisa que não há é ensino:

> No seminário (essa é sua definição), todo ensino está bloqueado: nenhum conhecimento é transmitido (mas um saber pode ser criado); nenhum discurso é sustentado (mas um texto é procurado): o ensino se decepciona. Ou alguém trabalha, busca, produz, relaciona, escreve diante dos outros, ou todos são incitados, chamados, colocam em circulação o objeto a produzir, o discurso a compor, que passam assim de mão em mão, suspensos no fio do desejo, como o anel no jogo do passa anel.[25]

O seminário, portanto, tem algo de uma cadeia através da qual algo (se) passa. Porém, não seria a cadeia de ensino em que o saber se constitui, se incrementa e se transmite como uma coisa, uma especialidade ou uma mercadoria, e em que os sujeitos estão amarrados a uma posição (geralmente vertical, hierárquica). Seria aquela na qual o objeto (o tema, o assunto) não é de nenhuma apropriação, mas funciona sempre de maneira indireta, como um puro pre-texto que se lança ou se atira, diz Barthes, "a fundo perdido". Aí, no seminário: "Os sujeitos fazem circular os desejos (da mesma forma que, no jogo do anel, o propósito é passá-lo, mas a finalidade é se tocar as mãos)".[26]

As mãos do seminário não são mãos muito habilidosas, pacientes ou generosas, mas mãos erotizadas. Por outro lado, nesse espaço textualmente erotizado, Barthes deseja se desvencilhar de sua posição de mestre, de *magister*, ou, pelo menos, desviá-la, pervertê-la, jogar (e brincar) com ela. Claro, essa posição não se deriva de nenhum estado institucional (não se considera um professor) nem de nenhuma competência especial (não se considera um experto ou um especialista), mas é atribuída a ter que ser, "o que se originaliza primeiro", o que constrói a primeira diferença, enquanto abre o jogo colocando algo em jogo. Sua autoridade deriva, como ele mesmo diz, do que "escreveu". O que faz dele professor, poderíamos dizer, não é o lugar que a instituição lhe dá, tampouco um saber ou uma habilidade técnica que só ele possui, mas o fato de que leu um pouco mais, escreveu um pouco mais, pensou um pouco mais, conversou um pouco mais. E o fato de que, a partir daí, desse um pouco mais, pode começar o jogo, pode dar jogo. Sua posição no seminário não deriva de sua superioridade, e sim de sua anterioridade, tanto no sentido de que ele já escreveu, de que escreveu antes, quanto no sentido de que é quem deve iniciar o jogo.

No entanto, ele gostaria de fazer parte do seminário como mais um, como qualquer um. Mas a maestria (no ofício de ler e de escrever) pesa, e o que se queria apenas uma diferenciação ou uma originalização primeira (no sentido ordinal e não hierárquico, que ao contrário, começa o jogo ou, talvez melhor, que lhe dá começo) não pode se desprender de certa autoridade:

> Eu sou o que fala "mais" que os outros, o que contém, mede ou retarda o aparecimento súbito, irrefreável, da palavra. O esforço pessoal de "passar o anel" (a palavra) não pode prevalecer sobre a situação estrutural que estabelece uma mais-valia do discurso e, consequentemente, uma falta de gozo. E isso volta cada vez que quero devolver o seminário aos outros: não posso me privar de uma espécie de "presidência" em que a palavra está bloqueada, incomodada ou empacotada. É preciso arriscar-se mais: escrevamos no presente, produzamos diante dos outros, e talvez com eles um livro esteja sendo feito; mostremo-nos em "estado de enunciação".[27]

O que o professor quer é gozar e fazer gozar, como qualquer outro. Quando manifesta que algum dos participantes o decepcionou, o que está no fundo de suas repreensões não é outra coisa senão a decepção erótica: não nos fez gozar.[28] Por isso, se o professor quer gozar e fazer gozar como qualquer outro, tem que se arriscar a se apresentar também como portador de uma língua erotizada. Não essa que se legitima em repetir o já anunciado (que sustenta um enunciado já dito, já feito) mas aquela que se apresenta em estado de enunciação (na qual trema um enunciado sendo feito). Se o Pai, diz Barthes, é o "homem dos enunciados" (o que já gozou e, portanto, o que já se sexualizou), é preciso poder "surpreendê-lo na embriaguez, no gozo, na ereção". Entretanto, o sexo em ereção do pai é um espetáculo sagrado e intolerável que o filho (como no caso de Noé) se apressa a cobrir, precisamente para evitar perder a sua paternidade, para que não deixe de ser pai.[29] Se nos lembrarmos que a palavra "seminário" vem de "sêmen", se recordamos também que "sêmen" (semente) em latim é o mesmo que "esperma" em grego, se recordamos toda a problematização grega do *logos espermatikós*, da palavra fecunda e, portanto, da fecundação, da geração e da paternidade (o banquete platônico segue estando presente aqui, como também o *Fedro*[30]), veremos que Barthes desloca a pergunta e a faz oscilar entre o amor que produz (o que resulta em paternidade) e o desejo que permanece desejo, isto é, entre o sêmen produtivo e a ereção improdutiva. No texto que comento, pode-se ver a figura de Sócrates refletida em *O Banquete*, esse diálogo que pode ser lido como o desdobramento de um espaço pederástico em que paixão, amor, amizade, linguagem e aprendizagem são indistinguíveis. Na verdade, na maneira como Barthes ao mesmo tempo descreve e delira o seminário, o jogo de passar o anel (a palavra), esse jogo que tem como finalidade tocar as mãos, fica explicitamente sexualizado quando se compara o estado de enunciação com o estado de ereção.

Então se entenderá que, no momento da sua despedida da EPHE, Barthes queira levar ao Collège de France algo da proximidade amorosa dos estudantes, algo desse delírio amoroso no qual a posição subjetiva do professor (ao mesmo tempo institucional, textual e amorosa) não pode ser separada de um campo relacional intersubjetivo em que a afetividade (no sentido de jogo de afetos e de efeitos, de afeições, de afetar e de ser afetado) desempenha um papel essencial. Na sessão de 19 de março de 1976 do seminário sobre o discurso amoroso, trocando amor por amizade, *eros* por *filía* (duas instâncias nem sempre distinguíveis), Barthes se dirige assim aos seus alunos:

> Quanto ao Collège, desejo que alguns de vocês, os que quiserem, façam-me a gentileza de me seguir: será, penso eu, mais confortável. Não será necessariamente um bem, posto que aqui o espaço era incômodo mas a escuta, me parece, menos distante do que em uma grande sala de conferências onde há, ao fundo, uma cátedra. Aqui não há fundo, não há cátedra, e isso é muito importante: a comodidade da incomodidade será perdida, e existe o risco de se ver uma incomodidade da comodidade. A presença de vocês no curso do ano que vem me ajudará muito a superar a dor de toda passagem, a solidão de toda emigração.[31]

Para terminar, o seminário como espaço e tempo separados, desconectados: o motivo do jardim suspenso, um motivo que aparece mais tarde, transfigurado, na seção intitulada "Separações" e em tudo o que se agrupa sob o título de "De refúgios e refugiados". O seminário, para Barthes, é:

> Uma coletividade em paz em um mundo em guerra, um lugar suspenso; ocorre, bem ou mal, a cada semana, levado pelo mundo que o rodeia, mas resistindo também, assumindo docemente a imoralidade de uma fissura na totalidade que pressiona por todas as partes (mais ainda: o seminário tem a sua própria moralidade). A ideia seria apenas suportável se não desse um direito momentâneo à incomunicação das condutas, das razões, das responsabilidades. Dito resumidamente: à sua maneira, o seminário diz não à totalidade; ele realiza, pode-se dizer, uma utopia parcial.[32]

## Enquanto houver tempo
*(Com Marina Garcés)*

Marina Garcés não declara seu amor à sala de aula, e sim à filosofia, e a uma filosofia entendida a partir de sua conexão com o mundo comum (como problematização, criação, abertura e transformação de um mundo comum), a partir de sua conexão com as formas de vida (como elaboração do sentido e das condições do habitável e inabitável) e a partir da sua conexão com um trabalho radical e inacabado de emancipação humana (como capacidade de autoeducação da humanidade para a construção coletiva de um mundo mais habitável, mais justo e de uma vida mais digna). Contudo, dada a sua incorporação na ilustração radical, não pode deixar de pensar na filosofia como educação (quase como educação do gênero humano) e, acima de tudo, em relação a um dos seus lugares mais problemáticos mas também mais imprescindíveis: a universidade. Um dos últimos livros de Garcés, *Filosofía inacabada* [Filosofia inacabada], é escrito após seu retorno à universidade depois de um longo período de interrupção de seu trabalho de professora. O livro reivindica um valor "mais além das aulas", mas se constrói ali, na aula e certamente para a aula: "Nesse lugar entre nós em que o desejo de aprender e de batalhar com a verdade convive com a dura realidade da vida cotidiana".

O último parágrafo da introdução diz o seguinte:

> Ali, na Universidade de Zaragoza, me reencontrei com jovens e não tão jovens que faziam a mesma aposta que fiz vinte e cinco anos atrás e que quase tinha esquecido: estudar filosofia sem saber muito bem por que, seguindo uma necessidade e um pressentimento. Agora que a docência está desacreditada até mesmo entre muitos professores, que é sofrida como uma carga por estudantes e docentes, como um dano colateral de outras aspirações acadêmicas, quero agradecer aos alunos com quem eu compartilho essas ingratas horas na aula a sua presença e sua interlocução. Muitas vezes é silenciosa, tímida e até mesmo retraída, mas sem esse exercício semanal, entre ritual e esportivo, teatral e atlético, de termos de nos ver ali, toda tarde, aprendendo a ler, a pensar e a escrever, não haveria retomado o pulso da filosofia.[33]

A aula como o lugar onde o professor toma o pulso da matéria que ensina não é uma ideia ruim. Talvez por isso o livro contém o rastro das leituras que Garcés trabalha em seus cursos de filosofia contemporânea. Mas ela também dedica alguns capítulos a elaborar as possibilidades e os limites da filosofia entendida como uma prática educativa,[34] uma educação que consiste, fundamentalmente, em: "Aprender a pensar e aprender a escrever como experiências radicais de transformação da vida pessoal e coletiva. Pensar e escrever não são um conjunto de técnicas e de procedimentos que podem ser mais bem ou mais mal executados. Pensar é voltar a pensar, e escrever é se transformar".[35]

A filosofia é praticada e exposta em muitos lugares. No entanto, o que a caracteriza é que interpela a todos, que implica uma relação paradoxal entre o singular e o comum. Na filosofia, diz Garcés, se dá: "O discorrer de uma voz singular em busca de uma razão comum".[36]

Daí que seu lugar oscile entre a aula e a rua, e que atualmente, quando o seu lugar na universidade está ameaçado, volte à sua origem:

A filosofia nasceu ao ar livre, e às ruas volta. Nasceu na discussão e volta a ser discutida. Abriu-se como uma possibilidade do discurso na guerra entre cidades e formas de vida. E hoje vivemos na evidência de que uma guerra sem tanques colocou em sério conflito nossas formas de vida.[37]

Se para Barthes o seminário encarnava uma utopia parcial e pacificada, um jardim suspenso, uma coletividade em paz em um mundo em guerra, para Garcés as aulas são um dos locais de um combate que tem a ver com as possibilidades do mundo e com as formas de vida. Não porque seja uma arma de guerra, mas sim porque esse combate não é senão a própria filosofia. O que acontece é que na aula esse combate se dá como escrever e como pensar.

A filosofia é escrita, e a escrita não pode ser separada do ensino, que é sua condição de possibilidade. A filosofia nasce ensinando-se, e a maioria dos filósofos tem feito do ensino parte de sua maneira de fazer filosofia ou, pelo menos, encontrou na universidade as condições materiais e espirituais para fazê-lo. O que ocorre é que, na universidade, a escrita está ameaçada pela padronização imposta tanto pela mercantilização do saber quanto pela concepção comunicativa da escrita em si. Na universidade a escrita apenas está conectada com a vida, apenas é experiência e apenas tem força interpelativa (apenas entendida como uma palavra pública). Escrever é se transformar, diz Garcés: "Escreve-se, segundo as palavras célebres de Foucault, para ser outro do que se é [...], transformação que afeta o próprio pensamento no movimento de se escrever".[38]

E isso porque a escrita apela a um modo de viver, porque é: "Um interrogatório necessário sobre viver (seu valor, seu sentido, suas linguagens)".

Também porque a transformação a que apela: "Não está apenas no resultado que tem para si mesmo, mas na sua força de interpelação".

E também porque a escrita experiencial, interpeladora e transformadora é necessariamente: "Uma escrita criativa, experimental, corporal, estilística e singular".[39]

Na filosofia, a escrita é pensamento (e vice-versa), e se escrever é, na universidade, aprender a escrever, pensar é também aprender a pensar. Por isso: "(O pensamento) não é uma atividade que pode ser separada do ensino ou da aprendizagem".[40]

O que ocorre é que na universidade também o pensamento está ameaçado. Sua submissão às exigências do mercado de trabalho, sua conversão em universidade-empresa-empreendedorismo, sua dedicação à inovação e, portanto, a produção e venda de produtos e patentes fazem com que a universidade "se blinde às perguntas e deixe de fazê-las".[41] Além disso, para que as perguntas surgissem e, com elas, o pensamento, o professor trabalha com vazios, fazendo vazios: "Dar a pensar, ensinar a escrever, é indicar que ainda restou algo por pensar, que restou algo por escrever. Inacabar, assim, o mundo saturado e esgotado. Entendo, a partir daí, que ensinar filosofia é deixar vazios com o próprio gesto e com a própria palavra".[42]

Nesse sentido: "O professor, em filosofia, não forma nem adestra, liberta: liberta do que nos impede de pensar".[43]

Enquanto um lugar de escrita e pensamento, Garcés não confia mais na universidade, mas continua a trabalhar nela e fora dela[44]:

> A universidade está se esvaziando? Em parte, sim: as formas de saber mais criativas e expostas, os processos de elaboração de conhecimento mais livre e ao mesmo tempo mais comprometido, os processos de trabalho horizontal e colaborativo, etc. estão fugindo da academia [...]. Isso significa que devemos apostar por esse afora, afirmá-lo enquanto lhe negamos toda possibilidade de vida à universidade? A resposta é um paradoxal sim e não.[45]

Para desenvolver esse paradoxo, Garcés se remonta aos dois principais discípulos de Sócrates: Platão, que inventa a Academia, e Diógenes que abomina convenções, vive nu em um barril e continua a provocar homens nas praças e nos mercados:

> Platão sem Diógenes seria um beco sem saída; Diógenes sem Platão teria caído no esquecimento. A Academia e o barril precisam um do outro sem que seja possível fazer deles uma síntese, uma superação ou encontrar o meio termo. Por um lado, o saber precisa se consolidar, se organizar e promover o contato entre os âmbitos do conhecimento. Por outro lado, as questões do conhecimento morrem se deixam de ser expostas a seus próprios limites e aos verdadeiros problemas que as alimentam: o problema da vida, sua razão de ser e os modos de habitá-la.[46]

A partir daí a defesa da filosofia na universidade é também defesa da filosofia à margem da universidade (ensinando a escrever e a pensar fora das maneiras como a universidade mercantilizada entende essas práticas) e, às vezes, filosofia contra a universidade:

> Contra a padronização da escrita e do pensamento é imprescindível seguir escrevendo filosofia, filosofar ensinando, ensinar a escrever. A filosofia é, portanto, a arma mais poderosa para que a universidade, ela sim em perigo de asfixia, não acabe de se converter em uma grande empresa global de produção em série de profissionais ultraespecializados e de conhecimento redundante e estéril.[47]

E, diante do apelo ao por-vir do talvez, da profissão de fé e da promessa que Derrida faz na *A Universidade sem condição*,[48] Garcés afirma o "de momento" de uma universidade sem rendição. A aula é "de momento" um espaço da filosofia sempre que se tomem como inegociáveis, tanto o ensinar a escrever quanto o aprender a pensar que lhe são próprios. "Propor uma universidade sem se rendição não é, na minha opinião, um chamado para defender a universidade. É, antes, comprometer-se a não se render a ela, não se render nela."

Em seguida, depois de uma citação de Nietzsche em que ele remete a cultura ao "saber tratar o que está vivo como algo vivo", continua:

> A universidade talvez esteja mais morta do que viva, mas nós, cada um dos que ensinamos e estudamos nela, estamos vivos e assim devemos nos tratar uns aos outros, como algo vivo. Situo cautelosamente, no centro dessa tomada de posição, um "de momento".

E insisto que: "Não se render à universidade implica também não deixar de alimentar o que ocorre fora dela, o que escapa, o que não cabe".[49]

É nesse marco que quero ler uma carta muito bonita que Marina Garcés escreve aos seus alunos e em que esse "de momento" converte-se em um "resta-nos pouco tempo". Nessa carta a professora se dirige aos que se sentam diante dela toda terça-feira e toda quinta-feira, às três e meia da tarde, enquanto a cidade faz a sesta. Citarei os três primeiros parágrafos:

> Por que vocês vêm? Pergunto-me isso toda vez que os vejo chegarem, um após o outro, e sentarem-se silenciosamente, sempre no mesmo lugar, sem que ninguém lhes tenha pedido nem que voltassem nem que se sentassem no mesmo lugar. O ritual se repete todo dia. Entrar na classe ordenadamente, levantar as persianas, abrir as janelas, enrolar a tela que cobre a lousa e trocar dois ou três comentários até eu começar a falar. Eu lhes conto coisas do Oriente, tento colocar os preconceitos da filosofia de cabeça para baixo, abro rotas de escape até os impensados e lhes ofereço caminhos de retorno que já não são os mesmos, como nós também não somos. Proponho debates, leituras em grupos, seminários a partir de suas pesquisas. Vocês me seguem, fazem tudo o que eu digo: escutam, anotam, comentam as leituras, discutem nos debates. Vocês apresentarão um trabalho no dia marcado. Suponho que disso se trata e que isso é o que têm que fazer, disciplina a disciplina, através do cronograma do horário que dá ritmo à semana e forma sua vida de estudantes. Não tem sido sempre assim?
>
> Se eu escrevo e se é urgente, é porque agora já não é sempre. Apesar de entrarmos na mesma aula, embora conheçamos o ritual, agora trilharemos uma realidade que já não é a mesma e na qual nosso encontro semanal se tornou simplesmente uma extravagância. Estamos fora do lugar, circulamos fora da pista e provavelmente nos resta pouco tempo. O que eu digo não é o resultado de uma sugestão apocalíptica ou de uma vitimização antirrecortes. O fato é que a universidade há anos navega silenciosamente em direção à sua transformação radical, com um roteiro do qual não fazemos parte. Os intelectuais se lamentam, nostálgicos e impotentes. Professores e alunos conjuramos o medo da mudança agindo como se nada estivesse acontecendo, obedecendo como

autômatos às pautas mortas de uma instituição que, a vocês, não vai mais dar nada em troca, nada além de um título desvalorizado de um país arruinado onde vocês sobrarão diretamente, vocês e 50% dos jovens que não encontram nada para fazer. Nossa obediência me envergonha.

Só temos duas opções: ou fugimos daqui, como muitos já estão fazendo, ou fazemos da nossa extravagância um desafio. Desafio a que? À racionalidade instrumental e calculista que coloniza nossas vidas à medida que avançam os efeitos da desapropriação a que estamos submetidos. Estamos sendo expropriados, de bens comuns e de riqueza produzida coletivamente, mas também estamos sendo expropriados de nós mesmos, de nossos valores, de nossas apostas e convicções. A crise não só nos torna mais pobres como também mais miseráveis. Sejamos claros: o valor, em termos de cálculo, que você obterá dessa corrida é zero. Mas a riqueza que você pode obter será, se quiser, inesgotável. O rendimento não depende de você. A riqueza, sim.[50]

Para terminar, dois motivos do até agora último livro de Marina, *Nueva ilustración radical* [Novo iluminismo radical], que, embora não tenha relação direta com suas maneiras de dar aula, se refere a matérias em relação às quais, depois, tratarei de pensar a especificidade da sala de aula. O primeiro motivo tem a ver com a necessidade de manter e sustentar a sala de aula separada do que poderíamos chamar o programa educativo do capitalismo cognitivo, esse que colocou a educação e a cultura "no centro de um projeto epistemológico e educativo muito claro e com objetivos muito determinados". Para Garcés, não se trata apenas da mercantilização do conhecimento, mas fundamentalmente:

> Da priorização de um determinado tipo de capacidades e de inteligências que incluem de maneira muito direta, também, as inteligências múltiplas e emocionais, a fim de fazer a inteligência como tal, mais além e mais aquém do ser humano, uma força produtiva.

De fato, um dos temas deste livro é a substituição da força de trabalho pela força de aprendizagem como recurso produtivo fundamental do capitalismo cognitivo e, portanto, a rejeição de todas as tentativas de converter a sala de aula em uma máquina (ou um ambiente) de "aprendizagem em geral" do qual o "aprender a aprender" seria a formulação mais nítida. Além disso, outro dos temas deste livro é a rejeição correlativa de todas as tentativas de desinstitucionalizar a educação (de acabar com a escola e com a sala de aula) através do argumento de que se aprende em qualquer lugar e a qualquer hora, de que a aprendizagem (do modo como a entendem tanto a psicologia cognitiva quanto o capitalismo cognitivo) se confunde com a totalidade da vida. Nesse sentido, Marina diz que:

> A escola do futuro já começou a ser construída, e não a estão pensando os estados nem as comunidades, mas sim as grandes empresas de comunicação e os

bancos. Não tem paredes nem valas, mas plataformas *on-line* e professores 24 horas por dia. Não lhe fará falta ser excludente porque será individualizadora de talentos e de percursos vitais e de aprendizagem. Praticará a universalidade sem igualdade: uma ideia em que temos que começar a pensar porque será, se já não é, a condição educativa do nosso tempo.

A partir de então, será compreensível que o "inimigo" não é mais a escola tradicional, disciplinadora, normalizadora, ou universidade magistral, ensimesmada e autoritária, mas a tirania de uma escola e uma universidade entendidas como lugares para seleção e desenvolvimento produtivo e eficaz de competências e talentos, com o agravante de que essas instituições cognoscíveis estão prontas para serem desinstitucionalizadas no limite, para se dissolverem em um mundo todo convertido em um dispositivo permanente, ubíquo e interconectado de aprendizagem.

O segundo motivo que eu queria destacar tem a ver com os fenômenos de deserção de instituições declaradas inabitáveis. Garcés fala de:

> Bons alunos que deixam a universidade ou a carreira acadêmica porque não encontram sentido nelas; pesquisadores que abandonam a pesquisa porque não suportam as humilhações laborais, afetivas e humanas que ela acarreta; artistas fugindo do mercado dos projetos e das convocatórias; mestres que optam por projetos educativos alternativos.[51]

Há uma crescente violência institucional, que está começando a tornar urgente a questão do asilo. E cada vez que há mais fugidos, mais fugitivos, mais desertores, parece-me que o começa a tornar relevante seja a questão do refúgio. Novamente, as alternativas são encapsular-se e resistir dentro das instituições educativas e culturais, ou fugir de lá procurando outros espaços de liberdade do lado fora. Ou, para dizer com Marina, resistir na universidade ou sair da universidade mas, em ambos os casos, com a finalidade de fazer outras coisas além de se submeter ao programa educativo do capitalismo cognitivo. Outras coisas que, como também diz Marina, continuarão a se relacionar com ler, escrever, pensar e conversar, isso sim, em um espaço que terá que ser mantido como público, no sentido "ilustrado" da palavra.

## Deveres do professor
*(Com Miguel Morey)*

Em um texto sobre a rapidez e a brutalidade da demolição da universidade durante as últimas décadas, Miguel Morey disse o seguinte:

> No início de fevereiro de 2010, com as primeiras aulas do semestre e poucos dias antes de completar 60 anos, apresentei minha solicitação de aposentadoria

voluntária como catedrático de Filosofia da Universidad de Barcelona. Assinei os papéis, mas com a vocação intacta. Conheço poucas alegrias mais intensas que as de aprender e conseguir descobrir o modo para que o que se aprendeu seja acessível aos demais, inclusive agora.[52]

O texto termina assim:

> Por isso assinei minha aposentadoria com a vocação intacta. Não deixei minha vaga em aberto na universidade porque acreditava que ela havia morrido ou porque vira chegar os tempos de uma pós-universidade da qual não podia ou não queria continuar participando. Nem mesmo porque meus direitos tivessem sido violados. Assinei minha aposentadoria porque no espaço que desenhava a barbárie vindoura já não parecia haver ocasião para cumprir adequadamente o que eu sempre entendi que era meu dever: ensinar.[53]

Morey nos diz que vai deixar a universidade porque já não pode mais cumprir com seu dever, porque já não pode mais ensinar, porque o espaço universitário mudou, porque o que ocorreu, o que ocorre, é que: "Quando se muda o *habitat*, os hábitos e as maneiras são alterados. E nossa mudança de maneiras no mundo universitário, como resultado de sua conversão ao credo empresarial, tem sido por conseguinte surpreendente".[54]

Não vou me deter por muito tempo no desenvolvimento da conversão da universidade ao credo empresarial, mas, sim, vou dizer algo a respeito de como Morey pensa sobre suas consequências no ofício de professor. Além disso, e seguindo alguns de seus textos, tentarei apenas indicar algo do que foram suas maneiras de ensinar (algumas maneiras que são quase impraticáveis) ou, em outras palavras, do que foi sua maneira particular de encarnar uma vocação (e uma vida) de professor da qual se derivam não tanto direitos, e sim obrigações: deveres de professor.

Morey apresenta uma compilação de textos sobre Maria Zambrano feita a partir de "quarenta anos de notas, leituras, cadernos, roteiros de palestras e notas de aula", dizendo que "esta é uma prosa de professor". E uma prosa de professor:

> Não pode esquecer em nenhum momento que, quando o pensar é inteiramente inseparável da expressão que o permite (porque é precisamente uma determinada expressão que faz com que esse pensar seja esse pensar e não qualquer outro), aplicar-se ao mero inventário de conteúdos é sempre um conforto intelectual. O que Platão diz não pode ser resumido em outras palavras, não se pode fazer uma síntese do que Nietzsche escreve em outro nível de linguagem, é preciso lê-los e, acima de tudo, relê-los, não há outra via de acesso: a única coisa que se pode fazer é dar orientações que por acaso possam servir ao leitor para que ele não se perca, para que reencontre o caminho [...], acompanhar o leitor nesse passo a passo da leitura e da

meditação [...], inventando vias de acesso, criando as condições para uma escuta possível.[55]

No prólogo de seus escritos sobre Foucault, esse livro que deixa constância "do que ia conseguido aprender, passo a passo e ao longo de mais de trinta anos", depois de haver "feito conferências e dado um grande número de cursos e seminários sobre seu pensamento", Morey diz que o que apresenta ao leitor:

> Não deve ser entendido nem como trabalho de especialista nem como trabalho de divulgador, embora também não seja obra de um filósofo. É trabalho do professor de filosofia, simplesmente, isto é, de alguém cujo trabalho é ler e reler, tratando de inventar vias de acesso que permitem introduzir-se em um determinado exercício do pensamento, deixando inteiramente livre para o leitor todo o campo do que, a partir daí, resulte pensável.[56]

E em sua carta aos estudantes de filosofia, insiste no compromisso de "ser um guia de itinerários possíveis pela biblioteca e manter seus caminhos transitáveis".[57]

O professor (a prosa do professor) não substitui a leitura, mas traça as vias de acesso. E umas vias de acesso que introduzem não apenas aos textos mas também a um "exercício de pensamento" em relação aos textos. Parece então que o ofício de professor tem a ver com o pensamento, com uma espécie de exercitação no pensamento. E também parece que ocorre vai e vem entre dois espaços fundamentais: a biblioteca e a sala de aula. Para o professor, trata-se de ler e reler (isso sim, com um lápis na mão), de escrever e reescrever (em uma mesa cheia de livros), isso que poderíamos nomear, talvez, com a velha palavra "estudo". O professor é um estudioso que tem uma mesa em um canto da biblioteca (ou um pedaço da biblioteca em torno de sua mesa): a mesa em que lê e escreve, a mesa da leitura solitária, silenciosa, paciente, esforçada e pensativa. Digo "pensativa" porque o que o professor procura no estudo é esse indefinível que ainda é chamado de pensamento. O estudo do professor é também um exercício de pensamento. Ele estuda (lê, relê, escreve e reescreve) porque o estudo lhe dá o que pensar.

No entanto, o estudo do professor se faz na sequência de cursos, conferências, seminários, isto é, na sequência desse outro espaço de seu ofício que é a aula em suas diferentes versões e modalidades. Seu ofício também é preparar cursos, conferências, seminários: preparar aulas e dar aulas. O professor lê e escreve porque dá aulas, e dá aulas porque lê e escreve. A leitura, a escrita e as aulas são, para o professor, dimensões de um mesmo estudo. Na sala de aula há outra mesa que não é a mesma que a do escritório. A mesa da sala de aula é essa em que o professor deposita seus livros lidos, anotados, sublinhados, esses livros aos quais dará voz, os que vai citar, esses de que vai falar e com os quais vai falar, em público, diante de outros, com outros, na presença de outros. Poderíamos dizer que, na aula, o professor coloca seu estúdio sobre a mesa, ou seja, de alguma forma, o mostra e o torna público. Porém, esse tornar público não é um dar algo já preparado que o outro possa receber, mas um convite ou uma convocatória à leitura e à releitura de cada um, essas que ninguém pode se poupar. O professor é um estudioso que se dirige a estudantes, pessoas que estão começando na leitura e na escrita (nessa biblioteca cujos caminhos têm que ser mantidos transitáveis) e, talvez, novamente, nisso tão estranho que ainda se chama pensamento. O professor propõe ou dispõe exercícios de pensamento (de leitura e de escrita) com a esperança de que se tornem experiências de pensamento. E é isso, buscar o pensamento, tratar de fazer possível o pensamento, o que o professor tenta fazer tanto na aula (com sua voz de professor) como em seus escritos (com sua prosa de professor).

O professor transporta livros da biblioteca para a aula (apresenta uma seção da biblioteca na aula, isto é, coloca-a sobre a mesa, torna-a presente) e transporta alunos da sala de aula para a biblioteca (inventa vias de acesso, sugere itinerários, mantém os caminhos transitáveis, guia e acompanha as primeiras leituras e as primeiras escritas). Não sei se um professor como Morey rejeitaria a denominação que tinha o ofício de minha mãe quando trabalhava no jardim de infância, "mestra de primeiras letras", mas creio que não negaria que, entre o ofício da minha mãe e o seu, há uma continuidade evidente, que ele e minha mãe trabalhavam "no mesmo ramo" e que, apesar das diferenças óbvias, pertenciam "ao mesmo grêmio". E isso porque ele também é um "homem de letras", porque seu ofício também consiste em ensinar a ler e a escrever (ou, como ele diz, "afinar o ouvido", ou seja, criar as condições para uma leitura e uma escrita pensativas, orientadas para o pensamento). Algo semelhante, talvez, com a continuidade que sinto entre meu atual trabalho como professor universitário e meu primeiro emprego como professor de alfabetização em uma escola de adultos. O que continuo fazendo não é nada mais que alfabetizar, isto é, tentar introduzir os alunos no mundo do alfabeto e nos exercícios e nas experiências de pensamento que esse mundo permite.

Vamos fazer uma pausa nesse ensinar a ler e a escrever em um momento de grave mutação da experiência alfabética. Diz Morey:

> A experiência de leitura, como havia existido, pelo menos, desde a invenção da impressão até hoje (a leitura solitária, privada e silenciosa, geradora da interioridade e reconhecimento) está se vendo submetida a um processo de transformação que pretende ser definitivo, irreversível. Desde sempre, ler e escrever têm sido peças fundamentais no processo de conhecimento: ler e escrever e, acima de tudo, reler e reescrever, por isso copiar, memorizar, traduzir têm, até recentemente, sido vistos como fundamentais em todo o processo de aprendizagem. Hoje caíram em desuso e são objetos de descrédito e reprovação [...]: devemos assumir que o conhecimento não é senão informação, que pensar é o mesmo que opinar, que a razão é mais que um cálculo... Temos de esquecer rapidamente o que a leitura e a releitura, a escrita e a reescrita têm-se empenhado em nos recordar, pelo menos desde que surgiu a palavra *logos*, que a linguagem é insondável e não é de ninguém, que é sempre a linguagem quem manda, quem nos obriga a reconhecer que não

temos razão no que dizemos, quem nos coloca a (tratar de) dizer a verdade. É provável que, quando esse esquecimento se cumprir inteiramente, que se esse esquecimento chegar a cumprir-se por inteiro, então começará outra coisa, algo que hoje pode começar a intuir como a monarquia monótona do "*basic English*" no âmbito do conhecimento.[58]

O trabalho do professor consiste em ler e escrever, em introduzir os outros na leitura e na escrita, em uma determinada experiência da leitura e da escrita (essa que é "geradora de interioridade e de recolhimento", essa que é "exercício de pensamento" essa que é, em suma, meditação e estudo). E isso é inseparável, diz Morey, do cuidado da linguagem. Em sua "Carta a uma princesa", um texto dedicado "a Maria, minha filha, e a todos os que, como ela, completaram dezoito anos em 2001", e depois de contar como vê o mundo em que os jovens vão ser introduzidos (a desigualdade, a pobreza, o privilégio, a guerra, o fracasso), escreve o seguinte:

> Sou apenas um homem de letras [...] e o que não entendo é que tenham convertido a linguagem em um deserto de estupidez e brutalidade. Porque ninguém pode escapar da linguagem: a linguagem somos todos, é quase tudo o que somos. Ninguém pode estar a salvo do modo como a linguagem nos desenha os contornos de tudo aquilo de que podemos ter experiência. Vivemos de acordo com a linguagem que temos à nossa disposição. Nossa vida é apenas o tempo cavalgado por uma linguagem. Por isso é tão terrível que as palavras morram para nós, que as matem, que pertençam cada vez mais a um inimigo cego, surdo e mudo diante do peso do mundo – como se fossem um território ocupado. Porque, quando as palavras morrem, irremediavelmente, os homens adoecem.[59]

O dever do professor, seu dever de ensinar, passa pelo cuidado do *logos*, da linguagem, algo que se tornou quase impossível. E também passa por um cuidado com a biblioteca, por isso poderia ser nomeado de "manter seus caminhos transitáveis". Para Morey:

> Não cabe imaginar que seja possível abrir passagem no espaço do que hoje é pensável sem passar através do que já foi pensado, sem voltar sobre isso. E não porque a tradição deve inevitavelmente ser tomada como ponto de partida (ou, pior, porque o saber que contém deve ser usado como um "argumento de autoridade" em que se apoia atualmente o pensamento), mas porque a reflexão sobre as formas que permitiram pensar no que foi pensado parece ser a única via para cumprir com o caminho do aprender que o filósofo reivindica.

Um pouco mais tarde:

> O que a biblioteca contém é o desdobramento das possibilidades alcançadas no exercício do pensamento até hoje [...] e não as doutrinas ou as escolas [...].

O que a biblioteca da tradição contém é a materialidade da tarefa que define a filosofia enquanto tal, disposta a reviver com cada leitor que atenda a suas coleções de perguntas e às perspectivas com as quais estas desenham os problemas que fazem pensar, sobre um horizonte que não pode ser senão pluralista.[60]

Em um texto dedicado à questão do arquivo, e depois de falar sobre como Foucault modifica o relacionamento com a biblioteca da tradição, permitindo uma experiência de leitura mais livre, mais intempestiva e mais aberta, Morey acrescenta uma nota na qual aponta que essa nova liberdade também contém um lado de preocupação, de aflição, que coloca novos problemas. E ali escreve:

> A substituição da biblioteca pelo arquivo implica um ponto de crise, talvez o mais violento de nossa sociedade, no fracasso educacional que nos ameaça, o fracasso formativo. Se saber é cortar, que saber podemos ensinar nas escolas? Se já não há biblioteca da tradição, o que pode ser ensinado? A promessa que acompanhava a substituição da biblioteca pelo arquivo era uma promessa de desaprendizagem, graças a ela íamos poder desaprender, aprender a nos desprender das velhas ataduras que atavam nossa experiência e nosso comportamento aos ditados de uma tradição altamente falaz, interessada e sectária. Em vez disso, agora está o espaço aberto do arquivo. Mas desse espaço aberto nenhuma pedagogia pode ser deduzida. Não está claro se o que se deduz é a impossibilidade de qualquer pedagogia. Em todo caso, o que faz é outorgar à pedagogia um caráter extremamente problemático.

E acrescenta:

> Na sua versão mais paradoxal, a ordem de que "já não há biblioteca, cada um lê sozinho" nos remete à contestação do cânone nas universidades norte-americanas, à falência do modelo educativo humanístico e à substituição das humanidades por *Cultural Studies*, como estratégia efetiva e consciente de banalização da cultura do livro [...]. A partir desse ponto de vista, a substituição das humanidades por estudos culturais tem algo de exemplar e modelo: ilustra o rosto mais irascível que pode adotar o desaparecimento da biblioteca e sua substituição pelo arquivo, sua ameaça específica. Nela ressoa a fantasmagoria da queima fascista de livros, agora realizada por outras maneiras. E no coração dessa ameaça, uma questão urgente: o que pode querer dizer "educação" então; que conteúdos ainda cabe dar à palavra "formar"?[61]

Porque o professor, ensine o que ensine, trabalhe no que trabalhe, estude o que estude, sempre mantém viva uma pergunta: o que é (e o que não é) ensinar? O que é (e o que não é) aprender? O que é (e o que não é) formação? O que é (e o que não é) educação? Sempre mantém viva a questão sobre a natureza específica de seu ofício, o que significa ser "realmente" um professor, o que é isso de ser um professor "de verdade". De fato, *um* professor não é mais do que uma resposta possível, concreta, singular, encarnada e sempre provisória, sempre aberta, sempre problemática, à pergunta: o que é ser professor? Uma pergunta que, naturalmente, se deve fazer com seriedade e que não pode ser abandonada aos especialistas, aos expertos, aos gestores ou aos empresários. Talvez por isso, quando Morey diz que já não pode mais cumprir com o seu dever, que já não pode ensinar, que já não pode exercer o papel de professor, o que nos afirma é que a questão em si já se fez quase impossível, e que qualquer resposta honesta, verdadeira, não apenas administrativa ou utilitária, já é quase extravagante, pelo menos naquele lugar milenar que ainda continuamos a chamar de universidade.

O professor é alguém que aprende a ler e que ensina a ler. E isso não é uma questão de método, mas de maneiras. Não valem receitas, tais como "é uma questão de pulso", diz Morey, ou "aqui não vale senão um olfato educado pelo ofício",[62] ou "um olhar atento e um bom ouvido, é claro, mas sobretudo boas pernas, joelhos que não desfaleçam, pés ligeiros".[63] As maneiras do professor estão encarnadas em seu corpo.

O professor é alguém que aprende a escrever e que ensina a escrever, que aprende a falar e que ensina a falar. O professor tem que conseguir uma prosa de professor e uma voz de professor. E isso tampouco é uma questão de método, ou de habilidades, ou de competências, e sim de maneiras, neste caso de sotaque e de estilo: " [...] do mesmo modo como não é possível falar sem sotaque, também não se pode escrever sem estilo". E o estilo não é o enunciado, mas o modo de enunciação (outra vez as maneiras), o modo preciso em que uma voz e uma prosa são capazes de determinar o âmbito do problemático, do que dá que pensar, sabendo, é claro, que:

> Há estilos melhores e piores, há modos melhores e piores de determinar o que se passa conosco – e isso é precisamente o que sempre está por avaliar. Porque, e não podemos fingir que não sabíamos disso, sempre temos as verdades que merecemos de acordo com o sentido que somos capazes de produzir. Porque, mesmo que nos lamentemos, as verdades da maldade ou da estupidez existem e são tão irrefutáveis como qualquer outra – mesmo que somente se possam enunciar a partir de um estilo baixo, envelhecido e canalha.[64]

Como um leitor que ensina a ler, um escritor que ensina a escrever e um falante que convida à leitura e à escrita (que apresenta os livros na sala de aula, abre as vias de acesso e mantém as estradas transitáveis, de modo que os estudantes possam se iniciar na biblioteca), o fazer do professor sempre atrai um possível interlocutor. A filosofia existe, diz Morey, porque é lida, porque é escrita e porque é ensinada. Mas aqui, no ato de ensinar, aparecem também os paradoxos, os problemas:

> O que se tenta acima de tudo não é transmitir informação, e sim provocar um efeito, uma mudança no limiar de atenção que nos permita ter uma determinada

experiência do real. Mas, por outro lado, ao mesmo tempo que isso é dito, é como se se dissesse também que, quando se ensina algo de verdade, esse algo tem a ver com a filosofia, com a reflexão. É certo, a filosofia é o próprio inensinável, se se quiser, mas ao mesmo tempo é o que não se pode deixar de ensinar, quando realmente se ensina alguma coisa [...]. A filosofia não tem nenhum privilégio sobre a reflexão, não tem nenhuma autoridade sobre a reflexão dos outros, tampouco nenhuma regra para ditar a ninguém sobre isso. O que eu quero dizer é que, quando um domínio do saber, seja ele arte ou ciência, reflete sobre si mesmo, essa reflexão tem a ver com o pensamento filosófico [...] na medida em que a filosofia permanece sendo o que sempre foi: uma reflexão sobre o caminho que leva do pensar ao saber, e do saber ao pensar, uma arte das perguntas e das respostas, talvez a incessante busca de uma dimensão superior da experiência... E isso desde Platão, uma arte grega.[65]

E um pouco mais adiante:

O pensar não é uma ciência, é um jogo com o saber de outro tipo, irredutível, que não se deixa formalizar. Seu conteúdo e sua tarefa não são a informação, mas sim a formação. Portanto, ensinar o jogo da reflexão não é, e nunca pode ser, redutível a fornecer informações. O baile é outro, e é impossível bailá-lo a partir do exterior, é preciso entrar, colocar-se no jogo e aprender a trabalhar os modos de se colocar em jogo. Por isso tem a ver com a formação, porque é feito de estudo, coragem e paciência.[66]

Então o ensinamento da filosofia se parecerá com ensinar a dançar, ensinar a jogar, ensinar essa estranha arte grega. Pode ser, no que aqui me interessa, e isso também tem a ver com as maneiras. Não se baila de qualquer maneira. Aprender a dançar também é aprender uma maneira de dançar. E talvez isso é o que o professor ensina: o desejo de entrar no baile e umas determinadas maneiras de dançar (ou o desejo de entrar no jogo, colocar-se em jogo e exercitar-se de determinadas maneiras de jogar).

A arte grega de que Morey fala teve seu lugar privilegiado na relação entre mestre-discípulo. Agora o tem na relação escritor-leitor e na relação professor-aluno. Assim, a prosa e a voz do professor não podem deixar de se inquietar com a posição do interlocutor. Tanto a prosa quanto a voz do professor são dirigidas, isto é, constroem o leitor e o ouvinte também de determinada maneira. É por isso que o professor tem que

Desenhar a posição do interlocutor capaz de seguir reflexivamente (assumindo, divergindo de cada um dos passos do discurso) o fio das palavras. A posição do interlocutor possível desenha o alcance do interesse que pode ter o problema que se pensa. Para quem pode ser interessante, para o colega, para o aluno, para o bom cidadão, dama ou cavalheiro, para o intelectual em geral?

E aí a maneira como Morey entende seu dever é "a articulação dessa voz capaz de enunciar a questão à altura de um interlocutor não marcado, ninguém ou cada um, o homem inteiro na sua solidão final".[67]

Não entrarei aqui no que pode significar isso de "um interlocutor não marcado", embora assinale o risco que isso implica: articular voz e a prosa do professor sem levar em conta o que (acreditamos nós) é o ouvinte ou o leitor, o que (supomos que) ele precisa, o que (presumimos que) interessa a ele ou, em outras palavras, subordinar a voz e a proza à ordem das utilidades ou dos resultados. Um interlocutor não marcado é "qualquer um" no que tem de mais singular e irredutível: essa forma de solidão que é a conversação que cada um mantém consigo mesmo. De qualquer forma, o que acho que merece nossa atenção a partir do ponto de vista do ofício do professor é que:

> Negligenciar a posição do interlocutor (ignorá-la por razões óbvias ou deixar-se seduzir por qualquer fantasma, tanto da) ameaça sempre para neutralizar o alcance do que se pensa em qualquer espaço adulterado [...]. Aí nunca está realmente em jogo nada, a banca sempre vence.[68]

Se a sala de aula é um dos lugares para esse "ensinar a dançar" ou para esse "entrar no jogo", não podemos permitir que seja um lugar adulterado, colocado a serviço de interesses espúrios, desses que não têm nada a ver com o pensamento. E isso seria trair dois dos principais traços que definem, quando é de verdade, o ofício de professor: a generosidade e o agradecimento. Essa estranha arte grega que o professor pratica e que quer apresentar a seus alunos, seus leitores, implica uma particular generosidade:

> E há uma lição importante sobre a generosidade do conhecimento, uma lição que, talvez, estamos prestes a perder, e que é aquela que nos obriga a organizar o saber para aqueles que ensinamos, de modo que esses que o recebem consigam saber algo que nós não sabemos, que não podemos chegar a saber. Para que consigam dar esse passo mais adiante. Receio que é essa generosidade que, na realidade, está sendo estruturalmente fumigada – como um resíduo tóxico [...].[69]

O ofício de professor é generoso e agradecido. Ser professor é saber agradecer, mas também, e acima de tudo, agradecer de determinada maneira. Não a homenagem exigida pelos mandarins de todos os tempos em troca dos favores recebidos, mas outra coisa muito mais difícil que passa pela própria responsabilidade. Na apresentação de seus textos sobre María Zambrano, Morey relata sua descoberta frustrada, em uma livraria de segunda mão, das *Obras Reunidas* de uma autora sobre quem nada sabia. A resenha biográfica da contracapa fala de uma exilada republicana pertencente à esplêndida geração que cresceu sob os ensinamentos de Ortega y Gasset. Isso imediatamente o leva a falar sobre a universidade franquista na qual se formou e escreve:

Como evitar então a nostalgia, a raiva, pela ausência daqueles que deveriam ter sido nossos professores e que foram suplantados por alguns pálidos substitutos? Órfãos de nossos pais naturais, o que teria sido de nós sem a ajuda inestimável de nossos irmãos mais velhos, sem o entusiasmo que tiveram para nos mostrar tudo o que nos foi deixado para aprender, e trataram de nos ensinar como fazê-lo?

Morey agradece a seus professores dos últimos anos da ditadura (a seus irmãos mais velhos) e, com María Zambrano, aos professores que não teve. E escreve:

> Porém as dívidas do conhecimento são algo muito curioso, se pagam para baixo e não para cima, não é rendendo-lhes homenagem agora que vamos cumprir com o que é devido [...], só vamos cumprir com o que é devido continuando com seu trabalho de então, abrindo o caminho para quem vem atrás, com a mesma entrega e generosidade que eles tiveram para conosco. Em mais de um sentido, este livro, como quase todo o meu trabalho, não é senão mais uma tentativa de pagar essa dívida impagável, uma maneira de voltar a render-lhes uma homenagem que nunca precisaram.[70]

## Maneiras de estudante
*(Com Giorgio Agamben, Peter Sloterdijk e Adam Zagajewski)*

Seguindo o fio que me estende Miguel Morey sobre a generosidade e os agradecimentos, dedico esta seção para falar sobre os professores, mas do ponto de vista dos estudantes. Além disso, creio que o que se segue poderia ser lido como uma nota à margem do texto "O que é o contemporâneo?", de Giorgio Agamben esse em que, depois de citar Nietzsche, escreve que ele:

> Situa sua pretensão de "atualidade", sua "contemporaneidade" em relação ao presente, em uma desconexão e em uma defasagem. Quem pertence verdadeiramente a seu tempo, quem é verdadeiramente contemporâneo é quem não coincide perfeitamente com ele nem se adapta às suas pretensões e é, por isso, nesse sentido, inatual; mas também precisamente por isso, e justamente através desse desvio e desse anacronismo, é mais capaz que os outros de perceber e se agarrar ao seu tempo [...]. Assim, pois, a contemporaneidade é uma relação singular com o próprio tempo, que consiste em aceitá-lo e, ao mesmo tempo, distanciar-se dele; para ser mais exato, é "essa relação com o tempo que o aceita mediante uma defasagem e um anacronismo". Aqueles que coincidem plenamente com sua época, os que se encaixam perfeitamente com ela, não são contemporâneos porque, precisamente por isso, não conseguem vê-la, não podem fixar seu olhar nela.[71]

O tema aqui será apresentar até que ponto e de que maneira os professores e os estudantes são contemporâneos. Mas esta seção também poderia ser lida em relação ao livro *Die schrecklichen Kinder der Neuzeit* [Os filhos terríveis da Idade Moderna], de Peter Sloterdijk, e a maneira como nele se constrói uma oposição entre o impulso genealógico (de transmissão) e o impulso antigenealógico (de começar por um mesmo). No último parágrafo do prólogo desse livro, a palavra "aprendizagem" é declarada como sagrada, e também se problematiza o que significa isso de ser um "filho de seu tempo" em uma era marcada pela rejeição de tradições, a orientação unidimensional para o futuro e o "conformismo de ser diferente". A questão de Sloterdijk é a relação complexa entre "o herdar e o adquirir",[72] e, a partir desse ponto de vista, o tema que eu gostaria de explorar aqui será o que os professores realmente transmitem: isso que, em geral, não tem por que coincidir com o que acreditam que transmitem e, muito menos, com o que querem transmitir.

Adam Zagajewski, no livro *W cudzym pięknie* [Na beleza do outro], em que faz a memória de sua formação, fala não apenas dos vários tipos de professores que lhe deram aula na Polônia stalinista, sobre a maneira como cada um deles influenciou em seu amadurecimento como poeta, mas também de toda essa formação paralela feita fora das instituições oficiais. Diria, para começar, que o jovem Adam abandonou os estudos de psicologia para se inscrever em filosofia e que foi praticamente autodidata em suas leituras literárias. Isso quer dizer que a universidade não o formou no que mais tarde acabou sendo, mas que essa formação teria sido impossível sem o que a universidade realmente lhe deu: professores muito diferentes entre si, um grupo de companheiros estudantes e, acima de tudo, um tempo, um espaço, uma biblioteca e uma disciplina de estudo. Zagajewski não deve sua formação a seus professores, à influência direta que poderiam ter exercido sobre ele, ao que lhe foi ensinado, mas tudo isso teria sido impossível sem eles, então é o que lhes agradece na maneira como os honra no livro dedicado a rememorar seus anos de aprendizagem.

O primeiro dos professores que aparece é Leszczynski, que explicava a teoria do conhecimento com uma voz suave, abafada e que embargava facilmente. Zagajewski se lembra de seu rosto, sua bondade, sua maneira de estar quase ausente e, acima de tudo, do casaco que usava tanto no frio siberiano do inverno quanto no calor siciliano do verão, tanto na rua quanto dentro da sala de aula. O porquê desse casaco incomodava os estudantes (alguns pensavam que ele esteve em Auschwitz e que foi lá que pegara uma espécie de frio eterno), mas são esse casaco, e esse frio, que se convertem, na lembrança, em uma imagem do que pode ser um professor. Vamos dizer que esse professor educava precisamente por causa de sua invisibilidade e sua ausência, por causa de sua quase inexistência, por causa de sua malfadada vida de professor, por causa do que os estudantes sensíveis descobrem do que não poderia ter sido. E isso também é uma lição.

> O professor Leszczynski era uma dessas pessoas que se sabia que, na realidade, não existiam. Eram apenas toleradas pelo sistema onipresente. Não

se tiravam os olhos de cima delas, olhava-se com lupa tudo o que faziam e diziam. Alguém como Leszczynski lembrava uma figura de xadrez que estivesse permanentemente em xeque. Podia dar aulas e seminários, mas, é claro, prestavam atenção para que seus temas fossem o mais abstrato possível e não atraíssem muitos ouvintes. Talvez o eterno casaco grosso do professor Leszczynski o protegesse desse xeque permanente. Como a carapuça que torna invisível aquele que a usa.[73]

Foi o próprio Leszczynski quem orientou sua tese de licenciatura em filosofia, com o mesmo casaco e o mesmo ânimo que tinha em suas aulas. Zagajewski o imaginava melancólico, delicado, inadaptado, indefeso, como morto ou suicidado, enfrentando estudantes ignorantes e preenchendo repetidas vezes os formulários que iam apresentando as novas e corruptas autoridades acadêmicas. Sobre a tese, diz:

> Apenas me ajudou nela, quase nada, tenho certeza de que não nos encontramos nem uma vez para discutir sobre as dificuldades que eu poderia enfrentar. Para ele dava tudo na mesma. É que estava morto por dentro. Eu, no entanto, gostava dele e o respeitava, porque era como uma encarnação do ideal estoico, porque se tinha convertido em um sábio a quem não podiam comover todas as tentações do grande mundo.[74]

O segundo a ser mencionado é o professor aposentado Szuman, afastado das aulas universitárias, uma velha glória de antes da guerra que se converteu em um "remorso de consciência" para os professores que se adaptaram obedientemente ao novo sistema. Szuman não deu aula ao jovem Adam, mas cruzava com ele todos os dias nas escadas. Os jovens estudantes apenas olhavam para ele ("os Szuman eram muito diferentes, muito velhos"), e Zagajewski pensa que o velho professor compartilhava essa mesma indiferença. Para Szuman e sua esposa, diz:

> Nós éramos provavelmente uns bárbaros, já formados pelo sistema educativo do pós-guerra, pela nova escola, pelos novos jornais, pelo novo rádio e pela televisão. Deviam considerar-nos uns estúpidos [...], uns selvagens que só conheciam Lênin e que, em vez disso, não liam nem Słowacki nem Dante e ignoravam quem eram Sófocles e Leonardo da Vinci [...]. Quem sabe, talvez nos temessem.[75]

O velho Szuman e o jovem Adam estavam muito longe, nunca falavam, eram indiferentes um ao outro, ou melhor, cada um deles se dedicava a construir um imaginário do outro. Szuman era um sobrevivente de uma refinada cultura que Adam ignorava e a partir da qual ele só podia ser um bárbaro; e Adam estava muito ocupado em ser jovem para se interessar por esse homem triste com quem cruzava de quando em quando, mas com quem nunca lhe ocorreu trocar palavras até que fosse "tarde demais". No entanto, o encontro impossível entre esse velho professor (que certamente desprezava os novos tempos que o tinham convertido em velharia) e esses arrogantes estudantes jovens de vinte anos (com tendência a julgar severamente os mais velhos) ocorreu na biblioteca. E aí Szuman já não era esse velho triste, pobre e humilhado que viam subir as escadas com suas roupas esfarrapadas e sua compra escassa, mas sim era o representante e o símbolo de um mundo a descobrir:

> Ao Szuman fisicamente presente não prestava atenção: o interesse procurava desvios. Torna-se difícil aqui, é verdade, falar de amor ou até de simpatia; eu não amava Stefan Szuman, mas me bastava saber que ele havia participado ativamente do movimento intelectual entre guerras e que conhecia muito bem Witkacy e Bruno Schulz, e certamente Stanisław Brzozowski – e todos meus heróis, autores de meus livros preferidos, amigos secretos das minhas tardes nas bibliotecas quando deixava para depois os chatos manuais [...]. Bastava-me recordar de seu relacionamento com aquelas pessoas que não estavam mais vivas para que o velho Szuman assumisse aos meus olhos um enorme valor [...]. Nunca me aproximei do velho professor, nunca iniciei uma conversa com ele; só faço isso agora, depois de anos, quando eu mesmo já não sou jovem: tarde demais.[76]

Tanto o sistema universitário (ocupado em separar-se de um passado "superado" e em romper qualquer fio entre gerações) como a natural incompreensão mútua entre os velhos e os jovens (essa que se deriva de que cada geração está ancorada em seu mundo e só a partir dele pode ver e, portanto, desprezar e interpretar mal as outras) impediram que Szuman e Adam pudessem se encontrar como professor e aluno. Mas Adam pôde encontrar na biblioteca esse mundo que Szuman representava, assim como todos aqueles nomes que, é claro, não figuravam na bibliografia oficial que a universidade lhe oferecia. E isso também foi uma lição.

O terceiro a ser relembrado é o professor U., que, ao contrário de Leszczynski e de Szuman, era o homem do momento, aquele que: " [...] estava tão adaptado à época que, olhando bem, qualquer um ficaria assombrado de que fosse visível sobre seu fundo. Era um desses que se contentam com o momento histórico que lhes coube viver".[77]

O professor U. compartilhava totalmente os postulados de sua época e era um entusiasta do presente; pertencia a várias associações, buscava eficazmente os prêmios e os incentivos que o sistema universitário lhe oferecia, Faltava muito às aulas porque tinha uma agenda lotada de conferências, congressos e todo tipo de atividades públicas que o faziam viajar frequentemente pelo país ou pelo exterior, e seu relacionamento com o futuro lembrava o de qualquer homem da indústria, da política ou do comércio: personificava o pragmatismo. É claro que não há necessidade de se mudar para a Polônia comunista para reconhecer o personagem. Zagajewski o resume com a frase que estava por trás de tudo o que U. dizia: "Estou aqui, neste momento, ativamente, estou neste exato momento, sou capaz de viver no presente".[78]

A quarta professora que aparece é a Sra. Gierulanka, a quem descreve como uma mulher pacífica e envelhecida, uma dessas professoras humanistas, bondosas e de "segunda classe", que não se haviam declarado a favor do novo sistema, mas que também não o combatiam e que, é claro, nunca chegariam a nada:

> Sua presença marginal era tolerada na universidade; era tratada com indulgência, sem falar que ele pudesse tomar decisões e, é claro, não podia atingir o status de professor. Dirigia um seminário para seus alunos de psicologia, a quem se esforçava em inculcar as regras elementares de uma leitura efetiva do texto filosófico. Aquilo não era nem sequer uma lição de hermenêutica – que chegaria a se tornar moda apenas dez anos depois –; tratava-se tão somente de uma leitura honesta e inteligente do texto.[79]

A professora Gierulanka, como muitos dos professores com quem o jovem Adam estudou, pertencia ao "tipo de estudioso antigo", um grupo de pessoas, diz Zagajewski:

> Solidamente preparadas e honestas, que não sabiam mentir, pessoas com as mãos limpas e as unhas bem cortadas. Não quero idealizá-los, certamente eles também tinham suas ambições e ódios. Em comparação, no entanto, com a nova raça de estudiosos – cuja carreira começava com a entrada no partido, e que estavam dedicados ferozmente à caça de dinheiro e honras, como as serpentes caçam as ratazanas de campo, sacando sua inquieta língua bifurcada –, eles, representantes do tipo antigo, eram limpos e tranquilos, não desprendiam aquela energia nervosa do êxito que fervia nos novos estudiosos.[80]

Foi ela quem sugeriu a redação de uma tese de licenciatura que tratava de reabilitar métodos considerados antiquados por quase todo mundo, peças de museu desdenhadas pelas tendências que triunfavam naquele momento, e que foi aceita pelo jovem Adam, sem demasiado interesse, simplesmente porque ele não tinha aspirações de fazer uma carreira universitária e porque via nesse trabalho a possibilidade de ir contra a corrente da maneira como as novas tendências da psicologia que ainda estudava estavam reduzindo ao ser humano. A professora Gierulanka se entusiasmou com o trabalho porque via em Adam a última possibilidade ter algo assim como um herdeiro intelectual, e também porque essa tese em que ela confiava, e que passou despercebida, lhe parecia uma espécie de vingança contra os novos e ambiciosos donos da universidade que a haviam relegado a uma posição marginal, os quais, sem dúvida, a depreciavam. Durante alguns meses, sob um retrato empoeirado de Husserl, ambos se sentiram trabalhando pela "salvação da vida espiritual" e pela detenção do processo em curso dirigido ao "rebaixamento da alma".

A tese, é claro, não mudou nada em nenhum lugar, a nova psicologia continuou dissolvendo a alma humana, a vida espiritual continuou sua ininterrupta decadência, mas eles cumpriram com sua obrigação de levá-la a sério, como se fosse a coisa mais importante do mundo. E justamente por isso, esse trabalho insignificante, feito por uma velha senhora de idade e um jovem aprendiz de poeta sem ambições e sem verdadeiro interesse nas guerras entre facções universitárias, deu à professora Gierulanka uma espécie de nova juventude (como se lembrasse, diz Zagajewski, "as emoções de seus anos de estudante") e, o que é mais importante, ensinou o jovem Adam a ler.

Ela sugeria psicólogos antigos, filósofos fora de moda, comentaristas esquecidos, eruditos meticulosos e sutis, e fazia com que o jovem estudante se enfurnasse na biblioteca com rigor e com respeito, tentando construir, com seus materiais, seus próprios argumentos. A professora tratou de inserir o aluno em uma linha genealógica (ela era discípula de Ingarden, que por sua vez tinha sido de Husserl), em que, é claro, este não se reconheceu (Adam não acabou sendo "bisneto" de Husserl), mas isso lhe deu a disciplina e o estímulo para seguir cuidadosamente as reviravoltas das ideias e de sua transmissão no tempo e, acima de tudo, a possibilidade de começar a refinar uma linguagem mais ou menos sua – e isso também foi uma lição.

Além dos quatro professores que nomeia, a formação de Adam também foi feita no que ele chama de "educação dissidente", isto é, na multiplicidade de seminários e conferências que se organizavam fora da universidade, em casas particulares, igrejas ou associações diversas, muitas delas impulsionadas pela chamada "Universidade Volante", que, é claro, não se parecia em nada com os estabelecimentos educativos tradicionais, embora só fosse porque aí não se perseguiam diplomas e tudo era movido pelo interesse espontâneo, pelo entusiasmo, pela curiosidade e pelo afã renovador. Com o tempo, Zagajewski percebe que o que se oferecia nessa espécie de formação paralela também era cinza e medíocre, cheio de clichês, marcado pela pressão da atualidade e, muitas vezes, artificialmente em sentido contrário, mas apesar de tudo não pode senão agradecer à maneira como tudo isso se resolveu para ele em leituras enlouquecidas e em discussões apaixonadas.

Também havia, é claro, a biblioteca e, em seu interior, como sempre, dois tipos de livros. Como se em toda a formação universitária, houvesse dois tipos de bibliografia, a institucional e a pessoal, a que é dada e a que se descobre: "Uns serviam para satisfazer as exigências de meus professores, psicólogos e filósofos; outros, por outro lado, eram apenas para mim".[81]

E esteve, por último, o grupo de seus contemporâneos, de outros jovens estudantes com os quais discutia acaloradamente e com os quais começava a experimentar uma espécie de consciência geracional, essa ideia de que o tempo que se vive ninguém o viveu antes e que, além disso, como diz Hannah Arendt, não é a continuidade do passado para o futuro, mas tampouco é um começo, essa brecha no tempo, suspensa entre o "já não" e o "ainda não", em que cada geração se põe de pé, "se ergue", e que cada geração deve descobrir de novo e "pavimentar com dedicação".[82] A citação seguinte, creio, honra essa dimensão da formação que, é claro, também é um dom da universidade:

> Alguns estudantes na casa dos vinte anos, que falam até o amanhecer sobre poesia e filosofia, sentados em um restaurante barato ou no sótão de uma casa em Cracóvia ou Paris; que os iguala em paixão, que com tanto fervor como eles defenderá e acusará os autores contemporâneos e antigos. Ninguém pode honrar as obras do entendimento humano melhor que alguns estudantes sentados durante horas em uma sala cheia de fumaça de um pequeno restaurante. Estudantes que falam com fervor.[83]

## Nobreza obriga
*(Com Juan José Conesa e Ramón Valdés)*

Conheci Juanjo no final dos anos 1970, na Escola de Persones Adultes de Can Serra, na Casa da Reconciliação, um lugar emblemático tanto da luta antifranquista quanto da cultura popular. Eu era um jovem estudante de pedagogia (e ouvinte de tudo o que me interessava na Faculdade de Filosofia), recém-chegado ao L'Hospitalet, um município operário, de imigrantes, da periferia de Barcelona. Juanjo era professor, estudante de história, alguns anos mais velho que eu, e com ele comecei a trabalhar, sem contrato nem salário, nos programas de alfabetização da escola de adultos de Can Serra, usando o método de Paulo Freire.

E eu vou dizer de passagem que, primeiro, aos vinte anos, no final de meus estudos universitários, foi a obra de Freire – que, é claro, não estava na bibliografia da faculdade – que deu um primeiro sentido à minha vocação pedagógica (em um relacionamento conflituoso, claro, com outras leituras que andava fazendo na mesma época em alguns sótãos também à margem dos meus estudos oficiais); segundo, que depois fui considerado como um pensador da educação clara e inclusive furiosamente antifreiriano (coisas dessas etiquetagens às quais somos tão aficionados e que, muitas vezes, têm a ver apenas com o uso de alguns jargões que funcionam como meras bandeirolas de engate e de reconhecimento entre as tribos acadêmicas); e terceiro que agora, quarenta anos depois, e já no final da minha vida de professor, leio com meus alunos a *Pedagogia do oprimido*, aproveitando a comemoração do cinquentenário de sua primeira edição. Estou encontrando no velho Freire muitas coisas resgatáveis (sua teoria da enunciação, por exemplo, ou a maneira como ele pensa a "consciência" em uma relação entre a linguagem e o mundo; ou sua maneira de entender a alfabetização e, em geral, a leitura e a escrita), mas, acima de tudo, encontro uma força e uma energia que não posso senão sentir falta nesses tempos em que as novas categorias – com as quais se pensa aquilo que, na época de Freire, ainda se chamava "educação popular" – estão claramente a serviço das estruturas de dominação. De fato, os discursos e as práticas do que antes se chamava educação popular estão vertebrados, pelo menos na Espanha, pelo par exclusão/inclusão, e o próprio Freire foge disso energicamente nas primeiras páginas do segundo capítulo. Uma "pedagogia do excluído", creio eu, não tem nada a ver com uma "pedagogia do oprimido". Assim, agora, na velhice, quando os aspectos mais "datáveis" e, portanto, mais superficiais da obra de Freire me são, de alguma maneira, indiferentes, e quando já não me acredito mais inteligente pelo privilégio idiota de ter nascido depois, só posso fazer do velho Freire uma leitura amorosa e agradecida com a qual, na companhia de meus alunos, posso tomar certa distância das superstições do presente, elas também condenadas, é claro, a envelhecer muito rapidamente.

A questão é que, pouco depois que nos conhecemos em Can Serra, Juanjo e eu vivíamos juntos, com nossas respectivas parceiras na época, em um apartamento minúsculo perto da Praça de Sant Pere, no centro de Barcelona, onde me lembro que tínhamos apaixonadas conversas sobre política e educação, sempre mediadas por livros e filmes, até altas horas da madrugada.

Enquanto estava escrevendo este livro voltei a encontrar Juanjo, já professor aposentado. Falamos sobre nossa vida de estudantes, nossa vida de professores (ele continuou trabalhando até o fim em uma escola de adultos), da longa história de nossos fervores, dos rescaldos que restaram daquelas brasas, daquelas chamas. Quando eu lhe disse que estava trabalhando com as "cartas aos alunos" de alguns professores universitários e sobre o motivo da gratidão (para frente e para trás), Juanjo me falou de Ramón Valdés, um dos professores que tivera quando estudou antropologia, já com quarenta anos, e me disse que este também escrevera uma carta a seus alunos, e que ele mesmo, Juanjo, havia dito algumas palavras, como um necrológio, na homenagem póstuma que a universidade prestara ao professor Valdés logo após sua morte. Interessei-me por esse assunto das cartas cruzadas e Juanjo me passou ambos os textos junto com uma pequena autobiografia incompleta escrita por Ramón quando sua mente já estava meio perturbada pelo Alzheimer. Destacarei alguns motivos.

O primeiro tem a ver com sua maneira de dar aulas. Juanjo conta assim:

> Chegava pontualmente pela manhã, muito cedo, para as aulas do primeiro horário, mas já com aquele passo cansado e lento, sua pasta de couro pendurada em um dos ombros e o sorriso generoso. Entrava na sala de aula conosco, ia até o lugar do professor e deixava a pasta sobre a mesa; sentava-se, abria-a, tirava um punhado de páginas reescritas e revisadas, lia a primeira linha e começava a nos contar sobre os números ou sobre o conceito do modo de produção sem voltar a olhá-las até que a aula terminasse. Tinha ficado trabalhando até tarde, às vezes a noite toda: tudo o que explicava, ele havia repensado para nós.[84]

Ramón passava a noite preparando sua aula da manhã, repensando e reescrevendo, corrigindo mais uma vez alguns papéis que já sabia de cor, mas nos quais ainda pensava, especialmente porque tinha que reapresentar um assunto, novamente, para seus alunos novos a cada vez. O professor repete, mas para poder fazer isso ele deve mergulhar de novo na matéria, voltar a pensá-la, deixar-se inspirar por ela, e, mesmo que mude apenas algumas palavras, refaça algumas frases ou modifique algumas ênfases, precisa fazê-lo para garantir que seus alunos também se submerjam, também pensem, também se deixem inspirar. Trata-se, penso eu, de uma repetição que é revivificação. Além disso, Juanjo me contou que Ramón sempre começava as aulas retomando o assunto da aula anterior (aquilo de "man-ter" o assunto, de recuperar "o que tínhamos entre as mãos"), e, embora fosse um professor muito ordenado, ele se divertia com todo tipo de divagações, desvios e digressões, como se o próprio ato de expressar a matéria em público fizesse com que algumas coisas "lhe viessem à mente", às vezes simplesmente porque se detinha, surpreso, em alguma palavra ou alguma expressão que ele mesmo tinha acabado de dizer. Algo parecido com o que diz Gilles Deleuze, no "P de professor" de seu *Abecedário*, quando insiste que um curso é algo que se prepara muitíssimo, que:

> Se quer cinco minutos, dez minutos no máximo, de inspiração... tem que preparar muito, muito, muito... um curso é feito de repetições [...]. Se alguém não repetiu muito, não se inspirou em absoluto. Pois bem, um curso implica momentos de inspiração; se não, não significa nada [...]. É preciso achar interessante o que se diz, a matéria que se maneja [...]. É preciso se elevar a si mesmo até o ponto de ser capaz de falar sobre algo com entusiasmo. Isso é a repetição [...]. É preciso amar aquilo de que se fala, é preciso fazer tudo isso, não se faz por si só... é preciso repetir, é preciso preparar, é preciso repeti-lo a si mesmo na cabeça [...]. A repetição prévia e a inspiração do momento. Esse é o papel do professor.[85]

O segundo motivo tem a ver com o assunto e com a materialidade do saber e do pensamento. Ramón, diz Juanjo, sempre repetia que o sujeito do saber é coletivo, que o ser humano nunca pode dizer "penso", mas sim "pensamos", que sempre se pensa com outros e em relação a outros, que o conhecimento é comum e parte do comum. O professor pensa com suas referências teóricas, é claro, mas pensa sobretudo em um diálogo permanente com seus mestres, com seus colegas, com seus alunos. E pelo que pude ler em sua autobiografia, Ramón Valdés sempre pensou e praticou seu ofício "em relação". Além disso, conta Juanjo, Ramón também repetia que "os homens criam seus deuses como cultivam cebolas", ou seja, que pensar, imaginar e inclusive rezar são processos materiais que produzem coisas materiais. Logo, nenhum individualismo e nenhum idealismo no ofício de professor. Ele prepara suas aulas como quem cultiva cebolas, ou como quem faz um armário, e entrega seu saber como quem entrega uma cebola ou um móvel, como algo que é real e que cria realidade, como uma coisa com a qual os outros possam alimentar-se ou com a qual possam mobiliar sua casa, seu *habitat*, sua maneira de habitar o mundo, seus hábitos, seu éthos. Além disso, ao mesmo tempo que entrega a cebola, o professor mostra como ela foi cultivada; ao mesmo tempo que ensina o armário, mostra como ele foi fabricado, para que os outros também sejam capazes de cultivar suas próprias cebolas ou fazer seus próprios armários (ou de pensar seus próprios pensamentos).

O terceiro motivo tem a ver com responsabilidade pública. Juanjo diz assim:

> Ramón sempre sentiu a pulsão do conhecimento e, acima de tudo, soube que esse conhecimento não podia ser dissociado de uma responsabilidade, que não se poderia aprender nem saber sem amar: "eu sempre soube, desde muito pequeno, quem eram os meus", disse uma vez. Por isso, porque o sabia muito bem, tomou a decisão mais difícil de sua vida.

A infância de Ramón foi marcada pelo fuzilamento de seu pai pelos franquistas no final da guerra civil. Talvez isso tenha lhe ensinado quem eram os seus. No entanto, a decisão mais difícil de sua vida foi renunciar a uma cômoda e brilhante carreira acadêmica na Alemanha e voltar para a Espanha fascista e ditatorial, fazer oposições a professor de Secundário, trabalhar em um Instituto do Trabalho, em um pequeno povoado nas Astúrias, fazer ali seus primeiros trabalhos de campo envolvendo-se também na vida dos camponeses, e entrar na medíocre e provinciana universidade da época para formar ali, humildemente, uma geração de antropólogos que pudessem trabalhar na produção de um conhecimento rigoroso e, ao mesmo tempo, não separado da vida. O ofício de professor é público, mas não (necessariamente) porque intervém nos assuntos públicos, e sim porque faz seu trabalho em público, em um espaço público dividido no qual sabe quem são os seus, mas, especialmente, em um espaço que o seu próprio trabalho se converte em público.

Ramón publicou apenas em revistas acadêmicas, dedicou-se preferivelmente à divulgação e à docência, e foi sobretudo em suas aulas e na relação com os alunos que mais tarde se tornaram seus colegas que ele sentiu que se passava isso que chamo de "responsabilidade pública", algo que eu não creio ser muito diferente do que diz Hannah Arendt quando afirma que a educação tem a ver com a renovar um mundo comum, ou o que diz Miguel Morey sobre agradecer até a posteridade a generosidade daqueles que nos precederam.

O quarto motivo tem a ver com a relação entre o conhecimento e a vida. Vou citar extensivamente a carta de Ramón Valdés a seus alunos de antropologia na Universidade Autónoma de Barcelona, datada de maio de 1976. Ela começa com uma estranha reflexão sobre o que era a universidade espanhola do final do franquismo até a primeira transição:

> Algo está acontecendo, e não apenas na Universidade Autônoma. Tampouco, creio, apenas na antropologia. Mas aqui é onde estou e onde vejo isso. Anomia, alienação, anti-intelectualismo, atitudes anticientíficas, preguiça, *know-nothingism, je m'en fous*, impertinência, radicalismo, contracultura. Bob Dylan: "Eu aceito o caos, mas não tenho certeza que ele me aceita". Meu problema é o de uma pessoa que se submeteu a rigoroso ascetismo e longo treinamento para se converter em xamã e, quando quer atuar depois de seu

sacrifício e seu esforço, descobre que nesse meio-tempo todos se converteram em ateus. Esse poderia ser justamente meu ponto de coincidência com o caos.

A partir daí o motivo de sua perplexidade não é tanto a brecha entre um professor que se pretende xamã e uns alunos imersos em uma contracultura que ele vê como atravessada de preguiça e banalidade, mas também as formas de conhecimento que começam a se impor. Fala de uma ciência: "Estéril, sem paixão nem fantasia no seu entendimento, entrega-nos inermes à tirania das definições oficiais da natureza humana e da realidade, definições que o Estado promulga e a Igreja santifica".

Discursa sobre uma ciência que não liberta, mas que "aprisiona em abstrações", uma ciência atrofiada, sem paixão nem compaixão, "em mãos de profissionais que de seus conceitos fazem fetiches", incapaz de conter "a torrente da realidade social e humana". Trata de uma ciência "ocupada em negociar sua própria sobrevivência dentro de alguma hierarquia burocrática", uma ciência que reduz e abstrai a realidade: "Convertendo-a em uma série de objetos, os objetos de investigação, que têm o objetivo final de justificar a existência continuada da ciência burocratizada".

Justo aí é onde escreve a frase que dá título à homenagem de Juanjo: "A questão não é se sabemos bastante: a questão é se temos o valor de saber o que sabemos, dizê-lo e usá-lo".

E continua:

> Não basta uma rebelião implícita contra qualquer antropologia burocrática, não basta o esforço para preservar um sentido de humanidade compartilhada, uma "consciência de espécie" que me permita aproximar-me de outras sociedades com a confiança de que minha própria humanidade está à altura do maior obstáculo de qualquer diferença. Não basta se afastar da antropologia social britânica, com sua obsessão pela ordem, ou de qualquer antropologia nova ou velha dessas que separam a cognição do afeto, negam a relação integral de teoria e práxis e representam os homens como vítimas eternas de seus cérebros, incessantemente impulsionados a montar e desmontar os elementos mentais. Penso que o problema com essas antropologias que eu critico não é simplesmente que sejam teorias errôneas, desacertadas. Não vejo nelas um problema científico, mas sim um sintoma de outro mais profundo, existencial, uma imagem de nossa própria alienação.

E o professor termina sua carta enunciando sua ideia não apenas do saber que cultiva e que se esforça em transmitir, mas também, acima de tudo, do próprio sentido de aprender e de ensinar:

> Partir da raiz, que é o homem. Através da comunicação com as outras culturas, e de modo especial com os primitivos do passado e do presente, e com

nossas próprias possibilidades primitivas, captar uma imagem, uma visão, um sentido da realidade e da vida que em outro tempo foram patrimônio de toda a humanidade e hoje ainda o são de uma parte dela. Um vislumbre de outra possibilidade humana. Creio que é um erro que a antropologia se afaste do primitivo sem, através dele, tomar consciência do que temos perdido de nossa humanidade. Que não termine a antropologia como uma descrição sem vida da vida humana, sem relação com nossa própria realidade existencial. Quero fazer uma antropologia da experiência, ajudá-los a fazer uma antropologia de sua experiência. Despertar em vocês sua imaginação sociológica, examinar e clarificar a relação entre sua experiência individual e as questões sociais, entre sua biografia e história.

A questão não é saber e transmitir o saber (se sabemos o suficiente e se o ensinamos bem), mas sim saber o que sabemos (colocá-lo em relação conosco, com nossa experiência, nossa imaginação, nossa biografia, com a consciência, não só do que perdemos, do que já não somos, mas sim do que poderíamos ser, com o vislumbre de outras possibilidades humanas, de outras possibilidades de nossa própria humanidade), dizê-lo (torná-lo público, fazer dele um espaço público) e usá-lo (como quem cultiva uma cebola para acompanhar uma salada, ou como quem faz um armário para ordenar as coisas com as quais compõe sua vida). É por isso que faz falta valor.

O último motivo tem a ver com a nobreza. Em seu texto de homenagem, Juanjo conta assim uma história pessoal:

Um dia, Ramón fez uma observação em aula pela qual me senti pessoalmente interpelado: disse que não gostava do adjetivo "nobre" nem do "vulgar", porque sempre denotavam um olhar elitista. Pareceu-me que ele não poderia respondê-lo de qualquer maneira, então eu juntei alguns versos coxos e os fiz chegar até ele camuflados atrás da última página – página em branco, página de cortesia – de um trabalho. Havia nisso um risco: vocês já sabem que há professores que não leem os trabalhos de seus alunos. Ramón, não. Ele os lia conscientemente, tanto que leu o trabalho inteiro e encontrou, escondido, o que se segue:

Ramón, nobre mentor: Se um dia disseste / que esse é um adjetivo ingrato, / palavra, com vulgar, que detestaste/ por ser da injustiça correlato, / perdoa-me que negue teu critério / e escreve este poema desatento; / evoca teu perene magistério, / brasão da aristocracia do talento. / Não negue, pois, teus lábios a nobreza / que em teus olhos alenta enamorada: / não é nobre nenhum homem por riqueza / nem pelo sangue. Só se seu olhar / afirma o mundo com augusta grandeza, / cega ao rancor, sem compaixão de nada, / triunfante da culpa no suplício, / merece louro eterno de patrício.

Ramón encarnava para mim o saber ético, a nobreza do conhecimento nos dois sentidos do termo: no sentido da excelência e no da magnanimidade.

O mesmo Juanjo, em seu escrito, pede desculpas pelo rípio, mas há nele algo que me interessa destacar: a maneira como Juanjo define a "nobreza do conhecimento" em uma relação entre a excelência (para evitar as conotações mercantis que tem hoje essa palavra, me limito a recordar que traduz a *areté* grega e a *virtus* romana), o fazer as coisas o melhor que se sabe e que se pode, e a magnanimidade, essa generosidade ligada à grandeza. E é que o ofício de professor de Ramón Valdés a que Juanjo rende honras tem a ver com a consciência de que só se tem o que se dá, de que não se é rico pelo que se tem, mas sim pelo que se compartilha, de que é a generosidade a que te faz grande (e não o contrário).

Juanjo termina seu elogio fúnebre dizendo que não somos nada mais do que aquilo que legamos aos demais, e que isso nem sequer é nosso, porque o construímos com materiais sociais. Acrescenta que a lição que Ramón lhe deu tinha a ver com uma forma de vida em que alguém não só se ocupa de si mesmo, não atende apenas "ao que é seu". Diz depois que, no caso de seu professor (de uma vida de professor) isso teve a ver com assumir o que sabia, dizê-lo e usá-lo. E termina com uma bela expressão castelhana, essa de "nobreza obriga!", que tem a ver com a ideia de que o importante não são nossos privilégios nem sequer nossos direitos, não é o que somos nem o que temos, mas sim que o que importa são nossos deveres, nossas obrigações. A nobreza do professor, então, está precisamente nisso a que seu ofício o obriga.

## O deserto e a praça
*(Com Adam Zagajewski)*

Há um conto de Adam Zagajewski que talvez possa nos dizer algo sobre a vocação (e as maneiras) do professor, ou, pelo menos, pode nos servir como ponto de partida para alguma consideração sobre a natureza de seu ofício. Diz assim:

> Em certa ocasião, dois sábios se encontraram em uma clareira na floresta. Falaram da miséria do mundo, da civilização humana, da catástrofe que havia sofrido a vida interior das pessoas, da destruição do sentimento religioso. Concordavam quase completamente: a palavra de um deles poderia ser a palavra do outro. O silêncio de um era o silêncio do outro. Condenavam o que merecia ser condenado e, não obstante a gravidade da situação, secretamente quase se alegravam por não estarem sozinhos neste mundo atroz, por terem um ao outro.
>
> O primeiro desentendimento aconteceu durante a tarde, depois do crepúsculo, quando, despedindo-se com cordialidade e preparando-se para partir, confiaram-se mutuamente seus planos.
>
> – Eu volto ao deserto – disse o primeiro sábio –; jejuarei, meditarei, desprezarei o mundo e lerei os clássicos.

– Pois eu – respondeu o segundo sábio – vou a Antioquia, me encontrarei com as pessoas, as convencerei da minha (da nossa) visão das coisas, vou pensar e escrever, publicar artigos e livros, e talvez aconteça de que alguém os leia e que eu possa convencê-lo e fazer com que mude.

O primeiro sábio olhou para ele com hostil desdém, com desprezo indisfarçado, e desapareceu na escuridão.[86]

Os dois sábios coincidem no mal-estar com o mundo, e isso os torna amigos, mas não decidem fazer o mesmo e isso os torna inimigos. O primeiro opta pela solidão do deserto, o segundo pela praça pública. Um quer se retirar do mundo, o outro quer mudar o mundo. Um opta pelo isolamento, o outro quer ter leitores e seguidores. Um vai fazer da leitura uma aventura pessoal, o outro quer fazer da escrita uma ação pública. Um quer meditar, o outro quer convencer. Um concebe sua atividade para dentro de si, e o outro a concebe para fora. De acordo com a fábula, ninguém vai fundar uma escola, nenhum pretende se tornar professor. Um vai para o eremita, o outro para o pregador. Um vai cultivar a vaidade do desprezo, o outro a vaidade da influência sobre os outros. Os dois se põem igualmente acima dos outros, os dois são igualmente moralistas, os dois compartilham uma "visão das coisas" que os faz se sentirem diferentes e seguramente superiores. Se fizessem uma escola, um ensinaria o desprezo do mundo, e o outro a transformação do mundo. Mas uma escola não é nem para o desprezo nem para a transformação do mundo, mas sim para o amor ao mundo (mesmo que seja difícil) e para o estudo e a abertura do mundo. Um estudo e uma abertura que, é claro, exigem uma certa separação. Um dos sábios busca a separação no deserto, o outro a procura na escrita e no livro. Um deles talvez gostaria de se tornar um exemplo, o outro quer ser um líder. Nenhum dos dois tem a vocação (nem as maneiras) de um professor.

Penso que o primeiro se converteria em professor se se instalasse um espaço público junto à sua cabana de anacoreta e dedicasse parte de seu tempo a ensinar a ler e meditar. O segundo, se separasse um canto silencioso na praça pública para ensinar a pensar e a escrever. Em ambos os casos, o que compartilham não seria seu desconforto com o mundo, mas seu amor ao mundo: o amor aos clássicos em um e o amor à vida em outro. Um deles, na leitura, tentaria conduzir os estudantes para si mesmos, e o outro, na escrita, tentaria levá-los para os outros. Em ambos os casos, é claro, teriam que sair por um tempo de sua "visão das coisas" para se concentrar nas leituras e nos escritos de seus estudantes. Dá-me a impressão, além disso, de que o fato de abrir escola produziria uma nova cumplicidade entre eles e talvez deixassem de se olhar com hostilidade. Sem dúvida teriam diferentes maneiras de dar aulas, mas isso não os converteria em inimigos, e talvez lhes desse um novo tema de conversa em que, certamente, as palavras de um já não seriam as palavras do outro (nem os silêncios de um seriam os silêncios do outro), porque já não falariam fundamentalmente de si mesmos nem de sua "visão das coisas", mas de suas maneiras de dar a ler e de fazer escrever. Imagino que eu enviaria meus estudantes para passar o tempo com um e um tempo com o outro, porque a escola não é o deserto (embora possa estar no deserto) nem a praça (embora possa estar na praça), mas sim uma espécie de vaivém entre uma sala de aula cheia de livros instalada ao lado de uma gruta do deserto e outra sala cheia de cadernos instalada em esquina da praça. Porque o primeiro só se converteria em professor quando abandonasse a gruta e abandonasse o seu desprezo pelo mundo para ler e meditar com os outros, e o segundo quando ele saísse da praça e interrompesse sua ação sobre o mundo para escrever e pensar com outros. Além disso, ali na aula, os dois se encontrariam com um grupo de estudantes no qual o anacoreta encontraria um pouco de arrulho e o pregador um pouco de silêncio em que ambos aprenderiam que a sua palavra (de escritor) não é a última palavra nem seu silêncio (de leitor) o último silêncio. E pensei que talvez ali pudessem dividir a sopa com esse poeta de que fala Paulo Leminski, que também foi tentado pelo retiro ou pela prédica: "Eu queria tanto / ser um poeta maldito / a massa sofrendo / enquanto eu profundo medito // eu queria tanto / ser um poeta social / rosto queimado / pelo hálito das multidões // em vez / olha eu aqui / pondo sal / nesta sopa rala / que mal vai dar para dois".[87]

# DA DIFICULDADE DA ESCOLA

> *E perguntei ao oráculo que verdejava: "o que tenho que fazer?",*
> *e do verde que ondulava saiu: "continue com o que está fazendo".*
> *E perguntei ao oráculo que verdejava: "aonde eu tenho que ir?",*
> *E do verde que ondeava saiu: "continue andando".*
> Peter Handke

## O chamado de uma escola em crise
*(Com Hannah Arendt)*

Até aqui, tratei de enquadrar meu elogio da sala de aula em relação a algumas maneiras de ser professor, de fazer de professor, a algumas "maneiras de dar aula". Poderíamos dizer, de maneira muito simplificada, que temos visto fazer da sala de aula um espaço dramático (em María Zambrano), um espaço erótico (em Roland Barthes), um espaço político (em Marina Garcés), um espaço pensativo (em Miguel Morey) e um espaço existencial (em Ramón Valdés).

Dizia Morey que o professor de filosofia pratica uma arte grega. Mas a arte grega da filosofia se codifica no espaço de tempo da escola, que também é uma arte, ou um artefato, grego. O que gostaria de sugerir a partir de agora é como poderíamos entender aquilo que chamamos de uma "maneira escolar" ou uma "maneira pedagógica" de estar em sala de aula. E para isso, antes de chegar à sala de aula como o lugar essencial ou, nas palavras de Louis I. Kahn, como o "lugar sagrado" do ofício de professor, antes de enunciar o meu elogio da sala de aula, terei que fazer certo rodeio pela escola.

Sabe-se que Hannah Arendt, no famoso último parágrafo de "A crise na educação", fala de um duplo amor: o amor ao mundo e o amor aos que nascem. O professor ama o mundo e se faz responsável por ele e por sua transmissão aos que estão por vir. Uma vez que a escola transforma o mundo em matéria de estudo, o professor ama sua matéria e ama o estudo de sua matéria. O professor é professor de arte, ou de matemática, ou de geografia ou de literatura porque ama a arte, ou os números, ou a geografia ou a literatura. O professor é um estudioso de sua matéria. O professor, portanto, é sensível aos signos de uma matéria ou, de outro modo, está em co-respondência com uma matéria ou, ainda de outro modo, está sintonizado ou de acordo com uma matéria. Há algo no mundo que o chama, ou para o que tem boa mão, e é disso que cuida, é o que elabora e o que quer transmitir, entregar, oferecer. O professor está entregue à sua matéria, está ocupado ou preocupado com ela, e por isso a entrega aos novos, aos que vêm ao mundo como novos, ou seja, aos que vêm (ou aos que são chamados, convocados) para essa parte do mundo que a escola transforma em matéria de estudo. Quando os alunos entram na sala de aula, não entram apenas na sala de aula de tal ou tal professor, mas sim entram ao estudo de uma matéria, dessa matéria que o professor dá, transmite ou compartilha. A sala de aula é o lugar do professor, sim, mas é, acima de tudo, o local do estudo.

A partir desse ponto de vista, o professor ama os novos, mas os ama como estudantes ou futuros estudantes. Sua tarefa consiste, precisamente, em transformá-los em estudantes, em fazer com que eles se interessem também por essa matéria que ele ama e em conseguir que a pratiquem, que se exercitem nela, que se introduzam nela. A sala de aula é o lugar onde os alunos (que o são por uma atribuição administrativa) convertem em estudantes. O que o professor transmite, portanto, é uma matéria e, sobretudo, o interesse por essa matéria e pelas diferentes formas de praticá-la. Por isso o professor é também sensível aos signos de interesse (ou do desinteresse) dos novos ou, de outro modo, está em correspondência, sintonizado ou acordado, com o interesse (ou o desinteresse) dos seus alunos. Aquilo para o que professor chama, e para o que tem boa mão e boas maneiras, é também o interesse (e o desinteresse) dos novos. Por isso a função do professor é chamar os novos para o mundo, para essa parte do mundo que é sua matéria de estudo, fazer com que sejam sensíveis aos signos que emite, fazer com que provem suas mãos com ela, que a tenham ou a sustentem entre as mãos, que se interessem por ela, que aprendam também, talvez, a amá-la.

No entanto, a transmissão é ao mesmo tempo renovação. A tarefa do professor, seu fazer, é transmitir a matéria e o interesse pela matéria, sem dúvida, mas para salvá-la da ruína e tornar possível sua renovação. Na última frase do parágrafo que comento, e em relação aos novos, Arendt diz que a tarefa do professor é: "Prepará-los a tempo para a renovação de um mundo comum".[88]

Ao transmitir a matéria que ama, e precisamente porque a ama, o professor torna possível sua renovação. Ao transmitir o mundo, a escola faz com que possa ser renovado. E faz, além do mais, com que possa ser comum, isto é, de todos. A transmissão do mestre, portanto, está idealmente dirigida a todos, não a alguns, mas a todos. Por isso não entrega o mundo para que alguns se apropriem dele, mas sim para que possa ser compartilhado. A escola não é o lugar de apropriação ou da privatização do conhecimento, mas sim o lugar de sua comunização ou, dito de outro modo, o lugar onde o mundo se torna comum, onde se dá ou se entrega em comum.

Se a vocação é chamamento, poderíamos dizer que o professor realiza sua vocação quando responde a um chamado que tem quatro componentes. Em primeiro lugar, responde ao chamado do mundo. Em segundo lugar, responde ao chamado da transmissão do mundo (ou do mundo a partir do ponto de vista da transmissão). Em terceiro lugar, responde ao chamado da renovação do mundo (ou do mundo a partir do ponto de vista da sua renovação). Finalmente, responde ao chamado da comunização do mundo (ou do mundo a partir do ponto de vista da sua comunização). Sua resposta particular (e responsabilidade) com esses quatro componentes é o que o faz professor, o que o transforma de estudioso em professor.

Isso do que o professor se ocupa e com o que se preocupa, isso que ama, isso a cujos signos é sensível e do qual é intérprete, isso que o chama e lhe acena, isso que o interpela e o obriga, isso que o faz pensar, isso ao que responde e com o que está em correspondência, isso com o que está afinado, acordado ou ajustado, isso em que compromete suas mãos e seus gestos, isso que entrega e ao que se entrega, que faz e para o que está feito, isso que elabora e reelabora, que cuida, isso com que se luta e a que se resiste, isso que o atrai e é subtraído dele, que o interessa e ao qual atende, isso que lhe concerne e ao que é receptivo, isso com que tem que se engendrar colocando toda a sua habilidade e todo o seu engenho, seu saber e seu não saber, isso em que está implicado e complicado, isso que lhe compromete e de que se faz responsável, isso em que em acredita, isso que o faz esperar e desesperar, isso que o afeta, isso que tem ou sustenta entre as mãos, em que dá voltas, isso que toca e que o toca, que o absorve, no que se centra e se concentra, isso com que mede suas forças, isso, seu assunto, sua coisa, sua matéria, não é outra coisa que a transmissão/renovação/comunicação do mundo. E é isso, só isso, o que podemos chamar de educação.

A crise da educação ou, se preferir, o fato de que a educação tenha deixado de ser evidente e se encontrar em um momento crítico, é a crise de transmissão/renovação/comunização do mundo. Não é a aprendizagem que está em crise, nem o ensino, nem a socialização, nem o treinamento em modos de vida, nem o ajuste entre os talentos individuais e as demandas do trabalho e da produção, nem o *coaching*, nem a educação moral, nem a educação emocional, nem a educação para a cidadania, nem a educação para a diversidade, nem a educação para o empreendedorismo, nem a educação para a criatividade e a inovação, nem a profissionalização dos professores, nem a avaliação de centros. Tudo isso, e outras coisas que hoje passam por educação, gozam de muito boa saúde. Mas é precisamente a crise da transmissão/renovação/comunicação do mundo, o fato de que seja isso, precisamente isso, o que cada vez é mais difícil, quase impossível, o que mostra, diz Arendt, a essência da educação. E talvez o mesmo aconteça com a vocação (e o ofício) do professor: é precisamente a sua dificuldade e o seu anacronismo, sua raridade, sua impossibilidade, o que pode fazer que os vejamos em sua verdadeira natureza. Algo assim como o martelo quebrado que Heidegger menciona nos famosos parágrafos do *Ser e Tempo* dedicados às ferramentas: quando o martelo funciona, simplesmente o usamos, entretanto, quando ele se quebra, quando já não pode mais ser usado, é quando nos aparece como tal.

O texto de Arendt poderia ter sido chamado de "a crise da escola", porque a escola é o espaço e o tempo que foi inventado e organizado para a transmissão/renovação/comunização do mundo a que ela chama de "educação". A escola dá tempo e espaço para a educação. E também dá as ferramentas, os procedimentos e os modos de fazer que a tornam possível. Portanto, à maneira de Hannah Arendt, podemos dizer que o amor ao mundo e o amor à infância se conjugam no amor à educação, poderíamos continuar dizendo que o amor à educação se materializa, se faz concreto, como amor à escola.

A escola é o local de trabalho do professor, sua oficina, seu laboratório, seu ateliê, o lugar que é organizado para o seu fazer. O professor de ensino fundamental é (ou foi, na Espanha, até muito recentemente) mestre de escola. E instituições para a formação de professores são chamadas (ou se chamavam, também até muito recentemente) escolas de magistério. Porque a maestria do professor, aquilo em que é mestre, aquilo em que se materializa seu ofício, é a escola. Por isso poderíamos dizer que o que chama o mestre é a escola ou, de outro modo, que o mestre sente material e mundanamente sua vocação quando percebe o chamado da escola. Se pensarmos que o lugar sagrado da escola é (ou era) a sala de aula, talvez pudéssemos dizer que o professor sente qual é sua vocação quando percebe o chamado da sala de aula ou, parafraseando a citação de Handke com a qual abri este capítulo, quando a beleza desse lugar e o que se faz nesse lugar lhe dão vontade de trabalhar ali.

## Separações
*(Com Jacques Rancière)*

Para mostrar o que é a escola, vou começar comentando, com certo detalhe, algumas linhas de um texto célebre de Jaques Rancière, "Escola, produção e igualdade", dedicado às origens da formação profissional e, mais genericamente, à relação entre escola e o trabalho.[89]

A primeira frase que me interessa diz que: "A escola não é um lugar definido por uma finalidade social externa".

O enunciado é, pelo menos, surpreendente, na medida em que estamos acostumados a pensar a escola, precisamente, por sua função social. Nossa pergunta "natural" é para que serve ou para que a deveria servir a escola, qual é ou qual deveria ser a função ou a finalidade da escola. E essa função ou essa finalidade sempre a buscamos fora da escola. Seja na sociedade (a escola está aí para produzir certos efeitos ou certas transformações sociais, políticas, econômicas ou culturais), seja no indivíduo (a escola está aí para produzir certos efeitos ou certas mudanças nos indivíduos). Mas Rancière diz que a escola não se define por sua finalidade social externa. Ela tem sua função, precisamente, na maneira como se separa de qualquer finalidade externa. Ou, em outras palavras, a finalidade da escola é a própria escola. O texto continua assim: "[Escola] é, antes de tudo, uma forma de separação dos espaços, dos tempos e das ocupações sociais".

A escola não é uma função, não se define por sua função, mas é uma forma. E o que essa forma faz é separar. Separa o espaço escolar de outros espaços sociais, separa o tempo escolar de outros tempos sociais e separa as ocupações escolares de outras atividades sociais. A escola institui um tipo especial de espaço (o espaço escolar), um tipo especial de tempo (o tempo escolar) e um tipo especial de ocupação (as atividades escolares, os exercícios escolares, as tarefas escolares, as práticas escolares). E é esse espaço, esse tempo e essas ocupações separadas que fazem com que a escola seja escola (e não uma fábrica, um shopping, uma praça, um mercado, uma família ou uma empresa). E segue:

> Escola não significa aprendizagem, mas sim ócio. A *scholé* grega separa dois usos do tempo: o uso daqueles para quem a obrigação do serviço e produção toma, por definição, o tempo para fazer outra coisa; e o uso daqueles que têm tempo, isto é, aqueles que estão dispensados das exigências do trabalho e podem se dedicar ao puro prazer de aprender.

A palavra "escola", lembra-nos Rancière, vem de *scholé*, que se traduz para o latim como *otium*, ócio, e que nós poderíamos traduzir por "tempo livre". A escola, portanto, separa dois tipos, duas formas ou dois usos do tempo: o tempo livre e o tempo escravo ou, se preferir, o tempo produtivo, o tempo de trabalho e o tempo liberado da produção e do trabalho. A escola libera um tempo, diz Rancière, em que os que têm tempo podem se dedicar a perder o tempo, isto é, ao puro prazer de aprender.

O que se passa é que na Antiguidade grega, essa separação dos tempos significava também uma separação de pessoas. Uma separação entre aqueles que não têm tempo para outra coisa que não seja trabalhar (e, portanto, não podem nem devem ir para a escola) e aqueles que, por definição, para o seu próprio nascimento ou por sua própria posição, têm tempo porque não têm que trabalhar, porque são homens livres e não escravos (ou comerciantes, ou artesãos) e por isso podem dedicar-se ao puro prazer de aprender, o que em grego se chamava *bios theoretikós* e em latim *vita contemplativa*, o que, como se sabe, era a forma de vida mais alta, a mais nobre, tanto que a ela se subordinavam a economia e a política. O que faz a escola pública moderna é democratizar o tempo livre, isto é, tirar todas as crianças e a maioria dos jovens do trabalho, das exigências do trabalho, e dar-lhes tempo para aprender. A escola moderna estende e universaliza a *scholé* aristocrática. É nesse sentido que poderíamos dizer que a escola é filha do tempo livre, herdeira da *scholé*. Mas continuemos com Rancière: "Se a *scholé* define os modos de vida dos iguais, esses escolares da Academia ou do Liceu, do Pórtico ou do Jardim, são os iguais por excelência".

Sabe-se que a Academia é a escola fundada por Platão em um jardim comprado de um tal Academo. Já o Liceu, a escola fundada por Aristóteles, assim se chama porque estava ao lado do templo dedicado a Apolo Lício. Ele também tinha um jardim, por onde os escolares passeavam, daí que o Liceu também se chamava *Perípatos*, termo grego relacionado a itinerância. O Pórtico, que em grego se diz *stoa*, era a escola estoica, fundada por Zenão de Cítio, e se encontrava junto ao pórtico pintado da ágora ateniense. E o jardim é, evidentemente, o Jardim de Epicuro que se encontrava nos arredores de Atenas, no caminho para o porto de Pireus. Digo isso não para fazer uma nota erudita, mas sim para insistir que Rancière se refere às escolas filosóficas, que poderíamos chamar de filosofias escolarizadas, essas que já abandonaram as ruas, os mercados e as praças para se enclausurarem em um espaço separado, desses que estão na cidade mas, ao mesmo tempo, não pertencem a ela, que Michel Foucault, em um texto célebre, chamará de heterotopias, e entre as quais incluirá, de modo privilegiado, precisamente o jardim. A escola de que fala Rancière, portanto, implica uma separação temporal e uma separação espacial, ou, para continuar utilizando palavras gregas, uma heterocronia e uma heterotopia, mas também implica uma separação dos sujeitos feita a partir do ponto de vista da igualdade. Os habitantes da escola, os escolares, diz Rancière, são iguais, por excelência.

Para entender essas duas linhas do texto que comento, devemos nos remeter à relação que tanto a escola quanto a democracia (essa outra invenção grega) têm com a *scholé* e com a igualdade, ou, em outras palavras, devemos esclarecer o que significa isso de que a *scholé* define o modo de vida dos iguais. Sabe-se que a ágora, o lugar da democracia, é o espaço público onde os cidadãos livres se reúnem enquanto iguais. Iguais perante a lei (que os gregos chamavam de isonomia) e iguais no valor da sua palavra (que os gregos chamavam isegoria). Na ágora, na praça, a palavra é igualitária, não há palavras de mais valor e de menos valor. Além disso, os cidadãos vão para a ágora, para a praça, não para se ocuparem de seus próprios assuntos, de seus assuntos particulares, mas para ocuparem-se dos assuntos de todos, dos assuntos da cidade, da pólis. Portanto, não se apresentaram como representantes de tal ou tal grupo, de tal ou tal interesse, mas como cidadãos, ou seja, como as pessoas preocupadas não com seu bem ou interesse particular, mas com o bem ou o interesse comum. Mas essa igualdade democrática, essa igualdade da democracia, essa igualdade que é condição da democracia, se deriva da *scholé*, do tempo livre.

São cidadãos aqueles e somente aqueles que têm tempo para ocupar-se com os assuntos de todos. Os que dispõem de uma parte de seu tempo para ocupar-se não de seus próprios assuntos mas dos assuntos comuns. É nesse sentido que Rancière diz que a *scholé* define o modo de vida de iguais. Dos que são iguais na ágora, na praça, na democracia, e também dos que são iguais na escola, na Academia, no Pórtico, no Jardim ou no Liceu, ou seja, dos que têm tempo para se dedicar aos assuntos públicos (no caso da política, da democracia) e dos que têm tempo para aprender pelo mero prazer de aprender. Por isso os escolares, diz Rancière, os que se definem pela *scholé* e só pela *scholé*, os que habitam a *scholé*, são iguais por excelência.

A partir desse ponto de vista, a escola, essa invenção grega que, como estou tentando argumentar seguindo Rancière, é filha da igualdade e do tempo livre, consiste precisamente na abertura de um lugar que apaga (por um tempo) a distribuição desigual das posições sociais. Na escola há tempo para ler, para escrever e para falar, há tempo para estudar. A escola é um lugar e um tempo em que os seres humanos podem sair das ocupações que lhes foram dadas (pela sua condição, pela sua posição, por seu nascimento) e podem imaginar a possibilidade de ser qualquer coisa. Mas voltemos ao texto:

> Qual é a relação entre esses jovens atenienses bem-nascidos e a multidão confusa e apática de nossos colégios de periferia? Nada além de uma forma, a forma-escola, tal como a definem três relações simbólicas fundamentais: a escola não é primeiro o lugar da transmissão dos saberes que preparam as crianças para a vida

adulta. É o lugar localizado fora das necessidades do trabalho, o lugar onde se aprende por aprender, o lugar da igualdade por excelência.

Na Grécia Antiga, diz Rancière, havia uma distinção forte entre os bem-nascidos e os malnascidos. É o nascimento o que determinava a *scholé*, o tempo livre. Em nossa sociedade continua havendo bem-nascidos e malnascidos, é claro, o nascimento continua separando os homens, mas a escola, a forma-escola, suspende (por um tempo) essa desigualdade de nascimento. A escola não iguala por seu conteúdo, mas por sua forma. Entre os jovens gregos da Academia, do Pórtico, do Jardim e do Liceu e os jovens das nossas escolas de periferia, a única relação é que todos vão à escola, todos são acolhidos por espaço-tempo igualitário, pela forma-escola. Os conteúdos da escola mudaram, suas funções sociais também, mas a forma ainda se mantém. Esta tem a ver, diz Rancière, com a separação do trabalho, com a aprendizagem como meio puro (com o aprender pelo aprender, isso que poderíamos chamar de estudo) e com a igualdade. Poderíamos dizer, nessa linha, que a escola é um estranho dispositivo que se configura por uma quádrupla doação, um quádruplo presente. A escola dá às crianças e aos jovens quatro coisas.

Em primeiro lugar, a escola dá tempo, um tipo especial de tempo, o tempo escolar, o tempo livre. A palavra "escola" vem de *scholé*, que significa, literalmente, tempo livre, isso que em latim chama-se *otium*, "ócio", e que é o oposto do tempo produtivo, do *neg-otium*, do negócio, do que os gregos chamavam de *ascholia*. E não deixa de ser interessante que nem os gregos nem os romanos tivessem uma palavra positiva para trabalho. O trabalho é, para eles, uma condição negativa, privativa, a condição daqueles que não têm ócio, dos que não têm tempo livre, dos que não têm *scholé*, daqueles cujo tempo está completamente capturado pela necessidade e que, precisamente por isso, estão privados de algo que é fundamental nas duas coisas. Primeiro para o exercício da liberdade e da cidadania e, segundo, para o exercício da vida teórica, da vida contemplativa, da vida dedicada ao estudo e ao conhecimento por si mesmos. E esse segundo aspecto, a vida teórica, é, para os gregos, quase uma condição da humanidade. Sabe-se que a *Metafísica* de Aristóteles começa com essa célebre frase: "Todos os homens têm por natureza o desejo de saber". Portanto, uma vida privada da dedicação ao saber, ao conhecimento, uma vida privada da *scholé* (do tempo livre ou ocioso que seria sua condição) é uma vida amputada de uma parte de sua humanidade, disso que corresponde a todo homem porque o deseja "por natureza".

Em qualquer caso, a escola aparece quando uma sociedade decide que as crianças e os jovens têm que dispor de tempo, de tempo livre, de tempo liberado do trabalho, de tempo não produtivo. A escola aparece justamente quando uma sociedade decide que as crianças e os jovens não precisam trabalhar. O que a escola faz é liberar as crianças do trabalho, do tempo de trabalho, mas não para prepará-los para o trabalho, e sim para dar-lhes um tempo diferente e, acima de tudo, um tempo para outras coisas.

O que ocorre é que nós priorizamos o trabalho e, o que é pior, consideramos o ócio, o tempo livre, como um tempo para a diversão e o consumo. Nossa sociedade desenvolveu as indústrias do entretenimento e as indústrias do ócio, mercantilizou o tempo livre, o colonizou ou, dito de outra forma, o pôs para produzir. E por isso, a tarefa da escola hoje em dia, se é que a escola quer continuar ligada à *scholé*, se quer continuar dando tempo livre, não é só liberar as crianças e os jovens do trabalho, mas também, e acima de tudo, liberá-los do entretenimento e do consumo, do ócio programado e mercantilizado. Se a escola moderna, ilustrada, liberou as crianças e os jovens do trabalho no campo e na fábrica e lhes deu tempo (tempo para estudar), agora a escola, se quiser que continuem estudando, deve liberá-los da Disneylândia e, em geral, do shopping. A escola não deve se converter em uma fábrica, nem em uma extensão da fábrica, nem em uma preparação para a fábrica, e a escola não pode se converter tampouco em um shopping nem em uma extensão de shopping. Ou, dito de outra forma, na escola as crianças e os jovens não são produtores nem consumidores, não são trabalhadores nem clientes, são estudantes. Por isso o tempo livre da escola não é apenas o tempo livre *de* (do trabalho e do consumo), mas é também o tempo livre *para*, tempo livre para estudar.

A escola, portanto, dá tempo. Mais ainda, dá muito tempo: tempo para cometer erros, para repetir, para fazer novamente, para começar de novo. E torna o tempo lento: tempo para fazer as coisas devagar, com atenção, com paciência, com cuidado. O que a escola faz é permitir que as crianças e os jovens percam tempo com coisas que não são imediatamente úteis, produtivas ou rentáveis. A escola, nesse sentido, se constitui enquanto cria uma separação temporal, enquanto abre uma heterocronia, a possibilidade de um tempo diferente, de um tempo outro.

A segunda coisa que a escola dá é o espaço. A tradição clássica entende a escola como o lugar da *scholé*. Na verdade, os romanos usavam a palavra importada *schola* não tanto para designar um tempo (livre) mas sim para designar um espaço (separado), o espaço da *scholé*, o espaço do tempo livre. A escola seria então algo como uma espacialização do tempo livre. E talvez não seria demais assinalar que *spatium*, em latim, se referia à matéria que separava dois pontos, tanto no tempo como sobre um terreno. *Spatium* é o vocábulo latino nomeia primeiro o tempo de espera entre dois momentos temporais (daí a sua relação com a espera e com esperança), e em seguida, por extensão, a distância vazia entre dois pontos. O espaço tem a ver, então, com separação, com intervalo, com espera, com vazio, com distância. A escola como espaço seria então uma separação, um intervalo, uma espera, um vazio, uma distância.

E já que estamos com as palavras antigas que ainda usamos, direi também que a palavra "lugar" tem uma dupla etimologia muito interessante. A primeira é derivada de *locus* e de *localis*, e se relaciona a local, localizar, colocar ou deslocar. A segunda é derivada de *lucaris*, um dialetismo itálico muito generalizado no discurso vulgar que substitui a forma clássica *lucus* e que significa uma clareira na floresta ou um prado cercado por árvores destinado à proteção de alguma divindade ou, mais tarde, à instalação de uma aldeia. E esse último é o sentido que se consolida na língua românica, onde as palavras "lugar" e "lugarejo" significam uma pequena população localizada em uma clareira na floresta. Mas o interessante é que esse *lucaris* vem da mesma raiz indo-europeia *leuk*, que significa luz, esplendor, claridade, e da qual também derivam outras palavras de origem latina como "luzir", "luzeiro", "luminoso", "ilustre", "ilustrado", "lua" ou, inclusive, "lucubrar" ou "elucubrar".

Para produzir algumas conotações, preservemos isso da distância, da separação, do intervalo, e da espera; conservemos também isso do claro, da claridade e da luz; e digamos que a escola dá às crianças e aos jovens um espaço separado ou um lugar descontraído e iluminado em que certas coisas são colocadas (e não outras) e em que são feitas certas atividades (e não outras). A escola, nesse sentido, se constitui enquanto produz uma separação espacial, enquanto abre uma heterotopia, um espaço diferente, um outro espaço, que separa e que alberga um tipo particular de tempo (a *scholé*, o ócio, o tempo livre), um tipo particular de sujeitos (os escolares, isto é, os professores e os estudantes), um tipo particular de coisas (as matérias escolares) e um tipo particular de atividades (as atividades escolares). A escola aparece quando uma sociedade decide que há coisas que são feitas e aprendidas em casa, com as coisas que existem em casa, claro que sim, que há coisas que são feitas e aprendidas na praça ou mercado, com as coisas que há na praça ou no mercado, claro que sim, ou que são aprendidas no trabalho, claro que sim, porque isso de fazer e de aprender, e de aprender fazendo, é algo que ocorre em muitos lugares, e algo que se faz com muitas coisas e de muitas maneiras, mas que existem coisas que só são feitas e aprendidas na escola, com as coisas que estão na escola, à maneira da escola. Ou, em outras palavras, que para fazer e aprender certas coisas e com certas coisas e de determinada maneira é preciso sair de casa, ou deixar a praça, o mercado ou o trabalho, por um tempo, e ir para outro lugar, ir para a escola, e esse espaço separado, esse lugar descontraído e iluminado em que se tem tempo livre (para estudar), e em que há coisas que foram colocadas ali, que foram postas ou dispostas ali, precisamente para que sejam o objeto e a matéria dessa atividade especificamente escolar que ainda chamamos estudo.

A escola como um espaço separado também tem a ver com o fato de que a escola não é apenas a separação do trabalho, mas também a separação da família, do *oikos*, da casa. Os gregos inventam um estranho dispositivo que consiste em que os pais, para a educação dos filhos, têm que entregá-los à escola. Nesse sentido a escola não é uma preparação para o trabalho, já disse isso, mas também não é uma continuação da família. Por isso é que a escola perde sua potência tanto quando se subordina ao trabalho como quando se subordina à família. Os empresários e os vendedores não deveriam ter lugar na escola, mas tampouco devem os pais. A família, como a produção e o consumo, são lugares da desigualdade, e se a escola ainda quer ser um espaço-tempo igualitário, tem que suspender tanto a desigualdade do nascimento quanto a desigualdade da economia. A escola dá a todas as crianças (por um tempo) o luxo do tempo livre e da igualdade, e isso só pode ser feito se as crianças e os jovens forem liberados do trabalho e se forem retirados da família.

A escola, até aqui, é um tempo separado e um espaço separado. A escola, até aqui, dá às crianças e aos jovens tempo e espaço. Mas lhes dá esse tempo e esse espaço, libera esse tempo e esse espaço para eles, para que se relacionem com uma série de coisas específicas, com coisas que só estão na escola (as matérias de estudo, as disciplinas escolares) e para que façam uma série de atividades específicas que são feitas apenas na escola (para que possam estudar). Poderíamos dizer, então, que a terceira coisa que a escola dá às crianças e aos jovens é, portanto, coisas para estudar, matérias de estudo, isto é, coisas que valem a pena por si mesmas, independentemente de sua utilidade.

Esse é um dos possíveis significados de estudo: fazer algo pelo simples fato de fazê-lo, porque vale a pena, fazer algo não por uma finalidade exterior, não porque sirva para algo, mas para si mesmo. Em latim, *studium* era "aplicação", "zelo", "cuidado", "dedicação". E o verbo *studeo* significava "dedicar-se", "aplicar-se" ou "ocupar-se de algo": a locução *studium legendi*, por exemplo, poderia ser traduzida como "dedicação à leitura". O estudo não tem outra finalidade além do estudo em si. E as matérias de estudo são as coisas que a escola separa precisamente para isto: estudar. Portanto, se o *scholé*, o tempo da escola, é um tempo liberado tanto da produção quanto do consumo, então as matérias de estudo, as matérias escolares, são as coisas liberadas de sua função para exercer sobre elas e com elas o estudo, isto é, uma atividade livre e não definida por sua utilidade. No entanto, esse caráter "livre" do estudo não significa que seja feito sem esforço ou de qualquer maneira.

Por isso a quarta coisa que a escola dá às crianças e aos jovens são atividades, procedimentos, maneiras de fazer, disciplinas, exercícios, coisas que também só a escola pode dar, porque essas maneiras de fazer não estão em casa, nem na praça, nem no mercado, nem no trabalho, porém são especificamente escolares. A palavra "disciplina" vem do verbo *disceo*, que significa aprender, de modo que "discípulo" poderia ser traduzido, simplesmente, por "aprendiz". Mas os etimologistas dizem que o verbo não explica o "p", que o "pulo" de discípulo não pode ser um diminutivo, e que essa terminação poderia estar relacionada com os verbos *pello*, *pellere*, que têm o significado de impulsionar. Daí que "discípulo" poderia ser traduzido como "o que está empurrado para aprender", e "disciplina" como "o que empurra ou impulsiona o aprender". Além disso, se considerarmos que a palavra "disciplina" também se aplica a uma ciência ou a uma arte, a uma matéria de estudo, em resumo, já teríamos a relação intrínseca entre a matéria e a forma, ou, se se quiser, entre a coisa a ser estudada e a atividade do estudo. A disciplina é, ao mesmo tempo, a matéria de estudo e a forma de estudar, como se as maneiras ou os procedimentos do estudar dependessem da própria matéria de estudo, e como se a matéria de estudo se constituísse ou se revelasse como tal, se fizesse presente, precisamente, pelas formas de se relacionar com ela, pela forma como se estuda. Seriam então ambas as coisas (como se disséssemos: a disciplina da disciplina) as que empurram ou impulsionam o aprender, isto é, aquelas que constituem o discípulo. Para disciplinar o estudo, a escola inventa e propõe exercícios. A escola dá exercícios, modos de fazer, procedimentos para estudar. Os exercícios escolares são as atividades próprias da escola. Alguns exercícios, é claro, são próximos de outros exercícios (os dos soldados e os dos atletas, por exemplo), mas ao mesmo tempo são claramente separados deles. Os exercícios escolares são, basicamente, exercícios de leitura, exercícios de escrita e exercícios de pensamento.

Podemos concluir, portanto, que a escola é um dispositivo que dá o tempo, o espaço, as coisas (matérias de estudo) e os procedimentos (exercícios) para iniciar as crianças e os jovens no estudo, isto é, para convertê-los em estudantes. Não em alunos, mas sim em estudantes. As crianças e os jovens são alunos no momento em que entram na escola. O simples concordar com a escola, estar na escola, matricular-se na escola é o que os torna alunos. Mas a tarefa da escola é fazê-los estudar, transformá-los em estudantes. E para isso é necessário que os professores também estejam no estudo, que também sejam estudiosos. Poderíamos dizer, então, que na escola há alunos e professores (crianças e jovens convertidos em alunos, e adultos convertidos em professores), claro que sim, mas o que há, acima de tudo, são estudiosos e estudantes. Esses são os escolares, os sujeitos da escola: os estudiosos e os estudantes, os que já estão no estudo e os que se iniciam no estudo. A escola é algo tão simples como isto: o tempo, o espaço, as materialidades e os procedimentos para o estudo. Ou, de um modo ainda mais conciso, a escola é a casa do estudo, um dispositivo material que oferece às crianças e aos jovens o que é necessário para que possam estudar, para que possam se aplicar com atenção, disciplina, perseverança e zelo a exercitarem-se em coisas que não estão na casa, nem na televisão, nem na praça, nem no shopping: para coisas que valem a pena por si mesmas.

## *Scholé, sabath* e capitalismo cognitivo
*(Com Vilém Flusser e Giorgio Agamben)*

Vilém Flusser também começa relacionando a escola com o tempo livre: "É ela herança da sociedade pré-industrial. Seu nome, *scholé*, significa lazer. O oposto, *ascholia* (ausência de lazer), significa negócio (negação do ócio). Tal desprezo da vida ativa e valorização da vida contemplativa caracterizam a escola. É ela o lugar da teoria, da contemplação, e, como tal, é ela a meta da vida".[90]

A escola antiga está no topo da hierarquia social precisamente porque é o lugar da forma de vida mais valorizada. O mais baixo e desprezível é o trabalho e a vida econômica. O mais baixo e o mais desprezível é, também, a vida hedonista, a vida orientada aos prazeres, à satisfação dos impulsos e dos desejos. No nível intermediário está a ação, a vida ativa, cujo modelo é a vida política. E no topo, está a contemplação e a vida teórica, isto é, a dedicação nobre e desinteressada ao saber e ao conhecimento. No mundo antigo, diz Flusser, a economia e a política servem à escola. Não é a escola que está aí para servir à economia e à política (para servir à sociedade, para cumprir certas funções sociais, como diríamos hoje em dia), mas é a sociedade (a economia e a política) que está aí para servir à escola, para que a escola possa existir. Ou, dito de forma ainda mais radical, não são os economistas e os políticos (os representantes da sociedade, os intérpretes das necessidades sociais) os que têm a dizer que é preciso fazer na escola, mas sim são os escolares (os habitantes da escola, os que fazem a escola) que têm que dizer à sociedade (aos políticos e aos economistas) o que é que eles têm que fazer para que a escola continue existindo, ou seja, para a escola continue sendo escola.

Há outro texto de Flusser que começa mais ou menos como o que citei anteriormente:

> Escola significa ócio, *scholé*. Na Antiguidade, isso é extraordinariamente positivo. A ausência de ócio é desprezível, *ascholia*. Em inglês é *business*. *To be busy* é o contrário de *to have leisure*. *Business* como oposto da escola é, portanto, algo desprezível. Ócio em latim é *otium*, o antônimo é *negotium*.

Porém o texto, surpreendentemente, abandona a cultura greco-latina, passa subitamente para a cultura judaica e continua assim:

> Na língua judaica existe a palavra *sabath* [...]. Na língua judaica apenas dois conceitos são sagrados, o conceito de Deus e o conceito de *sabath*. A ideia subjacente é a seguinte: há dois tempos, o corrente e o estático. A finalidade e o objetivo do tempo corrente são o tempo estático. Os seis dias da semana só têm sua justificativa porque desembocam no *sabath* [...]. O mágico nisso é que há um buraco no mundo, e esse buraco não é espacial, mas temporal, o *sabath* [...]. A vida inteira é, para um judeu devoto, o anseio pelo *sabath*.[91]

Depois dos seis dias que Deus trabalhou na criação do mundo, dedicou o sábado a outra coisa. Não para o descanso (como dizem as más traduções do Gênesis) – porque Deus é onipotente e não pode se cansar, seu poder nunca diminui – mas para a celebração, a contemplação e bênção da criação. Como diz Agamben, o *sabath* não se deriva da impotência de Deus, e sim de sua potência; não de seu "não-poder", mas sim de seu "poder-não". Não é que no sábado não se faça nada, mas o que se faz está desvinculado de sua função prática, produtiva (daí seu caráter festivo):

> A festa não se define pelo que nela não se faz, porém, melhor dizendo, pelo fato de que o que se faz [...] é desfeito, tornado inoperante, liberado e suspenso de sua "economia", das razões e dos objetivos que o definem nos dias de trabalho (o não fazer é, nesse sentido, apenas um caso extremo dessa suspensão [...] Se comemos, não o fazemos para nos alimentar; se nos vestimos, não o fazemos para nos cobrirmos ou nos resguardarmos do frio; se ficamos acordados, não o fazemos para trabalhar; se caminhamos, não é para ir a algum lugar; se falamos, não é para comunicar-nos informações; se trocamos objetos, não é para vender ou para comprar. Não há festa que não comporte, em alguma medida, esse elemento de suspensão, quer dizer, que não comece, antes de tudo, para tornar inoperantes as obras dos homens.[92]

O *sabath* judeu não é um dia de descanso, de relaxamento, de recuperação da força para o retorno ao trabalho, não é um dia para não fazer nada, para se divertir ou para consumir, mas é um dia para fazer outras coisas (e, acima de tudo, fazê-las de outra maneira) além das que se fazem nos dias correntes. E essas outras coisas não têm nada a ver com a diversão (com o oposto ao trabalho) nem com o consumo (com o oposto à produção), uma vez que a diversão é a outra cara do trabalho e o consumo é outra forma de produção. O *sabath* é um dia para festejar, para celebrar, para contemplar, para agradecer e abençoar ou, em outras palavras, um dia para se dedicar às mais altas, mais sérias e mais sagradas atividades, aquelas que levam o homem a sua finalidade mais importante e que consistem, precisamente, em fazer-se por si mesmas, em suspender qualquer finalidade ou qualquer função.

O que Flusser faz é aproximar a *scholé* grega do *sabath* judeu, embora apontando algumas diferenças. O *sabath*, como a *scholé*, é um tempo separado do trabalho, um tempo não utilitário, não produtivo. Mas para os gregos a *scholé*, o tempo livre, define as pessoas. O ócio é privilégio de alguns (dos cidadãos livres, dos escolares), e, como tal, é sustentado pelo trabalho de outros (basicamente dos escravos). Daí que, no mundo grego, a diferença se dá entre os que têm tempo livre e os que não têm (a separação dos tempos é também uma separação das pessoas). Para os judeus, no entanto, o *sabath* é um dia da semana. A separação dos tempos não separa as pessoas, porém separa os dias (dias correntes e dias estáticos, dias de trabalho e dias sagrados). Mas o que seria comum aos gregos e aos judeus era a valorização acima de todo esse tempo liberado do trabalho e não orientado para a utilidade. Para os gregos, porque é condição da forma de vida mais nobre, para os judeus porque seria o anúncio do mais sagrado. Em qualquer caso, e seguindo com a analogia, a escola seria uma espécie de sábado permanente, e o que se faz na escola não tem nada a ver com o trabalho (na escola não se trabalha, mas se estuda, e o estudo é, como diz Rancière, "aprender por aprender"). Em um curioso e veloz giro argumentativo que começa misturando o grego e o judeu e que passa em seguida ao latim, Flusser escreve:

> *Scholé* é o estado em uma pessoa se abre para o sagrado. Uma conhecida frase medieval diz: "*Non vitae, sed scholae discimus*". "Não aprendemos para a vida, mas para a escola". Assim, a escola é a meta da vida (entre os judeus a atmosfera é um pouco diferente em comparação aos gregos, mas no fundo reina o consenso em todas as culturas que conheço). Apenas na era moderna isso é invertido em uma frase irracional: "*Non scholae, sed vitae discimus*". "Não aprendemos para a escola, mas para a vida.[93]

Essa frase que desafia nosso senso comum e todas as superstições de nossa época, essa de que "não aprendemos para a vida, mas para a escola", na realidade não é medieval, mas está em Sêneca. E é uma frase, além disso, que não há praticamente nenhum comentarista moderno que não a troque pela sua contrária e que não insista que a educação é para a vida, que a escola, que é o lugar da educação, na realidade prepara para a vida (seja isso o que for) ou, melhor ainda, que a escola, como a educação, não pode ser separada da vida (esteja isso onde estiver). Para nós, a vida é algo que está depois da escola (e para o que ela prepara) ou é algo que está fora da escola (e que ela tem que deixar entrar). Além disso, essa inversão mostra que, em nossa época, concebemos a escola em função de outra coisa, subordinada a outra coisa (à vida, seja isso o que for e esteja onde estiver). Então a escola já não é mais a forma mais elevada de vida, o tempo mais sagrado e o espaço mais nobre, o lugar onde estão as coisas mais interessantes e onde se fazem as coisas mais importantes, a meta e a culminação da vida, essa vida dedicada ao conhecimento a que a economia e a política gregas deveriam ser subordinadas, esse *sabath* a que o tempo corrente aspira, e sim que o tempo e o espaço da escola, as matérias escolares, as atividades escolares, as formas de vida escolares, tornam-se servis, colocam-se a serviço de outras coisas. E é aí que a pergunta essencial já não é mais o que é a escola, mas para que serve, é aí que o interesse não está mais em sua forma, mas em sua função, e é aí que a escola já não se define por sua separação, mas por sua subordinação.

Em sua brevíssima história da escola, Flusser diz que na revolução industrial a vida ativa passa a ser a forma de vida mais alta e que a escola se põe a seu serviço, a serviço da indústria, da fábrica, da ação, da transformação técnica do mundo.

> A hierarquia das formas de vida ficou reformulada. A escola passou a ser lugar de um saber a serviço do poder, lugar de preparação para a vida ativa. Doravante a sociedade não mais vivia para a sabedoria (a contemplação, a prece) mas para a realização (industrial) de obras. Pois tal escola desvirtuada [...] funcionava em prol da indústria, isto é, em prol dos donos das máquinas e das decisões políticas. Isso explica a divisão da escola em três níveis: em escola "primária", destinada a treinar o proletariado; em escola "secundária", destinada a treinar os administradores; e em escola "superior", destinada à elite burguesa, "responsável" pelo progresso das obras.[94]

E poderíamos ampliar isso: a escola a serviço da Igreja, a serviço do Estado, a serviço das grandes corporações, a serviço do shopping, mas, definitivamente, a serviço de algo que não é a escola. A escola se converte em um instrumento, e o professor se converte em um empregado, em um trabalhador, em um produtor, e inclusive na escola pública, embora ainda seja considerado como um servidor público, sua função é também servir: aos que definem as políticas educativas, aos que dizem, em cada caso, qual é a função da escola e, portanto, a função do professor, e que são, como se sabe, os empresários, os representantes da economia, os que entendem da educação como uma inversão e da escola como uma empresa, os que privatizam a escola (não necessariamente em sua titularidade, mas sim em seus procedimentos) pondo-a a seu serviço. Transcrevo outra citação de Flusser que começa falando da universidade e passa depois a outros níveis educativos:

> Um dos aspectos importantes da revolução burguesa é que a escola é transferida dos mosteiros para as cidades. Política e teoria trocam de lugar. Em vez de a política servir à escola, agora é a escola que serve à política. A escola não

é mais meta, ela se torna meio: meio para a técnica, meio para a arte, meio para a política.[95]

E um pouco mais adiante, falando já da consolidação da escola secundária e da escola primária também a serviço da nova sociedade industrial: "Essa é a chamada escolaridade universal obrigatória (uma excelente palavra). Vocês veem como a escola agora passou pela pior degradação que se possa imaginar. Ir à escola agora é uma obrigação. O ócio se torna algo mau".[96]

A escola, parece sugerir Flusser, põe-se a trabalhar. Os ociosos escolares do passado (tanto os professores quanto os estudantes) se convertem em trabalhadores, em servidores. O tempo livre se coloca fora da escola. Porém não mais como tempo de estudo, como o refúgio da vida contemplativa orientada para o saber e o conhecimento, como o buraco temporal que permite aos homens celebrar e agradecer, e sim como um tempo de descanso e diversão, um tempo de consumo. E, como um sintoma da degradação da antiga *scholé*, de nossa quase impossibilidade de imaginá-la, estaria o fato de que, para nós, a educação no ócio e para o ócio é entendida como uma atividade extraescolar.

Em *The Shape of Things* [A forma das coisas] há um texto muito interessante sobre a fábrica. Flusser começa definindo nossa espécie como pertencente àquelas que fabricam algo, definindo a condição humana a partir do ponto de vista do *homo faber* e da história humana como uma história de fabricação na qual podem ser distinguidas quatro etapas: mãos, ferramentas, máquinas e aparatos. Além disso, as fábricas não apenas produzem coisas, elas são também os lugares nos quais se fabricam formas de ser humano: o *homo manus*, o *homo ferramentum*, o *homo machina* e o *homo apparatus*. Na oficina artesã, diz Flusser, o homem é o centro e as ferramentas estão ao seu redor, a seu serviço, e, se uma ferramenta é quebrada, ela é substituída por outra. Na fábrica industrial, no entanto, a máquina é o centro, os homens são os que estão a seu redor e a seu serviço, e, se um trabalhador se quebra, ou se exaure, é substituído por outro. Tanto na oficina artesã quanto na fábrica industrial, são as ferramentas e as máquinas as que produzem o corpo (e, por extensão, a mente) do trabalhador. Mas o aparato não tem funcionamento físico, e sim cognitivo; logo, o aparato produz a mente do trabalhador (e, por extensão, seu corpo, um corpo reduzido ao olho e às pontas dos dedos). As ferramentas e as máquinas imitam o corpo (e produzem corpos), mas os aparatos imitam a mente, funcionam neurologicamente e produzem mentes.

Porém, o que me interessa aqui é a topologia da escola. No mundo industrial, diz Flusser, a escola está a serviço da fábrica, mas está topologicamente separada dela. Os trabalhadores não se formam na fábrica (como os aprendizes, que se formavam na oficina), mas sim na escola. E isso dava, pelo menos, certa separação, certa distância. Na escola, poderíamos dizer, a fábrica poderia ser colocada a distância. Entretanto, no mundo pós-industrial, a escola (de aprendizagem) é confundida com a fábrica (cognitiva). De fato, sugere Flusser, tanto a escola da aprendizagem quanto a fábrica cognitiva se desmaterializam, se deslocalizam, e por isso podem coincidir. E escreve:

Isso nos permite ver como serão as fábricas do futuro: serão como escolas [...]. Assim, pois, no caso da fábrica do futuro, deveremos, de preferência, pensar mais em laboratórios científicos, em academias de arte e em bibliotecas e discotecas do que nas fábricas atuais. E o *homo apparatus* do futuro terá que ser imaginado mais propriamente como um acadêmico do que como um operário, como um trabalhador ou como um engenheiro[...]. Segundo os cânones clássicos, a fábrica é o oposto da escola: a escola é o lugar de contemplação, do ócio (*otium*, *scholé*), e a fábrica é o lugar da perda da contemplação (*negotium*, *ascholia*); a escola é nobre e a fábrica repudiável. Os filhinhos românticos dos fundadores de grandes indústrias ainda compartilhavam essa opinião clássica. Escolas e fábricas estavam separadas e se desprezaram mutuamente. Pelo contrário, enquanto os aparatos substituem as máquinas, torna-se visível que a fábrica nada mais é do que a escola aplicada, e a escola nada mais é do que a fabricação de informações adquiridas [...]. A questão decisiva é que, na fábrica do futuro, fabricar significa o mesmo que aprender [...]. Em todos os lugares já surgem semelhantes escolas-fábricas e fábricas-escolas.[97]

Na escola primária e na secundária se aprende a aprender, e na universidade o estudante já não estuda, porém produz e se autoproduz (seu desvio empresarial e empreendedor iria nessa linha). Por outro lado, na fábrica pós-industrial, o que se faz é aprender. Não é que a escola se prepare para a fábrica (mantendo-se separada dela), mas sim que a escola e a fábrica compartilham, pela primeira vez, os mesmos princípios de funcionamento. O que o capitalismo cognitivo capitaliza, isto é, explota e converte em valor, é a aprendizagem, a criatividade, a invenção, a inovação, a colaboração. Se a força de trabalho era o que movia as máquinas da fábrica industrial, agora é a força da aprendizagem o que move os aparatos da fábrica cognitiva. Não há separação e, como diz Flusser: "A fábrica do futuro haverá de ser o lugar onde o *homo faber* se converterá em *homo sapiens sapiens*, porque terá se dado conta de que fabricar significa o mesmo que aprender".[98]

Poderíamos inverter o enunciado e dizer que a escola do futuro será o lugar em que o *homo sapiens sapiens* se converterá em *homo faber*, porque ele terá se dado conta de que aprender significa a mesma coisa que fabricar.

## A educação expandida
*(Com Michel Foucault, Boris Groys, Martí Peran, Byung-Chul Han e Zygmunt Bauman)*

No curso de 1978-1979 sobre o nascimento da biopolítica, falando do neoliberalismo europeu e americano, das teorias do capital humano e da conversão do indivíduo em uma empresa, Foucault já nos deu algumas pistas sobre qual é o destino comum a que as crianças e os jovens de hoje estão sendo chamados. O que nos ocorre, diz Foucault, é que o modelo da empresa se estendeu por todo o corpo social, de modo que é a própria sociedade que se configura como empresa. A vida já não se inscreve na economia, mas ela mesma se faz econômica. A empresa se converte: "Em um modelo das relações sociais, um modelo da existência em si, uma forma de relação do indivíduo consigo mesmo, com o tempo, com seu entorno, o futuro, o grupo, a família".[99]

De modo que a empresa se converte no princípio fundamental de inteligibilidade e de deciframento tanto das relações sociais como dos comportamentos individuais: "A própria vida do indivíduo faz dele algo assim como uma espécie de empresa permanente e múltipla".[100]

Foucault fala da constituição de uma nova modalidade do *homo economicus*, esse em que o indivíduo já não concebe o trabalho como uma venda de parte do tempo de sua vida (como uma mercadoria, como algo a ser comprado e vendido) mas concebe sua própria vida como trabalho e a si mesmo como capital, como suporte de um conjunto de qualidades, habilidades e destrezas que têm que ser mercantilizadas (colocadas no mercado) e rentabilizadas. Como um capital, além disso, indissociável de seu possuidor; que, como toda mercadoria, está sujeito à desvalorização e à obsolescência; e que está sujeito, portanto, ao imperativo da renovação e da inovação permanente. A relação de cada um com o trabalho, diz Foucault,

> Não consiste já em se perguntar o quanto se compra [...]. O problema fundamental [...] será saber como quem trabalha utiliza os recursos de que dispõe. Ou seja, terá que considerar o trabalho como uma conduta econômica calculada pela própria pessoa que trabalha.[101]

O *homo economicus* é um empresário de si mesmo, e um empresário inovador de si mesmo, em luta permanente contra sua própria desvalorização, contra sua própria obsolescência. Mas ainda há outra coisa importante, e é que na nossa sociedade a produção e o consumo se tornaram indissociáveis: "O homem do consumo é um produtor".[102]

> O capital humano (o próprio homem como capital) está composto, dizem os liberais, de elementos inatos e elementos adquiridos. A apelação aos elementos inatos conduz a entender a genética já não como racismo, mas como classismo, ou seja, a produção técnica (pagamento prévio) de qualidades inatas: "O problema político da utilização da genética se formula, então, em termos de constituição, crescimento, acumulação e melhora do capital humano".[103]

A ideia arendtiana de que os homens não se fabricam mas sim que nascem já não é tão evidente, embora pudesse se manter essa lógica de que o nascimento separa e de que a escola (como dupla paternidade, como lugar de um segundo nascimento) ainda poderia suspender a desigualdade do nascimento. Porém, é o apelo aos elementos adquiridos que afetam diretamente a escola, na medida em que esta deixa de ser entendida como suspensão da desigualdade de nascimento, e a própria educação se considera uma forma fundamental de acumulação de capital humano, isto é, de investimento em si mesmo. Se a escola se constituiu na separação do econômico, na separação entre *scholé* e *ascholia*, entre *otium* e *negotium*, estaríamos agora diante do fim da dita separação e, portanto, diante do fim da escola. O destino comum das jovens gerações, aquele ao qual foram designadas, passa por sua inevitável capitalização e por sua inscrição em uma escola que já não é escola.

Em um texto dedicado a desenvolver as ideias benjaminianas da "estetização da política" e de "politização da estética", Boris Groys desloca a análise foucaultiana ao terreno da arte. Depois de assinalar que a palavra "talento" nomeia ao mesmo tempo um dom da natureza e uma certa soma de dinheiro, e depois de enfatizar também a tese foucaultiana da indiferença entre produção e consumo, Groys nos diz que:

> No início dos anos 1970, Joseph Beuys inspirou-se na ideia de capital humano. Em suas famosas conferências "Achberger", publicadas sob o título *Kunst-Kapital* [Arte-Capital], argumentava que cada atividade econômica deveria se considerar como uma prática criativa, de maneira tal que todo mundo seria artista. Assim, a noção de "arte expandida" coincide com a noção de "economia expandida". Aqui Beuys trata de superar a desigualdade que para ele estava simbolizada pela diferença entre trabalho criativo, artístico, e trabalho não criativo, alienado. Dizer que todo mundo é artista significa, para Beuys, introduzir a igualdade universal como meio de mobilizar todos aqueles aspectos e componentes do capital humano que permanecem ocultos, inativos.[104]

Desse ponto de vista, nem sequer a esfera anteriormente separada da arte já escapa à lógica da capitalização integral do indivíduo (a criatividade também é capitalizada, às vezes sob o nome menor de "inovação"), e a orientação da escola à produção de talento utilizável pode se referir a todas as esferas da vida. A economia expandida, a arte expandida e a educação expandida se correspondem perfeitamente. Mas a citação de Groys aponta tanto para a completa capitalização da educação quanto para a pedagogização completa da vida.

O que eles chamam de educação expandida não tem nada a ver apenas com a produção e a autoprodução de sujeitos empreendedores (empresários de si mesmos), mas com a produção e autoprodução de identidades. O sujeito da autoexploração, ocupado e aprendiz em tempo integral, também se converte em produtor de sua própria vida, em sujeito do autoconhecimento, da autoexploração e da autorrealização. O que produz em si mesmo e consigo mesmo não são apenas recursos com valor econômico, mas também formas de vida. Em um livro dedicado a analisar (e tratar de combater) a lógica da vida autoproduzida, o curador e crítico de arte Martí Peran diz que

> A própria vida se converteu no trabalho de administrá-la. Já não se emite um parecer de como deve ser a nossa vida, mas nos vemos forçados a possuí-la e a resolvê-la. Daí a nossa inscrição em um permanente processo de autoconstrução

de identidade pelo qual o capital já dispõe de matéria-prima e de força produtiva de natureza inesgotáveis.[105]

O esforço é ser você mesmo, liberar o desejo, isto é, "garantir nossa presença disciplinada no interior da própria mobilização".[106] Já não se trata de reprimir o desejo para se entregar ao trabalho, mas de liberá-lo e mobilizá-lo, torná-lo produtivo, entregando-o tanto ao trabalho como ao consumo (que se tornaram indistinguíveis). A própria vida já não é uma biografia, mas um projeto, uma ocupação permanente consigo mesmo que, diz Peran: "Tem vocação de se converter em um encargo, uma ocupação "em carga", uma tarefa com a qual "se carrega" com o único propósito de livrar-nos de seu peso e correr para outro fardo".[107]

Para Peran a tarefa de autoconstrução tem vários elementos conectados entre si e orientados a garantir, todos eles, que se mantenham dentro do sistema. O primeiro, a exposição permanente, a autoprodução como visibilidade, a conexão ininterrupta: "A conexão permanente se converte assim em um espaço poderosamente produtivo graças a essa repetição de anseios de diferença que jamais se cumprem por completo. Por isso o 'perfil' se mantém sempre aberto a novas e sucessivas 'atualizações'".[108]

Segundo, a capacidade de inovação e de criatividade, essa que se promove: "Sob a promessa de converter-nos todos em trabalhadores cognitivos, liberados do trabalho alienante e ocupados apenas na livre expressão de nossa imaginação".[109]

Terceiro, a pulsão expressiva e/ou comunicativa, essa que se expressa a partir da função receptiva como curiosidade (uma curiosidade fragmentada e distraída que não tem outro objetivo senão manter a conexão) e a partir da função emissora como tomada de posição (essa que nos garante instantes fragmentários e efêmeros de visibilidade). Diz Peran que se trata de uma autêntica mobilização comunicativa em que cada indivíduo:

> É uma molécula mobilizada do capital entre uma multidão de outras moléculas em concorrência recíproca. As senhas guerreiras estão inscritas em cada obstáculo que deve ser superado para alcançar o único e axiomático objetivo: constrói-te a ti mesmo, fá-lo por ti mesmo.[110]

Quarto, os elementos conectados do narcisismo, a farmacologia, a autoavaliação, o empoderamento, a autoestima e o espírito positivo, esses sobre os que se constrói grande parte dessas tecnologias terapêuticas (que às vezes se fazem passar por educativas) orientadas ao fortalecimento, e a eventual reparação das subjetividades maltratadas, sem êxito suficiente (ou definitivamente fracassadas) no sistema da autoprodução, da autoexploração e da automelhora, no esforço permanente de se tornar ele mesmo.

Em uma linha parecida, Byung-Chul Han reflete sobre a substituição dos modelos imunológicos (os que estão centrados na negatividade, na sociedade da disciplina, na guerra contra as ameaças externas, os que têm nos antibióticos seu modelo médico) pelos modelos neurológicos (os que estão centrados na positividade, na sociedade do rendimento, na guerra de cada um contra todos e contra si mesmo, os que têm seu modelo farmacológico nos antidepressivos e nos estimulantes). Na mobilização contemporânea, diz Han, o imperativo já não é o "tu deves" mas o "tu podes":

> A sociedade do rendimento se caracteriza pelo verbo modal positivo "poder" (no sentido de possibilidade, de "ser capaz de" ou de "ter capacidade para") sem limites. Seu plural afirmativo e coletivo, *"yes, we can"*, expressa precisamente seu caráter de positividade. Os projetos, as iniciativas e a motivação substituem a proibição, o mandato e a lei. A sociedade disciplinar, todavia, rege o "não". Sua negatividade gera loucos e criminosos. A sociedade de rendimento, ao contrário, regida pelo "sim", produz depressivos e fracassados.[111]

Em um texto sobre relações intergeracionais, Zygmunt Bauman fala da democratização contemporânea de "encontrar-se com o próprio destino" (algo que em outros tempos era reservado a aristocratas, burgueses e artistas): "Todos temos sido decretados como proprietários do direito de 'nos encontramos com o destino', de ter êxito na vida e de ter uma vida feliz. Uma vez que um direito foi decretado, em pouco tempo ele se converte em uma obrigação".[112]

Para formular esse direito (e esse dever) de se encontrar com o próprio destino, Bauman também alude, como Peran e como Han, à autoprodução da identidade, mas enunciando-a como uma produção que tem características estéticas e artísticas, como um convite para fazer da própria vida uma obra de arte, para encarnar em si uma modalidade singular e criativa da arte de ser e de viver:

> Hoje em dia se entende que o transcurso da vida e o significado de cada um de seus episódios, bem como o "objetivo geral" ou o "destino definitivo" da vida, são uma tarefa de "fabricação própria" [...]. De cada um dos que participam da vida – assim como dos artistas – espera-se que assuma uma responsabilidade total sobre o resultado da dita tarefa e seja elogiado ou culpado pelo resultado obtido. Na atualidade, cada homem e cada mulher são artistas não tanto por opção mas, por assim dizer, por decreto do destino universal.[113]

Essa estetização da vida autoproduzida torna indiscernível o trabalho do ócio, a produção do consumo, a atividade e o descanso, a economia e a arte, a alienação e a criatividade, a obediência e o empoderamento, a obrigação e o prazer, a mercadoria e a obra de arte, a obrigação e a liberação, a disciplina e o desejo, as ações que têm um objetivo determinado e as que não o têm. E, ao mesmo tempo, sujeita a própria vida às mesmas condições de transitoriedade e de obsolescência programada, e, portanto, à exigência de renovação permanente, que afetam todos os objetos do nosso mundo, inclusive os artísticos:

Em nosso mundo líquido, praticar a arte da vida, fazer que nossa vida tenha direito a uma obra de arte, equivale a um estado de transformação permanente, a nos re-definirmos constantemente e a suceder uma pessoa diferente da que temos sido até o momento. E "suceder outro" implica deixar de ser o que fomos até agora, romper e descartar a nossa antiga forma tal como as cobras fazem quando mudam de pele ou os mariscos quando trocam de concha: rejeitando-a e confiando de que nos desfaremos de todos os personagens esgotados, inúteis, demasiado estreitos ou pouco satisfatórios para buscar novas e melhores ofertas e oportunidades. Para colocar outro eu à vista de todos e admirá-lo diante de um espelho e com os olhos dos outros, precisamos saquear o antigo eu de nossa vista e das dos outros e, se possível, também de nossa memória e das memórias dos demais. Ao "autonegarmos" e "autoafirmarmos", estamos praticando uma destruição criativa. E o fazemos a cada dia.[114]

O destino comum das crianças e dos jovens, sua maneira de se preparar para esse mundo novo de que são os arautos e os porta-bandeiras, tem a ver, então, com a relação intrínseca entre a economia expandida (convertida em produção e autoprodução econômica de competências e capacidades utilizáveis), a arte expandida (convertida em produção e autoprodução estética de formas de vida) e a educação expandida (convertida em tarefa interminável, pedagógica, de formação e autoformação, de transformação e de autotransformação), uma relação que explicaria os empréstimos terminológicos entre essas áreas (já não separadas) e, no que aqui nos interessa, a crescente colonização da linguagem educativa (e, por extensão, da linguagem da escola) pela linguagem empresarial e pela linguagem artística.

## As regras da sala de aula
*(Com Jan Masschelein, Maarten Simons, Samira Alirezabeigi e os participantes no Seminário de Kortrijk)*

A oficina foi organizada por uma escola de arte (*Kunstencentrum BUDA*), em Kortrijk, Bélgica, e se intitulava "*What is the matter of/with school?*". Esse título poderia ser traduzido como: "Qual é a matéria da escola?", ou "Qual é o assunto da escola?", ou "O que ocorre com a escola?", ou "Que problema há com a escola?" A pergunta que abria a oficina era: "Por que continuamos precisando de escolas em nossos tempos digitais se podemos aprender qualquer coisa por nós mesmos em qualquer lugar e em qualquer horário?".

O parágrafo que desenvolvia essa pergunta dizia o seguinte:

Durante nossos encontros investigaremos como se pode entender a matéria (*matter*) em uma escola contemporânea e prepararemos uma exposição que será apresentada durante o Festival BUDA no início de abril. Em nosso primeiro encontro queremos dar-nos tempo para pensarmos juntos o foco e o conceito geral da exposição e para recordarmos as atividades de mapeamento, observação e registro com os quais começaremos a prepará-la.

Os coordenadores da oficina éramos Jan Masschelein, Maarten Simons, Samira Alirezabeigi e eu mesmo. E a oficina havia sido organizada em três encontros separados por três semanas, com a ideia de que na terceira reunião estaríamos em condições de desenhar a exposição com a qual havíamos nos comprometido.

Para o primeiro encontro, e com a intenção de estabelecer certo marco para a conversação, havíamos sugerido algumas leituras. Primeiro, o célebre texto de Michel Foucault sobre as heterotopias (esses "outros espaços" que costumam implicar heterocronias: tempos outros[115]), para começar a precisar a natureza específica do espaço e do tempo da escola. Segundo, o livrinho de Michel Serres sobre a escola do presente, aquele em que saúda o surgimento de uma nova era, se pergunta pelos efeitos da revolução digital e, sobretudo, por esse novo humano que nasce, esse a que chama Polegarzinha, e que, segundo ele, anuncia "[...] a vitória da multidão anônima sobre as elites dirigentes, bem identificadas; do saber discutido sobre as doutrinas ensinadas; de uma sociedade imaterial livremente conectada sobre a sociedade do espetáculo de sentido único".[116]

Terceiro, dois textos de Vilém Flusser: um sobre o desaparecimento dos muros em uma sociedade em que os antigos lugares se converteram em nós de conexão, e outro sobre esse mundo de não coisas em que nossas relações com o mundo se desmaterializam quase completamente.[117]

Além disso, fiz uma brevíssima exposição do exercício de pensamento que havíamos feito alguns meses antes, em Florianópolis, com o título de "Desenhar a escola: um exercício coletivo de pensamento", também destinado a organizar uma exposição pública, cuja convocatória dizia o seguinte:

> Atualmente estamos assistindo a certa dissolução da forma tradicional da escola. A escola, diz-se, já não é o único lugar da educação nem, talvez, o mais adequado. A escola, diz-se, converteu-se em um lugar anacrônico, obsoleto, desagradável e ineficaz. A aprendizagem, diz-se, ultrapassa as fronteiras da escola e ocorre em todas as partes e em qualquer momento. A crítica da escola tornou-se um lugar-comum, e a educação, diz-se, tem se des-localizado, ficou sem lugar próprio. A educação já não está protegida pelos muros da escola porque, dizem, faz muito tempo que os pulou (sem contar que a escola, ela mesma, se quer aberta e sem muros). A educação, diz-se, se confunde com a vida e, portanto, nada pode resistir à pedagogização geral da existência. A escola, diz-se, se confunde com o mundo, com a cidade ou com a rede e, portanto, já não há escola, ou a escola se faz prescindível. E é agora, neste momento de dissolução da forma da escola, que queremos repensá-la amorosamente para reencontrar sua especificidade e sua autêntica natureza.

Para isso, nos propusemos fazer um exercício de pensamento orientado a desenhar a escola.[118]

Também no primeiro encontro, visitamos juntos uma "Fábrica de Criação" anexa à escola de artes (a BUDAFabriek), uma antiga fábrica têxtil reconvertida em cujo espaço estava prevista a instalação da exposição com que nos havíamos comprometido), e o diretor nos disse que a função da fábrica era reunir *makers* de várias disciplinas (cientistas, artistas, empresários, empreendedores e cidadãos ativos), com o objetivo de oferecer-lhes apoio técnico e material de maneira que pudessem trabalhar juntos na lógica do *co-working*, do *net-working* e do *knowledge-sharing*, certamente no marco do que está sendo chamado de "sociedade da aprendizagem" e "economia do conhecimento" e que nós preferimos nomear como "capitalismo cognitivo", ou seja, esse que faz da "aprendizagem", do "conhecimento", da "conexão", da "inovação" e da "criatividade" as verdadeiras forças produtivas desta época. Além disso, a fábrica de criação, que nós preferimos chamar de fábrica cognitiva, recebe crianças e jovens das escolas dos arredores para iniciá-los na lógica do *making* (o imperativo fundamental da fábrica, onipresente, era *make-it*) e inclusive contém salas de aula para vários cursos e oficinas orientadas para diferentes formas de *making*. Embora seja um apêndice da escola de arte, a fábrica, de alguma maneira, também inclui sua própria escola.

Com o fundo das leituras e da visita à fábrica de criação, nos dedicamos a realizar alguns exercícios para tentar compreender a lógica da fábrica. Um deles, sobre a linguagem da fábrica (sobre a maneira como a fábrica fala sobre si mesma e sobre o que faz), resultou na seguinte:

A fábrica cognitiva fala a língua do desejo e ordena: identifica, libera e segue teus desejos, teus sonhos; os *makers* não têm vínculos nem obrigações, mas sonhos e desejos; a fábrica ama (e usa, porque trabalha com eles) teus sonhos e teus desejos. Fala também a linguagem do processo, e as ordena: transforma teus sonhos e teus desejos em ideias, em projetos, em produtos; considera essa transformação como um processo, porque o tempo da fábrica é o do processo, o do *work-in-process*; os *makers* estão sempre *in-process*. Fala também a linguagem da invenção e as ordena: sê livre, criativo, inventivo, inovador; a fábrica ama (e usa, porque trabalha com ela) tua capacidade de invenção, ela é a sua principal força produtiva, o que a fábrica produz é o novo, os *makers* produzem novidades. Fala também a linguagem da possibilidade: a fábrica diz sim, tu podes, tens que ser otimista, positivo, acreditar em tuas possibilidades; a fábrica ama (e usa, porque trabalha com ela) tua positividade, teu otimismo, tua autoconfiança. Fala também a linguagem da conexão e ordena: sê colaborativo, conecta-te e explota tuas conexões, sê cooperativo; trabalhar na fábrica cognitiva é cooperar, co-laborar, com-partilhar, *co-working*; a fábrica ama (porque as usa e trabalha com elas) tuas conexões. Fala também a linguagem da tecnologia e da digitalização, e ordena: entra no mundo digital, usa aparatos; os aparatos são possibilidades, recursos para a invenção, redes de conexão. Fala também a linguagem da aprendizagem e ordena: aprende, aprende a aprender, aprende constantemente, em qualquer lugar, a qualquer hora, aprende dos outros e com os outros; a aprendizagem contínua vai contra as rotinas, os hábitos, as convenções, o caráter: desprende-te, pois, das rotinas, dos hábitos, das convenções, do caráter; a fábrica é uma máquina cognitiva e ama (porque a usa e trabalha com ela) tua aprendizagem contínua e cooperativa, teu *co-learning*, teu *e-learning*; fala também a linguagem da transparência e ordena: exponha-te, torna-te visível, exibe-te; a fábrica é transparente e nela tudo, inclusive tu, é visível; a fábrica te dá visibilidade porque a ama (e a ama porque a usa, porque trabalha com ela).

Outro exercício, sobre como a fábrica cognitiva define seus tempos, seus espaços, suas materialidades, suas atividades e seus sujeitos, dizia coisas como estas:

A fábrica tem uma localização concreta, um endereço, um edifício, mas trabalha acima de tudo como uma rede de conexões. O espaço dos *makers* é *everywhere*, qualquer lugar. A fábrica tem um horário de funcionamento, mas define suas atividades como ligadas à própria vida. O tempo dos *makers* e do *making* é *everytime*, qualquer tempo. A fábrica coloniza todo o tempo e a vida de quem nela trabalha. A fábrica trabalha com coisas, com aparatos, com certas materialidades, mas acima de tudo trabalha com imateriais, como competências, saberes, desejos, conexões, capacidades, emoções, etc.

Ou também:

O que você é? Um *maker*. Onde você está? Em todas as partes. Eu não tenho espaço. Meu espaço é a possibilidade. Meu corpo está na fábrica, mas a fábrica está conectada a tudo. A fábrica é um nó de conexões, eu sou um nó de conexões. Não saio nunca da fábrica: estou na fábrica e a fábrica está em mim. Eu sou a fábrica, a fábrica é feita de *makers*, de pessoas como eu: nós somos a fábrica. Quando você deixa de ser um *maker*? Nunca. Não tenho tempo. Minha vida e meu *making* são a mesma coisa. Eu sou o que faço. A vida dos *makers* consiste em *making*. O que você tem à sua disposição? Tudo. Não tenho limites. Não há nada que não possa utilizar. Utilizo informações, converto tudo em informação, e a informação é tudo. Eu trato qualquer coisa como informação, porque a informação é o *input* para meu *making*. Qualquer coisa pode ser convertida em estímulo, inspiração, energia, força. Por isso estou aberto a tudo. O que fazes? Eu faço, *I make*. Eu não faço isso ou aquilo. Eu faço em geral. Transformo ideias em projetos, projetos em produtos, produtos em mercadorias, mercadorias em dinheiro. Eu mesmo sou o projeto, o produto, a mercadoria. Com o que você trabalha? Com minhas capacidades, meu conhecimento, minhas emoções, meus desejos, minha criatividade, meu talento, minhas conexões, com tudo o que sou. Eu utilizo a mim mesmo, produzo a mim mesmo: *Being maker I make myself, making myself I become maker*.

Em relação à escola, e para tentar que o exercício se centrasse sobre questões materiais, concretas, decidimos ter como inspiração o trabalho "Elementos" ou "Fundamentos" ou "Básicos" da arquitetura, apresentado pelo célebre arquiteto Rem Koolhaas, na edição 2014 da Bienal de Arquitetura de Veneza, feito com estudantes de arquitetura de Harvard e com alguns outros colaboradores. Nele, Koolhaas definiu quinze elementos muito simples (o telhado, o teto, a varanda, a porta, a cozinha, o banheiro, a escada, a parede, o corredor, a fachada...) para fazer com cada um deles um trabalho histórico, teórico e prático muito interessante, a meio caminho entre o erudito e o anedótico, mas não pensado tanto como uma espécie de retorno ao academicismo (na linha de Vitrúvio, Alberti e outros tratadistas clássicos) e sim como um exercício para o diagnóstico do presente, para ver o que está ocorrendo hoje com cada um desses elementos, qual é seu estado na atualidade. Assim, mostramos alguns dos livros de Koolhaas (há um livreto para cada um dos elementos) e, acima de tudo, propusemos tratar de identificar quais seriam os elementos fundamentais da escola ou, pelo menos, alguns deles.

Depois de conversarmos por algum tempo, destacamos quatro elementos constitutivos da escola: a parede (e a porta); o livro (e a biblioteca ou o arquivo); a mesa (junto com o quadro-negro e o caderno) e, finalmente, o professor (e os alunos). Naturalmente, tratava-se de considerar a especificidade desses elementos na escola (a mesa da escola, por exemplo, não é uma mesa de negociação, ou a parede da escola, por exemplo, não é exatamente como uma parede da prisão), e se tratava também de pensar a mutação desses elementos na era digital (nessas escolas que já se querem sem paredes, sem horários, sem livros, sem mesas e certamente sem professores). Além disso, se levássemos a sério o que havíamos lido de Rancière, o exercício consistia em explorar a parede, a mesa, o livro e o professor como dispositivos escolares de separação ou, antes, como dispositivos orientados para a criação de um espaço-tempo igualitário para atividades separadas da lógica da produção. Junto de nossos quatro elementos escrevemos heterotopia, heterocronia e heteropraxia (além de igualdade) para indicar que se tratava de pensar materialmente separações de espaços, de tempos e de atividades, todas reguladas por um princípio igualitário.

Durante as semanas entre esse encontro e o seguinte, revisei a coincidência entre a noção de "arte expandida", de "economia expandida" e de "educação expandida", essa ideia segundo a qual as atividades econômicas são práticas criativas (e vice-versa), as capacidades de criação, de inovação e de invenção fazem parte do "capital humano", do que pode ser capitalizado e explorável, e essa ideia segundo a qual toda atividade, tanto econômica quanto artística, comporta uma aprendizagem permanente. A partir desse ponto de vista, a esfera anteriormente separada da arte já não escapa à lógica da capitalização integral do indivíduo, e a orientação da escola para a produção do talento utilizável já pode se referir a todas as esferas da vida. Não se trata só da capitalização completa da educação mas também de seu reverso, a pedagogização completa da vida. Algo que estava presente, pensei, na conjunção entre as três palavras com as quais estávamos trabalhando: "escola", "fábrica" e "criação".

Para a arte expandida (a ideia de que somos todos artistas, de que tudo é arte e de que a arte está em todas as partes) e para a economia expandida (somos todos empresas, tudo é econômico, a economia constitui tudo) corresponde a elas, como não poderia ser de outra forma, educação expandida.[119] Em um livro que contém diferentes textos sobre educação contemporânea (que se realizou, naturalmente, em um centro de arte e, certamente, com uma grande exibição de criatividade tecnológica), essa ideia foi desenvolvida entre pedagogos, comunicadores e artistas (e edu-artistas e edu-comunicadores, através, é claro, de projetos, encontros e oficinas), e não deixa de ser curioso que o livro esteja encabeçado por um fragmento de uma carta de Ferrer Guardia (o pedagogo anarquista espanhol, fundador da Escola Moderna) para Piotr Kropotkin, na qual advoga pela formação de indivíduos ativos, cheios de iniciativa, empreendedores e valentes e, como uma cereja no bolo, colaborativos e "de instinto comunista".

O livro põe em jogo temas como o saber horizontal e colaborativo, o intercâmbio de saberes, o aprendendo a aprender, o tu também podes, o derrubar paredes, franquear limites e transbordar recipientes (como se a sala de aula ou o museu tivessem sido "contêineres"), a aprendizagem contínua, a educação informal, a aprendizagem significativa, a aprendizagem autônoma, a participação e o empoderamento, as metodologias inovadoras, a interação e as interfaces, os espaços de comunicação, os fluxos e as redes, o *e-learning* e o tecno-utopismo, muitas palavras em inglês, muitos modismos que acabam com as palavras "livre", "ativo" ou "colaborativo", as explosões e as implosões, as mestiçagens e hibridizações, o educador como DJ e como pós-produtor, a pluralidade e a diversidade, o corpo e as emoções, as novas linguagens, os novos ambientes, os novos formatos, as novas formas, a criatividade e a inovação, a co-criação e a co-inovação, a incorporação da novidade, a flexibilidade, a interconexão e a abertura, as aprendizagens rizomáticas, *et cetera, et cetera, et cetera*; e, em geral, os temas de uma crítica da escola como instituição obsoleta, chata, velha, espartilhada, rígida, autoritária, fechada em si mesma, afastada do real, das culturas juvenis, das mudanças econômicas, sociais, políticas e culturais, *et cetera, et cetera, et cetera*.

Para dar uma ideia do que se trata, talvez seja suficiente transcrever os títulos e os cabeçalhos de algumas das intervenções: "E se a educação ocorrer a qualquer momento e em qualquer lugar?", "Educação expandida e novas instituições", "Cidade educativa: de uma sociedade com sistema educativo para uma sociedade de saberes compartilhados", "De armazenar conhecimento e ser capaz de obtê-lo. Aprendendo nos novos entornos mediáticos", "Em vez de assinaturas, subjetividades", "Criamos nosso próprio mundo", "Expandir a educação de terceiro ambiente", "Da pedagogia crítica à crítica da pedagogia", "Educação social autônoma aberta", "Viver e aprender com os novos meios", "Tecnologia, aprendizagem e recombinação", e poderíamos terminar a lista com três *et ceteras* ou, dizendo de outro modo, poderíamos continuar indefinidamente: "*on connait la chanson*". Exatamente as mesmas cantilenas que ouvíamos continuamente naquela fábrica cognitiva associada a uma escola de artes em relação à qual tentávamos pensar sobre o lugar da escola.

Os promotores dos diferentes projetos que participaram desse encontro de educação expandida foram convidados a reelaborar alguns conceitos clássicos de educação. Transcrevo alguns deles para que o leitor se encarregue da lógica do assunto e, acima de tudo, para que veja como se tratam e praticamente se dissolvem os elementos da escola em que havíamos começado a trabalhar (a parede, o livro, a mesa e o professor):

Educação: A aprendizagem se dá em torno do desenvolvimento de projetos concretos que são realizados de maneira coletiva. A aprendizagem se produz no intercâmbio de conhecimentos entre os que participam do espaço de comunicação [...]. O sistema deve permitir diferentes graus e formas de participação, de acordo com os interesses, valores, conhecimentos, capacidades e competências de cada um, em um processo permanentemente negociado.

Docente: Atua como assessor [...]. Qualquer participante pode atuar como docente em um momento dado, transmitindo seu conhecimento e sua experiência.

Aluno: Principiantes e expertos, profissionais e amadores de várias áreas do conhecimento que contribuem, desenvolvem e intercambiam seus diferentes valores, conhecimentos, capacidades e competências.

Aula (ou escola): A aula como oficina onde se aprende fazendo e também como laboratório, como um espaço no qual são dadas as condições para a experimentação individual e coletiva.

Livro: Do livro de texto ao *wiki* e ao caderno aberto de laboratório. Documentação e publicação de processos e resultados sob licenças livres que permitem o acesso, a difusão e a reutilização do conhecimento produzido. Uma forma de converter em um recurso para outros a sua própria experiência de aprendizagem.

Exame (ou avaliação): Apresentação pública dos resultados e do processo que os levou a eles. A avaliação se dá entre pares, entre iguais. Haverá tantas avaliações quanto as que os usuários e participantes desejarem fazer. A quantidade das avaliações será um indicador da capacidade do projeto para gerar comunidade.[120]

-------------

Educação: Intercâmbio de conhecimento a partir de uma atitude proativa, multidirecional, socialmente corresponsável, para ajudar a configurar uma cidadania emancipada.

Docente: Pessoa facilitadora, a serviço de quem que vai aprender, com a responsabilidade de que a experiência ocorra da maneira mais livre, menos restritiva, mais emancipadora.

Aluno: Sempre está aprendendo, mas não por isso deve estar esperando que lhe ensinem.

Aula: Lugar formal do qual é preciso sair. Entendido de um modo expandido, qualquer lugar onde se aprende algo.

Livro: Uma ferramenta que deve ser mesclada com outras, muitas e diversas, em um contexto multimídia, para propiciar processos abertos.[121]

----------------

Educação: Processo de crescimento pessoal do aluno e do professor durante o qual, para estar vivo o processo, deve-se diluir a rigidez desses papéis. Não atrapalhar o crescimento é a melhor forma de deixar os alunos crescerem [...]. A redefinição do conceito "Educação" deve recuperar o protagonismo do próprio indivíduo em sua construção como ser individual ou social.

Docente: Facilitador da aprendizagem do alunado que deve incentivar, acompanhar e tender a desaparecer para não estorvar nem guiar em excesso o crescimento natural do aluno. O docente é permanentemente aluno, ou está pedagogicamente morto.

Aluno: Princípio, centro e fim do processo educativo [...]. Com tempo se estenderá o conceito de alunado a grupos; o processo de formação partirá e terminará na construção compartilhada do conhecimento.

Aula (ou escola): Lugar virtual de encontro no qual se facilita o contato aluno-aluno e com o professorado. Germe de conteúdos digitais de onde se pode construir colaborativamente o conhecimento. Local inicial a partir do qual se propõe ir à rede e em que se pode favorecer emoções. Assumindo o conceito de educação expandida, qualquer limitação espacial nos processos educativos poderia supor uma limitação em seu enriquecimento.

Livro: Elemento fechado que não usamos. Todos os nossos conteúdos estão disponíveis na rede sob uma licença Creative Commons.

Exame (ou avaliação): O exame é a forma de contrastar a autoria das tarefas e um momento de contato festivo com os alunos. A avaliação é constante e de todo o processo, como uma autoavaliação de um projeto aberto à construção coletiva permanente.[122]

-----------------

Educação: Construção colaborativa de conhecimento.

Docente: Colaborador(a).

Aluno: Colaborador(a).

Aula (ou escola): Espaço comum e aberto.

Livro: Faça você mesmo/faça com outros.

Exame (ou avaliação): Autoavaliação coletiva.

Tecnologia: Faça você mesmo/faça isso com outros.

Ensinar: Co-investigar.[123]

-----------------

Escola: Compreendemos a escola como uma esfera pública alternativa e um centro de produção cultural e social, portanto um espaço possível de transformação e ativismo [...], um espaço complexo, com o qual colaborar e articular a transformação política, um espaço do que aprender e com que negociar. Por isso, preferimos o conceito de escola-nó, escola-agenciamento ou escola-monstro.

Livro: Sobre os livros de texto melhor não opinarmos.

Exame (ou avaliação): Pensamos que os processos de avaliação deveriam ser qualitativos, participativos e próximos aos marcos de pesquisa-ação. Nosso projeto insistiu em promover projetos locais que pudessem incorporar conceitos de avaliação processual, como o DAFO, ou o sociodrama.[124]

Partindo de tudo isso, o segundo encontro foi dedicado a estabelecer o assunto sobre o qual queríamos pensar, e o fizemos comparando o texto de Rancière que comentei em "Separações" – esse que diz que a escola tem a ver com a separação (de tempos, de espaços, de ocupações) e, sobretudo, com a separação do trabalho e da lógica do trabalho – com o de Flusser que comentei em "*Scholé, sabath* e capitalismo cognitivo" – esse em que se afirma que a escola e a fábrica coincidem enquanto compartilham seus princípios de funcionamento. Por outro lado, e como a tarefa com a qual nos havíamos comprometido consistia em mostrar algo sobre a escola na exposição que aconteceria dois meses depois, no térreo da fábrica de criação, pensamos que talvez não se tratava tanto de expor "artisticamente" (como tinha feito Koolhaas com os elementos de arquitetura na Bienal de Veneza) mas sim "escolarmente", que não deveríamos trabalhar como "artistas" e sim como "escolares", como pessoas que tentam "fazer escola", e que nosso objetivo concreto poderia ser algo assim como instalar uma escola na fábrica, ou seja, oferecer aos visitantes de nossas instalações mais uma experiência escolar que uma experiência artística. Pensamos em um título para o que estávamos fazendo, algo como:

*Aprender em tempos de digitalização. (Re)instalar a escola na fábrica (imaterial) da aprendizagem.*

E redigimos um pequeno texto sobre o assunto a pensar, o que chamamos de *motto* da exposição:

Dado que a escola é o tempo e o espaço da separação das lógicas da produção (das necessidades e das constrições do trabalho); o tempo e espaço do estudo e do exercício (de aprender por aprender); o tempo e o espaço da igualdade (cada um é escolar, como os outros)...

Dado que a fábrica é o tempo e o espaço de produção (da conversão de qualquer coisa útil, em proveito, em algo que pode ser contado); dado que, quando a fábrica se torna imaterial, o que a converte em útil e em benefício é a informação e o que explota é o potencial de aprendizagem e de criação dos indivíduos; dado que a escola se transforma em um ambiente digital de aprendizagem que converte efetiva e eficazmente os talentos em competências; dado que a fábrica se parece cada vez mais com uma escola e que a escola se parece cada vez mais com uma fábrica; dado que já não há separação entre a fábrica e a escola...

Desde que nosso compromisso é (re)instalar a escola na fábrica...

Então, devemos pensar a escola (a fábrica) como um meio de sair da fábrica, para interromper as lógicas da fábrica, para separar-se da fábrica. A escola tem que estar na fábrica, mas, ao mesmo tempo, claramente separada dela. Ou melhor, tem que produzir naqueles que a adentram uma clara separação da fábrica. E a única maneira de se separar da fábrica é tomá-la como objeto de estudo. Não de aprendizagem (não se trata de aprender as lógicas e os procedimentos da fábrica), mas de estudo. Trata-se de instalar uma escola que não está orientada a otimizar o funcionamento da fábrica, a iniciar os alunos nas lógicas, nos procedimentos e nas linguagens da fábrica, mas a estudá-la. Uma escola, em suma, que não receba os escolares para introduzi-los na fábrica, que não os posiciona como futuros *Makers*, mas que os recebe como estudantes.

O terceiro encontro consistiu em desenhar materialmente a instalação que, finalmente, consistia em uma sala de aula colocada em um contêiner sem janelas. A intenção era fazer com que aula não se parecesse com um local de trabalho ou um local de consumo mas também produzir certa sensação de estranheza, de incômodo inclusive, de que as pessoas não se sentissem na aula "como em casa". Na parede externa da sala de aula havia duas elaborações dos textos de Rancière e Flusser que tínhamos tomado como ponto de partida e que tratavam de mostrar as tensões às quais a mesma sala de aula é submetida. Eles diziam assim:

> A escola não é um lugar definido por uma finalidade exterior. É uma forma de separação de espaços, tempos e ocupações. É uma ocupação separada das outras e governada por uma lógica heterogênea à da ordem produtiva. É o lugar situado fora das necessidades do trabalho, o lugar onde se aprende a aprender, o lugar da igualdade por excelência. (J. Rancière)
>
> A imagem clássica da fábrica se opõe à da escola. A escola é um lugar de contemplação, de ócio (*scholé*), e na fábrica não se contempla (*negotium, ascholia*). Mas, quando os robôs começam a substituir as máquinas, a fábrica é escola aplicada, e a escola, uma fábrica de informação. A fábrica se converte no lugar onde os seres humanos aprenderão por meio de robôs por que e como converter coisas em utilizáveis, o lugar onde o *homo faber* se dá conta de que fabricar é o mesmo que aprender, ou seja, produzir e transmitir informações. (V. Flusser)

Junto à sala de aula, mas em seu exterior, havia uma pequena biblioteca com textos sobre o capitalismo cognitivo, o sujeito empreendedor (autoproduzido e autoexplorado), o capital humano etc. Dentro dela tinha uma mesa e, sobre esta, sugestões de exercícios diversos para estudar a fábrica (a mesma fábrica de criação em que a escola estava localizada). De fato, alguns dos participantes havia feito um estudo comparativo, muito bonito, sobre as mesas de trabalho, as mesas das lojas, as mesas das casas e as mesas das escolas. Nas paredes internas da sala de aula, colocamos três murais que mostravam as diferenças entre estudar e fazer (*to study and to make*). Um deles se intitulava *Orbis pictus / Orbis factus*. Outro, *Theatrum Anatomicum*. E o terceiro, *Attention / Connection*. Por último, na porta da sala de aula, havia uma espécie de regulamento que dizia assim:

> Aqui fazemos o tempo, nada mais.
> Aqui nós damos tempo, não somos eficientes.
> Aqui nos ocupamos (*we take care*), não trabalhamos.
> Aqui podes simplesmente estar, nem tudo está contabilizado.
> Aqui estamos atentos, não somos produtivos.
> Aqui criamos espaço, não somos uma indústria criativa.
> Aqui sonhamos, não especulamos.
> Aqui podes sonhar teus sonhos, não tens que torná-los realidade.
> Aqui estamos preocupados com o futuro, o futuro não é um projeto.
> Aqui estamos comprometidos, não orientados a resultados.
> Aqui fazemos férias, não estamos empregados o tempo todo.
> Aqui se entra e se sai, não estamos em qualquer lugar.
> Aqui a porta se abre e se fecha, não se pode entrar ou sair à vontade.
> Aqui jogamos, não aproveitamos o tempo.
> Aqui o jogo é só jogo, não é produtivo.
> Aqui a disciplina libera, não é explotação.
> Aqui a disciplina é para estudar, não para obedecer.
> Aqui estudamos, não investimos.
> Aqui estudamos, não aprendemos.
> Aqui podes estudar história, não tens uma história.
> Aqui as coisas acontecem, nem tudo tem uma causa.
> Aqui podes provar, nem tudo tem consequências.
> Aqui podes examinar-te, não és testado.
> Aqui podes equivocar-te, teus erros não contam.
> Aqui esquecemos os erros, não os guardamos.
> Aqui começamos de novo, a meta não é a finalidade.
> Aqui começamos de novo, não estamos predeterminados.
> Aqui começamos de novo, não fazemos inovação.
> Aqui começamos de novo, não produzimos coisas novas.
> Aqui nos repetimos, não somos inovadores.
> Aqui copiamos, não somos originais.
> Aqui estamos na escola, não na fábrica.
> Aqui estamos na escola, não em casa.
> Aqui estamos na escola, não no mercado.
> Aqui os animais falam, os rios falam, o mundo fala, mas não sobre ti.
> Aqui estamos juntos como estudantes, não como colegas.
> Aqui estamos juntos como estudantes, não como amigos.

Aqui estamos juntos como estudantes, não somos uma família.
Aqui és estudante, não aprendiz.
Aqui és estudante, não usuário.
Aqui és estudante, não consumidor.
Aqui és estudante, não cliente.
Aqui és estudante, não produtor.
Aqui és Julie, Batist, Sarah, Jan, Michiel, Sylke, Dominique, Maarten, Jorge, Samira, Clio, David, Sophie, Eve, Samer, Lieselot, Caitlin, Ama...
Todos aqui são bem-vindos.

# DA INATUALIDADE DE UMA ARTE GREGA

> *Avançado já o inverno seguinte, a menina iria ao colégio pela primeira vez.*
> *Não o havia planejado o adulto, mas aconteceu assim [...]*
> *O edifício da escola assemelhava-se aos de tantas outras escolas urbanas,*
> *com um pequeno pátio empoeirado, aulas reduzidas, má iluminação*
> *e a trepidação do metrô lá, embaixo da terra.*
> *Mas ao acompanhar a menina até ali*
> *dava sempre ao homem consciência de achar-se no bom caminho.*
> Peter Handke

## Nossos ócios
*(Com Vilém Flusser, Hartmut Rosa, Byung-Chul Han, Jonathan Crary e Bernard Stiegler)*

Se escola quer dizer, literalmente, separação entre tempo livre e tempo escravo, é precisamente aí que se joga seu futuro: em nossos ócios, em nossos tempos separados, em nossa capacidade para criar e separar um "tempo escolar" distinto de outros tempos sociais.

Vilém Flusser termina seu texto sobre a escola (o que é comentado na seção sobre o capitalismo cognitivo) dizendo que a escola do mundo dos aparatos (a escola cognitiva) deverá conter as disciplinas formais que propõem a visão das estruturas subjacentes aos mesmos aparatos. Nela, os estudantes podem se separar do funcionamento dos aparatos e transformá-los em objetos de estudo e de brincadeira. Além do mais, os estudantes também podem se afastar dos aparatos, deixá-los de lado e "lhes virarem as costas" para "se entregarem à experiência imediata". Isso significará que a escola poderá "transcender o aparato e a função do aparato" e "poderá voltar a ser teórica no velho sentido grego". Mas isso, diz Flusser, é apenas uma possibilidade:

> Escolas em que todos serão reis em vez de escravos? Decerto uma possibilidade remota, mas uma possibilidade que está no programa dos aparatos. Será que tal possibilidade se realizará antes que os aparatos nos tenham robotizado em suas novas escolas? Ambas as virtudes estão no programa. O programa é contraditório nesse ponto decisivo.[125]

De acordo com Flusser, para que a escola seja emancipatória e não escravizadora (uma possibilidade remota, mas inscrita na programação dos aparatos e na própria estrutura da escola), ela deve encontrar uma maneira de se relacionar com aparatos na qual não só nos sirvamos deles ou sirvamos a eles (o que, em última análise é o mesmo: ter um aparato na mão é estar nas mãos do aparato) mas também na qual possamos transcender a sua função, colocá-los a distância, brincar com eles ou simplesmente dar-lhes as costas.

A escola, portanto, tem que criar um tempo em que as crianças e os jovens não estejam trabalhando nem consumindo (não estejam servindo aos aparatos ou nem se servindo deles) e, acima de tudo, em que não estejam submetidos às lógicas temporais dos aparatos. E isso é particularmente difícil porque estes não estão só, nem principalmente, nos espaços-tempos de produção (como ainda estavam as máquinas nas fábricas), mas eles colonizam todos os espaços e todos os tempos; também, é claro, o tempo de ócio que converte em tempo de consumo e, portanto, em tempo produtivo; e inclusive o tempo relacional que se converte em tempo de produção e de autoprodução. Nossa época se caracteriza pela indistinção entre tempo de trabalho e tempo de ócio, entre tempo público e tempo privado, entre tempo de solidão e tempo de relação. E isso faz que a própria escola como um tempo separado seja problemática.

Na seção intitulada "Do ócio", de sua *Comunicologia*, e depois de falar da escola industrial como aquela que estava a serviço da fábrica (em vez de separar-se dela ou de transcendê-la), Flusser diz assim:

> Agora se inicia uma mudança radical. O ócio começa a se converter em um problema central. A escola se torna problemática. Já não se sabe o que a escola deveria fazer. A maior parte do tempo de ócio se divide entre coisas como o descanso após o expediente, *weekend*, férias ou aposentadoria, e é recheado de coisas como o esqui ou Ibiza. Obviamente, isso não é uma excelente escola. As pessoas não sabem o que fazer com a escola [...]. De um lado, o ócio degradado, decadente, daqueles que não sabem o que fazer com eles mesmos, ou seja, os turistas e os telespectadores; e, de outro, as pessoas que parecem viver para a escola mas que estão completamente perdidas dentro dela porque as velhas categorias não funcionam mais [...]. O ócio, a escola, *leisure*, *loisir*, desemprego, não sei como vocês chamam isso. Os desempregados são, embora de uma maneira completamente imbecil, os mensageiros do futuro.[126]

Os desempregados como mensageiros do futuro, não está mal para começar. Os que podem anunciar o futuro, diz Flusser, são os que estão sem emprego. Porém não os desempregados imbecis imersos no ócio degradado nem os velhos escolares perdidos em uma escola anacrônica e já impossível, e sim os desempregados que se separam tanto do tempo da produção quanto do tempo do consumo e se dão tempo para transcender os aparatos ou simplesmente para dar as costas a eles. Em qualquer caso, a possibilidade ou não da escola depende de que continue existindo um tempo desempregado, desocupado, e que esse tempo tenha algumas qualidades que será preciso tentar caracterizar. Parece que, quando Flusser escreveu esse texto, o ócio degradado era o turismo ou a televisão.

Agora, no entanto, ócio está capturado pela conexão a outros tipos de aparatos (os robôs, os computadores, incluindo o telefone celular) que são portáteis, interativos e em si mesmos produtivos. O aparato não apenas apaga a diferença entre trabalho e ócio, ou entre público e privado, ou entre isolamento e relação, mas também entre atividade e passividade. Os que não sabem o que fazer consigo tampouco têm tempo (como não o tinham os turistas ou os telespectadores), mas, ao estarem permanentemente conectados, ao haverem se convertido em terminais de comunicação, em nós de redes interativas, já não se sabe se fazem algo ou se recebem alguma coisa, embora, isso sim, estejam constantemente ocupados.

O problema fundamental para a sobrevivência da escola continua sendo sua capacidade de "criar tempo", para criar um tempo separado, um tempo livre e "dar tempo". Entretanto, o tempo livre da escola não é apenas um tempo separado da produção, do consumo e da conexão, mas também, e talvez acima de tudo, um tempo separado dos dispositivos de temporalização inscritos no próprio funcionamento dos aparatos. Por isso, talvez seja conveniente se deter um pouco nesses dispositivos de temporalização para tratar de ver como "fazem tempo" e qual é o "tipo de tempo" que fazem.

Os dispositivos temporais contemporâneos se caracterizam, em primeiro lugar, por aceleração. Se seguirmos Hartmut Rosa, por exemplo, poderíamos falar da aceleração técnica (no transporte, na comunicação e na produção), da aceleração da mudança social (aumento da velocidade em que tudo – conhecimentos, modos de vida, experiências, acontecimentos – caduca, se torna antiquado e obsoleto), da aceleração do ritmo da vida (sensação de que falta tempo, de que não há tempo, que tudo está indo rápido demais, que não se pode seguir o ritmo). Para Rosa:

> A sociedade moderna não está regulada e coordenada pelas regras normativas explícitas, mas pela força normativa silenciosa de dispositivos temporais [...]. Em outras palavras, as forças de aceleração, embora estejam inarticuladas e despolitizadas a ponto de parecerem dados naturais, exercem uma pressão uniforme sobre os sujeitos modernos, o que leva a um totalitarismo de aceleração. O regime de aceleração da modernidade transforma, pelas costas dos atores, nossa relação com o mundo enquanto tal, isto é, com os outros seres humanos, com o espaço e o tempo, com a natureza e com as coisas, e termina dessa maneira transformando tanto as formas da subjetividade humana quanto o nosso "estar-no-mundo".[127]

Os dispositivos de temporalização contemporâneos se caracterizam, em segundo lugar, pela dispersão. Se seguirmos agora Byung-Chul Han, podemos falar de dissincronia: da falta de direção, de duração e de ritmo; da atomização e da impossibilidade da narração; do desaparecimento das formas de vida que ocorrem em certa continuidade tanto com o passado (memória, tradição) quanto com o futuro (promessa, compromisso). Por exemplo:

> O tempo carece de um ritmo ordenador. Daí que perca o compasso. A dissincronia faz com que o tempo, por assim dizer, cambaleie [...]. A responsável principal da dissincronia é a atomização do tempo [...]. A dispersão temporal não permite experimentar nenhum tipo de duração. Não há nada que reja o tempo. A vida já não se enquadra em uma estrutura ordenada nem é guiada por coordenadas que geram uma duração [...]. A atomização da vida supõe também uma atomização da identidade [...]. Em certo sentido, se sofre uma perda radical de espaço, de tempo, de ser-com. A pobreza no mundo é uma aparição discrônica.[128]

As formas contemporâneas de temporalização se caracterizam, em terceiro lugar, pela homogeneização. Se continuarmos nesse ponto com Jonathan Crary, podemos falar da inscrição da vida humana em um tempo liso e sem interrupções definido a partir do princípio de funcionamento contínuo; da colonização dos intervalos, da conexão permanente, da redução dos diferentes tempos a um tempo homogêneo. Por exemplo:

> Na atualidade, existem muito poucos intervalos significativos na existência humana (com a imensa exceção do sonho) que não foram invadidos e convertidos em tempo de trabalho, tempo de consumo ou tempo de marketing [...]. Nas regiões ricas do mundo, isso ocorreu em meio à dissolução da maioria das fronteiras que separam o tempo privado e profissional, o trabalho e o consumo.[129]

E um pouco mais adiante:

> As distinções entre o tempo de trabalho e o não trabalho, entre o público e o privado, entre a vida cotidiana e as esferas institucionalmente organizadas são totalmente irrelevantes. Nessas condições, a mercantilização implacável de esferas da atividade social antes autônomas avança sem controle algum.[130]

O tempo (livre) da escola, contudo, não pode estar caracterizado nem pela aceleração, nem pela dispersão, nem pela homogeneização, nem pela mercantilização. A escola supõe, em primeiro lugar, uma temporalidade lenta e, portanto, não pode se submeter aos dispositivos da aceleração. Supõe, em segundo lugar, uma temporalidade longa e orientada e, portanto, não pode se submeter aos dispositivos da atomização e da desorientação. Supõe, em terceiro lugar, uma temporalidade desconectada, separada, qualitativamente diferente, um intervalo temporal em si mesmo e, portanto, não pode se submeter aos dispositivos da homogeneização. Supõe, em quarto lugar, uma temporalidade livre, indefinida, indeterminada, não produtiva, não mercantilizada, não regulamentada pela eficácia nem pela rentabilidade. Supõe, por último, um tempo elástico, flexível, indeterminado, um tempo que não se conta e que, portanto, quando quer se converter em moldes cronométricos, sempre fica curto.

A escola, definitivamente, supõe certa dessincronização das formas temporais socialmente dominantes, e isso pela própria definição da escola desde sua invenção grega: como um dispositivo de liberação e de doação de um tempo para a tensão, o exercício e o estudo, e, portanto, como um dispositivo que cria e acolhe as formas de temporalidade requeridas pela atenção, pelo exercício e pelo estudo. Nesse sentido, a escola só pode existir como uma instituição "a contratempo", embora os dispositivos de temporalização contra que a escola se institui e de que a escola se separa sejam diferentes em cada época histórica.

Para desenvolver mais concretamente essa ideia da escola a contratempo, pegarei alguns motivos de um livro muito formoso de Bernard Stiegler sobre a transmissão intergeracional[131] (a que ele chama "educação"). Stiegler diz que a educação se dá em um meio simbólico que inclui materialidades linguísticas (textuais) e também objetos, ícones e outros suportes da memória que constituem o mundo humano na qualidade de especializado, externalizado e transmissível ou, em outras palavras, de codificado ou gramatizado. Afirma que essa transmissão se produz no interior de determinados dispositivos sociais e com determinados dispositivos técnicos (é aqui que entraria a instituição escolar e suas tecnologias associadas, o que Stiegler chama "tecnologias do espírito" ou "nootécnicas", entre elas, até agora, fundamentalmente, a leitura e a escrita). Acrescenta que essa transmissão intergeracional só pode se produzir no marco de determinadas formas de temporalidade (a transmissão requer perder o tempo com as crianças e com os jovens, dar-lhes tempo e dar-se tempo com eles). E diz, em seguida, que essa exigência de tempo, de um determinado tipo de tempo, tem a ver com o que essa transmissão faz e que é, fundamentalmente, formar a atenção.

O importante para Stiegler não é tanto o que se transmite, mas como se transmite, através de que formas de atenção (porque as formas de atenção são também, indissoluvelmente, formadoras de atenção). O que ocorre é que essas tecnologias do espírito (ou da alma, ou da mente) especificamente escolares como a leitura e a escrita entram atualmente na competência com as "psicotecnologias", essas que não estão baseadas no desejo, mas na pulsão, que não estão mediadas por tecnologias simbólicas, mas cibernéticas, e que não estão orientadas à formação da atenção, mas à sua automatização, a seu controle, à sua exploração econômica e, no limite, à sua destruição. E é aí que Stiegler retoma o elemento essencial da *scholé* e do *otium*. A escola se institui criando certo tipo de tempo (o tempo livre) e entregando-o às novas gerações para que possam ocupar-se, livre e pacientemente, lendo e escrevendo, das "idealidades" que constituem o mundo enquanto transmissível. A escolarização supõe, diz Stiegler,

> A suspensão legal e inclusive obrigatória da necessidade de dedicar a vida ao trabalho e à subsistência [...]. Nisso, a escolarização constitui um enobrecimento da infância e da juventude, que se faz assim e somente assim é capaz de constituir uma geração de adultos maiores de idade – cuja maioridade é justamente uma forma de nobreza, isto é, de soberania [...]. Em grego, se falaria de *scholé* e não de *otium*: a *scholé* é a contemplação privilégio dos cidadãos, dos nobres

gregos – os que escapam às tarefas de subsistência. A "anamnese", o fruto da dialética, é o que permite aos que dialogam livremente fora de toda constrição utilitária, livres de todo interesse particular, soberanos, acessar o plano das idealidades – que são precisamente os "objetos próprios" tanto da *scholé* como do *otium*, razão pela qual são também os objetos escolares (e os daqueles que a língua inglesa chama de *scholars*).[132]

Podemos ver nessa citação dois motivos. O primeiro seria o da escola como uma espécie de democratização da *scholé* aristocrática, como uma espécie de enobrecimento da infância e da juventude (através de separação de trabalho e das constrições utilitárias) que, herdeira da lógica classista grega que identifica tipos de tempos com tipos de pessoas, passaria na modernidade pela universalização do acesso a esse tempo livre que é a condição da liberdade e da soberania.

Além disso, na citação de Stiegler, parece haver uma clara continuidade entre a relação grega entre *scholé* e soberania e a relação moderna entre educação e maioridade. A ilustração, diz Kant no primeiro parágrafo de um texto célebre, é "a saída do homem de sua autoculpável menoridade",[133] com o que a escola seria uma instituição para organizar pedagogicamente o acesso de todos à maioridade, isto é, à soberania. Nessa linha, Stiegler dedica várias páginas do livro que comento a desenvolver essa ideia kantiana e assinala que o que se opõe à organização pedagógica da maioridade (o equivalente à preguiça e à covardia que, no texto kantiano, leva algumas pessoas a não se atreverem a pensar sem tutores) é precisamente a "sociedade industrial de serviços" e seus aparatos de destruição da atenção. Nesse sentido, haveria uma "batalha pela inteligência" (que teria a forma de uma "batalha pela atenção") na qual a escola e o tempo da escola desempenhariam um papel essencial.[134]

O segundo elemento que aparece na citação anterior seria o da escola como albergue de uma série de "idealidades" (como se a escola fosse uma espécie de arquivo para os objetos simbólicos nos quais se constitui a memória exteriorizada) que se colocam à disposição de todos para o exercício e o estudo, isto é, para a formação da atenção. E isso porque, na escola, essas "idealidades", esses objetos que constituem o mundo simbólico próprio da escola, esses objetos escolares, se constituem e se organizam como matérias de estudo.

Além disso, a saber, na escola, não se acede por iniciação (como nos saberes de caráter misteriosos, esses que estavam relacionados ao que ainda é chamado de "sabedoria"), e sim por instrução. E por uma instrução que passa, em primeiro lugar, pela publicidade do saber e, em segundo lugar, pela lógica propriamente escolar da relação com as matérias de estudo, ou seja, pela atenção, pelo exercício, pela disciplina e pelo cuidado. O conhecimento, diz Stiegler:

> Não acede a esse *status* mais que a condição de ser pública e explicitamente transmissível [...]. Um conhecimento deve poder ser ensinado, a falta disso não é um conhecimento. E um ensinamento não pode transmitir senão

conhecimentos – inclusive se um ensinamento está amiúde acompanhado de uma educação e supõe por isso a transmissão de um saber-viver. É assim que a escola rompe com a mistagogia: o saber racional não é mais o fruto de uma iniciação, mas de uma transmissão.[135]

O conhecimento na escola se dá enquanto é ensinável, está organizado a partir do ponto de vista da sua transmissão, e isso é constitutivo do próprio conhecimento na medida em que, por definição, é público. A escola, portanto, seria o lugar em que o saber se faz público, transmissível, ensinável e se põe à disposição de qualquer pessoa. Além disso, na escola, o acesso ao saber requer uma ascese (um exercício e uma disciplina) que também é escolar: "As sociedades não inumanas desenvolvem nootécnicas através de ritos como práticas mágicas, através de cultos como práticas religiosas, mas também através das vidas reguladas pela *scholé* ou o *otium* como ascese filosófica e cultivo de si".[136]

Aqui *scholé* não aparece só como tempo liberado do trabalho mas como um tempo para o exercício e para a atenção. E, exatamente por isso, como um tempo separado dos dispositivos de temporalização que trabalham para a aceleração, a desorientação e a homogeneização ou, o que é o mesmo, para a impossibilidade do exercício e a destruição da atenção:

> Esta destruição da atenção é literalmente uma de-formação: é uma destruição dessa formação do indivíduo em que consiste a educação. O trabalho de formação da atenção assegurado pela família, pela escola e pelo conjunto de estabelecimentos de ensino de instituições culturais e de todos os aparatos do "valor espírito", começando pelo aparato acadêmico, é sistematicamente des--feito com vistas a produzir um consumidor desprovido dessa capacidade de autonomia tanto moral quanto cognitiva que é a consciência.[137]

Poderíamos concluir dizendo que a escola é, para nós escolares, o lugar de nossos ócios. O que a aula dá ao professor é, fundamentalmente, tempo. E o professor, por outro lado, tem que "fazer tempo" (um tempo lento, orientado, des-sincronizado, não mercantilizado) e "dar tempo". A aula como cápsula temporal e o professor como fazedor e dador de tempo. Os estudantes como os que têm tempo, como aqueles que podem dar-se tempo e tomar-se tempo. E isso, hoje em dia, só pode ser entendido como uma separação a respeito do tempo do mundo, ou seja, como abertura, organização e doação de um tempo que só pode ir a contratempo das formas de temporalização aceleradas, desorientadas, sincronizadas e mercantilizadas socialmente dominantes, cujo objetivo, diz Stiegler, é a destruição da atenção e, portanto, a impossibilidade de aceder à soberania e à maioridade. A partir desse ponto de vista, a manutenção da escola dependerá de que sejamos capazes de defender "nossos ócios", isto é, um tempo em que possamos formar as novas gerações nessas formas de atenção que são a condição de possibilidade do que Stiegler chama "consciência".

## Nossos retiros
*(Com Peter Sloterdijk e Pierre Bourdieu)*

A primeira palavra que define a arte grega praticada pelo professor é *scholé*, ócio e, portanto, heterocronia. A segunda não pode ser senão *anacoresis*, isto é, retiro, retração, afastamento e, portanto, heterotopia. Nesse sentido, Peter Sloterdijk fala da escola como uma instituição de separação, secessão, retirada ou fuga do mundo e, nesse sentido, a coloca junto com outras instituições milenares de caráter fundamentalmente ético ou religioso. É por isso que a escola, em Sloterdijk, aparece apenas como um dos lugares em que se realizam toda uma série de transformações impulsionadas pelos imperativos de "mudar a vida" ou de "mudar o mundo" ou, em termos modernos, como uma instituição orientada a mudar o sujeito ou a mudar a sociedade. A escola moderna, diz Sloterdijk, reconduziu a transformação ou a melhora do sujeito para a transformação ou para a melhora do mundo, e isso através de uma separação maciça dos indivíduos em uma espécie de retirada à força do mundo orientada a mudá-lo:

> Ao iniciar o estado moderno, emerge, com a interposição dos educadores, a ideia mais potente, por seus efeitos, dos últimos quinhentos anos [...]: a ideia da melhora do mundo [...]. E dado que esta já não é mais praticável como a automelhora de uma minoria de ascetas, necessita obter uma melhoria da multidão mediante instituições de ordem educativa [...]. A escola dos primeiros tempos modernos converteu-se na célula da ambição de mudar o mundo [...]. A escola terá que se converter no lugar onde se faça fracassar a adaptação do homem à realidade má que o circunda [...]. A escola logo se revelará como o alambique moral da sociedade moderna, ao constituir o lugar onde o chamamento "metanoético" para retirar-se do mundo haveria sido assumido por uma instituição secular e dirigido para fins profanos.[138]

A escola consta aqui como um refúgio para inadaptados que funciona, por sua vez, como uma fábrica de inadaptados. E algo assim é a escola, mas não porque esteja contra o mundo, e sim porque não coincide exatamente com ele. A escola seria, sim, o lugar onde algo (mau) do mundo fica fora, mas não para mudá-lo, e sim para que alguma coisa dele se possa abrir, publicar, cuidar, criticar e também contemplar e admirar. A escola seria o lugar para estudar o mundo, para convertê-lo em matéria de estudo, para que se possa falar dele e pensar sobre ele. E isso faz, parece-me, com que a separação não seja moral, como sugere Sloterdijk, mas atencional. Mas continuemos com Sloterdijk.

É em *Scheintod im Denken* [A arte da filosofia] que Sloterdijk analisa a emergência, o desenvolvimento e o final da vida contemplativa, do *bios theoretikós*, do que ele chama de "a configuração do ser humano desinteressado",[139] da suspensão temporal da "fixação do sujeito à existência real", da instituição de um "trato desinteressado com as 'próprias coisas'",[140] do "empenho por suspender em meio à vida a participação na vida",[141] ou da constituição do "ser humano capaz de *epojé*". E tudo isso, diz:

Significa o distanciamento absoluto das representações que provêm diretamente da existência, exige a colocação entre parêntesis da tomada de postura existencial, permite a fenomenalização das coisas, a essencialização "idealizadora" dos conteúdos da consciência e se cuida, com isso, de dispor os pressupostos para a descrição paciente do modo e da maneira em que os "fenômenos" estão presentes na esfera noética.[142]

A escola, diz Sloterdijk, cria "idealidades" e, acima de tudo, cria as condições para que essas "idealidades" possam ser consideradas e reconsideradas pacientemente. Neste contexto, Sloterdijk fala da Academia como o lugar onde se perseguem coisas tão estranhas como a análise da relação entre as palavras e as coisas (sempre problemática) ou como a análise das ideias e da conexão entre as ideias. A escola, definitivamente, como uma separação do mundo para o trabalho paciente com as representações do mundo. E continua: "A Academia é o equivalente arquitetônico do que Husserl enfatizou como *epojé*: uma casa para cosmovisão e a colocação entre parêntesis das preocupações, um asilo para esses hóspedes enigmáticos que chamamos ideias e teoremas".[143]

Como arquitetura para suspensão das preocupações da existência e para a acolhida desinteressada das ideias, a Academia institui uma separação espacial que Sloterdijk situa entre as heterotopias foucaultianas:

> Platão reconduziu a retirada da cidade para a própria cidade e instaurou com esse gesto uma diferença político-topológica de grandes consequências histórico-universais. Para usar a terminologia de Michel Foucault, o assentamento da Academia na cidade significa uma "heterotopia". Essa expressão designa um lugar delimitado que, embora sendo certo que se inclui no entorno normal ou "ortópico" da pólis, está sujeito às suas próprias leis, chocantes e até mesmo incompreensíveis para a cidade [...]. Dessa construção heterotópica, de outra condição e "outra localização", procedem todas as instituições que se distinguem pela "diferença acadêmica".[144]

Ou, em outro lugar: "Há mais de dois milênios e meio, uma parte pequena, mas não inessencial, da população do nosso hemisfério está com o pensamento em outra parte. Edifícios de academias, escolas, monastérios, igrejas e recintos de solidão mostram como esse em-outra-parte se articula arquitetonicamente".[145]

Essa separação topológica implica também uma separação temporal, cronológica, que Sloterdijk situa ao lado do ócio e da *scholé*:

> Também a instituição do "período escolar" contribuiu para a produção do ser humano capaz de *epojé*, dado que a permanência na "escola" foi entendida como liberação dos demais assuntos e obrigações. Daí o parentesco de sentido, comentado amiúde, das palavras ócio, *scholé*, e centro de formação, *schola*"[146]

A "diferença acadêmica", portanto, tem a ver com uma separação espacial (com uma heterotopia ou, como também diz Sloterdijk, parafraseando Hannah Arendt, com a constituição de uma "outra parte"); tem a ver também com uma separação temporal (com uma heterocronia, com a constituição do "período escolar" como um tempo liberado do trabalho e das preocupações com subsistência, mas também, em geral, de todo uso produtivo do tempo); tem a ver além do mais com uma separação de coisas (essas coisas que não estão no mundo "real", como ideias e os teoremas, algo parecido com as "idealidades" de que fala Stiegler e que comentei na seção anterior); e, tem a ver por último com uma separação dos vínculos (enquanto constitui uma espécie de comunidade de segunda ordem em ruptura de todo tipo de solidariedades familiares e/ou comunitárias). Nesse último sentido, diz Sloterdijk:

> A *paideia* original tinha como pressuposto a instituição helênica da dupla paternidade. Em virtude dela, os pais carnais tinham que consentir em entregar, em certa idade, seus filhos à influência de um "guia de meninos" que deveria assumir o papel de pai espiritual.[147]

O que Sloterdijk chama de "diferença acadêmica", "diferenciação do sistema educativo" ou "estabelecimento do campo pedagógico" (que nada mais seria do que a invenção da escola como um âmbito separado) supõe a aparição de um espaço-tempo em que as crianças e os jovens suspendem suas vinculações familiares (e com suas comunidades étnicas ou culturais, suas comunidades natais) e suspendem também a obrigação do trabalho produtivo, a fim de poderem se ocupar pacientemente de outras coisas (das ideias ou das representações). E isso através de uma série de exercícios completamente novos que, de acordo com Sloterdijk, têm a ver fundamentalmente com o amestramento do ouvido, com a subordinação ao professor, com sedentarização e com a relação privilegiada com esse tipo especial de coisas que ainda chamamos "textos", essas onde estão depositadas essas coisas tão estranhas que ainda chamamos de "ideias" ou "representações" do mundo e que não são outra coisa senão o próprio mundo externalizado, codificado e gramatizado.

> É preciso falar realmente de um amestramento do ouvido em uma recepção exata das palavras de professores e mestres [...]. Deste treinamento surge a figura do discípulo [...]. Discípulo é quem, pensando em uma independência posterior, se submete ao jugo da dependência espiritual, com o perigo de não se liberar nunca da subjugação escolar [...]. A exercitação da juventude na receptividade discipular vai acompanhada de uma paralisação de graves consequências na motricidade. Aqui começa algo que poderia ser chamado de sedentarismo pelo fato de sentar-aos-pés-dos-mestres: aqui surge o ser humano sedentário no sentido escolar do termo [...]. O complexo de exercícios do *bios teoretikós* cedo sempre há de ser pensado unido com a formação de hábitos mentais que produzem o novo domínio da realidade através da escrita [...]. Para

> os europeus, o mundo e o livro sempre se apresentam como análogos [...]. A própria matéria do mundo se formata de acordo com letra, sílaba, linha, página, parágrafo e capítulo, com o resultado de que nós, como leitores que olhamos tanto textos quanto situações e que concebemos as situações como páginas de livro, carregamos dentro de nós, *a priori*, a disposição dos observadores que mantêm distância [...]. Quem aprendeu a olhar pergaminhos escritos e páginas impressas sempre se distancia diante do que está escrito, que, por sua vez, mantém distância com o dito e vivido.[148]

E não deixa de ser interessante que Sloterdijk parece construir, na citação anterior, a figura (estranha) do leitor, isto é, alguém que se põe a escutar uma voz que não é a sua, submetendo-se a ela; alguém que lê o mundo ao mesmo tempo em que lê o livro; alguém que está atento a um estranho artefato, o livro, que põe o "dito e vivido" a distância, enquanto o dá como gramatizado ou textualizado; alguém que, definitivamente, detém seus passos, senta-se, concentra-se e se abstrai (de alguma maneira se ausenta) para se concentrar em uma idealidade que, como texto, está disponível para todos. A escola senta as crianças e os próprios jovens, e os ensina a obedecer (*ob-audire*) uma voz que não é a sua, é claro, mas faz tudo isso, simplesmente, porque os coloca para ler. Essa é, penso eu, a violência fundamental que a escola produz: colocar as pessoas para ler. E é dessa violência que resultam, diz Sloterdijk, os europeus como uma estranha tribo de humanos leitores, quer dizer, de humanos altamente escolarizados.

O que ocorre é que, em seu livro, Sloterdijk se felicita porque essa "distância acadêmica" está começando a desaparecer no que ele chama de "modernidade cognitiva", e defende uma espécie de re-mundanização da atividade intelectual (e, portanto, da escola) que acabe com o "fantasma do ser humano teórico". Ele fala aí da secularização e da re-politização do conhecimento, da implantação da teoria na práxis, da priorização da vida prática, do final do "soberanismo epistêmico", da volta do "pensar partidarista" e, definitivamente, de uma espécie de re-funcionalização econômica, social e política da escola: "onde havia contemplação há de haver agora mobilização".[149] Ou, primeira possibilidade, a escola separada começaria então, felizmente, a ser uma relíquia de outros tempos. Ou, segunda possibilidade, a separação escolar seria entendida como preparação para a mobilização.

Também Pierre Bourdieu (em um estudo clássico da sociologia do *homo academicus* entendida como uma "crítica da razão escolástica") começa com a *scholé*, com o ócio, como condição de existência tanto dos campos do saber quanto de sua transmissão institucional. Bourdieu começa referindo-se à *scholé* como condição do que ele chama de "pensamento puro", esse particularíssimo ponto de vista sobre o mundo e os objetos do pensamento que nada mais é senão uma disposição:

> [...] que deixa em suspenso as exigências da situação, as coerções da necessidade econômica e social [...], que faz que se torne possível esse olhar indiferente

ao contexto e aos fins práticos, essa relação distante e distinta com palavras e coisas [...], esse tempo liberado das ocupações e das preocupações práticas de que a escola constitui uma forma privilegiada, o ócio estudioso [...], esse exercício escolar subtraído à necessidade imediata [...], esse ocupar-se a sério com questões que as pessoas ignoram porque, simplesmente, estão ocupadas e preocupadas com as tarefas práticas da existência cotidiana.[150]

Essa disposição, propiciada pela *scholé*, "[...] implica a ignorância (ativa ou passiva), não só do que acontece no mundo da prática e, mais precisamente, na ordem da 'pólis' e da política, mas também o que significa existir, simplesmente, nesse mundo".[151]

Ou, um pouco adiante:

Só com a escola se instituem as condições especialíssimas que devem ser dadas para que os comportamentos que vão ser ensinados possam ser cumpridos, à margem das situações em que são pertinentes, na forma de "jogos sérios" e exercícios "gratuitos", ações vazias, carentes de sentido, sem referência direta a um efeito útil e sem consequências perigosas. A aprendizagem escolar que, ao estar liberada da sanção direta do real, pode propor desafios, provas, problemas, como as situações reais, mas deixando em aberto a possibilidade de procurar e provar soluções sob condições de risco mínimo, significa a oportunidade de adquirir, além disso, com o hábito, a disposição permanente para levar a cabo o distanciamento do real diretamente percebido que constitui a condição da maior parte das elaborações simbólicas.[152]

Assim como a "diferença acadêmica", para Sloterdijk, começa a ser felizmente superada, também para Bourdieu a "disposição escolástica" é algo que precisa ser explorado de forma metódica, sim, mas para se livrar dela, ou seja, para reimplantar o pensamento (e a escola) na razão prática, tirá-los de seu ensimesmamento, de seu caráter puramente teórico e abstrato, e votar a colocá-los no mundo "real" e suas exigências.

A crítica às condições escolares de emergência do homem desinteressado é feita no texto de Bourdieu, através de uma análise das castas intelectuais e acadêmicas do narcisismo dos escolares, de seus jogos de poder, de suas lutas por reconhecimento e prestígio, de seu ridículo e aristocrático retiro do mundo prático, de seu afastamento do ruído mundano no ambiente calmo e silencioso do estudo, da comodidade sem consequências que supõe viver em uma torre de marfim, de suas tendências de soberba e vaidade (pecados aristocráticos por excelência), e tudo isso pela análise crítica das condições sociais e institucionais que tornam possível esse lugar tão estranho que ainda chamamos de "escola" e que teria na universidade sua modalidade mais emblemática.

É verdade que todas as corporações têm seus vícios (também, é claro, a academia, entendida como corporação de professores), e nada nos permite acreditar que a "remundanização" da escola e da universidade não produza um éthos acadêmico igualmente perverso. Na verdade, tenho a impressão de que o novo éthos universitário produz outros pecados, já não aristocráticos, como a soberba e a vaidade, mas sim burgueses, como a ganância e a ânsia de possessão, e me parece que, se os antigos eram "veniais", os novos vícios universitários é que, sim, são "pecados mortais" na medida em que provocam irremediavelmente a morte da universidade. Mas também é verdade que são as condições de possibilidade do que Sloterdijk chama de "a razão pedagógica" e do que Bourdieu chama de "razão escolástica" as que fazem (ou faziam) com que a escola seja relativamente disfuncional em relação tanto ao cultural quanto ao econômico ou ao político ou, em outras palavras, as que fazem com que a escola não esteja completamente subordinada nem à razão identitária, nem à razão empresarial, nem à razão do estado.

Nesse sentido, Sloterdijk fala de uma "aliança dissonante entre o Estado e a escola", que nada mais é que a relativa resistência da escola moderna ao imperativo da utilidade, ou seja, a unir os jovens a um currículo "que os capacite para serem utilizados de forma multilateral". De fato, nos diz:

> O ardil da razão pedagógica seria evidente no fato de que, embora a escola moderna eduque nominalmente seus alunos com um olho sobre o estado e a "sociedade", ela também o faça, em segredo e às vezes de uma forma manifesta, à margem do Estado e da "sociedade" [...]. A separação entre a razão da escola e a razão do estado [...] deveria informar das crônicas tentativas empreendidas pelo Estado para quebrar, por razões pragmáticas e utilitárias, a obstinação da "província pedagógica". Tentativas desse tipo proporcionariam o fio condutor que deveria ser seguido para referir a história da escola como uma história das "reformas" escolares, indo sempre, como é lógico, da escola ideal à escola da realidade. Até as tão citadas reformas do século XX na Alemanha se juntam em um quadro coerente, e se percebe nelas a vontade não dissimulada do estado de reconquistar, para o serviço no mundo do trabalho e da política, o mais maduro da produção cognitiva [...]. Naturalmente, os "planejadores da formação" só podiam ter sucesso com seus propósitos neorrealistas se tomassem medidas apropriadas conducentes à eliminação do ainda superabundante humanismo das faculdades, especialmente o das ciências do espírito, sempre que não sejam as próprias especialidades reorganizadas aquelas que, por seu próprio impulso, levem a cabo o necessário para sua adaptação.[153]

Para acabar com a "razão de escola" ou com a "província pedagógica", haveria, pois, duas maneiras. A primeira, de acordo com a citação anterior, seria a sucessão das reformas escolares que conduzem a subordinação da escola à economia e à política (duas áreas que tanto Sloterdijk como Bourdieu chamam de "a realidade). A segunda seria a abolição da diferença topológica e cronológica escolar por meio da deslocalização e da destemporalização da escola e mediante a conversão do espaço em sua totalidade e na totalidade do tempo em uma escola:

> Quem quiser se dedicar ao ensino se converte em membro da organização mais poderosa do mundo moderno: mestres sem fronteiras. Devemos agradecer às suas ações que, no futuro, o tempo do mundo convirja com o tempo da escola. Os tempos da vida e os planos docentes são mutuamente responsivos [...]. O mundo inteiro é uma escola, e os seres humanos não são nada além de escolares.[154]

É claro que tanto a primeira quanto a segunda maneira supõem o fim de nossos retiros. A escola se confunde com a vida, com o mundo, e já tem sido quase completamente mobilizada. Todos estamos nos tornando trabalhadores e consumidores em tempo integral e em todas os espaços de nossas vidas. Não há nenhum lugar para ir se refugiar. As paredes que separavam e protegiam a escola foram demolidas. No entanto, mais e mais pessoas que se sentem desertores e já se adivinha uma época de novos "retirantes". É possível que sua disposição anacorética não encontre mais um lugar acolhedor em uma escola re-inserida e confundida com o mundo. Mas talvez caiba a nós, professores, mais uma vez, levantar algumas paredes e fechar algumas portas para tentar dar um espaço separado para as crianças e os jovens em que o imperativo não seja a produção nem o consumo, em que eles não são sejam nem trabalhadores nem clientes, em que não tenham de estar permanentemente conectados e em que possam se retirar, por um tempo, como estudantes, de uma existência quase inteiramente capturada pelos dispositivos da economia e da política (se é que essas duas áreas ainda possam ser separadas). Em qualquer caso, talvez se possa pensar na escola e na universidade como espaços de desmobilização onde se possa fazer, como dizia o próprio Sloterdijk, uma espécie de "teoria quieta do movimento, de teoria em calma da mobilização" ou de "escola de sossego":

> Como todas as instituições do tipo universitário que existiram, a transfaculdade para a consciência do movimento também exige um território neutro, onde não possam entrar nem os executivos nem os representantes de interesses dos mobilizados. Esta tem sido, desde a alta Idade Média europeia, a melhor tradição para proteger teorias. Mas qualquer que seja a gestão de todas as universidades atuais no mundo, ela as transformou em escolas preparatórias da mobilização e em empresas provedoras para o "ataque do presente contra o resto dos tempos", a crítica da cinética terá que encontrar outros espaços para ditar suas lições.[155]

Se levarmos a sério o diagnóstico de que a escola e a universidade já estão a serviço da mobilização, e independentemente de que haja de construir outros lugares de retirada, se calhar o que resta aos professores é tratar de criar espaços separados dentro do espaço escolar, como uma espécie de diferença escolar ou de província pedagógica dentro da escola. Se a retirada do mundo só pode se fazer no mundo, e a retirada da cidade na cidade, é possível que a retirada dessa escola já confundida com o mundo só possa se fazer em "enclaves" dentro da própria escola nos quais ela possa ser "verdadeiramente" escola. O que nos resta, portanto, já não são operações de separação do mundo, mas operações de separação da escola. Nosso problema, então, se converteu em como fazer espaços (buracos, refúgios, enclaves) na escola nos quais possamos nos afastar das lógicas de subordinação econômica, social e política que a capturam e a dominam.

## Nossos jogos
*(Pierre Bourdieu e Johan Huizinga)*

Pierre Bourdieu fala dos exercícios escolares como orientados a arrancar as crianças e os jovens do "mundo real" e a embarcá-los em jogos completamente artificiais e gratuitos cuja única função seria a reprodução da própria escola, das idealidades que a constituem e dos hábitos que lhe são próprios. Também em relação com a invenção grega da escola, Bourdieu fala da restauração de práticas que são próprias da escola e que só têm sentido no interior dela; portanto, a única coisa que fazem é preparar para as disposições, as práticas e os problemas que constituem a vida escolástica. Assim, por exemplo:

> Os mitos e os ritos deixam de ser atos práticos de crença submetidos a uma lógica prática, para se transformarem em objetos de assombro e de interrogação teóricos ou em apostas de rivalidades hermenêuticas [...]. Assiste-se também ao nascimento de problemas tipicamente escolásticos, como a questão de saber se se pode ensinar a excelência. Com a terceira geração de sofistas e a institucionalização da escola emergem o jogo intelectual gratuito, a erística, e o interesse pelo discurso em si mesmo, em sua forma lógica ou estética.[156]

Creio que Bourdieu entende que a escola distancia as crianças e os jovens do mundo, o que faz com que, em vez de estarem praticamente submersos nele, sejam capazes de olhá-lo com assombro, de interrogá-lo ou de se fazerem conscientes de que podem ser interpretados de várias maneiras, que sejam capazes não apenas de falar mas também de estudar a linguagem humana de uma maneira lógica ou estética, em si mesma. Mas não entendo que problema ele vê nisso. Em relação à linguagem, por exemplo, denuncia como "visão escolástica" "[...] o fato de inventariar e examinar todos os sentidos possíveis de uma palavra, à margem de qualquer referência ao contexto imediato, em vez de aprender ou utilizar simplesmente o sentido dessa palavra que é diretamente compatível com a situação".

Ou, um pouco mais tarde, denuncia também a gratuidade dos exercícios que consistem em "brincar" com a linguagem ou "fazer com que pareça" como puras especulações intelectuais, como "experiências de pensamento, mundos possíveis ou variações imaginárias" que incitam as crianças e os jovens

> A penetrar no mundo lúdico da conjectura teórica e da experimentação mental, a criar problemas para o mero prazer de resolvê-los e não porque surgem da

pressão da necessidade, ou a tratar a linguagem não como instrumento mas como objeto de contemplação, deleite, pesquisa formal ou análise.[157]

Dá a impressão de que Bourdieu entende que aprender a falar não é a mesma coisa que estudar a língua, que é a escrita em si a que faz a linguagem visível e, portanto, analisável em si mesma, e que os exercícios escolares têm a ver, também, com a abertura de mundos possíveis e com a possibilidade de imaginar as coisas de outra maneira (ou seja, com a possibilidade de reconfigurar a relação entre as palavras e as coisas, ou, em outras palavras, com a possibilidade de emancipar as palavras das "situações" em que têm sentido ou, ainda de outro modo, com a possibilidade de brincar com as palavras). Creio, como Bourdieu, que é a escola, a disposição escolástica, a que permite a contemplação desinteressada e esse deleite lúdico, mas continuo sem entender qual é o problema de que as crianças e os jovens possam aceder a um espaço-tempo em que se pode ir mais além do contexto imediato ou em que se pode considerar as coisas independentemente do seu uso. Também não entendo como Bourdieu pensa que o "sério" e o "real" é a pressão da necessidade e que todo o resto é um jogo gratuito. E não entendo, definitivamente, o que é que Bourdieu tem contra o jogo e contra a gratuidade, contra a *scholé* e o *otium*, a menos que seja que veja nisso uma marca aristocrática. E é aí que me parece que aquilo chamado por Bourdieu de "razão escolástica" não humilha, desmerece ou desqualifica as crianças pobres (as quais, é claro, não necessitam dela, como tampouco necessitam as crianças ricas), mas, pelo contrário, as enobrece. É verdade que a escola pública moderna, precisamente por causa de sua relativa separação do trabalho, supõe a democratização da *scholé* aristocrática, mas me parece que isso não é pior do que a sua abolição em nome de uma pretendida razão prática que se declara mais "popular".

E não deixa de ser interessante que, falando da relativa separação entre a escola e o trabalho, Bourdieu afirme que a neutralização escolar das necessidades e dos fins práticos, o fato de que as crianças e os jovens da classe trabalhadora sejam libertados, por um tempo mais ou menos longo, do trabalho e possam se despreocupar que a necessidade ou a incerteza do futuro (da preocupação com o futuro), introduza uma brecha nos automatismos de reprodução da divisão social:

> O acesso mais ou menos prolongado ao *status* de estudante do ensino médio e o tempo suspenso entre as atividades lúdicas da infância e o trabalho do adulto, que até agora estava reservado aos adolescentes burgueses, determina, em muitos filhos de famílias operárias, uma ruptura do ciclo de reprodução das disposições que preparavam para aceitar o trabalho na fábrica.[158]

Algo não muito diferente do que diz Jacques Rancière no texto que comentei em "Separações", quando afirma que quem experimentou a *scholé* dificilmente se adaptará sem problemas ao mundo da produção. A escola, portanto, fabrica inadaptados ao trabalho, seja pela experiência de igualdade oferece (segundo Rancière), seja porque dá às crianças e aos jovens um tempo livre que não é próprio de sua condição (segundo Bourdieu). É verdade que tanto a igualdade quanto a *scholé* (as duas condições de possibilidade da escola) são, na Grécia, patrimônio aristocrático, mas não entendo que sua democratização escolar suponha a desvalorização dos que não têm outro remédio senão trabalhar. E não deixa de ser interessante também a afirmação de Bourdieu de que:

> A disposição escolástica que se adquire, sobretudo, na experiência escolar pode ser perpetuada mesmo quando as condições de seu exercício tenham desaparecido mais ou menos de tudo (com a inserção no mundo do trabalho), mas só chega a se realizar de verdade mediante a inclusão em algum dos campos.[159]

Parece que Bourdieu pensa que a escola deveria preparar para a vida (e não para a escola, como na célebre frase de Sêneca que comentei na seção "*Scholé, sabath* e capitalismo cognitivo"), ao passo que o que a escola talvez faça é oferecer as condições para que a vida dos seres humanos continue a mantendo algo da "disposição escolástica", que continue tendo algo de escola e de *scholé*, mesmo que seja só pela metade e de uma forma que não é de todo "de verdade", porque, segundo Bourdieu, só o seria se os filhos dos trabalhadores se tornassem todos professores, isto é, se entrassem plenamente em algum dos campos escolásticos do saber. Em qualquer caso, a escola tem a ver com o jogo, com o jogo sério, com um tipo particular de jogo sério que chamamos de exercícios escolares e com uns jogos que estão orientados não à transmissão de um saber mas à formação de uma disposição. Algo com o que Bourdieu parece concordar, mesmo que seja para criticá-los:

> A situação escolástica (da qual a ordem escolar representa a forma institucionalizada) é um lugar e um momento de ausência de gravidade social em que, desafiando a alternativa comum entre jogar (*paízein*) e estar sério (*spoudázein*), se pode jogar a sério (*spoudaîos paízein*), como diz Platão para caracterizar a atividade filosófica, levar a sério apostas lúdicas, ocupar-se a sério com questões que as pessoas sérias ignoram porque, simplesmente, estão ocupadas e preocupadas com as tarefas práticas da existência cotidiana [...]. Na realidade, as aprendizagens, e especialmente os exercícios escolares como trabalho lúdico, gratuito, realizados em termos de "fazer ver", sem aposta (econômica) real, significam a ocasião de adquirir "além disso", além de tudo o que se propõe transmitir explicitamente, algo essencial: a disposição escolástica e o conjunto de pressupostos inscritos nas condições sociais que os fazem possíveis.[160]

A citação que acabo de transcrever faz pouco eco da riquíssima ambiguidade em Platão (mas também no pensamento grego em geral), entre jogo, *paidía*, mero passatempo, e educação, *paideia*, cultura. As duas palavras têm a mesma raiz porque ambas estão relacionadas a crianças, *país*. E não deixa de ser interessante que o pensamento grego abordasse o assunto do jogo justamente quando tratava de elaborar filosoficamente o próprio conceito de educação. Na educação juvenil exposta na *República*, a subordinação do jogo à educação, isso que agora chamamos de "aprender brincando", tem um papel fundamental. Mas é na dialética que a ambiguidade da separação entre o jogo e o sério aparece de uma forma mais nítida. Por um lado, a dialética pode parecer um mero jogo da inteligência sem mais consequências que seduz os jovens imaturos, mas esse caráter de jogo também faz parte da sua estrutura profunda e, portanto, não pode ser menosprezado nem claramente distinguido. Na verdade, o problema do jogo acompanha toda a obra de Platão até sua reformulação nas *Leis*, e é aí que o jogo aparece em relação à sua relativa invariabilidade temporal (o jogo como modelo de tradição, do que não muda) e a relativa invariabilidade de suas regras (o jogo como um modelo de atividade altamente regulada).[161]

Porém, para entender a natureza dos nossos jogos, podemos repassar o sempre inspirador *Homo ludens* de Johan Huizinga e destacar algumas das suas características que, me parece, se correspondem ponto a ponto com muitos dos traços da arte grega da escola que estou tentando elaborar aqui. Por outro lado, a maneira como Huizinga constrói os traços formais desse estranho conjunto de atividades que agrupamos com a palavra "jogo" permitem elaborar, creio, certo contraponto à ideia de Bourdieu da escola como um lugar onde se aprende a jogar certos jogos pouco sérios que só têm sentido dentro dela e que, além disso, mostram em sua própria estrutura as condições sociais que permitem a emergência e a imposição do que ele chama de "a disposição escolástica".

Em primeiro lugar, Huizinga trata de romper com o funcionalismo quase automático de nossa maneira de pensar para afirmar que o jogo é jogado pelo próprio jogo, e não por um propósito ou uma finalidade exterior. Jogar tem efeitos, sem dúvida, mas não funções: o único objetivo do jogo é jogar. O jogo seria, portanto, uma atividade autotélica, e daí o considerarem habitualmente como algo supérfluo. No entanto, essa superfluidade do jogo falaria, antes, do caráter superabundante, luxuoso e excessivo da vida e da cultura humanas, no sentido de que incluem dimensões cuja importância não deriva de sua utilidade ou de sua função. Na medida em que é supérfluo, é que o jogo está separado do "sério". O jogo é o não sério, diz Huizinga, mas disso não se pode derivar que não seja sério. Se podemos dizer que o jogo é o não sério é porque remetemos "o sério" ao necessário, e o jogo, por sua própria natureza, ultrapassa qualquer necessidade que não seja a de jogar:

> O conteúdo significativo do "sério" é determinado e esgotado com a negação do jogo. O sério é "o que não é jogo" e não outra coisa. O conteúdo significativo de jogo, pelo contrário, não se define nem se esgota pelo "não sério", pois o jogo é algo peculiar e conceito de "jogo", como tal, de uma ordem mais alta que a de "não sério". O sério trata de excluir o jogo, enquanto o jogo pode muito bem incluir em si o sério.[162]

Em segundo lugar, o jogo cria uma temporalidade própria, separada do tempo "corrente" e, especialmente, do tempo de "trabalho", e uma temporalidade, além do mais, delimitada (o jogo começa e termina). Daí a sua relação com o ócio: "Em qualquer momento pode-se suspender ou cessar o jogo. Não se realiza em virtude de uma necessidade física, e muito menos de um dever moral. Não é uma tarefa. Joga-se no tempo de ócio".

Além disso: "O jogo não é a vida 'corrente' ou a vida 'propriamente dita'. Pelo contrário, consiste em escapar dela para 'uma' esfera temporária de atividade que possui sua própria tendência".

E um pouco mais adiante:

> Todos os pesquisadores sublinham o caráter desinteressado do jogo. Esse "algo" que não pertence à vida "corrente", se acha fora do processo da satisfação direta de necessidades e desejos e até interrompe esse processo. Intercala-se nele como atividade provisória e temporária. Atividade que transcorre dentro de si mesma e se pratica em razão da satisfação que produz a própria prática. Assim é pelo menos como o jogo nos é apresentado em primeira instância: como um *intermezzo* na vida cotidiana, como uma ocupação em tempo de recreio e para o recreio.[163]

Em terceiro lugar, o jogo requer um espaço próprio, separado, delimitado, limitado, isto é, um campo ou um terreno de jogo. Nesse sentido, o jogo ocorre em um espaço que não é o da "vida corrente" ou o das "atividades correntes", e isso o aproxima dos lugares do sagrado (consagrar ou sacralizar consiste justamente em separar algumas coisas e colocá-las em um lugar separado). Nos termos de Foucault que já utilizei várias vezes, o jogo constitui uma heterocronia e uma heterotopia:

> Todo jogo se desenvolve dentro de seu campo que, material ou idealmente, de modo expresso ou tácito, está enquadrado de antemão [...]. [O jogo se dá em] campos ou lugares de jogo, isto é, terreno consagrado, domínio santo, cercado, separado, onde regem determinadas regras.[164]

Em quarto lugar, o jogo cria uma comunidade separada e relativamente fechada (o que Huizinga chama de um "clube" e, outras vezes, de uma "fraternidade" ou uma "confraria") que não se corresponde com as formas correntes de agrupamento ou de identificação: "O sentimento de estarem juntos em uma situação de exceção, de se separarem dos outros e subtraírem-se das normas gerais mantém seu encanto mais além da duração do jogo. O 'clube' corresponde ao jogo como o chapéu à cabeça".

Ou também:

> A posição de exceção que rodeia o jogo torna-se evidente na facilidade com que se rodeia de mistério [...]. É algo para nós e não para os outros. O que estes fazem "ali fora" não nos importa durante algum tempo. Na esfera do jogo, as leis e os usos da vida cotidiana não têm validade. Agora "somos" outra coisa e "fazemos outras coisas".[165]

Em quinto lugar, o jogo é uma atividade livre (no sentido de que é separada da necessidade e se pratica livremente) e, ao mesmo tempo, muitíssimo regulada. O jogo se pratica livremente porque sim, mas não se pode jogar de qualquer maneira: "Dentro do campo de jogo existe uma ordem própria e absoluta. Eis aqui outro traço positivo do jogo: cria ordem, é ordem [...]. O menor desvio estropia todo o jogo, faz com que perca seu caráter e o anula [...]. O jogo oprime e libera, arrebata, eletrifica, enfeitiça".[166]

E em outro lugar:

> Cada jogo tem suas regras próprias. Determinam o que há de valer dentro do mundo provisório que destacou. As regras de jogo, de cada jogo, são obrigatórias e não permitem dúvida alguma. Paul Valéry disse de passagem, e é uma ideia de profundo alcance, que perante as regras de um jogo não cabe nenhum ceticismo [...]. Assim que se traspassam as regras, se desfaz o mundo do jogo. Acabou-se o jogo.[167]

Em sexto lugar, o jogo é, em muitas ocasiões, uma atividade em que as coisas são feitas "como se". Daí que ele cria um mundo paralelo no qual nem as coisas nem os jogadores são o que são na vida cotidiana. Nesse sentido, o jogo tem algo de mimese, ou de representação, ou de figuração, ou de criação de um mundo paralelo que, embora tenha relação com o mundo atual, não se corresponde exatamente com ele:

> [No jogo] se copia algo, se apresenta algo em mais belo, sublime ou perigoso do que realmente é. Se é um príncipe, pai, bruxa malvada ou tigre. A criança fica tão fora de si que quase acredita que "o é" de verdade, sem perder, no entanto, por completo, a consciência da realidade normal. Sua representação é uma realização aparente, uma figuração, isto é, um representar ou expressar por figura.[168]

Nesse sentido, a particular intensidade do jogo faz com que nos entreguemos a ele, que nos submerjamos e "percamos a cabeça" nele, ou inclusive "que nos coloquemos em jogo no jogo". Daí que o jogo esteja ao lado de certo sair de si, de certo êxtase, que tem a ver com uma saída do tempo e do espaço ordinários (no jogo estamos fora do tempo e como em-outra-parte) mas também das identidades comuns. Recolhendo essas características que acabo de sublinhar, Huizinga define o jogo, em seu aspecto formal, como:

> Uma ação livre, executada "como se" e sentida como situada fora da vida cotidiana, mas da qual, apesar de tudo, posso absorver por completo o jogador, sem que haja nela nenhum interesse material nem se obtenha nela proveito algum, que se executa dentro de um determinado tempo e um determinado espaço, que se desenvolve em uma ordem submetida a regras e que dá origem a associações que tendem a se rodear de mistério ou se disfarçar para se destacar do mundo habitual.[169]

Em outro lugar:

> O jogo é uma ação ou ocupação livre, que se desenvolve dentro de limites temporais e espaciais determinados, segundo regras absolutamente obrigatórias, ainda que livremente aceitas, ação que tem um fim em si mesma e é acompanhada de um sentimento de tensão e alegria e da consciência de "ser de outro modo" que na vida corrente.[170]

E mais outra definição:

> [O jogo é] um convênio para, dentro de certos limites espaciais e temporais, realizar algo de certa forma e sob regras determinadas, o que dá na resolução de uma tensão e se desenvolve fora do curso habitual da vida. O que tenha que se realizar e o que com isso se ganha são questões que só em segunda ordem se apresentam dentro do jogo.[171]

Há jogos, como os que Huizinga relaciona com o conhecimento e com a filosofia, com o saber e com o pensar que têm uma importância especial no nascimento da filosofia escolarizada e das práticas e atividades que caracterizam a escola. Entre eles, Huizinga assinala os jogos de enigmas e adivinhações que podemos encontrar em muitas práticas sagradas e também os jogos de aporias e dilemas, ou de perguntas e respostas, aos quais os gregos eram tão aficionados. E é a essa tradição que Huizinga remete os modos e as maneiras dos sofistas e seu papel fundamental na fixação das práticas escolares. O sofisma, diz Huizinga, "está muito próximo do enigma". Mas também os jogos de perguntas e respostas dos sofistas, que logo se chamariam *problemata*, ou as famosas competições de declamações, também são "jogos nos quais trabalha a inteligência", jogos de acuidade aos quais os participantes se entregavam como um "gostoso passatempo". Por um lado: "No domínio da arte retórica dos sofistas, não se pode traçar uma linha divisória clara entre o jogo e o sério, e a designação 'jogo' acerta efetivamente com a essência primária da sofística".

Por outro lado, e ao mesmo tempo:

> Os sofistas criaram o meio em que adquiriram forma as ideias helênicas de educação e cultura. O saber e a ciência gregos não nasceram na escola (no sentido moderno). Não se ganharam como produtos acessórios da preparação para ofícios proveitosos. Para os helenos foram o produto de seu ócio (*scholé*), e para o homem livre era ócio, tempo livre, todo aquele que não estava reclamado pelo ofício público, pela guerra ou pelo culto. A palavra "escola" conhece uma história surpreendente. Nesse meio ocioso do homem livre, o sofista se encaixa perfeitamente como o primeiro representante de uma vida de meditação e investigação.[172]

E, embora o combate socrático-platônico e contra a sofística e a retórica trate de converter a dialética em um jogo sério, nobre, digno e com pretensões de cumprir altas funções morais, sociais, políticas ou culturais, Huizinga crê que Sócrates, Platão e Aristóteles "também jogam". Em qualquer caso, a filosofia e a filosofia escolarizada se moverão na esfera do jogo, ainda que existirá sempre uma tensão a propósito da valoração desses jogos de saber e de pensar. Como se houvesse sempre uma tensão propriamente pedagógica entre formas inferiores e superiores de jogo, entre jogos ligeiros que se convertem em jogos sérios, e jogos sérios que se degradam em meros jogos, entre tipos de jogos e formas de jogar:

> Platão pratica a filosofia como o empenho mais nobre pela verdade, levando-a às alturas que ele só pode alcançar, mas sempre na forma ligeira que constitui seu elemento. Mas ao mesmo tempo (a filosofia) floresce nas formas inferiores da falácia, jogo de agudezas, sofística e retórica. No mundo helênico, o fator agonal é tão forte que a retórica pode se expandir à custa da pura filosofia, relegando-a e até ameaçando-a em sua vida como cultura de amplas massas. Górgias, que deu as costas ao saber profundo para exaltar o brilhante poder das palavras e abusar dele, é o tipo dessa degeneração da educação elevada. A porfia levada ao extremo e o desvio escolástico da ocupação filosófica foram de igual para igual.

E em seguida: "Rara vez podemos traçar uma linha limpa que separe a brincadeira infantil e o pensar arrevesado que, às vezes, passa roçando a sabedoria mais profunda".[173]

Terminarei recordando que a palavra latina *ludus* nomeava uma atividade concebida fora de toda a atividade prática, fosse livre (mero jogo) ou dirigida (exercício), mas era usada também para designar a escola. De fato, para nomear o professor do ensino primário, os latinos usavam a palavra *litterator* (que ensina as letras) mas a expressão mais frequente é *magister ludi* (normalmente traduzido como "mestre de escola", ainda que poderíamos dizer que seria também algo assim como "mestre de jogos ou de exercícios") ou inclusive *magister Ludi litterarii* ("mestre da escola das primeiras letras", mas também "mestre dos jogos e de exercícios com as letras"). E quando Huizinga analisa o significado de *ludus* como jogo infantil, recreio, brincadeira ou jogo de azar, indica que dessa base semântica relacionada com o banal e o "não sério" se afastam tanto os jogos públicos (tão importante na vida romana) como a escola. Os primeiros "partindo seguramente do sentido de competição", e o segundo "do sentido de exercício".[174] De alguma maneira, o jogo entra na escola entendido como jogo obrigatório, dirigido, isto é, como dever e como tarefa. A escola romana, o *ludus*, seria então a casa do jogo ou, talvez melhor, "a casa do exercício", e o professor romano seria nomeado como alguém que propõe, dirige e corrige esse tipo particular de jogos que chamamos exercícios escolares.

Reivindicamos então a aula como o lugar de nossos jogos, e a nós, estudantes e professores, como jogadores. Como um espaço e um tempo para esses jogos tão estranhos que são ler, escrever e conversar (e talvez pensar) nos quais trataremos de pôr em jogo publicamente, com outros, nossas ideias, nossas palavras, nossas maneiras de elaborar o sentido do mundo, da vida, do que somos e do que nos acontece. Como um espaço (separado) e um tempo (dessincronizado) em que proporemos exercícios e tarefas (essas formas obrigatórias e normatizadas do jogo) que, certamente, levaremos muito a sério.

## Nossos exercícios
*(Com Peter Sloterdijk, Michel Foucault, Pierre Hadot, Bernard Stiegler, Simone Weil, Yves Citton e Byung-Chul Han)*

Além de tratar, como vimos, da separação da escola, o que ele chama de "província pedagógica", Peter Sloterdijk desenvolve também a noção de exercício e sua relação com a educação. Assim, por exemplo, reconhece que a sofística relacionou pela primeira vez a "forma do treinamento (*askésis*, 'exercício' e *meletè*, 'prática') com o processo de educação (*paideia*) e do ensino (*didaskalía*)".[175] No entanto, Sloterdijk trabalha em uma ascetologia geral (uma espécie de teoria da existência baseada no exercício ou, dito de outra forma, uma espécie de antropologia do animal exercitante) e, portanto, não distingue claramente os exercícios escolares das outras formas de exercitação (exercícios religiosos ou éticos, por exemplo, ou inclusive exercícios militares ou esportivos), e "coloca no mesmo saco" as práticas escolares e outras práticas de *training* contemporâneas de caráter terapêutico e orientadas ao bem-estar, ao *fitness*, tanto corporal como emocional. É nesse sentido que a ascetologia de Sloterdijk não consegue captar o perigo que, para a separação da escola, supõe sua colonização atual por treinamentos de tipo psicológico e terapêutico. Além disso, a meu ver, tampouco capta que os exercícios escolares não estão normatizados pelos imperativos "deves mudar tua vida" ou "deves mudar o mundo", mas sim por outros muito mais modestos relacionados com a atenção, com o cuidado e com o interesse: "deves participar (e cuidar) de alguma coisa", "deves interessar-te por alguma coisa" ou, em suma, "deves estudar". Os exercícios escolares não têm a ver com treinar as crianças e os jovens em uma forma de vida superior, tampouco com levar o mundo humano a um estado de maior perfeição, mas com algo mais simples: uma espécie de ginástica de atenção orientada para aprender a estudar.

Para dar à palavra "exercício" uma certa densidade, podemos fazer uma breve revisão de seus significados nas pedagogias grega, helenística e romana, tal como elabora Foucault em seu último curso do Collège de France, o dos anos 1981 e 1982.[176] Segundo ele, existem várias palavras gregas que podem ser relacionadas com "exercício". A primeira é a palavra *askésis*, que não deve ser entendida em sentido negativo (como uma renúncia ou privação) mas sim positivo: como uma prática ou uma técnica encaminhada à formação de certas faculdades, de certos hábitos ou, inclusive, de certas virtudes. A disciplina é condição de possibilidade da potência e da atividade e não sua negação. É interessante também que a ascese está ligada ao zelo, ao esforço, à perseverança e à disciplina. De fato, e passando agora para o latim, o fato de chamar de discípulos, *discipuli*, os alunos das escolas de filosofia enfatiza esse elemento disciplinar do exercício. Os alunos são discípulos, não apenas enquanto seguidores (de um mestre) mas também, e acima de tudo, enquanto sujeitos exercitantes, pessoas que se entregam (com esforço, zelo, perseverança e disciplina) ao exercício.

A diferença da ascese cristã, que tem a ver com a renúncia, a negação ou a privação, para a ascese grega trata-se de adquirir algo. E o que se adquire através do exercício é certa preparação para os acontecimentos e as dificuldades da vida. O exercício é preparação, e ele se trata, através da exercitação, é de estar preparado. A palavra grega para "preparação" é *paraskeue*, uma palavra que Sêneca traduz para o latim por *instructio*. A preparação que se adquire através do exercício consiste em uma série de habilidades utilizáveis, *khrestikos*, que devem estar sempre a nosso alcance, *prokheiron*, à mão, *ad manum*, como uma série de recursos ou de instrumentos (internalizados) dos quais podemos dispor, aos quais podemos recorrer, que podemos fazer vir em nosso auxílio ou em nossa ajuda, sempre que precisarmos deles.

Por outro lado, existe um paralelismo entre os exercícios corporais e aqueles que poderíamos chamar, seguindo Pierre Hadot, "espirituais". Hadot utiliza a expressão "exercícios espirituais" (apesar de suas ressonâncias cristãs e jesuíticas) por ser mais genérica que outras expressões possíveis, como exercícios "morais", "intelectuais", "mentais" ou "de pensamento": "A palavra 'espiritual' permite compreender com maior facilidade que uns exercícios como esses são produto não só do pensamento, mas da totalidade psíquica do indivíduo".[177]

Os exercícios espirituais comprometem a totalidade do sujeito e estão orientados a sua formação ou transformação. Em qualquer caso, na Grécia clássica, às vezes os exercícios espirituais se entendem à maneira dos exercícios corporais. Nesse sentido, a segunda palavra que Foucault relaciona com exercício é *gymnazein*. Exercitar-se é praticar certa ginástica que pode ser tanto corporal quanto espiritual. De fato, na filosofia antiga é comum uma comparação entre o que se exercita na virtude, na sabedoria ou no cuidado de si com o atleta. Em ambos os casos, se trata de estar preparado, treinado ou equipado para o que possa acontecer. Mas também é comum comparar a ascese do sábio com a do soldado (em espanhol, a preparação do soldado, em particular a que tem a ver com exercícios práticos, mecânicos e repetitivos, ainda se chama "instrução"). Do mesmo modo que o atleta tem que estar treinado (para os jogos, para a competição), também o soldado tem que estar pronto, preparado ou instruído (para a luta). Desde Cícero já se chama um grupo de soldados de *exercitus* porque praticavam a *exercitatio*, e a palavra "exército" como sinônimo de "forças armadas" ainda é usada em espanhol.

Além disso, o exercício se compara às vezes com a aquisição de um saber prático, de uma *episteme praktike*, de um saber fazer, como o que constitui, por exemplo, a preparação de um bom médico. O exercício tem a ver, então, com um incremento das forças, das capacidades e, ao mesmo tempo, com a aquisição de certos hábitos. Ou, como se diria em grego, com a formação de um éthos, de certas maneiras de fazer que foram incorporadas de tal modo que se converteram em quase automáticas. O exercício, nesse sentido, encarna ou incorpora no sujeito um modo de fazer relacionado com um saber-fazer. O exercício forma o sujeito, embora o faça de diferentes maneiras caso se trate de um atleta, de um soldado, de um médico, de um filósofo, de um cidadão virtuoso ou de um sábio. A palavra "exercício", portanto, estaria ligada à preparação, ao treinamento, ao zelo, ao esforço, à perseverança, à disciplina, à ginástica, à prática, à repetição, à instrução; teria a ver com a aquisição de certos hábitos, gestos, recursos, disposições, equipamentos, habilidades ou modos de fazer; e esses hábitos estariam encaminhados à constituição de um sujeito, de uma forma de ser, de uma forma de fazer ou, inclusive, de uma forma de viver. Nesse sentido, é claro que o exercício, já desde a Antiguidade, está ligado ao ensino, à educação, e que o exercício é uma técnica, talvez *a* técnica, da escola.

A terceira palavra para exercício é *meleté*, que poderíamos traduzir por "meditação" mas também por "preocupação", "cuidado" e inclusive "disciplina". Foucault relaciona a *meleté* com o cuidado de si, com a *epimeleia heautou* nos três sentidos da expressão. Primeiro, como uma atitude ou uma disposição "com respeito a si mesmo, com respeito aos outros, com respeito ao mundo". Segundo, como uma "maneira de atenção". Terceiro, como uma "série de ações e exercícios".[178] A etimologia, diz Foucault:

> Remete a toda uma série de palavras como *meleté, meletai, et cetera. Meletan*, amiúde empregada e acoplada com o verbo *gymnazein*, significa exercitar-se e treinar-se. Os *meletai* são os exercícios [...]. E em vocabulário cristão do século IV verão que *epimeleia* tem sentido de ascese.[179]

Em torno dessa palavra fundamental, Foucault identifica quatro famílias de expressões. Primeiro as que têm a ver com a atenção. Segundo, as que se relacionam com a separação, o retiro, o recolhimento ou o refúgio. Terceiro, as que têm a ver com o vocabulário médico da cura, com o vocabulário jurídico da emancipação, com o vocabulário moral da honra ou do respeito. Quarto, as que se referem à relação consigo mesmo: e isso no que se refere tanto à soberania (ser dono de si) quanto aos estados de ânimo (comprazer-se, experimentar alegria, ter presença de ânimo).

Não deixa de ser interessante a enorme transformação da noção de disciplina entre as obras foucaultianas dedicadas à normalização e ao biopoder e as dedicadas ao cuidado de si nas escolas filosóficas da Antiguidade. Em *Vigiar e punir*,[180] por exemplo, a escola é uma instituição disciplinar como o quartel, a fábrica ou o hospital, mas não aparece jamais a disciplina especificamente escolar, ou seja, essa que se identifica com as matérias de estudo e com os exercícios escolares orientados à atenção. Além disso, nos textos dedicados à sociedade disciplinar, a noção de disciplina está relacionada essencialmente com o corpo, ao passo que em suas obras "gregas" se trata fundamentalmente de disciplinas (de exercícios) espirituais, orientadas a formar o pensamento. Há um Foucault em que a disciplina é a do exército, da fábrica e da prisão, e outro Foucault em que a disciplina é a do saber e a do pensar, a da escola, em suma. A escola analisada por uns textos de

Foucault é um dispositivo de vigilância e castigo, enquanto a escola analisada em outros textos dele é um dispositivo de cuidado e de atenção. E assim como o professor aparece, em um enfoque, como um vigilante e um sancionador, em outra perspectiva aparece como um mestre que se forma em umas disciplinas que não são as da normalização, mas as da atenção, da alfabetização e do conhecimento. Bernard Stiegler diz que a imagem da escola e do professor que estão no Foucault das disciplinas entendidas como normalização do corpo é uma imagem falsa (ou não de todo verdadeira) e, acima de tudo, decepcionante:

> Do mesmo modo que Marx teria mostrado que o direito serve para mascarar e legitimar o espólio do trabalho, como Nietzsche ou Freud teriam mostrado como a moral estava a serviço do controle social e do ressentimento, é de bom tom revelar aos ingênuos que todos esses belos discursos – sobre a formação dos alunos, por exemplo – estão, de fato, a serviço de uma máquina de estado disciplinar, e que, quando um professor crê ensinar, na realidade vigia. Esse ponto de vista é triste e profundamente falso (qualquer professor que ainda ama seu ofício sabe disso – e ainda há muitos desses professores, por mais infelizes que possam estar diante de uma situação que se tornou intolerável).[181]

Para Stiegler, só o último Foucault se teria interessado:

> Pela questão específica da escola entre as instituições disciplinares. Pois a disciplina escolar é precisamente, e em primeiro lugar, no *scholeion*, a disciplina que constitui o saber racional e daí uma introdução à *epimeleai*, à *meletè* e às técnicas de si como diversos tipos de disciplinas, ou seja, de formação da atenção.[182]

Ou um pouco mais adiante:

> Foucault retorna nessa época à questão da disciplina, introduzindo a *epimeleia*, cujo radical *meleté* designa depois a meditação. Mas *meleté* significa primeiro, precisamente, disciplina, e em um sentido que não é o das sociedades disciplinares. *Meleté* vem de *meletaô*. Esse verbo polissêmico significa primeiro tomar cuidado de algo, mas designa ao mesmo tempo o exercício em geral, o fato de se preparar para alguma coisa e, nesse sentido, uma espécie de treinamento. Assim, Sócrates, esperando para beber a cicuta, se prepara para a morte por essa disciplina que é seu *meleté*. *Meletéma* significa primeiro o exercício prático e, por extensão, designa o estudo.[183]

Esses são, então, os jogos a que nos entregamos aqueles que ainda praticamos esta arte grega do ensinar e aprender: exercícios de leitura e escrita, exercícios de atenção, isso que antes era chamado de estudo.

## Nossas atenções
*(Com Michel Foucault, Simone Weil, Yves Citton, Byung-Chul Han e Bernard Stiegler)*

A ascese grega começa pela atenção, *prosokhe*. A exercitação começa com uma espécie de vigilância permanente que tem a ver com a discriminação (com a capacidade de distinguir) e com a eleição (com a faculdade de escolher). Trata-se de afastar o olhar e o pensamento de algumas coisas e direcioná-las para outras. Por isso é preciso aprender a distinguir o que vale a pena prestar atenção e, uma vez distinguido, escolhê-lo, elegê-lo, atender a ele. O exercício começa com uma reorientação da atenção para o que vale a pena (com a discriminação e a fixação do *quê* da atenção) e continua com o imperativo de concentrar-se nele e de examiná-lo o mais profundamente possível (com a disciplina: o *como* da atenção).

Torna-se compreensível, então, que o exercício parte de uma atenção não orientada (ou mal orientada) e de uma atenção não disciplinada (ou mal disciplinada) e pode considerar-se, portanto, como uma técnica para a formação da atenção. E, dado o uso constante de metáforas médicas na filosofia antiga, o exercício pode considerar-se também como uma técnica para a terapia, ou cura da atenção. E isso que o exercício tem que curar, ou formar, ou educar, é uma atenção dispersa, preguiçosa, mutante, distraída. O exercício tem que lutar, primeiro, contra a distração entendida como atenção mal dirigida (dispersa, não fixada, orientada para o que não vale a pena) e, segundo, contra a distração entendida como uma atenção mal disciplinada (não o suficientemente esforçada, pouco concentrada). E para essas formas de distração, os antigos tinham duas palavras: *negligentia* e *stultitia*. A *stultitia* é, diz Foucault: "A agitação perpétua da alma, do espírito e da atenção: essa *stultitia* que salta de um tema a outro, de um ponto de atenção a outro, que brinca constantemente".[184]

E, em outro lugar:

> O *stultus* é antes de tudo quem está exposto a todos os ventos, quem deixa entrar na mente todas as representações e as aceita sem examiná-las, sem saber analisar o que representam [...]. Por outra parte, e como consequência disso, o *stultus* é quem está disperso no tempo, quem não se recorda de nada, quem deixa que a vida passe e mude de opinião constantemente.[185]

A negligência, por sua vez, tem a ver com não se concentrar suficientemente no exercício, carecendo da aplicação e da perseverança necessária para obter proveito do ensino, fazendo as coisas de uma forma descuidada, de qualquer maneira.[186] E é interessante, como também assinala Foucault, que o indivíduo não pode sair da *stultitia* sozinho; que para sair dela, para passar de *stultus* para *sapiens*, faz falta um trabalho sobre a vontade; e esse trabalho só pode ser feito por outro, um mestre. O mestre, então, não tem nada a ver com o saber, mas sim com a vontade: sua tarefa não é transmitir conhecimentos, mas ajudar o aluno a abandonar seu estado de distração. Comentando uma expressão de Sêneca, *oportet educat*, Foucault comenta que esse *educat*:

Não vem de *educare*, mas de *educere*: estender a mão, sair dali, se dirigir para fora dali. Não se trata então de um trabalho de instrução ou de educação no sentido tradicional do termo, de transmissão de um saber teórico ou de uma perícia técnica, mas se trata, efetivamente, de uma ação determinada a ser efetuada no indivíduo, a quem se estenderá a mão e a quem se fará sair do estado, do *status*, do modo de vida, do modo de ser em que se encontra.[187]

Por isso, ser conduzido para fora (da *stultitia*, da distração) implica abandonar o lugar onde se está e ir para a escola: "É preciso converter-se em *skholastikos*, tornar-se escolar (*skholastikon se deigenesthai*), ir para a escola".[188]

E também: "Os alunos estavam obrigados a permanecer durante toda a jornada em um lugar que, naturalmente, estava na cidade, mas que não se comunicava ou não se deixava comunicar com muita facilidade com a vida cotidiana".[189]

Enquanto ginástica da atenção, o exercício tem a ver com a discriminação, com eleição e coleta, com concentração, com fixação, com aplicação, com cuidado e com um trabalho permanente sobre a vontade que se dirige contra a distração, a preguiça, a dispersão, a mudança ou a alteração permanente. Essa ginástica da atenção se realiza sob a direção de um mestre e em um espaço-tempo separado da vida cotidiana. A partir desse ponto de vista, o mestre aparece como aquele que forma, educa, cura ou cuida da atenção; a escola se constitui como o espaço e o tempo da formação, da educação, da cura ou do cuidado da atenção; e a técnica escolar fundamental para essa formação da atenção é o exercício. O que o mestre faz é estender a mão aos que estão sumidos na distração, tirá-los de lá e levá-los à escola e ao exercício.

A escola, portanto, se constitui como o lugar do exercício da atenção, o mestre é aquele que propõe e dirige os exercícios (de atenção) e o aluno se converte no indivíduo que pratica exercícios (de atenção) de uma maneira assídua, aplicada e constante. E isso, essa qualidade de indivíduo exercitante, deve estar acompanhada (e expressada) por uma série de atitudes corporais apropriadas. A distração se expressa corporalmente em uma mobilidade permanente e em uma gestualidade incongruente. Por isso, existe toda uma hermenêutica corporal e gestual no saber do mestre (uma capacidade de interpretar as atitudes corporais e os gestos) que lhe permite avaliar se o aluno está ou não atento. E também por isso a atenção está ligada a certa imobilidade concentrada, bem como a uma gestualidade claramente codificada. A escola é o espaço e o tempo em que se aprendem as atitudes e os gestos corporais e mentais da atenção.

E é aqui, na escola, uma vez que se produziu essa espécie de separação das formas atencionais nocivas da vida cotidiana, das distrações da vida cotidiana, que entram as práticas fundamentais que têm a ver tanto com a forma quanto com a materialidade do exercício. Em uma cultura como a grega, a atenção é direcionada para o *logos*, para a palavra. Daí que, como diz Foucault: "Escutar, saber escutar como corresponde; ler e escrever como corresponde; e também falar, serão o suporte permanente e o acompanhamento ininterrupto da prática ascética".[190]

O exercício, então, tem a ver com recoletar o *logos* por meio da escuta e da leitura e com fixá-lo através da repetição e da escrita. A primeira coisa que é preciso fazer, então, é selecionar aquilo que vale a pena escutar ou ler e, uma vez selecionado (uma vez que se tenha orientado a atenção para ele), é preciso concentrar-se nele (com zelo, com perseverança e com esforço) e repeti-lo.

Para desenvolver um pouco mais a questão dos exercícios escolares como ginástica ou disciplinas da atenção, podemos continuar com uma citação de Simone Weil:

> O poeta produz o belo pela atenção fixada no real. Igualmente o ato de amor. Saber que esse homem, que tem fome e sede, existe realmente tanto quanto eu, isso basta, o resto continua por si mesmo. Os valores autênticos e puros do verdadeiro, do belo e do bem na atividade de um ser humano são produzidos por um único ato, por certa aplicação da plenitude da atenção no objeto. O ensino não deveria ter outro fim senão preparar a possibilidade de um ato tal pelo exercício da atenção. Todas as outras vantagens da instrução não têm interesse.[191]

Talvez a desatenção seja outro nome para negligência ou para distração. Algo do que viria, segundo Weil, grande parte do falso, do feio e do mal do mundo. Em qualquer caso, a atenção, o exercício e a formação da atenção seriam os fins fundamentais da educação. Poderíamos dizer então, seguindo esse fio, que a educação nada mais é do que uma série de procedimentos dirigidos a capturar a atenção, a orientá-la, a disciplina-la, a direcioná-la e, em definitivo, a formá-la. Algo que, de uma maneira essencial, já está presente nesta espécie de cena primigênia que é uma mãe cantando uma canção para seu bebê em seu colo. Toda educação é isto: primeiro uma captura da atenção ao dirigi-la para um objeto determinado – atendam a isso e não atendam a esse outro; ou, em outras palavras, conecte-se com isso e desconecte-se desse outro. Segundo, um trabalho sobre a vontade encaminhado a sustentar, a orientar e a disciplinar essa atenção previamente capturada: continuem atentos, não se desconectem tão rapidamente, continuem aí. Terceiro, um trabalho sobre o amor, sobre isso que tem existência e consistência e, por isso, merece atenção, mas não se pode reduzir ao que já é conhecido. Para Weil, atender a algo é ao mesmo tempo torná-lo "real" e torná-lo "amável".

Talvez o interesse de Simone Weil pela atenção tenha se originado durante a vivência do trabalho em cadeia (na fábrica parisiense da Renault) que elabora em *A condição operária*. Para Weil, o pior da fábrica não é tanto a exploração econômica mas a imersão dos trabalhadores em formas embrutecedoras e destrutivas de relação com o mundo que são repetitivas, automáticas e, acima de tudo, que não permitem que se pare para pensar:

> O pior atentado, que mereceria, talvez, ser equiparado ao crime contra o Espírito, e que não tem perdão se não for cometido provavelmente por inconsciente, é

o atentado contra a atenção dos trabalhadores. Mata na alma a faculdade que constitui nela a própria raiz de toda vocação sobrenatural. A baixa espécie de atenção exigida pelo trabalho taylorizado não é compatível com nenhuma outra, porque esvazia a alma de tudo o que não seja a preocupação pela rapidez. Esse gênero de trabalho não pode ser transfigurado, é necessário suprimi-lo.[192]

Para Simone Weil a luta operária não tem a ver apenas com uma partilha equitativa dos benefícios do trabalho ou com a suavização das condições em que se realiza, mas deveria dirigir-se à eliminação de um tipo de trabalho que, por sua própria natureza, é indigno da condição humana. O trabalho não apenas produz mercadorias, por isso, para Weil, o trabalho da fábrica é um atentado contra a alma. A proletarização dos camponeses significou uma mudança enorme e certamente traumática nas formas de atenção exigidas pelas novas modalidades de trabalho. Uma mudança, talvez, de dimensões semelhantes à transição atual para formas pós-industriais de trabalho, de consumo e de relação, mediadas por tecnologias que também são tecnologias da captação, do controle, da mercantilização e da destruição da atenção, portanto, na linha de Weil, delitos contra a alma.

Por isso não só é preciso considerar, em cada caso, quais os objetos de atenção que se privilegiam (este ou aquele) ou as formas de atenção que se põem em jogo (mais ou menos concentradas ou mais ou menos dispersas), mas também qual é a estrutura dos dispositivos atencionais que capturam a atenção, a enquadram e lhe dão (ou não) sentido. Nesse sentido, poderíamos dizer que a escola é, ou foi, um dispositivo atencional específico, separado, distinto de outros dispositivos atencionais. De fato, e desde suas origens gregas, a escola é o lugar em que se trata de separar as crianças e os jovens das formas ordinárias, comuns, inferiores e supostamente degradadas da atenção, de redirecionar essa atenção para "o que importa" e de propor exercícios ao mesmo tempo mentais e corporais dirigidos a obter certa disciplina ocupacional.

Hoje em dia, evidentemente, parece que o problema da escola não passa só por orientar a atenção de crianças e jovens para assuntos que não lhes interessam, mas tem a ver, sobretudo, com a maneira como o tipo de atenção que ela requer se afasta brutalmente das formas atencionais induzidas pelos novos meios. É verdade que os professores continuam se esforçando (com maior ou menor êxito) para introduzir as crianças e os jovens nos temas escolares, porém são muitos os que afirmam que a questão fundamental é outra:

> Os professores concebem seus cursos para um regime de atenção profunda e supõem que seus alunos se concentrarão sobre uma só coisa durante um longo período (um romance de Dickens, por exemplo), ignorarão os estímulos exteriores durante essa fase de concentração, preferirão ter só uma fonte de informação e terão uma tolerância alta a longos períodos de focalização. Mas os alunos contraíram os hábitos próprios da hiperatenção: mudam rapidamente de foco entre diferentes tarefas, preferem múltiplas fontes de informação, buscam um nível alto de estimulação, têm baixa tolerância ao aborrecimento.[193]

Como se a escola exigisse formas de atenção distintas daquelas que já colonizaram as mentes e os corpos das crianças e dos jovens e só houvesse duas possibilidades: ou adaptar a escola às formas de atenção socialmente dominantes (com o que desapareceria como regime atencional separado e, portanto, como escola), ou tratar de dirigir os alunos para outras modalidades atencionais que eles acharão, naturalmente, estranhas e aborrecidas. O problema não é tanto da orientação da atenção, mas sim de sua modulação. A questão parece estar não tanto no *que*, mas no *como* da atenção escolar. Como disse Byung-Chul Han:

> As conquistas culturais da humanidade se devem a uma atenção profunda e contemplativa. A cultura requer um entorno em que seja possível a atenção profunda. Esta é substituída progressivamente por uma forma de atenção completamente diferente, a hiperatenção. Essa atenção dispersa se caracteriza por uma acelerada mudança de foco entre diferentes tarefas, fontes de informação e processos. Dada também a sua baixa tolerância para tédio, tampouco admite aquele aborrecimento profundo que seria de alguma importância para um processo criativo [...]. A pura agitação não gera nada de novo. Reproduz e acelera o que já existe [...]. O "dom da escuta" se baseia justamente na capacidade de uma profunda e contemplativa atenção, à qual o ego hiperativo já não tem acesso.[194]

A escola pode se considerar como um dispositivo atencional que é passível de ser analisado a partir do ponto de vista do que faz atender e a partir do ponto de vista das formas de atenção que promove. A educação não é, em primeiro lugar, a transmissão (de um saber), mas a formação da atenção.

Os exercícios escolares podem ser considerados como uma espécie de ginástica de atenção. A atenção pode melhorar através do exercício: tornar-se mais intensa, mais refinada, mais concentrada, mais atenta. Sempre se pode prestar mais atenção: assistir a mais detalhes, a mais matizes, perceber o que não se percebia, ou percebê-lo de outra perspectiva. Poderíamos dizer que a atenção não é nada em si mesma, em abstrato, que só há tarefas que são feitas mais ou menos atentamente. A atenção, então, não pode ser separada dos exercícios nos quais é praticada e melhorada. A escola é o lugar de uma invenção e reinvenção permanente de exercícios, atividades, procedimentos e modos de fazer direcionadas para formar a atenção. É também o lugar em que esses procedimentos atencionais são constantemente analisados, avaliados, refletidos e postos à prova. O professor, portanto, tem que estar atento à atenção (e não apenas comprovar se as tarefas estão ou não bem-feitas).

A partir desse ponto de vista, o professor pode ser considerado como uma espécie de mestre da atenção. A tarefa do professor (sua maestria), através de exercícios escolares, consiste em chamar a atenção (vejam aqui, olhem isto, escutem isso, fixem-se naquilo: uma tarefa que consiste em "assinalar" aquilo que vale a pena perceber e em conseguir que os alunos dirijam sua atenção para o que se assinala), em manter a atenção (não abandonem, continuem atentos, não se distraiam: uma tarefa que tem a ver com a vontade), em melhorar a atenção (torná-la mais refinada, mais intensa mais detalhista, mais criativa, com mais nuances: uma tarefa que tem a ver com perceber aspectos até então não percebidos) e em disciplinar a atenção (conseguir que funcione de acordo com determinadas regras: uma tarefa que tem a ver com a criação de hábitos atencionais). A tarefa do professor é estar atento à atenção dos alunos (para capturá-la, dirigi-la, sustentá-la, melhorá-la e regulá-la).

A partir desse ponto de vista, a escola se constitui como uma espécie de cápsula de atenção separada das formas atencionais destrutivas reguladas pela economia e por seus aparatos. A escola seria um lugar para participar (juntos) de outras coisas e para participar (dessas coisas) de outro modo. A escola daria, então, o tempo, o espaço, a matéria e o exercício para a formação de outra atenção. Só assim a escola poderia funcionar como uma espécie de cura atencional que pudesse remediar alguns dos efeitos perversos da atenção socialmente dominante. A escola seria um lugar (e um tempo) para o cuidado da atenção, e, uma vez que a atenção é enormemente frágil e está, nesta época, industrialmente arrasada ou ao menos industrialmente ameaçada, a escola seria um lugar (e um tempo) para a cura (ou a reparação) da atenção. As formas escolares da atenção não podem ser pensadas a partir das lógicas da economia cognitiva (a que mede a rapidez e a eficácia dos resultados, em função do gasto atencional necessário) mas sim que constituem um regime de atenção diferenciado dos regimes de distração e de padronização com que os meios massivos de comunicação anestesiam a sensibilidade e a inteligência.

A escola constitui um espaço privilegiado para a experimentação atencional precisamente por sua relativa separação das lógicas econômicas da rentabilidade. O regime atencional escolar é mais estético que econômico. E por isso, na escola tal como na arte, na relação educativa tal como na relação estética, o assunto central é a própria atenção. Por isso poderíamos falar, tanto na escola quanto na arte, de uma poética da atenção. Poderíamos dizer, nesse sentido, que a escola constitui uma espécie de zona de exceção (um enclave) não submetida às leis da economia atencional que dominam seu entorno. Do mesmo modo que os regimes atencionais estéticos. Como diz Yves Citton: "Uma ecologia da atenção deve defender ativamente as condições ambientais necessárias para que práticas artísticas e experiências estéticas protegidas das pressões para a rentabilidade possam se desenvolver".

A partir desse ponto de vista, a escola pode constituir um desses:

> Vacúolos que permitem suspender temporariamente as exigências da atenção comunicacional, de maneira que possa concentrar na atenção plena e durável sobre objetos culturais privilegiados [...]. As salas de leitura, as salas de aula, de cinema, de concertos, de dança e de teatro são, certamente, junto com as igrejas, os últimos lugares sagrados onde o vampirismo atencional da comunicação ainda respeita os valores superiores de certa comunhão mística – que seria interrompida de um modo sacrílego pelo som de um telefone. O círculo traçado no solo onde o xamã pode receber a inspiração divina, um laboratório

no qual não se pode entrar sem jaleco e luvas, o cubo branco da galeria de arte, a caixa preta da projeção cinematográfica ou da performance teatral (e, nós acrescentaríamos, essa particular estrutura espacial que é uma sala de aula) constituem espaços paratópicos que instauram um sistema atencional regido por leis próprias.[195]

É preciso proteger esses espaços e esses tempos em que a atenção não está vampirizada por uma multiplicidade caótica de estímulos, não está mercantilizada e padronizada, não está acelerada. Por isso a escola é um lugar para dar tempo e para dar-se tempo (comecei esta seção dizendo que o futuro da escola se desenvolve jogando na *scholé*, no tempo livre). E isso porque a atenção requer tempo, se forma lentamente:

> Nos convertemos juntos nos indivíduos que somos através dos dispositivos nos quais se estabiliza nossa atenção. Mas esses dispositivos requerem tempo: implicam um momento de espera que contrasta com a impaciência crescente dos modos de comunicação que nos são impostos desde dois séculos atrás pela intensificação da modernidade. Uma das principais críticas que deveríamos fazer aos nossos regimes atuais é a de não nos concedermos o tempo de espera que é o tempo da formação da atenção.[196]

Terminarei com outra citação de Simone Weil:

> A formação da faculdade de atenção é o objetivo verdadeiro e quase o único interesse dos estudos. A maior parte dos exercícios escolares tem também certo interesse intrínseco, mas se trata de um interesse secundário [...]. Por isso, é preciso estudar sem nenhum desejo de obter boas notas, de passar nos exames, de conseguir algum resultado escolar, sem nenhuma consideração pelos gostos ou pelas atitudes naturais, aplicando-se igualmente a todos os exercícios, no pensamento de que todos servem para formar a atenção [...]. Aquele que passa seus anos de estudo sem desenvolver a atenção perde um grande tesouro.[197]

## Nossos estudos
*(Com Michel Foucault e Bernard Stiegler)*

A escola, essa arte grega, está ligada também à escrita, ao que poderíamos chamar a "gramatização do mundo", à alfabetização. Em sua consideração das escolas da Antiguidade, Foucault também trata, ainda que de forma indireta, da relação entre o cuidado de si e a escrita. Uma relação que, como se sabe, é problemática em Platão (que condena a escrita e, ao mesmo tempo, ao contrário de Sócrates, escreve), mas que se faz já evidente na sofística e, especialmente, nas escolas estoicas e epicuristas. Foucault diz que a leitura já era uma prática corrente em muitas das escolas filosóficas antigas e que nelas se constitui o essencial do que mais tarde seria chamado de "leitura filosófica". Fala dos conselhos sobre leitura – ler alguns autores, poucas obras, poucos textos, escolher as passagens consideradas mais importantes, fazer resumos, praticar os comentários e os florilégios, extrair citações e enviá-las aos amigos – e precisa: "O objetivo, o fim da leitura filosófica não é chegar a conhecer a obra de um autor; sua função nem sequer é aprofundar sua doutrina. Mediante a leitura, se trata essencialmente de suscitar uma meditação".

A partir daí, fala da *meleté* como exercício de pensamento que tem a ver com a apropriação e a repetição, e que se trata: "[...] de fazer que a partir da verdade alguém se converta no sujeito que pensa a verdade, e, a partir desse sujeito que pensa a verdade, chegar a ser um sujeito que atua como corresponde".

Onde se trata também "[...] não tanto de pensar sobre a coisa em si, mas de se exercitar na coisa na qual se pensa".

Definitivamente: "Não o jogo do sujeito com seu próprio pensamento, mas sim o jogo efetuado pelo pensamento no próprio sujeito [...]. Deslocamento do sujeito em relação ao que ele mesmo é por efeito do pensamento, no fundo a leitura filosófica é essa função meditativa".

Além disso: "A escrita já se converteu e não cessa de afirmar-se cada vez mais como um elemento do exercício de si. A leitura se prolonga, se fortalece, se reativa pela escrita, escrita que é também um exercício, também um elemento de meditação".[198]

Para falar de escrita, Foucault retoma o termo platônico de *hypomnémata*, que poderíamos traduzir como técnica de memória. A escola, então, tem a ver com a aparição dessa forma particular de materialização, espacialização e externalização da memória que chamamos de escrita. Nesse sentido, e partindo de Foucault, Stiegler escreve:

> A anamnese, através da qual a filosofia experimenta a necessidade, para a alma que conhece, de trans-formar-se, é uma forma de *epimeleia*, isto é, de cuidado e de atenção, enquanto é um cuidado de si que é também um cuidado do que não é você mesmo, daquilo que mais tarde se chamará um objeto [...]. A filosofia supõe uma *hipomnese* que (enquanto recinto da gramatização) a torna possível [...]. Essa é a razão pela qual toda nossa herança acadêmica foi constituída sobre a base de uma cultura da letra como técnica de retenção dos letrados que transindividuam as disciplinas [...]. Na Antiguidade, a questão das técnicas de formação da atenção se apresenta primeiro como a da atenção a si e como a aquisição de técnicas de si, mas também como práticas nootécnicas disso ao que introduz também a formação escolar, fundamentalmente como submissão da atenção à letra, o que fazem os *grammatistès*, e que é o que abre o acesso à *scholé* nesse *scholeion* que é a escola da Grécia Antiga.[199]

Ou, um pouco adiante: "O que Platão nega é a necessidade de passar pela escrita, isto é, pelo *pharmakon*, como fazem os sofistas e como farão os epicuristas e os estoicos".[200]

Platão nega a escrita porque é fármaco, ou seja, ao mesmo tempo veneno e remédio da memória, uma tecnologia que pode criá-la, mas também destruí-la. E essa condição ambígua de fármaco é o que constitui, para Stiegler, a ambiguidade fundamental da gramatização. A escrita, como todas as técnicas de fixação e materialização da memória, pode estar do lado da formação da atenção, mas também de sua destruição. E pode estar do lado da internalização do saber, mas também do que o próprio Platão denunciava como *polymatía*, ou seja, como aparência de saber.

Em qualquer caso, a escola só pode aparecer como alfabetização (como um lugar onde se aprende a ler e escrever) e, ao mesmo tempo, como o lugar em que se forma a atenção à língua, no sentido tanto literário quanto lógico, isto é, a capacidade de analisar, colocar a distância e discernir a forma própria do discurso. Essa arte grega que é a escola se constitui como um particular exercício de leitura, o que logo se chamará de estudo, mas sempre enquanto ambíguo e problemático. E a questão é a sobrevivência da escola de em um mundo pós-alfabético, em que a escrita já não é a tecnologia essencial da gramatização do mundo, e em um mundo em que as novas tecnologias da inscrição da memória estão em sua maior parte capturadas por aparatos industriais e mercantis.

No entanto, além disso, a escrita não só faz com que a transmissão escolar do saber e os exercícios escolares passem fundamentalmente pela letra, mas inaugura também, na escola, uma forma particular do espaço público e uma forma particular de igualdade. A escola é o lugar onde o texto é lido e comentado em público, publicado e tornado público. E é também o lugar onde todos são iguais enquanto leitores e escritores ou, em outras palavras, enquanto estudantes, enquanto recebidos igualmente pela letra como uma forma democrática de inscrição e de transmissão do saber. Na escola, o texto, a letra, está à disposição de todos, igualmente de todos. E é nesse sentido que a escrita escolar constitui um dispositivo de comunicação (no sentido de des-privatização) mas também de profanação do saber. Uma das consequências da expansão histórica da escrita através da escola é o que Stiegler chama de "devir-profano" do mundo das ideias e das idealidades, dos textos, na medida em que a escrita escolar permite a passagem dos sujeitos ao plano *noético* mas, ao mesmo tempo, profana esse plano enquanto o faz de uso público e comum: "O devir profano é um devir público, não misterioso, que abre notavelmente a possibilidade de um público que lê".[201]

Além disso, a escrita escolar define o papel do professor como:

> O encarregado de formar, por uma disciplina que não é da vigilância mas da integração em circuitos de transindividuação regulados por conceitos, e não por normas, um "nós" intergeracional e sem dúvida racional, como formação da atenção, e acessível à maioria dos alunos, a partir da instrução pública obrigatória.[202]

O professor que ensina a ler e escrever, que transmite o saber enquanto gramatizado, vigia e normaliza, talvez, mas as regras de seu trabalho têm a ver com conceitos, com racionalidade, com a atenção, com a instrução em um campo de conhecimento e com a democratização desse conhecimento na medida em que é tornado acessível, através da letra, para a totalidade de crianças e dos jovens enquanto alfabetizados, na medida em que passam a fazer parte de um "nós" intergeracional que é o da sociedade de leitores ou o de um público que lê.

Nesse sentido, a escola da qual somos herdeiros e por cujo futuro somos responsáveis, se constitui como um modo de relação intergeracional cujas regras são públicas e que, ao mesmo tempo, está centrado em uma materialidade escrita sobre a qual se colocam em jogo os exercícios e as formas de atenção especificamente escolares na medida em que se produzem no interior de uma *scholé*, de um *otium* (separado da produção e do *negotium*). A escola alfabética é, nesse sentido, um aparato espiritual montado sobre uma tecnologia mnemotécnica, uma série de escritos, de *hypomnémáta*, sobre os que se realizam operações de atenção, de cuidado e de disciplina que podemos chamar de "estudos" e que ainda têm a ver com a *epimeleia* e com a *meleté* tal como se configuraram no *scholeion* grego. No entanto, o que ocorre em nossa época pós-alfabética é que a maioria dos sistemas de gramatização foram absorvidos por um sistema tecno-econômico que tende à abolição tanto do tempo livre quanto da esfera pública e, talvez, fundamentalmente, à destruição das formas de atenção e de disciplina requeridas por essa forma particular de cuidado que chamamos de "estudo". E talvez as contradições do professor tenham a ver com o que ainda trata de sustentar e de verificar essa ideia, esse pressuposto, de que existem livros que valem a pena e de que todos podem ser estudantes. Stiegler define essa "cena pedagógica" agora quase impossível como:

> [...] uma individuação coletiva em um meio regulado. A construção do objeto em um curso é uma co-individuação 1) do objeto, 2) do sujeito que estuda o objeto e 3) do educador que acompanha esse sujeito e lhe ensina o acesso a esse objeto – através de regras disciplinares que podem adotar as formas mais variadas, mas que estão sempre submetidas a constrições de explicação e de argumentação. A atenção que constrói tal objeto é a que conduz a um processo não somente de co-individuação mas também de trans-individuação, quer dizer, de compartilhar significações que são, por isso mesmo, significações explicitáveis e argumentáveis, razão pela qual se poderia falar de uma trans-individuação crítica.[203]

Compreender-se-á então que a tarefa do professor tenha a ver com três operações fundamentais, as três de caráter farmacológico. A primeira, a seleção dos textos ou, dito de outro modo, a seleção dos "objetos" cujo estudo "vale a pena". A segunda, a regulamentação do estudo, quer dizer, a invenção e a implementação das disciplinas, dos exercícios e das formas de atenção (os modos de ler) com as quais se relacionar bem com esses "objetos".

A terceira, a regulação da conversação, ou seja, da leitura pública e em público na qual os significados são explicitamente compartilhados de uma forma argumentada e crítica. As três operações constituem essa difícil arte grega que é a arte do professor. E é só através dessas três operações que o professor pode converter o texto em matéria de estudo e os alunos em estudantes ou, dito de outra maneira, pode tornar possível essa experiência propriamente escolar da leitura que é o estudo.

E digo que as três operações são farmacológicas porque os três têm a ver com uma discriminação problemática do remédio e do veneno: porque há textos que não valem a pena, porque há formas de leitura que não formam a atenção e porque há modos de conversar que banalizam e destroem o espaço público como espaço de responsabilidade. Por isso as operações do professor constituem certa violência a respeito dos textos, das formas de leitura e dos modos de conversa que estão sendo impostas não só no mercado mas também no interior da própria escola (e da universidade). Por outro lado, se entenderá também que o estudo, na escola, é leitura e escrita. Na escola a leitura se escreve e, de fato, o estudo consiste em uma série variadíssima de exercícios de leitura e escrita, a partir da cópia até a composição fundamentada em citações lidas, passando pelo clássico comentário do texto. O estudo supõe a obrigação de escrever (também como exercício, como *meleté*). E isso é também algo que o professor tem que tratar farmacologicamente porque, na escola, nem todas as escritas valem o mesmo.

## Nossos amores
*(Com Bernard Stiegler e Michel Foucault)*

Disse antes que a escrita na escola implica uma profanação do saber (no sentido de seu devir inscrito, externalizado, transmissível, público e não misterioso, de seu devir conhecimento objetivado e acumulável, e não sabedoria) e, portanto, a escola tem a ver primariamente com a instrução e não com a iniciação. Mas há na leitura e na escrita escolares outra dimensão que Stiegler também assinala e que contém, como um excesso ou uma diferença, essa dimensão misteriosa:

> A partir da escrita, o conhecimento constrói seu objeto como um objeto cognoscível, isto é, sem mistério. Mas o objeto do conhecimento nunca se reduz a essa construção. Existe uma inadequação irredutível entre o conhecimento e seu objeto, e essa inadequação inscreve o inacabamento no próprio coração desse processo de individuação em que consiste o conhecimento enquanto "deseja seu objeto". É por isso que o objeto do conhecimento é infinito: porque é objeto de desejo.

O objeto de conhecimento, parece dizer Stiegler, não se reduz ao objeto cognoscível objetivado, profanado e tornado transmissível na escrita escolarizada. Ou, em outras palavras, a escrita também "faz mistério". Poderíamos dizer que o objeto de conhecimento está e ao mesmo tempo não está no texto, ou que o texto transmite o conhecimento como objeto cognoscível, e, ao mesmo tempo, o desejo de conhecimento de um objeto que sempre se mantém por conhecer. Algo que já sabia Platão quando pensou, em *O Banquete*, por exemplo, o conhecimento como o amor e o amor como impulso e como potência de movimento (algo que a escrita produz de uma forma particular). Porque, na escrita, se dá o objeto de conhecimento, mas se dá em sua incompletude e em seu inacabamento. O leitor lê o que está, o que o texto lhe dá como conhecido, mas ao mesmo tempo lê o que não está. E toda escrita implica também, por sua própria lógica, um desejo nunca satisfeito de escrita. Não há transmissão do saber que não seja também transmissão do desejo de saber. Stiegler continua assim:

> O objeto do conhecimento, e da filosofia que é sua forma mais radical e mais inquieta, indo a seus próprios limites quase mistagógicos, é o objeto do amor e de desejo. Por isso tanto Platão quanto Aristóteles dizem que o conhecimento não é redutível a uma técnica, isto é, a um simples modo de produção de seu objeto. É um afeto. O verdadeiro, o justo e o belo me afetam na medida em que superam meu conhecimento: me trans-formam. Esse excesso intrínseco do conhecimento em relação ao seu objeto é o que requer a individualização do que conhece pelo que conhece (o objeto), onde o que conhece se trans-forma, ao passo que o objeto que constrói se trans-forma também.[204]

Foucault também se refere ao amor no contexto do que chama de "espiritualidade ocidental", concretamente quando considera as práticas que permitem ao sujeito ter acesso à verdade. Essas que constituem "não para o conhecimento, mas para o sujeito, para o próprio ser do sujeito, o preço a pagar por ter acesso à verdade".

Essas práticas são geralmente ascéticas, exercitantes, mas partem do postulado de que a verdade não se dá ao sujeito se não é ao preço de certa transformação de si (de certa *metanoia*, de certa conversão): o sujeito tal como é não é capaz de verdade, e não pode haver verdade sem certa transformação do sujeito. E essa transformação, diz Foucault, tem dois componentes. O primeiro é o trabalho sobre si mesmo, a ascese, o exercício, e o segundo é o amor, o eros. Por isso: "Eros e ascese são, creio, as duas grandes formas mediante as quais se conceberam, na espiritualidade ocidental, as modalidades que possibilitam ao sujeito se transformar".[205]

Se voltarmos à leitura e à escrita escolares, que aqui chamo de "estudo", poderíamos dizer que este tem uma dimensão profana, de ascese, de trabalho, de relação com um texto misterioso e com um objeto já conhecido, de instrução em definitivo; mas que, ao mesmo tempo, como implicada nela, o estudo tem também uma dimensão amorosa, erótica, em que o mistério reaparece e em que a leitura e a escrita voltam a ter certo caráter iniciático, mistagógico. No estudo o texto se profana, mas, ao mesmo tempo, por conter um poder irredutível de afeição, algo que sobrepassa o conhecimento como "técnica de construção de seu objeto", o estudo mantém também algo de sagrado, de misterioso e de inacessível no objeto de conhecimento, que é precisamente o que desperta o amor e o desejo. Mas se trata de um desejo do que não existe ou, também, de um desejo do que não faz nenhuma falta, um desejo, enfim, do que não se sabe. Como se no estudo houvesse algo como um excesso, um in-acabamento ou uma abertura que o mantém em tensão e lança ao estudante até o que não sabe e, portanto, estabelece as condições para sua própria transformação.

E a própria definição de filo-sofia como amor ao saber, e o fato de que esse amor seja seu objeto próprio (e misterioso), poderia nos dar uma pista. A transmissão do conhecimento transmite também o desejo de conhecimento. Ou, dito de outra forma, ensinar a ler significa dar vontade de ler (como ainda não se leu), ensinar a escrever implica dar vontade de escrever (o que ainda não se pôde pensar), ensinar filosofia significa dar vontade de pensar (o que ainda não foi pensado), ensinar desenho significa dar vontade de desenhar (o que ainda não se sabe desenhar), etc. E esse desejo, essa vontade não se transmitem tecnicamente, diz Stiegler, enquanto requerem uma iniciação. Ensinar a ler é iniciar na leitura, ensinar a escrever é iniciar na escrita, ensinar a pensar é iniciar no pensamento, ensinar a desenhar é iniciar no desenho, etc.

É aí que a leitura e a escrita escolares, baseadas na disciplina e no exercício, implicam uma dimensão amorosa e desejante (em que o estudo vai mais além do dado, do sabido, do pensado) sem a qual o estudo seria puramente mecânico, uma simples técnica de apropriação do saber. O ofício do professor, portanto, tem a ver com a profanação do texto, poderíamos dizer com certa des-erotização do estudo, mas tem a ver também com chamar a atenção para a incompletude do texto e do estudo, com fazer que o estudo se faça amoroso e desejante (se volte a erotizar) e, portanto, volte a ter algo de iniciático e de mistagógico.[206] Estudando se aprende que ainda há muito que estudar, que o estudo, por definição, nunca se acaba, que o que impulsiona o estudo é, precisamente, esse inacabamento que o constitui. Nas palavras de Stiegler:

> Fruto da idealização sem a qual não há desejo nem *libido sciendi*, o objeto de todas as atenções necessita desde a Antiguidade da prática do *otium* ou da *scholé* pela qual se acede aos objetos da contemplação, quer dizer, da teoria, e cujo lugar por excelência é o *scholeion* – a escola tal como pensam os gregos.[207]

O professor trabalha sobre a vontade, sim, mas também atua, e talvez de uma forma essencial, sobre o desejo:

> A teoria da atenção e dos sistemas de cuidado que tento elaborar supõe, na veia aristotélica (que é um pensamento do movimento e da emoção), que todo sistema de cuidado projeta um objeto mistagógico – e que não há cuidado que esteja ao abrigo da mistagogia [...]. Isso não significa que esse objeto misterioso seja milagroso ou sobrenatural. Significa que esse objeto "faz" mistério, produz

mistério e precisa, para ser acessível, dos discursos iniciáticos, mistagógicos e esotéricos. Porém também precisa de uma disciplina.[208]

Um pouco mais adiante: "Aqui, como sempre depois do 'Banquete', é preciso pensar no saber como um gênero do desejo. O objeto do desejo é, por excelência, o objeto de atenção, e reciprocamente: não há objeto de atenção senão para um ser desejante".[209]

Na mesma linha: "Cuidar, em sentido estrito, é cultivar aquilo de que se cuida. É fazê-lo frutificar e, nesse sentido, é transformá-lo e melhorá-lo por esse esforço que Aristóteles chama de *noesis* [...]. Cuidar quer dizer cultivar, é dedicar um culto".[210]

E, por último: "Cuidar é cuidar do movimento".[211]

O estudo não é um exercício sustentado por um desejo (como se o desejo fosse anterior ao estudo, como se fosse a motivação do estudo), mas implica um desejo que aparece no próprio estudo. O desejo não é anterior à ascese (ao cuidado, ao exercício e à atenção), mas está inscrito na própria ascese. Como dizia Foucault, eros e ascese são os dois componentes da espiritualidade, e o que Foucault chama de "espiritualidade" não é outra coisa senão a condição para que o sujeito possa ser transformado pela verdade (nas palavras de Stiegler, para que na transmissão haja individuação). Por isso, na escola, a dimensão instrutiva (técnica, disciplinar, ascética) e a dimensão mistagógica (misteriosa, erótica) não podem ser separadas. É o conhecimento em si, quando é o objeto de atenção e cuidado, o que faz mistério e, portanto, o que se torna o objeto do desejo (pelo que passa o desejo). E, reciprocamente: é o próprio conhecimento, enquanto amado, enquanto desejado, o que exige um cuidado, um cultivo, uma disciplina. Cuidado, cultivo e culto, diz Stiegler, são a mesma coisa.

Por isso, cuidar do estudo é, ao mesmo tempo, cuidar do desejo que o estudo contém (a dimensão amorosa de estudo) ou, o que é o mesmo, olhar para o estudo como emoção e como movimento, ou seja, como tensão, abertura, in-finitude e in-acabamento. Por isso o professor não "motiva" os estudantes, mas sim os põe para estudar, os faz estudar, lhes oferece as condições para que possam estudar, com a confiança de que seja o próprio estudo o que desperta o desejo do estudo.

Para que o estudo seja uma individuação ou, de outro modo, para que forme e transforme o sujeito ou, dito com Foucault, para que seja uma prática espiritual, são imprescindíveis duas dimensões que são como duas faces da mesma moeda: a ascética e a erótica. Por isso o professor exerce uma função instrutiva e disciplinar, mas também, implicitamente, uma função mistagógica, iniciática, enquanto transmite o conhecimento e, ao mesmo tempo, o desejo de conhecimento (uma relação amorosa com o conhecimento). Por isso, o professor não é um mestre ou um guru (visto que seu trabalho tem a ver com a instrução e não com a iniciação), mas é um mestre e um iniciador (já que desperta o desejo e o amor). E na escola atual (também na universidade) tudo conspira contra a ascese e a disciplina (contra a instrução), mas também tudo conspira contra o amor (contra o mistério).

Em primeiro lugar, porque a escola (também a universidade) é cada vez mais uma função da chamada economia do conhecimento, da informação ou da aprendizagem. E aí se aprende sem amor (ou seja, sem mistério), seja porque não há "objeto" a que atender, do que se ocupar, para cuidar, seja porque o "objeto" não é outra coisa senão uma mercadoria que se vende e se compra (que se troca) e na qual, no máximo, se inova (entendendo essa palavra em seu sentido produtivo e mercantil). A partir desse ponto de vista, a aprendizagem se converte em um produto que se põe a produzir (em uma espécie de produto produtivo) e que está ligado a um saber-fazer que quase sempre é um fazer-sem-saber. A escola, cada vez mais, trabalha com uma concepção de "aprendizagem em geral", de aprendizagem reduzida à capacidade genérica de aprendizagem, ao passo que a atenção, na medida em que implica o amor e o cuidado, só pode ser específica, isto é, só pode ser "isso e aquilo". Pode haver aprendizagem "em geral", mas não pode haver atenção "em geral", a menos que isso, a atenção, seja esvaziada e desqualificada, destruída enquanto singular, para poder ser produzida e administrada industrialmente.

Em segundo lugar, porque a escola (e também a universidade) é cada vez mais uma função da assim chamada economia libidinal, essa que trabalha não com o desejo, mas com as pulsões enquanto produzidas técnica e industrialmente. O capitalismo contemporâneo é "capitalismo cognitivo" e também "capitalismo libidinal", ou seja, uma sociedade (uma economia) que não se orienta apenas à produção, mas também, e talvez essencialmente, ao consumo e ao marketing, quer dizer, à incitação industrial de uma pulsão que é em si mesma produtiva. No capitalismo libidinal, o desejo é produzido, posto para circular e colocado para produzir. E a escola, cada vez mais, trabalha com a "motivação em geral" ou com o "desejo em geral", com um sujeito entendido como uma espécie de "máquina pulsional genérica", isto é, sem objeto, já que, na atenção e no estudo, o amor e o desejo só podem acontecer enquanto singularizados, isto é, como amor ou desejo "disto ou daquilo".

O capitalismo cognitivo-libidinal destrói a atenção e o amor, ambas condições do estudo. Tanto a escola cognitiva como a escola libidinal (embora talvez pudéssemos falar da escola cognitivo-libidinal) supõem o arrasamento da escola (se a escola se entende, nos termos de Stiegler, como espaço-tempo da individuação, da co-individuação e da trans-individuação) e se converte em um espaço-tempo para a homogeneização cognitiva e libidinal (nos termos de Stiegler: a des-individualização):

> A escola (grega ou moderna) é a organização que, apoiada na existência dos livros e como lugar de aprendizagem da escrita (instrução elementar), permite re-aceder à história dos saberes literalizados e, assim, adotá-los e individualizá-los a partir disso que, como passado dos conhecimentos, permitem elaborar como porvir.[212]

Por isso, o professor não só dá um saber, mas o desejo de saber. Não só dá o passado do conhecimento, mas também o seu futuro. Ou, dito em arendtiano, transmite o mundo a partir do ponto de vista de sua renovação. É aqui, penso eu, que poderíamos reintroduzir o caráter farmacológico do trabalho do professor, não só na seleção dos textos mas também na implementação de certos modos de leitura. O professor tem que selecionar e dar a ler os textos que dão vontade de continuar lendo, isto é, que abram a leitura (e o saber) para o futuro da leitura (e do saber). E me parece que o que o professor ama é despertar o amor, e o que o professor deseja é despertar o desejo. Ama sua matéria, é claro, e é por isso que a transmite e compartilha, mas o que ama sobretudo é ver seus estudantes começando a amar essa matéria. E isso, o amor, não é transmitido de modo técnico, ou, em outras palavras, só o amor é capaz de transmitir o amor. O professor instrui (transmite um saber objetivado, gramatizado e acumulado, ensina a ler), mas ao mesmo tempo inicia (no amor ao saber, no desejo de saber, na vontade de saber).

Em vários lugares deste livro escrevi que só posso entender a escola como uma sala de aula conectada a uma biblioteca ou, em geral, a um arquivo no qual existem livros mas também filmes, música, quadros, etc. Também Stiegler fala dos livros (e, em geral, dos objetos culturais) como instrumentos espirituais (seguindo Mallarmé) ou como objetos investidos de espírito (seguindo Husserl), ou seja, como coisas materiais, contingentes, corruptíveis e instrumentalizáveis que suportam algo que não é nem material, nem contingente, nem corruptível, nem instrumentalizável:

> Os instrumentos do espírito não bastam para dar o espírito: estão mortos. Mas o espírito não é mais que para um vivo. E não o é para um vivo mais que como isso que tem estado vivo, mas já não o está. Não é para um vivo mais que como o traço da fragilidade da vida – e com ela do próprio espírito – da qual deve cuidar (em grego *therapeuma*). Então, há uma vida do espírito. E uma vida que está toda impressa na tecnicidade. Mas a supera enquanto pode ser revitalizada.[213]

Poderíamos dizer então que o que o professor ama não são os livros mas a vida dos livros, isto é, seu valor espiritual. E o que o professor leva da biblioteca para a sala de aula são as tecnologias espirituais, isto é, instrumentos para a gênese e a transformação da vida do espírito. As tecnologias da memória (os livros, os *hypomnenata*) estão mortas e são constitutivamente finitas, ao passo que o espírito (o estudo) está vivo e é, por definição, infinito. Os instrumentos do espírito (os livros) têm, diz Stiegler, um "valor demiurgo", mas para isso é preciso resistir a que se convertam em matéria sem vida que nenhuma leitura viva pode revitalizar, ou seja, em instrumentos meramente técnicos, industriais, ou em meros meios para a apropriação individual do saber, despojados de seu uso coletivo e público.

A biblioteca, diz Stiegler, "[...] é um dos meios por excelência da pre-cedência, o meio espiritual por excelência".

E o que faz (ou fazia) a escola era estabelecer as condições de possibilidade para sua reapropriação, isto é, por uma "[...] interiorização que não é cumprida mais que como exteriorização, o que significa que ler já é sempre escrever".

Ou, dito de outro modo, para que "[...] o leitor se converta em escritor".

E isso é cada vez mais difícil em um momento em que estamos passando "[...] de uma sociedade em que os clérigos estavam separados da produção, uma sociedade em que a própria produção repousa sobre o saber e absorveu os clérigos – ou os eliminou na medida em que converteu a escola em uma esfera de produção".[214]

Daí que o professor tenha que manter essa separação cada vez mais inatual, na qual ele mesmo está separado como estudioso (e não só como professor) e na qual trata de converter os alunos em estudantes (e não só em aprendizes), isto é, em pessoas que separam a leitura da utilidade e o conhecimento da apropriação, em pessoas para as quais a leitura já é sempre escrita, em pessoas, definitivamente, para as quais a leitura, convertida em estudo (através da disciplina, da atenção e do exercício), está impulsionada pelo amor e pelo desejo e, por isso mesmo, aberta a um futuro incalculável.

Definitivamente, se trata novamente da *scholé*, isto é, de liberar-se dos imperativos da utilidade e da produção e de separar um espaço e um tempo para o estudo em que as crianças e os jovens possam acessar as experiências da singularidade e o inacabamento em que consiste a "vida do espírito". Ou, para dizer de outro modo, trata-se de separar um espaço e um tempo em que as coisas sejam feitas por amor, isto é, por si mesmas, isto é, porque valem a pena.

# DE REFÚGIOS E REFUGIADOS

*Queria ver sua casa-barco como um "enclave",
como uma extraterritorialidade autoproclamada?
Não queria reconhecer que então já não era permitido,
desde muito tempo, que houvesse nenhum enclave?
Que uma coisa como esta, e com ela todo "pensar em enclave",
era algo "malvisto"?*
Peter Handke

## Enclaves
*(Com Peter Handke e Jaques Rancière)*

Poderíamos considerar Peter Handke como um construtor de enclaves. Um enclave é, por exemplo, Hondareda, o circo glacial na Serra de Gredos, em que um grupo de fugitivos ou de imigrantes cria uma espécie de mundo louco ou de mundo novo, ou de mundo de cabeça para baixo, em que se pode experimentar outras formas de viver o tempo e espaço, de trabalhar e de intercambiar, de nomear e de relatar, de isolar-se e de juntar-se, de usar os sentidos, de exercer o olhar.[215] Enclaves são também os lugares onde transcorre a ação de duas de suas últimas peças teatrais traduzidas para o espanhol.[216] Um deles é um lugar quase vazio, sem lendas, nem história, nem grandes homens, em que uma série de personagens tentam resistir ao desaparecimento do que Handke chama de o "espaço comum" e o "tempo adequado" O outro é uma canoa na qual Handke situa uma espécie de utopia de paz e do encontro. Um enclave é também o barco ancorado nas margens de um grande rio, ao mesmo tempo o refúgio do narrador e o marco da longa noitada na qual transcorre a conversa em que consiste um de seus romances recentes.[217] Também aparece como um enclave o território da periferia de Paris que Handke tenta descrever e relatar em um de seus projetos narrativos mais ambiciosos.[218] Por outro lado, não acho que seja exagerado dizer que, para Handke, tanto a mesa do escritor quanto essa estranha câmara de vácuo que o leitor produz para se isolar do seu entorno têm também algo de enclaves. Enclaves são também algumas formas privilegiadas de relação e de comunidade como as que se estabelecem com os idiotas, os artesãos, os filhos ou os amigos. E poderíamos multiplicar os exemplos.

Um enclave seria um espaço-tempo separado em que algumas pessoas procuram experimentar novas formas de vida, de linguagem, novas formas de relação com o mundo, com os outros e consigo mesmos. Os enclaves de Handke falam de outro mundo e outro tempo, constroem heterotopias e heterocronias, pretendem criar buracos espaçotemporais habitáveis no interior desse mundo nosso, tentando abrir neles a possibilidade de outras formas de viver. Um enclave, poderíamos dizer, é um espaço do que se predica certa extraterritorialidade (um espaço separado do espaço) e um tempo em que se produz certa dessincronização (um tempo extemporâneo).

O que ocorre é que os enclaves são frágeis, vulneráveis, muito delicados, e estão perpetuamente ameaçados a partir tanto do interior quanto do exterior, por inimigos enormemente poderosos que costumam se apresentar, além do mais, como amigos (não há enclave que não tenha também seus traidores). Nos arredores de Hondareda, por exemplo, há uma série de pessoas que consideram os nascidos em Hondareda como enfermos e constantemente os vigiam, os observam e tentam curá-los; o enclave onde se tenta filmar a película sobre a guerra está percorrido também por jornalistas, políticos e funcionários internacionais que tratam de falsificá-lo e de destrui-lo (controlando e impondo a linguagem e os modos de contar que nomeiam a guerra recente e que dão conta do que acontece no enclave e do que se passa com seus habitantes); no país do drama monárquico já entraram desalojadores, etc. O narrador de *Die morawische Nacht* [A noite morávia], por exemplo, na citação com a qual encabecei esta seção, já duvida da possibilidade não só dos enclaves mas inclusive de pensar em termos de enclave.[219] Como se isso, o enclave, a lógica do enclave, já estivesse completamente ausente do espírito da época, de uma época que passa, precisamente, pela desqualificação e pela homogeneização tanto do tempo como do espaço, e pelo arrasamento de qualquer possibilidade de construir e habitar tempos e espaços separados nos quais se possa ensaiar outras maneiras de viver. E embora Handke raramente fale da escola se não for para atacá-la (o mesmo que faz, salvo raras exceções, com os professores), em seus enclaves se trata, às vezes, de proteger as crianças (para que continuem sendo crianças), o mundo (para que não se desfaça) e a relação com os antepassados (para assegurar a transmissão do mundo). Como se nesses tempos que correm tanto as crianças como o mundo, e também a conexão entre as gerações, estivessem em perigo de desaparição (ou já houvessem desaparecido).

Jaques Rancière também pensa em termos de enclave. Na entrevista que serve de prólogo à edição argentina de *A noite dos proletários*, por exemplo, mostra sua leitura do arquivo operário como busca de rastro deixado pelas operações efêmeras, provisionais e sempre ameaçadas com as quais algumas pessoas tentaram se afastar tanto dos espaços quanto dos tempos da dominação. Nessas operações de separação, não se trata tanto de aspirar a outro mundo, mas de afirmar, nesse mundo, outras possibilidades de mundo. E isso, justamente, através de atividades e práticas às quais somente a vontade e a iniciativa coletiva dos homens são capazes de dar existência e consistência. O que os operários fazem quando, à noite, se reúnem para ler e escrever, para cantar, para estudar, para aprender, não é outra coisa senão tomar distância das imposições ligadas à sua condição, essas que definem que a eles isso não lhes corresponde. O que fazem, em resumo, é experimentar "[...] ao mesmo tempo, modos de romper com o sistema de dominação e modos de viver nele [...]. A emancipação é uma maneira de viver a desigualdade segundo o modo da igualdade".[220]

Em uma longa entrevista com Laurent Jeanpierre e Dork Zabunyan publicada em forma de um livro, Rancière afirma que:

> Os grandes movimentos de emancipação têm sido movimentos que ocorrem no presente tanto ou mais que movimentos destinados a preparar outro futuro. Em certo sentido isso é "a noite dos proletários". Pessoas que se fazem capazes daquilo de que não eram capazes, que fazem um buraco na parede do possível. Agrupando-se de acordo com modalidades diversas e pondo-se a viver de uma maneira mais intensa [...]. Um movimento igualitário é um movimento de pessoas que põem em comum seu desejo de viver outra vida, para dizer em termos clássicos. Eu sempre disse que a igualdade era uma dinâmica e não uma meta. As pessoas não se reúnem para realizar a igualdade, se realiza um tipo de igualdade reunindo-se.[221]

A emancipação, para Rancière, não tem a ver (apenas) com se opor aos tentáculos de um poder onímodo e onipresente para tentar construir um futuro emancipado, mas com conceber e realizar a possibilidade, aqui e agora, de viver de outra maneira. A partir desse ponto de vista, a ambiguidade da emancipação está relacionada com que: "Sempre é uma maneira de viver de outro modo no mundo como é. De certa maneira, no seio dos processos de emancipação operária do século XIX, tal como fui capaz de estudá-lo, há sempre a possibilidade de experimentar a emancipação no presente, o fato de que se pode viver de outro modo que o prescrito pelo sistema".[222]

Finalmente, em uma conversa com Eric Hazan, e depois de afirmar que o capitalismo não é um poder, mas sim um mundo, o mundo em que vivemos, o ar que respiramos, que não estamos e não podemos estar diante dele, mas que vivemos nele, Rancière insiste que sempre se podem construir espaços-tempos outros no interior desse espaço-tempo global e totalitário. Não se trata, diz Rancière, de preparar o futuro, mas de experimentar praticamente, aqui e agora, formas de dissidência, de separação, de secessão, ao modo dos enclaves: "A emancipação, hoje como ontem, é uma maneira de viver no mundo do inimigo na posição ambígua que combate a ordem dominante, mas que também é capaz de construir ali lugares à parte, nos quais escapar de suas leis".[223]

A história da emancipação, portanto, é a história dos momentos em que algumas pessoas tomam posse de um espaço e um tempo (como se fosse um buraco no real) e criam, ali, sempre provisoriamente, sem nenhuma garantia, e cada vez de novo, outras formas de viver: "Uma constelação de momentos – alguns dias, algumas semanas, às vezes alguns anos – que criam dinâmicas temporais próprias dotadas de mais ou menos intensidade e duração. Cada vez é um novo começo e cada vez não se sabe até onde irá".[224]

Não há dúvida de que a insistência de Rancière na escola como separação de tempos, de espaços e de atividades que comentei na seção "Separações" tem a ver com essa lógica do enclave. A escola, a partir desse ponto de vista, não se propõe a preparar os jovens para o mundo, nem sequer transformar o mundo, mas sim, que ela é, de alguma maneira, um mundo: um mundo separado. E só se a escola continuar sendo escola, isto é, se é capaz de manter com certa firmeza sua separação das lógicas econômicas e políticas que a instrumentalizam (que colocam bem ao serviço deste mundo, bem ao serviço de um mundo futuro), poderá continuar dando o tempo e o espaço de uma emancipação possível.

E na lógica do enclave funcionam também alguns dos enunciados mais provocadores de *O mestre ignorante*, esses que afirmam que: "Não pode haver partido de emancipados, assembleia ou sociedade emancipada". Ou que: "Nunca nenhum partido nem nenhum governo, nenhum exército, nenhuma escola, nenhuma instituição emancipará pessoa alguma". Ou ainda que: "O ensino universal não é e não pode ser um método social, não pode se estender em e pelas instituições da sociedade".[225] Ou também que: "A igualdade é fundamental e está ausente, é atual e intempestiva, sempre se refere à iniciativa dos indivíduos e dos grupos que, contra o curso normal das coisas, correm o risco de verificá-la, de inventar as formas, individuais ou coletivas, de sua verificação".[226]

Digamos, então, para terminar, que se poderia ensaiar com a aula, mesmo que seja malvisto, um pensar (e um fazer) em termos de enclave. E embora saibamos, como dizia Handke, que já não é permitido nenhum enclave, ninguém disse que não podemos tentar desobedecer (ou ignorar) as regras que o proíbem e fazer ouvidos moucos a esses que dizem que os enclaves já não são possíveis nestes tempos de conexão e de interdependência generalizada. Talvez a ideia seja pensar a escola (e a universidade) como um enclave dentro da sociedade (e não para a sociedade). E se sentimos que a escola (como a universidade) já foi colonizada, talvez a ideia seja pensar a sala de aula como um enclave dentro da escola (da universidade). Sabendo, sim, da fragilidade dos enclaves e, sobretudo, de seu caráter sempre provisório e efêmero, de seu caráter de acontecimento. O enclave (a escola, a universidade, a sala de aula) não está dado, mas sim é preciso fazê-lo e, além disso, sem garantias. E o que ocorre, o que se passa conosco, é que as dificuldades para fazer que a escola seja uma escola, que a universidade seja uma universidade ou que a sala de aula seja sala de aula são cada vez maiores.

## Tocas
*(Com Martí Peran)*

Martí Peran começa assim um texto sobre os projetos de arquitetura para o isolamento e a desconexão do artista Xavier Arenós:

> Nossa opulenta e espumosa cultura articulou todo tipo de mecanismos para entrar em novas situações, sejam de ordem laboral, emocional ou política. Os protocolos de preparação estão perfeitamente organizados para que a entrada nos estados previstos (trabalhador produtivo, amante fiel no seio familiar, cidadão participativo em cada convocatória eleitoral...) ocorra de forma ordenada

e nada traumática. No entanto, talvez por causa de um ignominioso excesso de confiança, não dispomos com igual precisão dos mecanismos que haveriam de nos permitir sair sem sermos prejudicados por esses mesmos estados ou situações [...]. Não dispomos de ritos de saída.

E continua:

> O rito de entrada mais paciente foi chamado de *Bildung*: a formação imprescindível, com uma função iniciática, para entrar adequadamente no mundo e poder transitar nele de uma maneira produtiva e proveitosa. Uma educação acadêmica e uma educação sentimental para desenhar horizontes e terminá-los adequadamente. No entanto, todo esse futuro sempre aparece postergado, e a promessa acabou nos esgotando. A questão agora consiste em definir como poderíamos estruturar um *Bildung* para sair do mundo; pelo menos para sair deste pequeno mundo obturado e tão resistente em conceder escapatórias.[227]

Ante o cansaço do insultante otimismo que atravessa a modelagem contemporânea de formas de vida, Peran propõe habilitar saídas de emergência. Entre eles, a construção de tocas: "Se o modo convencional de entrar no mundo demandava levantar uma casa, a forma de sair dela agora o obriga a construir uma toca. Uma toca que não represente o convite para uma entrada, mas que seja o umbral de uma saída".[228]

A arquitetura do refúgio, diz Peran, é o horizonte natural do sujeito contemporâneo, a expressão de sua impossibilidade de edificar e, ao mesmo tempo, de sua tendência a se afastar. Seu desenraizamento constitutivo pode levá-lo ao nomadismo (à fuga e ao deslocamento constante) mas também à busca de um bom esconderijo, preferencialmente debaixo da terra, onde cultivar uma vida de refugiado.

O desertor que habita as tocas de Xavier Arenós (essas em relação às que Martí Peran constrói sua ideia de refúgio) está em uma situação que poderíamos denominar de espera sem esperança. E aí, o escondido realiza duas atividades fundamentais: ler e escrever, e manter-se em forma. A leitura e a escrita do acaçapado são práticas linguísticas das quais se subtraiu a função comunicativa. Na toca se lê e se escreve para nada e para ninguém:

> Na medida em que a própria linguagem se afasta do mundo, é melhor ler e escrever em estâncias sombrias, sem a tentação de reduzir o potencial da linguagem a seus possíveis correlatos reais por trás de uma janela transparente. A linguagem, na verdade, não cresce sob o fluir diáfano da luz do sol, mas sob uma gélida "luz artificial", como a que ilumina o refúgio, esconderijo físico e, ao mesmo tempo, lugar onde desaparecer atrás das palavras.

Além disso,

No interior do refúgio, também estão dispostos os utensílios necessários para se manter em uma forma física adequada. Trata-se de garantir uma ótima condição de regresso, apesar da secreta consciência de que esse mesmo difuso desejo de voltar à superfície é impossível.

Por isso, "[...] a passividade do refugiado é, portanto, uma in-ação que o mantém constantemente ocupado: escrevendo, lendo, exercitando-se".[229]

Algo parecido com essas formas de inação que são ler, escrever e exercitar-se, é o que parece oferecer Peran como alternativa, desvio ou deslocamento da tirania da vida autoproduzida. Trata-se, primeiro, de reconhecer-se na fadiga, porém não para sair dela, mas sim, acima de tudo, para articular com ela e a partir dela uma potência de vida que seja ao mesmo tempo crítica da vida. A fadiga, em primeiro lugar, como "modo de ser separado", como uma maneira de "instalar a intensidade do cansaço separada da espiral da mobilização". Se o que aliena a vida é a própria tarefa de fazê-la, o permanente fazer-se a si mesmo, a tarefa infinita de ser ao mesmo tempo o sujeito e o objeto da própria vida, então: "A única crítica adequada para enfrentarmos essa situação é aquela que nos indique o caminho para sair dessa vida [...]. O direito de fadiga como garantia de separação [...]. Apenas uma fadiga perseverante mantém o sujeito empreendedor fora do empreendedorismo de si mesmo".[230]

A premissa é, então, separar-se da mobilização e da automobilização. Depois dessa separação inicial e de iniciática, Peran propõe três estratégias que têm a ver, creio eu, com certa ideia de escola. A primeira é "desaparecer no comum". Trata-se de uma estratégia para suspender as regras da individualidade e da competitividade (essa que não deixam de produzir hordas guerreiras). Trata-se de suspender todas as divisórias entre vencedores e perdedores (também entre os grupos em que se agrupam os vencedores com as suas práticas hegemônicas e aqueles em que se amontoam os perdedores com suas práticas reivindicativas), mas principalmente de suspender todas as divisórias entre mim e você (e ele) ou entre nós e vocês (e eles), isto é, "abrir o eu à sua existência impessoal", em "aprender o anonimato", em ingressar "ali onde se é ninguém". Mas, para que o comum possa funcionar como um campo relacional, é imprescindível colocar algo no meio. E isso, para Peran, é construir territórios do comum: fundamentalmente o corpo e a linguagem, isso sim, separados de qualquer dimensão autoprodutiva, autoprojetiva ou autoexpressiva. Se o refugiado na toca se dedicava a ler, a escrever e a manter-se em forma como exercícios puros, o que desaparece no comum utiliza seu corpo e sua língua como lugares de uma abertura também pura, isto é, desvinculada de qualquer finalidade.

A segunda estratégia tem a ver com "suspender o fazer". Mas para isso não são suficientes as apologias da ociosidade ou da lentidão ao uso nem as supostas virtudes terapêuticas do repouso: "Se a fadiga é garantia de separação em relação à automobilização hiperativa, a única suspensão do fazer capaz de provar seu explícito caráter de resistência já não pode coincidir com o mero ócio, mas deve fazê-lo com um estranho agir cansativo antagônico com o trabalho".[231]

Nesse sentido se trata de buscar formas de fazer que não sejam fazer ou, dito de outro modo, atividades que conservem seu caráter ativo, mas sem produzir nada específico. Algo assim como essas tarefas que consistem em um puro desperdício improdutivo de energia. E essas formas são "fazer tudo" e "fazer nada". Fazer tudo "[...] consiste em afundar em nossa própria mobilização, mas arrastando-a para o irreconhecível e o extenuante. Ao colocar tudo em jogo, não prevalece nenhuma preferência que nos singularize. A edição de si mesmo fica, assim, postergada e em suspenso".

Fazer nada, por outro lado, é uma espécie de "produção de detenção que nos mantém esgotados e separados".[232] Os heróis do não fazer nada, como não poderia deixar de ser, são Bartleby, de Melville, o homem adormecido de Pérec e as legiões de artistas sem obras consignados por alguns arquivistas da inação ou da ação improdutiva e inoperante.[233]

A terceira e última estratégia é "elucubrar a morte". Não se trata de suicídio ou de negação da vida (tanto o crescimento da taxa de suicídio como as diferentes formas de depressão e de *burnout* seriam o resultado perverso e extremo da tirania da vida autoproduzida), mas de algo parecido com pensar a morte dentro da vida ou, como diz Peter Pál Pelbart, "produzir um corpo morto para que outras forças o atravessem".[234]

Para Peran, a elucubração da morte tem a ver com manter sua radicalidade, exterioridade e incomensurabilidade com a vida (daí que seja incompatível com qualquer marco de autoprodução da vida), mas creio que não se deveria renunciar tão depressa a suas formas clássicas: tanto a *meditatio mortis* dos exercícios espirituais antigos, destinada a incrementar a intensidade da vida, quanto a *vanitas* orientada a viver de modo consciente sua insignificância.

E é que a ação inoperante, o exercício suspenso de qualquer finalidade, a prática obsessiva dos meios puros, a entrega a um comum no qual se possa suspender a individualidade, o tomar o que se faz como um simples passatempo... não só separam o sujeito da obrigação de produzir a si mesmo ou o embarcam em atividades inúteis (não capitalizáveis), como também lhe mostram inclusive que essas atividades, sejam quais forem, são efêmeras, provisórias, finitas e mortais, isto é, insignificantes, mas que, ainda assim, valem a pena, na medida em que constituem, em si mesmas, uma afirmação da vida.

## Asilos
*(Com Fernand Deligny)*

Refúgio (do latim *refugium*): asilo, acolhida, amparo. Asilo (do latim *asylum*, e do grego *asiláos*, sítio inviolável): lugar privilegiado de refúgio para os perseguidos; estabelecimento benéfico em que são recolhidos os necessitados ou onde lhes é dispensada alguma assistência; amparo, proteção. Acolhida (do latim *acolligère*, acolher): recebimento ou hospitalidade oferecida por uma pessoa ou um lugar; lugar onde alguém pode se acolher; proteção, amparo, aceitação e aprovação. Amparo (do latim *anteparare*, amparar): pessoa ou coisa que ampara, protege, favorece, defende ou cuida.

Fernand Deligny, que sabia muito de abrigos, de acolhidas e de amparos, e que, em algum momento, definiu a si mesmo como um buscador (ou pesquisador) de asilo, diz assim:

> Pode-se acreditar que o asilo é uma necessidade que sentem os seres em dificuldades, quaisquer que sejam as razões ou as causas dessas dificuldades. Mas não é assim. O asilo é uma necessidade comum dos que se encontram ali e, repito, permitir o asilo necessita de uma prática ocultada pelas ideologias dominantes.

Também: "O asilo se converteu em refúgio oferecido – às vezes de forma obrigatória – a todos os perseguidos e quebrados que atormentam nossas cidades". E, um pouco mais adiante: "As pessoas imaginam que um lugar de asilo é um refúgio um tanto isolado, tranquilo. Que engano. Todas as contradições de uma sociedade dada se encontram ali, levadas até o cúmulo".[235]

Deligny, que denomina a si mesmo "ser de asilo", distingue entre o *fazer* (*faire*) do sujeito falante e o *atuar* (*agir*) da criança fora da linguagem. Ao contrário do fazer, o atuar é intransitivo (não tem nenhuma finalidade exterior), não intencional (não responde a nenhum projeto) e repetitivo. No entanto, ao estar suscitado por alguma materialidade, por algum "que", o atuar dá lugar a uma iniciativa, mas a uma iniciativa pura, ou seja, a um puro início ou um início que se mantém como tal. Além disso, visto que a ênfase está no "que" e não no "quem", há sempre certa suspensão do sujeito. Também fala dos gestos puros ou "gestos para nada", por exemplo, os que produzem a mera presença da "pedra para o nada" ou do "cubo de dado" que havia em Serret, ou os que se fazem com "os objetos para manejar" (*objets à manier*) que não são tanto ferramentas, esses objetos que se definem por sua eficácia, mas sim coisas com as quais "fazer nada". Para Deligny, as ações de crianças autistas (e também as dos adultos que estão aí, na presença próxima) são ninharias. Mas essas ninharias produzem um comum, um estar em comum, que Deligny relaciona com a presença. O "nós" do asilo está constituído pela presença, pela proximidade e pelas ações para nada.

Em dois textos escritos entre 1983 e 1984, já no final de sua vida, Fernand Deligny constrói sua biografia em relação ao asilo, como um itinerário, ou uma busca, ou um costume, ou um destino, ou uma vocação, ou algo mais misterioso ou mais profundo do que tudo isso, uma estranha atração, que o conduziu, às vezes ao acaso, de um asilo a outro: "Esse costume durou, do asilo em asilo, uma vez que tal era o meu destino".[236]

Na origem esteve sua passagem pelo Asilo, essa instituição cuja inicial se escreve em letra maiúscula, destinada ao confinamento dos loucos e, em geral, dos indivíduos perigosos, geralmente "psiquiatrizados". O Asilo, dizia-se, era para protegê-los e confiná-los, quer dizer, para proteger a sociedade que os excluía e os encarcerava, quase sempre por toda a vida. O trabalho de Deligny, no entanto, consiste em buscar o asilo dentro ou nas margens do Asilo (e sempre contra o Asilo): "Tanto dizer que evitávamos o Asilo; de asilo éramos, em nossa alma, consciência e convicções".[237]

Trata-se, creio, de deslocar a ideia e a prática do asilo para devolver-lhe seu sentido nobre: o de refúgio. E é nessa contraposição, nesse combate contra o Asilo e pelo asilo, nessa tentativa de liberar o asilo do Asilo, que Deligny vai desenvolvendo suas dicotomias essenciais: o indivíduo contra o sujeito, o atuar contra o fazer, a memória de espécie contra a memória de educação, o instinto contra a ideia, o que contra o quem, etc.

A palavra "asilo", diz Deligny, merece outra sorte, por isso seus escritos tratam de renovar esse termo vilipendiado, mas deixando claro desde o início que renovar a ideia de asilo exige tentar o asilo, ou seja, fazer asilo e deixar-se fazer pelo asilo. Talvez por isso, quando Deligny diz que ele é um "ser de asilo", em seguida precisa que esse "de" tenha a ver não tanto com aquilo de que fala mas com o "onde" a partir do que fala. Só se pode falar de asilo a partir do asilo, a partir da tentativa, sempre provisória e singular, de fazer asilo, a partir de estar preocupados com o asilo, e só se pode falar para aqueles que consideram de sua incumbência o asilo. Seus escritos, diz Deligny,

> Precisam, o quanto puderem, o que pode ser uma tentativa – de asilo – que elabora, dia após dia, há dezessete anos, sua prática, balizando as armadilhas e os impasses que esperam por todos os que queriam tentar renovar o asilo ali onde já estão e por aqueles cujo futuro é de sua incumbência.[238]

Já durante a guerra, em 1940, Deligny se reconhece como "sendo do asilo no Asilo" quando conta que lhe levavam os sujeitos recalcitrantes: "Como se o Asilo me houvesse marcado por toda a vida. Mas onde e como? O cheiro? Como há cheiro de santidade, haveria um cheiro de asilo?".[239]

Depois de abandonar seus estudos universitários, Deligny passou muitas horas no hospital psiquiátrico de Armentières, uma instituição que acolhia adolescentes psicóticos, deficientes intelectuais e delinquentes considerados perversos e sem possibilidade de serem reeducados. E foi o pavilhão 3 de Armentières o Asilo em que Deligny realizou sua primeira tentativa revolucionária.

> Havia nesse pavilhão uma centena de rapazes vigiados e, portanto, guardiões que se entendiam e se opunham como geralmente acontece entre sujeitos no mesmo estado – asilar –, mesmo que não tenham o mesmo *status* ou a mesma função, sendo uns restos de estabelecimentos penitenciários – de crianças – e outros desempregados do têxtil ou pequenos artesãos falidos que haviam encontrado emprego no Asilo, emprego quer dizer refúgio, refugiados voluntários enquanto que, os rapazes, refugiados o eram também, mas sendo sua presença obrigatória; se vê que a diferença é mínima; não é um pouco obrigatório ter um emprego?[240]

Vigilantes e vigiados, todos refugiados. Pode-se ver nesse parágrafo, mesmo que indiretamente, a desconfiança de Deligny para com os psicólogos, psiquiatras, biólogos e pedagogos comodamente protegidos por trás da ordem, dos diagnósticos e dos relatórios, para essa frota de especialistas na proteção da infância (em algum lugar os chama de "inimigos da infância",[241] para os educadores profissionais "formados em cursos e com titulações nacionais ou internacionais [...], inundados de vocabulário médico-científico".[242] E pode intuir-se também sua preferência, depois da liberação (quando trabalhava na prevenção da delinquência juvenil em Lille, ou a partir de 1947, em Paris, quando organizou *La Grande Cordée* para que os jovens judicializados pudessem se envolver em projetos culturais e laborais de reinserção), por pessoas comuns, de vida dura, militantes revolucionários, seminaristas, aposentados, ex-reclusos, meninos provenientes da tradição de escoteiros, pessoas heterogêneas e, em geral, sem um lugar claro no mundo, vítimas ou desertores que também buscam asilo no Asilo: "Para que isso mude, rejeitei os subprodutos da educação burguesa e me voltei para educadores que não vêm de escolas ou cursos. Logo quiseram me convencer de que alguns tinham antecedentes criminais".[243]

A primeira parte da vida de Deligny está dedicada a fazer asilo em (e contra) o Asilo. Aí Deligny se comporta como um descrente do Asilo que tenta subverter suas lógicas de funcionamento. Porque o que acontece é que o Asilo sempre tem dono, há sempre pessoas que estão interessadas em sua existência e que se apropriam dele para seus próprios fins que pouco têm a ver com asilo: "Tão funesto como o asilo pode ser, é preciso saber quem o quer".[244]

Talvez por isso, para não ter dono, para poder seguir esse instinto libertário em que tantas vezes se reconhece, a partir de 1954 ele deixa as instituições (do Asilo institucionalizado) para seguir seus próprios projetos e para que essa busca de asilo se torne independente do Asilo. Deligny e um número variável de "inadaptados sociais" iniciam um período de vagabundagem por diferentes regiões da França para chegar finalmente ao bosque de Cévennes, em Graniers, e logo depois a Monoblet, onde Deligny passará o resto de sua vida. O que marca o ponto de inflexão é a chegada de Janmari, o autista com quem Deligny viverá até a morte: "Assim, pois, em 1967, tratava-se de encontrar para Janmari, autista, um asilo para sua conveniência. Tinha doze ou treze anos de idade e havia saído de um longo período de permanência sob observação na Salpetrière: encefalopata profundo, autista, instável até o ponto de ser instável, o que o poderia tê-lo feito literalmente detestável".[245]

Deligny saiu do Asilo, mas não do asilo, da busca de asilo e da interrogação pelo asilo. Com Janmari chega o indivíduo desprovido de linguagem, o que não é nem pode ser sujeito, e o que dispara, a partir daí, é uma busca do asilo e de suas condições de possibilidade que se fará necessariamente singular, ligada às pessoas, aos lugares, aos acontecimentos concretos dos quais é inseparável. Como se cada tentativa de asilo fosse irrepetível e tivesse que se apegar a ela para saber, de forma singular e, portanto, não generalizável, o que é o asilo: "Tornada singular, essa tentativa e as formas de asilo que se seguem a ela, pela singularidade dos seres que ali se encontram e que, dizem, vivem a rejeição da linguagem".[246]

E fora do asilo, Deligny passará o resto de sua vida tentando elaborar e reelaborar o que significa isso de encontrar um asilo para Janmari:

A cinquenta anos dali (refere-se à experiência iniciática de Armentières), é sempre de asilo que falo, nesse grupo de casas nas margens da estrada que liga Saint-Hippolyte-du-Fort com Monoblet, na Região de Gard. É julho desde alguns dias atrás e, em breve, o aniversário de nossa chegada a esses lugares resultantes de asilo pelo fato de que escoltávamos um menino autista. Era 1967.[247]

Ou, em outro lugar: "Tanto(s) asilo(s) vivido; cerca de dez ou mais. Hesito em escrever o "s" do plural. Vê-se por que: se tratava, cada vez, de ser de asilo".[248]

Para liberar o asilo do Asilo, Deligny põe em relação dois elementos fundamentais. O primeiro, sua própria experiência de Asilo. Na época em que escreve, a história e a crítica das instituições de asilo estava representada por Robert Castel,[249] Erving Goffman[250] e, acima de tudo, Michel Foucault.[251] Este último morreu exatamente quando Deligny escrevia seus textos sobre asilo, por isso lhe dedica duas referências muito breves, nas quais contrapõe os estudos de Foucault com sua própria experiência: "Michel Foucault morreu ontem. Eu não li nada dele – a menos que eu me lembre. E não por desdém; no Asilo, pior que a prisão, eu havia vivido o bastante para saber do que vem".[252]

E um pouco adiante, "Enquanto Michel Foucault, morto nesses dias, havia abordado o Asilo como pior que a prisão, em abril de 1933 eu tinha entrado lá em busca de dois amigos meus [...]. Isso para esclarecer que, ao abordar o Asilo, eu não tinha nem preconceitos nem apreensão".[253]

Deligny sabe, e provavelmente com razão, que o Asilo é um dos lugares mais vilipendiados. Mas, inclusive no Asilo, Deligny encontra signos, formas de vida, relações, rebeliões e potencialidades que devem ser aproveitadas e liberadas. Deligny não ocultará sua simpatia por alguns dos seres de asilo que se encontram no Asilo. Por isso, é no mesmo asilo que ele procurará a possibilidade de asilo. Como se houvesse "pérolas de asilo" no Asilo, "ocasiões de asilo", tão frágeis quanto "bolhas de sabão".

O segundo elemento, é uma descoberta do asilo como coisa da natureza, como algo prévio e diferente do Asilo institucionalizado que não seria nada além de sua perversão. O asilo, para Deligny, é uma necessidade primordial, original, algo que todos os seres precisam e, que se não o encontraram, estariam destinados a desaparecer. Elogia o asilo, diz: "Posto que entendo tratá-lo pelo que é, a saber isso sim o qual nenhum descendente de nenhuma espécie, espécie viva, assim frustrada que possa ser, não sobreviveria. Entendo, pois, falar de espécie, mesmo que seja humana".[254]

Por isso o asilo aqui não é intencional. Como assinala Deligny, não se pode dizer "fazer asilo", a menos que isso fosse admitido da mesma maneira que se pode dizer de uma árvore que "faz sombra". Esse asilo primordial não tem uma finalidade exterior, não serve para outra coisa senão ser asilo, para fazer de asilo, e isso é particularmente evidente com essas crianças de quem se diz que não têm cura. O asilo de Deligny não é uma ferramenta terapêutica (nem de nenhum outro tipo), mas é simplesmente asilo.

O asilo é, como o atuar, ou como a pedra de Monoblet, "para nada". Como as errâncias de Janmari, é "sem projeto", o que não quer dizer que ele não seja obstinado, enérgico, firme, duradouro. Tanto o atuar quanto a pura errância na realidade não fazem nada, mas isso não significa que não estejam cheios de iniciativas. Nesse sentido, o asilo remete quase a um instinto, a uma "memória de espécie" ainda não suplantada pela "memória de educação", ou a uma "humanidade em nós" que seria original e comum, ainda não suplantada pelo "homem que somos" ou pelo "boneco que somos". O homem que somos, diz Deligny, é bastante distinto da espécie humana e suplantou o que ainda temos de humano. E continua: "Para ser de asilo, te encontras em busca do que esse humano poderia ser dizendo-te primeiro, e inicialmente, que não sabes nada, não sendo tudo o que te foi dito senão moda, e as modas vão por ondas como os gansos – selvagens: voam em grupo".[255]

Ou, em outro lugar: "Sendo de asilo, o que buscar senão o humano".[256]

Para essa busca do humano na qual o asilo tem sentido, devemos suspender muitas coisas. Algumas já lhes disse: a intencionalidade, a finalidade, o projeto, ou seja, o futuro. Porque, suspendendo o projeto, suspendemos também o sujeito (esse "homem que somos", de quem temos hábito persistente e inveterado) para que possa emergir o indivíduo (esse de quem não é evidente que seja "alguém"). O asilo não se preocupa com os sujeitos, não produz sujeitos, entre outras razões porque o sujeito criado na concorrência e na agressividade por afirmar-se e por ser ele mesmo, por constituir-se a si mesmo como finalidade e como projeto, já é, desde o princípio, uma espécie de projétil, alguém como uma arma ou alguém a quem é preciso armar.[257]

Nessa mesma linha, a suspensão da finalidade e do sujeito supõe também suspender o "ser" para que possa emergir o "estar". Tanto os educadores quanto as crianças simplesmente estão aí, próximos, como se fossem parte do "ambiente", dos diferentes componentes de uma "área de estar" ou de uma "área de asilo" que Deligny nem sequer aceitava chamar de "lugar de vida". Em segundo lugar, devemos suspender "quem" para que possa emergir o "que". No asilo, sempre se alude ao "quem" para poder partir do "que". Um "que" que constitui aquilo a que o indivíduo reage. No asilo não há fazeres nem tarefas (intencionais), mas ações que são reações, respostas a pessoas, a coisas, a atos, a tudo o que pode funcionar como um catalisador de iniciativas. Por isso a pergunta não é "quem são" os educadores, mas "o que são" ou, melhor, "o que estão (sendo)" em cada momento e em cada situação.

"Se todo ser atuante reage, o que se impõe é o outro. A menos que o outro, sendo de asilo como eu o entendo, experimente algum respeito por aquilo que é descobrir e então propor."[258]

Em seus textos sobre o asilo, Deligny fala em três ocasiões da escola. Em uma delas diz que a presença de deficientes na escola pode fazer com que ela se desenvolva e cristalize, como uma pérola, algo do asilo: "Que as crianças autistas – ou suposta ou nomeadamente – vão para a escola, uma pequena porção presente da qual – sempre – se pode esperar que, a partir delas, e na classe e na mesma escola, se formará uma pérola de asilo".[259]

Em outra, diz que a escola maternal também poderia fazer aparecer algo dessa memória de espécie em que se baseia o asilo:

As do maternal, antes de que já lhes dissesse assim, se chamavam asilo, e depois disso foram jardim – de infância. Nesses tempos, o que aparece no cartaz é o sobrenome da tutora. Sinal dos tempos, mas de que se trata esse lugar? De cultivar a memória da educação ou, nessa área, não seria um pouco de olhar, mesmo que fosse apenas com rabo de olho, a emergência furtiva dessa erva ruim da memória de espécie?[260]

Na terceira, fala dessas classes "de aperfeiçoamento" nas quais ele mesmo havia trabalhado como professor suplente quando jovem, que acolhiam os escolares "atrasados" enquanto ocupavam uma posição intermediária entre a escolarização dita "normal" e a escola especial já plenamente medicalizada e psicologizada:

> Ou essa classe, interpondo-se supostamente entre a escola e o asilo, podia funcionar tanto para aspirar como para expulsar – como fazem as bombas de água –, dito de outro modo, encontrando-se na própria escola, uma classe entre as outras, podia passar que aspirasse aos escolares um pouco de sua maneira, transformando-os em candidatos a pedagogia médica. De onde se vê que uma classe pode ser asilo, e o fato é que me encontrei eu mesmo no Asilo – instituição – enquanto instituidor, de suplente convertendo-me em titular, estando de asilo no próprio Asilo.[261]

E não deixa de ser interessante que as formas escolares que podem estar mais perto do asilo (as que podem albergar com mais facilidade uma pérola de asilo) sejam precisamente as das crianças menores, as dos deficientes e as dos intelectualmente limitados, quer dizer, as que têm a ver com pessoas que não são plenamente sujeitos, que não estão plenamente integradas na normalidade e que certamente não esperam nada da escola oficial (da mesma maneira que a escola oficial não espera muito delas). É aí que a ideia do futuro como ideia diretora se debilita. E é precisamente por isso que se podem fazer ali, e de fato se fazem, coisas "para nada", sem projeto e sem finalidade, e coisas "comuns", iguais para todos, nas quais não conta o "quem" da subjetivação individualista, competitiva, produtiva, autoprodutiva ou consumptiva.

## Limbos
*(Com Giorgio Agamben, Robert Walser, Enrique Vila-Matas, Maarten Simons, Rafael Sánchez Ferlosio, Dante Alighieri e Italo Calvino)*

Pensar a escola como um refúgio significa considerá-la como alheia a qualquer plano de redenção, isto é, a qualquer teodiceia. A teodiceia é esse esquema de pensamento segundo o qual a vida humana sobre a terra tem sentido, isto é, direção, destino, que caminha para algum lugar. A partir desse ponto de vista, a história humana pode ser pensada como a aproximação ou o afastamento a um final em que tudo seria, por fim, cumprido, redimido, e nossa tarefa na terra consistiria em contribuir para o cumprimento desse destino. Mas existe (ou existia) um lugar mítico que, por excelência, escapa à teodiceia: o limbo. O limbo é indiferente a qualquer plano de redenção. Nele ninguém está condenado, mas também ninguém tem salvação. Por isso, uma vez que o limbo seja suprimido, o plano de salvação já se tornou universal e não permite escapatória.

Nas páginas que Giorgio Agamben dedica ao limbo neste tão bonito livro intitulado *A comunidade que vem*, conta que os habitantes do limbo, por desconhecerem Deus, habitam sem dor nesse abandono e nele permanecem, esquecidos e esquecidiços, como extraviados em uma região situada mais além da perdição e da salvação, indiferentes e impassíveis diante do plano de Deus, carentes de destino. Essa natureza límbica, acrescenta Agamben, "é o segredo do mundo de Robert Walser". E talvez uma boa imagem do limbo seja aquele Instituto Benjamenta, no qual estudava *Jakob von Gunten*, esse romance ou antirromance de formação cujo primeiro parágrafo começa assim: "Aqui se aprende muito pouco, falta pessoal docente e nós, os garotos do Instituto Benjamenta, jamais chegaremos a nada, quer dizer, amanhã seremos todos pessoas muito modestas e subordinadas".[262] E termina desta maneira: "Mas de uma coisa tenho certeza: amanhã serei um encantador zero à esquerda, redondo como uma bola. Quando velho me verei obrigado a servir a jovens broncos, arrogantes e mal-educados, ou pedirei esmolas, ou sucumbirei".[263]

A propósito desse romance, Enrique Vila-Matas escreve:

> Lembrei-me de como em Barcelona, no Liceu Italiano, levei um dia secretamente para decidir não me preparar para entrar no mundo, mas para deixá-lo sem ser notado. Tinha merecido isso em uma escola como aquela, em que ao contrário do Instituto Benjamenta, educavam exclusivamente para ter sucesso na vida [...]. Durante anos me movi com perfeição calculada para o país dos Zeros à Esquerda.[264]

Talvez esse estado límbico ou limbífero, essa indiferença, essa obsessão por não ser ninguém, essa vontade de sair do mundo, essa opção pela insignificância e pela carência de destino, seja, como indica Agamben: "A objeção mais radical que já foi levantada contra a própria ideia de redenção".[265]

De fato, em outubro de 2004, o Papa João Paulo II encarregou o cardeal Ratzinger, então prefeito da Inquisição e, em seguida Papa, de criar uma comissão teológica internacional para declarar que o limbo não existe, e a comissão, ao que parece, aboliu o limbo ou está prestes a aboli-lo. E já nada poderão alegar para se recusar que sejam redimidos ou salvos nem os bebês, nem os deficientes mentais, nem os loucos, nem os selvagens, nem os inocentes, nem os que viveram e morreram no desconhecimento da lei, nem os que se esqueceram de Deus, nem os que não querem ser ninguém nem nada, nem os que atuaram mais além ou mais aquém do bem e do mal. Com a abolição do limbo, já não há afora, e todos, sem exceção, podem e devem ser salvos.

A escola, pelo menos a que nasce com a modernidade, trouxe aqui para a terra as pretensões salvíficas e redentoras que em outro tempo se situavam fora dela, e atua agora, em nome de divindades menores, algumas de natureza social ou política, como o Progresso, a Inclusão, a Nação, a Democracia ou a Cidadania, e outras de natureza mercantil como a Inovação, a Competitividade, o Emprego, a Criatividade, a Cultura, a Comunicação, etc. Trata-se desses deuses menores que determinam a vida das pessoas e dão sentido à existência, esses para os que trabalham os políticos, os funcionários, os especialistas, os jornalistas, esses em nome dos quais a educação atual exerce sua função de batizadora, não já em nome do Pai, do Filho e do Espírito Santo, em nome da Vida Eterna futura, mas sim em nome desses pequenos deuses do presente, talvez menos sanguinários, porém igualmente vorazes, entre os quais o "aprender a aprender" seria sua formulação mais abstrata (e mais vazia). E apenas o limbo resistia, ou persistia, ou insistia, como um lugar onde não há juízo, onde não há pena nem glória, onde ninguém pode arrogar-se a pretensão de salvar nem de condenar ninguém, nem mesmo a vontade de salvar-se ou de condenar-se a si mesmo.

No limbo ninguém está batizado e ninguém pode batizar, isto é, ninguém pode falar nem atuar em nome de nada, nem sequer em seu próprio nome. Porque no limbo só existem seres sem identificação, não identificados e não identificáveis, nem nomes próprios nem nomes comuns, esses seres a que Agamben chama de "singularidades quaisquer". De fato, as duas escassas páginas que Agamben dedica ao limbo começam assim: "De onde provêm as singularidades quaisquer? Qual é o seu reino? As questões de Tomás de Aquino sobre o limbo contêm os elementos para uma resposta [...]".[266]

E, nessa esteira, em um belo artigo intitulado "Sobre crianças" e que está incluído em um livro que se pretende escrito a partir da terra de ninguém, Maarten Simons fala da infância como o que vem ao mundo sem propósito, sem objetivo, sem finalidade, como uma espécie de início puro que ainda não foi confiscada por um olhar político, moral ou econômico, por um olhar batizador que lhe indique como e para que e em nome de que deve apropriar-se de sua vida ou, o que é o mesmo, da sua mortalidade:

> Talvez pudéssemos tipificar o não estar batizado como uma espécie de estado sem finalidade, como uma carta sem direção, como uma vida sem destino [...]. Segundo a crença popular, as almas das crianças mortas sem batismo erram sem destino. São luzes errantes que aparecem perto da água e abordam os transeuntes para que as batizem. Talvez essa crença popular não esteja tão distante da postura pedagógica das "boas intenções" e da responsabilidade "em nome de". É a postura pedagógica batizadora que tem tudo em seu poder, pode definir tudo e, assim se torna indispensável. Seu poder é uma ação soberana que diz "sem mim não há futuro" e, desse modo, se endossa uma responsabilidade e uma culpa infinitas. É a posição que, com boas intenções, batiza o ser-criança [...]. Cada criança e cada aluno é único; necessitam de um acompanhamento especial e têm necessidades individuais e um próprio destino. Como se diz hoje

em dia, todo mundo deve ter a oportunidade de desenvolver seus talentos e competências. Todo o mundo tem o direito de se converter no que quiser e deve poder escolher o que melhor se encaixa em suas necessidades e desejos [...]. É a postura pedagógica em nome da aprendizagem, em nome da própria vida, porque aprender e viver se sobrepõem [...]. O que toma forma é uma nova ciência da vida que nos batiza como "aprendizes", que nos mostra que nesta vida o importante é aprender [...]. O que significaria renunciar a esse batismo? É possível adotar outra atitude? O que significa estar sem destino? [...] Talvez se trate simplesmente do estudante que se submerge em seu estudo sem objetivo [...]. Talvez atualmente nem sequer experimentamos o que é ser batizado, mas a partir daí podemos sentir novamente o pedagógico. Aceitar que o ser humano chega ao mundo sem destino não impede a pedagogia, mas, ao contrário, permite que exista algo como a experiência pedagógica.[267]

A relação educativa da infância com o mundo (o que Simons chama de experiência pedagógica) é indeterminada, não destinada, uma relação na qual nem o destino da infância nem o destino do mundo podem ser tomados como garantidos. E para isso só serve uma escola em que ninguém designe um destino para as crianças e os jovens. O vir ao mundo não pode ser entregue a um destino, a experiência pedagógica não pode destinar-se, a escola não pode "batizar" o caráter indeterminado da infância para destiná-la a alguma coisa. E isso porque o próprio mundo, a partir do ponto de vista de sua transmissão e de sua renovação, a partir do ponto de vista de sua abertura, é um devir mundo do mundo que tampouco pode ter destino. Entregar o mundo aos recém-chegados não pode ser destiná-lo, mas sim confiá-lo.

Rafael Sánchez Ferlosio dedicou um de seus livros ao que chama de história projetiva ou história sacrificial, essa que tem a ver com pressupor um destino tanto nos indivíduos quanto nas nações ou na humanidade inteira, e que se corresponde com o que os filósofos chamam de ontoteologia. O motivo principal do livro de Ferlosio é a justificação de sacrifícios, do sofrimento e do esforço humano em nome de um futuro melhor, no qual eles seriam, de algum modo, compensados.

Repassando os tópicos verbais dessa época, Ferlosio descobre muitos tomados do esporte (do que poderíamos chamar de uma concepção esportiva da vida que, é claro, também entrou na escola): tudo isso de superação, metas, façanhas, do estímulo à ganância, do espírito competitivo orientado à autossatisfação subjetiva (o que Ferlosio chama de "eneusamento" ou, parodiando o cantar do galo, o "kikiriki autoafirmativo"), do espírito de sacrifício em prol da vitória, da gestão de risco, da subordinação do interesse individual para ao triunfo da equipe, da vontade de ganhar pontos ou de ascender posições nos rankings, da colocação à prova permanente do próprio valor ou do próprio rendimento, da contraposição entre o êxito e o fracasso e entre ganhadores e perdedores, e "do auge que as palavras 'reto' ou 'desafio' tomaram nas últimas décadas",[268] embora bastasse dar uma olhada na maneira como a educação está adotando os métodos e o vocabulário dos treinadores, dos *coachings* e dos especialistas motivacionais de toda laia, isto é, dos encarregados de subir o moral das tropas.

O tempo humano, tanto da história individual quanto da história coletiva, é constituído, diz Ferlosio, por uma espécie de intercâmbio sacrificial que flui ininterruptamente entre o presente e o futuro. Todos os sacrifícios no presente serão recompensados no futuro, com o qual poderia parecer que: "O futuro acabou definitivamente com os deuses ao conseguir por fim ser feito com o posto, tão antigo e tão ferozmente disputado, de Primeiro Pagador Universal [...]".

A relação com o Futuro tornou-se religiosa, e é no Futuro (já endeusado) que está toda a salvação e toda a condenação: "O Futuro tornou-se hoje, tanto no Oriente como no Ocidente, o ópio dos povos, em um sentido bastante parecido com o que se disse outrora da religião. O futuro nunca foi tão causa do presente como chega a ser hoje".[269]

Na lógica sacrificial, a dor e o sofrimento fazem sentido porque são instrumentos para outra coisa, porque são o ponto de partida de um intercâmbio que se paga em outro tempo. E esse outro término do intercâmbio não é o céu (ou o inferno, ou o purgatório), mas o Futuro. O Futuro teve muitos nomes ao longo do tempo, assim como a lógica sacrificial teve muitas formas. Na modernidade, diz Ferlosio, o homem aparece sob a figura do "animal que empreende, inventa e se supera", e o Empresário toma a seu cargo a Grande Empresa da Humanidade para o Futuro, ao mesmo tempo que encarna o Interesse Universal Humano.[270] Assim, o empresário é o que oficia o sacrifício moderno da Humanidade porque é o que se supõe que está em uma comunicação privilegiada com o Futuro, que é o deus de onde virá toda a reparação, toda a compensação, toda a recompensa e toda a salvação. As crianças e os jovens são o Futuro (o da Humanidade, o da Nação, mas também Deles Mesmos), e Ele deve ser sacrificado porque é Nele que está sua salvação ou sua condenação. A escola se converte em um meio de construção do Futuro, tanto das crianças quanto do mundo.

Por isso, a escola separada não tem nada a ver com o Futuro. Só assim pode abrigar pessoas sem futuro e que, exatamente por isso, têm tempo livre. Porque o tempo livre é um tempo liberado da necessidade, do trabalho, é claro, também do ócio e do consumo, e, além do mais e acima de tudo, é um tempo liberado do futuro. É um simples passatempo, um tempo perdido, um tempo para perder, que não está orientado nem ao futuro do mundo, nem muito menos ao futuro das crianças. Na escola as crianças não deveriam se preocupar com o futuro, nem sequer com seu próprio futuro.

Mas os habitantes do limbo não são apenas os não batizados de que falam Agamben e Simons, esses que aparecem no Canto IV da *Divina Comédia* (e são salvos no final por Cristo, durante o Juízo Final e, portanto, simples anomalias na economia da salvação), mas uns seres que fazem ouvir suas vozes imediatamente depois de Dante e Virgílio atravessarem a porta após a qual, como se sabe, é preciso abandonar toda a esperança. Ali, no Canto III, se ouve um tumulto de "distintas línguas, palavras de dor, de irritado acento, vozes altas e roucas". À pergunta de quem são essas pessoas, Virgílio responde que se trata "das almas que viveram de modo que nem o bem nem o mal fizeram", de pessoas que se confundem com anjos, que não foram "nem rebeldes, nem leais a Deus" A eles, que foram esquecidos pelo mundo porque foram indiferentes, porque não se comprometeram nem com uns nem com outros, porque não estavam nem a favor nem contra, porque se recusavam à chantagem de se colocar do lado do bem ou no do mal, porque não fizeram nada para se condenar, mas tampouco para se salvar, porque o plano de Deus e as causas por que lutam os homens lhes eram, em última análise, indiferentes, porque a única coisa que queriam era que os deixassem em paz, fecham-se para eles tanto as portas do céu como as do inferno. E, em um gesto de extremo desprezo, Virgílio conclui: "Não falemos deles, olhe e siga teu caminho".[271]

Talvez estar no limbo signifique saber que não há céu (que não há salvação) e que a única coisa que se pode fazer é um buraco nesse inferno que constituímos entre todos com nossas maneiras de fazer mundo. Porque o limbo é um halo, ou uma orla, não do céu, mas do inferno. E, como diz Marco Polo ao Grande Khan em uma citação que aparece várias vezes neste livro:

> O inferno dos vivos não é algo que será; existe um, é aquele que já existe aqui, o inferno que habitamos todos os dias, que formamos estando juntos. Há duas maneiras de não sofrê-lo. A primeira é fácil para muitos: aceitar o inferno e tornar-se parte dele a ponto de não vê-lo mais. A segunda é perigosa e exige atenção e aprendizagem contínuas: buscar e saber reconhecer quem e o que, no meio do inferno, não é inferno, e fazê-lo durar e dar-lhe espaço.[272]

O limbo como espaço-tempo não infernal em meio do inferno que não tem a ver, ao mesmo tempo, com nenhuma redenção. Um lugar livre, quer dizer, inútil; público, quer dizer, de qualquer um; alheio a qualquer plano de salvação, quer dizer, sem finalidade nem destino.

## Sagreras
*(Com Santiago López Petit, Ivan Illich, Pierre Bonnassie e Pascal Quignard)*

Com uma mistura extraordinariamente eficaz de otimismo e agressividade, a modernidade inaugura a época da mobilização generalizada. Já não se trata de compreender ou de transformar o mundo (ou o sujeito), mas de produzi-los e de colocá-los a produzir. E para isso nada pode ficar quieto ou permanecer no obscuro e tudo deve ser recrutado, dinamizado, ativado, acelerado, visibilizado. Inclusive as crianças. Inclusive o tempo, que se converte em crédito, em recurso, em dinheiro, em inversão, em futuro. O inerte, o imóvel, o passivo, o fixo, o lento e o opaco se convertem no lado negativo de uma civilização que só pode ser positiva. Do Estado-plano se passa ao Estado-guerra, passando pelo Estado-crise (que produz a precarização generalizada como sua condição), e a guerra (econômica) ocupa por completo o espaço-tempo globalizado.[273] A organização dessa guerra já não é vertical, mas horizontal. O imperativo é que tudo deve estar conectado.

A rede implica a primazia da relação, da comunicação e da conectividade. Mas o ser que parte de uma rede de relações não impede que o indivíduo esteja cada vez mais isolado e mais só perante o mundo. O comum e o público se dissolvem em uma espécie de cerimônia constante do subjetivo e do pessoal. Os indivíduos, cada vez mais desprotegidos e vulneráveis, não podem ficar quietos se não quiserem se desconectar e se converter em supérfluos. A própria vida se converte em algo que deve ser gestionado, otimizado e posto em valor. A competência é a força do mercado, e do que se trata é de que a lógica da competência atravesse a sociedade inteira (de maneira que já não haja diferença entre economia e sociedade). A sociedade se concebe como uma trama cuja unidade é a empresa. O indivíduo deve aprender a tomar-se a si mesmo como uma empresa em miniatura. A mobilização se converte em automobilização. A avaliação (o balanço de resultados) se converte em autoavaliação. Tudo deve determinar-se em função de ganhos ou perdas, de êxitos ou de fracassos. E a educação pode ser alheia a esse impulso mobilizador. Mas "mobilização", como se sabe, é um termo que provém da guerra e se refere aos processos pelos quais qualquer coisa deve se pôr a seu serviço. A guerra total supõe a mobilização total, a conversão de tudo em recurso para a guerra, em arma de guerra, em instrumento de guerra. Idealmente, tudo deve ativar-se, dinamizar-se, estar pronto e disponível para entrar em ação. O que resta é o "ainda não mobilizado" ou, pior ainda, o que "resiste à mobilização". E as escolas não são outra coisa senão instituições preparatórias para a mobilização. Ou, em outro extremo, instituições de gestão e tratamento (terapêutico) dos resíduos (e das feridas) que a própria mobilização produz.

Para tratar de estabelecer certa distância a respeito dessa mobilização de combate, vou usar uma conferência feita por Ivan Illich, em Yokohama, em 1980. Illich começa dizendo que a palavra "paz" tem um sentido diferente se se pronuncia a partir do centro (a partir do poder, a partir das elites dirigentes) ou a partir das margens: "No centro, se insiste em construir a paz ou, inclusive, em estratégias (no sentido literal: planos de guerra) para a paz, ou em 'lutar' pela paz; nas margens, as pessoas esperam que a deixem em paz. Nesse último sentido, a paz das pessoas simples, a paz popular, se perdeu".[274]

Em seguida, Illich faz uma revisão a respeito da riqueza dos matizes culturais e históricos da palavra "paz", na diferença, por exemplo, entre a palavra *shalom* dos judeus (que se refere a uma espécie de graça que desce do céu, às bênçãos da justiça divina) e a *pax* romana (relacionada com a imposição da lei e da ordem). Insiste também em que tanto a história como as ciências sociais se interessaram mais pela guerra que pela paz. Inclusive os historiadores da nova história, os que trabalham sobre o campo dos vencidos, "[...] são antes de tudo os cronistas de resistências, motins, insurreições, rebeliões de escravos, de camponeses, de minorias, de marginais e, nos períodos mais recentes, das lutas de classe dos proletários e das lutas das mulheres contra a discriminação".[275]

Mas o que faz Illich, no corpo central de seu texto, é analisar como o conceito moderno de paz é um conceito econômico enquanto está ligado ao desenvolvimento: "Cada seita de expertos sempre ligava seu próprio programa de desenvolvimento com a paz [...] impondo a *pax aeconomica* em detrimento de todas as formas da paz popular".[276]

E para dar um exemplo do que podia ser uma paz não econômica, uma paz desarmada, termina sua conferência dizendo que, no século XII, "paz" não significava a ausência de guerras entre os senhores, mas que se dirigia "[...] a preservar os pobres e seus meios de subsistência da violência da guerra. Protegia o camponês e o monge. Esse era o sentido de *Gottesfrieden* ou de *Landfrieden*, o de proteção de lugares e de tempos particulares".[277]

A Paz de Deus e a Paz da Terra, diz Illich, significavam a proteção de tudo aquilo que havia que deixar em paz, o que não podia usar-se para a guerra, o que não podia mobilizar-se, o que não podia violentar-se; a salvaguarda de tudo o que devia ser resguardado, preservado, cuidado, protegido, de tudo o que devia manter-se a salvo. E talvez a escola como enclave, como refúgio, tenha algo a ver com essa ideia de paz. Uma ideia que, se havemos de crer em Illich, já se tornou (quase) incompreensível para nós.

Na cidade onde vivo, Barcelona, há um bairro que se chama La Sagrera. E as *sagreras* foram, justamente, as primeiras instituições de "Paz e Trégua de Deus" que existiram na Europa, os primeiros refúgios contra a violência dos senhores da guerra. Uma *sagrera* era um perímetro circular (*in circuitu, in girum*) delimitado por uma estacada, um muro de pedra ou um fosso, com uma medida de trinta passos (*triginta passuus ecclesiasticos, o legitimos passuus*) ao redor de uma igreja rural onde eram proibidos todos os atos violentos. Até hoje, no bairro de La Sagrera de Barcelona, há uma escola pública que se chama, justamente, Trinta Passos.

Habitualmente uma *sagrera* compreendia um edifício sagrado (em geral, uma igreja enquanto que *domus Dei*), um cemitério para a acolhida, a proteção e o culto aos mortos (*ad corpora mortuorum sepelienda*), um lugar, geralmente o portal de uma igreja, onde se celebravam as reuniões nas quais se discutiam os assuntos públicos sob a direção dos *boni homines*, e uma série de edificações (*domos, casas, mansiones, sagrarios, cellarios*, etc.) para guardar as sementes e, às vezes, as ferramentas do trabalho agrícola.

Tratava-se de um ambiente pacífico, protegido e delimitado que teve sua origem na tradição hispano-visigoda do asilo e que sacraliza o espaço circundante de uma igreja (*locus sanctus*) condenando como sacrílega toda a violência exercida em seu interior. O circuito da *sagrera* era o limite a qualquer violência tanto sobre as pessoas como sobre os bens situados no seu interior. As pessoas que violavam o circuito protegido eram declaradas sacrílegas e ameaçadas com a excomunhão e também com o anátema. Essas penas espirituais funcionavam como a arma ou a espada (*anathematis gladio, gladio Sancti Spiritus*) que garantia o perímetro.

De acordo com o estudo clássico de Pierre Bonnassie, as *sagreras* têm uma origem mais popular que eclesiástica.[278] Nascidas da aliança entre os camponeses e os pobres padres rurais, não se definiam unicamente contra a violência dos clãs nobres, mas também questionavam a posse de grandes lotes de terra tanto pelos nobres como pelos clérigos. No entanto, sua progressiva institucionalização anda de mãos dadas com a faculdade de julgar e castigar as infrações, que são monopolizadas pelas dioceses. A necessária implicação da Igreja como garantia das *sagreras* neutralizou as suas potencialidades revolucionárias enquanto tendia a assegurar os bens da Igreja sem condenar o latifúndio nem o servilismo, e inclusive ajudou a garantir a instalação de novos assentamentos eclesiais no território. Na verdade, as "assembleias de Paz e Trégua", instituídas pelo Abade Oliva em 1027, proibiram a participação em lutas e combates entre sábado e a segunda-feira, a fim de garantir assistência nos ofícios dominicais, bem como o assalto a clérigos, peregrinos ou bens da Igreja, proibição que mais tarde se estendida aos mercados e comerciantes. Mas essa primeira assembleia se celebrou nos prados de Toluges, e não na catedral de Elna, ou seja, foram os clérigos que se dirigiram ao território dos camponeses (aos pastos comuns), e não o contrário. As assembleias subsequentes, entretanto, já se deram em locais religiosos. O restabelecimento da autoridade do condado a partir de meados do século XI fez com que o bispo começasse a compartilhar com o conde a repressão das violações da trégua (*treguas fractas*), embora as *sagreras* se mantivessem durante muito tempo sob a exclusiva autoridade eclesiástica. Os regulamentos da trégua gradualmente se convertem em regulamentos de ordem pública garantida pelo poder condal e real, as próprias *sagreras* começam a se colocar sob uma jurisdição compartilhada entre o bispo e o conde-rei, embora a proteção de perímetro das *sagreras* mantivesse uma tensão permanente com os interesses senhoriais:

> A rejeição das violências e as exigências que daquelas poderiam ser derivadas não era a resposta a ameaças específicas ou ocasionais, mas o reflexo da concepção da *sagrera* enquanto circuito sacralizado e pacificado, alheio a qualquer instrumentalização direta, por parte, acima de tudo, dos senhores laicos. A edificação de um senhorio, entendida como um processo de implantação violenta de extorsões sobre as populações de um território, teve que se interromper no exato momento em que se franqueava o círculo simbólico da *sagrera*, porque a Igreja tinha submetido a esta a *pax innefragabilis et inviolata*[...]. A mera presença do Senhor era percebida como uma ameaça[...] porque implicava o risco de que este estendesse seu poder sobre o assentamento, impondo pela força suas exigências. O resultado seria, irremediavelmente, a desfiguração da *sagrera* como circuito pacificado e protegido.[279]

A todas as pessoas e a todos os bens localizados no interior da *sagrera* foram garantidas sua *securitas in perpetuum* contra qualquer ato violento, e também contra qualquer tentativa de apropriação ou de instrumentalização que pretendesse aproveitar a existência do recinto para impor suas exações ou usá-lo com fins distintos aos da paz e da proteção. Para expressar a proteção das *sagreras*, se recorria a termos como "defesa" (*defensione*), "tutela" (*tuicione*), "proteção" (*protectione*), "imunidade" (*inmunitatem*), "segurança" (*securitas*), "repouso" (*quietudine*), "resguardo" (*custodia* ou *garda*), "salvaguarda" (*salvatio* ou *salvitas*), etc. Esses termos indicam, antes de mais nada, uma situação de proteção para tudo o que foi abrigado dentro do recinto. Mas também expressam uma relação hierárquica ou assimétrica entre a parte protegida e a parte protetora, ou seja, entre as pessoas e os bens que se tinham de proteger e aqueles que dispunham de meios para garantir essa proteção.

Trata-se, em suma, de um vocabulário que assimila poder e proteção. Como se a própria existência da *sagrera* dependesse de seus defensores ou protetores. De fato, aquilo que deve ser protegido é caracterizado, precisamente, por seu não poder, por sua impotência em se proteger. E parece então que coisa é sempre preciso ceder alguma coisa (ou fazer com que alguém se submeta a alguma coisa) em troca de que nos deixem em paz.

Pascal Quignard também utiliza a ideia de refúgio, mas não como um local de proteção, e sim para a fuga. É nesse sentido que se refere, primeiro, à ideia de zona franca como terra de ninguém, como zona livre, como *liberum asylum*:

> Celebro a ideia franca do direito de asilo. A ideia de que houvesse no espaço zonas intermediárias livres da dominação humana. Lugares onde a vingança privada fosse interrompida e a vingança do Estado fosse proibida. Lugares da natureza onde não só a humanidade fosse banida mas também a dominação dos deuses acabasse.[280]

E também, em segundo lugar, a ideia de refúgio natural, de abrigo dos elementos e de proteção contra os perigos:

> Os protestantes perseguidos vagaram "para o refúgio". Esse era o nome que os pastores davam, nas montanhas dos Alpes, acima do lago de Genebra, a uma pequena cabana de pedra que permitia que o corpo evitasse a ferocidade dos lobos, o frio intenso, a vista dos soldados de qualquer nação e o peso da neve.[281]

Para Quignard, o homem precisa de abrigos para se proteger da hostilidade da natureza e de zonas livres para se proteger da hostilidade dos homens. Mas acima de tudo precisa de lugares livres da tirania do social. Por isso o refúgio é secreto, antissocial e proibido. Por isso o buscador de refúgio é considerado um insubmisso, um desertor, um evadido. Por isso a zona franca ou o abrigo primitivo, localizado no meio da natureza, tem sua continuidade em todos os lugares que o ser humano inventa para dar uma forma para a retirada de um mundo que escraviza seus habitantes: "A verdadeira questão que se oculta na fuga do escravo – da presa perseguida – é a do refúgio".[282]

O refúgio supõe dois movimentos, e ambos têm a ver com liberdade. O primeiro é claustrofóbico, de fuga, de evasão, de saída, de fuga de um espaço opressor e opressivo (como um nascimento). O segundo é claustrofílico, de redobramento, de entrada em um local separado, isolado, protegido (como um retorno ao estado pré-natal). A evasão é difícil, sem dúvida, e apresenta muitos problemas práticos. Entretanto redobramento também o é, e por essa razão o refúgio supõe um exercício (uma ascese) e uma aprendizagem. Nesse sentido, o refúgio tem para Quignard algo de sagrado, algo de gruta, de templo, de igreja, de espaço subtraído da luz, da ganância e da cobiça dos homens. Mas também algo que tem a ver com o cultivo de uma forma de vida excêntrica que, para ele, está relacionada a essa misteriosa atividade social que chamamos de pensamento:

A verdadeira questão para o perseguido – inclusive para o ameaçado – é a do refúgio. De imediato, se trata para o vivente de pôr sua vida a salvo. Dar-lhe refúgio é: 1. Sentir afeição pela vida. 2. Incrementá-la (incrementar seu tempo). Agora, o pensamento supõe a perda da noção de tempo. Se a liberdade de pensamento é a disposição sem condições de um tempo sem fim oferecido sem propósito a seu exercício, a vida que vale a pena é o refúgio. Viver sem se dar conta supõe o refúgio. "Viver sem estar alerta" define o refúgio.[283]

Ou, um pouco adiante:

> Pensar supõe o *otium*, a parede, a segurança, o lugar franco, o silêncio, a solidão recobrada. O tempo vazio sem alerta e sem fim. A operação de pensar pressupõe: 1. A despreocupação. 2. Ser esquecido pelos outros. Isso é o que define em parte o refúgio.[284]

Deste modo, para conservar a escola, ou a universidade, ou a sala de aula, será preciso inventar formas de abrir *sagreras*, ou momentos-*sagrera*, no interior de um espaço e de um tempo (os da escola, os da universidade, os da sala de aula) que foram completamente colonizados pelas lógicas da privatização e da utilidade. Para isso será preciso traçar um currículo de trinta passos. Será preciso proteger o recinto com um muro que impeça a passagem dos pais, dos empresários, dos empregadores, dos políticos, dos padres, dos militares, dos vendedores, dos expertos, dos empreendedores, dos dinamizadores, dos economistas, de todos que olham para o futuro e sabem o que é uma criança (ou um aluno) e o que devia fazer com ele. Será preciso fechar a porta para que não entrem os inspetores, os avaliadores, os controladores e todos os que pensam em termos de eficácia, de rentabilidade e de utilidade. Será preciso dizer que o que se faz aí, nesse recinto fechado, não é se comparar com os outros nem se ocupar dos próprios assuntos ou dos próprios interesses, mas ocupar-se igualmente das coisas comuns. Só então estaremos em condições para agir como professores e começar a trabalhar.

# ELOGIO DA SALA DE AULA

> *Magnífica passagem do Talmude:*
> *"O mundo não existe mais que para o alento dos estudantes."*
> *E: "Não há que importunar os estudantes,*
> *nem sequer a construção do santuário."*
> *E: "Toda cidade sem estudantes será destruída."*
> Peter Handke

**1.**

Gosto de ir visitá-la quando ainda está vazia, alguns dias antes do início do curso. Necessito ver como são a lousa e a tela de projeções, se há ou não tablado, quantas portas tem, como é e onde está minha mesa, se terei possibilidade ou não de fechar as persianas para escurecê-la. Também se tende a ser quadrada ou se é mais longa e estreita. E se conserva alguns murais nas paredes, restos do semestre passado, de que estou quase certo de que não vou gostar, mesmo sabendo que não ousaria removê-los. Há certa cerimônia nesse meu primeiro encontro com a sala de aula, silenciosa e disposta, como já se oferecendo para esse primeiro dia de aula que comecei a esperar com certa ansiedade. A universidade colocou à minha disposição um espaço e um tempo, o título de uma assinatura e várias dezenas de garotas e garotos. Todo o resto é, nesse momento, coisa minha. Uma vez mais, o curso está a ponto de começar.

Há algo aí que poderíamos chamar de ordem do sagrado, mas do sagrado humilde e cotidiano, esse cujos signos se reduzem a um leve estremecimento, a essa mescla de atração e de medo que não posso deixar de sentir nessa primeira visita, feita só para saudar e mostrar meu respeito, ao que será minha aula dois dias por semana durante um semestre. Isso eu chamo de o momento da saudação. Penso que este texto poderia se intitular "elogio da sala de aula como lugar sagrado". E é que a sala de aula não é, não pode ser, não deve ser, um lugar qualquer.

**2.**

Não há no umbral pia de água benta para se benzer, nem uma prateleira para se deixar o calçado. Ao entrar, não exijo nem túnica, nem véu, nem fitas no cabelo. Não peço que se beije o chão ou que se incline a cabeça. Não começo o ofício invocando a presença dos deuses ou fazendo-lhes oferendas. Nem sequer peço a inspiração da musa.

Mas lamento que já não se costume tocar a campainha para chamar os retardatários. Passados cinco minutos da hora indicada, fecho a porta para sinalizar, com certa solenidade, que a aula começa. Logo, na frente da classe, de pé, pigarreio duas vezes para pedir silêncio, percorro com um olhar o rosto dos estudantes, digo "sejam bem-vindas e bem-vindos... vamos começar". Ou inclusive começo dizendo algo assim como "hoje nos reunimos aqui para ler e comentar...". Chamo isso de o momento de começar ou também, às vezes, o momento de estar disposto.

## 3.

Se tivesse que me situar em uma das três ordens medievais, não o faria entre os clérigos nem entre os soldados, mas sim entre os camponeses que passam a vida removendo pedras e ervas daninhas, cuidando do terreno, rezando para que chova a tempo, trabalhando esforçadamente para uma colheita sempre incerta. Na antiga disputa entre as armas e as letras, optaria sem dúvida pelas letras, preferiria ter o rosto, como diz Ferlosio, "pálido e abatido pelo estudo, em vez de quebrado e remendado por reuniões de lança", mas não adotaria as poses sedutoras do menestrel, e sim as mais solitárias do estudioso e as mais rudes do camponês, do operário ou do artesão. Não me sinto pregador (embora tenha às vezes certa tendência), nunca fui um lutador, gosto da vida retirada, sou mais uma criatura de hábitos, necessito das rotinas (minha opção pelas letras tem mais de monge sedentário e de vida regulada que de trovador errante e aventureiro) e venho de gerações de lavradores acostumados a fazer germinar uma terra avarenta e ressecada. Mas meus antepassados também contavam histórias entre risadas nos intervalos, presumiam que em seus campos brilhassem os sulcos mais retos e as oliveiras mais bem podadas, afinavam seus violões para cantar na volta do trabalho, cultivavam árvores frutíferas "só para se deleitarem" e se endomingavam com orgulho para sair a passeio nos dias de festa. Talvez por isso não entendo a sala de aula como um templo, nem como um campo de batalha, nem como um terreno de cultivo, mas sim talvez como um lugar cotidiano para o encontro, a celebração e o gozo em meio de um trabalho duro e bem-feito.

## 4.

Sinto-me operário das letras, ou um trabalhador da cultura, como diziam os velhos marxistas. O que faço é ler e escrever, preparar aulas, dar cursos e conferências, conversar com meus estudantes, com meus leitores, com meus ouvintes: uma ocupação material diária, muitas vezes exaustiva, embora não isenta de momentos de alegria que poderiam estar sob a proteção de *Ponos* e a que talvez lhe conviesse o título de Hesíodo: *Os trabalhos e os dias*.

*Ponos* é o deus do esforço contínuo e duradouro, do trabalho pesado e da fadiga, mas também é uma palavra grega muito formosa em que "o *ponos* de cada um" poderia ser traduzido como os trabalhos, as penalidades, os padecimentos, as tarefas, os esforços, as fadigas, as lutas ou as próprias provas de cada indivíduo, as que a cada um foram dadas ou concedidas, ou as que cada um tomou e assumiu, como quando se fala dos "trabalhos de Hércules", por exemplo. Isso embora precisando que tal *ponos* grego, esses trabalhos, não possam ser vistos como servis, economicamente produtivos ou socialmente úteis, mas sim como uma maneira de nomear o caráter de esforço da condição humana. E assinalando também que esse *ponos* não é pesaroso, não supõe, como a desgraça ou a tristeza, a perda do mundo e a ruptura do vínculo social, e sim que é o modo como cada um se conecta com o mundo, consigo mesmo e com os outros. Além do mais, o trabalho penoso do *ponos* não se opõe, mas muito pelo contrário, com a *scholé*, com o ócio ativo próprio do homem livre. A *scholé* é o tempo em que o homem livre (que não está obrigado a trabalhar) se consagra a seus trabalhos, quer dizer, aos deveres próprios de sua condição. No registro do *ponos* não há lugar para os escravos, para aqueles para os quais sua tarefa está ligada à necessidade e à obediência, e não ao dever e à liberdade.

No entanto, sendo trabalhador das letras, um professor esforçado que faz do *studium* seu *ponos*, considero a sala de aula como um lugar de encontro, celebração e gozo. O trabalho, o que se diz trabalho, está para mim antes e depois da aula. E gostaria de poder sentir que trabalho para a aula, mas não na aula, que o que faço na sala de aula não é trabalho, é outra coisa senão trabalho, embora às vezes diga que "suo a camisa" ou que "a aula é meu lugar de carregar pedra".

## 5.

Não entro na sala de aula como em um lugar de trabalho, mas de amor e de desejo. A sala de aula é o lugar fundamental do meu ofício, porém eu não a colocaria sob a proteção de *Ponos*, e sim de *Eros*. E de um amor e um desejo, além do mais, entendidos ao modo de Platão, com esses traços que Diotima lhe atribuiu em *O Banquete* e que não resisto a transcrever:

> Sendo filho, portanto, de Poros e Penia, Eros ficou com as seguintes características: em primeiro lugar, é sempre pobre, e longe de ser delicado e belo, como a maioria acredita, é bastante duro e seco, descalço e sem casa, sempre dorme no chão e descoberto, deita-se ao ar livre nas portas e na beira dos caminhos, companheiro sempre inseparável da indigência por ter a natureza de sua mãe. Mas, por outro lado, de acordo com a natureza de seu pai, está à procura do belo e do bom; é valente, audaz e ativo, bom caçador, sempre urdindo alguma trama, ávido por sabedoria e rico em recursos, um amante do conhecimento ao longo de toda a sua vida, um formidável mago, feiticeiro e hábil com as palavras. Não é por natureza nem imortal nem mortal, mas no mesmo dia às vezes floresce e vive, quando está na abundância, e às vezes morre, mas recobra a vida graças à natureza de seu pai. Porém o que consegue sempre lhe escapa, de sorte que Eros nunca está sem recursos nem é rico, e está, além do mais, no meio da sabedoria e da ignorância [...].

Os trabalhos da sala de aula são de amor. E o que antes foi trabalho rotineiro e árduo, se converte agora em um estranho tremor, mistura de atração e de medo, esse que se sente quando tudo é desejo e promessa, e não há segurança nem garantias. Na sala de aula, me sinto filho de Penia, indigente e cheio de carências, e ao mesmo tempo filho de Poros, audaz e cheio de recursos, ao mesmo tempo capaz e incapaz, rico e pobre, sábio e ignorante, hábil e torpe, como quando não se tem nada além do que se busca, ou, melhor, quando se espera e se desespera; como quando não se sabe o que vai acontecer ou o que virá; como quando se duvida de tudo o que preparou, imaginou, antecipou; como quando se sabe que tudo pode germinar e florescer mas também murchar e morrer, e que isso não depende de si mesmo. Chamo isso de o momento das oferendas.

A sala de aula é o lugar em que os trabalhos são oferecidos ao amor, à celebração e ao prazer. Como quando meus antepassados ofereciam no templo as primícias dos frutos e depois as ofereciam a si mesmos e à comunidade, para celebrar a vida. Por isso que a sala de aula não é, não pode ser, não deve ser um lugar qualquer. Por isso é o lugar do temor e do tremor. Por isso é o lugar do desejo. Por isso tem algo de sagrado.

## 6.

No que tem a ver com *Ponos*, gosto desta expressão espanhola de "passar trabalhos". Antes e depois da aula é preciso passar trabalhos. E a mistura de *Ponos* e *Eros*, em termos do meu relacionamento com a sala de aula, dentro da sala de aula, estaria nesta *copla* que diz: "Que trabalhos me custa / querer-te como te quero / Por teu amor me dói a alma / o coração e o chapéu". Chamo isso de o momento das tristezas de amor.

## 7.

Não há nada de divino na sala de aula: não se oferece nenhum alimento espiritual aos fiéis nem se constrói nenhum tipo de comunhão religiosa. Não penso que meu ofício seja ser um xamã entre ateus, nem que eu e meus colegas dos velhos tempos sejamos como sacerdotes em uma época pós-religiosa. Tampouco me pergunto qual é o sentido de pregar no deserto, ou para que levantar meus olhos ao céu para incliná-los depois sobre a terra se trabalho em uma tribo para a qual o céu está vazio. Mas dediquei minha vida a esse lugar; sei que para um lugar ser sagrado ele exige certa comunidade; e sei que não serei capaz de fazer com que a maioria dos meus estudantes que entram na sala de aula sintam, como eu, que esse não é, não pode ser, não deve ser, um lugar qualquer. Chamo isso de o momento da correspondência difícil ou, recordando Deleuze, o momento do povo que está faltando.

## 8.

Contemplo as filas dos estudantes subindo pela ladeira, os observo distribuindo-se pelas distintas escadas que conduzem às diferentes salas de aula, me maravilho, uma vez mais, ao ver essa coreografia de corpos jovens dirigindo-se à classe, a mesma que se repetiu durante séculos e que continua se repetindo em todas as cidades do mundo, me pergunto, como todos os dias, o que busca ou o que espera, se espera algo, toda essa garotada, me pergunto também, e essa pergunta é mais difícil, o que é isso que busco, o que espero. Chamo isso de o momento da perplexidade, ou também, alguns dias, o momento da responsabilidade que pesa.

## 9.

Um pouco antes, terei dedicado o tempo do café da manhã para repassar os materiais da classe, terei chegado cedo à sala de aula, terei depositado os livros e o caderno sobre minha mesa, terei baixado as persianas com a ajuda das meninas mais madrugadoras, terei colocado o filme no reprodutor para que o título esteja na tela quando os alunos forem entrando e se acomodando, estarei já um pouco impaciente por escutar como soarão as primeiras palavras ou para ver como brilham as primeiras imagens. E o chamarei, por que não, de o momento do recolhimento.

## 10.

O homem sem honra, diz Michel Leiris,

> [...] é aquele para quem todas as coisas – tendo perdido sua magia, tendo se tornado iguais, indiferentes, profanas – estão desprovidas de virtude, do mesmo modo que ele é agora "sem honra", sem razão para atuar. Separado de todo pacto – sem participar de nada que seja sagrado –, se encontra ao mesmo tempo sem lugar, fora da lei, e, na falta de amar alguém, não tem direito à amizade de ninguém. Busca a honra como a um anel perdido, quer dizer, o elo a partir do qual se pode inserir de novo no mundo, mediante a cadeia de um pacto com algum elemento privilegiado, seja qual for. Trata-se então de passar em revista tudo o que, em certa medida, me pareça prestigioso, de modo que possa finalmente saber a que me atenho, sobre o que posso fundar um sistema de valores. Um título mais explícito seria "Busca da honra perdida".

O homem sem honra, o homem sem o sagrado, o homem sem amor, o homem sem mundo. Para o professor que sou, esse que começa a sentir-se sem lugar, é essencial a afirmação da sala de aula como um lugar para se ficar e se sustentar. Um lugar em que encontrar uma espécie de magia, para renovar uma espécie de pacto com o mundo, mas também certo sentido do dever e do fazer, e um tipo de dignidade. A noção de dever, diz Leiris, "pode implicar ao menos a ideia de certa dignidade da vida". Peter Handke me recorda que "estar imerso no trabalho significa que ele é mais do que eu". E é que a sala de aula não é, não pode ser, não deve ser um lugar qualquer.

## 11.

Há sagrado, diz Leiris, "a partir do momento em que há uma dicotomia bem marcada, heterogeneidade, limiar". E relaciona também o sagrado com o fechado, o enclausurado, com "os lugares especiais e bem delimitados" (os exemplos que usa são o espaço de areia no meio do gramado em que brincava quando criança, ou o pequeno jardim que cultivava no quintal da família). Há sagrado, então, ou pode havê-lo, no momento em que um limite é ultrapassado, quando se atravessa um limiar que marca uma forte distinção entre um interior e um exterior. Daí, talvez, a importância da porta da sala de aula. Entrar na sala de aula não é, não pode ser, não deve ser, entrar em um lugar qualquer.

Se pudesse desenhá-la, minha sala de aula teria um umbral que deveria ser atravessado com certa gravidade. A única janela seria zenital: não para olhar para fora ou para que se visse do lado de fora o que acontece lá dentro, mas para permitir a passagem de uma luz que ilumine o que há no meio e no que a atenção de todos deve se concentrar, para que a única coisa que possa ser vista seja o céu. E haveria um relógio sem ponteiros em uma das paredes, como se fosse se desconectar do tempo externo ou simplesmente para esquecer o tempo. Direi isto, mudando apenas umas palavras, com uma citação de Peter Handke: "Espaço, tempo, centro, forma: esses quatro que eu estava procurando. E onde alguém fazia o espaço, o tempo, o centro e a forma? Ali onde está o exercício – continuado – do ofício".

## 12.

Tenho ouvido as conversas dos estudantes no bar, vi os anúncios de todo tipo que há nos corredores, e nem as conversas nem os anúncios me agradaram de modo geral. Enquanto caminho para a sala de aula, penso, às vezes, em como o mundo está ficando hostil aí fora, e em como a universidade que recebe os jovens se parece cada vez mais com esse aí fora. Às vezes, na porta, os garotos e as garotas me contam sobre seus empregos e seus estudos (e sobre sua relação com seus empregos e com seus estudos), sobre seus muitos medos e suas poucas expectativas, sobre as coisas que os ocupam e os preocupam. Tenho a sensação de que tudo, ou quase tudo, é, para eles, instrumental, e de que tudo, ou quase tudo, os instrumentaliza. Sinto então uma mescla de raiva, de compaixão e de ternura; penso que teria que colocar na porta da sala de aula a citação de Calvino que usei mais de uma vez neste livro; recordo-me do limbo, de que "aqui não há pena nem glória, ninguém está condenado mas também ninguém tem salvação"; e me dá vontade de intitular essas palavras assim: "Elogio da sala de aula como fronteira do inferno".

## 13.

Se tivesse que nomear topologicamente a sala de aula, a chamaria de "outra parte", a colocaria "ao lado" do que alguns chamam de "o real", separada do mundo, mas ao mesmo tempo em contato com ele, como se suas paredes fossem uma espécie de tímpano que deixa algo fora, mas, sem dúvida, é sensível às suas vibrações. Ao mesmo tempo protegida dos ventos mas podendo sentir seu ulular. Como um abrigo, ou uma dobra, na intempérie. Como "um dique contra o Pacífico" que quase não pode resistir à força dele (porque os caranguejos a apodreceram), como uma lona cheia de buracos, como um muro perfurado por onde entra frio, mas em cujas cavidades há um corrimão pelo qual se pode se inclinar sem cair. Entrar na sala de aula não salva, mas, por um momento, coloca o real, o mundo, aquele inferno, a distância, e faz espaço e dá tempo para o que no inferno não é o inferno. Também, é claro, para amaldiçoar o inferno. Ou para rir do inferno, ou para estudar o inferno.

## 14.

Não se exige na entrada declarações de fé, certificados de batismo, certidões de nascimento ou a posse de uma série de virtudes. Não há ninguém que vigie a porta ou que decida quem pode ou não entrar. A sala de aula aceita todo mundo, e o professor, por definição, não escolhe seus alunos. Mas, ao entrar na sala de aula, é preciso sentir que esse é um lugar generoso porque é exigente, que não se pode fazer qualquer coisa nela, que há coisas que devem ficar fora. Por isso gosto de me colocar na porta para ir saudando os que chegam. Mas também gosto de me colocar na porta para lembrar aos que chegam tarde, com amabilidade mas seriamente, que o professor preparou a aula com cuidado, que a tarefa começou na hora que estava anunciada, e que tanto o professor quanto a tarefa merecem respeito. Chamo isso de o momento de dar as boas-vindas.

## 15.

Há na aula um gesto que podemos chamar de "profanação", se por isso entendemos a atividade permanente do conhecimento, da crítica ou inclusive da desconstrução: uma leitura que não aceita nada por verdadeiro, posto que a verdade, seja qual for, não é possuída mas apenas desejada e se buscada. Mas há também, e talvez fundamentalmente, um trabalho que poderíamos chamar de "sacralização", se por isso entendemos a conservação, a transmissão e a renovação de certa verdade, seja qual for, que nos foi legada, mas que está sempre ameaçada pelo esquecimento: uma leitura que está do lado da fidelidade, da aceitação e da comemoração. Na sala de aula há algo que se recebe, que se comemora, que se herda, algo a que se atende, mas a própria estrutura da sala de aula suspende qualquer conexão normativa com o passado. Por isso a sala de aula não é um templo mas poderia ser uma fronteira dessacralizada do templo. E na sala de aula há algo que se busca, que se persegue, algo a que se tende, mas a sala de aula suspende qualquer relação projetiva com o futuro. Por isso a sala de aula não é um lugar de produção, não é uma fábrica, mas poderia ser uma parte desativada da fábrica. Na sala de aula o passado não pesa, o futuro não está antecipado, e o único tempo que conta é o presente, ou seja, o momento em que algo se apresenta, se faz presente ou se traz à presença.

Na sala de aula é preciso que tanto os textos quanto os modos de leitura tenham alguma relação com a verdade, seja ela qual for, seja uma verdade que se busca, seja uma verdade que se transmite, seja uma verdade mais sensível: uma espécie de sentimento de verdade que tem a ver com algo assim como a alegria do descobrimento, a alegria de ver claro ou de ver outras coisas, ou a alegria de começar a pensar o que nunca se havia pensado, ou a alegria de sentir-se capaz, como qualquer outro, de ler, de escrever e de pensar.

Talvez a verdade que se descobre na sala de aula seja, simplesmente, a da terceira lição sobre a emancipação intelectual, essa lição chamada "A razão dos iguais", essa sentença que diz: "Eu também sou pintor". Talvez por isso na sala de aula não se dá uma relação com a verdade, mas com aquilo que *O mestre ignorante* chama de veracidade e que define como "o fundamento moral do poder de conhecer": não o que provoca o assentimento e agrupa as pessoas, mas esse esforço constante de tradução e contratradução que não associa, mas que separa ou, dito de outro modo, que "só une ao redor de um núcleo ausente". A citação poderia ser a seguinte:

> O pensamento não se diz "em verdade" mas se expressa "em veracidade". Se divide, se diz, se traduz para outro que fará outro relato, outra tradução, com uma única condição: a vontade de comunicar, de "adivinhar" o que o outro pensou e que nada, fora de seu relato, garante, e que nenhum dicionário universal diz como deve ser compreendido.

Na sala de aula não está a verdade mas deve haver uma relação com a verdade. É preciso ler, escrever, conversar e pensar "de verdade": sempre se trata de verificar alguma coisa. E embora ao sair repitamos esta *copla* de Machado, "Confiamos / que não será verdade / nada do que pensamos", saberemos que, enquanto estávamos aí, alguma coisa foi pensada e, de alguma maneira, embora não seja verdade, se tornou verdadeira.

## 16.

Na sala de aula, há uma seleção precisa de textos e uma organização codificada de modos de leitura. Por isso hoje a tendência é a nivelação e a banalização de tudo, em que os textos são produzidos e reproduzidos independentemente de conterem ou não algo de verdade, em que a distinção entre o verdadeiro e o falso, seja filosófica, seja teológica, foi declarada obsoleta, em que o leitor afirma descaradamente sua soberania, isto é, sua indiferença, em que a única coisa que conta é a oposição entre o útil e o inútil, ou entre o que se gosta e o que não se gosta, talvez, a sala de aula seja um dos últimos lugares onde os textos podem ser investidos até mesmo de certa autoridade, certo poder e certo mistério. A sala de aula não é um lugar qualquer porque ali não se lê qualquer coisa nem se lê de qualquer maneira. É nesse sentido que a sala de aula ainda possui, ou poderia possuir, ou deveria possuir, algumas das características de uma topologia do sagrado. Mesmo que só seja para possibilitar a reiteração desses gestos mágicos capazes de dotar os textos com certo poder, e que sejam capazes de induzir nas pessoas certas disposições.

## 17.

Talvez seja certo que o espírito sopra onde quer e quando quer, que a verdade, seja ela qual for, não tem abrigo, nem teto de lugar privilegiado, mas tal como estão as coisas não é demais cuidar de alguns lugares especiais e de algumas disposições especiais para facilitar a sua tarefa. Ou, como dizia Barthes em seu livro sobre o Japão, falando em reverência, "se digo que lá a urbanidade é uma religião, deixo claro que há nela algo sagrado". É claro que a sala de aula não é um espaço religioso, no sentido oficial ou clerical do termo, mas há nela uma exigência, pelo menos, de boas maneiras, ou, em outras palavras, deve-se saber como se comportar nela e respeitar as tradições. Na sala de aula ninguém está à vontade, ninguém está em casa, mas poderia ser uma ala des-privatizada, des-familiarizada ou des-domesticada da casa. Porque, se a sala de aula é o lar de alguma coisa, o é do estudo. E ainda gosto quando ouço alguém se referindo à universidade como "esta casa de estudos", algo tão ultrapassado. As boas maneiras da sala de aula não são diferentes daquelas exigidas pelo estudo.

## 18.

Ao preparar o curso, separei cuidadosa e amorosamente os textos e os filmes. Os garotos e as garotas têm que saber (e sentir) que nas minhas aulas encontrarão coisas bonitas, interessantes, dessas que merecem atenção e certo esforço: coisas que valem a pena. Além disso, de alguma maneira, sei que é uma vida inteira de leitor, de um estudioso, que está comprometida nessa escolha e nesse presente. Assim que coloco na mochila os materiais do dia, sinto certa inquietude por não saber se serei capaz de apresentá-los com a dignidade que creio que eles merecem e, acima de tudo, por desconhecer se serão capazes de suscitar certa atitude, se não de fascinação mas pelo menos de respeito ou de consentimento. Chamo isso de o momento da reverência.

## 19.

Não pedirei reclinatórios nem genuflexões. Os textos não serão cantados nem salmodiados. Não haverá na sala de aula palavras reveladas, autoritárias, dogmáticas ou doutrinárias. Mas lamentarei que não tenham poder de revelação, que não se reconheça sua autoridade e seu peso, que não se fixem na mente ou na memória, que não sejam de algum modo correspondidas. Sei que ficarei irritado quando as sentir niveladas e rebaixadas, ignoradas e menosprezadas, tomadas como palavras vãs, ordinárias ou o que quer que seja. Às vezes sentirei isso como um fracasso, e não terá mais importância, mas às vezes o sentirei como uma ofensa, como uma profanação, e não poderei resistir à reprimenda ou ao sermão, isto é, a certa exigência de atenção e de respeito. Chamo isso de o momento das lamentações de Jeremias, ou o momento da voz que clama no deserto.

## 20.

Se a poesia é a arte da palavra, a atividade do poeta pressupõe dotar a palavra de certo caráter sagrado ou, pelo menos, confiar que tenha uma força que vai mais além de sua utilidade. Ser poeta é tentar fazer com que as palavras tenham poder, que lhes emane certa magia. Ler poesia é entregar-se à força das palavras.

A arte do professor consiste em tratar de fazer que os textos que dá para leitura também contenham certa potência. Por isso o professor precisa de um texto que resista (que pode ser o objeto de um determinado trabalho) mas também de um texto que comova (que tenha força para causar movimento). E para isso não serve um texto qualquer. O sagrado, diz Leiris, "será o que me é heterogêneo (transcendente?), isso que é exterior a mim, mas a que posso me aderir para me superar". Na sala de aula, se leem coisas que superam, às quais se deve aderir e dar-lhes algo de nós mesmos (atenção, concentração, esforço, repetição, tempo, paciência, confiança) para que elas, por sua vez, nos devolvam alguma coisa.

## 21.

A sala de aula é instituída quando os textos estão sobre a mesa, quando as regras foram estabelecidas e aceitas, quando as tarefas foram atribuídas. É aí que gosto de dizer que "a partir desse momento, o que acontece aqui é coisa de todos". Então se faz um silêncio mais profundo que o normal, e cada um formula suas condições e suas exigências. Chamo isso de o momento constituinte. Também gosto de dizer que "aqui há algumas coisas, algumas atitudes, algumas maneiras, que não entram, que não contam, que não me vêm à mente e, claro, a pergunta de 'para que isso vai me servir' é uma pergunta impertinente". O silêncio cresce ainda mais, e eu chamo isso de o momento destituinte. E é que, para a sala de aula ser sala de aula, deve-se colocar algumas coisas e afastar outras, e o que se ativa é tão importante como o que se desativa, o que se constitui como o que se destitui. Além disso, também digo que "aqui ninguém manda, nem nós mesmos; aqui as únicas coisas que são soberanas são ler, escrever, conversar e pensar, isto é, estudar; aqui as coisas que são soberanas são a leitura, a escrita, a conversação e o pensamento, quer dizer, o estudo; aqui as coisas não têm função, não servem para nada, e é por isso que podemos usá-las livremente". Agora sim é que a sala de aula não é, não pode ser, não deve ser um lugar qualquer. Chamo isso de o momento da proclamação da sala de aula como território liberado.

## 22.

O texto não rejeita ninguém e se entrega a todos sem mistério. Não é mais que uma série de palavras alinhadas. Tudo o que deve ser feito é seguir a linha. E, de passagem, sobre a linha, fazer alguns sublinhados, fazer algumas anotações, acompanhar a aparição repetida de algumas palavras, assumir o controle, à medida que se lê, de como o texto está organizado, talvez formular algumas perguntas. Tarefas triviais, rotineiras, que devem ser realizadas, isso sim, com a máxima atenção. A única coisa a se fazer com o texto é lê-lo. Como a única coisa a se fazer com o caminho é caminhar nele. E na sala de aula, isso sim, dar conta da leitura. E dar-se conta do que se leu e de como se leu.

Gosto de seguir as filas dos estudantes e ver seus papéis coloridos, seus cadernos cheios de anotações. O momento mais belo é quando alguém toma a palavra, lê um parágrafo, diz que foi bonito lê-lo, tenta formular o que o texto o fez sentir, o fez pensar, e há alguém na sala que sorri e concorda. Às vezes alguém me agradece por um livro ou um filme, ou me diz que recomendou o livro a um amigo ou que viu o filme com seus pais. Às vezes há alguém que me pede para sugerir outras coisas para ler. Chamo isso de o momento de tomar a leitura e de pensar se valeu a pena. Mas a coisa mais frequente é que não se tenha lido, ou que se tenha lido de maneira negligente, apenas para se livrar. Chamo isso de o momento da vergonha, ou o momento em que tudo é mentira.

## 23.

Não haverá fumaça de incenso nem bênçãos. A mesa na qual o professor deposita seus materiais não será um altar de oferendas ou sacrifícios. As palavras que aparecem na lousa ou as imagens que brilham na tela das projeções não serão objeto de adoração. O sagrado existe, diz Leiris, não em objetos ou em pessoas "mas na relação que se estabelece com certas coisas e com certas pessoas. Assim o sagrado permanece fluido e não se substancializa".

Não é a sala de aula que é sagrada, nem os livros que são lidos ali, nem as pessoas que a ocupam, mas sim as relações que se estabelecem (com o lugar, com os textos, com as pessoas). O que não se pode fazer, não de deve fazer é considerar a sala de aula, os textos de sala de aula e as pessoas na sala de aula como se fossem qualquer coisa. Na sala de aula, tudo deve ter a aura do excepcional, do extraordinário. Embora seja o excepcional que se repete, o extraordinário de todos os dias.

## 24.

Alguns dias, é claro, chego à sala de aula cansado, preguiçoso, mal-humorado, com pouca vontade ou ainda envolvido pelas questões e preocupações de casa. Há alguns dias em que eu preferiria não ter aula, então tenho a sensação de me arrastar para um lugar para onde não quero ir. Mas, ao pedir silêncio e começar a ler e comentar (em público), sinto que me conecto com outra coisa, e é como se me sentisse revitalizado, como se nascesse uma energia de que não acreditava ser capaz, como se me elevasse sobre mim mesmo. Chamo isso de o momento de inspiração ou momento de estar possuído. A seguir é como quando a música chega ao fim: o transe termina e alguém, mais uma vez, cai sobre si mesmo e em seu próprio desânimo. Chamo isso de o momento em que a festa termina.

Michel Leiris diz que é necessário estudar o sagrado "em estado nascente" e não em suas formas petrificadas (religião, pátria, moral, etc.). E diz que aí está "sua relação com o êxtase e com certo 'fora de si'", mas também diz também que há um "sagrado agudo" e um "sagrado latente", e que este último está relacionado com a massa de tudo o que se respeita. Para mim, que nunca fui dado à paixão e à efervescência, a sala de aula tem mais a ver com o cuidado devido "ao que se respeita". E sinto que a relação com isso é meu objeto de respeito que me dá a força que não tenho. Chamo isso de o momento em que a força do lugar se encarna.

## 25.

Leiris também diz que o estado sagrado por excelência consiste em "ao mesmo tempo ser perfeitamente 'si próprio' e estar perfeitamente 'fora de si'". E acrescenta que a resolução dessa aparente contradição é o sagrado "enquanto comunicação". Daí o que qualifica a sala de aula com as marcas do sagrado seja precisamente seu caráter, ao mesmo tempo público e íntimo. Talvez seja esse o segredo da *lectio*, da leitura pública e em público, da prática central da sala de aula: que as palavras são de todos mas são ditas e recebidas por cada um, como se lhes fossem especialmente dirigidas. Um segredo, claro, que raramente é alcançado.

## 26.

Na sala de aula não há comunhão de fiéis nem harmonias preestabelecidas, nem um apelo à unidade ou à totalidade. Na sala de aula tudo está separado. As pessoas, é claro, são diversas e ao mesmo tempo semelhantes, estão juntas mas ao mesmo tempo isoladas, cada uma ali à sua maneira e por suas próprias razões. Também os textos, aleatórios e ao mesmo tempo necessários. Tudo na sala de aula poderia ser de outro modo. E o que reúne nunca pode ser tomado como garantido, nem mesmo um interesse compartilhado, por mínimo que seja. Mas há sempre um esforço desesperado para enlaçar, para conectar, para comunicar, para que algum tipo de relação possa ocorrer. Talvez seja por isso, diz Leiris, que "o sagrado só pode existir por instantes", nos raros momentos "em que a comunicação se estabelece". Mas, para que esses instantes possam surgir, é preciso certa ritualização dos gestos, certa estabilidade de formas, a produção de certa tensão, de certa disposição, de certo estado, de certa maneira de estar ali e, sobretudo, de certa maneira de estar nele. Por isso a sala de aula não é, não pode ser, não deve ser, um lugar qualquer. Chamo isso de o momento de crer em milagres.

## 27.

Em um fragmento em que se pode reconhecer ressonâncias de Georges Bataille, Maurice Blanchot diz que

[...] em um mundo em que todo gasto de energia deve desembocar em uma ação real que a conserve, Sísifo é imagem do que se perde, de um intercâmbio eternamente deficitário, de uma balança em perpétuo desequilíbrio. Representa uma ação que é o oposto da ação. Simboliza, pelo seu trabalho, o oposto do trabalho. É o útil-inútil, isto é, aos olhos de um mundo profano, o insensato e o sagrado.

O que se faz na sala de aula é o oposto do trabalho, mas também é o oposto do intercâmbio, do retorno ou da lucratividade. A sala de aula não é uma praça, embora pudesse ser a orla desmercantilizada da praça, o lugar onde as coisas passam de umas mãos para outras, mas para nada e em troca de nada. E é que na sala de aula tudo é gasto, desperdício, quase nenhum retorno. A sensação que tenho ao sair da classe é que tudo é nada, que tudo passa, que nada se acumula ou se conserva, que nada retorna, que tudo se perde, se desvanece, se o leva o vento. Chamo isso de "o momento para quê qualquer coisa", ou, um pouco depois, "o momento de amanhã haverá de começar de novo".

## 28.
A sala de aula, é claro, não é um lugar sagrado. É antes um lugar vazio ou, melhor, uma forma vazia. Somos nós que a estamos sacralizando quando a respeitamos, cuidamos dela, colocamos nela algumas coisas que consideramos significativas, nos damos algumas regras de comportamento, lhe atribuímos certo poder, lhe entregamos o melhor de nossa sensibilidade e nossa inteligência. Se a sala de aula tem força, é, evidentemente, porque nós a colocamos nela.

O que mais me impressiona numa primeira visita à sala de aula é precisamente como ela é vazia. Apenas algumas paredes, algumas janelas para deixar entrar a luz, algumas cadeiras alinhadas, uma mesa para o professor, uma lousa e uma tela. E, quando acabo meu horário, apago a lousa, desligo o projetor, recolho os livros, digo "até a semana que vem" e atravesso o umbral para sair, surpreendo-me novamente como esse espaço é frágil e vulnerável e como precisa de nós para continuar sendo o que é o que é, ou o que foi, ou o que poderia ter sido, ou o que amanhã poderá ser. Chamo isso de "momento de ternura". E o que fazemos de sagrado, talvez, não é mais poderoso, mas sim o mais frágil e, por isso, o que mais precisa de nossos cuidados. Algo parecido com as crianças, os ursos-polares, as flores das montanhas, as lembranças de quando éramos felizes, o silêncio, as palavras sinceras, os rios de água limpa, os ecos das vozes dos mortos.

## 29.
Penso então que a coisa mais importante que precisa ser verificada na sala de aula é a própria sala de aula. Que a coisa mais importante que é feita na sala de aula é tentar, mais uma vez, que a sala de aula seja uma sala de aula. Digamos que eu não sei se a sala

de aula existe, mas que meu dever é supor que ela consiste, insiste, resiste ou persiste; sei que dessa suposição depende a continuação do estudo; sei que a verificação deve ser feita uma ou outra vez; sei que a sala de aula não está dada (não está antes), que tampouco é um objetivo a ser alcançado (não está depois), mas que deve ser feita todos os dias; sei que o professor tem uma responsabilidade com a matéria do estudo, sim, com os alunos também, mas talvez sua responsabilidade essencial seja com a própria sala de aula. Porque é a sala de aula, a crença na sala de aula e a tarefa de "dar aula" que me faz professor. Chamo isso de o momento da profissão de fé, ou da vida consagrada.

## 30.

Novamente Leiris: "Toda a minha pesquisa de um 'sagrado' se resume nisto: o que pode ajudar a encaixar o golpe quando se está a caminho da morte, o que a morte não desvaloriza, o que guarda seu sabor e seu peso mesmo que haja morte" Chamo isso de o momento do professor velho.

## Referências:

As citações de Michel Leiris foram tiradas de *Le sacré dans la vie quotidienne* [O sagrado na vida cotidiana]. A de Roland Barthes, em *O império dos signos*. A de Rafael Sánchez Ferlosio, em *La forja de un plumífero* [A construção da escrita]. O leitor terá adivinhado a menção a *Barragem contra o Pacífico*, de Marguerite Duras. As citações de Peter Handke estão em *Die Geschichte des Bleistifts* [A história da caneta], e a de Maurice Blanchot em "O mito de Sísifo". Os versos de Antonio Machado pertencem a *Proverbios y cantares* [Provérbios e cânticos]. E ficaram claras no texto as citações de Platão, em *O Banquete*; de Jacques Rancière, em *O mestre ignorante*, e a referência a *As cidades invisíveis*, de Italo Calvino.

# NOTAS

[1] CALVINO, Italo. *Las ciudades invisibles.* Barcelona: Minotauro, 1983, p. 175.

[2] NIETZSCHE, Friedrich. *La Gaya Ciencia.* Palma de Mallorca: Olañeta, 1979, p. 143.

[3] STIEGLER, Bernard. NON. R*evue Ah!* Bruxelles, 2010, p. 52.

[4] ZAGAJEWSKI, Adam. *En la belleza ajena.* Valencia: Pre-textos 2003, p. 61.

[5] HANDKE, Peter. *Historia del lápiz*, p. 169.

[6] p. 205.

[7] HANDKE, Peter. *À ma fenêtre le matin*, p. 157.

[8] p. 301.

[9] LORAUX, Nicole. *La invención de Atenas. Historia de la oración fúnebre en la ciudad clásica.* Buenos Aires: Katz, 2012, p. 70.

[10] Esse abecedário está disponível em: <http://www.educacao.ufrj.br/portal/laboratorios/laboratorio.php?lab=lecav&pgn=producao>.

[11] Como se sabe, María Zambrano foi apenas uma professora ocasional. Talvez suas palavras certeiras sobre o ofício de professor não derivem de seu exercício, mas, ao contrário, sejam provenientes de sua memória estudantil na Universidad Complutense de Madrid, especialmente as de seu professor Ortega, às quais sempre esteve agradecida. De fato, diz-se que quando ela partiu para o exílio, lamentou profundamente não poder levar consigo suas anotações de aula.

[12] ZAMBRANO, María. La mediación del maestro. In: LARROSA, Jorge; FENOY, Sebastián (Orgs.). *María Zambrano: l'art de les mediacions (textos pedagògics).* Barcelona: Publicacions de la Universitat de Barcelona, 2002, p. 109-110.

[13] ZAMBRANO, María. *Notas de un método.* Madrid: Mondadori 1989, p. 12.

[14] ZAMBRANO, María. La mediación del maestro. *Notas de un método.* Madrid: Mondadori, 1989, p. 14.

[15] ZAMBRANO, María. *Claros del bosque.* Barcelona: Seix Barral, 1986.

[16] p. 25.

[17] Sobre a aula como lugar da voz, ver LARROSA, Jorge. Aprender de oído. *Entre las lenguas. Lenguaje y educación después de Babel.* Barcelona: Laertes, 2003, p. 39-54.

[18] ZAMBRANO, María. La mediación del maestro. *Notas de un método.* Madrid: Mondadori, 1989, p. 111-112.

[19] Ver LARROSA, Jorge. Dar la palabra. Notas sobre una dialógica de la transmisión. In: LARROSA, Jorge; SKLIAR, Carlos (Eds.). *Habitantes de Babel. Políticas y poéticas de la diferencia.* Barcelona: Laertes, 2001, p. 411-432.

[20] BARTHES, Roland. *Le discours amoureux. Séminaire à l'École pratique de hautes études 1974-1976.* Paris: Seuil, 2007, p. 320.

[21] BARTHES, Roland. Au seminaire. *Œuvres Complètes. Vol. IV. 1972-1976.* Paris: Seuil, 2002, p. 502.

[22] p. 504.

[23] p. 505.
[24] p. 506.
[25] p. 506.
[26] p. 507.
[27] p. 508-509.
[28] p. 504.
[29] p. 509.
[30] Para um comentário imprescindível, ver Jacques Derrida, *La tarjeta postal*. México. Siglo XXI 1986. Nessa esteira pode-se ver os textos intitulados "Ensayos eróticos" incluídos na terceira parte de Jorge Larrosa, *Entre las lenguas. Lenguaje y educación después de Babel*. Barcelona: Laertes, 2003.
[31] BARTHES, Roland. *Le discours amoureux. Séminaire à l'École pratique de hautes études 1974-1976*. Paris: Seuil, 2007, p. 552.
[32] BARTHES, Roland. Au seminaire. *Œuvres Complètes. Vol. IV. 1972-1976*. Paris: Seuil, 2002, p. 510.
[33] GARCÉS, Marina. *Filosofía inacabada*. Madrid: Galaxia Gutenberg, 2015, p. 21.
[34] É interessante que os textos de Marina Garcés mais relacionados com a intervenção pública sobre assuntos da atualidade estejam reunidos em um livro que apareceu na mesma época, *Fuera de clase* (Madrid: Galaxia Gutenberg, 2016), como se com ele quisesse sublinhar ainda mais que *Filosofía inacabada* é um livro escrito a partir da experiência das aulas e nas aulas, como se a rua e a aula fossem dois lugares distintos, embora complementares, de "tomar o pulso" da filosofia.
[35] GARCÉS, Marina. *Filosofía inacabada*. Madrid: Galaxia Gutenberg, 2015, p. 18.
[36] p. 13.
[37] p. 10.
[38] p. 71.
[39] p. 72-73.
[40] p. 75.
[41] p. 77.
[42] p. 76.
[43] p. 76.
[44] Um de seus textos, publicados em *Nativa*, se intitula "Per què defenso la universitat si m'agrada tan poc". Disponível em: <http://www.nativa.cat/2013/06/per-que-defenso-la-universitat-si-magrada--tan-poc/>.
[45] p. 80.
[46] p. 81.
[47] p. 83.
[48] DERRIDA, Jacques. *Universidad sin condición*. Madrid: Trotta, 2002.
[49] GARCÉS, Marina. *Filosofía inacabada*. Madrid: Galaxia Gutenberg, 2015, p. 85-86.
[50] GARCÉS, Marina. Carta a mis estudiantes de filosofía. In: AA. VV. *Cartas a jóvenes filósofas y filósofos*. Madrid: Continta me tienes, 2014, p. 39-41.
[51] Todas as citações anteriores podem ser encontradas em GARCÉS, Marina. *Nueva ilustración radical*. Barcelona: Anagrama, 2017, p. 61-64.

[52] MOREY, Miguel. Nacimos griegos. In: HERNÁNDEZ, Jesús; DELGADO-GAL, Álvaro; PERICAY, Xavier (Eds.). *La universidad cercada. Testimonios de un naufragio*. Barcelona: Anagrama, 2013, p. 252.

[53] p. 264.

[54] p. 254.

[55] MOREY, Miguel. Presentación. *Monólogos de la bella durmiente. Sobre María Zambrano*. Pamplona: Eclipsados, 2010, p. 14-15.

[56] MOREY, Miguel. Prólogo. *Escritos sobre Foucault*. México: Sexto Piso, 2014, p. 17.

[57] MOREY, Miguel. A los filósofos del futuro. In: AA.VV. *Cartas a jóvenes filósofas y filósofos*. Madrid: Continta me tienes, 2014, p. 86.

[58] MOREY, Miguel. Nacimos griegos. In: HERNÁNDEZ, Jesús; DELGADO-GAL, Álvaro; PERICAY, Xavier (Eds.). *La universidad cercada. Testimonios de un naufragio*. Barcelona: Anagrama, 2013, p. 265-266.

[59] MOREY, Miguel. Carta a una princesa. *Pequeñas doctrinas de la soledad*. México: Sexto Piso 2006, p. 433-434.

[60] MOREY, Miguel. A los filósofos del futuro. In: AA.VV. *Cartas a jóvenes filósofas y filósofos*. Madrid: Continta me tienes, 2014, p. 84-85, p. 89-90.

[61] MOREY, Miguel. El lugar de todos los lugares: Consideraciones sobre el archivo. *Escritos sobre Foucault*. México: Sexto Piso, 2014, p. 211-212.

[62] MOREY Miguel. Del autor. *Pequeñas doctrinas de la soledad*. México: Sexto Piso 2006, p. 449.

[63] MOREY, Miguel. Presentación. *Monólogos de la bella durmiente. Sobre María Zambrano*. Pamplona: Eclipsados, 2010, p. 16.

[64] MOREY, Miguel. Del autor. *Pequeñas doctrinas de la soledad*. México: Sexto Piso 2006, p. 452.

[65] MOREY, Miguel. Nacimos griegos. In: HERNÁNDEZ, Jesús; DELGADO-GAL, Álvaro; PERICAY, Xavier (Eds.). *La universidad cercada. Testimonios de un naufragio*. Barcelona: Anagrama, 2013, p. 257-258.

[66] p. 260.

[67] MOREY, Miguel. Del autor. *Pequeñas doctrinas de la soledad*. México: Sexto Piso 2006, p. 455.

[68] p. 456.

[69] MOREY, Miguel. Nacimos griegos. In: HERNÁNDEZ, Jesús; DELGADO-GAL, Álvaro; PERICAY, Xavier (Eds.). *La universidad cercada. Testimonios de un naufragio*. Barcelona: Anagrama, 2013, p. 260.

[70] MOREY, Miguel. Presentación. *Monólogos de la bella durmiente. Sobre María Zambrano*. Pamplona: Eclipsados, 2010, p. 17-18.

[71] AGAMBEN, Giorgio. *Què vol dir ser contemporani?* Barcelona: Arcadia, 2008. P. 8-9.

[72] SLOTERDIJK, Peter. *Los hijos terribles de la edad moderna. Sobre el experimento antigenealógico de la modernidad*. Madrid: Siruela, 2015, p. 59.

[73] ZAGAJUEWSKI, Adam. *En la belleza ajena*. Valencia: Pre-textos, 2003, p. 51.

[74] p. 183-184.

[75] p. 53-54.

[76] p. 55 e 57.

[77] p. 98.
[78] p. 100.
[79] p. 196
[80] p. 196.
[81] p. 66.
[82] ARENDT, Hannah. La brecha entre el pasado y el futuro. *Entre el pasado y el futuro. Ocho ejercicios sobre la reflexión política*. Barcelona: Península ,1996, p. 19.
[83] ZAGAJEWSKI, Adam. *En la belleza ajena.* Valencia: Pre-textos, 2003, p. 138-139.
[84] CONESA, Juanjo. *La cuestión no es si sabemos bastante: la cuestión es si tenemos el valor de saber lo que sabemos, decirlo y usarlo*. Mimeografado.
[85] DELEUZE, Gilles. *Abecedario*. Mimeografado.
[86] ZAGAJEWSKI, Adam. *En la belleza ajena.* Valencia: Pre-textos 2003, p. 28.
[87] LEMINSKI, Paulo. *Toda poesia*. São Paulo: Companhia das Letras, 2013, p. 90.
[88] ARENDT, Hannah. La crisis en la educación. *Entre el pasado y el futuro*. p. 208.
[89] RANCIERE, Jacques. École, production et egalité. *L'école de la démocratie*. Paris : Edilig, 1998. Disponível em : <horlieu-editions.com/textes-en-lignes/politique/ranciere-ecole-production-egalite.pdf>. As linhas a serem citadas estão nas páginas 2 e 3.
[90] FLUSSSER, Vilém. Nossa escola. *Pós-história*. São Paulo. Annablume: 2011, p. 163.
[91] FLUSSER, Vilém. Do ócio. *Comunicologia. Reflexões sobre o futuro*. São Paulo: Martins Fontes, 2015, p. 305-306.
[92] AGAMBEN, Giorgio. Um hambre de buey. Consideraciones sobre el sábado, la fiesta y la inoperosidad. *Desnudez*. Barcelona: Anagrama, 2011, p. 139.
[93] FLUSSER, Vilém. Do ócio. *Comunicologia. Reflexões sobre o futuro*. São Paulo: Martins Fontes, 2015, p. 308-309.
[94] FLUSSSER, Vilém. Nossa escola. *Pós-história*. São Paulo. Annablume: 2011, p. 164-165.
[95] FLUSSER, Vilém. Do ócio. *Comunicologia. Reflexões sobre o futuro*. São Paulo: Martins Fontes, 2015, p. 312.
[96] p. 314.
[97] FLUSSER, Vilém. La fábrica. *Filosofía del diseño. La forma de las cosas*. Madrid. Síntesis, 2002, p. 57-58.
[98] p. 57-58.
[99] FOUCAULT, Michel. *El nacimiento de la biopolítica*. Madrid: Akal, 2012, p. 239-240.
[100] p. 239.
[101] p. 225.
[102] p. 229.
[103] p. 232.
[104] GROYS, Boris. *Arte en flujo. Ensayos sobre la evanescencia del presente*. Buenos Aires: Caja Negra, 2016, p. 71-72.
[105] PERAN, Marti. *Indisposición general. Ensayos sobre la fatiga*. San Sebastián: Hiru, 2016, p. 25.
[106] p. 26.

[107] p. 34.

[108] p. 38.

[109] p. 39.

[110] p. 41.

[111] HAN, Byung-Chul. *La sociedad del cansancio*. Barcelona: Herder, 2012, p. 27.

[112] BAUMAN, Zygmunt. Entre nosaltres, les generacions. In: LARROSA, Jorge (Ed.). *Entre nosaltres. Sobre la convivència entre generacions*. Barcelona: Fundació La Caixa, 2007, p. 108.

[113] p. 104.

[114] p. 110.

[115] FOUCAULT, Michel. Des espaces autres. In: *Dits et écrits, 1954-1988*. V. IV. Paris: Gallimard, 1994, p. 752-762.

[116] SERRES, Michel. *Petite Poucette*. Paris: Le Pommier, 2012, p. 43.

[117] FLUSSER, Vilém. Con más agujeros que un queso suizo, La no-cosa I; La no-cosa II, em *Filosofía del diseño. La forma de las cosas*. Madrid. Síntesis, 2002.

[118] LARROSA, Jorge *et. al*. Diseñar la escuela: un ejercicio colectivo de pensamiento. LARROSA, Jorge (Ed.). *Elogio de la escuela*. Buenos Aires: Miño y Dávila, 2018.

[119] ZEMOS98. *Educación expandida*. Sevilla: Zemos Gestión Creativa, 2011.

[120] Interactivos. p. 332-333.

[121] Casitengo. p. 336-337.

[122] Ieda. p. 340-341.

[123] La Fundición. p. 346-347.

[124] Transductores. p. 350-351.

[125] FLUSSER, Vilém. Nossa escola. *Pós-história*. São Paulo. Annablume 2011, p. 170-171.

[126] FLUSSER, Vilém. *Comunicologia. Reflexões sobre o futuro*. São Paulo: Martins Fontes, 2015, p. 314-317.

[127] ROSA, Hartmut. *Aliénation et accélération*. Paris: La Découverte, 2012, p. 57-58.

[128] HAN, Byung-Chul. *El aroma del tiempo*. Barcelona: Herder, 2015, p. 9-10.

[129] CRARY, Jonathan. *24/7. El capitalismo al asalto del sueño*. Barcelona: Ariel, 2015, p. 25-26.

[130] p. 83.

[131] STIEGLER, Bernard. *Prendre soin. De la jeunesse et des générations*. Paris: Flammarion, 2008.

[132] p. 124-125.

[133] KANT, Immanuel. Respuesta a la pregunta: ¿qué es la Ilustración?. In: AA.VV. *¿Qué es Ilustración?* Madrid: Tecnos, 1988, p. 9.

[134] STIEGLER, Bernard. *Prendre soin. De la jeunesse et des générations*. Paris: Flammarion, 2008.

[135] p. 196.

[136] p. 321.

[137] p. 327.

[138] SLOTERDIJK, Peter. *Has de cambiar tu vida*. Valencia: Pre-textos, 2012, p. 441-443.

[139] SLOTERDIJK, Peter. *Muerte aparente del pensar. Sobre la filosofía y la ciencia como ejercicio*. Madrid: Siruela, 2013, p. 13.

[140] p. 32-33.
[141] p. 34.
[142] p. 36-37
[143] p. 52.
[144] p. 52-53.
[145] p. 48.
[146] p. 79-80.
[147] p. 78.
[148] p. 78-81.
[149] p. 122.
[150] BOURDIEU, Pierre. *Meditaciones pascalianas*. Barcelona: Anagrama, 1999, p. 26-28.
[151] p. 29.
[152] p. 32-33.
[153] SLOTERDIJK, Peter. *Has de cambiar tu vida*. Valencia. Pre-textos 2012, p. 445.
[154] p. 446.
[155] SLOTERDIJK, Peter. *Eurotaoísmo. Barcelona*: Seix Barral, 2001, p. 49.
[156] BOURDIEU, Pierre. *Meditaciones pascalianas*. Barcelona: Anagrama, 1999, p. 34.
[157] p. 27.
[158] p. 29.
[159] p. 29.
[160] p. 28.
[161] Para tudo isso se pode ver JAEGER, Werner. *Paideia*. México: Fondo de Cultura Económica, 1957, p. 720-721, 1035.
[162] HUIZINGA, Johan. *Homo ludens*. Madrid: Alianza, 1972, p. 62.
[163] p. 20-21.
[164] p. 22-23.
[165] p. 25.
[166] p. 23.
[167] p. 24.
[168] p. 27.
[169] p. 26.
[170] p. 43-44.
[171] p. 128-129.
[172] p. 176.
[173] p. 180.
[174] p. 52.
[175] SLOTERDIJK, Peter. *Has de cambiar tu vida*. Valencia. Pre-textos 2012, p. 368.
[176] FOUCAULT, Michel. *Hermenéutica del sujeto*. México: Fondo de Cultura Económica, 2002.

[177] Pierre Hadot, *Ejercicios espirituales y filosofía antigua*. Barcelona: Siruela, 2006, p. 24.

[178] FOUCAULT, Michel. *Hermenéutica del sujeto*. México: Fondo de Cultura Económica, 2002, p. 28.

[179] p. 92-93.

[180] FOUCAULT, Michel. *Vigilar y castigar*. Madrid: Siglo XXI, 1981.

[181] STIEGLER, Bernard. *Prendre soin. De la jeunesse et des générations*. Paris: Flammarion, 2008, p. 216.

[182] p. 224.

[183] p. 242-243.

[184] FOUCAULT, Michel. *Hermenéutica del sujeto*. México: Fondo de Cultura Económica, 2002, p. 329.

[185] p. 134-136.

[186] p. 321-322.

[187] p. 138-139.

[188] p. 146.

[189] p. 143.

[190] p. 317.

[191] WEIL, Simone. *La pesanteur et la grâce*. Paris: Plon, 1961, p. 138.

[192] WEIL, Simone. *La condición obrera*. Madrid: Trotta, 2014, p. 66.

[193] CITTON, Yves. *Pour une écologie de l'attention*. Paris: Seuil, 2014, p. 28. O texto que todo o mundo cita a esse respeito é o de HAYLES, Katherine. Hyper and deep attention. The generational divide in cognitive modes. In: *Profession*, 2007, p. 187.

[194] HAN, Byung-Chul. *La sociedad del cansancio*. Barcelona: Herder, 2012, p. 35-36.

[195] CITTON, Yves. *Pour une écologie de l'attention* . Paris: Seuil, 2014, p. 230-231.

[196] p. 24.

[197] WEIL, Simone. Reflexiones sobre el buen uso de los estudios escolares como medio de cultivar el amor a Dios. *A la espera de Dios*. Barcelona: Trotta, 2009, p. 67, 68-69 e 72.

[198] FOUCAULT, Michel. *Hermenéutica del sujeto*. México: Fondo de Cultura Económica, 2002, p. 337-341.

[199] STIEGLER, Bernard. *Prendre soin. De la jeunesse et des générations*. Paris: Flammarion, 2008, p. 203 e 205.

[200] p. 246.

[201] p. 300.

[202] p. 212.

[203] p. 201

[204] p. 200-201.

[205] FOUCAULT, Michel. *Hermenéutica del sujeto*. México: Fondo de Cultura Económica, 2002, p. 33-34.

[206] Algo disso desenvolvi nos quatro "ensaios eróticos" incluídos em *Entre las lenguas. Lenguaje y educación después de Babel*. Barcelona: Laertes, 2003. Seus títulos são: "Experiencia y pasión", "El cuerpo del lenguaje", "Erótica y hermenéutica" e "Entre las lenguas".

[207] STIEGLER, Bernard. *Prendre soin. De la jeunesse et des générations*. Paris: Flammarion, 2008, p. 303.

[208] p. 303.

[209] p. 308.

[210] p. 318.

[211] p. 320.

[212] STIEGLER, Bernard. *Réenchanter le monde. La valeur esprit contre le populisme industriel*. Paris: Flammarion, 2006, p. 137.

[213] p. 145.

[214] p. 151-152.

[215] HANDKE, Peter. *La pérdida de la imagen, o por la Sierra de Gredos*. Madrid: Alianza, 2003.

[216] HANDKE, Peter. *Preparativos para la inmortalidad. Drama monárquico*. Hondarribia: Hiru, 2005 e HANDKE, Peter *El viaje en la canoa. O el guión para la película sobre la guerra*. Hondarribia: Hiru, 2005.

[217] HANDKE, Peter. *La noche del Morava*. Madrid: Alianza, 2013.

[218] HANDKE, Peter. *El año que pasé en la bahía de nadie*. Madrid: Alianza, 1999.

[219] HANDKE, Peter. *La noche del Morava*. Madrid: Alianza, 2013, p.31.

[220] RANCIÈRE, Jacques. Desarrollar la temporalidad de los momentos de igualdad. Entrevista por el Colectivo Situaciones. *La noche de los proletarios*. Buenos Aires: Tinta Limón, 2010, p. 11.

[221] RANCIERE, Jacques. *La méthode de l'égalité*. Montrouge : Bayard, 2012, p. 207.

[222] p. 300.

[223] RANCIERE, Jacques. *En quel temps vivons-nous?* Paris : La fabrique, 2017, p. 50.

[224] p. 31.

[225] RANCIÈRE, Jacques *El maestro ignorante*. Barcelona: Laertes, 2002, p. 129, 132, 135-136.

[226] RANCIÈRE, Jacques. Prólogo a la edición castellana. In: *El maestro ignorante*. 2002, p. VII.

[227] PERAN, Martí. *Madrigueras bajo tierra y pabellones al sol*. Disponível em: <http://www.martiperan.net/print.php?id=19>.

[228] PERAN, Martí. *Madrigueras bajo tierra y pabellones al sol*.

[229] PERAN, Martí. *Madrigueras bajo tierra y pabellones al sol*.

[230] PERAN, Martí. *Madrigueras bajo tierra y pabellones al sol*. p. 66-67.

[231] p. 79.

[232] p. 80.

[233] Por exemplo, VILA-MATAS, Enrique. *Bartleby y compañía*. Barcelona: Anagrama, 2000. JOUANNAIS, Jean-Ives. *Artistas sin obra*. Barcelona: Acantilado, 2015. LÜTTICKEN, Sven. Liberation through laziness. some chronopolitical remarks. *Mousse*. n. 14. Milán: 2014.

[234] PELBART, Peter Pál-. *Filosofía de la deserción*, p. 54.

[235] DELIGNY, Fernand. Être d'asile (propos recueillis par Armand Touati et Patrik Conrath). *Le journal des psycologues*, n. 6. 1983, p. 10, 12-13.

[236] Trata-se de "A como asilo" e de "Elogio del asilo", ambos reunidos em *A comme asile. Suivi de Nous et l'innocent*. Paris: Dunod 1999. A citação está na p. 108. Falando desse "destino", escreve: "Quer dizer que escolhi? Não o juraria. Já estava sem dúvida sobre a gravidade do asilo, um dos mais asilares em funcionamento. Outros falarão da atração da música, ou das grutas, do deserto, dos esquimós ou das profundidades submarinas, ou vá você saber como a atração surpreende" (p. 67).

[237] p. 92.
[238] p. 6.
[239] p. 38.
[240] p. 38-39.
[241] *Los vagabundos eficaces*, p. 47.
[242] p. 49.
[243] p. 63.
[244] *A comme asile. Op. Cit.* p. 46.
[245] p. 51.
[246] p. 53.
[247] p. 65.
[248] p. 111.
[249] Especialmente *El orden psiquiátrico. La edad de oro del alienismo*. Madrid: La Piqueta, 1980.
[250] Sobretudo *Internados. Ensayos sobre la situación social de los enfermos mentales*. Buenos Aires: Amorrortu, 2008.
[251] Seus textos sobre as redes de saber/poder e, especialmente, *Historia de la locura en la época clásica*. México: Fondo de Cultura Económica, 1967.
[252] *A comme asile.* p. 32.
[253] p. 64.
[254] p. 65.
[255] p. 49.
[256] p. 68.
[257] p. 79.
[258] p. 58.
[259] p. 77.
[260] p. 77.
[261] p. 37.
[262] Walser, Robert. *Jacob von Gunten*. Madrid: Siruela, 1998, p. 9.
[263] p. 10.
[264] VILA-MATAS, Enrique. *Doctor Pasavento*. Barcelona: Anagrama, 2005, p. 122-123.
[265] AGAMBEN, Giorgio. *La comunidad que viene*. Valencia: Pre-textos, 1996, p. 12.
[266] AGAMBEN, Giorgio. *La comunidad que viene*, p. 11.
[267] SIMONS, Maarten. Sobre los niños. MASSCHELEIN, Jan; SIMONS, Maarten (Eds.). *Mensajes e-ducativos desde tierra de nadie*. Barcelona: Laertes, 2006, p. 102-105.
[268] FERLOSIO, Rafael Sánchez. *Mientras no cambien los dioses nada ha cambiado*. Madrid: Alianza, 1986, p. 11.
[269] p. 39-40.
[270] p. 55.
[271] ALIGHIERI, Dante. *Comedia: Infierno*. Barcelona: Seix Barral, 1973, p. 29.

272  CALVINO, Italo. *Las ciudades invisibles*, p. 175.

273  Santiago López Petit. *La movilización global*. Madrid. Traficantes de sueños 2009, p. 34-35.

274  ILLICH, Iván. Por un desacoplamiento de la paz y el desarrollo. In: *Obras Reunidas II*. México : FCE, 2008, p. 429.

275  p. 430-432.

276  p. 434.

277  p. 436.

278  *La Catalogne du milieu du siècle X à la fin du XI*. Toulouse 1976. Ver também KENELLY, K. Sobre la Paz de Dios y la sagrera en el condado de Barcelona. In: *Anuario de Estudios Medievales*, n. 5. 1968, p. 653-656. FARÍAS, Y. V. La sagrera catalana (c. 1025-c.1200): características y desarrollo de un tipo de asentamiento eclesial.In: *Studia Historica-Historia Medieval*, v. XI. 1993, p. 81-121

279  FARÍAS, Vicente, p. 95-96.

280  QUIGNARD, Pascal. *Las sombras errantes*. México: La Cifra, 2007, p. 134.

281  QUIGNARD, Pascal. *Morir por pensar*. Buenos Aires: El Cuenco de Plata, 2015, p. 176.

282  p. 176.

283  p. 176.

284  p. 178.

TERCEIRA PARTE

**DE INCIDÊNCIAS E COINCIDÊNCIAS:
ALGUMAS CONVERSAS**

*A Alba, Mireia, Tomás e Vera,*
*que antes se entediavam com meus "contos filosóficos",*
*e agora me dizem que sempre repito as mesmas histórias.*
*Vê-los crescer e entrar no mundo,*
*às vezes aos tropeções, tem sido uma alegria.*


*Do ar e da água de que sou composto,*
*com a ajuda das batidas do coração e de minhas reflexões,*
*já fiz isto e aquilo?*
Peter Handke


*Assim que te dê conta de que já fizeste aquilo*
*que tinhas que fazer como trabalho,*
*isto não deve desencorajar-te para o trabalho,*
*em vez disso, deveria estimular-te à variação,*
*ou, em geral, para encontrar o lugar certo na repetição.*
Peter Handke


*Perseverar: outro verbo para repetir*
Peter Handke

As páginas seguintes foram escritas a partir de algumas das conversas que ocorreram entre os primeiros dias de setembro e meados de dezembro de 2017, enquanto eu percorria universidades brasileiras, colombianas, chilenas e argentinas dando cursos e conferências com alguns dos materiais que compõem este livro. Às vezes, para enquadrá-las, parafraseei algo do que foram minhas intervenções públicas nesses lugares e, também às vezes, transcrevi alguns dos exercícios que meus alunos fizeram. Não são exatamente um relato do que se passou, mas cada um deles é a seleção e a elaboração de um ou dois motivos que me levaram a pensar e que, acredito, podem interessar ao leitor. Digamos que tentei captar algo do espírito de cada uma dessas intervenções e das conversas que as seguiram, mesmo que para isso eu tenha tido que traí-las no que realmente foram. Às vezes, é claro, as manipulei sem nenhum pudor para fazê-las dizer o que queria que dissessem, fiz entrar o que me interessava e deixei de fora o que não me parecia pertinente.

Muitas dessas conversas estão construídas a partir do efeito escada: aquilo que nos acontece quando saímos de uma reunião em que a conversa foi intensa e, enquanto descemos as escadas, ainda estamos às voltas com o que poderíamos ou deveríamos ter dito mas não dissemos, e com o que não deveríamos ter dito mas, lamentavelmente, dissemos. Além disso, nesse momento, a conversa segue acontecendo dentro de nós e não podemos evitar modificar algumas vozes, mudar algumas alternâncias, corrigir algumas ênfases e introduzir algumas intervenções que, na realidade, não tiveram lugar, mas que teria sido bonito que tivessem ocorrido. Por outro lado, e como também costuma se dar enquanto descemos as escadas (nessa mínima distância entre a conversa real e sua reconstrução mental), tentamos recompor, sobretudo, o nosso personagem, tentamos dar-lhe um protagonismo e uma coerência que na verdade não teve, tentamos organizar a seu redor e em seu benefício as réplicas e contrarréplicas dos outros interlocutores e tentamos colocar em sua boca o que faltou dizer ou o que ficou pensando. Em continuidade com esse efeito escada, algumas vezes empreendi conversas por e-mail com amigos ao mesmo tempo distantes e muito próximos, sempre provocadas por coisas que me fizeram pensar durante a viagem, e por isso também lhes dei um lugar aqui.

Digamos, para resumir, que não quis escrever um diário de viagem, mas sim parte de um livro sobre o ofício de professor, que como escritor fiz o que me deu vontade (exceto na transcrição das mensagens escritas), e, embora se pudesse dizer que essas conversas "estão baseadas em fatos reais", também se poderia dizer que "qualquer relação com a realidade é mera coincidência". Em qualquer caso, e uma vez escrito, o que realmente aconteceu não tem nenhuma importância (o vento o levou) e o valor do que vem a seguir depende, estritamente, do que seja capaz de fazer pensar seus leitores, isto é, da maneira como se continua em outras conversas (que também serão levadas pelo vento, etc.).

Os lugares em que se conversa são, na maioria das vezes, salas de aula, auditórios e seus arredores (os espaços do professor), embora haja também alguma sala de cinema, algum restaurante, algum café, algum rio e algum museu. Os personagens (e insisto que são "personagens") que conversam são quase sempre pessoas que fui encontrando pelo caminho, geralmente universitários, embora também apareçam alguns dos amigos que me acompanhavam ou com os quais eu me comunicava com maior ou menor regularidade enquanto viajava. Às vezes eles não estavam exatamente no lugar em que eu os situo e, com exceção dos que me enviaram comunicações escritas, nunca disseram exatamente as palavras que eu lhes conferi (por isso não dou seus nomes). Entre os personagens, ou conversadores, também aparecem citações dos livros que eu usava, de que recordava ou que andava lendo e, é claro, esses amigos com quem trocava mensagens.

A escrita começou nas últimas semanas da viagem e continuou durante mais algumas semanas, já na minha casa (e no frio), em um efeito escada talvez demasiado longo e obsessivo, a essa distância temporal, espacial e de temperatura que, na minha idade, já faz estragos. Os assuntos são os do livro (o ofício de professor e a escola como seu lugar próprio), mas aqui estão menos expostos e mais dialogados, enquanto incluem também as reações de alguns ouvintes (suas perguntas, objeções, variações, seus desenvolvimentos, suas ampliações e repetições, o que poderíamos chamar de "os avatares da recepção") e como essas reações me obrigaram a explicar e desenvolver tanto minha maneira de pensar neles quanto o lugar a partir de onde eu pensava. Além disso, esses mesmos temas estão aqui compostos em outro tom, com outras palavras, a partir de outras situações, mediante outros registros de escrita.

Penso que essas "incidências e coincidências" não são um complemento ou um apêndice do livro, mas que lhe pertencem de pleno direito. Também falam do ofício de professor e também, de alguma maneira, o mostram. Além do mais, como diz Handke em uma das epígrafes que selecionei para o cabeçalho, mesmo que o trabalho já tenha sido concluído, ainda refletimos sobre ele. Poder compartilhar essas reflexões com outros, e além disso viajando, é uma das felicidades da vida de professor. Como o é dispor de tempo e espaço para elaborar na escrita essas voltas e reviravoltas, para permitir que interessados possam ler e para poder assim continuar com a conversa (e com o ofício), com a ajuda, é claro, da água e da cal de que somos feitos, das batidas do coração e das reflexões.

Como ocorre com as outras partes do livro, tenho a nítida sensação de que essas "incidências e coincidências" também não dizem nada sobre o que é isso de ser um professor: não é possível encontrar aqui nada parecido com um "modelo" ou uma "ideia" de professor, nem uma "conclusão" sobre qual poderia ser a natureza de seu ofício, mas é possível encontrar algumas pistas para pensá-lo e, acima de tudo, é possível ver que a única maneira de saber (não sabendo) o que significa ser professor é dar uma de professor (na maneira de cada um, claro, e nas condições de cada um) e continuar pensando nisso. Ou, se quisermos, continuar dando cursos e conferências, lendo e escrevendo, conversando com velhos e novos amigos sobre o que fazemos e o que nos faz, sobre o que somos e o que nos acontece.

Se isso de ser professor é, em parte, uma forma de vida, está claro que essa forma se compõe vivendo, e que se a colocamos em palavras não é porque queiramos produzi-la, moldá-la, melhorá-la ou idealizá-la, mas porque queremos pensá-la e conversá-la, isto é, vivê-la com outros e, talvez, um pouco mais conscientemente. Contar um pedaço da própria vida é, ao mesmo tempo, dar conta e dar-se conta dela. E o que o leitor encontrará aqui nada mais é que um professor que desempenha o papel de professor por esses mundos, transformando isso de ser professor em matéria de estudo e de conversa. Ou, dito de outra forma, um professor que olha para o que é e para o que faz como se estivesse estudando e dando a estudar, fazendo que sua maneira de conversar com outros seja uma parte da conversa que leva consigo, e vice-versa.

Em geral, os professores são naturalmente discretos e pouco dados a falar sobre o que fazem (exceto em algumas ocasiões e com algumas, poucas, pessoas). Há alguns, porém, que têm a tendência de não se calar e de não desperdiçar nenhuma oportunidade para se pronunciar sobre qualquer coisa, como se não pudessem deixar de dar aulas. Outros reservam seus assuntos para a sala de aula, o seminário ou o auditório e mudam de conversa quando saem desses locais de trabalho. Pessoalmente, gosto de continuar a conversa depois da aula e permitir-me um tom mais descontraído, mais veemente e mais ousado (alguns dirão, com razão, mais irresponsável). Em qualquer caso, é esse "fora da classe", mas ao mesmo tempo "em continuidade com a classe", o que tentei mostrar aqui, com a consciência clara da exposição desnecessária de mim mesmo (de minhas maneiras) e de meus personagens (das maneiras deles) que supõem elaborar e tornar público o que acontece e o que acontece conosco nos momentos em que há confiança e, portanto, as pessoas confiam umas nas outras. Entretanto, me pareceu que fazer isso é uma possibilidade de retomar, de outro modo, os assuntos e as preocupações que atravessam este livro; que, em suma, se trata é de provar outro registro de escrita (com o qual, além do mais, me diverti bastante); e que no final de tudo é literatura, vaidade de vaidades e perseguir ventos.

Só me resta dizer que isso das "incidências" tem a ver com o que in-cide (com os incidentes e os acidentes que pontuam a passagem do tempo, literalmente com o "que cai") e com a maneira como isso co-incide, isto é, se inscreve em um aceder que já é sempre com outros. Na verdade, se há algumas repetições no texto, é porque uma mesma ideia ou uma mesma citação, ou uma mesma obsessão, in-cidem (ou caem) em contextos diferentes, co-incidindo com outras pessoas, em outras situações e em outras conversas. Só espero que essas reincidências, seguindo outra das citações de Handke, sejam vistas como perseveranças e não apenas como reiterações.

Finalmente, devo terminar agradecendo a todos e a todas que me convidaram, me acolheram, me ouviram, responderam às minhas perguntas, levaram a sério minhas poucas ideias, minhas algumas leituras, minhas muitas perplexidades e minhas demasiadas palavras, as mesclaram generosa e apaixonadamente com as suas, e me deram com isso a possibilidade de continuar sendo professor e de seguir pensando nisso.

## Da preparação dos cursos e dos concertos

Antes de cruzar o Atlântico, fiz uma parada em Madri para visitar meu amigo Fernando Bárcena, a quem fazia muito tempo que não via, e também para ouvir suas novas músicas no concerto que faria em uma sala do bairro de Chueca chamada *Liberdade 8*, de cuja importância no mundo dos cantores já me havia falado muitas vezes. Em sua casa, sobre sua escrivaninha, estavam empilhados alguns dos livros com os quais Fernando trabalhava naqueles dias, empenhado em elaborar o que era isso "da vida estudiosa" e como ela se relacionava com "a vida de professor". Pensei que alguns desses livros me serviriam para o que eu andava quase finalizando (o professor, quando estuda, mobiliza uma biblioteca, que, como todas, é caprichosa, e sempre é interessante ver em que se parece e em que se diferencia das de seus amigos) e aproveitei para folheá-los e tomar algumas notas, na mesma escrivaninha de Fernando, que enquanto isso ensaiava na sala ao lado com os músicos que o acompanhariam no concerto do dia seguinte.

O primeiro livro que me chamou a atenção foi *La vocation* [A vocação], de Judith Schlanger.[1] A pergunta que o abre não é "quem sou", nem "para que tenho qualidades", nem "o que gosto de fazer", nem "a que me sinto chamado", mas sim "o que quero fazer da minha vida" ou, em outros termos, "em que atividade quero viver", "a que atividade quero dedicar minha vida" e, ao mesmo tempo, "como quero ganhar a vida". A pergunta pela vocação, então, tem a ver com a profissão, com o ofício, mas também com o tempo e com a vida, com o tempo de uma vida. Interessou-me isso de que a vocação tem a ver com uma decisão sobre o uso do tempo de uma vida, isso de que "a vocação moderna se apresenta como a tarefa ética de uma vida, e essa vida é seu campo, sua aposta e o critério de seu êxito".[2] Também me interessou que a segunda parte do livro estivesse dedicada à "vocação do saber", na esteira do famoso texto de Max Weber.[3] E foi ali, nessa parte, que encontrei uma frase, sublinhada por Fernando, que diz que "na universidade, a profissão e a vocação coincidem".[4] Mas, curiosamente, o livro não diz nada de que essa vocação do saber, essa vida de estudioso ou de pesquisador, tal como se profissionaliza na universidade, supõe também, na maioria dos casos, uma vida de professor e, portanto, talvez, uma vocação pedagógica.

O segundo livro que folheei foi *Vie du lettré* [Vida de um letrado], de William Marx,[5] profusamente sublinhado e anotado. Os letrados, nesse livro, são aqueles que vivem entre as letras, das letras e para as letras, mas também aqueles que enviam cartas (*lettres*), ou seja, aqueles que fazem da sua escrita uma espécie de cartas para os amigos (passados, presentes ou futuros) e, portanto, os que vão constituindo através de seus intercâmbios epistolares essa estranha "república das letras" que tanto ocupou a imaginação política e pedagógica europeia. O livro, muito bonito, é dedicado aos aspectos materiais da vida cotidiana do letrado. Transcrevo os títulos de seus capítulos: "O nascimento", "O corpo", "O sexo", "O horário", "A instrução", "O exame", "O gabinete", "A economia", "A casa", "O jardim", "O animal", "A sexualidade", "A comida", "A melancolia", "A alma", "A religião", "A briga", "A Academia", "A política", "A guerra", "A coroação", "A ilha", "A noite", "A morte". Repassei, como era de esperar, o capítulo dedicado à Academia, e pude ler nele o antigo motivo de que o letrado não pensa e escreve só, mas que sempre o faz com ou contra a tradição, com ou contra seus contemporâneos. Nesse sentido, a Academia aparece como um espaço de disputa amistosa, cortês e pacificada, em que esse intercâmbio de ideias, trespassado de combate e de rivalidade, está codificado, regulamentado e além disso, de alguma maneira, institucionalizado e profissionalizado. Mas, também para minha surpresa, a Academia aparece como um espaço sem estudantes e, certamente, sem professores. Os letrados são acadêmicos, mas não professores, e seu lugar de trabalho é a mesa de debate ou a sala de congressos, mas não a sala de aula. Os letrados, em suma, não dão aulas.

William Marx situa seu trabalho à sombra de *A preparação do romance*, de Roland Barthes, o livro que reúne seu último curso no Collège de France. Aí Barthes diz que vai situar o seu curso "no entrecruzamento, na sobreposição do Estético e do Ético", onde o Ético é "a experiência moral e humilde da escrita".[6] É precisamente a isso, a esse trabalho ínfimo, cotidiano e material da escrita, que Barthes deseja dedicar seu curso e a que William Marx dedica seu livro. O que ocorre é que Barthes, como Marx, vai falar da vida do escritor, do intelectual, do letrado, do homem de letras, como se este não fosse nunca professor. O próprio Barthes, ao anunciar o título de seu curso, diz: "Escreverei realmente um romance? Respondo isto e só isto: vou fazer 'como se' fosse escrever um, vou me instalar nesse 'como se'".[7]

Barthes, o escritor, vai tratar da vida de escritor, e para isso vai fazer "como se" fosse escrever um romance, vai preparar um romance. No entanto, o que Barthes prepara e escreve não é um romance, mas sim um curso, e enquanto prepara e ensina o curso, sua vida de escritor está duplicada em uma vida de professor. No entanto, dessa vida, da vida de professor, não fala.

E é sobre isso, precisamente sobre isso, sobre a sobreposição entre uma vida de letrado e uma vida de professor, sobre a relação entre a vocação de conhecimento e uma vocação pedagógica, sobre o que eu falei com meu amigo durante aqueles dias em Madri. Foi uma bela conversa, e o que faço aqui é ordená-la em algumas perguntas para que Fernando, se quiser, escreva alguns parágrafos.

A primeira pergunta, a mais geral, é sobre esse "esquecimento" que encontrei tantas vezes durante a redação deste livro: o esquecimento do professor. Por que será que os "intelectuais", para continuar usando a palavra de Barthes, ou os "letrados", para usar a de Marx, se esquecem de que são professores? Por que será que quando se fala da Academia não se inclui a sala de aula? Por que a "vocação do saber", para usar a expressão de Schlanger, raramente reconhece sua institucionalização universitária professoral? Ou, dito de outra forma, se na universidade, como diz Schlanger e Fernando sublinha, "a vocação e a profissão coincidem", qual é o lugar, aí, na universidade, da vocação pedagógica, e por que é ignorada e desprezada?

A segunda, derivada da anterior e dirigida concretamente a Fernando, a sua própria maneira de ser, ao mesmo tempo, um letrado e um professor, de levar uma vida de estudioso mas de levá-la, fundamentalmente, entre estudantes, é um deslocamento da operação de Barthes: qual é o ínfimo cotidiano, a tarefa, não de preparar um livro, mas de preparar um curso, ou uma aula? Além disso, como essa conversa teve lugar enquanto Fernando preparava um concerto, a extensão da pergunta é quase óbvia: em que se parece e em que se diferencia, para ele, preparar um curso (ou uma aula) de preparar um concerto?

Durante esses dias em Madri, falamos muito de como os cantores se inserem em uma tradição. O mesmo Fernando incluiu em seu concerto várias homenagens aos que lhe haviam precedido no ofício. E também falamos várias vezes de seus cursos como tentativas de manter viva certa tradição de pensamento em educação, mas também, seguramente, certa tradição na maneira de exercer o ofício de professor. Portanto, e seguindo com a analogia desse concerto cheio de homenagens, a terceira pergunta é a seguinte: o que é que o Fernando Bárcena professor homenageia em seus cursos?

Por último, a partir de uma das frases do livro de Marx, essa de que "a morte não é o último capítulo de uma vida de letrado",[8] a questão poderia ser esta: e de uma vida de professor? Qual é o último capítulo, se houver, de uma vida como professor?

Em seguida, o que Fernando escreveu a partir dessas perguntas:

**Querido Jorge,**

Acordei esta manhã querendo encontrar algumas horas para escrever estas linhas e tentar responder suas perguntas. Revisando meus e-mails, acessei um link de uma conhecida editora de Madri, muito clássica, em que se anuncia a próxima apresentação de um livro cujo autor propõe que se faça "mais escola e menos sala de aula".[9] Ele sugere que a defesa da escola, hoje, envolve mantê-la de outro modo; e esse "outro modo" demanda abandonar a ideia da sala de aula como o centro do escolar que, de acordo com a sua interpretação, é uma pesada "carga do século XIX" absolutamente obsoleta e insustentável. Um pouco de pudor, no entanto, evita que essa palavra (sala de aula) seja totalmente suprimida, por isso sugere-se uma *hiperaula* em que vários grupos se reúnem e alternam presença e virtualidade. Em suma, o livro – um pouco mais do mesmo – insiste na necessidade de *reprofissionalizar* o professor e formá-lo para que seja um "desenhista" dos processos de aprendizagem. Em todo caso: "ou escola, ou sala de aula", mas não as duas coisas juntas.

Esse livro me fez pensar em outros que eu havia lido; por exemplo, lembrei-me de um antigo texto de Michael Oakeshott, onde ele diz que a educação "começa quando a transação se torna 'educativa' e quando a aprendizagem se converte em estudar para aprender em condições nas quais se impõem instruções e limitações, o que não é casual. Começa quando aparece um mestre que tem algo a transmitir que não está imediatamente relacionado com as carências nem com os 'interesses' que o estudante tem nesse momento".

E também me lembrei do livro que escreveram Maarten Simons e Jan Masschelein *Em defesa da escola: uma questão pública* e que li, comentei, pensei e discuti há vários anos com os meus alunos de filosofia da educação na faculdade onde dou aulas, aqui em Madri. O que diz esse outro livro, que pretende fazer-nos escolher entre a escola e a sala de aula, não é, claro, senão mais uma manifestação de algo que Simons e Masschelein dizem no seu: o "temor" e o "ódio" para um tipo de tempo livre que a mesma escola produz e que "transforma os conhecimentos e as habilidades em bens comuns".[10]

Essa aversão à escola tem muitas variantes e é mascarada de mil maneiras; trata-se, em alguns casos, de um ódio que faz com que alguns esqueçam, como talvez o autor do livro mencionado, que eles mesmos são professores, um resultado da própria escola e que vão diariamente às salas de aula para ensinar coisas a seus alunos; um ódio que ignora que a escola faz parte de um "mundo comum" (de uma visão pública do mundo, nem estritamente privada nem social); um mundo com o qual nos encontramos ao nascer e que deixamos ao morrer; um mundo que transcende o nosso tempo vital, tanto para o passado como para o futuro e que compartilhamos com nossos contemporâneos, com aqueles que estiveram antes e com aqueles que chegarão mais tarde.

"Tal mundo comum" – dizia Arendt – "só pode sobreviver à passagem de gerações na medida em que apareça em público";[11] e isso significa que só poderá manter-se se formos capazes – e para isso a escola foi inventada – de conversá-lo entre as gerações, de lê-lo e de estudá-lo incessantemente. A escola, portanto, é um lugar isolado aonde se vai para aprender através do estudo, talvez um lugar onde o herdeiro possa encontrar sua herança moral e intelectual, embora "não nos termos em que se usa nas ocupações e nos compromissos cotidianos no mundo exterior".[12] Nada do que é dito naquele livro, que pede para abandonar a velha ideia da sala de aula, alude ao ofício de professor, à preparação de aulas e seus rituais, à celebração do estudo ou da leitura. Em vez disso, destila uma espécie de zombaria, que o autor apenas pode dissimular, para o antigo ofício de professor.

Se em um momento da história a escola nasce, junto com a sala de aula que ela mesma cobiça, como um lugar aparte e separado tanto da família como da sociedade; se surge para que professores e alunos se exercitem no tempo próprio dos homens livres, e se é verdade que a escola, pouco a pouco, e não sem dificuldades – entre luzes e sombras – chegou a significar o lugar onde se "estuda ao lado de alguém",[13] agora nada disso tem mais, ao que parece, o menor sentido para os discursos banalizadores do escolar que se instalam nesse velho desprezo até a escola. Claro, é preciso realizar uma grande pesquisa para constatar que as crianças e os jovens que vão diariamente à escola, desde que põem um pé no mundo, vivem entre tecnologias, completamente imersos nas redes sociais, distraídos e presos na rede, que é uma teia de aranha. Fica-se perplexo – eu, ao menos, fico atônito – ao ler, mais uma vez, que a escola proposta é o mesmo – idêntica e por sua vez clônica – disso que essas crianças e jovens já sabem e dominam à perfeição, porque o vivem diariamente. A escola como extensão da rede (isto é, do que se faz na sociedade, do que se faz no seio da família). Entre o professor e o aluno já não se coloca um livro para ler com atenção e estudar, mas sim uma tela de computador, talvez para que nem o professor nem o aluno se olhem cara a cara e observem seus rostos de profundo tédio e talvez de preguiça.

Jorge, peço desculpas por esta longa introdução, por assim dizer, ao encargo que você me fez. Mas eu precisava começar a partir daqui. No que tenho escrito até aqui confirmo tua intuição: os intelectuais e letrados amiúde esquecem que eles mesmos são professores ou o foram, que dão aulas em salas de aula e são produtos da escola que muitas vezes criticam, ignoram ou banalizam em suas apreciações superficiais. Aparentemente, a tarefa da aula lhes deixa tempo para se dedicarem às suas próprias produções "intelectuais" ou "científicas". A aula, então, resulta nas suas teorizações de um *topos* menor, um lugar onde já não podemos *pôr à prova* nem *exercitar* (*ensaiar*, como tento fazer com meus amigos músicos quando preparamos um concerto) o ofício de ser professor, colocando, como Simons e Masschelein dizem repetidas vezes em seu livro, coisas no meio de uma relação (a do professor com seus alunos). Essa tentativa de ignorar a aula talvez se deva ao valor reduzido que hoje a mediação do professor e do mestre pode chegar a exercer na formação de uma jovem existência. Refiro-me à ideia, que li ainda muito mais jovem, quando começava meus estudos universitários, em um ensaio inencontrável hoje, de Georges Gusdorf, a saber, de que:

"O discípulo só existe, portanto, para o mestre, que é mediador de existências. Mas o mesmo mestre não existe mais para o discípulo. Há uma vocação do mestre ao magistério de que só o testemunho do discípulo pode trazer à revelação. É normal que o professor fique inquieto e duvide de sua certeza. Nenhum ser humano é completamente digno de suportar a carga esmagadora da verdade [...]. É necessário, para que saia de sua reserva, que o discípulo lhe dirija seu requerimento".[14]

O que foi perdido de vista, temo eu, é a ideia da sala de aula como uma *disposição* e como um éthos, ou, como Heidegger dizia – e gosta de repetir nosso amigo Maximiliano Valerio López –, uma *Stimmung*, um "estado de ânimo", que é, me parece, o que permite suportar a longa fadiga que padece quem há de se sustentar, como nesse caso, em uma tarefa professoral e estudiosa.[15] No seio da velha relação entre o *eromenós* (jovens) e o *erastés* (adulto), este último se reencontrava com o que já se supunha que tinha: sua vocação pedagógica e educadora, e a encontrava, precisamente, no seio de um encontro com o jovem. Para o mundo grego, deixando de lado agora outros matizes, a diferença de idade (a própria diferença entre as gerações) entre ambos resultava fundamental, pois constituía toda uma celebração da idade adulta, precisamente para que houvesse educação.[16]

Creio que é precisamente aí que se encontra um lugar adequado para a vocação pedagógica na escola ou, para ser mais exatos, na universidade: na *diferença* das gerações, no encontro entre tempos diferentes (tempo jovem e tempo adulto ou tempo velho). É por essa diferença que se pode, de fato, fazer ressoar no outro as próprias influências (de mestres e leituras, por exemplo) que foram recebidas, ao mesmo tempo como um reconhecimento e aceitação de uma dívida; e é porque essa diferença existe que se pode tratar de transmitir aos jovens a ideia de que o mundo não é meramente um jardim privado no qual se pode projetar narcisisticamente a própria representação que se tem dele, para confirmar-se incessantemente, mas que, ao contrário, é o *outro* que vem em forma de texto, de livro, de signo que leva a pensar, a sentir e a olhar novamente.

Da minha parte, sempre que entro na sala de aula tenho a sensação de que estou prestes a dar início a um dos meus concertos. Quando falo e desenvolvo algum assunto do programa que pensei com cuidado, quase artesanalmente – e me leva muito tempo, e se concentram muito prazer e desejo nisso que faço –, tenho a impressão de que, ao contar-lhes as coisas que conto, também estou cantando para eles: modulo o timbre da voz e a projeto, e, embora saiba que estou me dirigindo a uma sala de aula repleta de jovens, trato de falar ao ouvido de cada um. Faço *como se*. Sei que não posso senão atirar flechas ao acaso. Entro na classe. Começo a aula, e são todas iguais e diferentes entre si. Digo a mim mesmo que se trata de rapazes e moças com vinte e poucos anos que estudam Pedagogia. Supõe-se que queiram saber coisas sobre educação; e mesmo que não seja verdade, ajo *como se*. Para isso estão ali. Como, então, não lhes falar de filosofia? Gosto de pensar que, ao entrarmos em uma sala de aula, entramos em uma *scholé*, com tudo o que isso implica. Costumo dizer-lhes que esta palavra grega significa na realidade afastamento ou separação do mundo e, por extensão, "ócio", embora não qualquer tipo de ócio ou de "tempo livre", mas aquele tempo em que o jovem mostra o melhor de seu caráter, exibindo sua melhor disposição e manifestando o tipo de ser humano que quer chegar a ser. Entrar aí é se pôr a "estudar".

Cada ano escolho os motivos, penso na história que quero contar aos meus alunos e compartilhar com eles. Escolho cuidadosamente os personagens: os escritores, os filósofos e as filósofas, os poetas e cineastas, os textos. Renovo minha "Casa de citações", documento que este ano tem uma centena de fragmentos ou citações. Está composto por aqueles que me acompanharam ao longo dos meus anos de leitura e estudo. Peço a eles que as leiam, que procurem sua citação, a que lhes pertence, e que prestem atenção se talvez a que lhes está destinada não se encontra justo ao lado da que estão lendo agora mesmo. Peço-lhes que a habitem por uma semana, que escrevam em seu diário filosófico, em seu caderno de mão, e que se deixem levar. Que se recriem no que estão lendo. E me pergunto: "Mas o que estou fazendo? Não lhes estou ensinando a fazer nada! De que serve tudo isso?".

Vamos lendo textos e fragmentos da nossa "Casa de citações". Misturo fragmentos de filósofos e romancistas. Insisto mais uma vez que escrevam em seus diários, que anotem as coisas que veem. Não é um diário íntimo. É um diário onde, eu lhes aviso, "vocês têm que colecionar as coisas do mundo: o que se escuta, o que se vê, o que se lê". "Mas você não vai avaliar o diário?", perguntam-me. Sorrio: "Não, isso não se avalia. Isso é para vocês, mas vamos ler as entradas que vocês quiserem quando quiserem fazê-lo. É um exercício de escrita e de pensamento. Um caderno sempre à mão". Então lhes falo sobre Michel Foucault. Digo-lhes que ele escreveu alguns livros muito interessantes e que ele dava aulas em uma instituição chamada Collège de France. Lemos em voz alta "A escrita de si". Uma aluna me disse, no final do curso, que não conseguiu escrever uma única linha, e me entrega seu caderno em branco, com apenas o título: "Diário filosófico: hypomnemata". Outros me dizem que, embora não tenham entendido muito bem, gostaram de escrever e acreditam que isso os ajudou, mesmo que não saibam muito bem por quê. Todas essas são situações normais e cotidianas.

Preparar uma aula ou um curso é, para mim, algo muito semelhante a preparar um concerto, sim. Há motivos (canções) que se repetem, que fazem parte de um repertório já estabelecido e, por assim dizer, clássico; outras são o resultado de novas leituras (novas canções), tentativas de novas explorações que são postas à prova. Não posso deixar de celebrar, através dos textos que lemos, as influências que eu mesmo recebi, agradecer as leituras que fiz, os encontros intelectuais que tive, os músicos que escutei e que formaram o meu sentido musical. Não pretendo que sintam e pensem como eu sinto e penso. Mas do mesmo modo como passei a amar a literatura francesa e inglesa do século XIX após ter contemplado, quando jovem, minha irmã mais velha, por horas e horas, sentada fumando cigarros e lendo romances de autores franceses e ingleses do século XIX; da mesma maneira que eu aprendi de cor a letra de "Ne me quitte pas", a bela canção de Jacques Brel, quando minha irmã a leu para mim em seu francês perfeito quando o cantor morreu, penso que, talvez, a melhor pedagogia é aquela que contamina o outro, não para que façam o que o professor faz ou diz, mas para que encontrem sua própria maneira de se relacionar com o mundo e com eles mesmos.

Termino. "Qual é o último capítulo, se há um, de uma vida de professor?" Você me pergunta. Não poderia dizer a você com certeza. Talvez esse último capítulo seja uma penúltima aula, uma que o professor já não pode dar, porque é uma visão que o professor não contemplará. É a lição do aluno, do discípulo. É o que este verá. É o que Dante perceberá, nas portas de algum tipo de paraíso, mas não Virgílio, o professor que o acompanhou durante a jornada. É, sim, o desaparecimento do mestre: seu apagamento. Será por isso que Nietzsche disse que "se paga mal a um mestre se ele permanecer sempre um discípulo?".[17]

Um abraço e boa sorte na sua viagem.

## De crianças, escolas e enseadas

A viagem começou em Cáceres, Mato Grosso, junto ao rio Paraguai, perto da fronteira com a Bolívia. Minha conferência foi sobre a escola como espaço-tempo igualitário e consistiu em um exercício muito escolar: a leitura detalhada, em público, e com alguns comentários, de um texto de Jacques Rancière, esse que serve de base à seção deste livro intitulada "Separações" (p. 234) . A conferência começava mais ou menos assim:

> O que me proponho é falar da escola, dessa curiosa invenção grega que ainda chamamos de escola, dessa instituição milenar que, como a democracia e como a filosofia – também invenções gregas –, é filha da igualdade e do tempo livre. O que me proponho é falar do que acontece hoje em dia com a escola em relação a essa igualdade que, nós, só podemos pensar em sua articulação com a diferença. E com uma diferença, além do mais, que temos a tendência de pensar em termos de diversidade de identidades, de capacidades ou de motivações, e que também temos a tendência de pensar em termos de direitos. Para muitos, a escola é, essencialmente, um espaço de reconhecimento de diferenças (pensadas em termos de identidade) que tem a ver com o direito de todos a que sua diferença seja reconhecida. O que me proponho é apenas apresentar a pergunta pela igualdade e a diferença no lugar que para mim lhe corresponde, e que não é outro senão a relação que a escola mantém com a família (e com a comunidade) e com a economia. De fato, a tese que tentarei sustentar é a de que a escola só pode ser um espaço e um tempo igualitário se for capaz de manter-se relativamente separada tanto da família (e da comunidade) quanto da economia. Ou, mais precisamente, se é capaz de manter-se a distância, em primeiro lugar, da diferença familiar (e comunitária) entendida como diversidade de identidades e, em segundo lugar, da diferença econômica entendida como diversidade de talentos e de capacidades

se a relacionamos com a produção, e como diversidade de motivações e desejos, se a relacionamos com o consumo. A ideia que vou tentar desenvolver é de que a escola, se quer ser um dispositivo de igualdade, tem que suspender as diferenças identitárias, assim como as diferenças de talentos e de motivações. Ou, em outras palavras, que a igualdade escolar depende, precisamente, de sua separação da família (e da comunidade), do trabalho e do consumo. Isso não quer dizer, evidentemente, que na escola não haja identidades, talentos ou motivações diferentes. O que quero dizer é que essas diferenças não são essenciais para a escola. E que, se forem, são tratadas na escola de outro modo que na família ou na economia. Nesse sentido, o que eu gostaria de fazer é levantar a pergunta pela natureza da igualdade e da diferença "escolares", ou seja, pelo tipo de articulação entre a igualdade a diferença que é própria da escola. Essa igualdade e essa diferença (ou essa articulação entre igualdade e diferença) só fazem sentido por dois postulados que são essenciais na invenção da escola: o que diz que a origem não tem importância, e o que diz que o futuro não está determinado. Ou, se quiserem, o que diz que não há nada dado na natureza humana nem em termos de condições (não há uma condição humana) nem em termos de destino (não há um destino para a humanidade). Ou, se quiserem, o postulado que diz que tudo está aberto. Por isso, a escola não nega a diferença, mas a suspende (não a destrói mas a desativa), e com isso faz com que não se converta em determinante.

Como no evento havia numerosos representantes da diferença, militantes pelo reconhecimento escolar das identidades diversas, normalmente tomadas como minoritárias e dominadas, sejam estas de tipo racial, cultural, religioso, de gênero ou sexual, isso de que a escola suspende as identidades produziu algumas reações apaixonadas.

Por outro lado, e talvez para obter certa *captatio benevolentiae*, eu havia contado, antes da minha conferência, que tinha traduzido e editado a primeira antologia em espanhol de Manoel de Barros,[18] poeta pantaneiro, adorado na região (Cáceres faz parte do Pantanal). Em qualquer caso, fui apresentado como um tradutor (e conhecedor) de Manoel de Barros, e isso provocou mais tarde uma conversa sobre um de seus poemas que talvez não seja de todo impertinente para o assunto deste livro. Ainda mais quando esse poema, reproduzido a seguir, havia sido usado em algumas oficinas de formação de professores.

> O rio que fazia uma volta atrás de nossa casa / era a imagem de um vidro mole que fazia uma volta atrás de casa. / Passou um homem depois e disse: Essa volta / que o rio faz por trás de sua casa se chama / enseada. / Não era mais a imagem de uma cobra de vidro / que fazia uma volta atrás de casa. / Era uma enseada. / Acho que o nome empobreceu a imagem.

A conversa começou pelas crianças que vivem nas margens dos rios pantaneiros e pelo caráter poético de seu imaginário das águas, das árvores e dos bichos com quem convivem, os que formam o que poderíamos chamar seu "mundo da vida". Alguém disse que a escola, com a sua língua homogeneizadora e colonizadora, não só não reconhece esse imaginário como o apaga, enquanto impõe um vocabulário e uma gramática afastados desse mundo vital. Como se a escola impusesse o nome comum e legítimo (e pouco poético) das coisas e com isso desqualificasse a riqueza poética das crianças e de suas linguagens e seus locais e, como sugere o poema, empobrecesse o mundo.

De fato, no rescaldo de minha conferência, uma professora disse que a escola não havia reconhecido sua linguagem (aquela que constituía sua identidade afro-brasileira) e havia feito com ela uma operação clara de apagamento de diferenças e de imposição de hierarquias. Como se a escola, para ser igualitária, tivesse que falar a língua das crianças e, sobretudo, as línguas das comunidades em que está inserida. Minha tese, como já dei a entender, havia sido exatamente o oposto, que, precisamente por ser um imperativo de igualdade, a escola deveria ignorar ou suspender as diferenças identitárias. Para responder à professora, utilizei um *argumentum ad hominem* (ou talvez devesse dizer *ad mulierem*) do que me arrependi imediatamente: disse que essa mesma escola que não havia reconhecido sua língua ensinara-lhe a ler e escrever, dera-lhe a possibilidade de ser professora, e também de ser professora-militante, isto é, permitira-lhe tomar a colonização linguística como objeto de estudo e, a partir daí, discutir em suas aulas, em seus escritos e em suas intervenções públicas a função colonizadora e homogeneizadora da escola. Disse que a escola é tão generosa que possibilita e permite (até mesmo em seu interior) a crítica da escola. Disse, para dar maior ênfase, que talvez tivéssemos que formular alguma vez algum agradecimento a esses professores que não deram muita importância a nossas identidades e diferenças, que nos trataram todos de maneira igual e que se empenharam, talvez desajeitadamente, mas com todo o seu esforço e em condições às vezes muito duras, em nos ensinar a ler e escrever. E acrescentei que algumas das minhas amigas brasileiras, cujas mães foram professoras na geração anterior à nossa, me contaram como essas mulheres tinham que alfabetizar em português descendentes de comunidades de imigrantes alemães ou italianos que iam à escola falando apenas a língua de seus pais, que fizeram isso sem pensar muito se a escola reconheceria ou não a língua materna desses alunos, e não creio que nenhum deles tenha se sentido colonizado ou menosprezado por isso. Alguém disse que meu argumento era muito genérico e era baseado na ignorância, por exemplo, da campanha brutal de nacionalização desses imigrantes realizada pelo governo de Getúlio Vargas, que constituiu, entre outras coisas, uma obrigação humilhante e autoritária de aprender português. Alguém se lembrou de Paulo Freire e da relação entre a leitura da palavra e a leitura do mundo, e que uma e outra não podem ser separadas, porque então teremos palavras sem um mundo, ou um mundo sem palavras. Alguém disse, seguindo o fio, que Freire diz que as palavras têm que estar "grávidas do mundo", e que a palavra "enseada" também carrega um mundo, o mundo da geografia, que não é de todo incompatível com o mundo que faz nascer "uma cobra de vidro que fazia uma volta atrás da casa". E alguém acrescentou que uma língua inclui uma pluralidade de usos, de registros, de línguas dentro da língua, e que a escola deveria trabalhar com todas elas e, acima de tudo, entre elas.

Outro participante do encontro, defensor da necessidade de que a escola reconheça as identidades sexuais não normativas das crianças, disse-me, para meu espanto, que sua universidade havia aberto um curso só para indígenas no qual tanto os conteúdos quanto os procedimentos tiveram que ser negociados e acordados com a comunidade. Em um argumento do qual também me arrependi, talvez por ser demasiado unilateral, disse que isso, para mim, era um sintoma de que os pais e os líderes das comunidades não queriam perder o controle sobre seus filhos ou sobre seus membros e, portanto, exigiam uma escola construída de acordo com suas regras, algo não muito diferente do que aquele movimento da extrema direita brasileira que se chama "Escola sem Partido" está pretendendo fazer quando diz "nossos filhos, nossas regras". E disse também que a escola está aí, precisamente, para tirar as crianças de casa, isto é, para emancipá-las tanto de sua família quanto de sua comunidade natal. Além disso, eu tinha citado em minha conferência uma frase de Daniel Pennac que havia causado incômodo, a qual, falando de um tio de seu pai, professor de uma escola rural que arrancava as crianças do trabalho no campo à força e contra a vontade de seus pais, fala o seguinte: "Todo o mal que se diz da escola nos oculta o número de crianças que salvou dos defeitos, dos preconceitos, da arrogância, da ignorância, da estupidez, da ganância, da imobilidade ou do fatalismo das famílias".[19]

Entretanto, voltemos ao poema. Eu vou dizer, para começar, que admiro o poeta e gosto de como ele torna o Pantanal um mundo mágico, inocente e altamente poético em que coexistem sem dificuldade as línguas humanas, as línguas das crianças, as línguas dos animais e as línguas de coisas. Mas também direi que Manoel de Barros é, entre outras muitas coisas, um poeta da infância (da infância pantaneira) e um poeta da língua (da transgressão do uso normal da língua), mas não é um poeta da escola, e por essa razão devemos ser cuidadosos com o uso de seus poemas para inspirar críticas pedagógicas e, acima de tudo, para dizer aos professores como são as crianças pantaneiras e que língua elas falam. Minha argumentação consistiu em recordar o óbvio: que todos os leitores que compreendem o poema conhecem a palavra "enseada"; que o poema está construído sobre a contraposição entre uma língua (e uma visão do mundo) poética, baseada em imagens, e outra que presumivelmente não o é, baseada em nomes comuns, mas que sua eficácia depende de que o leitor conheça as duas e se torne cúmplice da maneira como o poema constrói sua contraposição; que o próprio Manoel de Barros havia deixado sua infância e seu mundo pantaneiros para estudar no Rio de Janeiro, e que se havia tornado um poeta não no Pantanal, mas ao retornar ao Pantanal, ou tendo o Pantanal na memória; que a obrigação da escola é ensinar a palavra "enseada", que isso não significa necessariamente matar a imaginação das crianças, e que aprender a falar (e a ler e a escrever) é aprender a usar vários registros; que, se a escola não ensina geografia (e, portanto, a palavra "enseada"), essas crianças estão condenadas a permanecer no que são, ancoradas no seu mundo linguístico e vital, embora sejam muito poéticas, muito imaginativas e muito exóticas; que o que mata a imaginação das crianças e sua suposta "linguagem infantil e poética" não é a linguagem da escola, mas a da televisão e a da Walt Disney (essas, sim, homogeneizadoras e colonizadoras); que na escola se aprende o que poderíamos chamar de "a língua comum", seja ela qual for, porque é precisamente essa a que permite que as crianças se iniciem no espaço público e não permaneçam confinadas nos espaços privados da família ou da comunidade; que a obrigação dos professores é tirar as crianças de "seu" mundo e de "sua" língua e introduzi-las no mundo e na língua comum, e que isso não tem que significar necessariamente que seja necessário desprezar ou diminuir o mundo e a linguagem das crianças (e sua comunidade).

Estávamos nisso quando alguém se lembrou de uma citação de José Luis Pardo que eu usara na conferência, aquela em que ele situa a escola distinguindo entre três espaços. O primeiro deles é o cenário da comunidade natal, essa cujo emblema poderia ser a família, o lugar da identidade e do relato, dos vínculos afetivos, onde todos se conhecem e sabem quem são, o cenário em somos conhecidos por nosso nome próprio e pelo nosso nome de família, o espaço do "eu" e da singularidade, mas também o espaço do "nós" da comunidade. O segundo é o mundo do trabalho (esse cujo emblema poderia ser a fábrica, e o que Pardo chama de "o cenário da privacidade", no sentido em que está regido por um contrato privado entre o patrão e o assalariado), o local dos vínculos econômicos, esse no qual se tem a certeza de não ser ninguém, ali onde não tem cabimento nem o eu nem o nós, onde não se tem nome, nem próprio nem comum, onde o nome não importa. O trabalho assalariado, diz Pardo, arranca as pessoas brutalmente de sua comunidade natal, e o capitalismo é, nesse sentido, uma gigantesca maquinaria de desenraizamento. Mas há um terceiro espaço, o cenário da publicidade ou da civilidade, o espaço público, que é o lugar em que os indivíduos não estão como membros desta ou daquela comunidade, ou desta ou daquela família, nem como produtores ou consumidores, mas como cidadãos ou indivíduos, como iguais. Esse terceiro espaço, o espaço público, também trai a família e a comunidade, mas o faz de uma forma emancipadora. E o primeiro mecanismo para essa emancipação é a escola. A escola, diz Pardo, em um parágrafo com claras ressonâncias ilustradas e kantianas:

> Existe para fazer dos filhos adultos responsáveis, para fazer deles indivíduos [...]. Tornar-se um indivíduo significa, de certo modo, "atraiçoar" a comunidade [...], colocar-se em um espaço que está "mais além" da narrativa familiar ou do relato comunitário [...]. Essa traição é o que chamamos de emancipação ou "maioridade" [...]. E isso significa que não pode haver seres humanos em condição de adultos ou maiores de idade mais que ali onde há um espaço público.

Nesse sentido, a escola (pública) é (ou tem sido)

> O mecanismo que permite aos membros das diferentes comunidades se tornarem adultos, isto é, protegerem-se contra os abusos tanto de suas comunidades natais (desejosas de converter suas narrativas em verdade) quanto da fábrica (desejosa de reduzir seus trabalhadores à condição de bestas de trabalho).[20]

A partir dessa citação, meu argumento havia sido de que a escola é um espaço público apenas se constituir um espaço distinto tanto do lar (e da comunidade natal) quanto da fábrica. Por isso os pais mandam seus filhos para a escola: para procurar que se emancipem de sua comunidade ao educar-se "fora de casa", mas não para que os insira no espaço econômico ou para que os prepare para o seu futuro laboral. Por isso a escola não pode ser uma extensão da comunidade (não pode ser subordinada à família nem se dobrar à lógica da identidade), tampouco uma extensão da economia (não deve ser subordinada à fábrica, não deve se adaptar, como se repete hoje em dia, às demandas do mercado de trabalho, aquelas que fazem da escola um lugar para o desenvolvimento de talentos). Em qualquer caso, o fato de que a escola seja um espaço público, ou que prepare para o espaço público, significa que ela não está depois da família ou da comunidade natal (como o seu prolongamento) nem antes da fábrica mortal (como a sua preparação). A escola é o que permite que a família e a fábrica possam se distinguir, isto é, manter-se a distância.

Refletimos sobre isso dos três espaços, e a conversa se concentrou por um tempo em quais são, então, os espaços da luta pela igualdade e pelo reconhecimento das diferenças, se essas lutas não são a mesma luta, uma vez que a desigualdade não é senão uma diferença hierarquizada, se a escola enquanto instituição pública não tem algum papel nisso, e qual seria esse papel. Fui criticado por ter chamado os membros das comunidades indígenas de ignorantes, fatalistas e imobilistas, mesmo que fosse implicitamente e por meio da citação de Pennac. Também fui criticado por um uso um tanto idealista do público, como se não estivesse igualmente traspassado por relações de poder e por conflitos entre o hegemônico e o contra-hegemônico. Discorremos em relação a se a linguagem da escola não é, irremediavelmente, a língua da comunidade dominante (seja em termos políticos, econômicos ou culturais). Discutimos também sobre se a igualdade de que eu falava não era puramente formal e precisava, portanto, tornar-se real e concreta, isto é, formular-se em relação às diferenças (e desigualdades) realmente existentes em cada caso. Também nos perguntamos se manter a família e a comunidade natal a distância é o mesmo que colocar a distância a língua materna e comunitária, e se esse manter a distância, esse distinguir, significava o mesmo que hierarquizar e colonizar. Discutimos sobre se poderia se falar de certo bilinguismo escolar no sentido de que a escola produz às vezes um uso poético da língua e, às vezes, um uso, digamos, científico, mas distinguindo-os e tentando não os misturar nem os colocar um em cima do outro. Lembrei-me do texto de Jan Masschelein no *Elogio da escola*, em que ele afirma que a escola não fala nem tem por que falar a linguagem das crianças (a da família, a da comunidade natal, o que poderíamos chamar de a língua materna), tampouco a linguagem do Estado ou da fábrica (o que poderíamos chamar de a língua paterna), mas fala uma linguagem artificial que se caracteriza por estar fortemente formatada pela escrita (na escola, a oralidade se escreve, ou seja, se coloca a distância) pelo vocabulário e pela gramática próprios da matéria de estudo (na escola se aprende a palavra "enseada" e seus usos legítimos na geografia) e por registros que poderíamos chamar formais, impessoais ou públicos (esses que se derivam do fato de que a escola é um espaço público em que ninguém está "em sua casa").[21]

E por aí foi a coisa: que se sim, que se não, que se poderia ser, que se talvez, que se ao contrário... como sempre acontece nas conversas, principalmente se são sinceras, generosas, se aludem a temas pelos quais os conversadores têm uma sensibilidade especial, se não são motivadas pela vontade de ter razão, se têm a ver com poetas que amamos e se ocorrem perto de um rio de verdade e animado pelo sopro de uma brisa noturna refrescante. Como diz Maria Bethânia: "Perto de muita água, tudo é feliz".

## Da escola-jardim

O filme a que assistimos em Florianópolis, de Wim Wenders, é uma adaptação de uma peça de teatro de Peter Handke intitulada *Os belos dias de Aranjuez*.[22] Gostamos, é claro, do jogo dramático de perguntas e respostas, dos relatos de viagem que o homem conta, das histórias de amor e de desamor que a mulher conta, da mescla de distância e intimidade entre os dois, da presença constante, tanto no texto como no filme, do sussurro das folhas. Emocionaram-nos as participações especiais de Peter Handke, vestido de jardineiro, com macacão e chapéu de palha, cortando a cerca viva, e a de Nick Cave, com traje de gala, sentado ao piano, cantando uns compassos com a janela aberta ao fundo. Mas nos interessou, sobretudo, o modo como a conversa é situada em um enclave espaçotemporal (um desses enclaves handkianos que, em relação à escola, comentei na seção "Teoria e prática do enclave" deste mesmo livro). Desde o início, os personagens se apresentam como intemporais, fora de qualquer atualidade e de qualquer marco histórico e social, o que não quer dizer fora do tempo. O filme começa com umas tomadas da cidade de Paris, deserta, e a câmera vai se afastando pouco a pouco até que a cidade só se apresente na distância, entre a bruma, apenas uma linha que aparece sobre as árvores. A partir do jardim já se intui e se adivinha a cidade, mas não se está na cidade. O jardim é, claramente, outra parte.

Uma vez que nesses dias havíamos falado da escola como heterotopia, foi inevitável reler o texto de Foucault sobre os outros espaços, esse que fala do jardim como de um lugar separado, à parte e apartado, fora de qualquer marco social, e também como um tempo separado, um tempo outro, quase fora do tempo, ao menos desse tempo que se chama atualidade ou desse outro tempo que se chama de história. De fato, Foucault diz que as heterotopias: "Estão, a maior parte das vezes, associadas a cortes de tempo; ou seja, operam sobre o que poderíamos chamar, por pura simetria, heterocronias. A heterotopia começa a funcionar plenamente quando os homens se encontram em uma espécie de ruptura absoluta com seu tempo tradicional".[23]

O jardim aparece, no texto de Foucault, como um exemplo dessas heterotopias "que têm o poder de justapor em um só lugar real múltiplos espaços, múltiplas localizações, que são em si mesmas incompatíveis". E acrescenta que:

> Talvez o exemplo mais antigo dessas heterotopias (na forma de localizações contraditórias) seja o jardim. Não é preciso esquecer que o jardim, criação assombrosa já milenar, tinha no Oriente significações muito profundas e como que superpostas. O jardim tradicional dos persas era um espaço sagrado que devia reunir, dentro de seu retângulo, quatro partes que representavam as quatro partes do mundo, com um espaço ainda mais sagrado que os outros que era como seu umbigo, o umbigo do mundo em seu meio (ali estavam o vaso e a fonte); e toda a vegetação do jardim devia ser repartida dentro desse espaço, nessa espécie de microcosmo. Quanto aos tapetes, eles eram, no início, reproduções de jardins. O jardim é um tapete onde o mundo inteiro realiza sua perfeição simbólica, e o tapete é uma espécie de jardim móvel através do espaço. O jardim é a parcela menor do mundo e é, por outro lado, a totalidade do mundo.

Finalmente, releríamos também a relação entre o jardim e outra das heterotopias felizes de Foucault, o barco:

> O barco é um pedaço flutuante de espaço, um lugar sem lugar, que vive por si mesmo, que está fechado sobre si mesmo e que, ao mesmo tempo, está libertado para o infinito do mar e que, de porto em porto, de costa em costa, de casa de tolerância em casa de tolerância, vai até as colônias procurar a coisa mais preciosa que elas encerram em seus jardins. Vocês entendem por que o barco foi para a nossa civilização, desde o século XVI até nossos dias, talvez não apenas o maior instrumento de desenvolvimento econômico (não é disso do que falo hoje) porém a maior reserva da imaginação? O barco é a heterotopia por excelência. Nas civilizações sem barcos, os sonhos se esgotam, a espionagem substitui a aventura e a polícia substitui os corsários.

Com o filme de Wim Wenders na retina e o texto de Foucault nos ouvidos, passamos um bom tempo brincando com a metáfora e o fato de que as escolas de crianças muito pequenas ainda se chamem, em muitos países, jardim, mas não, é claro, porque as crianças sejam como florezinhas ou porque se pratique com elas uma forma de educação à qual convêm as metáforas da semente, do crescimento, do desenvolvimento, do florescimento, a frutificação ou outras variantes da ideia de cultivo. A escola não é um jardim porque ali as pessoas são cultivadas, mas porque é um lugar e um tempo separado para o estudo do mundo, isto é, porque ela contém o mundo e o entrega às crianças e aos jovens dispondo-o para o estudo. Também nos agradou, é claro, que esse espaço da escola-jardim fosse como uma *Sagrera* (ver, neste livro, p. 324, "Sagreras"), um lugar pacífico, inviolável, não econômico, e que em seu centro houvesse uma fonte, um jato de água, algo que nos pareceu que poderia estar do lado da vivificação (do mundo). Pensamos que, quando um nômade se senta sobre seu tapete, ele se senta, na verdade, sobre o mundo, e nesse sentido gostamos que se pudesse pensar na escola-jardim como uma espécie de tapete voador, como um jardim transportável (ou um mundo transportável) que se pudesse levar consigo onde quer que se vá, mas também como um jardim dotado de movimento (como um mundo flutuante, separado do chão) que o leva de um espaço para outro, vendo tudo de certa distância, em uma cômoda posição de espectador, deixando-se levar, sem sentir necessidade de abandonar a posição sentada e em uma certa atitude, digamos, contemplativa.

Também exploramos a comparação dos barcos com os estudiosos, esses seres sem pátria e sem âncoras (sem nação, sem identidade e sem raízes) que vão de um lado para outro, atravessando fronteiras, de porto em porto, de costa em costa, de casa de tolerância em casa de tolerância (sendo a casa de tolerância uma heterotopia que Foucault analisa como uma espécie de "espaço de ilusão que denuncia o espaço real como ainda mais ilusório"), sem nunca se deter em um lugar ou em um domicílio, em busca de todas as maravilhas do mundo (dos jardins do mundo) para transplantá-las e colecioná-las em seu pequeno jardim, para fazê-lo ainda mais rico, mais variado e mais formoso. Além disso, os marinheiros não apenas buscam, arrancam, transportam e colecionam o melhor do mundo, tudo isso que vale a pena estudar, contemplar, cuidar e dispor no jardim para seu estudo, mas também permitem imaginá-lo, projetá-lo, desejá-lo e sonhá-lo. Por isso o barco é, como diz Foucault, "a maior reserva da imaginação" e a projeção da ideia de sonho, de aventura e de liberdade.

Ainda ligados ao texto de Foucault, e partindo agora de nossa ideia da escola como uma sala de aula conectada a uma biblioteca, vimos que esta é, no texto (junto com o museu), uma heterotopia do tempo, uma condensação e um acavalamento de tempo, a encarnação da "[...] vontade de prender em um só lugar todos os tempos, todas as épocas, todas as formas, todos os gostos, a ideia de constituir um lugar de todos os tempos, que está fora do tempo e inacessível à sua mordida, o projeto de organizar uma espécie de acumulação perpétua e indefinida do tempo em um lugar inamovível".

A partir desse ponto de vista, imaginamos os estudiosos como viajantes montados em barcos que atravessam não só o espaço mas também o tempo como caçadores de tesouros nesses depósitos temporais que são a biblioteca e o museu (em geral, o arquivo) para levá-los em seguida para a aula-jardim, vivificando-os na fonte que está no seu centro, no lugar mais sagrado, e, assim, entregá-los aos estudantes para que joguem com eles e perambulem à sua sombra.

Capturados pela imagem da escola-jardim, não podemos refletir sobre o motivo do jardim-paraíso, entretanto não como um paraíso projetado para trás no tempo, para o passado (o paraíso perdido) ou para adiante, para o futuro (o paraíso utópico), mas como um paraíso que já está aqui, em cada um dos jardins que o evocam e o invocam. De fato, a palavra original que o nomeia, *paradesha*, é uma arcaica expressão sânscrita e depois persa que poderia ser traduzida como "lugar elevado" ou "região suprema", que consta na Bíblia como *pardés* e que é descrita como *ganeden*, algo assim como "horto ou jardim de delícias". E é daí que vem o *paradiso* latino já ligado a uma espécie de beatitude, cuja característica básica, além do *otium*, é o gozo do melhor do mundo. Essa imagem se translada ao claustro gótico, esse a quem São Benito chamava *paradisus claustralis*, adicionando-lhe a característica de *hortus conclusus*, de jardim fechado, de refúgio relativamente separado do mundo, de lugar eminente para o estudo, a meditação e o recolhimento. Além disso, é também uma imagem do paraíso o "jardim galante", esse cujo centro é o *locus amoenus*, o lugar propício para o amor.

Após esse apelo pelo enclave sagrado e feliz que se chama jardim e que ainda dá nome às escolas de crianças menores, não podemos deixar de voltar a ler, agora já no texto de Handke, suas últimas palavras. "Pouco a pouco, os ruídos e rumores adivinhados das árvores deram lugar a outros sons muito diferentes: o rugido de um avião que voa a baixa altitude, o barulho de um helicóptero, as sirenes de carros da polícia, uma ambulância, várias ambulâncias, vários carros da polícia."

O homem, levando as mãos aos ouvidos, lamenta ter que se separar do sussurro das árvores e grita: "Atualidade, afaste-se de nós. Atualidades, deixem-nos em paz. Abaixo as intrigas. Abaixo os grandes inquisidores e os de outro modo perversos pequenos inquisidores".

Entretanto, "aumentam os ruídos exteriores: gritos, um único tiro, buzinaços rítmicos, tudo a distância e ao mesmo tempo presente [...]. Por um momento, os gritos de uma criança, sem pausa. Um choramingo como antes do grito de morte. O grito de morte. Por vezes, a gritaria de dois gatos, ou cães, ou de um animal que luta a vida ou a morte".

Nesse momento as imagens mágicas que se haviam invocado antes dos ruídos ficam contaminadas. As groselhas silvestres fedem, a libélula já não voa mais pelos ares mas se arrasta pelo chão, a caminhada tranquila pelos círculos de frutas é ameaçada por um touro que tem os olhos de um inimigo mortal, e o som da ambulância anuncia a própria morte. A intensa relação entre os dois personagens começa a se dissolver. O homem diz: "A próxima ambulância será para mim [...]. Os belos dias de Aranjuez acabaram. Em vão permanecemos aqui. Eu não estou saciado. Quem sabe o que dormita nas profundezas do tempo? Tenho fome. Solidão". A mulher diz: "E eu tenho sede. É tão estranho estar nua, inclusive sozinha. (E a luz e o cenário vão desaparecendo suavemente)".[24]

## Da aula, da celebração e da festa

Ainda tomado pela imagem da escola-jardim como um espaço-tempo separado, me lembrei do terceiro livro que havia folheado alguns dias antes no escritório de

Fernando Bárcena, de que tinha tomado algumas notas e sobre o que havíamos conversado um pouco: *El ocio y la vida intelectual* [O ócio e a vida intelectual], de Josef Pieper,[25] entre outras coisas, uma alegação contra a proletarização geral da existência humana. Na esteira da distinção clássica entre *scholé* e *a-scholía*, ou entre *otium* e *neg-otium*, Pieper escreve o seguinte:

> O que é propriamente ser proletário e, portanto, em que consiste a des-proletarização? Em primeiro lugar, ser proletário não é o mesmo que ser pobre: o mendigo não é um proletário [...]. O engenheiro, o "especialista" do estado laboral totalitário é, sem dúvida alguma, proletário [...]. O que é, então, ser proletário? [...] Ser proletário é estar vinculado ao processo laboral [...]. Ser proletário não é a necessidade geral do homem de estar ocupado. O trabalho é uma ocupação útil, o que quer dizer que o trabalho, por definição, não tem sentido em si mesmo: tem por finalidade um *bonun utile* social, a realização de valores úteis e de coisas necessárias. E o "processo laboral" é o fenômeno universal, com distribuição de funções, do utilitarismo, pelo qual e no qual se realiza a "utilidade comum" ("utilidade comum" não é o mesmo que o *bonum commune*).[26]

E um pouco mais adiante:

> Se ser proletário não significa outra coisa no fundo senão a vinculação ao processo laboral, o ponto capital de sua superação, ou seja, de uma verdadeira "desproletarização" consistiria em que, ao homem que trabalha, se depare a ele um âmbito de atuação que tenha sentido e que não seja trabalho, em outras palavras, que lhe dê acesso ao verdadeiro ócio.[27]

A partir daí, Pieper fala do ócio como ligado à festa e, definitivamente, ao culto. O ócio:

> Recebe sua íntima possibilidade e sua última justificativa de seu enraizamento na celebração de um culto [...]. Quer dizer "descanso do trabalho", tanto na Bíblia como na Grécia ou em Roma? Seu sentido é cultual: há determinados dias e épocas que são "exclusiva propriedade dos deuses". O culto tem com respeito ao tempo um sentido semelhante ao que o templo tem com relação ao espaço.

E continua:

> A "fiesta" no mundo laboral totalitário ou é pausa no trabalho (e, portanto, existe por e para o trabalho) ou é, nas festas do trabalho, exaltada celebração

dos próprios princípios do trabalho (e, portanto, outra vez, implicação no mundo do trabalho). Pode haver "jogos", naturalmente; pode haver "circo"; mas quem vai dar o nome de "festa" à diversão?[28]

Em uma seção fortemente sublinhada por Fernando e intitulada "Destruir colocando a serviço", Pieper fala da universidade como mais do que formação profissional e se pergunta por que é esse "algo mais", pela natureza desse suplemento. Sua resposta é que o caráter "acadêmico" da universidade está em que todas as ciências sejam tratadas também "de modo acadêmico", ou seja, para Pieper, de modo filosófico, isto é, livre; isto é, desinteressado; isto é, ocioso; isto é festivo; isto é, cultual; isto é, separado da vinculação ao processo laboral e ao utilitarismo das funções.

Naturalmente, a conversa com Fernando teve a ver com o ofício de professor como "algo mais" do que a preparação profissional (algo que, em nossa opinião, estava na contracorrente da proletarização geral da vida humana), mas sobretudo teve a ver com a sala de aula como espaço festivo e com a hora da aula com tempo de culto. Por isso, já em Florianópolis, talvez inspirado pela imagem da escola-jardim, decidi transcrever minhas anotações daqueles dias em Madri e enviá-las para Fernando para ver se lhe apetecia desenvolver um pouco esse assunto e, acima de tudo, me dizer se lhe parece que suas aulas têm algo de verdadeiro ócio, de festa ou de culto (algo de desproletarização da vida dos estudantes) e em que sentido.

Esta foi a sua resposta:

## De algum modo sim, amigo Jorge.

Muitas vezes pergunto aos meus alunos se eles gostariam de viver em uma sociedade em que as atividades autorizadas fossem as atividades produtivas, as que são feitas por alguma classe de resultado mais ou menos imediatamente visível (econômico ou social, por exemplo) e, em um sentido profundamente contemporâneo do termo, "útil". Custa-lhes responder à minha pergunta. Eu entendo isso. Durante um tempo, isso já faz muitos anos, entrar na sala para dar aula constituiu para mim uma salvação, era uma espécie de festa que suspendia tudo o que estava me agoniando, toda a pressão que lá fora exercia sobre a minha vida um peso quase insuportável. Dar aula era minha terapia e minha cura. Era meu recreio. Claro que, com o tempo, aprendi, ou pensei entender, que nessa maneira de me relacionar com a aula havia algo que talvez não estivesse totalmente bem, mas o que eu realmente experimentei então foi bom em algum sentido.

O lado festivo da sala de aula ou o de dar uma aula, pelo menos para mim, e segundo minha própria experiência, tem a ver, antes de tudo, com o fato de que as coisas que ali se fazem (como escrever, ler, pensar algo juntos, olhar para um quadro ou uma cena de um filme) não entram dentro do círculo do negociável: nem são um negócio, nem servem para um negócio, nem se negociam; se fazem ou se experimentam. "Venham ou não à aula – digo-a eles –, mas, se entram aqui, estejam presentes". O festivo aqui tem a ver com a celebração de algo que, literalmente, nenhum de nós nos esforçamos em tratar como se servisse para algo externo. Para sublinhar essa ideia, cito frequentemente Goethe: "É o canto que canta a garganta, o pagamento mais gentil para quem canta".

Além disso, e em segundo lugar, o lado festivo da sala de aula é algo assim como uma celebração que tenta fazer um ritual (e um culto, portanto) a coisas e momentos que jamais tornaremos a experimentar tal e como experimentamos ali. Porque o que pode acontecer ali não tem nada a ver com o que acontece a todos nós fora da sala de aula. É algo muito parecido com o que David Kepesh, o personagem do romance de Roth, *O professor do desejo*, diz:

"Amo ensinar literatura. Poucas vezes me sinto tão feliz e contente como quando estou aqui com minhas páginas de anotações e meus textos cheios de marcas e com pessoas como vocês. Na minha opinião, não há nada na vida que possa ser comparado a uma aula. Às vezes, no meio de uma troca verbal – digamos, por exemplo, quando algum de vocês acaba de penetrar, com uma só frase, no mais profundo de um livro –, me vem o impulso de exclamar: 'Queridos amigos, gravem isso a fogo em suas memórias!'. Porque, uma vez que saiam daqui, raro será que alguém lhes fale ou lhes escute do modo como agora se falam e se escutam entre vocês, inclusive a mim, nesta pequena habitação luminosa e erma".[29]

Não sei por que razão nunca acreditei ter a sensação de que o que estava fazendo, quando preparava cursos e aulas, ou quando os ministrava, era algo assim como um trabalho. Suponho que seja porque me pagam para ser professor. Subjetivamente, não é de forma alguma uma ocupação laboral (embora o seja), nem minha condição de professor pode ser identificada como um posto laboral de docente (ainda que seja). Sei que a instituição que me permite dar minhas aulas e atuar como professor tem seus fins, de prestígio, de poder, econômicos, etc. Mas, com o passar dos anos, aprendi que esses fins nem sempre coincidem (e é melhor que às vezes nunca coincidam) com a tarefa que me tem *entre-tido* nas salas de aula com meus alunos. Entro na classe e visto, como quando se vai a uma festa, minhas melhores roupas. Na noite anterior seleciono o caderno onde tenho minhas melhores notas, os livros onde nos esperam as melhores citações e em minha cabeça a primeira frase, que nunca será a que eu já havia preparado. E como essa festa é uma celebração e é um culto, e a palavra "culto" também tem a ver com a cultura e com o cuidado, porque no final de tudo resulta que o que acontece no interior da sala de aula tem a ver também com arte dos cuidados. O que em todo caso aprendemos ali é a ter cuidado, a tomar cuidado: com a linguagem e as palavras, com os olhares e os sentidos, com as leituras e com os livros, com o pensado e o conversado. Sim, um cuidado. Porque nada disso é realmente nosso, mas nós o herdamos e o recebemos como um presente, e como às vezes é grande, muito grande, grandíssimo, convém nos relacionarmos com ele com o cuidado e a delicadeza.

Cuide-se, e não deixe de me contar suas coisas.

## De liturgias, temores e tremores

A conversa com Fernando Bárcena sobre a sala de aula como um lugar de certo culto me fez pensar em um dos livros de um amigo em comum, *La lectura como plegaria* [A leitura como oração], de Joan-Carles Mèlich. Decidi então pedir a Joan-Carles uma versão digital desse livrinho para dar uma folheada e introduzi-lo na conversa citando alguns de seus aforismos e fazendo-lhe algumas perguntas. Estas são as mensagens que trocamos:

**Caro Joan-Carles,**

Andei refletindo com Fernando sobre que tipo de lugar é uma sala de aula e que tipo de ofício é o ofício de professor. Lembro-me de que já havíamos falado sobre isso, a propósito de um aforismo de Wittgenstein e do desenvolvimento que o arquiteto finlandês Juhani Pallasmaa, o qual eu andava lendo naqueles dias, faz desse aforismo. O que Wittgenstein escreve é que "a arquitetura eterniza e sublima sempre algo. Por isso não pode haver arquitetura onde não há nada para sublimar".[30] A partir daí, Pallasmaa diz que a casa sublima o habitar humano enquanto o templo surge da celebração. Se a casa "constitui o meio para definir o domicílio próprio no mundo", o templo é o lugar para "[...] a celebração, veneração e elevação de atividades sociais, crenças e ideais específicos. Esta segunda origem da arquitetura dá lugar às instituições sociais, culturais, religiosas e mitológicas".[31]

A partir daí pensamos sobre que tipo de lugares constituem uma cidade. Eu acrescentei a oficina (ou o laboratório, a fábrica, os lugares do fazer e do trabalho) e a praça (o lugar do intercâmbio, da pluralidade e da relação), lhe perguntei se, para você, a sala de aula se parecia mais com uma casa, um templo, uma oficina ou uma praça, e sua resposta, depois de pensar um pouco, foi que se parecia mais um templo. Nesses dias, reli o texto de Foucault sobre as heteropias e relacionei a sala de aula com um jardim (já sabe: a Academia, o Liceu, o Jardim de Epicuro). Mas o que me interessou é sua elaboração da leitura como uma cerimônia íntima e também, na sala de aula, como uma cerimônia pública. Em seu livro, diz que, para você, ler é uma oração, um ofício, um ritual e uma forma de vida. Gostaria que desenvolvesse, acima de tudo, a dimensão do ofício e a relação entre o ofício (íntimo) de leitor e o ofício (público) de professor. E talvez também em sua maneira de proceder como professor, de ler como professor, de ler na sala de aula, também haja algo de oração e ritual. No aforismo 10, por exemplo, diz que: "O que o discípulo procura em seu mestre, em sua leitura [...]. O que o discípulo descobre nas lições do mestre é uma leitura que o impulsiona a ler, ou a ler de novo, ou a ler de outro modo".

E a seguir, define uma lição como: "Uma leitura que nos ensina e nos convida a ler. Assistir a uma lição é entrar em um universo aberto. Uma lição é uma abertura que o mestre transmite fragilmente, de maneira humilde, precária e provisória".[32]

Mais tarde, nos aforismos 186 e 187, você diz que "educar é dar" e que "o mestre dá, mas acima de tudo 'se' dá".[33] E na segunda entrega de seus fragmentos filosóficos, caracteriza a leitura do mestre (e imagino que sua própria maneira de ler em classe) como uma leitura lenta e também cuidadosa com a literalidade, que só se pode dar no silêncio, e orientada, além do mais, para a repetição e a memória. Algo que me lembra o *ob-audire* da leitura monástica tal como a descreve Illich em seu famoso texto sobre Hugo de San Victor, mas tingida talvez dessa leitura já não obediente e auditiva, porém crítica e visual, que inaugura precisamente a leitura universitária, a *lectio*. Entre aforismos 92 e 95, por exemplo:

> Como aprender de memória em um mundo em que o silêncio é um luxo, em um universo ruidoso? A memória só pode se exercitar em um universo de silêncio.
> Por que a educação não suporta a memória? Talvez porque os tecnólogos da educação acreditem que aprender por memorização é olhar para trás, e hoje parece que somente se pode olhar para frente, que somente se pode inovar? A memória não olha para trás nem para frente; olha simplesmente para o "tempo". A memória não repete: interpreta e interpela.
> A educação é memória, e também dúvida e discrepância.[34]

Creio que há algo interessante na leitura escolar entre a memória, repetição e a literalidade, por um lado, e a dúvida, a res-significação e o comentário por outro. O livro de texto, que é, junto com a *lectio*, a grande invenção da universidade, já não é mais a marca de uma revelação divina, nem mesmo o registro de uma voz, mas a materialização do pensamento. Illich diz que o texto é um objeto fundamentalmente ótico (e, portanto, legível e não mais audível) que está disponível para o estudo, enquanto se oferece para interpretação e o comentário. Constitui-se em relação (mas também em oposição) ao texto audível, que exige obediência (já sabe que que o verbo "obedecer" vem do latim *ob-audire*), mas desde que o substitua (ou talvez complemente) pelo texto legível, que pede interpretação e crítica. De certa forma, enquanto esse texto legível é lido publicamente, se converte também em um texto audível, mas audível no segundo grau, isto é, parafraseável, comentável, interrompível, questionável. Não mais um texto sagrado, embora conserve sua autoridade e prestígio, mas um texto que se profana na medida em que é lido, comentado, interrompido, citado, sublinhado, anotado, traduzido, parafraseado, se faz ressoar com outros textos, se fazem perguntas, isto é, na medida em que é submetido a todas as práticas des-sacralizadoras próprias da leitura escolástica, da *lectio*. Ao texto se fazem perguntas e, acima de tudo, fazem-no para falar, publicamente, a partir de diferentes pontos de vista que não são complementares, mas rivais (daí que os exercícios fundamentais na sala de aula sejam a *questio* e a *disputatio*). Na universidade, na escola, o texto é lido, mas fundamentalmente é comentado. O comentário de texto, que é um dispositivo muito antigo, se codifica precisamente na universidade medieval e se constitui como o formato fundamental da leitura universitária. E o que eu entendo, seguramente, por tua opção por uma filosofia literária (e não metafísica) é que a sua forma de ler e de dar a ler em classe não é tão crítica como é iniciática ou, dito de outro modo, que o que você pretende é começar a leitura, e uma leitura, além disso, estreitamente relacionada com o movimento da vida. Pareceria então que não há pedagogia sem mistagogia.

Nesse sentido, entre os aforismos 129 e 135, você relaciona a leitura (talvez também a leitura em classe) com a sedução. E já sabe que às vezes falamos da relação e da diferença entre *se-ducere* e *ex-ducere*. Para você, o sedutor "promete mas não se compromete", o que seduz "é o que oculta, o que não apresenta, o que esconde", seu prometer não é moral, mas "estético, sensível", você relaciona a sedução com uma voz que acaricia e, portanto, mais "com o tom de voz, com a forma que a voz toma em cada momento, com o que a palavra diz ou expressa", e a coloca, creio, na dimensão do instante e do acontecimento: "Se a sedução fosse algo previsto, se respondesse a regras firmes e seguras, a um plano de ação planificado, deixaria de seduzir. Por isso a sedução vive da improvisação e da marginalidade, vive (e morre) no instante".[35]

Talvez por isso você fala do estilo do educador: "Deixar de compreender o educador como tecnólogo e entendê-lo como alguém que tem 'estilo'. Ter estilo significa poder ser reconhecido pelas suas formas, pelo seu tom, pelo seu 'estar'".[36]

No livro que estou terminando (e em que aparecerá, se achar bom, esta conversa), há uma parte que se intitula "Das mãos e das maneiras" em que não falo do estilo do educador mas de suas maneiras (e de suas manhas e artimanhas), talvez porque eu tente pensar no ofício de professor como um ofício artesão, manual. Em qualquer caso, creio que todos esses fragmentos que estou convocando aqui dizem algo sobre sua maneira de agir como professor, que, em seu caso, tem a ver com uma maneira (ou com um estilo) de ler e de dar a ler em classe. E é sobre isso que eu gostaria que me dissesse alguma coisa. De fato, no aforismo 191, diz, num certo deslocamento, que o estilo não é a forma ou o aspecto, mas "o movimento". Seu estilo de ser professor, então, seria algo como seu movimento ou, talvez melhor, a forma como produz um movimento que não é apenas seu, mas o dos textos.

Também me interessei que nos aforismos 187 e 188 sugeres que a leitura em classe está do lado do exercício e da meditação, algo que é muito perto da *askesis* e da *meleté* que Michel Foucault e Pierre Hadot relacionam com as formas pedagógicas das escolas filosóficas da Antiguidade:

> Um exercício não é uma prática. Um exercício é um trabalho sobre si mesmo, um trabalho de formação e transformação do eu. Nas práticas, porém, não "estou presente" necessariamente.
> Meditar é ler atentamente, deixar-se levar pelo fluir das palavras e dos silêncios. Voltar. Regressar. Repetir. Mas uma repetição que é ao mesmo tempo uma criação, uma invenção de sentido, uma transformação de si para o desconhecido, impossível de planejar, de prever, de ordenar.[37]

Seria seu dar a ler um convite à leitura exercitante, meditativa? Mas o que me chamou muito a atenção é que você fala do educador, do mestre (e dos discípulos), mas não usa a palavra "professor". Apenas uma vez, e indiretamente, no único fragmento que vi em que fala na primeira pessoa e que é, também, o único em que aparece a palavra "aluno": "Como saber o que o aluno aprendeu quando lhe proponho uma leitura? Como se pode prever o que aprenderá com os meus signos?".[38]

O professor (e não o mestre) propõe uma leitura e, ao fazê-lo, emite signos. O aluno, se aceita a proposta, aprende alguma coisa, embora o professor nunca possa saber o que ele aprende. E se o menos importante fosse aprender "algo" e do que se trata é de que se aprenda a ler e, acima de tudo, a ler de uma certa maneira? Talvez você poderia dizer algo sobre as diferenças (e talvez as relações) entre mestre/discípulo, professor/aluno, estudioso/estudante, o-que-já-leu-e-de-sua-leitura/o-que-vai-ler-e-aprender-a-ler. E talvez também, se quiser e se lhe apetece, sobre isso de a leitura como oração (talvez na sala de aula a oração se faça liturgia), sobre seus rituais (não seus rituais íntimos, mas seus rituais de professor) ou, voltando ao princípio, sobre isso da sala de aula como uma espécie de templo.

São muitos temas, já sei, e desses que a você e a mim nos apaixonam quando falamos do ofício, mas toma esta mensagem como uma série de sugestões para que faça com elas o que quiser. Envio-lhe um grande abraço e me ponho (impacientemente) à espera de sua resposta.

## Querido Jorge,

Obrigado por seu convite, obrigado por me deixar participar de seu livro, de seu discurso. Você me propõe muitos temas, e não sei se serei capaz de responder a todos, talvez nem saiba fazê-lo, porque sou *literalmente* um "filósofo": alguém que ama saber, alguém que ama ler, alguém que ama escrever, alguém que ama amar, mas também alguém que não sabe, que não sabe ler, escrever ou amar, que sempre que tenta o fazer mal, ou nunca suficientemente bem.

Faz tempo que temo entrar em uma sala de aula. Você me fez lembrar do que dizia María Zambrano – cito de cor, poderia buscar a citação, mas prefiro fazê-lo de memória, tal como a recordo. Ela dizia, me parece, que um bom professor tem a voz trêmula quando começa a aula... Pois bem, a mim o corpo treme, cada vez mais, a cada ano que passa eu tremo mais intensamente. Não porque não saiba o que vou falar, não, não se trata disso, é exatamente o contrário. Creio que tremo porque não estou nada seguro de que minha palavra pode interessar aos meus *estudantes*. E é verdade, não falo de alunos ou de discípulos, não gosto nada dessas palavras. Meus estudantes. Esses que estudam comigo, porque uma sala de aula é um espaço em que estudamos juntos, e aqui estudar é sinônimo de leitura. Uma aula é um tempo e um espaço em que estudamos juntos, e aqui estudar é sinônimo de ler. Uma classe é um tempo e um espaço em que compartilhamos leituras.

Lemos em voz alta, fielmente e, ao mesmo tempo, de forma adúltera, porque é uma fidelidade que não é sagrada, mas é religiosa. A aula é como um templo, mas não é um templo sagrado. Eu não poderia explicar melhor. É uma sensação que eu tenho. Nos lugares sagrados, ajoelha-se e obedece àquilo. Cumpre-se a lei. Mas a aula não é sagrada. Ninguém se ajoelha diante do texto, mas se levanta e tira o chapéu. Como você sabe, desde que comecei a perder cabelo, uso chapéu, no verão e no inverno. E ler de verdade, ler um clássico, que é o que eu tento ler na aula, requer levantar e tirar o chapéu. Mesmo que eu não esteja de acordo com o que o autor escreveu. Isso é o de menos. O que importa para mim é que os estudantes respeitem a leitura, essa palavra que por séculos resiste ao tempo. Não sei se tudo isso interessa aos meus estudantes. Nem sei se eles vão ficar em silêncio, mas não por um ato de obediência a mim, o professor (e aqui eu uso essa palavra que estava ausente no meu livro), e sim pela devoção à leitura, à pessoa que uma vez escreveu algo que não morreu, algo que resistiu à passagem dos anos, talvez dos séculos.

Cada vez mais me preocupa a atmosfera, o clima da aula. Eu me preocupo com a localização dos estudantes, a luz (luz artificial, penumbra...?), qual é a luz certa para ler? Um livro de ensaios e entrevistas de Derrida se intitula, creio eu, *Je n'écris pas sans lumière artificielle* [Nunca escrevo sem luz artificial]. Eu não compartilho com ele. No meu caso, diria que eu não sei como vou escrever, que não sei como vou ler, não sei como vou compartilhar a leitura com meus estudantes. Em casa, passo muitas horas *pensando* na aula. Não digo preparando a aula, porque não as preparo há muito tempo. Penso nelas, isso é a coisa mais difícil, mas, ao mesmo tempo, quando eu cruzo o limiar da sala de aula e fico diante deles, tudo pode mudar em um segundo. Seria algo assim como *romper* com o roteiro. Escrevi alguma coisa e, de repente, percebo que já não me serve mais. Talvez um estudante olhou para mim, ou me fez uma pergunta, ou talvez nessa manhã estivesse chovendo... o fato é que *isso* que tinha pensado já não me serve, e tenho que improvisar, tenho que criar algo novo, inédito, e dou conta (e meus estudantes também) que o que está se passando acontece nesse instante e nunca mais se repetirá. Isso provoca angústias em algumas pessoas, porque elas continuam preocupadas com os exames, mas a mim isso seduz, e sei que a muitas delas também. Eu pensei que leria para eles, mas isso não aconteceria. O que acontece é sempre imprevisível, e é isso que o torna apaixonante.

**Querido amigo,**

Agradeço-lhe esse temor e esse tremor enviado e que me deu a sensação de que para você a sala de aula não é um lugar indiferente, e sim tem algo de sagrado (pelo menos enquanto produz temor e tremor). Também não me lembro exatamente da citação, mas você recordará do protagonista de *Desgraça*, de J. M. Coetzee, quando, falando de seu trabalho como professor de literatura reconvertido em professor de comunicação, diz que se sente como se fosse um sacerdote de uma religião que já não tem adeptos. De qualquer forma, recordo a você que não me falou apenas de seus rituais, da maneira como "oficia" a leitura em suas classes, quando sei que, como todo obsessivo, é um homem de rituais.

Se volto a lhe incomodar é porque gostaria que falasse um pouco mais sobre a sala de aula como um lugar onde os textos são ao mesmo tempo sacralizados e dessacralizados. Explico-lhe isso, a propósito da autoridade. O ponto de partida é que um professor não é um autor. Por isso sua autoridade (que não seu poder) deriva da matéria que representa ou, se quiser, dos textos que lê e que dá a ler e, como você bem diz, da maneira como os lê e os dá a ler. Entretanto, ao mesmo tempo, sua tarefa como professor consiste em conferir autoridade aos textos que lê, isto é, propor sua leitura dizendo ao mesmo tempo: "Isto que vamos ler não é qualquer coisa". E nesta época de indiferença generalizada (no sentido de abolição de diferenças e, acima de tudo, de hierarquias), isso é particularmente difícil. É claro que nem todos os livros servem para oração, e, por isso, para que a "leitura como uma oração" seja possível, é necessário que os textos que compõem um curso sejam de algum modo separados, isto é, sacralizados (sacralizar é separar do uso comum, profano), para que logo na leitura sejam novamente profanados (apropriados). Talvez os clássicos, os textos que, como você diz, resistem ao tempo, sejam aqueles que mantêm algo de sua autoridade, de sua sacralidade, de seu *status* separado, apesar de todas as profanações a que foram submetidos. Gostaria de dizer algo sobre como vive, no exercício cotidiano de seu ofício, sobre a relação entre a autoridade do professor e a autoridade do texto? E sobre o que acontece quando essas autoridades já não são supostas, mas têm que ser, de novo e de novo, instauradas e reinstauradas?

Abraço grande, e desfrute desse outono que começa.

## Querido Jorge,

Suas palavras me dão o que pensar, a pensar o que talvez não havia pensado bem, com suficiente calma. Leio você e sinto que tem razão, que tenho que falar desse *ritual* de leitura que, em suma, são minhas aulas. Sempre fui um ser de rituais. Um ritual é algo que se repete, e isso se repete *conscientemente*. E algo que também tem seu ritmo. Não há ritual sem ritmo. O ritmo não é a lentidão, mas o tempo adequado, o seu próprio tempo. Mas os rituais de leitura, de lições, não vêm impostos por um poder externo. Talvez agora mais do que antes... sim, é verdade, agora somos obrigados a fazer cronogramas, mas tenho a sensação de que, quando cruzo o umbral da sala de aula e fecho a porta, abre-se um espaço diferente, um tempo diferente do que ficou refletido no cronograma. Um tempo profano num espaço sagrado. Ou, dito de melhor maneira, o rito da lição rompe a dicotomia sagrado-profano. É que não acabo de me sentir cômodo nessa dicotomia. Levinas chega a dizer que o contrário do sagrado não é o profano (ou não é unicamente o profano), mas o santo. E se não fosse pelas conotações que tem essa palavra, "santo", te proporia que pensasse o espaço e o tempo da lição. O santo tem a ver com a atenção para a outro, ao outro, com o dar-se ao outro, com o fato de dar-se conta de que o outro é mais importante que o eu. No santo, há um eclipse do eu. Isso é o que ocorre na leitura, no ritual de ler. Eu sou simplesmente alguém que *empresta sua voz* para que outro fale, um outro que não está presente, porque, como Freud diz em *O mal-estar na civilização*, a escrita é a linguagem do ausente. Sabe que sempre me interessei muito pela ausência, pela perda, pela dor, pela elegia. Ler ritualmente é emprestar a voz àqueles que já não estão, é fazer presentes os ausentes.

Mas voltemos ao ritual. No meu caso, tudo começa na livraria. Talvez pudesse ser na biblioteca, mas a livraria (algumas livrarias, as livrarias "de verdade") também são espaços religiosos, embora esse seria outro tema que não considerarei agora. Gosto de passear pela livraria sem um fim, sem um projeto. Alguns dos livros mais importantes da minha vida, de minha formação, eu os descobri assim, passeando. Ando e, de repente, sem saber o motivo, paro. Pego um livro que me chamou a atenção e o abro. Leio a primeira frase. Sabe, querido amigo, que sou obsessivo pelas primeiras frases. E algo acontece. Talvez intua nesse preciso instante que esse livro vai me mudar, porque me deixa perplexo. A formação começa com a perplexidade. Há algo que me acontece e que não se encaixa. Mas o livro não é apenas o que diz, também é um objeto material. A tradição metafísica ocidental condenou a matéria. Mas aqueles de nós que temos uma visão fetichista da vida não podemos resistir a cheirar o livro, a acariciá-lo. Ler um livro acariciando a lombada, as páginas, ler cheirando, ler degustando como se fosse um bom vinho, não é apenas um prazer, é um ato de formação. Também conto isso a meus estudantes, e a você contarei mais adiante.

Compro o livro e vou para casa. Eu tenho que encontrar o momento certo para começar a ler. O pôr do sol é, para mim, um bom momento. Preparo uma xícara de chá, sento-me em um sofá perto da janela, vejo a tarde cair e, novamente, o mesmo ritual. Sinto o cheiro, acaricio e começo a lê-lo, no seu ritmo, porque, insisto, cada livro tem seu ritmo, é só encontrá-lo. Junto ao livro é só ter uma caneta e um caderno. E, naturalmente, a tinta de cor violeta. Não me pergunte por quê. Gosto de sublinhar o livro, cuidadosamente, com lápis, tentando não machucá-lo. O livro é um objeto frágil, e você precisa cuidar dele. E eu escrevo no meu caderno. Às vezes simplesmente copio uma frase, sem comentários, sem anotações, *devotamente*. Aos alunos lhes direi na classe que não precisam ter pressa em dar opinião, em se posicionar, em criticar. É preciso estudar, ler intensamente, porque isso é o estudo, uma leitura intensa, não tanto uma leitura profunda (isso seria regressar de novo ao esquema metafísico), não, uma leitura intensa. Ler com as entranhas, sentir o livro em seu ventre. Sei que você vai entender.

Vou lhe contar agora o ritual da leitura na sala de aula. Quando entro, a primeira coisa que faço é abrir a pasta e colocar os livros sobre a mesa. Gosto de ordená-los. Já lhe disse que não preparo as aulas, penso nelas, e uma das coisas que mais me preocupa não é apenas a seleção dos livros e das leituras, mas sua ordenação. Seria algo parecido com uma partitura musical. Como se já tivesse na cabeça os quatro movimentos da sinfonia, mas eu ainda não tivesse decidido se vai começar com o *lento* e depois passar para *allegro*, deixando o *adagio* para o final, ou se vai começar com o *allegretto*... É nesse momento, no momento em que olho para os estudantes, no momento em que eles estão sentados e eu desço do estrado (eu odeio falar de um estrado), que decido a ordem das leituras. Ando entre eles com o primeiro livro na minha mão. Quero que o vejam e me escutem, mas não a mim, e sim àquele que o escreveu, essa voz que ressuscita e se impõe como uma palavra que tem autoridade, a autoridade do tempo, a autoridade de resistência ao tempo. E leio, tentando encontrar o tom adequado. Você tem que *timbrar a voz* como, no campo de concentração de Buchenwald, o faz Jorge Semprún. Ele recita a seu antigo mestre Maurice Halbwachs, mortalmente enfermo com disenteria, os últimos versos de *As flores do mal*: "Ó Morte, velho capitão, é hora de partir, levantemos a âncora [...]".

Às vezes noto que meus olhos ficam marejados, e meus estudantes se calam e escutam. Sei que alguns vão perceber a importância desse momento, e sei que essas palavras, esses versos de Baudelaire, lhes abrirão as entranhas... Silêncio, um longo silêncio. Esse silêncio é essencial ao ritual da leitura. Não é preciso dizer nada, proibido falar, proibido comentar, proibido opinar. *Escute!* Não pode haver rito sem silêncio. Como já disse e escrevi em outros lugares, o silêncio não tem nada a ver com o mutismo. O mudo é algo que não diz nada; o silencioso, ao contrário, diz o que não se pode dizer, o impossível de dizer, diz o mais importante, como adverte Wittgenstein no *Tractatus*. E continuo andando entre as mesas dos estudantes. Às vezes aproveito para deixar que acariciem o livro e o cheirem, que participem de sua materialidade, para que se deem conta de que a matéria não é nem uma pessoa nem uma coisa. A tradição metafísica nos educou nessa falsa dicotomia: pessoas e coisas. As pessoas têm dignidade, as coisas têm preço. Essa distinção é a base da segunda formulação do imperativo categórico de Kant. No entanto, se lermos Proust, descobriremos a falsidade dessa distinção. No início de *No caminho de Swann*, o narrador fala de uma crença celta que acredita que as almas dos mortos ainda vivem habitando os objetos, e que, às vezes, ao passarmos junto deles, as liberamos e elas renascem. No ritual da leitura não só as almas dos autores se liberam, não, se liberam também as almas dos lugares, dos personagens dos relatos as ideias de pensadores. Quando leio "O mito da caverna", de Platão, às vezes tenho a sensação de que habito nessa caverna. Essa é a magia da leitura. Ler de verdade, com o timbre adequado, é habitar essa caverna que Sócrates descreve no início do Livro VII de *A República*. E quando leio para os estudantes o final de *Macbeth*? A melhor definição de *vida* que conheço é a de Shakespeare: "A vida é uma história contada por um idiota, cheia de ruído e de fúria, que não significa nada". A atmosfera da sala de aula depois de ouvir Macbeth é indescritível.

Mas, querido amigo, sendo sincero, às vezes nada acontece. As palavras de Sócrates ou Macbeth ficam flutuando no vazio. Às vezes nem sequer isso. Noto que não pude timbrar *como deveria ser feito*, e que acabo parecendo aquele professor de que fala Peter Handke em *Versuch über die Müdigkeit* [Ensaio sobre o cansaço]. Você me lembrou uma vez e sabe a que me refiro. Me pareço com esses professores que leem sem ânimo, sem alma, sem corpo. Às vezes me canso desse ritual e tenho a sensação de fracasso. Disso também é preciso falar, porque isso é a finitude. É necessário recordá-lo e acima de tudo para me recordar disso. Às vezes estou prestes a sair da sala de aula, a deixá-la, a escapar dos estudantes e da leitura, dos clássicos e de mim mesmo. O fácil seria pensar que esses estudantes não estão preparados para *sentir* Platão ou Shakespeare, mas pouco depois me dou conta de que fui eu que não fui capaz de exercer esse ofício, esse ritual. E vou para casa como de costume, de trem, e nos trinta minutos que dura a viagem, enquanto outros olham para seu smartphone, eu me perco no ritmo desse trem de que falava Dámaso Alonso em *Hijos de la ira* [Filhos do ódio], um trem que não conduz ninguém, que conduz a nada...

**Querido Joan-Carles,**

Como agradecimento lhe envio uma citação de uma citação de uma citação. O texto é de uma carta de um filósofo de inspiração pitagórica chamado Tauro, citado por Aulo Gélio no livro I das *Noites Áticas*, e eu o li citado por Foucault na aula de 17 de março de 1982, de seu último curso no Collège, no contexto de uma consideração sobre o silêncio e a escuta dentro da escola. Se lhe mando é, primeiro, porque fala de um motivo que aparece em sua última mensagem, mas também porque sugere que o nosso é um ofício milenar (uma arte grega) e que as dificuldades que encontramos não são muito diferentes das em que se encontravam nossos predecessores. Além do mais, neles já havia, parece, essa queixa sobre as misérias do presente e essa nostalgia por um passado talvez mais amável ou mais respeitoso. Assim Tauro descreve (citado por Gélio, citado por Foucault e agora citado por mim) a situação das escolas de filosofia de sua época, comparando a atitude de seus alunos com o que ele pensava que sucedia nos velhos e melhores tempos das escolas pitagóricas:

> Agora, pessoas com pés mal lavados se instalam em seguida na casa do filósofo, e já não basta que sejam ignorantes, refratários às artes e à geometria: decretam por si mesmos qual será a ordem em que aprenderão filosofia. Um diz: "Ensina-me primeiro isso". Outro diz: "Quero aprender isso, mas não aquilo". Este arde de impaciência para começar com *O Banquete* de Platão, por causa da orgia de Alcibíades. Aquele quer começar com o *Fedro*, por causa da beleza do discurso de Lísias. Inclusive há outros – ah, Júpiter! – que pedem para ler Platão, não para embelezar sua conduta mas para adornar sua língua e seu estilo, não para se governar mais estritamente mas para conquistar mais encanto.[39]

Já vê que naqueles tempos também havia uma pressão para que as leituras fossem feitas em função dos assim chamados "interesses dos alunos", e inclusive um vislumbre dessa lógica do "aluno cliente" que nesta época decadente que nos tocou viver está infestando as salas de aula universitárias e acabando com o devido respeito à autoridade do professor e, acima de tudo, à dos textos. Já sei que nem você nem eu praticamos isso de nos lamentarmos de que nossos estudantes "já não são o que eram", que não repetimos o tópico que María Zambrano nomeia com a expressão "esses jovens de agora". Mas creio que o fragmento indica algo sério sobre as dificuldades da leitura na sala de aula. De qualquer forma, aí vai aquele maravilhoso "lamento de um professor" para que possamos nos exercitar juntos nessa atividade de que tanto gostamos e que é rirmos de nós mesmos (e das nossas desgraças).

## De atores e farsantes

A conferência, também em Florianópolis, foi sobre a vocação, e nela utilizei alguns materiais deste livro: o texto de María Zambrano, as citações de Deleuze sobre a predestinação em relação aos signos e as de Flusser sobre as mãos felizes. Tentei dar uma versão materialista e imanente da vocação (essa palavra em desuso e essa experiência já incompreensível) relacionando-a com uma espécie de chamado do mundo que se dirige ao nosso interesse, à nossa atenção e talvez às nossas mãos (a nossas vontades de fazer). No dia seguinte, marquei com Luiz, um professor muito jovem com quem eu havia trabalhado no ano anterior em um exercício sobre a escola, para falar sobre um possível doutorado em Barcelona. Encontramo-nos em um café e, para minha surpresa e minha alegria, Luiz apareceu com o fragmento 356 de *A gaia ciência* que, me disse, tinha a ver com o assunto da minha palestra no dia anterior. O fragmento, muito bonito, começa com uma referência genérica de como os europeus se identificam, como se fosse um destino, com um papel social em cuja escolha o acaso ou o capricho intervieram, e continua com uma reflexão sobre como, nesse processo, o papel que se representa se converte em caráter, e o que havia começado como arte e artifício se converte em natureza. Depois diz coisas como as seguintes:

> Houve épocas em que se acreditava, com segurança presunçosa, na predestinação a determinados ofícios, a certas ocupações, e de modo algum se admitia o fortuito, o caprichoso, na distribuição de papéis; as castas, as corporações, os privilégios hereditários de certos ofícios chegaram, graças a uma tal crença, a erigir essas monstruosas pirâmides sociais que distinguem a Idade Média e nas quais há que louvar pelo menos uma coisa: a duração (e é preciso admitir que a duração é no mundo uma excelência de primeira ordem). Mas existem épocas contrárias a essas, épocas democráticas, em que se vai perdendo cada dia mais essa crença e em que uma ideia oposta, um ponto de vista temerário, domina; tal foi a crença dos atenienses, que pela primeira vez se observa na época de Péricles, e tal é a crença dos norte-americanos de hoje, que também está a caminho de ser a opinião europeia; épocas em que o indivíduo está

> persuadido de que é capaz de fazer qualquer coisa, de que está à altura de quase todos os papéis, e nas quais cada um ensaia a si mesmo, improvisa, prova outra vez, gosta de tentar, e em que todo o natural é transformado em arte. Quando os gregos adquiriram essa crença no papel – crença de artistas, se quiserem – foi o momento em que eles entraram, passo a passo, naquela singular transformação que os converteu em verdadeiros atores [...]. O que me inquieta, o que pode ser observado, não importa quão pouca atenção se ponha, é que os homens modernos temos entrado no mesmo caminho, e cada vez que o homem começa a se dar conta da medida em que representa um papel, da medida em que pode ser histrião, torna-se, com efeito, um ator [...]. Então surgem as mais interessantes e também as mais loucas épocas da história, em que os atores, atores de todos os casos, são os amos.[40]

Enquanto líamos esse parágrafo, lembrei-me de um e-mail enviado a mim por Fernando González, um professor particularmente lúcido a respeito das contradições do ofício e das imposturas da vida (de qualquer vida e de qualquer aspecto da vida). O que me contava Fernando é que, enquanto dava a primeira aula do curso, na licenciatura de antropologia, enquanto se apresentava aos alunos e lhes explicava como havia pensado o curso que estava começando, começou a ouvir uma voz dizendo uma palavra: farsante! Essa voz tornou-se cada vez mais insistente, acompanhou-o a caminho de casa, só conseguiu se livrar dela no final da tarde, quando mergulhou na leitura do romance que o ocupava naqueles dias e voltou a manifestar-se novamente quando ele foi para a cama (já que não consegui recuperar o e-mail de Fernando, não posso oferecer sua voz e seu tom, tão característicos, e tenho que me limitar a enunciar a ideia). O professor como ator, como um farsante. Ou, talvez melhor, o professor que, ao mesmo tempo que o é de verdade, ou que trata de sê-lo, e ao mesmo tempo que exige de seus alunos que sejam estudantes também de verdade, que não passem o curso agindo "como se", que ponham no que fazem todo o seu empenho, sua inteligência, sua sensibilidade, o melhor e o mais verdadeiro do que são, não pode deixar de ter a sensação de que tudo isso é puro teatro. Visto que eu também estava, nesses dias, agindo como professor por esses mundos, representando um papel, uma farsa, na qual eu só podia me sentir confortável se acreditasse que era verdadeira, lhe respondi o seguinte:

### Querido Fernando,
Eu entendo que você quer que a voz que lhe disse "farsante" soe também em meus ouvidos e me recorde esse motivo de "o grande teatro do mundo", esse que, como você bem diz, se parece mais com uma farsa que com um drama ou uma tragédia, e em que todos atuamos, representamos um papel, com a diferença de que alguns, como você, não só o sabem, mas o sentem a cada dia, e sentem-se inquietos por isso até o ponto de perder o sono. Lembro-lhe o que disse aquele amigo comum de quem aprendemos tantas coisas: nesta vida de professores universitários somos todos impostores; mas há

impostores de primeira e de quarta classe, e trata-se de sê-lo de primeira, isto é, de ser o que somos, uns farsantes, mas sendo-o, ou atuando-o "de verdade".

Voltando à conversa com Luiz, gostaria de lembrar que o fragmento de Nietzsche termina dizendo que em uma sociedade de atores faltam os construtores, que são capazes de fazer algo a longo prazo e para o futuro, os que são, de algum modo, de pedra e, como pedras, podem ser material sólido e estável com o qual uma sociedade é construída "no antigo sentido que teve essa palavra". Depois de terminar de lê-lo juntos, em voz alta, com certa solenidade, Luiz lembrou-me de uma das minhas frases em *Pedagogia profana*, que diz "não sejas nunca de tal forma que não possas ser de outra maneira",[41] e observou que isso, a convicção de que se pode ser qualquer coisa, é precisamente o que Nietzsche diz quando afirma que em uma sociedade de um dos atores "alguém se ensaia a si mesmo, improvisa, prova outra vez, gosta de tentar". Ele também recordou que, em um exercício que havíamos feito juntos no ano passado, insistimos que a escola nasce com essa proposta que Nietzsche, em seu fragmento, diz que é tipicamente ateniense, esse postulado que diz que não há nada dado na natureza humana nem como origem nem como destino, que nada está predestinado e que tudo está aberto, quer dizer, que qualquer pessoa pode aprender tudo, que qualquer um pode ser qualquer coisa e, consequentemente, saber que poderia ser qualquer outra.

E por aí seguimos, dando uma guinada à contingência dessa vocação – e talvez isso que nos faz ser o que somos não seja algo que se descobre, mas algo que se inventa, embora, é claro, também se necessário aprendê-lo. O problema, finalmente, de como se chega a ser o que se é, e que é o que faz com que sejamos professores, mas sabendo que poderíamos ser também qualquer outra coisa, e ao mesmo tempo sendo, ou tentando ser, professores de verdade, embora, de vez em quando, uma voz nos lembre de que somos uns farsantes.

## De experiências e exercícios

A conferência foi em São Paulo, no Colégio Marista Arquidiocesano. Haviam me pedido que, antes da conferência, eu fizesse uma espécie de discussão com um grupo de cerca de trinta ou quarenta pessoas em torno de um texto meu sobre a experiência e o saber da experiência que seria distribuído entre os participantes para sua leitura prévia. Pouco antes de começar, vi que apenas duas ou três pessoas haviam feito a lição de casa e que teria que ser eu quem sustentaria a conversa. Um pouco irritado com a falta de compromisso dos participantes e, especialmente, porque, como um professor, eu preciso de um texto sobre a mesa, falei um pouco sobre a ideia de experiência e em seguida discorri sobre a escola como o lugar do estudo e do exercício. Disse que a palavra "experiência" estava sendo muito apropriada pelo mercado, disse também que seu uso tendia a colocar ênfase na formação e na transformação do sujeito, e sugeri que a palavra "exercício", muito mais modesta, acentuaria a atenção ao mundo. Falei um pouco dos exercícios escolares como ginásticas da atenção e, já que estava em um colégio confessional, recomendei o belíssimo texto de Simone Weil, intitulado "Reflexões sobre o uso adequado dos estudos escolares como meio de cultivar o amor a Deus",[42] embora eu teria mudado o título para algo como "O bom uso dos exercícios escolares como meio de cultivar a atenção ao mundo". Diante da cara de estupefação da maioria dos participantes, que, sem dúvida, tinham vindo para ouvir outras coisas, escrevi na lousa as palavras "experiência" e "exercício" e abri a conversa. Como geralmente acontece quando não há nenhum texto (ou filme) que sirva de referência para todo mundo, a conversa foi confusa e imprecisa, e mesmo eu não tive a habilidade (ou talvez o desejo) para redirecioná-la, o que me deixou com a impressão de que a sessão havia sido um fracasso.

Como havia duas horas entre a conversa e a conferência, fui com uma amiga ao museu do artista lituano-brasileiro Lasar Segall, que fica bem perto do colégio e ao qual ela costumava ir para ler e escrever quando morava por ali. Gostei muito do lugar (que havia sido a casa e a oficina do pintor expressionista) e do acervo em exposição, e fiquei impressionado pela que é talvez sua obra mais conhecida, *Navio de emigrantes*, pintada entre 1939 e 1941. Segall viajou frequentemente entre América e Europa, quase sempre de navio, sempre em primeira classe, mas esse quadro é um apaixonado testemunho da dor e da esperança das centenas de milhares de emigrantes que cruzavam o Atlântico nas classes inferiores dos navios mercantes ou de passageiros, sempre em condições muito penosas, e que Segall via todos os dias, provavelmente de longe, amontoados no convés. O quadro deu lugar a uma conversa, tão óbvia que quase me dá vergonha transcrevê-la, sobre esse costume (muito presente no Brasil) de usar a expressão "lugar de fala" para dizer que apenas os negros podem falar do sofrimento negro, só os guaranis do sofrimento guarani, etc. Refletimos sobre como isso invalida a "verdade" do quadro de Segall, como invalida, por exemplo, a do Guernica de Picasso, ou a de toda a magnífica literatura sobre a pobreza que, naturalmente, não foi escrita por pobres. Lembrei-me de que em um dos livros que trabalho com meus alunos, o autor diz que os grandes livros sobre a pobreza não foram escritos por pobres ou, se fosse o caso, se tratava de pobres que já não eram pobres, e joga o tempo todo com esse pressuposto quando intitula um de seus capítulos como "sei que sou rico" e outro, dirigido ao leitor, como "creio que eres rico".[43] Em qualquer caso, repetimos o tópico de que a literatura e a arte servem precisamente para isso, para que possamos ter experiências que não tivemos, para ampliar nosso campo de experiências, para aprender a sentir, a imaginar e a pensar a partir de situações que não vivemos (tudo aquilo que está magnificamente descrito nos textos da *Poética* de Aristóteles sobre o teatro). E repetimos também o tópico de que a conversa sobre a justiça e a injustiça, por definição, não é uma conversa das vítimas mas de todos (isso também dizia Aristóteles).

Mas a iluminação veio quando vimos que ao lado de cada um dos quadros do museu havia um caderno de exercícios. Não um caderno de experiências, mas de exercícios. Algo bem clássico, ao estilo antigo, claramente escolar. Esse caderno começava com perguntas, digamos, objetivas, do tipo "O que vês?", ainda tratando de fixar a atenção sobre aspectos particulares do quadro (cores e linhas, figura e fundo, forma e conteúdo), e terminava com perguntas, digamos, subjetivas, do tipo "O que pensas?", ou "O que sentes?", ou "Que recordações e que emoções essa obra te suscita?". Pensamos em seguida que naquele caderno estava tudo o que havia tratado de dizer na conversação sobre o exercício (como ginástica da atenção ao mundo) e sobre a experiência (como tudo o que acontece conosco, nos forma e nos transforma). E pensamos também que o que o caderno fazia era produzir imperativos tipicamente escolares, esses que os professores dizem todos os dias: não vá tão rápido, preste atenção, olhe mais atentamente, fixe-se nos detalhes, não se distraia, não diga qualquer coisa, trate de dizer com precisão o que vê, detenha-se um pouco mais, olhe outra vez, pense, diga-me o que pensa, pense o que diz, procure relações, ponha sua sensibilidade e sua inteligência em relação ao que vê, mobilize suas recordações em relação ao quadro, mobilize seus sentimentos em relação ao quadro, preste atenção a suas recordações, preste atenção a suas emoções, trate de defini-las e de expressá-las com clareza, veja mais devagar, demore no que faz, escreva, leia o que escreveu, comente com os outros, escute os outros, pense mais devagar, pense outra vez, volte a olhar.

    A conclusão foi que, se a conversa tivesse sido feita no museu, um tempinho diante do *Navio de emigrantes* (para falar da experiência) e outro tempinho com os cadernos de exercícios (para falar dos exercícios), quase não teria feito falta nem explicar o que é isso da experiência, nem o que é isso do exercício, nem o que é isso da escola como lugar do vaivém entre a experiência e o exercício. Tudo estava lá, à vista de todos, e a única coisa que faltava era olhá-lo, pensá-lo e, talvez, conversá-lo. E o museu, às vezes, é sim uma escola.

## Do tempo de estudar

    Em São Paulo assistimos a *Afterimage*, testamento cinematográfico de Andrzej Wajda. O filme conta os últimos anos do pintor de vanguarda Władysław Strzemiński sobre todo seu enfrentamento com a política cultural e artística do regime comunista e a repressão que sofreu das autoridades, até o momento de sua morte, enfermo, desajuizado, na miséria e abandonado por todos. Mais além do fato de se tratar de um filme biográfico clássica, irrelevante do ponto de vista cinematográfico e que se dá a ver como um arrazoado contra um sistema opressor, inimigo da abstração, da experimentação e da liberdade artística, o que nos interessou é como se articula, no relato, a relação entre o artista, o professor e o pai. Strzemiński não quer aceitar o novo programa estético imposto aos artistas e aos professores de arte (o realismo socialista) e é expulso da escola superior de artes plásticas em Łódź, onde ensinava história da arte. Além disso, uma vez eliminado da lista de membros da associação de artistas, é privado por completo de seus meios de subsistência. Uma vez que não se submete ao que o ministro da cultura nomeia como "demandas sociais e políticas" (a arte e o ensino a serviço do projeto socialista), o Estado nega a ele sua condição tanto de artista quanto de professor; por outro lado, o fato de ser viúvo e não ter meios de subsistência faz com que lhe neguem também a condição de pai e condenem sua filha a um orfanato.

Pareceu-nos que, se éramos capazes de ignorar o caráter panfletário e excessivamente bidimensional da história, e se erámos capazes também de levar a sério a tese do ministro da cultura, o filme servia para uma boa conversa sobre qual é a responsabilidade tanto dos artistas como dos professores. Mas o que mais nos interessou foi a reação de Strzemiński com um pequeno grupo de estudantes que lhe são fiéis e que se colocam do seu lado. Os alunos admiram seu professor, compartilham seus pontos de vista e se dispõem a abandonar a universidade, como forma de protesto, quando ela o despede. E é aí que o professor tem um gesto surpreendente e lhes diz que não, que eles ainda não são artistas, que seu tempo ainda não chegou, que o que têm que fazer é continuar estudando, que a escola é boa, que eles também podem aprender coisas interessantes dos outros professores, que quando forem artistas, quando chegar seu tempo, quando encontrarem a própria maneira, já terão que decidir como se posicionam na relação, ou na não relação, entre a arte e a política, mas não podem comprometer seu futuro tomando partido em uma batalha que (ainda) não é sua e por alguns princípios que (ainda) não têm que fazer próprios. Como é óbvio, pensamos nas teses de Hannah Arendt sobre a politização da escola (essas que insistem que a política é uma relação entre adultos e, portanto, entre iguais, e que não podemos passar para nossos filhos a responsabilidade de conflitos que não somos capazes de resolver). E pensamos também nas teses de Jan Masschelein e Maarten Simons sobre os estudantes, na escola, poderem tomar consciência de que pertencem a uma nova geração.

Entretanto, refletimos sobretudo a respeito desse gesto de proteção que tem a ver com fazer da escola um espaço e um tempo para os estudantes, separados do nosso próprio tempo e do nosso próprio espaço de adultos. É claro que os jovens estudantes também vivem o dogmatismo e a repressão. Para eles, a perda do seu mestre é um problema real. Mas seu professor lhes diz que, para eles, é tempo de estudar e não de atuar, que a escola é um tempo de preparação, e que é a essa preparação que devem se dedicar. Nem o estudo nem os estudantes estão a serviço das gerações antigas, estejam elas representadas pelo ministro da cultura ou pelo professor represado. O gesto nos pareceu de uma estranha generosidade, assim como nos pareceu também generoso que Strzemiński aceitasse, no entanto, que os estudantes o ajudassem a terminar o livro que escrevia sobre suas teorias da visão. Aí sim que lhe pareceu que o risco estava justificado, talvez porque tivesse a ver com a aceitação e transmissão de uma herança, com a ideia de que ninguém aprende só, de que o mundo não começa com uma pessoa, de que os professores têm a obrigação de converter seu mundo e suas concepções de mundo em matéria de estudo, de oferecê-los para o estudo, e com a ideia de que sim, o que vale a pena, do ponto de vista dos estudantes, é decidir a qual linhagem se quer pertencer e que heranças querem levar em conta, embora essas não venham precisamente do que a universidade, explicitamente, lhes oferece. Pareceu-nos que aí havia como uma vontade de que o professor continuasse sendo, embora de uma maneira diferente, professor, e que os estudantes seguissem sendo, também de outra maneira, estudantes.

Como a sociedade brasileira havia estado chocada com as recentes ocupações de escolas, pensamos também que os jovens podem se comprometer com a escola, com a defesa da escola, com a defesa de seu direito de ser estudantes, mas não devem ser tomados como os possíveis portadores de nossas próprias ideias e nossos próprios compromissos. Que o lugar da ação (como talvez diria Arendt) é outro, que a escola está aí para o estudo, para abrir o mundo para as crianças, mas também para protegê-las do mundo, e que tornar os jovens continuadores de nós mesmos (também de nossos próprios ideais), tentando afiliá-los às nossas próprias lutas, é uma forma muito fácil de fazer política. Ou talvez não, ou não exatamente assim, mas por aí foi a coisa enquanto caminhávamos pelas ruas da cidade refletindo, com o pretexto ou a inspiração do filme que acabávamos de ver, sobre o que significa isso de ser professor e como a escola reúne e ao mesmo tempo separa o tempo dos professores e o tempo dos estudantes. E já que o filme tinha a ver com a relação do artista e do professor com a pólis, com a cidade, com a política, lembrei-me desta citação de Handke que coloquei como epígrafe para o "Elogio da sala de aula" deste livro: "Magnífica passagem do Talmude: 'O mundo não existe mais que para o alento dos estudantes'. E: 'Não há que importunar os estudantes, nem sequer a construção do santuário.' E: 'Toda cidade sem estudantes será destruída'".[44]

## Da educação popular

No Rio de Janeiro a conferência foi enquadrada em uma apresentação do *Elogio da escola*. Como meu texto nesse livro (escrito com Marta Venceslao) comenta algumas imagens que não são mostradas,[45] decidi dedicar a conferência para projetá-las (e comentá-las). As imagens foram o filme *Estampas 1932*, de José Val del Omar, e algumas das fotografias mais interessantes que produziram os missionários durante suas viagens à Espanha rural, miserável e isolada. Apresentei essas imagens do povo e do popular em contraste com outros três tipos de imagens produzidas na mesma época: as do povo miserável e atrasado, resultado de uma exploração e de um isolamento secular; as do povo armado, lutando contra o fascismo; e as do povo em lágrimas, vítimas do fascismo.

O que mostram as imagens das Missões Pedagógicas não é nem um povo miserável, nem um povo combativo, nem um povo martirizado, mas um povo formado por camponeses sérios, curiosos, atentos, interessados, concentrados, camponeses como nunca antes vistos; camponeses no cinema, no teatro, no museu, na sala de concertos, na biblioteca, camponeses onde nunca vistos; e camponeses se relacionando com quadros, livros ou filmes, coisas que nunca estiveram ao seu alcance. O que essas fotos mostram não é a vida miserável, a ignorância, a submissão, a opressão ou a exploração do povo. Tampouco mostram sua pureza ou sua autenticidade, sua condição de depositário de uma cultura popular rica ainda que menosprezada ou tornada invisível. Nem sequer mostram o que poderia ser lido como sua tomada de consciência social ou política, a conversão do povo oprimido em um povo revolucionário. O que essas imagens mostram é o que, no povo, é impróprio do povo, não o que o distingue, mas o que o iguala: sua capacidade para experimentar, como qualquer outra pessoa, esse luxo e esse gozo da existência que são, no dizer dos missionários, a arte e a cultura. O que nas fotos das Missões se faz presente é nada mais, nada menos que um povo capaz de *scholé*, isto é, a própria possibilidade da escola como suspensão, ainda que por um tempo, da própria condição, da própria identidade, e como experiência, ainda que por um tempo, da igualdade de qualquer um com qualquer um, ou, em outras palavras, uma distribuição diferente, propriamente escolar, da distribuição socialmente dada dos espaços, dos tempos e das materialidades, das capacidades e das incapacidades. Os jovens missionários viram, é claro, o próprio do povo, as carências populares e a identidade popular, o que o povo "necessitava" e o que o povo "era". Mas quando montaram seus pequenos teatros, instalaram seus museus, exibiram seus filmes, cantaram suas canções e sacaram seus livros, fizeram algo inédito: criaram um espaço que não existia (um espaço que não era o próprio do povo, que era "coisa de luxo", em um lugar e em uma época "que não estava para luxos") e puseram umas materialidades, umas coisas, que antes não existiam (os quadros de Velázquez, de Goya ou de Murillo, ou os romanceiros da tradição lírica castelhana, que também eram "coisas de luxo"). Nem o povo "necessitava" desse espaço, desse tempo e dessas coisas (as necessidades populares eram de outra ordem, muito mais urgentes e necessárias), nem, é claro, se correspondiam com sua identidade, com sua forma de ser, com sua experiência, com suas formas de vida, porque essas coisas "de luxo" eram espaços, tempos e coisas próprias de senhores, de capitalinos, de burgueses, de artistas e de poetas, de gente que tem tempo para ir a esses lugares e se ocupar dessas coisas. Mas os missionários fizeram o que não era necessário fazer, o que não servia para nada, e fotografaram as pessoas, e nessas fotografias mostraram algo desconhecido, algo que se podia ler, mesmo que por um instante, nesses rostos atentos e nesses olhares incandescentes.

A conferência teve sua continuação durante os dois dias seguintes em um curso no qual utilizei alguns autores que destacam não tanto a função da educação mas sim a forma da escola (em seus espaços, seus tempos, suas materialidades e suas atividades), autores como Jacques Rancière, Vilem Flusser, Jan Masschelein e Maarten Simons (amplamente citados e parafraseados neste livro), que, em sua análise da escola (e da educação), não partem de sua função social, cultural ou política, mas da *scholé*, do tempo livre, do luxo que representa a escola como a institucionalização de um espaço-tempo igualitário que não tem a ver, primariamente, com a transformação social, mas com o estudo, e que não se deve analisar apenas a partir de sua relação com o mundo, mas fundamentalmente a partir de sua separação do mundo ou, em outras palavras, a partir do modo como põe o mundo a distância como gramatizado (escrito) e o oferece (para sua leitura) como matéria de estudo.

No curso havia várias pessoas que trabalharam na educação popular, na esteira de Paulo Freire, que me disseram que o congresso a que assistiríamos na próxima semana em São Luís comemoraria os 50 anos da *Pedagogia do oprimido*. Falaram-me também da mistura de sentimentos que lhes havia provocado tanto minha conferência quanto os textos que eu estava dando a ler durante o curso, e a conversa, como não poderia ser diferente, foi intensa e apaixonada.

Não nos entendemos quando tentamos pensar o que significava emancipação ou educação libertadora. Não nos entendemos quando entramos na questão da transformação social e da consciência política. Não nos entendemos quando o assunto foi o multiculturalismo (as culturas populares, indígenas ou afro-brasileiras, minorizadas e colonizadas pela cultura – escolar e eurocêntrica – legítima). Não nos entendemos quando falamos sobre o que pode significar um educador transformador, emancipador ou popular. Não nos entendemos quando a conversa girou em torno da função social ou política da escola (e dos professores). Não nos entendemos quando tratamos de distinguir entre educador e professor. No entanto, as cumplicidades apareceram, e muito claras, quando falamos de alfabetização, da educação popular como uma determinada maneira de entender a relação entre o mundo e a linguagem. Não tivemos tempo, como gostaríamos, de nos sentar e repassar juntos este texto curto, aparentemente menor, chamado *A importância do ato de ler*, e o que faço aqui é uma simples menção (com algumas citações) do que me parece fundamental nesse livrinho extraordinário pelo qual todos nos declaramos apaixonados naquela tarde em Niterói, um texto que reli com atenção nesses dias e que para mim tem um significado especial, uma vez que se trata de uma conferência realizada em Campinas em 1981, na terceira edição de um Congresso Brasileiro de Leitura (COLE), do qual tive a honra de participar depois várias vezes e em que conheci alguns dos que, desde então, foram grandes amigos, mestres e colegas nisso de pensar sobre a leitura.

Nesse texto, Freire aponta que o exercício pedagógico tem a ver com a relação entre a leitura do mundo, a leitura da palavra e a leitura da palavra-mundo. O mundo imediato, o que a tradição fenomenológica chama de "mundo da vida", é aquele que se constrói na relação vivencial com as coisas e com as pessoas próximas, um mundo singular e próximo, que ainda não foi codificado nem distanciado pela palavra escrita. Não é, naturalmente, um mundo infantil nem privado, uma vez que está constituído em relação com o mundo dos mais velhos e dos outros (uma vez que já é, desde a sua origem, um mundo intersubjetivo, entrelaçado com modos de vida). É a partir daí, diz Freire, que há mundo (ou mundos) antes de sua codificação na linguagem escrita, ou que há uma leitura do mundo anterior à leitura da palavra. Trata-se, diz Freire, fazendo um exercício de recreação de sua própria infância:

> Da experiência vivida em um momento em que ainda não lia a palavra. Vejo-me então na casa mediana onde nasci, no Recife, cercada de árvores, algumas delas como se fossem pessoas, tamanha a intimidade entre nós [...].

> Os "textos", as "palavras" e as "letras" daquele contexto – em cuja percepção me experimentava e, quanto mais o fazia, mais aumentava a capacidade de perceber – se encarnavam em uma série de coisas, de objetos e de sinais, cuja compreensão ia aprendendo em meu trato com eles e em minhas relações com meus irmãos mais velhos e meus pais [...]. Daquele contexto – o de meu mundo imediato – fazia parte, por outro lado, o universo da língua dos mais velhos, expressando suas crenças, seus gostos, seus medos, seus valores. Tudo isso ligado a contextos mais amplos que o de meu mundo imediato e de cuja existência eu não podia sequer suspeitar.[46]

Sobre essa primeira leitura do mundo se produz a leitura da palavra escrita, porém não, certamente, como um processo mecânico, mas como uma leitura crítica desde que distancia o mundo vivido e permite vinculá-lo com uma infinidade de contextos e, assim, interpretá-lo. Freire descreve sua própria alfabetização, em casa, com seus pais, como um processo em que: "A decifração da palavra fluía naturalmente da 'leitura' do mundo particular. Não era algo que se estivesse dando superpostamente a ele. Fui alfabetizado no chão do quintal da minha casa, à sombra das mangueiras, com palavras do meu mundo, e não do mundo maior dos meus pais. O chão foi meu quadro-negro, e os gravetos meu giz".[47]

A escola das primeiras letras foi uma continuação dessa primeira alfabetização, e nela já não há mais apenas palavras, e sim frases, sentenças, mas na mesma relação orgânica com a leitura do mundo. Foi no ensino secundário, que então se chamava de "curso ginasial" (que depois, na alfabetização de adultos, Freire chamará de "pós-alfabetização"), que experimentou a "leitura crítica" dos textos que lia em classe. E foi depois, já como professor de português, aos vinte anos, quando se revelou a ele a importância do ato de ler (e não deixa de ser curioso que os exemplos que usa têm a ver com a gramática e com a memorização). A gramática permite tomar a língua "como um objeto a ser revelado", e a memorização se refere à "significação profunda". E é aqui que Freire faz aparecer pela primeira vez a palavra "estudo" e, em seguida, a palavra "seriedade", a palavra "disciplina" e a palavra "clássicos". Estudo, no texto, é sinônimo de verdadeira leitura, e, diz Freire: "[...] temos, educadores e educandos, de ler, sempre e seriamente, os clássicos neste ou naquele campo de saber, de nos adentrarmos nos textos, de criar uma disciplina intelectual, sem a qual inviabilizamos a nossa prática enquanto professores e estudantes".[48]

Também é curiosa a sinonímia entre educador e professor, e entre educando e estudante (em que não vou entrar agora). E Freire termina seu texto insistindo na relação constitutiva entre a leitura do mundo e leitura da palavra, em que a alfabetização é um movimento constante da palavra para o mundo e do mundo à palavra, e em que: "[...] a leitura da palavra não é apenas precedida pela leitura do mundo, mas por alguma forma de 'escrevê-lo' e de 'reescrevê-lo', quer dizer, de transformá-lo através de nossa prática consciente".[49]

Essa segunda leitura, relacionada com o mundo vivido de uma forma mais consciente e incluindo contextos mais amplos e, é claro, possibilitada pela palavra escrita, é o que Freire chama de leitura crítica e que poderíamos chamar, talvez também, emancipadora. A concepção freiriana da alfabetização tem a ver, então, com separar um tempo e um espaço para a escrita e a leitura, isto é, para colocar o mundo e a língua a distância. O mundo se dá como gramatizado (escrito e lido), e é a relação entre a escrita e o mundo que nos liberta de estarmos presos (embora seja felizmente) do mundo vivido e nos permite, de alguma forma, relê-lo e revivê-lo de um modo mais consciente. Converter o mundo em texto e, portanto, colocá-lo a distância nos emancipa dele. A matéria de estudo não é nada mais do que essa relação entre a língua e o mundo que se torna visível e pensável (legível) na escrita e na leitura, e em que o mundo deixa de ser dado para ser contemplado, imaginado, analisado, contextualizado, criticado, isto é, para que ele possa ser percebido não como um mundo natural ou inevitável mas como um mundo produzido e formado (e, portanto, produzível e transformável). E para isso faz falta atenção, estudo (e não mera leitura mecânica e repetitiva) e, é claro, disciplina.

Parece-me que a partir daqui, a partir dessa concepção escolar e escolarizada da alfabetização, muitos dos nossos desacordos poderiam ser vistos como meras questões de vocabulário ou de ênfase, ainda que continuassem por precisar, é claro, tanto a relação entre emancipação intelectual e emancipação política (que para mim não é em absoluto evidente) quanto a questão da pluralidade de mundos e, por conseguinte, das línguas (que para mim não está necessariamente separada da questão de sua relação, de sua comunicação, de sua ampliação e, claro está, às vezes, de seu conflito).

Um dos textos complementares de *A importância do ato de ler* não se referia à alfabetização de um menino pernambucano, mas às campanhas de alfabetização de Freire nas ex-colônias portuguesas de São Tomé e Príncipe. Ali Freire comenta os "Cadernos de exercícios. Praticar para aprender" e alguns textos do *Segundo caderno de cultura popular*, em que se baseavam as práticas educativas dos educadores populares. E nesse segundo consta "O ato de estudar". Nesse tema, Freire diz que "um texto para ser lido precisa ser estudado", afirma que o estudo exige seriedade, atenção, curiosidade e perseverança, e comenta também que: "Estudar exige disciplina. Estudar não é fácil porque estudar é criar e recriar, e não repetir o que os outros disseram. Estudar é um dever revolucionário".[50]

Na parede de uma das salas onde dou aula na universidade de Barcelona está escrito a segunda frase do trecho anterior (a que fala sobre recriar e não repetir), mas não a primeira nem a última que são, ao menos, igualmente importantes. E acho que estas não são, pois contêm as palavras "disciplina", "dever" e "dificuldade" (que eles pensam ser demônios) e porque dizem claramente que para um estudante o que é revolucionário, ou seja, emancipador, é estudar. Além disso, pelo que Freire fala dos cadernos, os alfabetizados de São Tomé e Príncipe estudavam gramática e aprendiam a construir objetos diretos e orações subordinadas. Por outro lado, em seu comentário sobre esse tema de estudo, Freire diz que o ato de estudar é uma expressão de uma forma de "estar sendo" em que as pessoas "não só sabem, mas sabem que sabem" e que tem a ver tanto com "conhecer melhor o que já se conhece" como com "conhecer o que ainda não se conhece". Isso também deveria ser dito a muitos dos pseudoestudantes de agora, que protestam quando lhes é pedido explicitar alguma ideia e quando se exige deles que tratem de formulá-la corretamente (para que mostrem não só que sabem mas que sabem que sabem). No final de seu texto, Freire transcreve uma citação de Antonio Gramsci, em que se diz que a verdade requer esforço, que é "uma conquista do espírito" e que essa conquista necessita que "em cada indivíduo se reproduza esse estado de ansiedade que o estudioso atravessou antes de alcançá-la".[51]

Tenho a impressão de que no Rio e em Niterói nos complicamos quando falávamos sobre política (da desigualdade, da neocolonização, da injustiça) mas estávamos perfeitamente de acordo quando discorríamos sobre educação e, ainda mais, quando podíamos nos referir a práticas pedagógicas concretas de alfabetização, especialmente quando atendíamos à sua forma, e não tanto à sua função (que, além do mais, é muito mais incerta e está mais inclinada à demagogia). Claro que um dos postulados centrais de Freire (esse sim meus alunos sabem de cor) é que a educação não é neutra, que educação e política estão estreitamente conectadas, que a forma, o conteúdo e a função não podem ser separadas, embora aqui a discrepância estaria no que eu disse ou poderia ter dito, que o estudo é em si mesmo emancipador (quando é realmente estudo) e que os meus amigos freirianos disseram, ou poderiam ter dito, que depende do que se estuda e de para que se estuda. Ou que a escola é em si mesma emancipadora (quando é realmente escola), ou depende de que escola e de escola para quê. Ou que o professor é em si mesmo emancipador (quando ele é realmente um professor), ou depende de que professor e de professor para quê.

No final do curso no Rio mostrei o resultado de um dos exercícios que fizemos em Florianópolis, nos desvios que conduziram à exposição "Desenhar a escola. Um exercício de pensamento".[52] A peça exposta dizia assim:

> O museu não é uma escola... / O zoológico não é uma escola... / O parque não é uma escola... / O shopping não é uma escola... / O teatro não é uma escola... / A fábrica não é uma escola... / A rua não é uma escola... / O cinema não é uma escola... / A cadeia não é uma escola... / O campo de refugiados não é uma escola... / O hospital não é uma escola... / O hospício não é uma escola... / O campo de futebol não é uma escola... / O semáforo não é uma escola... / O prostíbulo não é uma escola... / O canavial não é uma escola... / O lixão não é uma escola... / A casa não é uma escola... / O porão não é uma escola... / A vida não é uma escola... / A Igreja não é uma escola... / Muita escola não é uma escola[...].

Desde logo, precisei, todas as coisas que em nossa lista "não são uma escola" não o são a não ser que a escola as escolarize, ou seja, que as converta em matéria de estudo ou, nas palavras de Freire, que as distancie através da leitura crítica. Poderíamos dizer, então, que o museu, ou o zoológico, o shopping, a fábrica, o prostíbulo, o campo de refugiados, a prisão, a vida, etc., são lugares, é claro, onde se aprende muito (são, talvez, mundos dos quais já há sempre uma leitura), mas que entram na escola enquanto apalavrados, lidos e estudados, isto é, enquanto postos a distância através de sua codificação linguística ou escrita.

Com esse exercício como modelo, propus fazer algo semelhante com o professor. O que finalmente ficou anotado no quadro foi o seguinte:

> Um professor não é um guru... / Um professor não é um iniciador... / Um professor não é um mediador... / Um professor não é um autor... / Um professor não é um treinador... / Um professor não é um produtor... / Um professor não é um gestor... / Um professor não é um prestador de serviços... / Um professor não é um pai (nem uma mãe)... / Um professor não é um companheiro... / Um professor não é um amigo... / Um professor não é um líder... / Um professor não é um ativista... / Um professor não é um conselheiro espiritual... / Um professor não é um conselheiro emocional... / Um professor não é um sedutor... / Um professor não é um motorista... / Um professor não é um guia... / Um professor não é um comunicador... / Um professor não é um moderador... / Um professor é um professor... / Muitos professores não são um professor [...].

Naturalmente, cada uma das sentenças deu uma boa conversa em que se estabeleceram matizes, condições, etc. Porém agora, após essa conversa com os educadores populares, penso que poderia adicionar seguinte: "Um educador popular é um professor, e este que é visto como emancipador, liberador ou transformador... portanto, bastaria chamá-lo de professor".

Quase para terminar, e para retornar às Missões Pedagógicas, transcrevo uma história muito bonita que Freire conta em seu texto sobre as campanhas de alfabetização na África:

> Entre as inúmeras recordações que guardo da prática dos debates nos Círculos de Cultura de São Tomé, gostaria de referir-me agora a uma que me toca de modo especial. Visitávamos um Círculo numa pequena comunidade pesqueira chamada Monte Mário. Tinha-se como geradora a palavra "bonito", nome de um peixe, e como codificação um desenho expressivo do povoado, com sua vegetação, as suas casas típicas, com barcos de pesca no mar e um pescador com um bonito à mão. O grupo de alfabetizandos olhava em silêncio a codificação. Em certo momento, quatro entre eles se levantaram, como se tivessem combinado e se dirigiram até a parede em que estava fixada a codificação (o desenho do povoado). Observaram a codificação de perto, atentamente. Depois, dirigiram-se até a janela da sala onde estávamos. Olharam o mundo lá fora. Entreolharam-se, olhos vivos, quase surpresos, e, olhando mais uma vez a codificação, disseram: "É Monte Mário. Monte Mário é assim e não

sabíamos". Através da codificação, aqueles quatro participantes do Círculo "tomavam distância" de seu mundo e o reconheceram. Em certo sentido, era como se estivessem "emergindo" de seu mundo, "saindo" dele, para melhor conhecê-lo. No Círculo de Cultura, naquela tarde, estavam tendo uma experiência diferente: "rompiam" sua estreita "intimidade" com Monte Mário e punham-se diante do pequeno mundo da sua cotidiananidade como sujeitos observadores.[53]

Agora, gostaria de comparar essa história com a que me contou Wanderley Geraldi, em sua casa de Campinas, sobre uma doutoranda sua que introduziu a escrita em uma comunidade cuja língua nunca havia sido escrita e que, portanto, abriu a possibilidade de que essa comunidade fosse alfabetizada em sua própria língua. Naturalmente, os idosos desconfiavam do poder dessa estranha tecnologia e exigiam que eles fossem ensinados a ler e escrever para que pudessem decidir, mais tarde, se permitiam que as crianças fossem alfabetizadas. As transformações que a escrita produziu nos modos de vida das pessoas eram, claro, muitas e muito importantes. Mas a moral da questão é que a professora, em um ato de gratidão e boa vontade, terminou seu trabalho dando à comunidade um livro com algumas de suas histórias tradicionais que nunca haviam sido escritas. No entanto, ao receberem esse livro tão bem concebido, eles olharam atentamente, agradeceram-lhe e disseram que essas histórias eles já sabiam; que, se aprenderam a ler, era para aprender as histórias de outros e também, é claro, as dos brancos, e que a melhor coisa que ela poderia fazer era dar esse livro aos brancos para que estes pudessem conhecê-los.

Para terminar, conto uma história sobre uma das fotografias das missões que mostrei em minha conferência. Os missionários haviam chegado e instalado na melhor sala da aldeia uma cópia em tamanho real de um quadro de Goya, *Três de Maio de 1808 em Madrid*, e outro quadro de Murillo, um que representa o menino Jesus com um cordeiro. Os quadros não foram escolhidos por representarem algo do mundo camponês nem porque seu tema podia contribuir para a conscientização política das pessoas, mas sim porque, a critério dos missionários, são o melhor da pintura espanhola, e colocá-los à sua disposição era uma dívida de justiça, já que também são seus. Ao cair da tarde, depois de regressarem do trabalho e de se lavarem um pouco, os camponeses vão entrando na sala, um pouco tímidos, em silêncio. Para poderem contemplá-los, tiveram que liberar um tempo que não têm (o tempo dos pobres está sempre capturado pela necessidade e eles sempre têm coisas mais importantes para fazer do que olhar quadros) e tiveram que entrar num espaço que lhes é alheio (que não faz parte dos espaços próprios de sua condição, dos espaços cotidianos em que transcorre sua vida). Diante deles há uma materialidade, umas pinturas, que tampouco fazem parte de seu mundo (em que não há lugar para essa forma de beleza). Depois de deixá-los espiar um pouco, um dos missionários, um tal de Ramón Gaya que então é muito jovem e que depois terá que se exilar e que se converterá em um grande pintor (mas isso eles não sabem, e não faz falta que o saibam), chama atenção sobre os fusilamentos, e, ao mesmo tempo que começa a falar de formas e cores, de figuras e de expressões, vai fazendo esboços com carvão em um grande papel estendido que havia colocado junto ao quadro. Outro dos missionários, seguramente Rafael Dieste (também exilado ao acabar a guerra civil, e que depois será romancista e um grande matemático), lhes conta qual é a história a que a cena se refere.

Não sei se os camponeses pensam que nada disso tem a ver com eles, ou em que pensam, nem o que o quadro, as palavras e os esboços que se vão montando ao redor do quadro lhes fazem pensar. Mas sei que se sentem, por um momento, iguais a esses senhores da capital que têm tempo para olhar essas coisas, também distraidamente e sem entendê-las muito bem, e para frequentar os lugares onde essas coisas estão. Sentem, talvez, que o miserável de sua condição não está só em suas moradias insalubres, nos piolhos ou na fome, mas também em uma divisão igual dos tempos, dos espaços e das coisas. Que esses tempos, esses espaços e essas coisas são luxo (coisas de que ninguém necessita, sobretudo quando a necessidade é grande) e que agora, por um momento, esse luxo também é seu. Não sei se os fuziladores e os fuzilados lhes dizem algo da explotação, da opressão, da repressão das revoltas camponesas. Talvez sim, talvez não, mas não importa, ou isso é algo que não concerne aos missionários. O importante é que poderia dizer-lhes algo, de seu mundo ou de outros mundos, ou de algo que faz brilhar, por um instante, a conexão entre os mundos. Em qualquer caso não estão ali como camponeses, ou como pobres, ou como ignorantes, ou como oprimidos, mas como qualquer outro. E isso lhes tira, por um momento, de sua condição, e a coloca a distância. Em um dado momento, alguém gira a cabeça e vê um missionário em seus trajes, bem penteado e com uma gravata (claramente não é um deles) segurando em seus braços uma criança da aldeia ao lado do quadro de Murillo (trata-se de Luis Cernuda, um jovem que em breve também será exilado e vai se tornar um grande poeta). O rosto do menino da aldeia nos braços de Cernuda se parece estranhamente com o menino Jesus pintado por Murillo e pendurado na parede. Eu não sei se Cernuda pegou o menino aldeão para contar que Murillo foi um dos primeiros a pintar cenas religiosas encarnadas em corpos e rostos populares, um dos primeiros a fazer que o menino Jesus com um cordeiro fosse igual a qualquer menino da aldeia junto com qualquer cordeiro, um dos primeiros que rompeu a continuidade entre a hierarquia de temas e modos de representação.

Não sei se os camponeses aprenderam a ler melhor ou mais criticamente seu mundo com esse quadro, ou se aprenderam alguma coisa desse mundo da história da pintura e dos pintores, que, segundo parece, nada tem a ver com o seu. Mas por um momento fizeram uma experiência diferente: a de estar em um espaço-tempo igualitário em que não os tratavam como camponeses, mas como alunos, como estudantes, como observadores, como espectadores. E em que o mundo não era isso no qual se está ocupado ou preocupado, no qual se está submerso, mas algo que poderiam olhar, e algo que alguém fazia falar, e que se dirigia a eles sem dizer-lhes nem o que eram nem o que deveriam ser, mas dando-lhes a possibilidade, por um tempo, de ser outra coisa que o que eram.

A história que conta Freire, a que me contou Wanderley e a que contei a propósito das fotografias que mostrei na minha conferência do Rio são muito diferentes. Em relação à história da comunidade alfabetizada pela primeira vez, poderíamos dizer que com a escrita também tiveram vontade de conhecer outras coisas além das próprias, que depois da alfabetização em sua própria língua virá a imposição do português, que a relação entre o mundo (e as histórias) dos brancos e seu mundo (e suas histórias) nunca será simétrica, ou que o mundo em si está começando a ser ameaçado, que a lógica da colonização é implacável. Em relação às missões, seria fácil criticar a seleção dos quadros e dizer, por exemplo, que supõe uma concepção patrimonial, canônica e elitista da cultura, muito distante da cultura popular; discutir o fato de que só se levaram obras clássicas, e não contemporâneas, quando a maioria dos missionários estava muito consciente da arte de vanguarda da época; dizer que os camponeses foram reduzidos à condição de público, de espectadores, de receptores; criticar a ideia de progresso cultural que está subjacente à cena, à forma como ele está enquadrado na oposição cultura/incultura, ou centro/periferia, ou cidade/campo; ou dizer que a maneira como são apresentados os quadros é muito solene, muito formal e inclusive muito autoritária. No entanto, acho que as três nos ensinam algo do que é a educação popular, e o que as três têm em comum é muito mais importante que as diferenças.

Direi, para terminar, que durante o tempo que estive no Rio, lembrei que três anos atrás, nessa mesma cidade, estive no show de comemoração dos 50 anos de carreira de Paulinho da Viola. Pensei, então, que os sambistas, à medida que vão envelhecendo, cantam menos e contam mais histórias. E o que penso agora é que talvez esteja me tornando um velho professor, que já não tenho alento para "teorizar" mas tenho (e creio ter) algumas histórias para contar, embora não esteja certo, como acontece com todos os velhos, de que elas interessam a ninguém. Talvez por isso, às vezes, eu sinta que essas conversas que tento reconstruir aqui não são outra coisa senão uma forma de falar sozinho (que é, por outro lado, o que sempre se faz quando se escreve).

## De dunas e catedrais

Como tínhamos um dia livre antes da reunião da Associação Nacional de Pós-Graduação e Pesquisa em Educação (ANPEd), decidimos pegar um táxi até Raposa, Maranhão, para conhecer a cidadezinha, passear de barco no rio e comer peixe. Quando o barquinho entrou em uma enseada onde a corrente se acalmava e se podia entrar tranquilamente na água, o espetáculo era desolador: seis ou sete barcos como o nosso, mas com grelha de assar carne fumegando na popa, várias dezenas de transeuntes com água até a cintura e latas de cerveja na mão, música muito alta, essas coisas. Um pouco adiante, o barco andou ao lado de algumas dunas em que havia outra boa quantidade de gente rolando na areia, gritando e tirando fotos. Nada contra o turismo popular – o turismo dos ricos é infinitamente mais predatório porque o que deixa não é apenas lixo, mas todas essas construções horríveis que sujam e ao mesmo tempo privatizam as praias. Apenas a sensação de que às vezes o mundo parece estar ali para ser devorado, consumido, desfrutado, como uma mercadoria ou um brinquedo.

Naquela mesma tarde, de volta a São Luís, ainda tivemos tempo de ver outra cena: dessa vez, um grupo de estudantes de uniforme sobre as escadas da catedral, brincando, correndo e tirando fotos, apreciando a saída escolar. Entretanto, quando entraram na igreja, tudo mudou: o professor os fez se sentarem, ficarem em silêncio, ordenou-lhes que desligassem os celulares e começou a chamar-lhes a atenção para os retábulos e as pinturas, comentando-os e contando histórias. A partir desse momento os meninos e as meninas se tornaram alunos, a catedral deixou de ser um templo, um brinquedo ou um espaço turístico e tornou-se matéria de estudo. Seu uso religioso, lúdico ou turístico foi suspenso, e foi o gesto do professor que a colocou a distância e, de alguma forma, a fez falar. A igreja foi posta à disposição de todos, e todo o esforço do professor teve a intenção de orientar e disciplinar a atenção e de tratar que o que estava ali, diante dos olhos de todos, dissesse alguma coisa e fosse interessante.

Imediatamente pensamos que, se a enseada ou as dunas tivessem chegado a um grupo de escolares acompanhados por seu professor, os rios e as formações de areia teriam sido tratadas de outro modo, já não como uma matéria de desfrute mas como uma matéria de estudo: a enseada teria se tornado uma enseada escolar, a duna, uma duna escolar, e a vegetação da ribeira, uma vegetação escolar e escolarizada (isto é, não disposta para seu consumo mas para seu estudo). Não apenas as coisas seriam outras, mas também o seriam as atitudes, as palavras e as atividades.

Como ainda tinha fresco o texto de Freire sobre o ato de ler, disse que o que tínhamos visto na catedral e imaginado nas dunas eram que ambas, é claro, já faziam parte do mundo desses jovens, mas o que a escola tinha feito era escrevê-las e lê-las e, com isso, permitir que sua criação e recriação, de modo que fossem conhecidas de outra maneira (de um modo em que se sabe que se sabe e também se sabe que há muitas coisas que não se sabem). Os meninos que vimos na catedral ou que imaginamos nas dunas poderiam dizer, como os pescadores de Monte Mário, que a catedral ou as dunas são assim mas que não sabíamos disso, e isso, simplesmente, "tomando distância" desse seu mundo, "emergindo" dele, "saindo" dele, "rompendo a intimidade" com ele e, acima de tudo (e isso creio que é também fundamental), distanciando-se, emergindo, saindo e rompendo a intimidade com todas essas máquinas do entretenimento, da distração e do consumo em que as dunas e as catedrais, se existem, existem também para ser consumidas, mas onde normalmente não há dunas nem catedrais porque todas essas telas não funcionam como uma janela (para o mundo), mas como um espelho em que a única coisa que os jovens podem ver é o próprio umbigo. À escolarização das dunas e da catedral, Freire haveria exigido, talvez, uma insistência maior e um debate mais democrático sobre a explotação e a destruição da natureza (no caso da duna) e sobre a explotação colonial e pós-colonial de Brasil (no caso da catedral). Talvez tivesse exigido que fossem os garotos que tentassem averiguar por si mesmos o que não sabiam, em vez de se limitar a tomar notas e fazer perguntas sobre o que dizia o professor. No entanto, talvez pensasse também que uma catedral ou uma duna bem lida (isto é, seriamente estudada) já inclui essas coisas; de fato, muitos professores fazem isso todos os dias. Além disso, e em relação agora ao que significa "tomar distância do mundo", talvez Freire ainda pensasse em um tempo em que o mundo da vida dos meninos e dos adultos (o que poderíamos chamar de cultura popular e modos de vida populares) ainda podia se pensar como rico, próprio, interessante e acolhedor (como o que ele descreve de sua infância em Recife), mas o que acontece agora é que tudo isso já foi completamente destruído (e explorado e colonizado) pelas indústrias do consumo e do entretenimento. Além disso, é muito possível que o que os meninos de agora tenham não seja tanto algumas palavras ligadas ao mundo, mas umas palavras sem mundo. De qualquer forma, tanto a cena da catedral como a das dunas nos haviam permitido ver algo do que é a escola e do que os professores fazem em relação ao mundo.

Além disso, como tanto a enseada quanto as dunas estavam no limite de um espaço natural protegido, ainda tivemos tempo de pensarmos um pouco mais sobre a lógica de preservação, essa que faz com que algumas coisas (como os glaciais, os ursos-polares, os manguezais, os lobos-guarás ou as lagoas de água doce perto dali) sejam extraídas do mundo da economia através da proibição expressa e obrigatória de transformá-los em mercadorias e, portanto, de devorá-las e destruí-las. Cremos que essas coisas que precisam ser protegidas são muito frágeis e vulneráveis para protegerem-se a si mesmas (por isso têm que ser protegidas por outros); que, se as despojarem de todo o valor econômico, pode-se dizer que não servem para nada; que, ao protegê-las, decidimos precisamente que não nos servirmos delas, mas nos colocarmos a seu serviço; que a lógica da preservação de alguma forma as sacraliza (vejam se não é assim com as expressões de origem religiosa, como "santuário" ou "paraíso", que se usam nos lugares de proteção ecológica) desde que se supõe que a conservação de sua mera existência tem a ver com algo assim como a dignidade, qualquer que seja isso o que for, de nossa vida comum na Terra.

E achamos a partir daí que talvez não seja totalmente idiota pensar que a escola possa ser vista como uma espécie de refúgio para o mundo e para a atenção ao mundo: um refúgio em que as catedrais podem seguir sendo catedrais e as dunas podem seguir sendo dunas, oferecidas à contemplação e ao estudo de todos, não apropriadas nem privatizadas. E que a escola também pode ver-se como um refúgio para as crianças: um refúgio no qual elas não estejam instrumentalizadas (não sejam um instrumento para outra coisa) e onde tenham o tempo e o espaço necessários para que possam se converter, por um tempo, em estudantes. Um refúgio que, estritamente falando, também não sirva para nada, mas no qual talvez seja tocado algo que também tenha a ver com a dignidade de nossa vida comum na Terra.

## Da rebeldia e do cuidado

A conversa se deu em São Luís, Maranhão, na reunião nacional da ANPEd, evento em que também ocorreu um trabalho encomendado sobre os 20 anos de *Pedagogia Profana*, livro escrito entre 1994 e 1997, publicado quase simultaneamente no Brasil, na Argentina e na França, do qual apresentávamos a nova edição comemorativa e ampliada.

Após a emocionada e amigável apresentação de Alfredo Veiga-Neto, um dos editores do livro em 1998, e após os preceptivos (e também emocionados) agradecimentos, coube a mim a dupla tarefa de fazer uma releitura da primeira edição e de dizer algo sobre os prólogos, as notas e os novos capítulos que agora a ampliam.

Comecei minha exposição dizendo que o livro não poderia ser definido pelo que poderiam ser seus temas ou pelo que poderiam ser suas teses, e que seu impacto sobre os leitores poderia derivar-se talvez do caráter leve, indireto, fragmentário, generoso e mais sugestivo que afirmativo de sua escrita. E centrei minha intervenção em percorrer o livro entendendo-o como uma série de gestos pedagógicos, ou melhor, como uma série de variações de um único gesto pedagógico que nomeei, provisoriamente, como um gesto de libertação.

Talvez o gesto fundamental da *Pedagogia Profana* possa ser colocado em relação à escrita e ao pensamento, esse de "aprender de novo a pensar e a escrever, mesmo que para isso seja necessário afastar-se da segurança dos saberes, dos métodos e das linguagens que já possuímos (e quem nos possuem)".[54] Trata-se, naturalmente, de um gesto de rebeldia que tem a ver com negar as maneiras de quem nos ensinou, negar as filiações perversas e ousar escrever e pensar por si mesmo, aprendendo a fazê-lo. Trata-se, em suma, daquele gesto antigenealógico e bastardo que Sloterdijk desenvolve em um de seus livros, de negar a herança recebida, negar os pais e começar de novo.[55] Um gesto juvenil e transgressor em suma, um gesto de rebeldia. Porém, acrescentei em seguida que, desde então, não apenas me tornei velho mas também professor (não no sentido administrativo da palavra, mas no sentido existencial) e que, para mim, agora, mais importante que lutar com os antepassados, com os que nos fizeram o que somos, é encontrar uma linhagem digna e a que valha a pena pertencer, ou, em outras palavras, encontrar (ou inventar) uma tradição da qual se possa aprender algo, na qual se possa inserir, tratar-se a respeito, tornar-se um padrão, uma tradição que, em suma, possa ser vivida não como um peso mas como uma exigência, não como algo de que se libertar, mas como algo a que pertencer, não como algo a negar, mas como algo a que agradecer.

Esse gesto juvenil e rebelde é retomado, com variações, na primeira parte do livro, "Como se chega a ser o que é", em que está algo do meu trabalho de então sobre o romance de formação e, acima de tudo, o ponto de partida dessa relação entre experiência, formação e transformação em torno da qual continuei escrevendo (e pensando) durante muito tempo. O gesto, nesse caso, tem a ver com considerar o que chegamos a ser como algo que "não está por descobrir, mas por inventar; não por realizar, mas por conquistar; não por explorar, mas por criar".[56] O imperativo, então, seria algo como: inventa-te ou cria-te a ti mesmo, não te fixes em nenhuma identidade, vive em perpétua formação e transformação.

O que ocorre é que esse imperativo já está sendo produzido e apropriado pelo capitalismo pós-industrial, por esse que se alimenta não da disciplina mas da inovação, não da estabilidade mas do fluxo, não do isolamento mas da conexão, esse que requer um sujeito que é flexível, maleável, adaptável, reciclável, transformável, em aprendizagem e em movimento permanente, desarraigado, des-qualificado, des-caracterizado, perpetuamente conectado e, definitivamente, esvaziado de qualquer substancialidade. O capitalismo moderno, como é conhecido, funciona abolindo todos os vínculos e liberando o desejo ou, em uma frase que se tornou célebre, dissolvendo todo o sólido no ar. Disse que desde então me tornei professor e que o gesto do professor é, também: vinculem-se a alguma coisa, encontrem algo no que investir de certa realidade, de certa validade, de certo valor, de certo peso, de certa estabilidade, e prestem atenção e demorem-se nisso.

A segunda parte do livro, intitulada "A experiência da leitura", é proposta como um combate contra os controles pedagógicos da leitura. O gesto, claro, é de libertação: reivindicar "uma prática da leitura como acontecimento da pluralidade e da diferença, como aventura rumo ao desconhecido e como produção infinita de sentido".[57] O que acontece é que nos vinte anos que se passaram desde a primeira edição do livro, me tornei professor e meu problema agora não é tanto liberar a leitura mas sim tratar de mantê-la em uma época que muitos chamam de pós-alfabética e em que ninguém, ou quase ninguém, sabe o que é ler, e em que o livro, também na universidade, está desaparecendo. Meu problema, digamos, é como continuar sendo professor em um mundo sem livros ou, em outras palavras, como continuar com um ofício que só posso conceber como "dar a ler" e que só posso praticar em uma sala de aula conectada a uma biblioteca, ou seja, em uma espécie de transporte de livros para a sala de aula (para lê-los publicamente) e de transporte de alunos para a biblioteca (para iniciá-los na leitura silenciosa e solitária). Nesse sentido, lembrei que, em alguns de seus cursos, Roland Barthes dizia que sua geração havia combatido a leitura e a escrita escolares, os antigos procedimentos do comentário de texto e da composição, havia reivindicado uma leitura e escrita mais livres, mais própria, mais transgressora, menos formatada por modelos padronizados, mais relacionada com a busca do que poderíamos chamar de um estilo próprio, mas já que agora, que já quase ninguém sabe ler e escrever, parece que talvez não seria errado voltar aos modelos antigos que ainda fomentavam algo assim como a literalidade (ler como atender ao que coloca, desde a primeira até a última linha, atentando às articulações e às modulações do discurso) e algo assim como a linearidade (escrever como se alinham os pensamentos, colocando-os um depois do outro, seguir um fio ou um traço). Portanto, meu problema fundamental como professor já não é emancipar os leitores, mas simplesmente fazer leitores e, acima de tudo, conseguir que o texto ainda esteja investido de certa autoridade.

A terceira parte do livro, "Figuras do porvir", tem talvez como motivo principal outro gesto de liberação, o de liberar o pensamento da educação de uma das suas categorias constituintes, a categoria de intencionalidade, tentando estabelecer "quais seriam as condições de um pensamento da educação que não estivesse normatizado pela intencionalidade do educador"[58] ou, em outras palavras, que nada tivesse a ver com a fabricação do futuro mas com a abertura dele. Disse que talvez o capítulo mais lido dessa parte seja o chamado "O enigma da infância", lembrei-me de que nele há uma seção intitulada "Uma nota sobre o totalitarismo" na qual aparece a figura de Herodes. Disse que Herodes, o infanticida, aparece ali como uma figura da continuidade do mundo e, consequentemente, da destruição da novidade que poderia ameaçá-lo. Disse que a figura de Herodes se relacionava aí tanto com a escola conservadora quanto com aquela do que Hannah Arendt chama de totalitarismo revolucionário (a do nazismo e do estalinismo).

No entanto, disse que nesse tempo me tornei professor, que um dos meus últimos escritos se chama "Herodes, el Ogro e la carabina de Miss Cooper. La escuela como refugio" [Herodes, o Ogro, e a carabina de Miss Cooper: a escola como refúgio], mas que nesse texto Herodes e o Ogro mudam de cara e aparecem exemplificados não na escola mas naquilo que, na minha opinião, são hoje as maiores ameaças à escola: Walt Disney como representante das compras, do mundo do consumo, e o Banco Santander (ou Itaú) como representante da empresa e do empreendedorismo, do mundo da produção. Para os bancos, a educação é um investimento e, para a Disney, a educação é sonho, felicidade, imaginação, fantasia e entretenimento. O que se passa, disse, é que a minha geração cresceu lendo em Althusser que a escola é um dos aparatos ideológicos do Estado, ou lendo em Foucault a relação constitutiva entre a escola, o quartel, o manicômio e a fábrica, que havíamos nos formado tomando a escola como uma instituição a destruir ou, pelo menos, a des-institucionalizar, e agora que a escola está se des-institucionalizando rapidamente (agora que ela começa a ser concebida como uma escola sem muros, sem horários, sem matérias de estudo, sem professores e, certamente, sem estudantes), temos a sensação de que foi colocada a serviço do capitalismo cognitivo e emocional, esse que comanda a Disney, os bancos e as grandes empresas tecnológicas e que talvez a escola não completamente des-escolarizada, a família não completamente des-familiarizada e a igreja não completamente "des-igregizada" sejam as únicas instituições que ainda resistem um pouco à mercantilização de quase tudo, isto é, ao triunfo completo da empresa do shopping. Porque é o mundo o que se converteu em uma gigantesca empresa e em um gigantesco shopping (o que funciona como uma empresa e como um shopping), e essa escola que já não se quer separada do mundo não faz outra coisa senão se confundir com ele. Mas que talvez ainda não se confunda completamente, ainda seja um dos poucos lugares que vai um pouco contra a corrente e é isso, precisamente isso, essa separação, esse ir contra a corrente o que temos que defender. Ou, dito de outra forma, se o pedagogo era o escravo que acompanhava as crianças à escola, talvez os gestos pedagógicos tenham a ver com conduzir as crianças para a escola, com convertê-los em escolares, e não em tirá-los dela, ainda que esse tirar dela consista, por enquanto, em levá-los a uma escola já quase completamente des-escolarizada. Lembrei-me a esse respeito que no dia anterior, nesse mesmo congresso, foi exibido o abecedário gravado no ano anterior, no Rio de Janeiro, aquele chamado primeiramente de "abecedário de educação", depois de "abecedário da escola" e, finalmente, de "abecedário do ofício de professor",[59] e que, para a surpresa de muita gente, na letra D não constava a palavra "diferença", mas sim "disciplina", na E não estava a palavra "experiência", mas sim "exercício", e que as primeiras palavras eram "aula", "biblioteca" e "curso".

Continuei minha exposição insistindo que o que se passou nesses últimos vinte anos é que me tornei professor, que *Pedagogia Profana* fez-me professor, que a introdução a essa nova edição que celebrávamos termina com a frase "obrigado por me permitir ser professor", que essa mesma introdução define a escrita do livro como "prosa de professor", que o prólogo para Walter O. Kohan à edição brasileira é baseado no motivo do professor-leitor-escritor e insiste não só no que poderia se chamar de minha presença autoral no Brasil mas especialmente na minha "presença professoral", e que o prólogo de Inés Dussel à edição argentina também insiste que se trata de um "livro de professor". Por isso, e já para terminar, disse que o gesto do professor é "sejam vocês livres", é claro, mas também "cuidem de alguma coisa, vinculem-se a alguma coisa, interessem-se por alguma coisa, ocupem-se e preocupem-se com alguma coisa"; que o gesto do professor é "descubram o mundo", é claro, mas é também "cuidem do mundo"; que aprender e estudar são aventuras de descobrimento, é claro, mas também trabalhos de atenção, de paciência e de cuidado; que o gesto do professor é "brinquem com o mundo", é claro, mas recordando também que o mundo não é apenas um brinquedo, ou um recurso, mas também uma obrigação; que a vida não é só um jogo mas também uma tarefa e uma responsabilidade; e que a escola não existe para nos servir mas para que aprendamos que há algo no mundo de que vale a pena cuidar, a qual se atentar e se dedicar.

Como na sala havia velhos e novos leitores do livro, pessoas que o haviam lido há vinte anos e pessoas que o liam agora, a conversa girou em torno do que poderíamos chamar de as condições de recepção, essas que mudam com o tempo e fazem com que cada geração leia de outra maneira. Muitos daqueles que intervieram disseram que *Pedagogia Profana* tinha aparecido em um momento de esperança e de renovação da escola e da universidade, que aí os gestos de liberação e de rebeldia haviam sido muito saudáveis perante certo ancilosamento dos discursos e das práticas, que o livro tinha funcionado como um convite a outra biblioteca pedagógica, a outra escrita pedagógica, a outro pensamento pedagógico, a outra prática pedagógica, mas que agora vivemos tempos de derrota e de desesperança, um tempo no qual a maioria dos renovadores e dos inovadores da escola (especialmente aqueles que têm êxito) são parte do inimigo, que talvez o que agora devemos combater (aquilo de que é preciso liberar-se e contra o que se precisa rebelar) não seja mais a velha escola disciplinar (aquele fantasma da escola tradicional tão querida pelos mercadores do novo, que já foi inapelavelmente declarado como obsoleto, aborrecido e ineficaz), mas a nova escola de Disney, dos bancos e das empresas tecnológicas, do shopping, do empreendedorismo, do *coaching* e da aprendizagem cognitiva, e que talvez agora a tarefa não seja tanto renovar escola, mas sim defendê-la, ou seja, tratar de fazer que, nos tempos e nas condições atuais, continue sendo uma escola e não se dissolva completamente, ela também, no ar. As perguntas, nesse contexto, foram se os gestos do professor juvenil, rebelde e "liberador", que constituem a *Pedagogia Profana*, ainda conservam algo de sua validade; se os gestos que eu havia colocado como contraponto não soavam inevitavelmente como um professor velho, rabugento e ranzinza; se há vinte anos, o inimigo era a tradição e a institucionalização e agora, talvez, já é a abolição de qualquer tradição e o triunfo da des-institucionalização, essa pedagogia (e esses pedagogos) esvaziada de memória e de critérios. Além disso, abordou-se que *Pedagogia Profana* foi lida e continua sendo lida especialmente em universidades, inspirando trabalhos e pesquisas, convidando os jovens pesquisadores a se atreverem a pensar e a escrever, e que nesse contexto o que mudou, e radicalmente, é a mercantilização da universidade e a imposição das lógicas credencialistas e economicistas (que agora é a universidade, e talvez não ainda a escola, a que funciona como uma empresa e como um shopping), e que nesse contexto o que é obrigatório para qualquer carreira acadêmica é precisamente apresentar o que é feito como inovação, quase sempre nas lógicas do capitalismo cognitivo, e que aí *Pedagogia Profana* podia ser lida tanto contra como a favor da corrente, precisamente porque não é um livro de teses, mas uma espécie de convite à liberdade, essa palavra que caiu nas mãos dos liberais e à qual é tão difícil dar uma sonoridade interessante, embora haja que continuar tentando em vez de abandoná-la completamente ao inimigo.

E assim continuamos, de modo bem animado e divertido, tanto que não víamos a hora de terminar, e eu segui feliz e emocionado porque pareceu haver certa unanimidade de que o livro seguia provocando certezas, criando inquietudes, convidando a escrever e a pensar de outra maneira, a não deixar-se constituir por moldes dominantes, a ler com uma mistura estranha de atenção, liberdade e disciplina, a continuar acreditando que o futuro não está determinado e a trabalhar, no campo pedagógico, como se diz na primeira página, "pensando e escrevendo de uma forma que se quer indisciplinada, insegura e imprópria".[60] E alguém disse que a generosidade e a atualidade do livro estão, precisamente, em que o que isso possa significar é algo que cada leitor tem que decidir por si mesmo.

## Da voz e da letra

Por razões que não vêm ao caso, não pude entrar na Colômbia e tive que resolver meu compromisso em Medellín por meio de uma videoconferência. O tema que havia sido proposto para mim era "oralidade e escrita", o título da palestra foi "a voz e a letra (sobre modos de leitura na biblioteca e na escola)", e alguns meses antes eu tinha mandado três capítulos de *Entre las lenguas* [Entre as línguas] para que os participantes pudessem trabalhar com eles e comentá-los comigo em uma oficina que finalmente acabou sendo cancelada.[61] Comecei com um fraseado arendtiano: isso de que a educação tem a ver com a natalidade, com o vir ao mundo dos novos, com a transmissão e a renovação do mundo. Continuei dizendo que, vir ao mundo, para os seres humanos, que são seres de palavras, é vir à linguagem, que para nós o mundo não se dá senão como uma invocação. Disse em seguida que esse vir à linguagem é, a partir de uma determinada época histórica e em grande parte do mundo, vir ao alfabeto, à escrita e à leitura, e que o mundo, para nós, nos é dado já escrito, gramatizado. Disse, citando Hans Blumenberg, que o mundo, segundo uma rica tradição, se apresenta (se faz presente) um tanto quanto legível.[62] Para entrar um pouco no espírito handkiano do resto da conferência, permiti-me lembrar alguns dos motivos de um texto meu sobre a mesma questão.[63] Acrescentei que existem duas instituições, a escola e a biblioteca, que têm uma relação privilegiada com esse vir ao mundo entendido como alfabetização. Sugeri que esse vir ao mundo, para alguns de nós, segue estando relacionado com ir à escola e entrar na biblioteca. Encerrei minha abordagem com uma breve consideração da alfabetização como um vaivém entre a biblioteca e a escola, como um levar livros à escola e com um levar as crianças à biblioteca. Disse que na escola há livros, há lousas, há cadernos, há lápis. Disse que a escola não pode ser entendida senão como conectada a uma biblioteca ou, de outro modo, que não há escola que não seja também uma espécie de biblioteca, que não há escola que não suponha um certo "dar a ler". Disse que a biblioteca não pode ser entendida senão como conectada à escola, ou, de outro modo, que não existe biblioteca que não seja também uma espécie de escola, que não existe biblioteca que não suponha certo "ensinar a ler". A partir de então, já abri o assunto principal de minha intervenção, isso da voz e da letra, da oralidade e da escrita, com uma primeira observação sobre a escola e a biblioteca como lugares onde o livro se oraliza e onde a voz se escreve, onde há um movimento contínuo entre o texto e a palavra, onde a palavra vocalizada é altamente formatada pela escrita e onde a escrita conserva a marca da voz. E para tratar de sugerir algo das relações entre a voz e a letra, articulei o resto da minha exposição com três citações de Peter Handke.

A primeira diz assim:

> Nunca mais voltei a encontrar-me com homens menos possuídos pelo que levavam nas mãos do que aqueles catedráticos e professores da universidade; qualquer empregado de banco, sim, qualquer um, contando as cédulas, algumas cédulas que além do mais não eram suas, qualquer operário que estivesse asfaltando uma rua, no espaço quente entre o sol, acima, e o fervor do alcatrão, abaixo, davam a impressão de estar mais no que faziam. Pareciam dignitários cheios de serragem a quem nem a admiração [...], nem o entusiasmo, nem o afeto, nem atitude interrogativa alguma, nem a veneração, nem a ira, nem a indignação, nem a consciência de estar ignorando algo lhes fazia jamais tremer a voz, que antes se limitavam a ir soltando uma cantilena, a ir cumprindo com diferentes expedientes, a ir escandindo frases no tom de alguém que está antecipando o exame [...], enquanto do lado de fora, diante das janelas, se viam tons verdes e azuis, e logo escurecia: até que o cansaço do ouvinte, de um modo repentino, se convertia em desânimo, e o desânimo em hostilidade. De novo, como quando eu era criança, o "fora!". Escapar de todos vós, os que estais aqui. Apenas onde?[64]

Disse que todos reconhecemos a experiência. Disse que o que se converte em cansaço, e, depois em desânimo, e depois em hostilidade, e depois em vontade de escapar, em vontade de largar-se, é uma determinada "cantilena", uma determinada forma de "marcar as frases". Uma cantilena, em primeiro lugar, em que se fala que não está "possuído" por aquilo do que fala, pelo que "leva entre as mãos". Uma cantilena, em segundo lugar, em que o que fala não "não está no que faz", ou, melhor, posto que o que faz é falar, não está no que diz, não está presente no que diz. E uma cantilena, por último, em que ao que fala não lhe faça "tremer a voz". Disse também que aquela voz sem voz, aquela voz afônica, se corresponde curiosamente com um corpo que não parece humano, com uma espécie de saco cheio de serragem, com um corpo sem sujeito, sem rosto, inanimado, desabitado, com um corpo, enfim, sem ninguém dentro. Desenvolvi o motivo da voz como a marca da subjetividade na linguagem, aquilo de que só há uma voz se há alguém que fala, que está presente no que diz, que está afetado pelo que diz. Continuei com a maneira pela qual a citação também tem a ver com a relação entre o que fala e aqueles que o escutam, com aquilo de que a voz é a qualidade de um dizer que é dirigido ou estendido para alguém, com aquilo de que não só existe voz porque alguém fala mas também porque alguém fala com alguém. E desenvolvi brevemente o motivo de que a voz é relação, de que existe voz porque há uma tensão que vibra, soa e treme entre quem fala e quem escuta.

Na segunda citação, a que fala também é uma ouvinte. E diz assim:

> Uma espécie de proteção já se havia sentido no mero fato de escutar. O outro, com seu monólogo, em lugar de dirigir-se a ela, o que havia feito tinha sido falar consigo mesmo. E aguçar os ouvidos para a conversação de alguém consigo mesmo lhe foi muito mais fácil que ter que fazer papel da pessoa a quem estão interpelando diretamente. Antes, na escola da aldeia, assimilava a lição do mestre com especial facilidade, sem esforço, se ele, por exemplo, estava de pé junto à janela e ia murmurando a pergunta no vazio ou se, por acaso, a confiava à copa de uma árvore. Em troca, o fato de ser interpelada de um modo frontal, muitas vezes a fazia tornar-se cada vez mais surda, mesmo que fosse uma parte anônima de um grande público, alguém que está fora dos olhos do orador.[65]

Salientei que aqui, novamente, como na citação sobre o cansaço nas aulas, é a ouvinte quem parece pedir algo ao que fala, ao mestre ou ao professor. O que pede, em primeiro lugar, é que "fale consigo mesmo", que mostre, em seu falar, a conversação que mantém consigo mesmo. E, em segundo lugar, que não lhe interpele diretamente, que lhe deixe em paz na hora de escutar, que lhe permita também que ela se mantenha isolada, em relação a si mesma, que respeite sua solidão de ouvinte, pois só assim poderá "aguçar os ouvidos". E disse que quando o que fala não fala consigo mesmo, quando só "interpela diretamente" ou "de um modo frontal", o que há não é uma voz, mas apenas comunicação, transmissão de informações ou vontade de persuasão.

A última citação dizia assim:

> É um tempo em que no espaço, no "éter", só se ouve o zumbido, o assobio, o trovejar dos diálogos. Em todos os canais se ouve continuamente o estampido da palavra "diálogo". Segundo as últimas pesquisas da investigação dialogal, uma disciplina que acaba de ser oficializada e que se vangloria de haver adquirido com grande rapidez uma multidão de seguidores, a palavra "diálogo", e não só nos meios de comunicação, nos sínodos interconfessionais e nas sínteses filosóficas, é nesses momentos mais frequentes do que "sou", "hoje", "vida" (ou "morte"), "olho" (ou "ouvido"), "montanha" (ou "vale"), "pão" (ou "vinho"). Inclusive nos passeios dos presidiários pelo pátio da prisão, com frequência "diálogo" sai mais vezes do que, por exemplo, "merda", "foder" ou "a boceta de sua mãe"; e do mesmo modo, nos passeios vigiados dos internos de um manicômio, ou dos idiotas, está comprovado que "diálogo" é uma palavra, pelo menos, dez vezes mais frequente que, por exemplo, "homem da lua", "maçã" (ou "pera"), "Deus" (ou "Satanás"), "medo" (ou "comprimidos"). Em um contínuo diálogo estão inclusive os três ou quatro camponeses que ainda restam, separados sempre um dia de viagem, ou pelo menos se apresentam dialogando sem parar, e dialogando se apresentam também às crianças até a última imagem dos livros ilustrados que passaram no exame de ingresso na escola.[66]

Disse que as aulas também se apresentam como um lugar de diálogo ininterrupto, embora se trate, em muitas ocasiões, de uma chácara de ninguém em que os falantes e os ouvintes, os leitores e os escritores, são meras maquinetas de perguntar, de opinar e de responder, e que nesses diálogos tampouco há voz que treme ou uma voz em que alguém fale consigo mesmo.

Para concluir a conferência voltei ao dispositivo escola-biblioteca (a essa escola conectada com uma biblioteca e a essa biblioteca que tem algo de escola) e o caracterizei como um tempo e um espaço separado para o encontro, não só dos saberes mas também dos corpos e das linguagens, um lugar onde os saberes se apresentam, se fazem presentes e onde as linguagens se encarnam, tomam corpo. Como um tempo e um espaço em que há algo no meio, um texto, algo que se lê e em relação ao que se escreve, algo que se diz e que se escuta, mas em que também há sujeitos, isto é, a presença singular, aqui e agora, de corpo presente, de alguém que fala e de alguém que escuta, de alguém que lê e de alguém que escreve. Disse que para que haja educação (e não apenas comunicação, ou informação ou aprendizado), a linguagem deve levar a marca dos sujeitos, a língua deve estar ligada à experiência dos que falam e dos que escutam, dos que leem e dos que escrevem. E terminei dizendo o que havia querido dar a escutar nessa coleção de citações é que deveríamos defender com nossas palavras e com nossas práticas, com unhas e dentes, que promover a leitura (e a escrita), na escola e na biblioteca ou nessa conexão entre a escola e a biblioteca em que quis situar minha intervenção não supõe necessariamente entregar a voz, renunciar a ela, mas, melhor dizendo, exige mantê-la e conservá-la, porque mantendo-a e conservando-a defendemos também isso que poderíamos chamar, de uma forma talvez demasiado solene, de um mundo e uma linguagem "humanos", ou seja, um mundo incerto e uma linguagem trêmula, um mundo e uma linguagem que valham a pena ser transmitidos e que os novos possam renovar (também com suas próprias incertezas e com seus próprios tremores).

O público esteve atento, a conversa foi interessante, mas, na minha opinião, as perguntas foram muito centradas em temas de atualidade alheios ao que tinha sido minha palestra (aa leitura e as novas tecnologias; os jovens e o mundo da imagem; a inclusão e a possibilidade de fazer com que a biblioteca fosse realmente uma casa de todos; no que e como ler com grupos culturais minoritários, como os afro-colombianos, em que a oralidade e o corpo têm muita importância). Em todo caso, fiz o que pude em minhas respostas: quando me foi objetado que na biblioteca se fazem muitas coisas além da leitura e que eu não tinha levado em conta, não soube o que responder; a mesma coisa aconteceu quando a coordenadora da conversa me disse que podia estar claro por que se vai à escola, mas, quanto à biblioteca, afortunadamente, não se sabia realmente o que se passa; tive a sensação de que, pelo menos para aqueles que intervieram, não havia muito interesse sobre a voz e a letra, que não haviam questionado nem suas práticas nem suas preocupações; disse a mim mesmo que meu desconhecimento do mundo das bibliotecas (especialmente das bibliotecas de Medellín, exemplares para muitos) havia tornado a minha abordagem demasiado genérica, demasiado abstrata; e pensei que nem eu mesmo nem as citações de Handke havíamos chegado a formular qualquer coisa interessante sobre a diferença e a relação entre os modos de leitura próprios da escola e os próprios da biblioteca, e tampouco sobre o que pode significar, hoje, ler e ensinar a ler.

De qualquer forma, se reconstruo aqui esse fracasso é porque ainda acho que as citações de Handke dizem algo sobre o que significa vir ao mundo da linguagem, ao mundo do alfabeto; porque eu ainda penso que dizem algo também sobre a escola e sobre o ofício de professor (porque ainda acho, em definitivo, que a escola é um dispositivo para a relação entre a voz e o texto); e, acima de tudo, porque começo a pensar que durante toda essa viagem por essas américas dos meus amores e de minhas dores não parei de falar, não disse quase nada e a passei, como diz Handke, "dialogando sem parar". Talvez o que ocorre é que, depois de tantos anos, talvez eu ainda não saiba o que é ser professor, e por isso não deixo de falar e de escutar, de ler e de escrever, de tratar de agir como professor (dessa maneira torpe que é a minha) em diferentes salas de aula e auditórios, de dar voltas e mais voltas, de tratar de pensar, como nessa conferência, o que tem a ver o ofício de professor com ensinar a ler, e o que tem a ver isso de ensinar a ler com o corpo e com a voz, com a subjetividade e com a presença, com o mistério de uma língua que é preciso fazer presente, na oralidade e na escrita, para que seja, ao mesmo tempo, íntima e distante, para que nos dê, ao mesmo tempo, solidão e companhia e para que nos permita, por sua vez, estar presentes tanto para os outros quanto para nós mesmos. Tudo isso embora eu esteja cada vez mais convencido de que a escola tem a ver apenas com ensinar a ler e escrever, a falar e a escutar, e a conversar; de que a biblioteca já não é só, nem talvez, fundamentalmente, um espaço da leitura e para a leitura; e de que isso do mistério da língua apenas se percebe quando esta se reduz a instrumento de comunicação. Será por isso que não posso deixar de insistir nele.

## Do silêncio

No dia seguinte à videoconferência com Medellín, em Florianópolis, tive uma reunião com algumas das pessoas com quem havia trabalhado no ano anterior em um exercício de desenho da escola. Contei-lhes sobre meu fracasso com a voz e a letra; conversamos um pouco sobre o que está acontecendo com a escola nessa transição entre o mundo alfabético e o mundo pós-alfabético; recordamos que, em nosso exercício, havíamos falado da aula como um dispositivo atencional e dos exercícios escolares como ginásticas da atenção; recordamos também a importância de irmos ao quadro-negro, ao livro de texto e ao caderno de notas; e por aí andávamos quando alguém disse que estava lendo um livro de Michel Serres, *Petite Poucette* [Polegarzinha], aquele em que se fala da impossibilidade de continuar com a "velha escola", essa ligada ao mundo alfabético é que é "filha da escrita e da imprensa". A pessoa nos contou que nesse livro Serres critica quatro elementos ligados a essa "velha escola alfabética": o silêncio, a imobilidade, a autoridade e a redução do professor a alguém que oraliza o escrito. Disse-nos que Serres estabelece um contraste entre dois modelos de sala de aula: por um lado, a velha sala de aula, onde o professor se faz de porta-voz dos papéis que tem sobre a mesa e onde, para que essa emissão oral possa ser realizada, pede (e em geral obtém) silêncio; e, por outro lado, essas salas de aula de agora em que um murmúrio permanente torna "penosa a escuta e inaudível a velha e articulada voz do livro" e em que "Polegarzinha nem lê nem deseja ouvir que lhe digam o que está escrito". Disse-nos também que Serres relaciona o silêncio com a imobilidade e ele se alegra de que finalmente "as Polegarzinhas se liberem da caverna milenar que as atava, imóveis e silenciosas, a seu lugar, com a boca costurada e o traseiro pousado".[67] E concluiu que o livro de Serres nos colocava claramente ao lado da tradicional escola alfabética, que poderia ser analisada como um dispositivo acústico.

Nessa linha, alguém se lembrou de *Sobre o futuro de nossos estabelecimentos de ensino*, de Nietzsche, aquele extraordinário panfleto em que a universidade é descrita como uma máquina acústica a que os professores se vinculam pela boca, enquanto falantes, e os estudantes pelo ouvido, como ouvintes:

> O estudante escuta [...]. Muitas vezes o estudante também escreve enquanto escuta. Esses são os momentos em que está ligado ao cordão umbilical da universidade [...]. Por sua parte, o professor fala para esses estudantes que

escutam. Muitas vezes o professor lê enquanto fala [...]. Uma única boca que fala e muitíssimos ouvidos, com um número menor de mãos que escrevem: tal é o aparato acadêmico exterior, tal é a máquina cultural universitária, colocada em funcionamento.[68]

Como todos éramos professores, refletimos sobre o ambiente sonoro das salas de aula atuais e, mesmo sob o efeito escada da minha videoconferência no dia anterior, contei que há alguns meses, uma escola pública em Barcelona me pediu para redigir um manifesto em defesa do silêncio. Disse que, ouvindo-os, pareceu-me que meu manifesto também tinha algo a ver com uma defesa da obediência, da autoridade e da imobilidade, com todos esses flagelos da escola antiga de que, segundo Serres, felizmente, as crianças já se liberaram e nós, guiados por elas, devemos ir aprendendo a nos libertar também. O manifesto dizia o seguinte:

> O poder produz silêncio, e medo e impotência.
> Está o silêncio mal, o silêncio que se impõe com violência, o das palavras afogadas, o da alegria proibida, o de não poder falar, o de não poder rir, o de não poder brincar.
> E esse nós não queremos.
> Mas o silêncio, na escola, é também outra coisa.
> Está o silêncio bom, o silêncio generoso, o que é condição da atenção, do respeito, da intimidade, da escuta.
> E é esse, precisamente esse, o que está sendo roubado.
> E é esse, precisamente esse, o que queremos, o que pedimos, o que necessitamos.
> Porque o silêncio se converteu em uma das mais Belas-Artes e sua importância não deixa de crescer nesta época ruidosa. Porque a arte do silêncio é cada vez mais necessária, embora seus efeitos sejam sutis. Porque o silêncio, às vezes, é espera e paciência, um silêncio não oposto à palavra, mas o lugar onde a palavra germina.
> A escola da disciplina, a dos corpos dóceis e das mentes aterrorizadas, impunha o silêncio. E esse silêncio mau, violento, devia ser rompido. E o rompemos.
> Mas a escola do controle, da comunicação e de hiperatividade, a dos corpos desenhados e das mentes conectadas, impede o silêncio. E esse silêncio bom, generoso, temos que abri-lo, criá-lo, torná-lo possível. E essa é, agora, nossa tarefa.
> Já disse o filósofo: "O problema não consiste em conseguir com que as pessoas se expressem, mas em colocar à sua disposição vacúolos de solidão e silêncio a partir dos quais poderiam chegar a ter algo a dizer."
> Ou, de outra maneira, o importante não é só o direito a dizer o que se pensa, mas a possibilidade (e a obrigação) de pensar o que se diz. E aí, nesse mundo de automatismos, de respostas imediatas e banais, o silêncio é uma forma de rebeldia. Porque estão nos convertendo em máquinas comunicativas. E o que queremos, o que pedimos, o que necessitamos, são vacúolos de não comunicação, interruptores de controle, intervalos de silêncio.

Porque a escola ensina (ou ensinava) a ler. E a leitura exige atenção e silêncio.

Porque a escola ensina (ou ensinava) a escrever. E a escrita exige tempo, cuidado, atenção e silêncio.

Porque a escola cultiva (ou cultivava) o intervalo silencioso entre o prazer de ler e o compromisso de escrever.

Porque a escola ensina (ou ensinava) a conversar, a falar e a escutar. E a conversa, quando é atenta, é a arte da palavra, da escuta e também do silêncio, sobretudo do silêncio.

Porque a escola é (ou era) o lugar do estudo. E o estudo exige atenção, disciplina, concentração, perseverança e silêncio.

Porque a escola ensina (ou ensinava) a afinar os sentidos, a ouvir, e a olhar, e a apalpar, e a cheirar, e a saborear o mundo, a pele sensível do mundo. E a sensibilidade exige receptividade, paciência, atenção e silêncio.

Porque a escola ensina (ou ensinava) a pensar. E só o silêncio pode albergar o pensamento.

Porque a escola dá (ou dava) um tempo e espaço para atender ao mundo, aos outros e a si mesmos. Porque a escola dá (ou dava) disciplinas corporais e mentais para a atenção. Porque a escola forma (ou formava) corpos atentos e mentes atentas. E a atenção necessita de silêncio.

E disseram o historiador e o militante:

> As novas máquinas têm o poder de forçar os homens a "comunicar-se" com elas e entre si nos temos próprios delas. Uma cultura dominada pelo uso das máquinas evacua tudo o que entra em sua lógica. E o silêncio, para a tradição tanto oriental quanto ocidental, é indispensável para o desenvolvimento da personalidade. Não o roubam as máquinas que imitam os humanos. Facilmente poderíamos nos tornar tributários de máquinas para nossas palavras e nosso pensamento.

É preciso defender o silêncio como um bem comum, como um bem que permite a vida em comum, que torna possível que os seres humanos possam usar sua voz de maneira adequada, respeitosa e igualitária para falar com outros seres humanos e, sobretudo, para falar como seres humanos.

É preciso defender o silêncio como um bem público, como um bem que permite a existência do espaço público, da vida pública, dessa vida com outros e na presença de outros que é condição indispensável para o desenvolvimento da personalidade, para que as crianças possam se comportar como seres humanos e não como máquinas interconectadas e comunicativas.

Um manifesto manifesta, quer dizer, toma a palavra, grita, dá voz. Por isso tomamos a palavra e levantamos a voz para reivindicar o silêncio. Mas talvez fosse melhor que fizéssemos ressoar um silêncio eleito, consciente, expressivo, um silêncio eloquente.

Talvez fosse melhor que permanecêssemos silenciosos para que nosso silêncio falasse alto e com absoluta simplicidade. Talvez seria melhor que seguíssemos, silenciosamente, ao nosso, isto é, a ensinar a ler, a escrever, a conversar, a sentir, a pensar, a estar atentos ao mundo, aos outros e a nós mesmos.

E quando vierem até nós com a obsessão pelo rendimento escolar e pelos resultados de aprendizagem, pediremos silêncio e responderemos com o silêncio. Quando vierem até nós com a gestão empresarial da escola, pediremos que se calem, e responderemos com o silêncio. Quando vierem até nós com os entornos individualizados de aprendizagem e com as máquinas de aprender, pediremos que se calem e responderemos com o silêncio. Quando vierem até nós com aquilo da inovação, da qualidade, dos objetivos, das competências, da otimização, da eficácia, faremos ouvidos surdos e responderemos com o silêncio. Quando vierem até nós com o silêncio como outra mercadoria didática, pediremos silêncio e responderemos com o silêncio.

Apague o que você não compartilha.

Adicione as circunstâncias em que você pediria silêncio e responderia com o silêncio.

Faça circular este escrito.

## Dos títulos deste livro

Em uma livraria de Santiago, saltou-me aos olhos o título de uma antologia de Nicanor Parra, *El último que apague la luz* [O último que apague a luz], e pensei imediatamente que seria um título estupendo para esse livro: *O último que apague a luz. Conversas sobre o ofício de professor.*

Rimos um pouco (um riso amargo) e nos dedicamos a brincar de roubar os títulos de alguns dos livros que recordávamos e a nos divertir com o que poderiam sugerir se estivessem seguidos do subtítulo "Sobre o ofício de professor". Rimos muito com a sonoridade de *A era do vazio. Sobre o ofício de professor* e, visto que o ânimo não era muito otimista, com *Vão atrás de nós. Sobre o ofício de professor*. Ocorreu-me que eu poderia propor esse jogo para alguns amigos. Escrevi para alguns deles pedindo-lhes que me enviassem o título de dois livros que tivessem em suas estantes e ao que lhes parecesse convir esse subtítulo. Comecei o jogo, adicionando o título de um livro de Gustavo Lacerda que havia folheado em São Paulo e me lembrou de uma frase de Sêneca que Foucault comenta em *A hermenêutica do sujeito* e que diz: "Vamos nos apressar para sermos velhos". Pensei que o resultado da consulta poderia ser interessante para ver a variedade de perspectivas e, acima de tudo, de estados de ânimo com os quais diferentes pessoas (todas elas professores e professoras em exercício) encaravam o ofício. Escrevi minhas linhas: "O último que apague a luz. Sobre o ofício de professor. / A era do vazio. Sobre o ofício de professor. / Vão atrás de nós. Sobre o ofício de professor. / O fazedor de velhos. Sobre o ofício de professor".

Pensei que o primeiro título é melancólico porque se refere ao passado e ao que está desaparecendo diante de nossos olhos, que o segundo está irado porque se refere ao presente e como nós vamos nesta época confusa, que o terceiro tem a ver com esses inimigos que aparentam ser nossos amigos, e que o quarto é talvez mais substancial porque tem a ver com algo que o professor faz (ou fazia): tentar transformar a inocência das crianças e a arrogância dos jovens em uma disposição mais cética e temperada diante do mundo a partir da suposição de que, se se lê, por exemplo, Dostoiévski, lhe cairão pelo menos dez anos em cima, e não digamos se ler Proust. E pedi aos meus amigos para adicionar duas ou três linhas às minhas. Em seguida, transcrevo algumas das respostas que recebi (mantenho o subtítulo para que a leitura tenha algo de salmodia ou ladainha) e convido os sempre supostos leitores a seguirem o jogo tratando de estabelecer alguma relação entre os títulos de sua biblioteca, o estado de seus humores e sua maneira de entender o ofício:

    A ascensão da insignificância. Sobre o ofício de professor. / E se o outro não estivesse aí? Sobre o ofício de professor. / A corrosão do caráter. Sobre o ofício de professor. / Enquanto os deuses não mudarem, nada mudou. Sobre o ofício de professor. / Vida secreta. Sobre o ofício de professor. / Das raízes e do céu. Sobre o ofício de professor. / Em busca de tempo perdido. Sobre o ofício de professor. / O jogador. Sobre o ofício de professor. / A desaparição. Sobre o ofício de professor. / Uma aprendizagem ou O livro dos prazeres. Sobre o ofício de professor. / O tempo e vento. Sobre o ofício de professor. / O barão nas árvores. Sobre o ofício de professor. / Cem anos de solidão. Sobre o ofício de professor. / Cândido, ou O otimismo. Sobre o ofício de professor. / Sentimento do mundo. Sobre o ofício de professor. / Entre quatro paredes. Sobre o ofício de professor. / As palavras e as coisas. Sobre o ofício de professor. / Crônica de uma morte anunciada. Sobre o ofício de professor. / A metamorfose. Sobre o ofício de professor. / O misantropo. Sobre o ofício de professor. / Inventamos ou erramos. Sobre o ofício de professor. / O livro de areia. Sobre o ofício de professor. / À escuta. Sobre o ofício de professor. / O guardador de rebanhos. Sobre o ofício de professor. / O belo perigo. Sobre o ofício de professor. / Os padecimentos do estudante rato. Sobre o ofício de professor. / Experiências com a verdade. Sobre o ofício de professor. / A vida em minúsculas. Sobre o ofício de professor. / Amadurecer até a infância. Sobre o ofício de professor. / Carta breve para um longo adeus. Sobre o ofício de professor. / Um sinal na tua sombra. Sobre o ofício de professor. / Tratado geral sobre a grandeza do ínfimo. Sobre o ofício de professor. / Recuperar a pedagogia. Sobre o ofício de professor. / O idioma materno. Sobre o ofício de professor. / Livro do desassossego. Sobre o ofício de professor. / A continuação do nada. Sobre o ofício de professor. / Manual de infratores. Sobre o ofício de professor. / Cadernos de guerra. Sobre o ofício de professor. / A idade das trevas. Sobre o ofício de professor. / Vale a pena. Sobre o ofício de professor. Vida precária. Sobre o ofício de professor. / Um mundo comum. Sobre o ofício de professor. / Em defesa de causas perdidas. Sobre o ofício de professor. / Debates e combates. Sobre o ofício de professor. / Ensaio sobre a dádiva. Sobre o ofício de professor. / A agonia de Eros. Sobre o ofício de professor. / O vinho da alegria. Sobre o ofício de professor. / O animal que logo sou. Sobre o ofício de professor. / De um outro para o outro. Sobre o ofício de professor. / Eu não estou sozinho no meu corpo. Sobre o ofício de professor. / Menos que nada. Sobre o ofício de professor. / Relatar a si mesmo. Sobre o ofício de professor. / Ver e apalpar. Sobre o ofício de professor. / Geografia fútil. Sobre o ofício de professor.

## Da lição mais bonita do mundo

### Querido Jorge

Já faz vários dias que me convidou a procurar um título na minha biblioteca que pudesse corresponder ao livro que você está escrevendo sobre o ofício de professor e a escrever algumas linhas sobre isso. Eu já estava desistindo e pensando em como te escrever para me desculpar, quando me veio à mente o livro *O artífice*, de Richard Sennett. Eu não o teria sugerido inicialmente, porque me parece demasiado óbvio, no entanto, me fez pensar e por isso me permito comentá-lo. A partir desse título gostaria de brincar um pouco com a possibilidade de confrontar as figuras do artesão e do artista em relação ao ofício de professor. É claro que elas são figuras ideais, definidas de maneira muito incisiva, mas talvez entre uma e outra poderia abrir-se alguma reflexão sobre o que significa ser professor.

Resulta tentador pensar no professor como artista, especialmente porque a arte goza de maior prestígio que o artesanato e está associada a valores contemporâneos como a criatividade, a iniciativa, a originalidade etc., mas acredito que o trabalho de um professor se parece muito mais com o de um artesão que com o de um artista. O trabalho de um professor está impregnado de uma espécie de modéstia constitutiva, típica do trabalho artesanal. Com a ideia de modéstia quero me referir ao fato de que, ao contrário do trabalho do artista que, pelo menos desde o Renascimento, sempre envolve a ideia de autoria, o artesão desenvolve seu trabalho no anonimato. O artista pretende sempre, implícita ou explicitamente, criar algo novo e próprio, algo original, no duplo sentido de produzir uma obra que inaugure algo da cultura e de si mesmo, como um artista, ser o motor dessa criação. O artesão, por outro lado, se inscreve de forma mais silenciosa na cultura, sua atividade é imbuída do anonimato próprio da arte medieval. Salvo raras exceções, os objetos de sua criação passarão a integrar o mundo como objetos, talvez valiosos, mas não como obras autorais.

De acordo com o próprio Sennett, de quem me permito tomar o título, o trabalho do artesão não se caracteriza pela criação de objetos utilitários, nem por utilizar em seus procedimentos ferramentas rudimentares. Tanto é assim que, para esse autor, os programadores de Linux poderiam ser considerados, legitimamente, artesãos modernos. Segundo ele, artesão por fazer de sua atividade um fim em si mesmo e não um meio de ganhar sustento. Ou seja, o artesão não subordina sua atividade à ganância, assim como não sujeita seus procedimentos à eficácia ou à eficiência. Não se trata de fazer as coisas de um modo a poupar tempo, dinheiro ou esforço, e sim de desenvolver sua tarefa de uma maneira quase ritual. Um *luthier* de violinos, por exemplo, não fabricaria seus instrumentos com plástico, mesmo se isso fosse mais rentável, nem compraria uma máquina de fazer violinos, pois aprecia mais o próprio violino e o fato de poder de fazê-lo que o dinheiro que poderia proporcionar-lhe vender instrumentos de plástico ou feitos industrialmente. Sua vida consiste em ser um *luthier*, essa é sua forma de vida e não apenas um meio de vida. Outra característica que permite reconhecer o trabalho artesanal é a busca permanente da perfeição na confecção das obras. O artesão não está preocupado em ser um autor criativo, mas sim um construtor atento e cuidadoso. O *luthier* artesanal não quer inventar um novo tipo de violino, mas sim fazer o violino mais bonito do mundo. Porque ele ama violinos, mais do que novidades. É verdade que toda obra artesanal, em oposição àquelas que são o resultado de processos industriais, expressa algo próprio de seu artífice, não há dois objetos artesanais idênticos, e o artesão não trabalha para se expressar, mas porque ama o que faz.

Ao pensar no ofício do professor, acho que encontro algumas semelhanças com o do artesão. Pensemos, por exemplo, na diferença entre um filósofo e um professor de filosofia. Supõe-se que o filósofo merece levar esse nome na medida em que é um criador, um autor, que desenha uma nova forma de pensar o mundo e abre com ele certa visibilidade. O professor de filosofia, por outro lado, trabalha atento e minucioso para criar um objeto muito particular: a lição. Imagine, por exemplo, um professor preparando uma aula sobre Heidegger. Na solidão de seu escritório, se depara com o assunto a ser ensinado e, se se trata de um professor artesão, temos que dizer que ama Heidegger tanto quanto o *luthier* de nosso exemplo ama os violinos. Sua arte consiste em animar o autor, trazendo-o de volta à vida através de uma combinação de sentido, ritmo e beleza. Para isso deverá combinar exemplos, anedotas, etimologias, citações, leituras, etc. Se alcança sua tarefa, se sua lição é a mais bela do mundo, uma vez mais, um jovem descobrirá um mundo, o de Heidegger. Seus alunos poderão se sentir encantados e agradecidos, talvez algum aluno o reconheça anos depois na rua, talvez haja uma placa em sua universidade que ninguém lerá. Sobreviverá na memória de um punhado de estudantes que talvez um dia se tornem professores. Mas jamais gozará o prestígio do Heidegger que ele mesmo ensinou. Nem sequer daquele de que gozam alguns autores menores. Mas o que importa, como todo artesão não ensina por fama nem por dinheiro, talvez o faça pelo prazer de reconhecer em seus estudantes a alegria que sentiu ao encontrar Heidegger pela primeira vez, pois em um professor também há algo de inaugural, mas seu modo de iniciar não está em si, mas no encontro da filosofia e de seus alunos. Sua forma de viver os inícios é sutil e, eu diria, modesta.

Há uma idade em que se tem mais passado que futuro, eu diria que é a idade do professor artesão. Já não há tanto a descobrir, talvez, simplesmente, porque já não se tem tanta força para fazê-lo. Já não se participa do mundo como fazem as crianças, nem se o descobre como fazem os jovens. É uma idade em que há menos mistério, ou melhor, em que o mistério não está em descobrir, mas em cuidar. O professor artesão é um homem maduro que, como diz Antonio Machado, tem essa segunda inocência, a que dá o não crer em nada.

Um abraço grande.
Maxi

## De um ofício como outro qualquer

Pelo fato de Maxi haver entendido mal meu convite ("será o calor que está fazendo no Rio", disse ele), recebi uma bela carta sobre o professor artesão que me fez lembrar de uma conversa que tive com meu filho Manuel, que é músico, pouco antes de começar minha viagem. Eu lhe falava sobre *A luz do Tom*, documentário a respeito de Tom Jobim (que me foi dado por Adriana Fresquet), dirigido por Nelson Pereira Santos. O que me havia chamado a atenção foram as palavras de Helena Jobim, sua irmã, e de Thereza Hermanny, sua primeira mulher, em que falavam das muitíssimas horas de estudo que Tom dedicava a praticar escalas, a experimentar harmonias, a estudar outros compositores: um esforço gigantesco, rotineiro, cotidiano e obsessivo de preparação que depois resultava em composições que tinham uma incrível aparência de "naturalidade" e de "espontaneidade", quase como se surgissem da natureza, como se tivessem sido feito sozinhas, nas quais a repetição, a experimentação e o estudo ficavam transcendidos e transmutados em leveza e simplicidade, em pura beleza. Estávamos nisso quando Manu me disse que era possível distinguir dois tipos de músicos: aqueles que colocam tudo o que sabem e que estudaram a serviço de compor "a canção mais bonita do mundo"; e aqueles que usam a música que compõem para demonstrar "tudo o que aprenderam, o esforço que fizeram, tudo o que sabem fazer".

Poucos dias antes, quando eu e ele assistimos a um concerto de minha outra filha, Mireia, que toca violoncelo em uma orquestra, também havíamos falado do enorme esforço que custa preparar um repertório que depois soará uma só vez e ante um público muitas vezes distraído e desatento. Neste contexto, Manu tinha mostrado sua admiração por essas pessoas que, em suas próprias palavras, "fazem as coisas o melhor que sabem e o melhor que podem e, além disso, a compartilham generosamente, porque sim, para qualquer um, como se não fosse nada". Eu disse que esses dois tipos de músicos também poderiam ser dois tipos de professores: os que põem toda a sua preparação e seu esforço a serviço do que Maxi chama de "a lição mais bonita do mundo", uma lição, além do mais, que oferecem a seus alunos generosamente e "como se não fosse nada", simplesmente porque é o seu trabalho; e os que usam suas aulas (e seus alunos) para mostrar sua preparação e seu esforço, e para demonstrar "tudo o que estudaram e tudo o que sabem". A diferença, talvez, entre os que colocam algo na mesa e, de alguma forma, se apagam a si mesmos no que fazem; e os que se colocam constantemente a si mesmos para demonstrar como são bons.

Por outro lado, não pude deixar de se conectar "a lição mais bela do mundo" de Maxi e "a música mais bela do mundo" de Manu com "o que eu quero é fazer o filme mais bonito do mundo", com o qual o cineasta português Pedro Costa responde a uma pergunta sobre o gênero de seus filmes e o público a que se dirigem no maravilhoso documentário *Tudo reflorece*, em que fala sobre sua trilogia de Fontainhas.[69]

Costa rejeita explicitamente a concepção industrial do cinema, aquela que pensa em termos de uma relação economicamente favorável entre os meios empregados e os resultados alcançados. Também se afasta de uma concepção moral, aquela que faz dos filmes instrumentos para a sensibilização, a conscientização ou a moralização dos espectadores. Porém, o que especialmente me interessa aqui é que também se distancia da concepção "artística" do ofício, aquela de que "fazer um filme" é um tipo especial de atividade chamada "arte" e realizada por um tipo especial de pessoas chamadas "artistas".

Para Costa, fazer um filme é um trabalho como outro qualquer, um trabalho de artesão talvez mecânico, cheio de rotinas, que sem dúvida oferece momentos de prazer ou de alegria, que é muitas vezes tedioso e aborrecido, mas que deve ser feito da melhor maneira possível, com atenção, paciência, cuidado, generosidade, com certo amor pelo seu material, pelos seus instrumentos; algo semelhante ao que faz um cozinheiro, um carpinteiro ou um sapateiro: um trabalho que alguém seja capaz de respeitar mas que também respeite alguém, útil para os outros e honesto para si mesmo; um trabalho digno, como se dizia antes, modesto, orientado por uma moral única: "fazer o filme mais bonito do mundo". Assim:

> Quando trabalhas todos os dias durante meses, o filme começa a te dar ordens. Isso não acontece em uma rodagem de sete semanas em que deves realizar coisas precisas. Mas aí tinhas muito mais tempo para que o trabalho realmente te pegasse, quase como uma força externa. Com Vanda, raramente tive a impressão de estar filmando, eu tinha a sensação de trabalhar. Não era fazer sapatos ou cozinhar, talvez tenha mais a ver com o que fazem alguns pintores ou músicos, um trabalho que se torna mecânico, uma memorização, uma rotina. É algo que eu adoro. Amanhã será como hoje, com o que isso tem de oficina ou de fábrica [...]. Não gosto dessa falsa variedade artificial, isso não existe, é provocar uma falsa energia e um falso estado de espírito. Creio que um cineasta deve ser exatamente o mesmo homem ou a mesma mulher todos os dias.[70]

Costa não está em Fontainhas para fazer nada especial nem mesmo para se sentir de uma maneira especial. Foi fazer um filme, isto é, trabalhar. Nesse sentido, conta que durante o trabalho era interrompido por qualquer pessoa: pela mãe de Vanda que vinha lhe dizer que a sopa estava pronta ou por algum conhecido que vinha lhe dizer qualquer coisa. As pessoas que o interromperam, diz Costa, não tinham a sensação de que ele estava fazendo uma obra de arte ou algo especialmente importante. Ele estava ali fazendo seu trabalho, como todas as outras pessoas que também trabalhavam no bairro: "Fizemos um filme, depois outro, isso é tudo [...]. Tudo o que você precisa fazer é encontrar uma alegria, um prazer. E insistir que o cinema pode muito bem existir no bairro, nessas ruas, em termos de igualdade com os outros ofícios que são exercidos ali".[71]

O ofício de professor, então: um ofício como outro qualquer, no qual é preciso fazer as coisas da melhor maneira possível e em que é preciso tratar de encontrar, isso sim, algum prazer e alguma alegria.

## Da aprendizagem natural

O curso de La Serena se intitulava "Para uma fenomenologia material da escola" e tinha como leitura prévia obrigatória alguns capítulos de *Em defesa da escola*, de Maarten Simons e Jan Masschelein.[72] Essa obrigação de leitura já havia provocado alguns mal-entendidos e tive que insistir que se tratava de um curso (e não um seminário) e que o professor precisava de um texto comum sobre a mesa para centrar a conversa. Comecei pedindo aos participantes que improvisassem um abecedário da escola, que escrevessem para cada letra do alfabeto uma palavra que achassem interessante para falar sobre a escola. Pedi que três ou quatro pessoas lessem sua coleção de palavras, projetei em seguida meu próprio abecedário[73] e anunciei que pensava em terminar o curso voltando sobre essas primeiras palavras, para ver quais tirávamos e quais adicionávamos, e para ver também se havia algumas palavras com as quais todos pudéssemos concordar.

Em seguida começamos a ler e a discutir o livro que nos serviria de pretexto para a conversa, capítulo por capítulo, e quando surgiu a questão da separação da família me pareceu sentir uma certa hostilidade no ambiente. Mais tarde, soube que na região se haviam instalado muitas escolas alternativas (eles diziam "alterativas", talvez, para ressaltar a forma como alteravam os padrões das escolas mais convencionais) e que alguns dos participantes levavam seus filhos ali, colaboravam com elas ou as tomavam como modelo em seus cursos de pedagogia (como se sabe, essas escolas muitas vezes funcionam como cooperativas de pais, à margem do "sistema", e nestas a colaboração e presença de famílias é muito intensa). Algumas das mulheres da sala contaram histórias terríveis sobre escolas públicas e assim justificaram por que tiraram seus filhos de lá. Outros disseram que muitas vezes tinha sido o compromisso dos pais o que havia conseguido melhorar a escola e, em alguns casos, corrigir alguns aspectos da escolarização que faziam com que as crianças "não se sentissem bem na escola".

Disse que o fato de haver um número considerável de energúmenos entre os professores ou de existirem muitas escolas que não mereciam o nome de escolas não anulava nem o argumento (energúmenos e indignidades existem em todos os lugares e em todas as casas), nem o fato de que houvesse muitos pais comprometidos em melhorar a escola; e eu insisti em que a escola não pode ser como a casa, em que não pode ser organizada "a partir da perspectiva das mães", em que a escola está aí, entre outras coisas, para que as crianças possam se emancipar da família, em que a escola, por definição, é uma espécie de espaço público onde as crianças aprendem a ser "mais uma" e em que os pais "não mandam", que a intromissão dos pais na escola tende à sua privatização (já que a escola se põe a serviço dos interesses "privados" de famílias), que tende também à sua individualização (no sentido de que os pais tendem a se interessar em quão bem vai o seu filho, e só indiretamente pela escola), e no calor da conversa eu ousei citar os "Fora papais!" do velho e íntimo carrancudo Rafael Sánchez Ferlosio, aquele desastrado desvairado que diz:

> Que limpo soava aquilo de "instrução pública"! Que nojento me soa "educação", "formação" ou, pior ainda, "formação integral"! Cada vez me sinto mais irreversivelmente ancorado no "Ancien Régime". A escola de hoje se oferece às famílias na maneira de "Plano Personalizado" ou de "Especialistas em você". E até a escola pública está se deixando infectar pelo indecente e traiçoeiro concubinato entre papais e professores por cima das cabeças das crianças, quando as próprias entranhas do conceito de "o público" clamam por uma escrupulosa e até quase ritual impessoalidade. Fora os pais da escola pública! O que os escolares se enfrentam a sós com a instituição é uma exigência capital da sociabilidade. Do contrário, por agora, estudarão – se estudam – "para dar gosto aos pais".[74]

O assunto ficou por aí, embora a tensão quase pudesse ser mastigada, e a conversa tornou-se novamente complicada quando surgiu o assunto da aprendizagem e quando tentei caracterizar qual é a aprendizagem própria da escola. Alguns dos participantes trabalhavam em diferentes variantes da psicologia cognitiva, ou nas formas de aprendizagem autônoma e interativa propiciadas pelas novas tecnologias, ou nas aprendizagens que ocorrem nos jogos infantis espontâneos, ou no seio das relações cotidianas na comunidade. Além disso, uma expressão muito usada era de que seria preciso "desescolarizar a escola" (entendendo por isso tanto sua deslocalização quanto, acima de tudo, a adoção, por parte da escola, das formas de aprendizagem "natural" que se produzem fora da escola): uma escola estendida ao território e entendida, em suma, como um lugar propício e estimulante para o "desenvolvimento natural das crianças". Como era de se esperar, a maneira pela qual o livro de Jan e Maarten rejeita explicitamente palavras como "aprendizagem", "motivação" ou "desenvolvimento" não atraiu muitas simpatias, como tampouco o fez seu uso de palavras tão antinaturais como "disciplina", "matéria de estudo" ou "exercício".

Um tanto encurralado pela veemência dos argumentos, me protegi de maneira ruim na minha posição de professor e me esquivei trapaceiramente da questão. Aproveitando a insistência do livro que líamos na origem grega da escola, coloquei na mesa outras invenções gregas que tampouco nada têm de "natural", por exemplo, a democracia ou a filosofia; disse que nossa condição "humana" tem a ver com o fato de termos inventado coisas tão estranhas e tão "antinaturais" como o direito, a igualdade, a justiça, o diálogo, os supermercados ou os parques naturais; disse que o que nos faz o que somos é precisamente o caráter "artificial" da nossa vida em comum, aquilo que em alguns lugares do mundo é chamado de "civilização" e que está sempre a ponto de se quebrar e de fazer-nos recuar para o "natural"; disse que, embora a democracia, a igualdade e a justiça deixem muitíssimo a desejar, só podemos defendê-las porque sabemos o que são e por que sentimos a sua falta; disse que na política não podemos ser "espontâneos" ou "naturais", como tampouco o podemos ser em tudo o que tem a ver com o conhecimento; disse que o encurralamento de uma instituição (e sublinhei "instituição") como uma escola pública e sua substituição por uma espécie de *paideia* atmosférica, total e totalizadora e, portanto, invisível (por isso, pode ser vista como "natural") não augura nada de bom; disse que o mais "espontâneo" e "natural" que existe hoje é o capitalismo (e que a sua sombra é esse darwinismo ideológico, psicologista e biologista, que se impõe em rapidamente); disse que o capitalismo contemporâneo funciona liberando o "natural" (a pulsão) e o "individual" (o narcisismo e a competência) e combatendo ferozmente qualquer instituição artificial e pública que lhe coloque limites; e terminei citando Santiago Alba:

> Durante décadas, a esquerda lutou contra a família e a escola como aparatos de reprodução ideológica; agora começamos a sentir falta deles precisamente por isso, como os únicos lugares a partir dos quais ainda podemos combater politicamente a "espontaneidade" do capitalismo. A esquerda não pode deixar a natalidade e a instrução pública nas mãos da "natureza" porque a "natureza" sempre foi da direita.[75]

Foi sem dúvida uma vitória pírrica e conseguida com argumentos oportunistas, mas isso de que "a natureza é da direita" fez certa graça e me permitiu terminar o primeiro dia do curso com a cabeça erguida (também porque, para não bagunçá-la mais, preferi não entrar na distinção entre instrução e *paideia* que está presente tanto na citação de Ferlosio quanto na de Alba e que me teria levado inevitavelmente à distinção entre professor e educador). Durante toda a tarde, entrei em um efeito escada obsessivo e inevitável em que pensei nesse lugar-comum de nossa época que opõe o "institucional" (falso, rotineiro, artificial, burocrático, repetitivo, sem alma) ao "natural" (espontâneo, vivaz, livre e inventivo), e que nos faz imaginar que só há vida saindo das instituições e que derrubá-las é uma tarefa emancipatória. Quase reconheci, como Santiago Alba, que enquanto nossos pais repetiam que "as instituições devem ser respeitadas", parecia-nos que a atitude anti-institucional era juvenil, vital, libertadora e divertida. Tive a sensação de que agora que o novo capitalismo trabalha na des-institucionalização e na des-regulação de quase tudo, quando não está se movendo (isto sim, com total liberdade) em um mundo já quase completamente des-institucionalizado e des-regulado, talvez seja o momento de mudar o tópico e pensar que o importante é instaurar, sustentar e renovar instituições (também, é claro, escolas e escolas públicas) que impedem a devastação "natural" de quase tudo. Em qualquer caso, não tinha conseguido entrar no essencial, nisso de caracterizar a aprendizagem "artificial" propriamente escolar, e, quando no dia seguinte coloquei alguns fragmentos dos três filmes incluídos no *Elogio da escola*,[76] descobri que a maioria das pessoas via crianças aprendendo e se relacionando "naturalmente". Tive a impressão de que a ideia de aprendizagem e do desenvolvimento natural está tão arraigada que não nos entenderíamos, e pensei que as maneiras psicológicas, sociais ou culturais de entender a educação (e, portanto, a escola) fazem parte das evidências que constituem o sentido comum pedagógico.

No dia seguinte, tentei re-formular o assunto do curso e voltei a centrar a conversa na materialidade da escola. Disse que nosso tema não era aprendizagem entendida psicologicamente (como cognição), sociologicamente (como socialização) ou antropologicamente (como aculturação), mas sim a escola; disse que todas as sociedades haviam tido aprendizagem, mas não escola; disse que a doxa pedagógica sobre a educação a faz apoiar-se na psicologia, na sociologia e na antropologia, e que isso era o que naquele curso estávamos tentando colocar entre parênteses; disse que a intenção era tratá-la em si mesma, como uma escola, e que para isso tinha que considerá-la como um artifício, um dispositivo formal e material; mas me pareceu que isso era exatamente o que não se entendia (ou o que incomodava) da escola, o fato de que faz mais e outra coisa do que facilitar a aprendizagem, e que portanto não pode ser avaliada nem pelo tipo nem pela eficácia das aprendizagens que se efetuam nela.

Na sala de aula as discussões foram veementes, embora depois, nos intervalos, as parodiássemos e ríssemos muito de nós mesmos. Além do mais, sentíamos todos muita pena desses professores (ou futuros professores) que têm que nos aguentar (a si e a mim) na classe todos os dias, ouvindo alguns que lhes dizem que sim, outros que lhes dizem que não e outros que lhes dizem que depende; e quando éramos capazes de nos apearmos de nossos respectivos vocabulários e, sobretudo, de nossa vontade de ter razão e começávamos a falar de nossas práticas, de nossas maneiras de exercer o ofício, das dificuldades que encontrávamos, a cumplicidade então surgia imediatamente. E surgia também de nossa incomodidade compartilhada por trabalhar em uma universidade cada vez mais des-institucionalizada (e, portanto, menos pública), onde as únicas regras "naturais" eram as da competitividade e as do mercado.

Quando eu disse adeus àquelas pessoas lindas e generosas de La Serena que tanto me tinham feito suar a camisa, pensei que talvez meu fracasso (mais um no quadro de medalhas) já se havia anunciado de maneira demasiado escolar como apresentei o curso (com textos obrigatórios, tarefas designadas e pouco tempo para a conversa), na maneira, também demasiado escolar, como defini minha posição de professor (fixando estritamente os assuntos a serem abordados e a maneira de tratá-los) e na maneira, igualmente muito escolar, em que construí a posição dos alunos (eu não lhes perguntei o que lhes interessava ou o que queriam e comecei mandando tarefa). Digamos que construí um dispositivo demasiado artificial, no qual nenhuma "naturalidade" era possível. Digamos que talvez, também eu, como Ferlosio, estou cada vez mais ancorado no *Ancien Régime*, enquanto quase todo mundo ao meu redor estava pela inovação, pela transformação, pelo progresso e pelos modos descontraídos e espontâneos.

Em qualquer caso, e com um sorriso sereno, saí de lá pensando que da próxima vez vou tentar me desescolarizar um pouco: me colocarei a favor da educação integral, me apearei da antipática função de professor, deixarei que as palavras e as ideias surjam espontaneamente, apelarei para a liberdade (e para o diálogo e a criatividade), converterei a sala de aula um ambiente de aprendizagem (rico, variado e estimulante), tratarei de fazer com que todos se sintam em casa, vou incentivar a horizontalidade (o intercâmbio de saberes e o encontro de experiências), me deixarei contagiar pelo espírito alternativo (e alterativo) do Valle do Elqui, invocarei a criança que todos temos dentro de nós, confessarei que o que eu mais gosto na escola é o recreio, diante do esforço para estudar reivindicarei o prazer de aprender, adotarei uma atitude natural e relaxada, direi que o mais livre que temos é o que vem do interior, tratarei de ser eu mesmo o tempo todo e direi que as instituições são todas de direita.

## Dos ofícios legítimos

Em Santiago do Chile já havia visitado o Museu da Educação Gabriela Mistral, no antigo e nobre edifício que abrigava a primeira e mais importante Escola Normal do Chile. Também em Santiago me haviam dado uma cuidadosa edição dos textos pedagógicos dessa escritora quase desconhecida para mim que havia apenas completado o ensino primário, que tinha sido mestra de escola sem nem sequer ter o título para isso, e que não só nunca renegou seu primeiro ofício mas que permaneceu comprometida com a educação, com a educação popular e com a escola pública, durante toda a sua vida e em todos os países para os quais sua vida de viajante a levou. Mas foi ao chegar a La Serena e ao Vale do Elqui que mergulhei por vários dias no universo mistraliano, especialmente na Gabriela menina, jovem e adolescente, na Gabriela professora nas escolas rurais e pobres da sua região natal de Coquimbo. Visitei o Museu de Vicuña, também a casa-escola Montegrande onde ela era ao mesmo tempo aluna e ajudante de sua meia-irmã Emelina, também a casa onde Gabriela viveu quando era professora em La Compañía, também o humilde cemitério onde ela está enterrada, e conversei longamente com Rolando Manzano, diretor do Centro Mistraliano da Universidade de La Serena, a mesma universidade que se recusou a habilitar Gabriela como normalista porque ela já havia publicado algumas coisas e, segundo disseram os que se opuseram a sua habilitação, seus escritos tinham algo de pagãos.

Nesses assuntos estava, quando chegou o dia de fazer a conferência anunciada, sobre a vocação de professor, a que iam assistir, especialmente, jovens estudantes de educação infantil. A conferência tinha sido preparada com materiais deste livro então em processo de escrita, mas na tarde anterior decidi substituir o formato de conferência pelo de aula e centrá-la na leitura e no comentário de alguns textos de Gabriela Mistral.

Como um dos parágrafos que tinha separado para comentar começava dizendo que "cada profissão é de fato uma linhagem", decidi começar aludindo a alguns dos signos que tínhamos à mão e que nos diziam algo de que nem o mundo nem o nosso ofício, nem a universidade em que estávamos havia começado conosco, isso a que se refere Fernando Bárcena, que conhece sim de linhagens, quando diz que a história existe para nos recordar da durabilidade do mundo.

Então, escrevi na lousa a frase de Gabriela e perguntei se alguém sabia alguma coisa sobre o motivo pelo qual o *campus* em que estávamos se chamava Isabel Bongard, se alguém sabia quem tinha sido essa senhora. Como todas as meninas permaneceram mudas, lhes disse que talvez a rica tradição normalista fizera parte de nossa linhagem e lhes sugeri que tratassem de averiguar algo sobre quem era e o que tinha feito aquela professora alemã que chegou ao Chile em 1884, com a idade de 35 anos, que a partir de 1890 seria a primeira diretora da recém-inaugurada Escola Normal de La Serena, e que ainda o era, embora estivesse de recesso, quando do da habilitação negada a Gabriela Mistral (se eu sabia algo era porque havia me atentado a esse nome inscrito no umbral, e porque em minha visita à livraria universitária comprei um livrinho, que logo resultou um tanto insosso e hagiográfico mas que, como tudo nesta vida, podia ser um bom ponto de partida).

Perguntei depois se alguém sabia algo sobre aquele precioso edifício em que estávamos, e então uma das professoras da casa nos disse que o prédio tinha sido construído para abrigar a Normal, que fora inaugurado em 1912 e que agora é monumento nacional, que por muitos anos no segundo andar estavam os quartos das internas, mais de duzentas, e também a capela, que na planta havia o salão de eventos, a sala de música, os laboratórios de ciências e a biblioteca, que o edifício era rodeado por um jardim e um pomar com árvores frutíferas, e que na ala do poente ficava a Escola de Aplicação, em que as alunas do normal faziam suas práticas (ela o sabia porque uma das mulheres de sua família havia estudado lá e porque estava terminando um livro sobre as histórias de vida dos professores de escolas normais que estudaram em La Serena entre 1940 e 1960). Eu disse que talvez esse edifício e as internas que foram formadas ali como professoras tivessem algo a ver com nossa linhagem, contei minha emoção ao visitar o edifício da Escola Normal de Meninas n.º 1 de Santiago e a sensação que tive de que a história que conta o museu que agora abriga, com todas as suas contradições, é também a nossa história, e sugeri que talvez ler atentamente o livro que essa professora estava terminando pudesse nos ajudar a pensar o que é isso da vocação de professor, porque se é verdade, como diz Gabriela, que a profissão é uma linhagem, talvez às vezes, para pensar a profissão, será preciso conversar com os antepassados que, por definição, ou são muito velhos ou já estão mortos.

Depois li uma parte do texto de uma placa que está na entrada do prédio, uma espécie de memorial dedicado a Mario Ramírez Sepúlveda – um professor da casa, de história e de didática da história, assassinado pela caravana da morte que percorreu o norte do Chile em outubro de 1973 – e que diz assim: "[...] que um dia andou sob essas árvores, transitou através dos caminhos que cruzam este parque, mas sobretudo caminhou com seus estudantes no espaço-tempo das aulas". Poucas pessoas sabiam sobre Mario Ramirez, mas como a memória do golpe militar e da ditadura estava muito viva, bastou uma indicação para sugerir que talvez também fizesse parte da nossa linhagem, essa geração de professores politicamente comprometidos, esses que entendiam o seu ofício como orientado para a transformação social e que por isso foram assassinados e que, exatamente por isso, se agora queremos falar com eles, teremos que praticar o velho exercício de falar com os mortos (se pude fazer essa indicação é porque uma das professoras do departamento de educação se fez eco desse interesse e me presenteou com um livro-homenagem a Mario Ramirez).

Em seguida me limitei a sublinhar que talvez aquela placa da entrada, aquela em cujo lado passavam todos os dias, dissesse algo do ofício do professor nesse "caminho com seus estudantes no espaço-tempo das aulas", sugerindo imediatamente que talvez ser professor tem a ver com "caminhar com os estudantes" e com um caminhar que acontece em um espaço-tempo bem particular, como é o espaço-tempo da aula. Então os convidei a pensar sobre o que significa "caminhar", o que significa "com os estudantes", o que significa "professor" e o que significa "estudante", o que significa que "o professor caminha com seus estudantes" ou "os estudantes caminham com seu professor", o que significa que essa caminhada, seja ela qual for, ocorre em um espaço especial separado de outros espaços e em um tempo especial separado de outros tempos, esse que é "o espaço-tempo das aulas", e convidei a pensar, enfim, o que é, em suma, "a aula" como o espaço de tempo em que o professor exerce o seu ofício.

Para terminar essa espécie de introdução sobre se o lugar onde estávamos dizia algo a respeito de nossa linhagem ou, nas palavras de Bárcena, a respeito da durabilidade do nosso mundo e, portanto, talvez, a durabilidade do nosso ofício, mostrei um cartaz que tinha visto pouco antes, em um dos escritórios, de uma exposição que ocorrida dois anos antes e chamada "Precursores de educação pré-escolar", em que apareciam os nomes de Pestalozzi, das irmãs Agazzi, de Froebel Montessori, Malaguzzi e Freinet.

Levantando esse assunto de que o ofício de professor é um ofício velho que, naturalmente, tem sido modificado ao longo do tempo, comecei o trabalho com os textos de Gabriela Mistral. Para isso disse que terminava um livro sobre o ofício de professor, que esse livro tinha um capítulo dedicado à vocação, que uma das seções desse capítulo havia uma referência a um texto de María Zambrano em que se dizia que a vocação era uma palavra em desuso, uma palavra como de outro mundo, e escrevi no quadro-negro a frase de Peter Handke que encabeça o capítulo "Da vocação" deste livro: "Pensar é para mim: pensar de novo uma velha palavra". Disse que faríamos soar velhas palavras, provenientes de outro tempo, estranhas às palavras com que agora nomeamos o que somos e o que fazemos, mas que talvez pudesse ser um exercício interessante para tentar escutar com atenção essas velhas palavras, com uma certa amorosidade e, talvez, pensá-las novamente. O primeiro fragmento que li diz assim:

> Que o ofício não nos seja imposto: primeira condição para que seja amado. Que o homem o eleja como elege a mulher, e assim a mulher como elege o homem, porque o ofício é coisa ainda mais importante que o companheiro. Estes morrem ou se separam; o ofício permanece conosco. Somente Deus é mais transcendente para o homem que seu ofício.[77]

Destaquei a relação entre ofício e amor, aquilo do amor ao ofício. Destaquei o ofício como uma escolha fundamental, dessas que, precisamente porque estão relacionados com o amor, obrigam e comprometem. Destaquei o ofício como condição permanente, como forma de vida, como algo que permanece conosco e que, de alguma maneira, faz parte de nós. Destaquei a sacralização do ofício que "batia" nesse parágrafo, aquilo de que adotar um ofício é um ato transcendental, quase como entrar na religião. Também sugeri que, para entender algo do que Gabriela queria dizer com a palavra "amor", talvez tenha que deixar sair essas nossas ideias que entendem o amor como uma emoção, como um sentimento, e tentar entrar um pouco no universo cristão (que não católico, e tingido de panteísmo) da escritora e tentar fazer soar o amor como nomeação de uma espécie de princípio cósmico, ontológico, aquilo tão raro e tão revolucionário de que Deus é amor e de que tudo o que vale a pena nesta vida tem a ver com amor. E continuei com o texto: "Muitos andam sentindo-se humilhados em sua profissão e considerando-se superiores a ela. Por que não a deixam? Outros que lhe sejam mais leais a adotarão".[78]

Sublinhei aquilo de sentir-se superior ao ofício que se exerce ou se pratica, como se esse ofício não fosse digno de nós, e a maneira como Gabriela insiste em que é o contrário, que a questão é se nós somos dignos do ofício, se estamos à altura do que exige, do que obriga e da dignidade humana que, de alguma maneira, nos proporciona. Na lógica mistraliana, disse em seguida, não se trata tanto de que o ofício nos deve algo porque nos dediquemos a ele, mas de estar agradecidos a esse ofício que nos torna o que somos, que muitas vezes nos eleva acima de nós mesmos e que dá uma dignidade e uma estrutura ao nosso fazer humano das quais nós, por nós mesmos, carecemos. É o ofício o que nos dá uma grandeza ou uma altura que não temos e, precisamente por isso, devemos devolver-lhe esse dom engrandecendo-o e enaltecendo-o. Aproveitei para voltar à linhagem e assinalar a estupidez daqueles que, na prática de seu ofício, se sentem superiores às gerações anteriores, simplesmente porque têm o privilégio de terem nascido um pouco mais tarde e em tempos certamente mais amáveis, embora não melhores. Insisti um pouco nesse uso tão raro, nos tempos que correm, da palavra "lealdade", isso de ser leal ao ofício, de não traí-lo. E lembrei-me de algo que li em algum lugar, sobre alguém que aspirava um trabalho que lhe respeitasse e, acima de tudo, que pudesse respeitar.

Em seguida tentei conectar isso da superioridade e da inferioridade com outro fragmento de Gabriela em que ela fala (referindo-se à universidade) que o professor pode ser talvez medíocre, mas o que ensina nunca o é. O parágrafo diz assim: "Se algumas vezes o professor é medíocre, os deuses do conhecimento que falam por sua boca não o são nunca; se tem lerdeza para o manejo do material de primeira ordem que é o seu, a matéria é por si mesma tão de qualidade, que uma aula se salva sempre por essa espécie de pó de diamante ou de magia de rádio que enche a sala de aula".[79]

Comentei isso de que não é o professor o que fala, mas sim que é algo (os deuses do conhecimento, diz Gabriela) o que fala pela sua boca, que talvez a autoridade do professor não se derive dele mesmo mas da matéria que ensina, que a matéria é sempre maior que o professor, que este não faz outra coisa que servir à matéria que ensina, que ele pode ser medíocre ou torpe, mas que isso que ensina não deve sê-lo nunca, que é na matéria onde está a nobreza e, sobretudo, a magia, e que a única coisa que o professor deve fazer é encher a sala de aula com a magia da matéria.

Disse que seguramente lhes haviam ensinado aquilo de que a pedagogia moderna se caracteriza porque já não está centrada no professor, mas sim no aluno, tudo aquilo de que há de partir dos interesses do aluno, que é o aluno o protagonista, e sublinhei que aí Gabriela não centrava o assunto nem no professor nem no aluno, mas no conhecimento, na matéria, e que talvez seria preciso prestar atenção a essa ideia, porque é a matéria (sempre que seja nobre e de primeira ordem) a que eleva tanto o professor quanto os alunos, a que os põe por cima de si mesmos. Disse que, segundo o enunciado de Gabriela, não são os alunos (os interesses dos alunos) os que determinam a matéria, que a matéria (para que seja nobre e de primeira ordem) é sempre responsabilidade do professor, e que aquilo que o professor faz é tratar de que a matéria irradie magia, e que seja essa magia que consiga despertar o interesse dos estudantes.

A partir daí substitui um pouco o assunto da conversa para voltar ao que nos ocupava, à questão do ofício, e as linhas que li em continuação foram as seguintes: "São tão raros o homem e a mulher domiciliados no ofício legítimo que chega a nos parecer sucesso toparmos com eles. Causa-me alegria encontrar seja um ferreiro genuíno, seja um médico genuíno".[80]

Lembrei-me, para começar, da frase de Gabriela que uma admiradora sua me disse no Vale, em que Gabriela recorda de sua infância entre essas mesmas colinas e fala que "minha mãe e minha meia-irmã me domiciliaram no mundo". Sugeri que pensassem o que queria dizer, para uma menina camponesa, "mundo" e "ter sido domiciliada no mundo". Sublinhei isso da domiciliação no ofício. Sugeri que talvez a faculdade de educação tivesse a ver com domiciliar no ofício os futuros professores. Também sugeri que pensassem por que essa domiciliação no ofício não se realiza apenas no local de trabalho, como nas antigas aprendizagens dos ofícios artesãos, mas em um vaivém entre o lugar de trabalho e a universidade, ou seja, em um movimento de aproximação e de afastamento do ofício. Disse que talvez estar domiciliado no ofício não significa apenas aprendê-lo, mas talvez também estudar o ofício, pensar no ofício. E imediatamente me concentrei que Gabriela não apenas fala de ofício, mas de ofício legítimo, genuíno.

Disse que me parecia que "legítimo" tinha a ver com "verdadeiro", com um ofício que seja de verdade, que seja verdadeiramente um ofício (e não apenas uma ocupação). Que talvez a palavra "legítimo" funcionasse da mesma maneira que quando falamos de "ouro legítimo", ou de "madeira de lei", querendo dizer com isso que se trata de ouro de verdade (e não de ouro falso) e de madeira boa, de madeira que merece o nome de madeira, como se disséssemos um ouro ou uma madeira dignos de seu nome. Disse que, nos parágrafos seguintes, Gabriela fala sobre esse mundo insensato abundante de falsos construtores, de falsos marinheiros, de falsos advogados, de falsos mestres. Tratei de dar sentido a isso dizendo que, nesta época de substitutos, de comida lixo, de cultura lixo, de turismo lixo, de música lixo, de universidades lixo com professores lixo que formam estudantes lixo, com conhecimentos lixo, para profissões lixo, talvez não seja inteiramente impertinente aspirar a uma comida que seja realmente comida, a uma cultura que seja realmente cultura, a um modo de viajar que seja realmente viajar, a uma música que seja realmente música, a uma universidade que seja realmente universidade, a professores que sejam realmente professores, a estudantes que sejam realmente estudantes, a um saber que seja realmente um saber e a um ofício que seja realmente um ofício. E, nessa linha de argumentação, continuei com o parágrafo que diz: "O ofício artificial vem matando as corporações e tornando estúpidas as comunidades em que um é o nome e outro o homem. Se diz 'professor' e há que cavar debaixo disso [...] porque o nome há muito tempo já não expressa mais do que uma pretensão insolente, nem sequer uma aspiração ardorosa".[81]

Nesse ponto me detive um pouco naquilo da "pretensão insolente" e a "aspiração ardorosa", naquilo que os pretensos professores, ou os falsos pretendentes ao ofício de professores não são os mesmos que os aspirantes a professores, os que sabem que não o são ainda ou que não o são e talvez nunca o serão "de verdade", mas que, pelo menos, aspiram a isso e, acima de tudo, o fazem ardentemente. Somente esses, parece dizer Gabriela, merecem o nome de professores, porque só neles se dá uma coincidência entre o nome e o homem, porque só neles o nome de professor expressa uma dedicação (que é sempre uma aspiração) a um ofício verdadeiro, legítimo, genuíno. E sugeri que talvez a universidade, a faculdade de educação, também tem a ver com pôr à prova se o ofício de professor ainda é um ofício legítimo ou se ainda poderia sê-lo, e em que condições, e com pôr à prova, também, talvez o amor ao ofício dos aspirantes a professores, isto é, medir até que ponto é o ofício de professor o que concorda com eles. Nesse sentido, disse, a faculdade de educação não é apenas o lugar onde se aprende, se estuda, se pensa o ofício, ou onde alguém se prepara para o ofício, mas também é o lugar onde se põe à prova se esse ofício é um ofício genuíno, e onde os aspirantes a professor se põem à prova para saber, ou sentir, se é esse ofício o que expressa o mais autêntico, o mais genuíno também, de suas aspirações não só profissionais como também pessoais e, poderíamos dizer, existenciais.

Visto que estávamos nisso de a universidade e da formação de professores, passei ao outro texto de Gabriela que queria comentar, concretamente um discurso pronunciado por ocasião da graduação dos estudantes da Universidade de Porto Rico. Aproveitei para assinalar como a redação de um discurso desse tipo pode ser um bom exercício de pensamento para os professores da universidade, enquanto os obriga a pensar sobre o que diriam para os rapazes e as moças no momento em que abandonam a vida de estudos e se dirigem à vida profissional (como nomeariam, nesse momento de transição, o sentido do que foram seus estudos universitários em uma relação explícita com o que vão encontrar lá fora). Recordei, resumi e recomendei o célebre discurso aos graduados em ciências humanas de David Foster Wallace, que se intitula *This is Water* [Isto é água].[82] Resumi o modo como Gabriela começa seu discurso, as palavras em que compara a escolha da profissão com o batismo e a saída da universidade com a crisma, essa operação de relacionar certos atos iniciáticos com as festas sacramentais. Resumi também como Gabriela fala da profissão sendo um serviço leal que não deve ser cumprido de forma medíocre ou desleixado, mas que tem a ver com a exigência e com a autoexigência (novamente esse motivo que o ofício obriga e exige). Fiz uma breve referência ao componente existencial que para Gabriela tem o ofício, isso de que a profissão é uma espécie de coluna vertebral que mantém e sustenta, diz ela, "a vertical do homem". Observei que Gabriela fala indistintamente de ofício e de profissão. Lembrei também que, neste texto, Gabriela insiste em que não pode haver uma cisão entre ofício e moral, entre conduta individual e função pública, que a profissão é moral em si mesma, enquanto supõe uma responsabilidade pública, uma responsabilidade, poderíamos dizer, com o mundo. E em seguida li, já completo, o parágrafo sobre a linhagem com que Gabriela termina seu discurso:

> O orgulho do título é formoso e razoável [...], e eu olho com gosto os rostos radiantes dos jovens que vieram receber em um diploma uma espécie de nome nobiliário. Cada profissão é de fato uma linhagem [...]. A linhagem dos professores começa, se se quiser, com Moisés, passa por Aristóteles, o superdidático, e continua serpenteando até Rousseau, Pestalozzi e Froebel [...]. Mas é um importante cuidado, como vocês sabem, a guarda das linhagens intelectuais, muito mais escabrosas que a das outras linhagens. O peso da honra que cai sobre qualquer profissão, velha ou moderna, sobrecarrega de obrigações porque supera o mérito cumprido.[83]

A primeira observação foi sobre a relação entre título de nobreza, linhagem e honra, e sobre como todas essas palavras já são muito difíceis de escutar em nosso mundo, em um mundo que já substituiu a moral aristocrática pela moral burguesa, por essa do homem que se faz a si mesmo e que substitui os dons (recebidos) pelos méritos (alcançados). A nossa é uma sociedade meritocrática (a expressão corrente é "porque você merece"), enquanto que o parágrafo de Gabriela tem a ver com os dons e, portanto, com os agradecimentos. A universidade, ao que parece, não é um lugar onde se fazem méritos (que deverão ser, de alguma forma, recompensados), mas é um lugar onde se recebem dons (que deverão ser, de alguma forma, agradecidos). Ou, dito de outra forma, o mérito que se faz, ou que se pode fazer, não é outra coisa que estar à altura do dom que se recebe, do mérito já cumprido. Por isso, nesse parágrafo, a linhagem, o mérito cumprido, obriga ou, mais ainda, sobrecarrega de obrigações. E o mérito que se pode fazer não é outra coisa que o resultado da responsabilidade que se adquire ao se sentir obrigado, às vezes inclusive constrangido, pelos méritos cumpridos. Nossos méritos dificilmente estarão à altura dos méritos cumpridos por aqueles que constituem a nossa linhagem e os que nós reconhecemos e agradecemos. A honra ou a nobreza de nossa profissão vem desses méritos cumpridos. Nossa honra, ou a honra a que aspiramos, nada mais é que a continuação de uma honra que não é nossa, mas que, ao mesmo tempo, de alguma maneira, nos foi dada, concedida, de que devemos nos sentir responsáveis e à qual, de alguma maneira, nos sentimos obrigados a responder.

Desenvolvi brevemente o modo como Tim Ingold fala da linhagem em sua *Lines: a brief story* [Breve história das linhas], quando conta que, na Antiguidade, as genealogias se representavam como uma corrente que se derramava até embaixo (daí os antecedentes e os descendentes), na forma de um rio em que a virtude, a força, o mérito e a honra vinham de trás e fluíam até nós, e como nos começos da sociedade burguesa e meritocrática aparece a árvore genealógica, essa representação segundo a qual o passado está nas raízes e no tronco, e a sucessão das gerações é vista como um crescimento ascendente, como um ascenso e não já como um descenso.[84]

Contei também o argumento principal de Peter Sloterdijk no livro que constrói a figura dos bastardos como aqueles que rechaçam a linhagem com a pretensão de começar de novo.[85] Disse que o livro trata das dificuldades que nossa época tem para pensar a herança, a descendência, a dívida com os antepassados. Falei das duas figuras que melhor recordava do livro, a de São Francisco despindo-se diante de seu pai, renunciando à sua família e à sua herança, e a de Napoleão coroando-se a si mesmo com a pretensão de inaugurar uma nova linhagem.

Falei de como nós pontuamos o tempo para o futuro e privilegiamos a figura da revolução, da construção de um novo mundo, sem as ataduras ou os lastros do passado. Disse que nós temos a tendência de recusar qualquer condicionamento que nos oprima (sejam determinações biológicas, culturais, de classe ou de família) e que temos dificuldades para reconhecer como às vezes esses condicionamentos são condição da vida concreta e lograda. Disse que nosso mundo está constituído sobre a renovação, sobre a luta contra qualquer atadura no passado, sobre a ideia de começar por nós mesmos, que nós somos quase naturalmente "progressistas" e vemos o passado, também o passado de nosso ofício, como algo a superar, que nossa palavra mágica é "superação". Disse que nosso sentido de tempo tem a ver com "sempre adiante" e com "sem olhar para trás". Salientei que, se pudéssemos dividir as pessoas entre genealogistas e antigenealogistas entre os que se reconhecem em uma linhagem e os que rechaçam toda linhagem, Gabriela estaria claramente entre os genealogistas, e não por sentimento aristocrático algum, mas porque, como uma menina camponesa que foi, sua domiciliação no mundo tinha sido dada pelos mais velhos e por respeito aos mais velhos, e porque via esse mundo de sua infância não tanto como um mundo a ser superado, mas como um mundo em perigo de extinção, fortemente ameaçado e que para ela não era de todo claro que a destruição desse mundo pudesse ser lida, sem matizes, como um progresso.

Comentei que na semana passada havia feito um curso sobre a escola para um público formado quase exclusivamente por professores universitários de educação, desses cuja função deveria ser, na lógica de Gabriela, domiciliar os estudantes no ofício legítimo, e que havia tido a sensação de que a maioria via a escola como uma instituição obsoleta e o professor como uma figura antiquada, ineficaz e seguramente aborrecida, que entoava sem nenhum matiz o motivo clássico da "crítica da escola tradicional" (essa que se aprende quase desde o primeiro dia em que se entra na faculdade de educação e com que se constitui toda uma série de automatismos discursivos), e que, seguindo a lógica da mercantilização do conhecimento, consideravam que suas teorias e seus vocabulários superavam e ao mesmo tempo deixavam obsoletos, antiquados e desvalorizados os vocabulários e as teorias em que se haviam formado, da mesma maneira que um novo modelo de qualquer coisa deixa obsoletos e antiquados os anteriores, e que às vezes havia tido a sensação de que estávamos mudando o metal nobre de antes por ninharias, e isso sem percebermos e com o maior entusiasmo. Contrastei tudo isso com essas linhas em que Gabriela diz que a pessoa começa a exercer seu ofício, ou sua profissão, com o peso esmagador de uma linhagem de que deveríamos tentar ser dignos sucessores. E terminei dizendo que eu também, quando jovem, tinha sentido que minha iniciação no ofício tinha a ver com me liberar do peso das filiações impostas (tudo aquilo de começar por si mesmo), mas que agora, velho, tinha a sensação de que tão importante quanto se liberar das tradições perversas é escolher uma tradição, uma linhagem, a que valha a pena pertencer, de que se possa sentir honrado e em relação à qual se possa sentir um continuador e assim se livrar desse outro peso, não menos esmagador, de ter que ser "eu mesmo".

Lembrei-me de que Gabriela apresenta o que para ela é uma linhagem nobre, mas que sabe que não é ouro tudo o que reluz, que esse tipo de linhagem se aceita mas também se escolhe, e que ela mesma se refere não muito elogiosamente a alguma das velhas normalistas vindas da Alemanha (não sei se a Isabel Bognard), quando diz: "Não sei se esse repúdio da capacidade inventiva foi culpa dos mestres alemães que nosso país trouxe para organizar a mente crioula, para deixá-la funcionando a passos de marcha militar [...]. Deparei-me com dois desses metrônomos da mente durante meus anos de pedagogia".

E terminei minha intervenção aludindo a que, embora Gabriela costume "olhar a profissão sem murchar e sem nenhum estrago do costume", às vezes também fala dos males que acometem os professores ao entrar na dureza do ofício e, acima de tudo, depois de muitos anos de exercício: o tédio, o cansaço, a monotonia, a pouca ou nenhuma consideração, o parco salário, a falta de vontade, o pessimismo, às vezes a tristeza, e diz que tudo isso significa a morte, não somente do professor mas também da escola. Ela mesma diz que procura dizer tudo de excelente que vê nas escolas, em relação à educação "faço o que eu posso, fiz o que pude e reconheço que foi pouco", que enquanto era uma professora pesou sobre ela "o Estado docente, centurião que fabrica programas e que quase não deixa espaço para pôr sabor de alma". Além disso, a própria Gabriela deixou o ensino, como ela mesma diz, "quando já não me revirava contra a armadilha, mas me empinava contra ela, e, tanto que a única coisa possível era mudar de ofício, de domicílio e de costume".[86]

Disse que era nesses anos, em seus anos universitários, que tinha de provar não só o amor mas também o templo que exige aquela domiciliação no ofício de que fala Gabriela, que ainda estavam a tempo de mudar de ofício e que, se não se decidiam a mudar de domicílio profissional e escolhiam continuar se preparando para se tornarem professores, tinham de estar preparados também para os momentos de desfalecimento. Nesse transe, diz Gabriela, o professor deve salvar a si mesmo e salvar as crianças e a escola dentro de sua própria salvação. Está obrigado, diz, a recuperar a alegria e, acima de tudo, o sentido de seu ofício. Ela dá vários conselhos para isso, e, entre todos eles, selecionei um para entregar, em nome de Gabriela Mistral, e como se fosse um viático, aos jovens estudantes da educação pré-escolar que me escutavam (ou que escutavam Gabriela) com tanta perplexidade e tão atentamente:

> A cura do mal talvez deva começar com uma coisa simples que parece ser um jogo: continuem sentindo-se estudantes, isso será ao mesmo tempo sentir-se jovem e saber-se a meio caminho [...]. Desejo que cada um de vocês cultive o hábito de afiar diariamente as armas de sua profissão e não as deixem ser vencidas pela ferrugem ou parar em rombos pela indolência [...]. A profissão e o ofício se assemelham aos deuses domésticos: pedem um culto diário. Quando a fé na medicina, nas leis ou na pedagogia se relaxam, o mesmo que quando as religiões não tiram chispas dos corações secos, é bom alarmar-se e entrar em averiguação minuciosa do processo, porque o acontecido será que "o sal foi se tornando insípido" e o paladar das almas o deixa inútil.[87]

Como havia querido que esse encontro se assemelhasse a uma aula e não a uma conferência, terminei a sessão dando tarefas. Assim que li novamente a frase de Handke sobre o pensar de novo as velhas palavras, disse que lhes faria chegar algumas das páginas de Gabriela Mistral de onde tinha tirado a maioria das minhas citações, e lhes pedi que glosassem algumas dessas palavras velhas, que nos vinham de tão longe e ao mesmo tempo de tão perto, tentando, aí sim, pensá-las de novo e com a maior generosidade possível, porque, pelo menos para mim, elas pareciam fazer parte de nossa linhagem, isto é, das palavras que outras gerações haviam usado para falar sobre nosso ofício. Quase todos disseram que sim, que fariam o dever de casa, mas as palavras foram levadas pelo vento, cada um retornou imediatamente às suas ocupações, e recebi apenas algumas, muito poucas, respostas. Transcrevo as palavras que foram glosadas (recriadas, ressignificadas, recuperadas, repensadas), com as letras maiúsculas que me foram entregues:

> Eleição, Persistência, Desfrute, Domiciliação, Genuíno, Instituição, Confirmação, Excelência, Profissão, Ofício, Honradez, Responsabilidade, Reconhecimento, Respeito, Equilíbrio, Sentido, Linhagem, Vocação, Aventura, Costume, Uso, Hábito.

## De aprendizes e estudantes

A conferência, no Instituto de Filosofia, se chamava "A escola e a fábrica. Um exercício de pensamento". O que eu contei aos que a assistiram foi o exercício de Kortrijk que desenvolvi na seção "As regras da sala de aula" deste livro. Na conversa, nos envolvemos na diferença entre aprender e estudar. Como poucos meses antes Maximiliano López tinha estado ali, no mesmo lugar e quase com as mesmas pessoas, e todos se recordavam dele com carinho, aventurei-me a ler o convite que me havia enviado um desses dias para o seminário que organizava em sua universidade intitulado "Elogio do estudo". O texto diz assim:

> Ainda quando podem parecer à primeira vista termos equivalentes, existe uma grande diferença entre aprender e estudar. O termo aprender deriva do latim *apprehendere*, que significa literalmente "capturar". A palavra "aprender" enuncia basicamente o gesto do gato que caça o rato, da polícia que pega o ladrão ou do aprendiz que se esmera para capturar um determinado saber. Na órbita dessa expressão, encontramos termos como "apreensão", "presa" ou "empresa". A palavra "estudo" provém do latim *studium*, com o significado de "empenho", "aplicação", "zelo", "ânsia", "cuidado", "desvelo", possuindo também o sentido de afeto (*studia habere alicuius*, quer dizer "gozar do afeto de alguém"). Falar de estudar algo sem agrado teria sido para os latinos um contrassenso, a tal ponto que, para dizer que algo devia ser feito por mera obrigação, utilizavam a expressão *non studio, sed officio*, ou seja, "não por agrado, mas por obrigação". Existe então uma grande diferença entre aprender filosofia e estudar filosofia, entre aprender uma língua e estudar uma língua, pois, no aprender, o acento está colocado no sujeito que aprende, suas inquietudes, seus desejos e seus propósitos, ao passo que no estudo o acento está colocado na matéria a ser estudada. Aprende-se uma língua para viajar, para empreender um negócio, para comunicar uma ideia; estuda-se uma língua por um encantamento que está mais além de qualquer utilidade. Quem estuda uma língua pode fazê-lo durante anos sem jamais chegar a dominá-la, sem jamais poder utilizá-la. A palavra "aprender" expressa o desejo de tomar algo do mundo, enquanto o termo "estudo" assinala, acima de tudo, o desejo colocar-se em relação a algo, cuidar dele e prestar-lhe atenção. Nesse sentido, é possível dizer que o estudioso

não se serve daquilo que estuda, mas que, pelo contrário, se desvela por isso, lhe dedica sua vida, passa a vida com isso.

A ideia de estudo nos remete, em primeiro lugar, a certa disposição ao mundo; como o mostra sua etimologia, a palavra "estudo" expressa uma maneira particular de se relacionar com as coisas, de ocupar-se delas, de prestar-lhes atenção e, nesse sentido, o termo possui uma ressonância anímica. É possível dizer, nos termos de Heidegger, que o estudo constitui uma *Stimmung* particular, ou seja, um particular estado de ânimo, uma forma de disposição do ânimo. Por outro lado, a noção de estudo nos remete a uma dimensão material, uma vez que estudar significa insistir sobre o mundo a partir de uma técnica determinada; isso é claro quando pensamos nos estudos de cavalos de Da Vinci, por exemplo, onde a palavra "estudo" nos dá a ideia de uma coleção de esboços, de exercícios preparatórios, de uma investigação minuciosa das formas. Estudar implica então, nesse sentido, repetir, copiar, memorizar, exercitar-se em alguma disciplina em particular que nos abra caminho ao mundo. Por último, a ideia de estudo nos remete ao arranjo de tempo, espaço e materialidade que permite e sustenta uma determinada atividade, ou seja, ao estudo como lugar no sentido em que usamos essa expressão quando nos referimos a um estúdio de cinema de arquitetura.

Se essa distinção entre aprender e estudar nos interessa a ponto de tomá-la como tema de um seminário internacional, é porque intuímos que nela está em jogo um particular modo de relação com o mundo, com o tempo e com os outros. Cremos que uma consideração paciente e minuciosa da ideia de estudo, suas formas, seus pressupostos, suas condições e sentidos, poderia nos revelar algo acerca de nossas atuais instituições educativas e nos permitir pensar sua natureza específica e o modo em que as habitamos cotidianamente.

Visto que nesses dias estava lendo Pascal Quignard,[88] completei as considerações etimológicas de Maxi recordando que tanto aprender quanto compreender têm a ver com aprisionar, com prisão, com presa, com predação e com depredação. Os aprendizes seriam, nessa lógica, predadores, e incitar à aprendizagem seria algo como excitar à caça. De fato, Quignard sustenta uma teoria da leitura que tem mais a ver com a caça que com a colheita, mais com uma atividade cinegética que de cultivo. Em ambos os casos, trata-se de se apropriar de algo, mas na lógica da caça, essa apropriação se parece com um devorar. Talvez todas as teorias da educação como alimentação tenham a ver com esse marco mental da caça e da agricultura. Daí sua relação com certa dietética da alma. Porém, aprender também tem a ver com empreender e com empresa. De maneira que o aprendiz é um empreendedor ou um empresário, alguém que faz presa em alguma coisa para apreendê-la e empreender algo com ela.

A palavra "estudo", no entanto, tem a ver com estupor, com estupefação, com algo que poderíamos relacionar com o assombro, o pasmo e a admiração. A palavra "estudo" vem de *stupere*, que significa algo como ficar imóvel. Daí sua relação com estúpido, que significa alguém que fica parado ou que é de lenta compreensão. De fato, "estudo" vem do indo-europeu *(s)teu, stup-é, stup*, que tem a ver com golpear, daí a relação fônica entre estudo e tunda, contusão ou contundente. O estudioso e o estudante seriam, então, o que fica maravilhado, admirado, fascinado, imóvel, estupefato, pasmado ante algo que o golpeia, que o paralisa.

Temos aí uma distinção no que se refere ao movimento (o aprendiz corre atrás de sua presa, enquanto o estudioso fica quieto), também no que se refere ao objeto (o objeto de aprendizagem é apropriado, devorado, e o objeto de estudo é admirado, contemplado, mantido a distância) e também talvez no que diz respeito à ênfase (na aprendizagem o acento está no sujeito, no interesse do sujeito, enquanto que no estudo está no objeto, na atenção ao objeto). E poderíamos dizer, para terminar, que no estudo a caça é suspensa, interrompida, e o que poderia ter sido uma presa torna-se algo tão assombroso que detém a fome e a transforma em amor e em contemplação. Na aprendizagem, a pessoa se apropria das coisas, ao passo que no estudo se detém diante delas, as mantém a distância e, portanto, inapropriáveis, e se enamora delas.

Alguns dos participantes se interessaram pelo evento que Maxi organizava e até anotaram as datas em sua agenda. A partir daí a conversa tratou de como poderíamos pensar sobre a diferença entre aprender e estudar uma língua, entre aprender e estudar filosofia (ou matemática), entre ser um aprendiz de cineasta ou um estudioso de cinema. De alguma forma, aprender tem a ver com fazer (se aprende fazendo ou se aprender a fazer), enquanto estudar tem a ver com suspender o fazer, a vontade de fazer e demorar-se no olhar ou no contemplar. Como se a aprendizagem implicasse um sujeito agente, ativo, impaciente, depredador e empreendedor, e o estudar supusesse mais um sujeito paciente, contemplativo, pasmado e maravilhado.

Naqueles mesmos dias, recebi um e-mail de Fernando Bárcena contando que havia conseguido que seu novo departamento universitário se chamasse "departamento de estudos de educação". Havia tido que enfrentar muitas reticências, me disse, mas lhe ajudaram "as 900 teses de Pico della Mirandola, que só queria abrir um espaço de disputa cortês entre acadêmicos estudiosos". Finalmente, contra todo prognóstico e com uma indisfarçada alegria, Fernando conseguiu que argumentos do século XV fossem impostos às doxas do presente. Como surpreso ele mesmo com sua vitória, Fernando começava sua mensagem dizendo que "para algo tem que servir pôr-se a estudar".

De fato, no exercício de Kortrijk que me tinha servido para expor o tema de minha conferência, havíamos tratado de pensar sobre o que faz que uma escola de arte seja uma escola, e a ideia que nos ocorreu é que o é sempre que admita entre seus professores pessoas que não são artistas, mas estudiosos da arte, e sempre que admita entre seus alunos pessoas que não querem ser artistas (que não vão ali como aprendizes de artistas) mas que estão interessadas na arte, ou seja, no que uma escola de arte ensina (no sentido de mostrar) e estuda (no sentido de cuidar, considerar com atenção). A partir desse ponto de vista, uma escola de educação só o seria se incluísse um departamento de estudos sobre educação, ou seja, um espaço e um tempo em que isso, a educação, as artes educativas, não é aprendida mas estudada, dito de outro modo, somente se incluir pessoas que se ocupam da educação, que se interessam por ela, de uma forma cortês, desapaixonada e estudiosa. Algo para o qual Fernando havia conseguido, pelo menos, o nome; e com o nome, sem dúvida, um certo reconhecimento institucional ao que é não um eterno aprendiz, como ele diz em um livro de sua autoria,[89] mas um eterno estudante. De fato, no prólogo que tive a honra de fazer a esse livro, já lhe dei alguns fragmentos de meu livro sobre estudar,[90] como se ambos já estivéssemos, de alguma forma, envolvidos nessa formosa tensão entre a aprendizagem e o estudo. E, como uma homenagem, enviei uma citação do livro que estava lendo:

> Na evolução das religiões, há um esplêndido ponto perverso que as faz se inverterem subitamente. Há um momento, que parece vertical, que parece irresistível, e que as faz se retirarem pouco a pouco do mundo social que elas, de todo modo, têm contribuído a organizar e a propagar. Tanto o cristianismo quanto o budismo fundaram muito cedo o movimento de retiro político, de especialização religiosa, de deslocalização dos ritos, de desnacionalização da fé, de universalização da mensagem. Muito rapidamente livraram os sacerdotes do sacrifício sangrento direto, os destinaram à não reprodução sexual dos grupos que ensinavam, impuseram os monastérios onde instalaram os homens mais piedosos na anacorese, com a castidade proibiram outro corpo a seus corpos, radicalizaram seu destino no estudo que é o mais belo estado de oração.[91]

## Da violência atencional

Durante a ceia que se seguiu à minha conferência em Valparaíso, a conversa com os rapazes e moças do Centro de Estudos de Filosofia e Infância (CEFI) continuou tal como em algumas das intervenções que ocorreram no auditório: com uma crítica genérica para a assim chamada escola tradicional, com a ideia das crianças como protagonistas ativas de sua própria aprendizagem, com a ideia do professor como quem trabalha sobre os interesses prévios das crianças e com a apelação a certa aprendizagem "natural" que se oporia à "artificialidade" própria da escola disciplinar e, como diziam os rapazes, baseada na aprendizagem mecânica de uns conteúdos afastados do que as crianças estão interessadas e, portanto, do que os coloca em movimento.

O que tinha feito na minha palestra era mudar a ênfase da palavra "interesse" para a palavra "atenção", da palavra "aprendizagem" para a palavra "estudo" e da palavra "experiência" para a palavra "exercício" (algo que no exercício de Kortrijk nos parecia fundamental para desenhar uma escola que estivesse separada das lógicas educativas da fábrica cognitiva). A partir daí havia sugerido pensar o ofício de professor como um trabalho que tem a ver com orientar e disciplinar a atenção, com inventar e propor exercícios compreendidos como "ginásticas da atenção", com converter as crianças em alunos e os alunos em estudantes, entendendo o estudo ou, talvez melhor, a "estudiosidade" como uma disposição a atender o mundo, a ocupar-se do mundo e a cuidar do mundo, ligada a coisas cada vez mais raras como paciência, demora, espera, suspensão do julgamento, lentidão, repetição, perseverança, concentração.

Naturalmente, essa perspectiva havia criado resistência em algum desses jovens que trabalham (ou tentavam trabalhar já que a maioria deles tinha empregos precários e, em muitos casos, afastados da educação), a partir de certa disposição das crianças à filosofia em que o importante não era tanto a transmissão do saber mas o cultivo do pensamento ou, dito de outra forma, o aprender a pensar pensando e dialogando. O que eles faziam, me pareceu, era inventar e propor atividades que pudessem emergir o pensamento, mas sempre a partir de assuntos e procedimentos que se ancoravam nos interesses das crianças, e talvez foi por isso que algumas das intervenções no auditório tiveram a ver com certa defesa dessa maneira de entender seu trabalho, do qual acreditaram que eu não compartilhava, ou que eu não compartilhava totalmente.

Já no auditório, e procurando com isso certa *captatio benevolentiae*, havia utilizado duas citações de dois grandes poetas chilenos. A primeira eram fragmentos de um poema de Nicanor Parra que está em consonância com uma enorme quantidade de declarações sobre a violência (e o tédio) implicadas no modo como a escola separa as crianças do que lhes interessa e lhes propõe em troca assuntos estranhos, completamente distantes do que elas são (pessoas de ação) e do que as move (uma bola de futebol):

> Os professores nos deixaram loucos / com perguntas que não vinham ao caso / como se somam números complexos / há ou não aranhas na lua / como morreu a família do czar [...] / Não tinham por que se incomodar / em incomodar-nos dessa maneira [...] / Dentição do tigre / nome científico da andorinha / de quantas partes consta uma missa solene / qual é a fórmula do óxido sulfúrico [...] / A verdadeira verdade das coisas / é que nós éramos pessoas de ação / a nossos olhos o mundo se reduzia / ao tamanho de uma bola de futebol / e chutá-la era nosso delírio / nossa razão de ser adolescentes [...] / As perguntas de nossos professores / passavam gloriosamente por nossos orelhas / como água pelas costas de pato / sem perturbar a calma do universo.[92]

A segunda citação, desta vez das memórias de Neruda, estava na linha de outra infinidade de testemunhos que dizem exatamente o contrário: que a escola teve efeitos de emancipação precisamente porque foi capaz de modificar o horizonte dos objetos habituais de interesse e de orientar a atenção para outras coisas:

> Por esse tempo, chegou a Temuco uma senhora alta, com vestidos muito compridos e sapatos de salto baixo. Ela era a nova diretora do liceu das

meninas. Eu a olhava passar pelas ruas da minha cidade com suas túnicas talares e tinha medo dela [...]. Eu a vi pouquíssimas vezes. O bastante para que cada vez saísse com alguns livros com os quais me presenteava. Eram sempre romances russos que ela considerava como o mais extraordinário da literatura mundial. Posso dizer que me embarcou nessa séria e terrível missão dos romancistas russos, e que Tolstói, Dostoiévski, Tchekhov entraram em minha mais profunda predileção. Continuam me acompanhando.[93]

Todos os participantes souberam imediatamente que essa senhora deselegante e com aspecto freirático era Gabriela Mistral e que a criança a quem deu os romances russos ainda não era Neruda, se chamava Ricardo Eliecer Neftalí Reyes Basoalto. Em todo caso, meu argumento foi que poucas crianças se interessavam "naturalmente" pela literatura russa, tampouco pela gramática, pelos números complexos ou pelos elementos da tabela periódica (essas coisas estranhas que a escola declara obrigatórias), e que não há propriamente escola se não houver certa separação atencional, se não se arrancam as crianças (por um tempo) de seu ambiente cotidiano e do que aí lhes chama a atenção e as conduz para um lugar em que outras são as coisas que importam.

Durante a ceia, a conversa começou pela relação entre interesse e atenção: se a escola tem a ver com criar interesses (e não apenas com reproduzir ou ampliar os que já existem), se os chamados "interesses das crianças" já não estão formatados pelo shopping, se o interesse se cria trabalhando sobre a atenção e a atenção se cultiva trabalhando sobre o interesse, se do que se trata (ou não) é des-autorizar, des-rotinizar e des-locar tanto os interesses quanto os horizontes atencionais com os quais as crianças e os jovens chegam à escola, se o problema com que os professores se deparam não é a falta de interesse (a apatia) e a incapacidade de prestar atenção (a distração generalizada).

No entanto, a conversa mudou de tom quando perguntei aos rapazes sobre seus estudos (todos eram estudantes de filosofia. Alguns terminavam a licenciatura e outros cursavam pós-graduação). O entusiasmo por me contar o que estavam lendo, estudando ou pensando se deu imediatamente. Paramos de discutir sobre nossas ideias pedagógicas ou sobre como entendíamos o trabalho na escola, começamos a contar histórias e a citar livros, e logo surgiu a cumplicidade. Começamos a falar de Heidegger e de Wittgenstein, de Diógenes e de Aristóteles, de como os havíamos conhecido, de nossos primeiros e últimos deslumbramentos, de como eram nossos professores, dos cursos que havíamos feito, das alegrias e das dificuldades da nossa vida de estudiosos e estudantes. Vimos em seguida que todos tínhamos um pouco de Nicanor e um pouco de Eliecer Neftalí, que na história escolar de quase todos havia muita chateação, muito tédio quando nos víamos obrigados a deixar a bola de lado e pegar os cadernos de exercício, mas também alguma Gabriela Mistral, e que foi esta (e não as intermináveis horas de tédio) a que definiu essencialmente o que somos agora. Em algum momento de nossa vida alguém colocou em nossas mãos uma bola de futebol (talvez a bola já estivesse lá, nos esperando), mas fez falta um milagre para que alguém nos fizesse descobrir um diálogo de Platão, e esse se deu quase sempre na escola ou em seu entorno (no que poderíamos chamar de o mundo tocado pela escola, o mundo escolarizado). Começamos então a agradecer (e não apenas a criticar) aqueles que haviam sido nossos mestres.

Alguém disse que uma das maneiras possíveis de construir o relato de nossa infância poderia ser fazer uma lista de tudo o que fomos descobrindo, tudo o que, destacando-se de um fundo mais ou menos indiferenciado, "chamou nossa atenção" ou "despertou nosso interesse" (uma atenção que tive de "chamar" ou um interesse que tive de "despertar"). Alguém disse que, ao fazer essa lista, certamente apareceria também uma lista complementar em que estariam todos aqueles que nos ensinaram a dirigir, a afinar e a disciplinar nossa atenção (todos os que alguma vez nos disseram: fixe-se nisto!), ou, em outras palavras, todos os que despertaram e formaram nossos interesses (os que alguma vez nos fizeram ver que havia alguma coisa que valia a pena). Recordei então as páginas das memórias de infância de Nabokov, nas quais ele prestou uma generosa homenagem à longa lista de professores e tutoras que o ensinaram a perceber e a discriminar a beleza do mundo, e como esse ensino passava pela realização de certos exercícios de atenção.

> O outono atapetou o parque com as variadíssimas cores das folhas, e Miss Robinson nos ensinou uma maravilhosa técnica. Consistia, primeiro, em ir colhendo do solo e, depois, ordenando sobre uma grande folha de papel uma série de folhas de plátano que formavam um espectro quase completo (só faltava o azul...), com verdes que passavam gradualmente ao amarelo-limão, tons de amarelo-limão que passavam gradualmente ao alaranjado, e assim sucessivamente passando pelos vermelhos até os roxos, e outra vez aos vermelhos e de novo até o verde (que resultava cada vez mais difícil de encontrar, a não ser em certos fragmentos de alguma última e valente borda), passando pelo amarelo-limão.[94]

Disse que é possível que Vladimir já gostasse das cores do parque no outono, mas que foi Miss Robinson quem fixou sua atenção com esse exercício que o obrigava a olhar melhor e mais devagar, e a demorar-se nos matizes. Algo que lhe serviu, sem dúvida, para o que seriam suas duas ocupações fundamentais: a literatura e as borboletas (ambas exigem sensibilidade para os detalhes, precisão na composição e muitíssima paciência).

Também me lembrei da contundente afirmação de Alain Bergala no prólogo autobiográfico de seu livro sobre o cinema e a escola: "[...] fui salvo duas vezes: pela escola e pelo cinema". Pela escola porque o afastou do destino que tanto seu pai quanto suas condições econômicas e sociais haviam previsto para ele. E pelo cinema porque essa "salvação" também requeria um objeto a que se vinculasse: "Com a distância, me parece claro que essa escolha do cinema como um objeto ferozmente meu, incompartilhável, era uma forma de rechaçar o que meu pai tentava me transmitir (que era o oposto do cinema e que estava do lado da caça, da pesca, da vida no campo) e escolher eu mesmo o que me salvaria".

Além disso, Bergala insiste repetidamente que, para introduzir o cinema na escola, extrai suas energias da situação dessas crianças "[...] deserdadas, afastadas da cultura, sem muitas oportunidades sociais de ir adiante sem a escola e sem um objeto escolhido para se agarrar".[95]

A escola como o lugar onde há coisas, materialidades, a que vale a pena atentar e se vincular, e o cinema como uma suspensão de espelho egocêntrico e narcisista, como a possibilidade de se conectar com algo que não é um reflexo de si mesmo, como esse objeto de interesse (ou de atenção) ao qual se apega com toda a sua força, porque intui que pode ser uma tábua de salvação.

Tive a sensação de que já havíamos perdido o medo da palavra "disciplina" e de que começamos a concordar que a educação talvez tenha a ver com "aprender a aprender" ou com "aprender a pensar", mas que também tem a ver com ensinar "alguma coisa" e com que a relação com essa coisa (com esse objeto de interesse ou de atenção) tenha algo do que já estávamos começando a nomear com a palavra "estudo". A partir daí começamos a refletir sobre a famosa frase de Kant a respeito do aprender a filosofia ou o aprender a filosofar, ensaiamos também a distinção entre estudar filosofia e aprender filosofia, e voltamos a considerar se a tarefa da escola não poderia ser nomeada como um passar do interesse (pela literatura russa, pelas cores das folhas no outono, pelo cinema, pela filosofia) ao estudo. Mas o vinho havia começado a mostrar seus efeitos, a conversa começou a se dissolver entre piadas e risos, mudanças no lugar que cada um ocupava na mesa e mostras claras de amizade e de carinho entre as pessoas que estavam ali; e todos passamos de euforia para uma certa tristeza quando precisamos abandonar o lugar, sair para a noite e para o frio e voltar para casa.

## Do estudo e da melancolia

Escrevi a crônica em Valparaíso depois de visitar uma exposição sobre o trabalho de Martín Gusinde na Terra do Fogo e ainda sob a influência de algumas discussões sobre o discurso da des-colonialidade que, de uma forma muito superficial, atravessa o discurso educativo na América Latina e tenta transformar os professores em uma espécie de militantes da identidade e, é claro, em inimigos declarados de tudo o que soa a branco e europeu. A crônica dizia assim:

Martín Gusinde havia chegado ao Chile vindo da Alemanha e como missionário em 1912. Foi professor de história natural no Liceu Alemão de Santiago. Suas expedições à Terra do Fogo ocorreram entre 1918 e 1924. Em 1860, passara por ali um tal de Thomas Bridges que recolheu 30.000 palavras de uma das línguas nativas dos Yámana e escreveu um dicionário yámana-inglês que Gusinde publicaria em 1930 e que, com certeza, estava a serviço da evangelização. Entre 1882 e 1883, estabeleceu-se uma missão científica que, certamente, tinha a ver com interesses de mineração. A partir de 1870, os europeus intensificaram sua presença na ilha onde viviam os Selk'nam a. Haviam passado por ali e se estabelecido, usando os nativos como peões, especialmente garimpeiros e criadores de ovelhas. Em 1870 havia na ilha cerca de 4.000 Selk'nam, e, quando Gusinde chegou, restavam 279. Gusinde encontrou uma cidade quase destruída, com uma cultura rota e minguada, e, além de estudar a língua e descrever os costumes, fez 1.200 fotografias, quase todas de rostos, acompanhadas do nome e da filiação do retratado. Não conta (não sabia que isso poderia interessar um dia) como os Selk'nam aceitaram o "pacto fotográfico", mas está claro que não posaram, já ninguém expõe seu rosto assim, completamente despojado de "atitude", a uma câmera.

Os homens nus com pintura corporal e estranhos gorros cônicos na cabeça retratados por Gusinde haviam se convertido em bonequinhos de pano que se vendem nas lojas de *souvenirs* com uma etiqueta que diz "figuras humanas de uma tribo desaparecida com pinturas rituais". Desde que cheguei aqui, estou cansado de ouvir de professores universitários burgueses, com sobrenomes bascos e doutorados e pós-doutorados na Espanha, que é preciso des-colonizar o pensamento. Estão, é claro, pelas "Epistemologias do Sul", e qualquer artigo que publicam é intitulado "isso-e-aquilo em nossa América". E não posso deixar de pensar que, em muitos casos, não se trata de outra coisa senão colocar certos produtos em determinados mercados.

Os cientistas, os missionários, os antropólogos, os mineiros e os fazendeiros pertenciam, é claro, à mesma raça miserável. Mas entre eles havia alguns que não se relacionavam com o mundo do ponto de vista da exploração nem do ponto de vista da conversão. Não viam nele riquezas para extrair nem seres humanos para converter. Não queriam comer o mundo, nem desfrutar do mundo, nem mudar o mundo, nem sequer viver no (nesse) mundo, mas sim estudá-lo. E estudá-lo, também, no momento de seu desaparecimento. Gusinde diz várias vezes que o que os nativos lhe mostram já tem algo de fingido, como se estivessem representando para ele o que já não está vivo neles. Diz também que os jovens já não constroem canoas como seus ancestrais, que quase esqueceram como os guanacos caçavam, como se trabalhava o couro e que o álcool está causando estragos. O único benefício que obtete de suas longas estadas na Terra do Fogo foi um doutorado em Viena em 1929 e o ínfimo privilégio de continuar sendo professor pelo resto de sua vida. Suas fotografias estiveram guardadas durante décadas nos arquivos de um instituto alemão de antropologia. Nunca viu seu livro sobre os Selk'nam publicado. Não sei nada de como e sobre o que eram suas aulas. Tenho a impressão, no entanto, de que o estudo era, para ele, uma lição de pluralidade, de humildade e de finitude, e que talvez dissesse a seus alunos que houve e há formas muito diferentes de humanidade, que nenhuma é melhor ou pior que outra e que todas são mortais.

É verdade que o estudo de Gusinde só poderia ocorrer sob as condições da colonização e que, nesse sentido, é inseparável de suas atrocidades. Não era possível uma maneira não colonial de fazer uma expedição à Terra do Fogo para estudar a língua ou os costumes daqueles que lá viviam. Inclusive essa mesma ideia de "estudo" fazia parte da bagagem cultural e ideológica europeia que Martín Gusinde trazia consigo. Mas acredito que agora é possível combater o colonialismo e suas sequelas e, ao mesmo tempo, defender algumas das coisas que foram feitas sob sua asa, e talvez hoje as fotografias de Gusinde nos permitam cultivar um olhar compartilhado para o que somos que possa ser relativamente separado da destruição e da exploração que eram suas condições de possibilidade.

Flusser diz que as coisas do mundo aparecem como temíveis, como comestíveis ou copuláveis. Mas algumas pessoas se relacionam com o mundo de uma maneira diferente, podemos dizer que "como se o estudassem", e para isso o colocam a certa distância e o olham cuidadosamente. A uma distância que sempre terá algo de triste, de melancólico. As fotografias dos Selk'nam transmitem uma enorme tristeza. Mas há uma de Gusinde, com o rosto pintado como os índios, com suas roupas alemãs e seus óculos de professor, sentado em um tronco com outros dois nativos, que usam as mesmas pinturas, seguramente pinturas de linhagem, que me impressionou especialmente. Não sei se as pinturas de Gusinde significavam que os Selk'nam haviam incorporado algumas de suas linhas de filiação, aceitando-o como um dos seus, ou se Gusinde inventou uma marca própria para representar sua linhagem de estrangeiro, mas, sim, o que sei é que era difícil dizer quem estava mais triste. Junto ao tronco, cuidadosamente deixados no chão, era possível ver um caderno de notas e um vulto preto que poderia ser uma câmera fotográfica, certamente dois instrumentos a serviço da colonização. A crônica poderia se chamar: Estudo e melancolia.

Enviei essa crônica para alguns amigos, entre eles um jovem professor da Universidade de Buenos Aires, Facundo Giuliano, de quem eu havia apresentado um livro em Barcelona há alguns meses – um livro especialmente sensível ao que poderíamos chamar de "pensamento americano"[96] – e que, como me dissera, estava preparando a edição de um livro sobre uma polêmica em torno do eurocentrismo da filosofia.[97] Além disso, com Facundo havíamos falado bastante sobre os aspectos interessantes desses confrontos sobre o multiepistêmico e multicultural que surgiram nos últimos anos a partir das posições teóricas e políticas feministas, pós-coloniais, pós-marxistas, etc.; mas também sobre como essas discussões, muitas vezes antidisciplinares e antiacadêmicas, se converteram em disciplinas tão universitárias como as outras; sobre como o projeto dos *cultural studies* havia se convertido em outra flâmula de engajamento acadêmico, em uma série de mercadorias *low-cost* em um mercado intelectual cada vez menos exigente, no qual às vezes a legitimação passa só por se apresentar como defensora de uma causa; e inclusive sobre como a ênfase nas diferenças funcionava frequentemente como uma forma de desviar a atenção das desigualdades. A questão é que Facundo me respondeu enviando o que chamou de "algumas notas à margem" de minha crônica. São as seguintes:

1. Um americanista ou "nosso americanista", portanto, um nostálgico de certa identidade pode se sentir ofendido. E é bom que seja assim. Mais ainda neste tempo,

com sua lógica multicultural do capital e seus fundamentalistas do "ar condicionado" (como uma conhecida banda de rock local reza em seu nome). Esses "progressistas" também devem ser combatidos. Embora possam ser aliados circunstanciais em alguma luta pontual, sempre acabam jogando pelos interesses do capital. E se multiplicam como uma manada amorfa, lassa, tíbia e "bem-pensante".

2. Dito o anterior, o que o texto delineia de maneira bonita é aquilo que poderíamos chamar de "vontade de estudar". Já não de saber, especificamente e de acordo com determinados padrões estandarizados de um conhecer que sempre terminaram por desvalorizar outras formas de conhecer e, portanto, outras formas de estar-aprendendo. Ou já não de saber como diretamente relacionada ao (à colonialidade do) poder.

3. Nós temos que estar contra os novos particularismos "Nossa América" e "Epistemologias do Sul". Novas marcas, novas modas, sociologias da vez e filosofias essencialistas de um novo (ou milenar) ser americanista, o que melhor para instalar a estúpida correção política como uma nova forma de racismo? Até um fascista estaria de acordo. O grande Frantz Fanon estaria pegando em armas agora mesmo. Claro que é importante para "descolonizar o pensamento", e é o que fazemos, em maior ou menor grau, quando nos nasce um pensamento de atrito dessa experiência leitora, necessariamente promíscua, enquanto se encosta em e com diferentes lócus de enunciação: da América Latina à Europa, e vice-versa, para citar algum exemplo. Ou não se des-coloniza o pensamento daqueles que pensam, como você, junto a Jacques Rancière e Manoel de Barros? Talvez seja por isso que as epistemologias fronteiriças de Mignolo acertam em cheio. Não se trata de um novo lócus de enunciação, mas de nos darmos conta de que já não podemos mais ser os mesmos, que nascemos (e pensamos) no meio do atrito do sul com o norte e do leste com o oeste.

4. Um novo aporte. Na época em que transcorre seu relato, o Chile já havia passado por sua independência. A colonização formalmente terminou, não assim a colonialidade (ou colonialismo sem colônias). É isso que o seu texto deixa ver claramente: a colonialidade (do poder, do saber e da subjetividade) em sua tripla dimensão, continua operando e produzindo catástrofes. Uma redução e extermínio de uma população de 4.000 habitantes que no espaço de quase 40 anos foi reduzida a 279. Já não importa de que tribo eram, mas sim que simplesmente estavam, até que a lógica da modernidade (que não se pode pensar sem a colonialidade como sua face oculta) em nome do capital, certa episteme ou o imperativo que lhe ocorra os explotou e/ou exterminou.

5. A melancolia de Gusinde, a de seu estudo, é, talvez, a de quem habita uma paisagem devastada por cientistas, pelos missionários e/ou antropólogos, pelos mineiros ou oligarcas, ou toda essa raça miserável à qual deveria sentir-se completamente alheio. Queria estudar o que estava desaparecendo, as ficções identitárias que permitiam aos que puderam continuar vivendo ou continuar fingindo viver

nas ruínas de uma existência alcoolizada que já não permite sequer a lembrança dos ensinamentos de seus antepassados. Em suma, estudar o que não estava mais, estudar o que restou depois de uma razia que não admitia exceções e que, se distinguia formas diferentes de existência, as colonizou-espoliou-explotou em nome do progresso.

6. Talvez por isso seu estudo e, quem sabe, seu ensinamento: uma lição de pluralidade e finitude gravada sobre imagens inapagáveis que ainda ressoam e se dizem neste relato: houve e há formas muito diferentes de humanidade, nenhuma é melhor ou pior que outra. Mas esse ensinamento ainda não foi aprendido. Por isso esse relato, essas notas à margem, o estudo e a melancolia. E sim, apesar de todos morrermos igualmente.

7. Eu lhe convido a Fanon, em *Pele negra, máscaras brancas*:

A descoberta da existência de uma civilização negra no século XV não me acrescenta um ápice de humanidade.

O indochinês não se rebelou porque descobriu uma cultura própria. Mas porque simplesmente era impossível, em mais de um sentido, respirar.

Não é o mundo negro que me dita o comportamento. Minha pele negra não é depositária de valores específicos.

Descubro-me um dia em um mundo onde as coisas vão mal; um mundo em que me exigem que eu lute; um mundo em que é sempre uma questão de aniquilamento ou vitória.

Descubro-me em um mundo em que as palavras beiram o silêncio, em um mundo onde o outro, interminavelmente, endurece.

Não tenho o dever de ser isso ou aquilo...

Devo lembrar em todo momento que o verdadeiro salto consiste em introduzir a invenção na existência.

A densidade da História não determina nenhum dos meus atos. Ao superar os dados históricos, instrumentais, introduzo o ciclo da minha liberdade.

Meu último pedido: Oh, corpo meu, sempre faça de mim um homem que interroga!

## De ações e retrações

Antes de chegar a Valparaiso, enquanto desfrutava de alguns dias de descanso nos Lençóis Maranhenses, tive uma troca apaixonada de mensagens com dois amigos sobre como estavam vivendo os acontecimentos políticos que ocorriam naquele momento na Catalunha. Para minha surpresa, um deles se meteu até as orelhas no que estava acontecendo, no fervor da rua, no turbilhão dos acontecimentos. O outro permaneceu distante, embarcado no que ele mesmo chamou de "vertiginosas viagens imóveis". E eu me coloquei a uma distância que algumas vezes me atrevi a chamar de "estudiosa" e que estava condicionada, sem dúvida, pela óbvia distância física. Como foi em Valparaiso que essa tensão entre "fazer", "aprender" e "estudar" apareceu em primeiro plano das minhas conversas, e como foi também ali que insisti naquilo da escola como uma separação do mundo que nos dá uma relação diferente dele (que o coloca a essa justa distância que torna possível o estudo), resolvi elaborar essa troca epistolar com a ideia de usá-la como "matéria para pensar". Em qualquer caso, creio que essas mensagens cruzadas dizem algo dessa distância e dessa relação, dessa tensão entre o ator e o leitor, entre o ativista e o estudioso, entre o participante e o espectador, que não pode ser tomada apenas como uma oposição entre dois tipos de pessoas, mas como uma tensão que habita em todos nós. Como se isso que chamamos de "mundo" fosse, por um lado, isso em que estamos implicados e complicados, isso em que estamos "dentro" e também, ao mesmo tempo, que somos capazes de pôr a distância, isso de que às vezes nos retiramos e no que nos sentimos estranhos. E como se algo que tivesse a ver com a escola aparecesse nesse vaivém entre nossas atrações e nossas retratações.

A primeira mensagem de meu amigo "comprometido" dizia coisas como estas:

> Impossível ser sensato e, ao mesmo tempo, sentir o prazer de admitir, uma vez mais, que não é necessário sê-lo. Há tal explosão de júbilo e de raiva que se torna inumano – frígido – não se deixar contagiar. Como pode imaginar, já não penso a partir de – nem com – nenhuma racionalidade política, quer dizer, essas que invocam o direito a não sei o que e que colocam como sujeito da ação ou como objeto da opressão a não se sabe muito bem que povo. Nesse lugar (oéoéoé...) há algo que cala até os ossos (desculpe-me por saber dizer melhor). A de ontem foi uma dessas jornadas onde tudo parece distinto: de repente você se percebe generoso, disposto, amável, tolerante, atento, loquaz... já sabe. E no final esgotado e com vontade de sair correndo. Necessitaria que estivesse aqui e que pudéssemos meter nossos narizes em algumas – só algumas – dessas coisas, para ver no que dá. E apesar de tudo celebro a distância – física e emocional – em que se encontra. Por outro lado, sei que em muitas coisas tende a se colocar assim, a alguma distância, e isso gera certa sabedoria e lucidez, mas, isso sim, sem excluir a ternura!

Minha resposta dizia:

Já sabe que eu sigo os acontecimentos com uma mistura de indiferença e preguiça. Alegro-me com essas interrupções da normalidade em que uma pessoa sente (e sente os outros) de outra maneira. Mas a mim não me emociona. Sobre a distância deve ser coisa de professor, já sabe: o velho motivo da vida teórica, contemplativa, da vida estudiosa. Aquilo de que, entre todas as posições, a melhor é a de espectador (Hannah Arendt lendo Platão): os atletas competem, os comerciantes fazem dinheiro, os hedonistas desfrutam (ou sofrem) e os filósofos se mantêm à distância, olham e aprendem. O que é preciso tomar cuidado, isso sim, é que olhar não seja "de cima" e não perca a perplexidade nem a capacidade de se emocionar (a ternura, como você diz). O que acontece comigo é que eu olho para o mundo como o estudando, embora haja coisas que nem sequer valem para o estudo, ou que para mim, pelo menos, "não me deixam". Lembrei-me também que Agnès Varda conta que quando aconteceu maio de 1968, ela estava de férias (não me lembro se na Normandia ou os Estados Unidos) e que o perdeu. Agradou-me isso de que nos momentos "históricos", esses em que todo mundo quer "estar lá" ou inventa "ter estado lá", ela estava em outro lugar. Tudo isso só para lhe contar, e para responder (modestamente a partir de fora) ao que me conta de se "deixar levar" e que, é claro, me comove. Teremos tempo para conversar sobre tudo isso, talvez na ressaca. Nesses dias li num livro de Eduardo Viveiros de Castro, um antropólogo que está em destaque no Brasil, sobre os imaginários do "fim do mundo" e, francamente, tenho a sensação de que estou pensando mais no fim do mundo do que em qualquer tentativa de criar um novo país. Deve ser a idade.

E outra vez meu amigo:

"O que acontece na Catalunha" é, claro, algo pouco claro, muito tenso, composto de elementos muito heterogêneos. Mas o que importa para mim é que inesperadamente (sem comer ou beber) chegou um momento em que já não se trata do que acontece na Catalunha, e sim, não sei como dizê-lo, do que acontece "em" e "entre" cada um de nós. Já comentei com você que, apesar do meu mais altíssimo grau de mobilização, vivo tudo isso em um registro, com e a partir de uma sensibilidade e racionalidade, que não são "políticos"; e não o são porque me vejo empapado por sensações e sentimentos que não podem conjugar-se em termos nem de "direito" (a não sei o quê) nem de "sujeito coletivo" (aglutinado com não sei que ideologia) nem de "objetivo a conseguir". Não sei o que te dirão outras pessoas, mas eu não posso viver isso a partir de fora, não posso "contemplá-lo": me arrasta, me exige, me transtorna, e nem sequer sou capaz de dizer claramente o que penso, o que sinto ou o que acontece comigo. Obviamente, não pretendo nada parecido com lhe manter atualizado, mas é como quando a pessoa se vê surpreendida por um amanhecer ou um pôr do sol e quer, acima de tudo, compartilhá-lo. Em todo caso, há uma força tão incontrolável, aloucada e generosa como imprevisível e efêmera; uma força "ignorante" que talvez não possa, ou não saiba, ou não queira estar muito tempo à espera dos acontecimentos e que, melhor ainda, talvez, seja capaz de propiciá-los e desencadeá-los, deixando na sarjeta tanta gravata, tanto cientista político, tanto diálogo, tanta mediação e tanta estratégia. E quando isso se passa conosco, nossa derrota será totalmente merecida e terá valido a pena estar aí no meio porque com ignorância teremos feito da independência não um objetivo a alcançar mas uma ação a desdobrar e verificar. Lembra-lhe algo?

Por outro lado, são dias em que não posso evitar o sentimento de ser um cara complicado e absurdo ao mesmo tempo; constato como as mentiras se converteram em moeda oficial do discurso político e, no entanto, continuo apegado a tudo isso. Escuto as pessoas esgrimindo argumentos, posicionando-se aqui ou ali, e digo a mim mesmo que devo passar, que não tenho que intervir, que "pobrezinhos"... mas, "ao mesmo tempo", constato que sou exatamente igual a eles, talvez mais covarde e menos lúcido, e apesar de tudo me descubro às vezes escutando "a partir de cima", e isso me dá raiva e não sei como deixar de fazê-lo.

A melhor coisa é que o outono já se instalou por aqui e que as cores e as folhas caídas dão aos caminhos um ar diferente. Pego a moto, levanto a viseira do capacete para que a umidade me bata em cheio no rosto e chup, chup, chup... Em muitas ocasiões, cada vez que passo pelo mesmo lugar, descubro um caminho novo.

E outra vez, eu:

Aí sim, querido, aí sim reconheço o Mestre Ignorante, e a varão frágil, e essa mescla de ceticismo e vitalidade com que fazíamos o limbo. Claro que me lembra algo. Lembra-me a política da igualdade, e me lembra Bataille, e me lembra você. É aí que lhe vejo e onde quero lhe ver ou escutar... ou onde lhe quero sem mais. Só fui capaz de lhe recordar alguma "bibliografia" compartilhada, mas você pôs o dedo na ferida, como sempre. Já sei que desculpará minhas estúpidas lições de ceticismo e isso de que o limbo está mais na inação e na desmobilização. Porque no limbo também está a vitalidade pura, e o porque sim... Essa mistura de que tanto gostamos de esbanjamento e desesperança... Talvez a frase de Pasolini, "Uma vitalidade desesperada". Para continuar com a bibliografia (e sem nenhuma vontade de dar lições), lhe direi que ando lendo nesses dias, de uma historiadora discípula de Foucault, Arlette Farge, especialista no século XVIII francês, um livro sobre "o povo e o popular" que tem capítulos intitulados "Da violência", "Das emoções", "Da opinião", "Do sofrimento", e que eu relaciono com o que me chega daí. Existem diferenças entre os que fazem a história e os que a padecem (isso também aprendemos com Ferlosio), e os seres humanos somos ao mesmo tempo agentes e pacientes de nossos próprios destinos, em relação ao que costumamos ser bastante cegos. Também outro dia li uma coisa sobre como Guattari e Deligny lutou em 1968 porque o militante (Guattari) e o eremita (Deligny) não puderam entender-se em um momento que também requeria, segundo alguns, tomar posição e participar ativamente. Você se lembrará do que dizia Gato Pérez, aquilo de que há de ter um pé na rua e outro na biblioteca, e a cabeça no meio. Creio que nós andamos assim, e é por isso que tropeçamos, e às vezes nossas cabeças giram e nos sentimos tontos. O que acontece é que, hoje em dia, você deixou-se ir, e eu, que estou longe, passei a me lembrar de você como bibliografia. Somos animais de livros e de rua, embora nem sempre frequentemos os mesmos livros nem as mesmas ruas. Além disso, o que nos acontece é que, para os que vivem da biblioteca, somos muito rueiros, e para os que vivem da rua, demasiado livrescos. E assim vamos. De qualquer forma, me alegra saber que anda de novo com a moto, por essas vinhas outonais, respirando a umidade da tarde e descobrindo novos caminhos. Vontade de voltar a falar de livros e de filmes, e dos filhos, e de quão insuportáveis estão os jovens, e do pouco que nos agrada o rumo das coisas, e criticar o governo (seja ele qual for). Conversas de velhos, vamos lá.

E mais uma vez ele:

> A "bibliografia" de que fala não é para mim algo estranho a nossas vísceras e nossos sentidos. Não percebo nunca nada de "livresco" em seus gestos e em seus passos. Sinto, isso sim, que algumas das coisas que lemos (ou escutamos ou vemos) ficam "encarnadas/incorporadas" até fazermos ser (perceber, reagir) tal como somos. O desses dias foi, para alguns, um furacão. A mim foi-me apresentado como irresistível e por isso me deixou pouquíssima margem de escolha. Mas entendo que tudo isso pode ser vivido de outra maneira. Estou terminando o último romance de Paul Auster: quase 1.000 páginas lidas às vezes com devoção e outras vezes com paciência. São quatro histórias de mergulho na adolescência em que o personagem é o mesmo, mas algumas circunstâncias são diferentes e, consequentemente, sua subjetividade vai tomando algo assim como relevos particulares. Impossível não pensar como seria a minha de não haver lhe conhecido, ou se meus pais houvessem tido uma dura velhice, ou se eu não tivesse comprado em Paris aquele primeiro saxofone. Há nesse romance algo que para mim é interessante e enigmático: explorar a tensão entre o que se é e as circunstâncias que o converteram nisso que é.

O outro dos meus amigos, o não mobilizado, escreveu-me o seguinte:

> Vivo essa situação em várias camadas ou estratos. Por um lado, há uma camada primária, arcaica de inquietude: o animal que sou percebe a tensão circundante e ativa certas respostas que têm a ver com o medo de que possa desatar-se certa violência incontrolável. As bandeiras, e o que se pode perpetrar amparando-se nelas, é algo que sempre me deu medo e que rechaço visceralmente. Houve vários dias em que a tensão acumulada era palpável nas ruas, como uma força telúrica, e era impossível não se deixar contagiar por essa imantação. Por outro lado, tudo isso me provoca um enorme tédio, uma sensação de esgotamento e de previsibilidade: os atores de ambos os lados estão desenvolvendo uma partitura já escrita, e essa sensação vem reforçada pela estranheza que em mim desperta todo tipo de pulsão identitária. Não sou nem neutro nem equidistante (uma posição agora punida por ambos os lados), mas estou existencial e "ontologicamente" à margem desse eixo que não termino de entender, talvez porque não percebo essas emoções dentro de mim. Outra camada tem a ver com a sobreposição entre a realidade e a ficção, ou melhor, com a forma como a ficção ingressa no tecido da realidade e o contamina, desrealizando-o. O que acontece esses dias aqui tem algo disso: uma ficção

pré-fabricada e consensual que de alguma forma racha o cotidiano e nos faz viver em um mundo de fantasia demente cujas manifestações podem chegar a ser muito sem graça. É a sensação de habitar uma hiper-realidade enlouquecida, corrompida, uma falha de sistema da realidade consensual (habitualmente mais plana). E, finalmente, a sensação de que o que importa passa em outro lugar, talvez como sempre. Além disso, como bem sabe, após a revolução nós estaremos igualmente esmagados.

Para me distrair um pouco, estou lendo ficção científica. Outro dia terminei *Clãs da lua alfa*, de Philip K. Dick. Em uma época remota, a Terra envia seus loucos a uma lua de um sistema estelar distante. Há um conflito intersideral, e os terráqueos perdem o contato com a lua durante 25 anos. Após esse tempo, eles enviam uma equipe de psiquiatras para ver o que aconteceu. Os loucos se organizaram em clãs e cidades-estados em função de sua patologia: a cidade dos maníacos, a cidade dos esquizofrênicos, dos obsessivos-compulsivos, dos depressivos. As coisas mais ou menos funcionam e a vida é suportável. Quando os psiquiatras desembarcam e lhes oferecem a "cura", os dementes da lua alfa respondem com hostilidade e declaram guerra à Terra e à normalidade. A princípio você se identifica com os "loucos", mas eles também são violentos e têm seus marginais e excluídos, suas hierarquias e ambições. Ambos os lados exibem sua legitimidade e o conflito aberto irrompe. Como a realidade tinha sido contaminada pela ficção, não pude deixar de estabelecer um paralelismo por demais óbvio com os dias de hoje. Cada qual com sua loucura e com sua ficção construída. A vida, como sempre, em outra parte, mais além da "emosfera" do simulacro consensual.

Assim, se somo a inquietação, o tédio, a saturação e minha habitual anacorese emocional em relação a todo tipo de movimentos coletivos impulsionados por abstrações pré-fabricadas e interesses econômicos apenas dissimulados, me resta um ruído de fundo execrável onde às vezes custa respirar e se encontrar, de puro cansaço, e porque tudo está montado para que seja impossível subtrair-se do que está acontecendo. Mas nada grave: estou farto, mas bem. Tenho reservas inesgotáveis de felicidade para cruzar qualquer deserto. Espero que esteja bem e que respire ar não contaminado. Sei que o fará. Eu tento sobreviver ao presente, a partir dessas vertiginosas viagens imóveis.

Não sei muito bem o que dizem esses intercâmbios epistolares. Tampouco sei muito bem se faço bem em transcrevê-los aqui. Mas talvez digam algo de como estamos constituídos por esse vaivém de atrações e retrações, por esse ir e vir entre a vida (seja isso o que for) e os livros, entre o nos sentirmos levados e o nos pormos a distância. E de como a palavra (a boa, a da biblioteca, e não a dos telejornais) permite comprometermo-nos com o mundo e ao mesmo tempo retirarmo-nos dele, e ao mesmo tempo vivê-lo com mais lucidez e mais intensamente, e ao mesmo tempo imaginá-lo de outro modo, e ao mesmo tempo compartilhá-lo com os amigos. Essas coisas talvez não tenhamos aprendido na escola, mas sim graças a ela.

Em qualquer caso, como com Fernando e com Antonio havíamos feito esse programa de rádio (o mais inútil e o menos edificante da radiodifusão europeia) chamado *Palavras desde el limbo* [Palavras do limbo], não resisti à tentação de enviar a ambos um dos cortes que costumávamos usar e que diz assim:

> Todos os homens cumprem tarefas triviais e gastam o tempo em ocupações menores. Uns se entregam às palavras cruzadas, outros ao golfe, outros ao comércio, outros à guerra, outros a caminhar aos pulinhos evitando pisar nas linhas entre as lajotas. Essas pequenas distrações preenchem todas as ordens de atividade humana. Também o artista, o filósofo ou o mártir dedicam-se a preencher inutilmente um vazio. Alguns construíram a Acrópole, outros colecionaram cartões comerciais, outros escreveram enormes e sisudos tratados de ética ou de estética, outros sempre cultivaram o mesmo horto, outros lutaram por seu país ou para a liberdade de todos, outros se dedicaram a criar os filhos ou a jogar ludo, outros conquistaram a lua. Mas cuspir de uma ponte ou fazer-se crucificar no Calvário não são outra coisa senão passatempos. E no limbo aprendemos que nenhum dos nossos atos, por mais importante que pareça, tem mais justificação ou mais fundamento.

## De professores silvestres

O livro estava em um armário do apartamento que Walter O. Kohan havia me emprestado para minha estada em Buenos Aires. Assinava-o o sempre provocador e interessante Estanislao Antelo e o título, *Pedagogías silvestres* [Pedagogias silvestres], me pareceu, à primeira vista, muito atraente.[98] Quando vi de que se tratava, coloquei-o na mochila e levei-o comigo para olhá-lo com calma nos tempos livres que eu desfrutava nos cafés da cidade. O livro consiste em uma série de conversas sobre o ofício de ensinar com um elenco de extraordinários professores de música, de culinária, de artes, de dança, de humanidades, de ciências, de arquitetura... que compartilham seu espírito artesão, entusiasta, pouco ou nada domesticado pelos padrões pedagógicos ao uso. Já no prólogo, Estanislao os chama de "artistas, artesãos e artífices" da transmissão e da formação; coloca-os explicitamente fora das competências, das tecnologias de informação e comunicação (TIC), da neurociência, da educação emocional e dos outros tópicos ascendentes da pedagogia; coloca-os também num certo afora ou numa certa heterodoxia em relação às instituições que às vezes, nem sempre, os abrigam; e sugere que são outras, e talvez mais interessantes, suas travessias, suas experimentações, suas preocupações, assim como suas maneiras próprias, singulares, de pensar, de dizer e de fazer. Afirma também que "são, no melhor sentido, livres", que "a maioria deles nunca fez um curso de pedagogia", que o que colocam em jogo é "a marca pessoal, a singularidade de cada estilo e a demanda de autonomia", coloca seu trabalho, da mão de Sennett, como um exemplo de trabalho artesanal, desse que supõe que "fazer as coisas bem pode nos transformar em pessoas melhores", sublinha que "não fazem julgamentos sobre o trabalho dos outros", que "se animam a prescindir da tutela da capacitação" e assinala que gostam de falar com outras pessoas sobre seu ofício, porque sabem que "ninguém o faz sozinho" e que "os pares se contam e a generosidade é um talismã".

Escrevi imediatamente a Estanislao para propor-lhe uma conversa durante a semana que estaria na cidade e, como não foi possível, pedi que me permitisse, pelo menos, conversar com seus mestres silvestres, isto é, citá-los e parafraseá-los amplamente, colocando suas palavras, explícita ou implicitamente, em relação com o que eu mesmo andava anotando durante minha viagem sobre o que estava acontecendo comigo e me fazia pensar sobre o ofício de professor. Destacarei então os motivos que, no sentido musical da palavra, me parecem que consonam ou ressoam melhor em algumas dos assuntos deste livro.

O primeiro motivo é o do amor. Todos eles, diz Estanislao, "estão apaixonados pela atividade que ensinam", confessam "o amor ao que fazem" e nomeiam seu ofício como uma espécie de transmissão do amor. Adriana Astutti, por exemplo, editora e professora de literatura, diz:

> Me sai uma coisa de contagiar fervores. Não creio nos sistemas na arte. Pode-se ensinar história da arte e uma quantidade de coisas e tenta-se ser muito rigoroso, mas para mim o objetivo é cumprido se dou um seminário sobre Levrero, Lispector ou quem seja, e saem três que vão ler a obra inteira. Essa coisa de contagiar um amor. E é que se tenta ensinar coisas que lhes agradam muito.[99]

Ou Alejandro López, artista e professor de arte, que, perguntado sobre como começou a pensar que poderia ensinar, transmitir algo a alguém, responde: "Vejo isso como parte do entusiasmo que me gera o conhecimento, e a partir desse entusiasmo necessito aprofundar na aprendizagem, e então ensino. A melhor maneira de aprender algo é ensinando-o".[100]

E um pouco adiante:

> Para mim parece que estou fazendo sempre a mesma coisa, porque, em último caso, é mostrar, é ensinar, no sentido de mostrar para compartilhar a experiência com os outros. Tudo o que aprendo – devo ser exibicionista – tendo a querer compartilhar, a querer mostrar, e, bem, aprendi literatura e em qualquer momento vou abrir minha oficina de pintura e, certamente, em algum momento mostrarei canto.[101]

Ou José Emilio Burucúa, professor de história, quando perguntado sobre o que gosta de ser professor:

> É tão evidente que se torna difícil. Sim, me dá muitíssimo prazer dar aulas. É um desafio que se tem de poder transmitir de forma clara, comunicável, o

que li, o que estudei. Isso é bom, sempre. Gosto de estudar, gosto de ler, gosto de aprender, então o fato da educação do outro me parece que é como uma verificação fortíssima de que o que está aprendendo, está aprendendo bem [...]. Se não se sente gratificado por isso, é porque é uma pedra.[102]

Os professores silvestres não apenas amam o que ensinam, e por isso o transmitem, mas é a própria transmissão que os faz aprender. Como se o professor, ao ensinar, não apenas tivesse a oportunidade de voltar repetidas vezes ao que ama (aquilo de que o professor não lê mas relê), mas que deixasse ele mesmo se inspirar pela matéria de estudo no momento em que a torna pública, em que a entrega aos outros. Outra vez Adriana Astutti: "Eu não escrevo as aulas, isso tem a desvantagem de que sempre me sinto muito estressada na hora de dar a aula, e ao mesmo tempo nunca dou aulas iguais. Penso muito durante a aula, me ocorrem coisas. É como voltar a fazer uma leitura dos textos. Nas poucas vezes em que tenho uma aula já feita, já escrita, me aborreço muito".[103]

Em relação ao amor (ao que se aprende, ao que se ensina e ao próprio fato de ensiná-lo), há quem chega a formular a ideia de uma espécie de corrente de amor, o que poderíamos chamar, talvez, de cadeia da transmissão, que converte o ofício do professor em uma espécie de agradecimento ao que nós mesmos recebemos. Porém um agradecimento que não se exerce tanto para aqueles que eram nossos mestres mas para aqueles a quem tratamos de transmiti-los para que, na sua vez, o passem para os outros. Rosario Bléfari, por exemplo, cantora de rock, atriz e escritora, diz assim:

> Com o tempo, uma das formas que encontrei foi explicar à pessoa como se ela fosse ensinar a outrem. Digo-lhe: "Olhe, vou lhe explicar como se você o tivesse que transmitir", porque me parece que é quando se presta atenção, quando pensa no que tem que passar [...]. Se a pessoa se colocar em um lugar de recepção absoluta, não de transmissão, a bagagem é muito pesada. Então você tende a se fechar e colocar distância. Por outro lado, se lhe digo: "Aí vai, para que o passe a outro', você diz: "Ah, vamos ver como é...", como que se desliga de certo peso e ao mesmo tempo se carrega de uma responsabilidade mais saudável que a de depositário [...]. Parece-me que isso acende uma paixão também, a ideia de poder transmiti-lo [...]. Nesse momento crê nisso, deixa o eu de lado e pode receber.[104]

O segundo motivo, muito relacionado com o amor, tem a ver com estar interessado e com despertar o interesse, aquilo que às vezes se nomeia como ter vontade e dar vontade (seu contrário seria o desânimo) ou como sentir desejo e fazer sentir desejo (seu contrário seria a apatia). Isso que também tem a ver com certo estar em movimento, com certa co-moção, sem a qual tanto o professor quanto o seu estudante têm algo de falso, de fingidos, de fazer "como se". Como diz o samba de Nelson Sargento: "Ela finge que me ama, e eu finjo que acredito", que traduzido seria algo como você finge que aprende, e eu finjo que ensino, ou você finge que está interessado, e eu finjo que me interessa... e nada acontece nem com você nem comigo, e nada acontece de mim para você nem de você para mim. Marysol Mediavilla, por exemplo, compositora, cantora e professora de música, diz que é preciso renunciar quando se perde o desejo de ensinar, que não é bom permanecer em um lugar quando se esgota o desejo, que as crianças notam isso, que quando se perde o desejo não se pode transmitir nada, nem pode pedir nada aos alunos. E diz o seguinte:

> Quando estou convencida de que o que tenho para compartilhar é bom, é importante, que tenho vontade de pensar com os outros, de experimentar com as crianças, de criar, por conseguinte, estou com isso, estou plantada... se a coisa não funciona de todo na sala de aula, aí é onde penso que há uma parte de interesse, de vontade, de esforço que tem que vir do outro lado (das crianças) e que, se não há resposta, é preciso encontrá-la [...ou], se é necessário mudar o rumo ou a maneira. Às vezes nos tornamos cúmplices do desânimo (professores e alunos) e rapidamente percebemos que, entre fantasmas, não podemos pisar em lençóis.[105]

E um pouco adiante:

> Incomoda-me a apatia, o desânimo, a falta de desejo próprio e alheio. Mas são coisas diferentes. A falta de desejo e o desânimo às vezes passam. E se não passam, mudo de lugar ou tento fazer com que também eles mudem de lugar. Mas a apatia e a indiferença parecem mais sérias, me irritam um pouco mais. Porém me reconheço provocadora por natureza, razão pela qual, diante da indiferença, certamente algo ocorre comigo para provocar até mesmo o desprezo. Mas eu prefiro isso. Incomoda-me fazer como se... e na realidade não estar fazendo nada. Por isso às vezes eu renunciei. Mas percebo que muitos de meus colegas agem como se... quando na realidade têm menos vontade do que eu de ocupar o lugar que ocupam.[106]

Também Paula Sibila, professora de antropologia, fala da generalização do desinteresse e, especificamente, de seu próprio assombro, porque as pessoas não parecem especialmente preocupadas com sua ignorância e não só não sabem mas sentem um certo orgulho em não saberem, por não lerem, por não estarem muito interessadas em nada. Paula, que escreveu um livro sobre educação,[107] relaciona isso com a facilidade oferecida pelas redes e consagrada por atitudes consumistas, mas também com a evidente crise de legitimidade das instituições educativas. E é nessa lógica em que introduz a noção de dispersão como um modo de estar no mundo que não é, como se diz, patrimônio exclusivo dos jovens nem, é claro, só está ligado às novas tecnologias. A dispersão e a ansiedade que isso implica têm a ver com:

> [...] o fato de que tudo esteja cortado e fragmentado por inúmeras demandas ou distrações, o que faz que não sejamos capazes de nos concentrarmos em nada durante muito tempo [...]. Se pensarmos na dispersão, por exemplo, descobrimos que conspira absolutamente contra o dispositivo pedagógico. Pensemos na típica cena da professora clássica dizendo ao aluno, como uma repreensão perfeitamente lógica: "Você está distraído, por isso não entende, preste atenção!". Mas como fazer o menino prestar atenção agora, quando provavelmente já não somos capazes de prestar atenção do mesmo modo de algum tempo atrás? Além disso, indo ainda mais fundo, o que significa prestar atenção? Uma pergunta que não é óbvia, especialmente se a pensarmos historicamente [...]. E as perguntas não terminam aí. Primeiro, é possível? Segundo, é desejável? Com isso me refiro ao que queremos fazer com essa atenção, para que a convocamos e insistimos em suscitá-la nas reticentes crianças de hoje.[108]

E um pouco além, depois de falar do que corrói a escola e a atenção contemporânea (o consumismo, a ideia de êxito e fracasso, a necessidade de triunfar custe o que custar, a influência do midiático) e perguntada por Estanislao sobre o que fazer com tudo isso, formula uma ideia interessante da escola como resistência e como refúgio.

> A escola como instituição teria que resistir. Creio que se ainda há algo que a sustente e em que teria que se apoiar é essa potência: tentar que, pelo menos, seja um espaço alternativo, que vá na direção oposta ao puro jogo do mercado, da conexão, do midiático, do consumismo e do marketing. Que seja pelo menos um catalisador de certa igualdade, que possa funcionar como um refúgio no qual todos tenham o direito de participar de certos encontros e diálogos.[109]

O terceiro motivo, também relacionado, é claro, com o amor, com o interesse e com a atenção, é o do ofício de professor como consistente em abrir o mundo ou, talvez, os mundos. A mesma Marysol Mediavilla que citei anteriormente diz:

> Tenho sempre a sensação de que não tenho nada para ensinar. Acrescentar o mundo sonoro que rodeia uma pessoa, enriquecê-lo com tantíssima música e vozes no mundo, creio que essa é uma das chaves... mas também o próprio canto torna-se um silêncio profundo. E de um silenciar, de vez em quando, esse universo que soa quase todo o tempo. Silenciá-lo e silenciar-se para poder escutar.[110]

E Gabriel Senanes, também músico e professor de música (além de médico e jornalista):

> Creio que há uma espécie de pasto musical que, cada vez mais, considero imprescindível tanto para professores quanto para alunos. E que tem a ver com estar em contato com a matéria sonora [...]. Qual docente de música faz falta? Alguém que continue apaixonado pela atividade que ensina. Um músico em atividade, que prolongue a música por outros meios na docência, para o qual a classe seja uma janela de tempo em sua vida ativa, um segmento dessa reta que havia antes, está durante e está depois da aula, e que é seu estar sendo músico.

Mas é Javier Trimboli, historiador e professor de história, quem distingue essa operação de abrir mundos tanto do domínio (do mundo) como da simples instrução em formas de vida. Em um parágrafo de claras ressonâncias arendtianas e salpicado, além do mais, de exemplos de sua própria prática como professor, escreve:

> Parece-me que a tarefa do mestre e do professor atinge certo ponto de realização, de eficácia inclusive, quando consegue mostrar um fragmento de mundo aos alunos, quando consegue colocá-lo diante de seus olhos e, desse modo, ensiná-lo. E se desvirtua quanto mais se afasta disso [...]. Mostrar o mundo e fazê-lo de tal forma que volte a ser a figura de certo encantamento [...]. Na minha opinião, o trabalho do mestre e do professor tem que se aproximar dessa zona em que confluem o positivismo e a magia. Tornar vigente a moderna – mas hoje velha – ordem do atrever-se a saber –o desejo de lançar-se nessa aventura – mas não com o fim de dominar o mundo, e sim de preferência para alcançar outra relação com ele sobre a base de sua aceitação de certa reconciliação. Agora, por vezes, mais importante que mostrar o mundo, parece ser ensinar como viver nele, como se deveria viver. Digo isso no pensamento de Hannah Arendt, que, claro, detecta esse problema na matriz da cultura moderna. Então, quando os mestres e os professores são tomados por essa matriz, a sala de aula e as aulas passam a alojar um conjunto de palavras que na maioria das vezes falam de muito pouco e alargam a ruptura com o mundo, contra-arrestam a curiosidade e o apetite por ele [...]. O problema, parece-me, é justamente essa ruptura com o mundo que acompanha como uma sombra a vontade de domínio [...]. Para mim, o que um mestre faz é evitar que o mundo se feche, que acabe apertado a um sentido ou, o que é o mesmo, a uma falta de sentido.[111]

O quarto motivo, já destacado por Estanislao em seu prólogo, é o do amparo no ofício e em sua tradição artesã, aquilo de que o trabalho do professor, por mais importante que seja, não tem uma transcendência especial, é um ofício como outro qualquer, e, sendo outro qualquer, é preciso fazê-lo o melhor que se possa. Nisso insiste, acima de tudo, um dos professores silvestres que já mencionei, Gabriel Senanes, quando diz:

> Tenho para mim que há, nos próprios assuntos a ensinar, elementos que os ensinam. Por um lado, cada ofício ou artesanato tem sua própria história que, de capatazes e mestres a seus aprendizes e alunos, documenta a passagem, através de gerações, de um saber fazer. Entre os elementos comuns, me atrevo a destacar o amor ao ofício por parte de quem quer aprendê-lo e o amor ao ofício de quem o ensina [...]. As características e elementos específicos são derivados em troca da forma da matéria a ser transmitida. Vale dizer, entendida como algo material e, portanto, com algumas propriedades da matéria. Diria que os saberes, as experiências e as tarefas a serem ensinados são objetos, objetos subjetivos, e, como todos os objetos, têm suas formas, cores, peso e outras dimensões. Essas formas e dimensões determinam a maneira de apreendê-los, de tomá-los, de movê-los e de poder passá-los de uma subjetividade para outra. Em outras palavras, cada ofício, ciência e artesanato determina de alguma maneira como é transmitido. E dentro de cada pessoa esse objeto subjetivo se aloja de uma maneira singular, que determina, por sua vez, sua própria maneira de ser ensinado ou transmitido novamente.[112]

Gabriel, que quando jovem trabalhou como aprendiz em uma oficina metalúrgica, parece compreender perfeitamente a função de um mestre no ofício, alguém que aponta, assinala, mostra, chama a atenção para algo, corrige. Todos eles são, diz: "Mestres que estão, passam entre sua gente, caminham, vão tomar café, voltam, olham e aí dizem ou mostram algo... Parece que não trabalham, mas seu trabalho é esse, e requer décadas de fazer, e de aprender, e de ensinar".[113]

A partir daí, e falando de seu próprio trabalho como mestre de composição, o formula assim:

> Ter um mestre de composição é praticar um autodidatismo assistido. Ou seja, um trabalho solitário em que cada um, de vez em quando, vai ver quem será definido como seu mestre, que dá uma orientação, um sentido a esse trabalho, dirigido a que aflorem ou nasçam em suas próprias composições sua singularidade autoral, para o qual, além do mais e em paralelo, o entretenha no uso das ferramentas afluentes do artesanato compositivo: harmonia, contraponto, orquestração, tramitação da forma, manejo de certo *software*, acesso a certa bibliografia, etc.[114]

Quase para terminar, como quinto motivo, me refiro à intervenção de Tomás Abraham, filósofo e professor de filosofia, que insiste na ideia de estudo, uma ideia que, em contraste com a de aprendizagem, já apareceu várias vezes neste livro. Tomás começa dizendo que o problema não é tanto o esforço, mas o estudo, e que o estudo implica exigências que não têm a ver com eu gosto/não gosto. O estudo tem a ver com interesse (não com o prazer) e, é claro, com o mundo. A escola, diz Tomás, não tem a ver com a mobilidade social, mas "existe para meter você no mundo". E também tem a ver com certo fazer-se maior, com manter vivas as perguntas, com pensar por si mesmo, sem tutelas, e não com abstrações brandas como a cidadania ou os direitos humanos. Tampouco tem a ver, é claro, com estímulos e recompensas, com espírito desportivo e aplausos, com objetivos e resultados, com desafios e conquistas. Sua tarefa é introduzir os alunos "nesse mundo que eu chamo de mundo do estudo". A partir desse ponto de vista:

> Então, o que faz o mestre, o professor? O professor estuda, vai te ensinar a estudar, não juntos, mas vai te ensinar a estudar, vai te dar os instrumentos para você fazer as buscas. Chamo isso de esforço, isso requer vontade. E, além do mais, a expressão "vale a pena?" deve ser tomada em sentido literal. Há uma pena porque não pode ir com sua namorada, porque não está o tempo todo no Twitter, porque nem sempre está conectado [...]. Há outras tentações da sociedade de consumo que devem ser postergadas. Por isso o adulto diz: "Olha, dá pena, mas vale a pena, esse é o caminho".[115]

Por isso, para Tomás, a escola não tem a ver com a relação professor-aluno nem com as relações dos alunos entre si, mas com a relação do professor e dos alunos com o estudo. Ante a pergunta sobre se é possível ser um estudioso e ser um bom professor, responde: "Mas o que é isso? Uma espécie de pederasta [...]. O professor ensina algo e, se não ensina nada, que tipo de professor pode ser? Um professor de quê?".

Estanislao insiste em que há professores que dizem que ingressaram na docência porque gostam das crianças ou dos jovens, porque querem se relacionar com eles, porque acreditam no valor da relação, aquela ideia de que a instrução pode esperar, que o importante é saber chegar à criança, estabelecer um vínculo com ela. Ao que Tomás replica que a relação tem que estar mediada por algo, que não se trata de alguém apaixonado pelos adolescentes:

> Qual é a mediação do tipo que quer ser professor? Nenhuma? Não pode haver uma relação que não tenha uma mediação. O docente diz: "Me interessa o mundo dos jovens, me interessam os jovens". Está bem, mas como você se insere no mundo dos jovens? [...] Tem que haver algum tipo de conhecimento, porque você tem de lhes dar algo. O que lhe satisfaz não basta [...]. Os jovens lhe satisfazem, mas e a eles, o que os satisfaz? O velho? Terá que lhes dar algo".

A insistência, aqui, é que um professor, por definição, tem que ser professor de alguma coisa. Ninguém pode ser professor em geral, e, é claro, um professor não é um especialista em relações, sua tarefa não é cultivar relações. A única relação que deve importar para você, ou que deve importar essencialmente para você, é a relação com o mundo. Mas uma relação muito particular, essa que está implicada no estudo ou, em outras palavras, uma relação estudiosa com o mundo. Como se Tomás estivesse radicalizando a ideia arendtiana, pouquíssimas vezes sublinhada, de que entre os dois amores que constituem a escola (o amor ao mundo e amor à infância), o amor ao mundo é o primeiro. Ou, como diz Jan Masschelein, que a escola não existe primariamente para as crianças, mas para o mundo. Poucos são os que salientam que a célebre frase em que Hannah Arendt fala do amor à infância termina dizendo que se trata de "prepará-los com tempo para a renovação de um mundo comum".[116] Ou, em outras palavras, que a escola existe para fazer que nas crianças e nos jovens possa se dar a comunização e a renovação do mundo. É fundamentalmente para isso, e não para que sejam felizes, ou para que se sintam bem, ou para que se relacionem entre si, ou para que aprendam a aprender, que a escola recebe as crianças e os jovens. E é fundamentalmente para isso, e não porque lhes agrade relacionar-se com as crianças e com os jovens, que estão os professores. Tenho a impressão de que algo similar é o que Tomás chama de "estudo" e que não pode ser confundido, é claro, com transformar a sociedade, formar cidadãos, propiciar reconhecimentos ou produzir competências ou resultados da aprendizagem.

E para finalizar, não posso deixar de transcrever duas belíssimas intervenções de Javier Trímboli sobre a escola de sua filha. A primeira tem a ver com a escola como lugar sagrado e diz assim:

> A porta é cruzada com grande facilidade; não há uma mesma pessoa que recebe as crianças todos os dias. Num dos primeiros dias, tive a impressão de que esse lugar ao que entregava minha filha era um lugar sagrado, um ato só compreensível pela fé. Para acentuar um pouco mais a impressão: ainda com o sólido que se desvaneceu tantas vezes no ar, a escola é um lugar onde se reúne uma quantidade importante de crianças, não há nada especialmente preparado que os proteja e, no entanto, alguém os deixa, eles ficam, e está bem até o final da jornada. Há algo realmente certo nesse cuidado que, insisto, se é meramente biológico, nutricional, temos um problema. Bem, eu mesmo me encontrei superdimensionando o que a escola faz e, acrescento, com a suspeita de que não há muitos lugares assim.[117]

Parece-me muito bonita que a confiança com que Javier dá sua filha à escola, e creio que é essa confiança, e não a suspeita enunciada repetidas vezes pelos críticos à instituição, a que ainda pode ser sentida, todos os dias, nas portas das escolas. Esse deixar sua filha na escola pública e pensar que está bem assim contrasta lindamente com a atitude mercantil de muitos pais que deixam seus filhos nas escolas (à qual pedem que seja eficaz, rentável e competitiva), e com a atitude desconfiada e temerosa de alguns outros pais que entregam seus filhos aos professores (pensando que vão ser maltratados por uma instituição tachada de racista, sexista, colonialista e outros, muitos outros "istas", além do mais indiferente às características individuais do seu filhinho que, naturalmente, é o mais importante do mundo). Além disso, como para sublinhar que o cuidado escolar não é apenas nutricional, afetivo ou relacional, Javier acrescenta: "Para mim continua sendo fundamental pensar que as crianças e os jovens que, efetivamente são assim e portam suas identidades, podem tornar-se alunos, mesmo que apenas por alguns minutos. Se o mestre ou o professor não busca isso, abandona, sua parte passa a ser de um enorme egoísmo, já que renuncia à tarefa que é a sua".[118]

A segunda citação de Javier que quero transcrever tem a ver com os rituais escolares que marcam um limiar que é tanto físico quanto simbólico. Em algum lugar deste livro, insisto que a porta da escola, como os umbrais, une e ao mesmo tempo separa. Se a escola é uma heterotopia e uma heterocronia, tem que marcar a diferença de seus espaços-tempos no que diz respeito aos de fora, deve produzir certos rituais de desconexão e de conexão, aquilo que tem a ver com deixar sair do mundo de fora e entrar no mundo de dentro. Javier conta que:

> No momento antes de os meninos entrarem nas salas de aula, isto é, depois de se içar a bandeira, se constituiu um momento raríssimo, uma espécie de enorme assembleia em que pelo menos uma vez por semana um mestre toma a palavra, seja para apresentar e, em seguida, ouvir atentamente um tema de Spinetta, para recitar um poema, para contar algo às vezes gremial, às vezes político, ou para apresentar um grupo de alunos que vai cantar uma canção ou contar um mito grego. É uma situação de enorme dinamismo para a cabeça das crianças e à qual todos se entregam de muito boa vontade. As horas posteriores são desiguais, no entanto, houve algo que se produziu.[119]

Deixo aos leitores a tarefa de imaginar (e pensar) o que poderia ser esse "algo que se produziu".

## Da escola e da vida

A conversa ocorreu na mesa de um restaurante em Buenos Aires, na saída da primeira jornada do curso que estava ministrando na Flacso. Enquanto esperávamos pela comida, me interessei pelo que faziam os jovens que estavam sentados perto de mim, por qual era sua dedicação, seu estudo.

Uma das moças, Malvina Argumedo, contou que havia estudado medicina e exercido o ofício de clínica geral, mas que tinha deixado sua profissão de médica para ser professora primária e tinha conhecido durante a sua passagem pela pediatria e depois como professora a tarefa de ser mestra em uma escola hospitalar, e que agora estava tentando "investigar" o que é isso de uma escola em um hospital e o que é isso de ser professora em um lugar semelhante. Contou-me um pouco sobre como funcionam as escolas hospitalares, disse-me que os professores prestam concursos para elas como para qualquer outra escola, mas que muitos deles tendem a durar pouco, porque o trabalho é muito duro emocionalmente, já que muitas das crianças morrem, e que o trabalho também é muito complicado porque tem que se ajustar aos espaços e tempos da enfermidade, dos tratamentos médicos, dos altos e baixos na disponibilidade e no ânimo das crianças. Quando perguntei se gostava da pesquisa disse que sim, que a vivia como um privilégio, que a entendia como um tempo dedicado a ler, a escrever, a pensar, a discutir as suas leituras, seus escritos e suas ideias com pessoas interessantes que poderiam ajudá-la, mas ela não via a hora de regressar à escola e voltar a ser professora. Seu caso me fez lembrar o de Raúl Morales, o professor de desenho deste livro, que disse que estava terminando um livro sobre o ofício de professor e que estava interessado nas pessoas que deixaram sua profissão para serem professores.

Estávamos nisso quando um dos rapazes, Daniel Brailovsky, que trabalhava em um dos cursos virtuais da Flacso, que me tinha sido apresentado como "mestre jardineiro" (de jardim da infância) e que tinha me dado um livro seu muito interessante sobre as coisas da escola,[120] nos falou sobre seu avô. Este tinha sido um cientista de ponta, havia trabalhado nos Estados Unidos e também com os principais cientistas da Argentina, mas, quase no final da sua vida, deixara tudo para ser professor em uma escola do secundária e para tocar piano. Também nos contou que seus ex-alunos se lembraram dele como um professor extraordinário. E ele nos mostrou uma foto maravilhosa que se via seu avô em uma sala de aula, vestido com um jaleco, junto a um quadro-negro cheio de números e fórmulas, com um bastão indicador na mão, cercado por estudantes e com um sorriso luminoso no rosto, como se ele estivesse se divertindo muito.

A conversa continuou um pouco mais, a coisa parou aí, e no dia seguinte pedi permissão para lhes escrever a fim de conversarmos sobre isso de deixar tudo para ser professor, sobre esse movimento que socialmente pareceria descendente (aquele velho motivo de "o que sabe, sabe, e o que não sabe, ensina", ou aquela ideia comum de que o que não triunfa em sua carreira permanece como professor), mas que para eles, para Malvina e para o avô de Daniel (como para Raúl) foi, sem dúvida, um passo em direção a um lugar talvez mais amável, talvez mais feliz. O que se segue é o resultado dessa conversa.

### Querido Daniel,

Naquele jantar, você nos disse que seu avô era um homem de frases lapidares. Talvez alguma delas possa nos ajudar a conhecê-lo, a construir o personagem. Quer nos dizer algumas dessas frases e, talvez, comentá-las um pouco? O que sabe de seu avô como cientista? E acima de tudo, o que sabe sobre esse movimento em direção à escola, esse querer ser professor? Tem alguma ideia se provocou alguma resistência na família? O que sabe sobre seu avô como professor? Você me contou que soube de alguma homenagem póstuma feita por seus antigos alunos. Seu avô tornou-se professor de ciências. Acha que esse movimento modificou sua relação com a ciência, com o que era sua matéria de pesquisa e de estudo, com o que ele amava? Tenho olhado o livro que me deu e vi que para você a escola está muito ligada à sua materialidade. Fala de gestos, de jogos de olhares, de espaços, de tempos, de objetos, de modos de fazer. Crê que seu avô preferiu a escola precisamente por isso, não tanto por sua função mas por sua materialidade, pela maneira como ela constitui uma espécie de mundo próprio ou, em suas palavras, pela "cultura escolar"? Um dos temas do meu livro será a escola como refúgio. Essa palavra lhe diz algo em relação a seu avô? E em relação a você? A escola lhe parece ser um bom lugar para se refugiar? Para se refugiar de quê? Li o guia do seu livro e ali aparece como pesquisador e como formador de professores: o típico currículo universitário composto de títulos, publicações e projetos. No entanto, se apresentou para mim como "mestre jardineiro". Poderia me explicar um pouco isso? O que você é, afinal?

**Querido Jorge,**

Seu convite a voltar à história do meu avô Naum Mittelman me fez reencontrar imagens e palavras muito importantes para mim. Meu avô marcou minha vocação e meu "senso de estilo" (assim ele gostava de chamar a relação transcendente do homem com o mundo). Minha mãe, que é psicóloga, acredita que sua paixão científica e filosófica não teria amadurecido desse modo se não tivesse sido confrontado com as dificuldades de um lar mais ou menos infeliz. Creio que tem sentido a ideia de que seu refúgio fosse a ciência, primeiro, e depois a sala de aula. Suspeito que não é exatamente essa a ideia de refúgio a que se refere em sua busca de sentidos para a sala de aula, mas acho que meu avô encontrou mais intensidade e mais "vida" nesses espaços que em sua casa. Naum viveu quase 90 anos e sua vocação docente não foi um capricho da velhice. Teve uma brilhante carreira científica, alcançada com muitos sacrifícios, porque nascera numa cidadezinha do Entre Rios chamada Victoria e era judeu e de família bastante humilde, uma combinação ruim para se obter bolsas de estudo de pós-doutorado em química na Universidade de Harvard e trabalhar durante anos com Luis Leloir, o Prêmio Nobel de Química. Mas ele o fez. E fez muito bem. E sua paixão pelo ensino sempre o acompanhou. Primeiro na universidade e depois na escola secundária. Creio que o que aconteceu é que sua vocação docente foi abrindo o caminho e no final de sua vida passou a ocupar toda a cena. De fato, foi professor durante quase 50 anos, tanto no nível médio (na escola Lincoln de Buenos Aires) quanto no universitário (teve várias cátedras na Universidad de Buenos Aires – UBA – e foi diretor do Departamento de Ciências).

Como neto, lembro-me de seu estilo pedagógico em vários momentos da infância. Naum me desafiando a jogar xadrez. Naum brincando para adivinhar quantos passos haveria até a esquina, considerando os que já tínhamos caminhado até então e explicando-me a partir disso o conceito de "extrapolação". Naum me pedindo para ir até a geladeira e encher um copo com 25% de soda, 25% de água tônica e 50% de seven-up, só para ter certeza de que eu era capaz de entender as proporções. Naum me presenteando, sempre e sem exceção, com livros pomposamente dedicados em inglês, onde ele dizia, por exemplo: *"I sincerely hope that this book would encourage you to learn..."* (Espero sinceramente que este livro lhe encoraje a aprender...), e tudo o mais. Para ele, o mundo inteiro era uma oportunidade para pensar cientificamente. Como ele gostava de lembrar, parafraseando Galileu: Deus criou o mundo na linguagem universal da matemática. E para ele, sair para o mundo, "mergulhar na multidão e tomar um banho de humanidade" (outra de suas frases favoritas), era ir até esse mundo.

Incluo aqui um escrito em que ele formulou (em inglês) seus ideais pedagógicos, tal como eu traduzi quando tinha apenas catorze anos. Intitula-se *Uma definição do mestre ideal*, mas não se assuste com a solenidade da declaração, verá que diz coisas interessantes. Como pode ser visto no texto, para comunicar o que chamava de "sabedoria" ele costumava usar provérbios. "Comendo vem o apetite!", dizia, referindo-se à disciplina que requer começar a estudar sem vontade, confiando que o desejo virá uma vez que tenhamos começado. Mas há algumas coisas na sua maneira de entender o ofício de professor que eu acho que podem lhe interessar, embora verá que estão expostas dessa maneira lógica que era a dele (em forma de antinomias) e recorrendo aos filósofos e cientistas que admirava.

Meu avô pensava em educação baseada em quatro antinomias. Sobre a primeira, conhecimento *versus* sabedoria, diz o seguinte:

"A maior parte das pessoas concordará que nossa época superou todas as anteriores no que se refere ao conhecimento, mas que não houve um correlativo incremento da sabedoria. No que não existe a mesma coincidência é no intento de definir tal sabedoria e os caminhos para alcançá-la. Mas mesmo que nos puséssemos de acordo sobre o que a palavra 'sabedoria' significa, caberia se perguntar se é possível ensiná-la, e, se possível, se poderíamos considerar seu ensino como um dos principais objetivos da educação. Bertrand Russell dá uma resposta afirmativa a essas perguntas: 'Penso que existem diversos fatores que contribuem para a sabedoria, mas acima de todos eles eu colocaria em primeiro lugar um certo sentido da proporção, que consiste na capacidade de levar em conta todos os elementos importantes de um problema e designar a cada elemento a prioridade que lhe corresponde'".

Para desenvolver a segunda antinomia, intelecto *versus* sentimentos, quase se limita a recordar umas palavras de Einstein:

"A mais formosa e profunda emoção que podemos experimentar é a sensação do místico, indispensável para toda a verdadeira ciência. Aquele que permanece alheio a essa emoção, aquele que carece da capacidade de reverente assombro ante o maravilhoso, é como se estivesse morto".

Para a terceira antinomia, lógica *versus* poesia, não resiste à tentação de citar Borges:

"Certa vez, interrogado Chesterton acerca da diferença entre um lógico e um poeta, respondeu: um lógico é um tolo que quer pôr o céu sobre a sua cabeça. Um poeta só pretende pôr sua cabeça no céu".

A quarta e última antinomia, cultura *versus* informação, elabora assim:

"O mestre a que aspiramos deve contribuir para que na mente e no espírito do aluno se produza uma acumulação de cultura, e não tão só uma acumulação de informação. Whithead o disse magnificamente: 'A cultura embeleza os sentimentos do homem. A informação fragmentada e atomizada nada tem a ver com isso. Uma pessoa meramente bem informada é o homem mais chato e inútil da terra. Deixemos que as ideias fundamentais que instalemos na educação das crianças sejam poucas e importantes e deixemos que elas as combinem de muitas maneiras possíveis. No final das contas, o que torna o mundo interessante é uma deliciosa ignorância das verdades transcendentes'".

O que Naum diz sobre estilo tem a ver, talvez, com o que você chama de "as maneiras" em seu livro. Para expô-lo, usa, como fazia quase sempre, palavras de outros, neste caso de Whithead:

"O estilo em seu sentido mais elevado é a mais valiosa aquisição do homem educado, sua maior conquista. Abarca a totalidade do ser. O administrador com sentido do estilo rejeita o esbanjamento. O engenheiro com sentido do estilo economiza materiais. O artesão com sentido do estilo prefere um trabalho bem-feito. O sentido do estilo é a suprema moral da mente".

Também lhe interessará, creio, sua lista das qualidades indispensáveis de um bom educador:

"Um interesse natural, uma especial disposição ao ensino, um profundo interesse pelo humano, uma constante atitude de alerta para aproveitar cada experiência diária e incorporá-la ao sagrado recinto da sala de aula, uma ampla cultura capaz de provocar uma atmosfera de alta tensão, um verdadeiro campo elétrico".

Para ele, uma classe ideal é aquela em que o mestre ensina "com alto nível de entusiasmo e energia e com um particular carisma que caracteriza o estilo de sua classe, tudo o que estará demonstrando que desfruta do ato de ensinar", e em que o aluno se sente "enfeitiçado pelo estilo de seu mestre. Movido pelos fios invisíveis que o unem ao docente, o aluno apreende e descobre, e o que começou como um flerte se transforma em um autêntico romance. Costumo dizer aos meus alunos que na relação com o conhecimento o flerte está proibido. A pessoa deve se enamorar do conhecimento".

E acrescenta:

"É desnecessário dizer que alguém que não se aprofundou com trabalho e vocação em determinada disciplina nunca poderá criar interesse e entusiasmo por ela. Einstein o resumiu com estas belas palavras: 'A suprema arte de ensinar consiste em despertar a alegria que impregna e acompanha o processo de criação do conhecimento'".

Anos depois de falecido meu avô, chegou a minhas mãos um texto escrito por um ex-aluno (Raymond Mckay) para uma espécie de homenagem que ocorreu dias após sua morte. Aqui copio alguns parágrafos:

Quem foi seu melhor professor de todos os tempos? Centenas, talvez milhares de ex-alunos da Lincoln responderiam sem hesitar "Doc". Ele era apenas "Doc", o professor que por quatro décadas seduziu estudantes com as deliciosas incertezas da ciência moderna e outras paixões do intelecto. "Não flerte com o conhecimento", ele gostava de dizer. "Apaixone-se por ele." A proposição primordial de Doc tornou-se proposição, com efeito, "Eu ensino, logo existo." Antes de finalmente se aposentar em 1995 com a idade de 82, ele ensinou química por um tempo de sua cama do hospital. Um estudante ia para o hospital e recebia a lição e, em seguida, a transmitia aos colegas de classe. Em 1997, quando os contínuos problemas cardíacos forçavam sua aposentadoria, Doc deu aulas improvisadas de química para os médicos que o atenderam no hospital. Como ele disse: "Se não estou ensinando, não sou eu mesmo."

Creio que Raymond descreve bem. A casa de Naum estava repleta de livros, de recordações de viagens, de quadros e de objetos científicos. Além do velho piano vertical e alguns elefantinhos de madeira, os objetos de que eu mais gostava eram a balança hidrostática guardada atrás de uma vitrine, o giroscópio e o globo terrestre, em que ele brincava de procurar países desconhecidos. Só agora que me pergunta, eu percebo o enorme fetiche que meu avô tinha com todos esses objetos, e a *atmosfera* (como ele gostava dessa palavra!) que esses objetos criavam. O Naum mestre era muito sensível ao efeito estético dos objetos, e era comum que falasse dos cartazes que pendurava na sala de aula ("Apaixone-se pelo conhecimento, não flerte com ele") e da atmosfera que criavam... esses eram seus objetos.

Finalmente, me pergunta, *O que é você afinal?* Bem, a orelha desse livro (meu primeiro livro como autor único) me descreve nos termos acadêmicos que os editores costumam usar. Aceito esse jargão como parte do jogo, e entendo que cantarolar um pouco a melodia desse circo dos prestígios e das trajetórias é mais ou menos inevitável. Gosto de ludibriar essa exibição, mas sei que isso é outra maneira de jogar o jogo. Quando escrevi esse livro, era, ao mesmo tempo, um mestre jardineiro de tempo integral e um jovem estudante de doutorado com uma paixão pela escrita, pela pesquisa, pela pedagogia. Encantava-me a ideia de fazer as duas coisas, porque dessa forma eu não "teorizava" longe da vida nas salas de aula, mas afiava meus olhos sobre *aquilo de todos os dias*. Meus temas de pesquisa de então eram as brigas entre as crianças, a violência escondida nas entrevistas iniciais com as mães, os planos de aula dos docentes (os quais denunciava como burocráticos e tecnicistas), o riso e o choro dos bebês e coisas assim. Quanto ao que define minha escrita hoje, meu pensamento e minha conversa a propósito das coisas que (me, nos, lhes) acontecem dentro da sala de aula, digo que me sinto (me desejo, me aspiro) a partir desse lugar: olhando a sala de aula com palavras sensíveis, a partir da pedagogia, a partir da didática e a partir dos tons de cinza entre ambas. A pergunta que lhe fiz no fim da aula (como faz a sala de aula para ser, ao mesmo tempo, um lugar íntimo e um lugar público?) é a que me revela e sobre a qual penso e escrevo atualmente. E creio que a escrita sensível e lúcida é, além do mais, uma ferramenta política.

Um grande abraço.

**Querida Malvina,**

Eu gostaria, se você quiser, que me contasse sobre esse movimento de médica para professora em uma escola hospitalar. Acima de tudo, o que lhe fez não querer mais ser médica e querer ser professora. Mas também que dissesse algo sobre o que é que se conserva nesse movimento, o que de você como uma médica continua presente em você como professora ou, dito de outra forma, por que a escola que lhe interessou, que lhe atraiu e de alguma maneira lhe chamou e continua chamando foi precisamente a escola hospitalar. Gostaria também que dissesse algo sobre o que não se conserva, o que teve de abandonar da medicina para poder ser professora. Lembro que naquele jantar me contou algo sobre como esse movimento foi visto como muito estranho por algumas das pessoas a seu redor. Pode contar-me também algo sobre isso? As palavras "vocação", "amor", "artesanato" lhe dizem alguma coisa? Diria que ser professor é algo assim como um modo de vida? Uma das frases de Handke que há no livro diz assim: "É engraçado que eu meça a beleza de um lugar pelo meu desejo de trabalhar lá (de fazer lá, de atuar lá)". Essa frase lhe diz algo? Um dos temas do meu livro será da escola como refúgio. Essa palavra lhe diz algo? Parece-lhe que a escola pode ser um bom lugar para se refugiar? Para se refugiar de quê? Finalmente, o que é para você ser uma professora?

**Caro Jorge,**

Você me pergunta sobre o movimento que me levou da medicina à docência. Trata-se, às vezes suspeito, de uma viagem. Esse movimento toma a forma de um certo andar, de uma paixão por buscar, que se foi construindo no próprio caminho. Comecei a estudar pedagogia quando já transitava praticamente a metade da minha carreira de medicina. Pedagogia, uma carreira que sentia próxima, que sentia querida, mas que antes não havia se apresentado a mim tão claramente como uma opção. Estudar as duas carreiras ao mesmo tempo era um tanto estranho, era como ir andando em dois caminhos que ninguém concebia apropriado transitar juntos, que se considerava que nada tinham a ver entre si, que pareciam bifurcar-se cada vez mais... e no entanto eu sentia que tinham muito a ver um com o outro, que tinham muito a dizer-se um ao outro (para questionar-se, censurar-se, debater-se, enfrentar-se...), que nenhum tinha tanta força sobre mim como para ser exclusivo e ao mesmo tempo algo em ambos me animava a não me desprender, a continuar andando, procurando algo mais neles. Estranho também porque lidava com linguagens em um e outro que não me satisfaziam, que não gostava de falar, mas que ao mesmo tempo aprendia, manejava, desviava... lidava com profissionais e com disciplinas, com espaços e suas regras, lidava comigo querendo romper essas regras, lidava com os tempos de estudo, com horários de cursos, com o que não entendia, o que não podia, o que não queria. Mas também caminhava ao lado de sujeitos — médicos e professores — que seriam meus mestres, que me mostravam com o próprio andar outros modos de fazer o que cada espaço reclamava, mestres que me dariam pistas sobre esses desvios, rebeldias, subversões possíveis de encarar a cada passo.

Formei-me primeiro como médica, e pouco tempo depois como professora. Nesse ínterim exerci timidamente a medicina: plantões, clínicas, centros de saúde... Eu tinha que mediar uma viagem que me manteve mais de três anos fora da Argentina (essa viagem e tudo o que se abriu a partir dela), de modo que aquele movimento parecesse se definir de forma mais acabada. Esse regresso já havia imprimido uma clara decisão de me dedicar inteiramente à educação, a dar aulas, encontrar escolas, começar a dar corpo àquilo de ser professora de meninas e meninos. Juntos vieram as críticas e os questionamentos em frases como "tanto tempo desperdiçado!", "tanto estudo e esforço para quê?", "como não pensou nisso antes?", "já embarcada na medicina, por que abandonar agora?", que se tornaram bastante recorrentes. Ou simplesmente a surpresa – acompanhada de caras que faziam as honras – junto com a exclamação "de médica a mestra?!", que era parte do grupo de comentários que aludiam com insistência a certa ideia de perda nesse movimento: perda de *status* (palavra que eu detesto), de tempo, de forças e energias investidas, estudo perdido, anos perdidos... eu não sei, mas tudo parecia um erro. E a perda. Como se alguém pudesse simplesmente se despojar daquilo que – com seus acertos e desacertos – o formou durante sete anos; como se o anterior a um "agora" simplesmente estivesse perdido, como se inclusive cada nova decisão implicasse um "esquecer" todo o outro, uma lousa limpa e uma nova conta; como se sempre esperassem de mim um tipo de justificação quase em tom de desculpa, que explicasse esse desvario.

A escola hospitalar chegaria pouco depois de ter passado por outras escolas, como cedendo de algum modo às insistentes e desconcertantes aparições que já havia tido em meu caminho desde aquela primeira vez em que descobri uma escola primária dentro do hospital, enquanto fazia minhas escalas finais pelo serviço de pediatria. Pouquíssimo tempo depois a descobriria, a partir da faculdade de educação, a partir da invisibilização que essa modalidade educativa tinha inclusive na própria faculdade. Também se faria presente em outras latitudes, em terras mexicanas, com companheiras professoras que estavam elaborando um projeto educativo em hospitais e com quem partilhei longas discussões e imaginações a respeito de *que seria* aquilo de uma escola em um hospital.

É difícil encontrar as palavras para explicar aquele movimento, Jorge. Dar conta com palavras do que fui passando no caminho. Por que eu profundamente desejei ser mestra e não médica. Por que diariamente construí e desconstruí os caminhos que me levariam a ser professora. Por que eu soube que havia algo do espaço da escolar que me fazia mais respirável que o espaço do hospital, mesmo quando essa escola que elegia se localizava dentro de um hospital. Ou talvez por que encontrava – e ainda encontro – um ar dentro de outro ar (o ar da escola dentro do ar do hospital), que entendo mais respirável, que parece um chão onde pisar.

Quando eu penso nesse movimento, também penso nas renúncias que implicou, e sinto – ainda que não saiba expressá-lo da maneira mais adequada – que houve e ainda há em mim uma rejeição quase visceral a certa impostura médica, uma negação que atravessa meu corpo perante certa arrogância fundada em um suposto saber "maior" que adorna a medicina. Renunciar foi de algum modo uma forma de faltar um pouco com o respeito por tudo aquilo, de enganar esses personagens, esses cenários. E houve também um forte desejo de soltar certa linguagem, certa voz, certo olhar construído sobre o corpo do outro; por me desprender de algumas certezas, perder o controle ou algum pretendido domínio sobre as potências, destinos e possibilidades de outros, de seus corpos, de suas vidas.

Não digo que a pedagogia não jogue também esse jogo de controle e domínio sobre os outros, sobre seus corpos, sobre seus limites e possibilidades. Mas ao mesmo tempo creio ver nela algo que na medicina não consegui ver tão claramente: algumas rachaduras, alguns interstícios mais permeáveis para resistir a essas linguagens disciplinares mais duras e impostas do começo ao fim, a esses mandatos disciplinares mais rígidos; alguma forma de mistério abrindo-se ao redor do jogo de aprender/ensinar... Por que um espaço educativo e a partir do hospital?, seria a pergunta, ou talvez, o que me manteve atada a ele? Tento responder, e a palavra "abandono" me vem muitas vezes à boca, a partir de outras partes do corpo e da razão. E às vezes pensei que esse permanecer no hospital tinha a ver com certa imperiosa necessidade de *não abandonar* aqueles que estão ali, que vivem, habitam, transitam (padecem, desejam, celebram, suplicam, esperam...) ali. Ou com um esforço para não negar-lhes tudo aquilo que há fora daquele espaço de hospital que se fecha sobre suas quatro paredes: hoje poderia ler-se em termos de direitos (direito à educação, em particular), mas se trata além disso de expandir esse espaço a experiências, a relações, a formas de fazer, de pensar, de saber; inventar espaços de liberdade, de decisão; trata-se de desvelar o próprio mistério de aprender e ensinar, de dar a ler, dar a estudar, dar a escrever, onde parecesse que não corresponde fazê-lo. Há também algo que me agarra à ideia de acompanhar – que tem algo a ver também com cuidar –, mas não no sentido carismático, assistencial, longe disso. É em um sentido decididamente ético-político: tem a ver com estar presente (no sentido mais profundo e mais forte possível) nesses espaços que habitualmente deixamos esquecidos, invisíveis, que só descobrimos circunstancialmente como espaços habitados. Espaços habitados por crianças, com suas infâncias nas costas. É também, num sentido que me animo a chamar de *existencial* (o existencial sempre soa pretensioso, assumo o risco de dizê-lo assim): há meninos, há meninas, cujas existências se *jogam a vida* em uma sala de hospital. E algo me impede, algo em mim se nega, a não estar aí, a desconhecer ou me subtrair de tudo o que aí acontece.

Mesmo com tudo isso, eu temo, Jorge, não poder colocar em termos de vocação ou de artesanato algo assim como o "ser professora"; não houve algo assim como um chamado, não houve uma revelação de que a escola seria o (meu) lugar, o (meu) espaço. Acho que se tratou de uma busca de formação muito atravessada por um compromisso com esse tempo, com esse solo, com algo da história que me atravessa, o que me faz continuar pensando todos os dias por que a educação, por que a escola, que educação, que escola, com quem, junto a quem, contra que, contra quem. Revisar as circunstâncias que me foram levando às aulas hospitalares e ao que considero a construção de uma (minha) profissão parece ter a ver com voltar a olhar aquilo que *decantou* a partir da intensidade de algumas marcas, uma espécie de "inversões vitais" que foram abrindo esses desvios que me tiraram do caminho que me levava nessa altura pela medicina... e há aí viagens, e nelas há encontros, e apareceram escolas e modos de *fazer escola* que acreditava improváveis, impossíveis; há mortes que me marcaram, há perdas; há uma professora de literatura dando a ler os primeiros livros a seus alunos durante mais de 35 anos, dando a ler seus primeiros livros a seus sete filhos e que por sorte resultou ser minha mãe; há uma infância de cidade que girava em torno da escola e do caminho sempre novo de casa para a escola e da escola para a casa, há tanto mais que isso... a cronologia das inversões parece insuficiente porque perco a conta do que foi antes ou depois, e simplesmente reconheço marcas, signos, pegadas já andadas e por andar, próprias, alheias.

Voltar para o hospital de outro modo, pouco habitual, de mãos dadas com a pedagogia – tensa e emaranhada em suas próprias práticas e discursos e os da medicina, sabendo que há mais contradições que afirmações, mais questionamentos que certezas – me pareceu estar retornando a um território possível, desconhecido, potente. Talvez porque me fez localizar-me no lugar da possibilidade (que é onde reconheço que se coloca pedagogia) em vez de no lugar dos limites, ou porque reconheci um tempo de infância naquelas crianças que convidava a andar. Porque apenas pensar na possibilidade de *outro* trato, *outra* relação dentro desse espaço físico chamado hospital dê algum sentido àquela frase de Peter Handke que me mencionou: "É engraçado que eu meça a beleza de um lugar pelo meu desejo de trabalhar lá (de fazer lá, de atuar lá)". Embora bem estranha (nunca antes tinha pensado o hospital em termos de beleza), aparece-me agora com outro tom; outra tonalidade toma a palavra "beleza", a torna alcançável, a localiza nos rostos, nas cenas do cotidiano, em alguns gestos de hospitalidade no espaço inóspito de uma sala. Verdadeiramente há uma beleza que tem a ver com tudo isso que inspira, que alimenta, que empurra para trabalhar aí, a pisar firme, a não desistir, a seguir pensando que é um espaço de trabalho valioso, onde acontecem coisas valiosas para nós que estamos ali. E que é o trabalho educativo aquele que traz uma beleza para esse lugar onde desejo fazer, atuar, estar.

Eu não sei fazê-lo extensivo a todos os âmbitos, não tenho tão idealizado o espaço da escola ou da sala de aula, no entanto acontece comigo na escola hospitalar, naquelas aulas hospitalares que se tornam uma espécie de *refúgio*. A educação e uma sala de aula como um refúgio que torna mais habitável um espaço-mundo (o hospital), que parecia não sê-lo, e um espaço-tempo (a infância), que parecia interrompido pela leitura médica do sofrimento e da finitude. Um refúgio para não se esquivar da morte e do que ela nos gera, não se esquivar do olhar de agonia, da lágrima que brota incontida, do corpo invadido, beliscado, descarnado; não se esquivar de sofrer e sofrer-com. Tanto como um refúgio para não se esquivar da vida que enche toda essa lágrima vertida, todo esse rogo que diz basta, não se esquivar de todo olhar atento, desejoso e desejante, e capaz de se surpreender, a cada gesto que descobre (que há) algo mais, que celebra esse descobrimento, que se transforma nele, com ele, que transforma todo um mundo ao mesmo tempo. Não se esquivar da infância nem da promessa que graças a ela se alarga no instante educativo do aqui, agora e cada vez. Um refúgio que desafia o silêncio que ronda as salas de hospital, que desafia o tempo que se arma e desarma entre futuros almejados e presentes possíveis, entre futuros impossíveis e presentes ancorados na projeção paradoxal de um sempre agora. Como desafio à agonia, que parece transcorrer sempre longe do mundo, entre as paredes fechadas de um interior que não se mistura com o correr e o andar agitado do exterior, resguardando o lado de fora onde nada se deve saber nem se dizer a respeito da morte e do sofrimento de uma criança.

Você me pergunta, Jorge, se ser professor terá que ver com algo assim como um modo de vida. Não sei, embora goste de pensar que sim, quero crer que sim: um modo de vida como qualquer outro e um modo de vida diferente de todos os demais, com essa tarefa no ombro que passa por algo da ordem do amparo, do cuidado, do oferecer e construir algo com alguém; que a partir dos ombros passa para o corpo e permanece nele, nos gestos, permanece. Que persiste: de nenhum modo só em termos técnicos, na ideia de *ensinar* quem quer que seja o que seja, nada disso; persiste obstinadamente, creio, na convicção de sustentar – contra todo destino, contra toda profecia –que algo pode "acontecer", que algo pode ser de outro modo e que não são somos alheios a essas transformações e que por isso esse mundo deve estar disponível simbólica e materialmente para todos, especialmente para aqueles que acabaram de chegar, aqueles pelos quais devemos responder.

Há algo de tudo isso no que para mim é ser uma mestra: tem a ver com encarnar uma ética da possibilidade (ou da impossibilidade?) e um modo de relação, de trato com certos saberes, com certos conhecimentos para encontrar os sentidos do que nos rodeia, do que construímos como mundo e dos signos que esse mundo nos oferece. Gosto de pensar que construímos uma escola como resposta a um mundo que imaginamos de outro modo e nos construímos como professores nesse compromisso ético de lidar entre o possível e o impossível, correndo os limites entre um e outro, alterando suas margens. E que então afirmamos a escola como um lugar para ensaiar alguma forma de resposta à força vital da infância, o desejo por fazer, por estar, por ser. E para mim ser mestra hospitalar e construir um espaço educativo no hospital é decididamente um solo mais habitável, um ar mais respirável, uma linguagem mais original (mais infantil) para enfrentar a tragédia da morte, do sofrimento inscrito de forma tão ostensível no corpo (de modo que nos torne por momentos insuportável, insustentável, inumano); um afeto mais vital. Pelo menos me reconheço assim, lutando por uma escola como espaço cheio de possibilidades, de vozes, de formas de narrar (nos), de nomear o sofrimento, a dor e a morte, mais além delas mesmas e amarradas aos nomes que damos à vida, à surpresa, à possibilidade. Um espaço mais acolhedor dentro do inóspito de um hospital. Talvez, apenas, um ponto de partida possível para algo mais.

Vai meu afeto, Jorge, com essas palavras erráticas, com essa história contada como um rascunho (e de fundo as palavras de Juarroz: "Somos o rascunho de um texto / que nunca será passado a limpo...").

## Da escola e da morte

**Querida Malvina,**

Suas reflexões sobre a escola hospitalar como uma espécie de refúgio em que não se furta o olhar à enfermidade e à morte, mas em que, ao mesmo tempo, se fazem outras coisas e se cuidam delas, me fez lembrar de umas páginas que escrevi dois anos atrás (e que nunca foram publicadas) a partir de um romance que me havia impressionado vivamente e que me fez pensar, a mim também, sobre o que pode ser a escola e o que os professores podem fazer em um lugar radicalmente sem passado e sem futuro, um lugar que nem sequer é um lugar. Embora a comparação entre Auschwitz e um hospital seja exagerada, parece-me que esse texto pode ter algumas ressonâncias com a maneira como você conta seu compromisso com as crianças enfermas e moribundas. Em qualquer caso, eu lhe copio nesta mensagem como um presente, como uma maneira de continuar a conversa sobre o ofício de professor, e com a secreta esperança de que mereça algum comentário seu que me ajude a esclarecer um pouco o que é que faz uma mestra em uma escola hospitalar.

E é que, embora pareça impossível, em Auschwitz houve escola, e essa escola durou nove meses. Trata-se de um episódio inusitado, quase inacreditável, mas também marginal e relativamente pouco estudado da história dos campos de concentração e de extermínio. No complexo de Auschwitz-Birkenau, a apenas quatrocentos metros dos crematórios, foi instalado um campo especial chamado de campo das famílias. Com a aprovação de Adolf Eichmann e sob o controle do médico Josef Mengele, o *Familienlager* foi povoado por grupos de judeus, em sua maioria tchecos, trazidos do gueto de Theresienstadt (em tcheco, Terezín), antiga fortaleza que serviu durante a ocupação alemã para agrupar, prender, controlar e assassinar os judeus do protetorado Boêmia-Morávia. O que torna singular o gueto de Theresienstadt é que havia sido desenhado e embelezado para receber uma inspeção da Cruz Vermelha Internacional.[121] O *Familienlager* de Auschwitz foi criado em setembro de 1943, suas condições especiais (seus habitantes, por exemplo, não estavam com as cabeças raspadas nem tinham a obrigação de usar o uniforme de listras) também tinham a ver com a possibilidade de uma visita da Cruz

Vermelha, mas ele foi liquidado em julho de 1944, quando se soube que essa inspeção internacional não ocorreria (a maioria de seus habitantes foi morta nas câmaras de gás).

Um mês depois da instalação do campo das famílias, um dos deportados, Fredy Hirsch, renunciou à função de *kapo* que lhe havia sido encomendada por sua origem alemã e sua condição atlética, e solicitou a criação de um *Kinderblock* (bloco das crianças).

> Argumentando que havia que evitar a desordem criada pelas centenas de crianças se debatendo em um espaço restrito dedicado ao trabalho, foi autorizado reunir aquelas de mais de oito anos em um bloco – o n.º 31 – a construir um campo de jogos e a organizar a aprendizagem do alemão; mais tarde a reunir os de cinco a oito anos em um bloco vizinho – o n.º 29. Sendo responsável por mais de 500 crianças, se fez ajudar por Hanka Epstein e Miriam Edelstein, a esposa de Jacob, e por cerca de cinquenta estudantes e pioneiros, cada um a cargo de um grupo de umas vinte de crianças de mesma idade, ao qual se dava um nome. Os adolescentes foram recrutados como "assistentes", e assim foram protegidos do trabalho forçado.[122]

Fredy Hirsch havia sido professor de educação física e tinha pertencido ao *Maccabi Hatzair*, movimento juvenil sionista de caráter esportivo que tinha sido fundado na Alemanha em 1926. Em Praga, durante a ocupação, tinham participado na educação clandestina de crianças e jovens judeus com vistas a sua preparação para a emigração na Palestina. No gueto de Teresienstadt, havia organizado atividades recreativas, esportivas e educativas, trabalhando para um Serviço de Proteção à Infância que havia sido criado graças à iniciativa de Jacob Edelstein. No campo das famílias, conseguiu que as atividades educativas do gueto continuassem. Fredy Hirsch cometeu suicídio em Auschwitz, mas o bloco das crianças continuou até a liquidação final do campo.

Entre os jovens que se encarregaram das crianças durante a existência efêmera do *Familienlager* estavam Otto B. Kraus, um jovem estudante universitário de Praga, sionista de esquerda, que então tinha vinte e dois anos, e Dita Polachová, uma jovem de catorze anos de idade, neta de um professor de latim e grego, que se tornou esposa de Otto depois da guerra e que estava encarregada de proteger a biblioteca clandestina do campo, que tinha sete livros.[123] Otto B. Kraus escreveu um romance que, de uma forma estranha e inquietante, atravessada de paradoxos e ambiguidades, pode nos ajudar a pensar sobre o que é a educação e o que é fazer escola.

Trata-se de *Le mur de Lisa Pomnenka* [O muro de Lisa Pomnenka].[124] Tendo como fio condutor a preparação de uma revolta (ou melhor, o sonho de uma revolta, ou da renúncia de uma revolta, ou da impossibilidade de uma revolta), o romance conta as conversações, as dúvidas, os sentimentos, as contradições e as atividades cotidianas de alguns dos educadores e de algumas das crianças do *Kinderblock*. Além disso, o romance talvez possa nos dizer algo sobre o que é isso de entender a escola como um refúgio. Na verdade, o próprio *Kinderblock* aparece como: "Uma ilha no interior de uma ilha".

Ou como: "Uma bolha dentro de uma bolha". Ou como: "Um barco que cabeceia em um mar tempestuoso".

Ou um pouco mais adiante:

> No campo, nossas regras podiam parecer insensatas. Mas o que há de mal em colocar um pouco de loucura em um mundo absurdo? Em um mundo absurdo, talvez seja nossa loucura a que é razoável. Não batemos nas crianças e não lhes damos medo. Nós não falamos sobre o futuro e nos contentamos em viver no presente. Formamos uma ilha no meio do mar. Fazemos como se não estivéssemos no campo.

Ou também: "Por trás do espaço de jogos e da escola clandestina, tudo estava apodrecido. O bloco das crianças era como um barco navegando sobre um mar de corrupção cujas águas se infiltravam nas fissuras com cada rajada de vento".

Ou ainda adiante:

> O bloco das crianças estava organizado como um acampamento de verão, um jogo, uma ilusão, uma ilha. As crianças existiam em um mundo de miragens, ao abrigo da crueldade do campo, mas o grupo era bem real, sólido e sem artifícios. Os pequenos haviam esquecido seu passado, e suas famílias estavam dispersas ou haviam sido exterminadas. Não tinham nem uma casa, nem vizinhança, nem paisagem para recordar, exceto os muros do gueto ou as barracas de seu campo de detenção. Estavam desenraizados, despojados de seu nome e famintos como animais.

E em outro lugar:

> Alex Erhen e Fabian eram professores medíocres e Lisa Pomnenka não era uma verdadeira artista, mas todos faziam o que precisava ser feito porque não havia outras pessoas para fazer melhor sua tarefa. Titubeavam e improvisavam, mas faziam com que as crianças estivessem limpas e que aprendessem a ler ou rabiscar algumas palavras. O bloco era como um barco com casco esburacado, sempre a ponto de soçobrar, mas flutuava, e, mesmo se a cada instante ameaçasse virar, as crianças se sentiam seguras.

Por último: "Era extremamente importante preservar a rotina: o asseio matinal, as aulas, os jogos e as competições, porque cada dia que as crianças passavam longe do medo e do caos era uma coisa boa".[125]

As crianças não têm passado, não têm família, não têm vizinhança, não têm uma comunidade de que possam se sentir membros, não têm nome, não têm futuro. Nesse mundo absurdo, a escola é, sem dúvida, uma loucura, uma miragem, algo constantemente ameaçado, sempre a ponto de desaparecer. Mas se trata de uma loucura razoável, uma miragem sólida, real e sem artifícios e, acima de tudo, de uma forma de provisoriedade que não é incompatível nem com a rotina nem com o sentimento de estar seguros. Poderíamos dizer, talvez, que a escola de Auschwitz era loucura e miragem do ponto de vista da sua utilidade e de sua funcionalidade (para que uma escola em Auschwitz?) mas era razoável, sólida, real e segura, se a considerarmos nela mesma, na rara excepcionalidade de sua pura existência. Só aí, como ritual, como rotina, como forma, a escola era um artifício sem artifício, um dispositivo educativo puro, sem finalidade, sem utilidade, sem função, sem para quê, mas capaz sem dúvida de conjurar o caos e medo.

Nem no gueto de Theresienstadt nem no campo das famílias de Auschwitz-Birkenau foram proibidas as atividades esportivas, recreativas e lúdicas com as crianças, mas se proibiram, e muito rigorosamente, as atividades estritamente escolares. As crianças podiam fazer ginástica, cantar, jogar, preparar pequenos espetáculos musicais ou teatrais, entretanto não podiam aprender a ler e escrever, estudar ou receber lições. Só a escola era clandestina. Mas não se trata aqui de entender as razões pelas quais isso pôde ser assim, mas de explorar algumas características da escola através dessa distinção forte e incompreensível entre o permitido e o proibido.

A questão da sobrevivência dos jogos infantis durante o Holocausto foi amplamente discutida. Há um estudo clássico sobre o jogo como mecanismo adaptativo, como mecanismo de proteção psicológica, como um mecanismo de defesa contra uma experiência traumática, como um meio de fuga ou de compensação de uma realidade extremamente hostil, quase impossível de ser vivida:

> Durante o Holocausto criaram-se parques para o jogo, proclamou-se o "mês das crianças", organizaram-se torneios de xadrez, atividades recreativas e esportivas, e inclusive fizeram-se concertos e peças teatrais. Essas atividades [...] afirmavam simplesmente um dos instintos fundamentais do homem – a necessidade de criar, por todos os meios, um perímetro defensivo, particularmente em um período em que os meios de ação são extremamente limitados. Um estudo sobre as atividades lúdicas das crianças e seu papel protetor perante a realidade – remontando o moral de uma população completamente deprimida, devolvendo-lhe seu amor próprio e alimentando a vontade de sobrevivência – permite mostrar a sobrevivência da dimensão humana em uma época trágica [...]. Essa determinação não é em nenhum lugar mais clara que nas palavras de Mira Jakubowicz, sobrevivente de um terreno de jogo no gueto de Varsóvia sobre sua decisão de permanecer junto de seus alunos: "Considero meu dever ficar aqui, no gueto. Vocês não veem quanta necessidade têm de amor, de cuidados e de risos? Resta-lhes tão pouco tempo". O jogo como meio de adaptação social e psicológica em períodos turbulentos.[126]

Não há dúvida de que o jogo ajuda as crianças. Mas o que me interessa destacar aqui não é tanto a tolerância do jogo quanto a proibição da escola e o modo como isso estabelece uma forte diferença entre os dois. Os judeus criaram grupos de brincadeiras que substituíram a estrutura escolar convencional, mas também tentaram conservar essa estrutura escolar convencional e instrutiva, disfarçando-a de jogo:

> Um detento recordava, depois da guerra, que "os cursos deveriam ser camuflados em jogos". Sob essa cobertura, ensinaram-se história, matemática e geografia. As crianças se revezavam para alertar seus professores e colegas de classe sobre a chegada dos SS. Em um instante, alunos e professores transformavam, como por mágica, a sala de aula na sala de jogos. Ensaiava-se a cena nos mínimos detalhes, porque, se alguém fosse surpreendido, isso poderia representar uma sentença de morte para todos.[127]

E Otto B. Kraus conta uma história semelhante:

> Todas as manhãs, o bloqueio era abalado por atividades clandestinas. Apesar das proibições, Marta Felix, Felsen e inclusive Beran ensinaram geografia, história e ciência política. Foltyn, que vigiava a porta, os protegia, avisando-os quando uma sentinela da SS se aproximava. Então eles mudavam de atividade e começavam a brincar ou a contar histórias. Mas naquele dia o menino deixou a porta sem guarda. Estava ouvindo a lição de Marta Felix e não percebeu que "o padre", o SS *Blockfürer* que falava suavemente e colocava as mãos nos bolsos, tinha entrado no bloco. Ele parava aqui e ali, discreto como uma cobra, ouvindo as crianças. Não entendeu o idioma e não entendeu o que estavam fazendo. Por sorte, Fabian notou sua presença e começou a gritar: "Atenção, atenção!". As crianças esconderam as pontas de madeira carbonizadas que serviam de lápis e levantaram-se antes que as SS pudessem ver que liam e escreviam. Ele nem viu o mapa da Europa que Felsen tinha desenhado para crianças.[128]

O que está proibido é a escola, a dimensão instrutiva da escola. Não estão proibidos a ginástica, as competições desportivas nem os jogos. Tampouco o trabalho ou a aprendizagem de um ofício. De fato, algumas das crianças do campo das famílias trabalhavam como aprendizes com os diferentes artesãos que realizavam tarefas produtivas e de manutenção, e outros, como Adão, trabalhavam a serviço dos *kapos*. O proibido (a escola) não é atividade física, não é brincadeira, não é trabalho, não é aprendizagem profissional. Por outro lado, a escola tampouco tem a ver com a transmissão de valores ou modos de comportamento. Os educadores do bloco das crianças sabiam muito bem que o que estavam fazendo não tinha nada a ver com ensinar as crianças, por exemplo, que não se deve mentir ou não se deve roubar, ou que é preciso ajudar os outros. Como tal coisa poderia ser sustentada em um lugar onde, às vezes, mentiras e roubos serviam para garantir a subsistência? E, claro, a escola não tem nada a ver com ensinar habilidades que poderiam ser úteis para a vida no campo. Essas habilidades que poderiam ser úteis para a vida e sobrevivência em um ambiente extremamente hostil é o próprio campo que as ensina, ou melhor, é a mesma vontade de viver, o mesmo impulso para a sobrevivência, que os faz aprender. O que é clandestino é o estudo, a lição, a leitura, a escrita, o fazer mapas, o ocupar-se de algo, o lidar com as crianças em alguma matéria, em algum tema, em algum assunto, o fazer cursos de geografia, de filosofia, de história ou de matemática. O que é proibido é a dimensão estritamente inútil da escola, pelo menos para um lugar como Auschwitz, no qual, estritamente falando, não há futuro.

Um dos assuntos do romance de Kraus tem a ver com o paradoxo fundamental da educação de Auschwitz. Por um lado, os educadores não se desprendiam completamente de algum tipo de esperança e tratavam com carinho certas ideias de futuro, ainda que soubessem que eram ilusórias. Mesmo na certeza da morte iminente, continuavam discutindo política e como seria o mundo depois da guerra. Vindos de um ambiente altamente politizado e ideologizado, quase todos mantiveram alguns ideais que apareciam constantemente em suas conversas:

> Numerosos educadores eram sionistas, enquanto outros, como Felsen, acreditavam numa revolução comunista; Hynek Rind, por outro lado, sonhava com uma vida em uma pequena cidade tcheca. Mas todos, sem exceção, tinham um projeto que os ajudava a não cair em desespero. Não poderiam ter trabalhado com crianças sem esperar por uma estrela, uma bandeira ou um sonho.[129]

No entanto, ao mesmo tempo, os educadores do bloco infantil tinham a certeza absoluta de que iriam morrer. Um deles sabia que já havia uma data fixada para que fossem submetidos a "tratamentos especiais". Portanto, suas atividades educativas não poderiam aspirar a qualquer futuro: "Ensinavam história e geografia, jogavam jogos de memória, cantavam canções populares ou organizavam concursos de limpeza, desenho ou redações. Sabiam que no dia 20 de junho morreriam, mas continuavam lavando as crianças com água gelada e mandando que escrevessem palavras e frases bem alinhadas".[130]

Aqui está, parece-me, a contradição insolúvel, mas enormemente significativa, da escola de Auschwitz. O fato de que os seres humanos, de algum modo, precisam da esperança, da crença no futuro, o fato de que nada poderia ser feito, muito menos trabalhar com crianças, sem essa crença, sem essa estrela, ou sem essa bandeira, ou sem esse sonho... e, ao mesmo tempo, a certeza de que o que se faz tem de ser feito sem esperança e sem futuro. Uma das sobreviventes de Birkenau, Ruth Klüger, reflete sobre a esperança como dever e, ao mesmo tempo, como mal, como condenação, como reverso do medo e, portanto, como princípio de conformismo. Viver no presente supõe libertar-se do passado (que é nostalgia) e do futuro (que é uma mistura indiscernível de medo e esperança): "Dizem que a esperança faz viver. Mas, na realidade, a esperança não é mais que o reverso do medo, e pode-se ter a impressão de que o medo faz viver, pois é sentido como areia na língua e como veneno nas artérias. Era preciso falar do princípio angústia em vez do princípio esperança, salvo que não se pode construir com isso quase nada de construtivo".

Além disso, são a esperança e o medo que explicam o comportamento passivo, adaptativo, nos campos: "Não nos ensinaram a renunciar a esperança. Por isso que morremos no gás".[131]

> A escola é sem futuro, está fora do tempo, mas é capaz de criar seu próprio tempo. Em primeiro lugar, é claro, porque absorve a todos em um presente que vale por si mesmo. Marta Felix, por exemplo, ensinava filosofia aos mais velhos, apenas alguns rudimentos de Platão, e se surpreendia repetidas vezes em como uma das crianças, Foltyn, "[...] não faltava a nenhuma aula, sentado em um canto, absorvido e fascinado pelas explicações".[132]

É essa absorção em uma matéria de estudo que faz de Foltyn um estudante e também, sem dúvida, o que faz de Marta uma professora:

> Depois da aula sobre Platão, Foltyn permaneceu na sala. Ficou, com as costas apoiadas na parede e esperou que a professora tivesse terminado de recolher os pedaços de papel nos quais escrevia suas notas [...]. Marta Felix apreciava a curiosidade do menino, suas perguntas e seu interesse pela filosofia; fazia com que recordasse com nostalgia de sua própria adolescência, a busca por respostas, por um caminho, e a mesma inquietação ante um mundo demasiado complexo. Sim, pensava, esse menino tem o espírito e a curiosidade de um estudante, e ela era feliz em instruí-lo. Mas quanto tempo lhes restava? Um dia, dois dias, uma semana?[133]

No entanto, além disso, em segundo lugar, esse tempo pode conjugar-se também no futuro, na expectativa inclusive, mas em um futuro e em uma expectativa que são estritamente escolares:

> As crianças falavam sobre os dias e meses por vir, como se o campo das famílias e o bloco de crianças durasse para sempre, como se constituíssem uma base sólida sobre a qual poderiam construir suas existências. No ano que vem, pensava Bubenik, estarei na aula de Fabian e começarei aulas de escultura com Shashek e Aryeh; este último era do grupo dos grandes, e esperava que Himmemlblau lhe permitisse ensinar hebraico no final do ano letivo. Até os educadores falavam do próximo ano, por contágio das crianças e também para se assegurarem. Eles sabiam a data de sua morte, mas eram incapazes de viver sem esperança e sem ilusão.[134]

Os educadores de Auschwitz não podiam projetar as atividades escolares para o futuro. E também sabiam que a escola nem sequer era útil para melhorar a vida das crianças no campo. Alex Erhen, por exemplo, tem a seguinte conversa com Adam, um menino que age como escravo sexual para um dos *kapos*:

> – Hoje você aprenderá a ler.
> – Quem precisa saber ler? disse Adam. Ler não me dará sequer uma casca de maçã. Cuspo na sua escola. Os serviços que presto me trazem mais pão do que vocês nunca poderão reunir.
> – Lê – repetiu Alex Erhen brandindo a cartilha perto de seu rosto.
> – Não vou ler.
> – Hoje você vai ler.
> O jovem baixou a cabeça.
> – Eu não sei ler, disse com um suspiro. Você nunca me ensinou.
> Era uma mentira e uma acusação injusta. Agarrou com força o braço do garoto, e este fez uma careta. Havia tentado tudo com Adam, mais do que com qualquer outro garoto. Mas quando essa múmia assistia à aula, o espírito de Alex estava obscurecido pelas violências que ele sabia que enfrentava na cabana do *kapo*. Havia ensinado-o a decifrar letras e sílabas, depois algumas palavras curtas. Alex era perseverante e se recusou a confessar que fora derrotado por um pirralho, mesmo que fosse tão violento e corrompido quanto esse.[135]

No *Kinderblock*, a escrita e a leitura só valem por si mesmas. Igual a fazer mapas:

> Para desenvolver sua atenção, Alex Ehren havia inventado um jogo de memória. Eram exploradores e viajavam pelas selvas da Amazônia, pelo Polo Norte ou pelas selvas da África.
> – Quando voltarmos, desenharemos um mapa, dizia. Ninguém antes de nós visitou essas regiões. Portanto, esteja atento para não esquecer nada.
> Separou seus exploradores em três grupos, e aqueles que retornaram com mais detalhes venciam a competição. Adoraram esse jogo. Logo Alex teve pronto um mapa com as dimensões exatas do campo.
> – Guarde-o bem – disse Felsen, o comunista, examinando a folha de papel. Um dia poderia nos servir.
> – Servir-nos para quê?"[136]

As atividades esportivas, os concursos e os jogos podem ser estratégias (psicológicas) de sobrevivência. Trabalhar ou aprender um ofício também são estratégias de sobrevivência. Trabalhar a serviço de um *kapo* pode servir pelo menos para obter uma casca de maçã, e aprender um ofício pode trazer alguns privilégios. É o próprio campo que ensina as habilidades de sobrevivência nele. Alguns aprenderão a roubar ou a mentir, e outros aprenderão a ser bons prisioneiros. E tanto uma quanto outra são, sem dúvida, aprendizagens úteis, talvez necessárias. Mas aprender a ler e escrever, fazer mapas, estudar geografia, aprender poemas de cor ou receber lições de filosofia platônica não serve para absolutamente nada. Apenas para se mergulhar em uma relação com algo que pode ser tão absorvente a ponto de lhe tirar, por um momento, desse tempo que é um inimigo e desse espaço que é todo feito de horror e de necessidade, de ameaça de morte e, portanto, de ocupação e de preocupação pela estrita e improvável sobrevivência. Nesse sentido, a escola de Auschwitz expressa não apenas amor (e preocupação) pelas crianças mas também amor (e preocupação) pelo mundo.

Lisa Pomnenka é o personagem mais misterioso do romance. No *Kinderblock*, Lisa desenhava animais para as crianças (que nunca os tinham visto), e um dos educadores os ensinava depois a escrever os nomes. Um dia, Mengele forneceu tinta e pincéis para decorar o muro do campo. Enquanto os outros falavam sobre política ou sobre os acontecimentos do campo, ela pintava horizontes, árvores, flores e pássaros, especialmente pássaros. Lisa queria, acima de tudo, pintar as coisas que não existem no campo. Duas garotas lhe pediram que pintasse também Branca de Neve e um dos anões.[137]

Lisa trabalhava para Mengele. Desenhava para ele fragmentos anatômicos de espécimes humanos, rostos de ciganos e as árvores genealógicas dos deportados com os quais Mengele fazia experimentos genéticos. Às vezes, até mesmo, se encarregava da vigilância de algum dos pares de gêmeos que ele estudava. Todos os dias convivia com o horror, todos os dias obedecia, mas também pintava o muro. E uma coisa não tinha nada a ver com a outra, como se fossem mundos completamente heterogêneos. Além disso, enquanto Alex vivia o tempo como um inimigo (o tempo contado, a redução implacável no tempo que lhe restava), como uma besta que lhe devorava as entranhas, Lisa Pomnenka recusava-se a falar do tempo que passa: "Sou tonta demais para filosofar, vamos ver o que acontecerá quando acontecer, cada dia tem o suficiente com sua pena [...]. Por que me ocupar de coisas que não posso mudar? Claro que a chaminé me apavora, mas quase nunca presto atenção a ela, e isso ajuda".

Alex se perguntava quanto tempo duraria um colete que Lisa havia tecido com os restos de um suéter velho. Mas Lisa ria e respondia: "Um mês, um ano, quem sabe. Quando estiver demasiado usado, lhe farei outro. Há coisas mais importantes que isso".[138]

Quando Lisa e Alex podem finalmente, com grande dificuldade, fazer amor, Alex vive a partir da consciência da morte iminente. A ideia de perdê-la o angustia. Promete nunca esquecer esse momento, seja qual for o lugar onde estiver. Mas Lisa insiste: "Não, isso não, porque vivemos o que é e não o que foi ou o que será".[139]

Lisa não pensa no futuro. Poderíamos pensar que ela pinta o muro sem esperança. Além disso, tampouco pensa no passado, e é por isso lhe é impossível a nostalgia, o sentimento da perda. Depois da morte de seu pai, a quem tinha visitado todos os dias e de quem cuidara com devoção, Lisa apenas sente dor: é incapaz de chorar e inclusive de se sentir triste. Poderíamos dizer que vive e pinta o muro da mesma maneira: sem nostalgia. O muro de Lisa Pomnenka não expressa o futuro ou o passado. Simplesmente está lá, e é esse estar lá que o faz tão necessário.

Aos olhos dos outros educadores, Lisa é simples, enigmática, incompreensível. Fala muito pouco, mas a força de sua presença é fundamental no relato. Se conhecemos os outros educadores por suas opiniões, por suas discussões, por suas palavras, Lisa se manifesta apenas em sua presença, em seus gestos, em sua maneira de ser e de se comportar. Sua estranha vitalidade contagia a todos, mas não conseguem entendê-la. Faz parte do grupo de educadores mas, ao mesmo tempo, é completamente alheia a ele. Sempre se mantém solitária e distante, mas se dá aos outros (na compaixão e no amor) com uma rara intensidade. Nunca fala sobre o futuro, nunca se projeta no futuro, nunca se sente nostálgica. Lisa Pomnenka afirma o presente e, ao contrário dos outros jovens, não luta contra o tempo. Talvez seja por isso que se move com uma espécie de saber imediato, que não está feito de ideias ou palavras. Às vezes, alguém diria que sua inocência beira a banalidade. A sua é uma rara sabedoria simples e prática, presa ao aqui e agora e, ao mesmo tempo, extremamente clarividente. Seu sobrenome é o nome de uma flor silvestre, a flor da humildade. Além disso, Lisa desaparece em um momento do romance. Ninguém sabe ou saberá o que aconteceu com ela. Como se sua vida não pudesse ter um fim, como se a sua fosse uma vida sem desenvolvimento, sem desfecho, sem intenção, sem argumento. Algo assim como a educação em Auschwitz.

Claro, o personagem de Lisa não encarna o que poderia ser "a verdade" da educação de Auschwitz. O romance de Otto B. Kraus conta a composição de todas as vozes que o compõem. O relato não privilegia nenhuma delas. Por isso a educação em Auschwitz não é outra coisa senão o que compõe o diálogo entre posições diferentes, entre formas de ver e de pensar e de fazer que são, por vezes, contraditórias. Certamente tampouco a escola clandestina (contrastando com as atividades permitidas) constitui "a verdade" da escola, mas pode nos ajudar a pensá-la.

O último diálogo do romance liga a escola com o fracasso da revolta. Alex Erhen sente que foram cegos confiando na possibilidade de revolta e sentem, ao mesmo tempo, que isso significa uma traição às crianças.

> – Isso não é verdade – diz Fabian –, nós lutamos nossa batalha e vencemos.
> – Eu não vejo nenhuma vitória – resmungou Felsen, ofendido por aquelas palavras.
> – Não estamos vivos? Olhe para as crianças! As pinturas no muro! Você não vê os poemas, as imagens e as pequenas histórias que pendem das vigas do bloco infantil? Um levantamento? Nós nos rebelamos, e como!
> – Sim – respondeu Dezo Kovac. – Estamos vivos. Mas pode ser que tenhamos perdido e que estejamos mortos por dentro. Nós e também as crianças.[140]

**Querido Jorge,**
Obrigada por compartilhar comigo alguns de seus escritos e dar-me a conhecer essa escola. Será que existem tantas escolas quanto vidas?

Como você diz, a comparação entre um hospital e Auschwitz é exagerada, quase impossível. Não assim, talvez, os sentidos possíveis que cobram determinados espaços que conseguem se constituir como modos de resistência, como espaços de invenção em distintos tempos, com distintas pessoas, em territórios próximos ou distantes entre si: aqui, sim, me ressoa uma e outra escola, a que habito e a que leio em suas linhas.

E então eu penso, ao seguir sua leitura, essa ideia da escola como um refúgio, e enquanto essa imagem da escola parece-me como o lugar para "estar a salvo" em Auschwitz, "a bolha ou a miragem", "a ilha", para sentir que não se estava no lugar do horror onde se estava, me pergunto se será possível um refúgio aberto de extremo a extremo, algo como um refúgio *de portas abertas*, onde se trata de se expandir, de não esquecer, de se conectar com tudo o que está mais além dele, de não se trancar. Algo assim imagino quando penso na escola hospitalar como um refúgio: onde os laços se reavivam, onde o que cada menino e menina é não se separa do mundo, mas volta a se enlaçar com ele; onde os vínculos não desaparecem pela internação mas são lembrados e são restaurados. Coisas simples são feitas, fala-se sobre a escola anterior a essa que está acontecendo, fala-se de e com os companheiros e mestras daquela escola, fala-se dos lugares e das terras de onde as crianças chegam, recordam-se suas casas, suas atividades, suas paisagens e ao mesmo tempo inventam-se novas atividades, terras, lugares, companheiros, paisagens, ou seja, inventa-se escola. Oferece-se um elemento comum a toda escola: a possibilidade de estudar, de aprender. Sim, ainda aí, ainda assim.

Não penso, no entanto, dizer algo nada novo: a escola cria laços, e seus mestres e alunos fazem com que esses laços tenham sentido(s). Isso é algo que me faz pensar em ambas as escolas. Nos dois casos, a escrita, a leitura, um mapa... abrem o mundo, o colocam de volta ao alcance das mãos: mãos que podem fazer dele algo diferente. E por isso aquela ânsia de proibir essa possibilidade, por isso tentar a todo custo fechar todos os meios de agarrar algo do que está fora do confinamento, de jogar por terra os muros, sejam quais forem.

Talvez o refúgio tenha a ver com dar espaço a gestos de resistência. E a escola representava em Auschwitz isso, e também o representava em um hospital. Porque creio que o que há de refúgio em ambas as escolas são *gestos de resistência*. E estes assumem diferentes formas que jogam seriamente sendo irreverentes perante os espaços e tempos impostos, ante os poderes dominantes, ante os discursos fatalistas e deterministas, ante a utilidade pretendida e atribuída a tudo. Em ambos os casos, resistir não significa evitar, ou evitar a morte ou a dor, mas, talvez, que isso não seja tudo.

Não sei se com isso consegui em algum ponto especificar um pouco mais o que uma mestra faz em uma escola hospitalar. Mas talvez tenha podido, pelo menos, expressar como a questão ainda está aberta, sempre, pelos sentidos da educação e da escola, e pelo que vamos construindo delas ao pensá-las.

Um abraço,
Malvina.

## Do professor como acontecimento

Estando em Buenos Aires, recebi um e-mail de Silvia Duschatzky pedindo permissão para usar um texto meu em um curso de pós-graduação que coordena, especificamente em um eixo temático intitulado "Aqui há um professor". A ideia em que estão trabalhando, me dizia, é "passar do substantivo ao circunstancial", pensar o professor não como substância mas como um acontecimento, "como efeito, como criador de efeitos e circunstâncias", tratando de "esfumar a figura ou o personagem do professor para pensar o dispositivo-professor, o professor como doador de condições onde o que importa é mais o maquinário que se desdobra que um rol definido e revestido de atributos produtivos".

Conheço e admiro o trabalho de Silvia há muito tempo, autorizei-a, é claro, a usar meu texto, e me interessei por essa maneira de pensar o professor em relação a um aqui e agora que nunca pode ser dado como garantido. Pedi-lhe que desenvolvesse um pouco mais isso de "aqui há um professor", e ela me respondeu, com certa rapidez, que era uma ideia que estavam apenas esboçando, que tinha que fazer "com certa diferença entre pontos de vista e pontos de ver" (Silvia me disse que nisso se nutrem um pouco de Deligny)[141] tratando de não ancorar o que faz o professor "em uma série de premissas de sentido que não fazem nada além de encobrir sua própria ignorância". Disse-me também que "estão cansados da linguagem dos professores 'com atributos'", que estão tratando de pensar o dispositivo-professor como uma espécie de "mutação verificável sensível e material" em que "língua e vida estão unidas", que não sabem nem querem saber "que diabos é um professor", que não lhes diz nada essa palavra a menos que se dê "em presença e afetada por um movimento que diga: aqui há um professor", que lhes interessa cada vez menos o personagem e que o que pretendem é "dar conta das dinâmicas da língua ou dos métodos antimetódicos que desdobram uma micropolítica das afeições". Disse-me que o que lhes interessa é "pensar o professor em seus efeitos e não como premissa, como circunstância e não como substância, como um acontecimento e não como função".

Atento a essa perspectiva que Silvia estava apenas sugerindo, resolvi escrever-lhe e iniciar, talvez, uma breve conversa. O que foi produzido é o que transcrevo nos parágrafos que se seguem:

### Querida Silvia,

Não sei se sabe que estou terminando um livro sobre o ofício de professor. A questão é que nesta viagem americana que estou quase terminando, surgiram algumas conversas direta ou indiretamente relacionadas ao assunto que decidi incorporar ao livro. Nesse sentido, o que eu faço neste e-mail é lhe pedir algumas palavrinhas para meu livro a propósito desse "aqui há um professor" que me interessou tanto. Tenho a impressão, por seus e-mails anteriores, que compartilhamos a rejeição de todos esses discursos sobre as competências do professor, os saberes do professor, as funções do professor, o perfil do professor, tudo o que vem de uma visão, digamos, profissionalizante do professor, e que sentimos um tédio também compartilhado por todas essas elaborações de modelos de professor que constroem figuras padronizadas como o professor democrático, o professor reflexivo, o professor dialógico, o professor crítico, o professor militante, o professor transformador e outras cristalizações abstratas do mesmo estilo: o que você chama, talvez, de o professor "com atributos". Tenho a impressão de que também compartilhamos uma clara consciência do desmoronamento da escola (embora você situe esse desmoronamento, sobretudo, nas escolas dos setores populares e marginais, como se nelas estivessem mais evidentes sua fragilidade institucional e falta de sentido) e, portanto, do insustentável de certas maneiras de compreender a figura do professor (os professores, para colocar em suas palavras, já estão "na intempérie", sem nada que possa garantir a natureza de seu ofício). Nesse sentido, creio que nos parece a ambos que muitos dos discursos oficiais não fazem outra coisa senão dissimular essa demolição, essa intempérie, e dedicar-se a jogar bolas fora (isso que você chama em algum lugar de "levantar falsos problemas").

No meu livro eu também, de alguma forma, estou me despedindo do professor e da escola, mas é uma despedida honrosa. Acabamos de publicar na Argentina (na coleção da Miño y Dávila que coordeno com Carlos) e no Brasil (na coleção que dirijo com Walter Kohan para a Autêntica Editora) um livro coletivo intitulado *Elogio da escola*, onde jogamos com isso de que talvez estejamos elogiando a escola, defendendo a escola, justamente no momento de seu desaparecimento. De fato, a palavra "elogio" tem a ver com a elegia, e todo elogio é, de algum modo, um elogio fúnebre, algo assim como cantar as virtudes do morto ou do moribundo e lamentar sua perda. No mesmo sentido, estamos montando o seminário "Elogio do professor" para o próximo ano, que talvez terá também esse tom como o fim de uma época. Minha impressão é de que o professor está desaparecendo, sim, mas enquanto se converte em um mediador, um facilitador, um gestor da aprendizagem, um personagem que se ajusta bem ao que alguns chamam de capitalismo cognitivo e outros de capitalismo emocional, e que, claro, já não tem mais a ver com a disciplina, mas com controle. Porém para mim, nesse contexto, a pergunta continua sendo "o que é um professor" ou, se quiseres, "o que é que faz um professor ser um professor", e não, por exemplo, um ativista, um psicólogo, um trabalhador social, um pai, um empresário, um companheiro, um cúmplice, alguém que lhe ouve e lhe compreende ou alguém que está na escola para tentar aliviar as terríveis feridas que o capitalismo atual produz nas subjetividades de crianças e jovens. Digamos que me parece que, da mesma maneira que existem muitas escolas que não são escolas, há também muitos professores que não são professores.

E é precisamente nessa perspectiva que me interessou isto de "aqui há um professor". Interessa-me como podemos pensar esse "aqui" (para mim o aqui do professor é evidentemente a escola, é a escola que faz que um professor possa ser professor, por isso o final da escola é também o final do professor). Interessa-me também como podemos pensar esse "professor" (que é o que faz que isso que aparece em um aqui e em um agora, isso que não é mas devém, seja precisamente um professor e não qualquer coisa). E me interessa sobretudo o que quer dizer "há", o que significa isso de que o professor não "é", mas o que se sucede, o que acontece, o que se dá, é que, às vezes, "há" um professor.

Assim como muito provisionalmente eu diria assim: há um professor quando se dão as formas de estar e as formas de fazer possível que aqui haja uma escola (e não uma fábrica, uma empresa, um shopping, um cárcere, uma praça, uma casa, um tribunal, uma igreja, um confessionário, um quartel, um sindicato ou um centro cultural).

Tudo isso lhe diz algo? Podia tratar de desenvolver um pouco o contexto teórico, prático e, digamos, existencial, em que aparece essa expressão maravilhosa de "aqui há um professor"?

Um abraço.

### Querido Jorge,

Como em toda genuína conversa, as imagens brotam amontoadas. Suas perguntas me estimulam a escrever, e tirarei algumas coisas provavelmente desordenadas. Vem-me em primeiro plano que coisa seria um professor (algo dessa inquietude leio em suas linhas) se *coach*, psicólogo, militante ou que for. Não me preocupa tanto distingui-lo, como tampouco obturá-lo com alguma outra função, porque, na verdade, nenhuma função me interessa *a priori*. Se a geração de desvios ou variações perfurar modos padronizados de estar no mundo, e se o pensamento e a ação se movem como um "corpo sem órgãos", dando lugar a formas de organicidade que implicam mutações na existência e nas afetividades, e se essas mutações expressam o combate à separação (o conceito do afeto, o corpo do pensamento, um ser de outro ser), não será que há de fazer algo aos nomes?

Então, o que tento, tentamos, é atender às camadas subterrâneas das situações, ver o que há ali, o que vemos... não em termos de fenômenos evidentes, mas *virtuais*. Isso que, como argumentava Bergson, tem a ver com sinais difusos, caóticos, sem forma, mas somadas a alguma forma que as opaca e ao mesmo tempo (como em toda opacidade) as revela.[142] As virtualidades são o anzol para fazer as coisas desdobrarem suas eventuais multiplicidades, mediante uma propensão que as efetue, que as torna efetivas. Quando estamos nesse laboratório que chamamos de "aqui há um professor", não pensamos muito se é ou não um professor, nos deixamos levar por um maquinário de pesquisa e vemos que cresce. Então quase podemos prescindir da pergunta pelo professor, mas por enquanto a sustentamos e mantemos isto de "aqui há um professor". Nós a sustentamos pela única razão de que há professor, há escolas, há alunos. Para nós, é simplesmente um fato difícil e uma temporalidade que os reúne diariamente. Somente esse chão de corpos que se juntam justifica a questão sobre o que fazer com essa proximidade, em princípio alheia ao sentido.

Digamos, apenas para acalmar certa ansiedade, que há professor se se abre e sustenta um fluxo de pensamento. A particularidade, se quisermos, nasce de constatar uma característica factual. Todos os dias um grupo de pessoas se reúnem, e aí na quadra se veem as camisetas. Pode acontecer ou somente suceder a semelhança docente apegar-se aos artifícios conhecidos (sala de aula, currículo, avaliação, planejamento).

Agora vou dar um salto. Calma, é assim que as mulheres são... daqui para ali, em mil planos simultâneos. Então toda essa caotização encontrará sua costura. Há alguns dias, recebi uma entrevista com Agamben, na qual ele distinguia o poder da vontade com nitidez. Cito:

"Um dos pressupostos que estamos acostumados a tomar como garantidos é que toda ação está direcionada a um fim, e que esse fim é o bem que o agente necessariamente propõe em cada ocasião. Deste modo, visto que o fim é concebido como algo transcendente ou de qualquer maneira externo, o bem é separado do homem. Parece-me mais convincente a ideia epicurista segundo a qual nenhum órgão do corpo humano foi criado com vista a um fim."[143]

Se levantássemos essa ideia, se não houvesse teleologia ou finalidade que nega o movimento da vida, já não faria sentido a pergunta sobre o que é um professor, já que a resposta seria sempre inferida de uma ação e de alguma meta.

Reunimo-nos com um grupo de companheiros que trabalha com jovens em um bairro daqueles em que a precariedade da vida é exposta com toda a dureza. Um dos docentes sustentava que, sem finalidade, eles se sentem desamparados. Sentido e finalidade estão fortemente ligados em suas representações. Sem perceber e questionada mais por seu ânimo que por seu enunciado, ousei dizer que o que dá sentido a sua tarefa não era nada além dessa *mistura cotidiana*, essa materialidade sensível que circula na vizinhança terrestre. Como sabe, o fracasso das intervenções é a ordem do dia, e é precisamente esse fracasso que se torna fértil. Tudo ali é suscetível a variações. Perseverar na existência, como pensava Spinoza, implica pensar em preservar certos modos de vida. Mas acaso sabemos de antemão sob que formas a vida persevera? Por estar entre as coisas, ouvindo as contraevidências, a imaginação acorda e as bifurcações germinam. O gesto justo é subtraído de finalidade, a qual é um atalho para estar a distância do que se move.

Lembro que uma diretora de um jardim de infância estava muito preocupada: "Venha comigo para o pátio, você verá que os professores não brincam, estão sentados no chão e não param quando me veem chegar. Não tenho autoridade". Talvez, eu disse, não parem porque você lhes desperta confiança. Fomos ao pátio e de fato os professores estão relaxados no chão, encostados em uma parede. Convencida, ela, de que nos deparamos com a prova do crime, fica perplexa quando lhe pergunto o que vê. Repete seus ditos qual mantra. Eu insisto: volte a olhar. E ela: "Vejo uma professora embalando uma criança, outro grupo de professor cercado por crianças enquanto alguém acaricia a cabeça de uma criança pequena. Um pouco mais longe, outra fazendo acrobacia enquanto alguns pequenos tentam imitá-la. Enquanto isso, soa música de um grupo cubano, Karma. E, no meio, professor com seus rastafáris vagam sem rumo, cercados de outras crianças".

Certamente, enquanto você lê isso, dirá que o que eu falo pode ser feito por qualquer pessoa. E na verdade se trata de qualquer um, se qualquer um estiver sem hierarquia. A questão para nós é não se opor à sua frustração a imagem idílica de um encontro harmonioso, mas pensar se nessa materialidade que se choca com as formas virtuosas de educação podemos dar uma pergunta que peça efetuar-se e, assim, sustentar o gesto de ir traçando tentativas. O que aconteceria se essa diretora suprimisse a distância de sua observação e se aproximasse da cena, pescando alguma palavra, alguma inflexão, alguma ocorrência em que se pode introduzir diferenças sutis? E então a escrita: tomar nota, tomar nota dos fluxos que nascem de uma escuta "amoral". Aqui, na criação das circunstâncias, haveria "um professor". Nenhum sujeito de vontade, apenas uma força que sem esforço faz inesgotáveis os modos de estar entre as coisas. Ou mais precisamente, haveria um mestre se ele encontrasse bons problemas.

Você me pergunta porque o *há*. Peguei uma folha e rascunhei algumas hipóteses, enquanto apareceu Meschonnic dando-me uma luz:

"Um poema é o que um corpo faz à linguagem. É o ritmo como organização do movimento de uma palavra (e não já sua definição clássica que é a do signo como alternativa binária do mesmo e do diferente) no contínuo ritmo, sintaxe, prosódia, no encadeamento de todos os ritmos, ritmo de ataque, ritmo de finais, ritmo de posição, ritmo de repetição, ritmo prosódico, ritmo sintático".[144]

*Há* que fazer isto ou aquilo, há que ser crítico, lutador, bom, solidário. Aqui *há* um pássaro perambulando na minha janela. Aqui passei minha infância. Aqui estou viva. Aqui *há* efervescências. Enquanto em uma das séries *há* carga com um imperativo, nas demais enunciações indica presença. Não obstante, em muitas das frases o *há* falta ou sobra, não é necessário. E então, na evolução do problema, iremos decidindo se, eventualmente o *há*, mesmo como circunstância e presença, cai.

Enquanto isso, o mantemos não semanticamente mas como uma operação de deslocamento. Sem sujeito só restam corpos afetados e capazes de afetar. Mas a tentação das belas retóricas cria uma armadilha para nós. É necessária uma linguagem de verificação sensível. Por isso, *há* como equivalente a *existe*, no corpo em movimento ou no movimento dos corpos. Trata-se de um exercício, uma prova que nos colocamos ou uma maneira de nos colocarmos à prova. No *A arte cavalheiresca do arqueiro Zen*, Eugen Herrigel sugere:

"Toda genuína criação é possível unicamente em um estado de autêntico desprendimento de si mesmo, no qual o criador, portanto, já não pode estar presente como 'ele mesmo'. Apenas o espírito está presente, uma espécie de vigília que carece desse matiz do si mesmo e, portanto, penetra todas as vastidões e profundezas, 'com olhos que ouvem e ouvidos que veem'".[145]

Paro aqui... até voltar a lê-lo. Abraço.

## Das verdades que fazem mundo

Depois da apresentação da *Pedagogia profana* na Universidad de Buenos Aires, durante o jantar, a conversa foi para os gregos. Em sua intervenção na UBA, Alejandro Cerletti havia citado esta sentença de Píndaro, retomada por Nietzsche, que diz algo como "Chega a ser o que é aprendendo a sê-lo". Gabi D'Odorico contou que estava dando aulas de filosofia em uma escola de artes cênicas e a conversa girou para o teatro, para essa invenção grega que chegou até nós praticamente inalterada, sem perder nada de seu poder expressivo. Eu disse que tinha visto várias tragédias em Barcelona, durante o verão (*As troianas*, de Eurípides, e as adaptações de Wajdi Mouawad de algumas obras de Sófocles), e que fiquei impressionado de comprovar mais uma vez como conserva sua potência não só o dispositivo teatral clássico, mas também o próprio texto. Alguém expressou sua surpresa porque algumas coisas envelhecem rapidamente (talvez aquelas que pretendem ser mais atuais) enquanto outras atravessam o tempo e ainda nos dão a sensação de que falam diretamente conosco. Falei do texto "Nacimos griegos" [Nascemos gregos], de Miguel Morey, que cito na seção "Deveres do professor" deste livro, o qual diz que a filosofia (como o teatro) é também uma arte grega que ainda seguimos praticando e transmitindo; disse que a escola é também uma invenção grega, outra arte grega; e disse como deveríamos agradecer eternamente às gerações de copistas, estudiosos, tradutores, comentadores, adaptadores e professores por alguns textos milenares terem chegado até nós atravessando guerras, fomes, perseguições, misérias, incêndios, catástrofes naturais, séculos de desinteresse e todos os tipos de dificuldades. E foi aí que Alejandro introduziu na conversa uma estranha ideia de verdade encontrada em Alain Badiou: algo assim como que são verdadeiras essas coisas que estão à disposição de todos e que transcendem o tempo. A ideia me interessou, a relacionei imediatamente com *Stoner*, romance de John Williams em que se define professor como aquele "a quem o livro diz a verdade e a quem se concede uma dignidade artística que pouco tem a ver com sua estupidez, debilidade ou insuficiência como pessoa",[146] e pensei que talvez o ofício do professor tenha a ver com fazer que algumas coisas, algumas verdades, transcendam o tempo e se façam disponíveis. De fato, em sua intervenção na UBA, Alejandro dissera que os professores "transferem a biblioteca", contara-me depois que também trabalhava *Stoner* em suas aulas, e eu mesmo fiz alguma consideração (também citando Morey) sobre como o desaparecimento da escola e, talvez, o desaparecimento do professor, estão ligados ao desaparecimento da biblioteca, da autoridade da biblioteca, dessa biblioteca que, seguindo Alejandro, ainda contém algo que pode nos dizer a verdade através, é claro, de um professor que a transmita no tempo (que a faça, de algum modo, presente) e que a ponha à disposição das novas gerações. Foi assim, e dias depois escrevi para Alejandro pedindo-lhe que desenvolvesse a ideia de Badiou.

Esta é a resposta que me enviou:

Badiou pensou muito sobre como é possível que algo criado em um "mundo" particular – a Grécia clássica, por exemplo – possa nos alcançar até hoje e nos afetar tal como em seu tempo e contexto. Que hoje nos comova uma tragédia de Sófocles e nos faça pensar, queria dizer que essa criação artística tem algo "verdadeiro".

Para Badiou, as "verdades" (sempre no plural, porque não existe "a" verdade) são criações que comovem os "saberes" e "sentires" de seu momento, e, por isso, transcendem as circunstâncias singulares de sua criação; são fragmentos de eternidade, como ele também diz. Têm uma estranha característica, porque são gestadas em uma situação específica, mas estão dirigidas a todos e nos interpelam a todos. Para pensar isso, então, não seria preciso partir da diferença de dois mundos tão diversos, como o grego clássico e o atual, e tentar decifrar o que poderia ser comum a ambos, mas em vez disso, partindo daquela verdade, entrever que esses dois mundos também podem ser os mesmos. "As verdades, e somente elas, unificam os mundos",[147] como Badiou gosta de afirmar.

A resposta precisa de Alejandro me fez pensar na ideia arendtiana da escola como um dispositivo para a transmissão/renovação do mundo e na ideia correlativa do professor como alguém cuja tarefa é preparar os novos (com tempo) para a renovação de um mundo comum. E decidi perguntar novamente a ele.

## Querido Alejandro,

Desculpe incomodá-lo novamente, mas eu gostaria que você me dissesse algo agora como um professor que trabalha com os professores e com os que vão ser professores, como um professor que encarna, de certo modo, o que significa isso de ser professor e também como professor que defende, de forma prática, no seu trabalho, todos os dias, uma determinada ideia do que é e do que faz a escola. Isso tem a ver com criar as condições para manter algo assim como um mundo no meio dos homens? Isso tem a ver com oferecer às novas gerações o mundo, ou um mundo, ou uma série dessas verdades, ou desses fragmentos da eternidade, que fazem o mundo? Concretamente, para você, poderia nomear alguma dessas verdades? Por outro lado, não lhe parece que o problema de nossa época não é tanto o da fragmentação dos mundos como o do desaparecimento do mundo como tal? Para finalizar, como lhe parece que se articula, na escola e para os professores dessa época, esse debate entre "muitos mundos" e "um só mundo"?

Sua resposta é a seguinte:

Bem, amigo, existem alguns temas; para não me estender demasiado, vou tratar de combiná-los em uma mesma reflexão sobre o sentido de ser professor em nosso mundo atual. E sobre o que significa para mim ser professor de filosofia nesta época.

Badiou usa uma expressão interessante para caracterizar a filosofia e sua transmissão: diz que a filosofia é uma "repetição criativa".[148] Sempre tem algo de repetição do existente e algo de transformação disso que existe. Creio que esse jogo duplo é muito fértil para pensar sobre o sentido do que fazemos todos os dias, como mestres ou professores.

Como algo que antecipei, Badiou associa a ideia de verdade às disrupções dos estados de coisas, que ele chama de "acontecimentos". Por meio de suas grandes obras, o teatro grego aconteceu porque significou uma nova maneira expressiva de ver, de dizer, de sentir. Na terminologia de Rancière, poderíamos agregar que idealizou uma nova forma de distribuir o sensível. Há acontecimentos – e, portanto, verdades – na arte, na ciência, na política, no amor, mas não na filosofia. A filosofia não produz verdades. Tem antes a tarefa de pensá-las, de recompô-las no mundo de que são contemporâneas; de "compossibilitá-las", como diz Badiou, inventando um neologismo bastante eloquente.

Parece-me que um ensino filosófico, ou uma educação em geral, deveria ser capaz de alcançar nas salas de aula que alguma coisa se transmita e, por sua vez, aconteça. Quer dizer, nossa tarefa de professores seria algo assim como dispor, para todos, os saberes e as práticas existentes de modo que possam ser interpelados e apropriados (isto é, pensados, sentidos e recriados). Alguém, como professor, nunca sabe que efeitos pode ter pôr em circulação um texto ou uma palavra. Se algo ocorre, se se atualiza em uma aula, pode ocorrer que a verdade que teve como origem continue desdobrando suas consequências, ou talvez ainda, que, a partir dela, inventemos algo novo. Mas também significa que algo aconteceu entre aqueles de nós que participaram desse encontro "educativo": fizemos algo juntos, "pensamos juntos". Estabelecemos um laço comum onde não havia nada (exceto a formalidade oca de "estar juntos" por frequentar um mesmo curso). Acredito que essa construção coletiva do comum cria mundos, por menores que possam ser. Em um mundo onde o cálculo egoísta dilui os mundos conhecidos, talvez nossa tarefa seja contribuir para encontrá-los e inventá-los em nossas ações diárias.

O perturbador parágrafo final de *As cidades invisíveis*, de Italo Calvino, talvez possa resumir tudo isso:

"O inferno dos vivos não é algo que será; existe um, é aquele que já existe aqui, o inferno que habitamos todos os dias, que formamos estando juntos. Há duas maneiras de não sofrê-lo. A primeira é fácil para muitos: aceitar o inferno e tornar-se parte dele a ponto de não vê-lo mais. A segunda é perigosa e exige atenção e aprendizagem contínuas: buscar e saber reconhecer quem e o que, no meio do inferno, não é inferno, e fazê-lo durar e dar-lhe espaço".[149]

## Da autoridade e da anterioridade

Foi na Fundação Mempo Giardinelli, em Resistência, junto ao Rio Paraná, que ocorreu o diálogo aberto "Sobre a leitura", com Carlos Skliar, que decidimos enquadrar em lugares da leitura. Comecei citando o famoso texto "Onde estamos quando pensamos?",[150] de Hannah Arendt, e o mudei para "Onde estamos quando lemos?". A partir daí fomos desdobrando distintos espaços como a cadeira de balanço, os lugares de trânsito ou de parada, a escola e a biblioteca, e Carlos intercalou nessa espécie de *pas a deux* alguns de seus breves relatos sobre cenas de leitura. Como os dois estávamos lendo *Stoner* com certo interesse, decidimos provar, na conferência, as distintas ressonâncias que o romance de John Williams havia provocado em nós, mas o tempo da conversa não nos permitiu chegar a esse ponto. Apareceu, sem dúvida, aquela citação maravilhosa na qual Stoner disse que ser professor lhe deu uma dignidade que ele, como pessoa, não tinha. Aquilo de que o professor recebe sua autoridade, e sua dignidade, do texto, da matéria que dá e que compartilha, do que dá a ler, disso que de algum modo lhe diz uma verdade que quer pôr à disposição de todos. E aquilo de que a tarefa do professor é dar autoridade, dignidade, ao texto, à matéria, oferecendo-os à leitura e ao estudo de todos, mas investindo-os, ao mesmo tempo, de uma aura, de um peso, de um poder, de uma magia. Carlos disse que a autoridade do professor é derivada de certa anterioridade, pelo simples fato de que ele, por definição, já leu. Relacionei essa anterioridade com o motivo arendtiano de pensar a educação (e os lugares especiais da leitura, do dar a ler, que são a escola e a biblioteca) como uma relação entre os velhos e os novos, entre os que já estão no mundo (e o amam e se fazem responsáveis por sua transmissão) e os que vêm ao mundo (e têm que aprender a amá-lo, a se interessar por ele, a assumirem a responsabilidade por sua renovação).

Como o assunto ficou assim, pela metade, perguntei a Carlos se ele poderia desenvolver um pouco mais esses motivos do amor, da anterioridade e da autoridade em relação a seu próprio trabalho de leitor-escritor-professor. E lhe pedi também que continuasse com aquelas ressonâncias de *Stoner* que não pudemos abordar em nosso diálogo em público, se podia começar citando e comentando o momento crucial em que o protagonista do romance recebe de outro o que será seu destino quando diz que está apaixonado. O professor, portanto, seria o que se apaixona primeiro, o que já está apaixonado. Esta foi a sua resposta:

**Querido Jorge:**

Creio que há, pelo menos, dois momentos-chave no romance *Stoner* a propósito do que nos ocupa aqui: o primeiro tem a ver com um impensado chegar a ser professor, esse destino que não estava traçado de forma alguma e que de repente se torna puro presente e consciência; é um momento de perplexidade, de assombro, de incerteza em que Stoner (então ainda aluno) recebe de seu professor uma espécie de chamado, de invocação inesperada segundo a qual se descobre a si mesmo em caminho jamais pensado; e o segundo momento tem a ver com um Stoner já por se retirar de sua tarefa, o gesto de olhar para trás e encontrar as razões pelas quais aquilo que temos feito tem sua graça, sua arte, sua dignidade, tudo em um tom de humildade absoluta, sem transbordamentos, agradecido mas sem demasiados sublinhados. Seria interessante abordar esse olhar para trás na vida de um professor, mas vou me concentrar naquela parte da conversa que não pudemos abordar publicamente.

Stoner está prestes a ser recebido por seu professor, Sloane, e se percebe nele uma mistura de vergonha e mudez. O que vai entrar em jogo nesse intercâmbio não é outra coisa que o futuro de Stoner. Já conhecemos o seu passado: um estudante que vem de um meio rural empobrecido e que entra na universidade como uma oportunidade para, uma vez conquistada, regressar ao campo e ajudar seu pai nos cultivos. Mas, no caminho, Stoner encontra a literatura e desse encontro nasce uma afirmação: "Não voltarei", "não sei exatamente o que farei", "não faço ideia de que acabarei tão cedo, de que deixarei a universidade no final do curso".

Essas são suas palavras, as únicas que pode pronunciar no começo dessa conversa: a firmeza do regresso impossível e a incerteza do que virá. É nessa incerteza que Sloane entra esculpindo a mensagem que quer lhe deixar, depois de elogiá-lo por suas excelentes notas em literatura inglesa: "Se pudesse manter-se um ano mais ou menos depois da graduação, poderia, tenho certeza, terminar com êxito seu trabalho de licenciatura em artes, depois poderia talvez dar aula enquanto trabalha em seu doutorado. Se é isso que isso lhe interessa".

A partir daqui citarei diretamente (páginas 23 e 24):

"Stoner se inclinou para trás. 'Que quer dizer?', lhe perguntou, e ouviu algo semelhante ao medo em sua voz.

Sloane se inclinou para frente, aproximando seu rosto. Stoner via as linhas de seu rosto comprido e magro se suavizarem e ouvia a voz seca e zombeteira se tornar amável e desprotegida.

"Mas você não sabe, Sr. Stoner?", perguntou Sloane. "Ainda não compreende a si mesmo? Você vai ser professor."

De repente Sloane pareceu muito distante e as paredes do escritório se afastaram. Stoner se sentia suspenso no ar e ouviu sua pergunta: "Tem certeza?".

"Tenho certeza", disse Sloane suavemente.

"Como o sabe? Como pode ter certeza?"

"É amor, Sr. Stoner", disse Sloane, jovial. "Você está apaixonado. Simples assim."

O motivo do amor: amar o que se estuda; amar o estudo, sua atmosfera; amar os objetos reunidos para o estudo; amar os livros como objetos que portarão possíveis verdades; amar tudo o que se fará com isso de forma pública, para outros, com outros. De que está apaixonado, Stoner? Da literatura, de certa literatura. E é esse enamoramento que seu professor vê o que o induz a propor-lhe que seja professor. Stoner será professor porque ama a matéria literária que compõe o mundo e que poderá transmitir a outros, sob certas condições: porque um novo estudante poderá apreciar essa matéria ou não, poderá seguir ou não as recomendações de leitura, poderá estabelecer ou não um vínculo pessoal com ela; mas não se tratará disso: terá a ver com a oportunidade de apreciar a relação de amor que o professor tem com o que ele estuda e ensina, o amor entendido como paixão mas também como trabalho, uma relação que só pode ser compreendida como o tempo em que alguém está sujeito a um estudo e desatento do resto, como uma certa obsessão de um feitiço que só pode ser narrado como relação.

Agora, bem, a pergunta que cabe em seguida é: é suficiente o amor, esse tipo de amor, para ser professor? Estar apaixonado seria um ponto de partida, mas há algo mais que se torna necessário: como fazer para mostrar já não o objeto mas o assunto de que trata o ensino? Ou não seria professor aquele que reelabora sua experiência anterior e pessoal em termos de uma relação a ser contada aos estudantes?

Creio que a anterioridade não é só o que fazemos antes, o mundo anterior em estado de natureza, de arquivo ou de descrição neutral, mas a peculiar reelaboração que fazemos dela, tendo em mente algumas gerações que, talvez, ainda não tenham passado por uma experiência semelhante e que, talvez, por si mesmas, jamais o farão. A anterioridade seria a transformação de uma autoridade estabelecida por uma posição (de hierarquia, de privilégio, etc.) para uma autoridade determinada por uma disposição e uma exposição. Disposição para mostrar o sentido de um ensino, exposição da própria experiência retirada do universo do privado.

## Das obrigações dos professores

Em São Leopoldo, muito perto de Porto Alegre, partiu-se da ideia de que o que a escola faz é separar. Ela separa tempos, espaços, materialidades, atividades e assuntos. E separa-se a si mesma do trabalho, do consumo, da família e da comunidade. A partir desse ponto de vista, a escola não é continuação da família, e o professor não é um servente dos pais. Tampouco é preparação para o trabalho, e o professor não está a serviço da fábrica, da empresa, do empreendedorismo. Também não é uma extensão do shopping, e nem o aluno é um cliente nem o professor está a serviço de suas demandas. Tampouco está ligada à comunidade, e o professor não serve a nenhum tipo de identidade comunitária. Nem está subordinada à política, e o professor não é um servidor do Estado. A pergunta, naturalmente, foi: então, a quem serve o professor? De onde se derivam suas obrigações?

A resposta provisória foi que talvez o professor esteja a serviço da escola e que é daí, da escola, que derivam seus deveres, suas obrigações e suas responsabilidades.

A partir de então, a ideia que começamos a explorar foi que a escola obriga, que é ela própria que determina as obrigações, os deveres e as responsabilidades dos escolares, dos que habitam a escola, sejam alunos ou professores. E foi também a partir daí que enunciei a tarefa e que pedi que os participantes pensassem sobre os deveres do professor ou, dito em outras palavras, que escrevessem algo sobre a que está obrigado o professor, do que se faz responsável, simplesmente pelo fato de ser professor. Intitulei a tarefa como "Ser professor obriga a", dei uma semana de tempo para fazê-la, e esses são alguns dos exercícios que recebi.

O de Priscila dos Santos Ebling:

Um professor deve tomar a palavra em sua sala de aula. Deve dar a palavra a seus alunos. Deve colocar o mundo no centro das suas aulas. Deve amar o que ensina. Deve apresentar o mundo a seus alunos, para que cada um conheça-o por si só. Deve suspender o tempo e capturar a atenção de seus alunos. Deve disciplinar o tempo, disciplinar o espaço, nem demais, nem de menos, mas o suficiente para que o aluno seja capturado e seduzido pela vontade de aprender pelo simples prazer de aprender. Deve cuidar de si mesmo. Deve ter tempo livre para pensar de outros modos, para rever sua própria prática, para conhecer a si mesmo, para exercitar o próprio pensamento. Deve potencializar momentos a sós consigo mesmo, mas também não poderá esquecer de construir um enfrentamento coletivo com seus pares, com a comunidade escolar, com o outro, que é diferente de si.

O de Tássia Ciervo:

A responsabilidade do professor se traduz em duas tarefas. A primeira reside no fato de deixar as crianças serem crianças, ou seja, descolar da criança as expectativas de seus pais e da sociedade e permitir que ela seja absorvida pelos estudos. A segunda responsabilidade reside no fato de estimular o interesse do aluno, e isso só acontece quando lhes mostra seu próprio amor pelo mundo e pelas coisas do mundo.

O de Maria Elisabete Bersch:

O professor se responsabiliza por ampliar a compreensão dos alunos acerca do mundo e por cultivar com eles o amor pelo estudo.

O de Sandra Lilian Silveira Grohe:

O professor deve: ser professor.

## De aprovar e de suspender

A troca de e-mails que transcrevo refere-se a uma conversa com Caroline J. Cubas no café da faculdade de educação de uma das universidades de Florianópolis:

### Querida Carol,

Esta manhã você me contou que estava corrigindo e avaliando os trabalhos finais de seus alunos de "estágio" (esses que terminaram seus estudos para serem professores com uma série de atividades práticas nas escolas). Também me contou a enorme decepção que teve há algumas semanas, o dia em que esses mesmos estudantes apresentaram os relatórios de suas práticas. Disse-me que o que aconteceu teve a ver com a sensação de que os meninos e meninas não entendiam nem entendem o que significa ser professor, quais são as responsabilidades próprias desse ofício a que se vão dedicar, e que você o disse claramente. Também me contou que havia tido a sensação de que suas relações com os estudantes se ressentiram a partir desse momento, que lhe parece que pensam que não os compreende ou, o que é pior, que lhe consideram quase sua inimiga, alguém que não só não simpatiza com suas ideias (e com suas maneiras) mas que se enfrenta explicitamente com elas, alguém que não lhes reconhece no que são. Se se lembra, a conversa foi sobre a responsabilidade de suspender. Mais ainda quando esses rapazes e essas moças vão ser professores e, de alguma maneira, lhe mostraram que não estão feitos para isso, que não têm o que talvez poderíamos chamar de éthos de professores, que confundem ser professores com certos tipos de militância ou, pior ainda, que tomam a escola como um lugar de reconhecimento e não de ensino e estudo. São jovens, me disse que não têm nada para ensinar, que desconhecem o que é o estudo, que vão à escola apenas com alguns lugares-comuns tirados da política, que nem sequer cumprem os exercícios que a faculdade lhes propõe e que lhes dar, talvez, algo para amar e para transmitir.

  É nesse contexto que lancei o magnífico capítulo de *Stoner*, o romance de John Williams, em que o protagonista paga um alto preço porque se empenha em impedir que um candidato seja aceito como professor, porque entende que é um impostor que falsifica o ofício, que não é um professor de verdade, que não tem experiência como professor. Também falamos de quando se entendia o ofício de professor não tanto como uma ocupação profissional mas um modo de vida, como um éthos, e de quão difícil é manter algo dessa ideia nestes tempos. Poderia dizer o que aconteceu com os estudantes? Poderia contextualizar um pouco mais esse momento em que se encontra? Como entende nesse momento as contradições de sua responsabilidade como professora que forma professores, que qualifica algumas pessoas como professores, que de alguma maneira autoriza algumas pessoas a serem professores? Parece-lhe que poderíamos continuar por aqui? E, a propósito, leu *Stoner*? Talvez possamos fazer que nosso amigo em comum Fernando Bárcena (que foi quem me falou sobre esse livro extraordinário) lhe envie escaneado o capítulo em questão.

### Querido Jorge,

  As apresentações sobre as quais conversamos encerram uma importante etapa da formação docente inicial no curso onde trabalho. Essa etapa, o estágio, desenvolve-se ao longo de três semestres e conta com leituras sobre ensino e educação, discussões em sala de aula, análise e elaboração de planejamentos e materiais diversos, observação de turmas de ensino fundamental e médio em escolas e, por fim, de dois a três meses ao longo dos quais os alunos e alunas assumem a regência de uma turma específica. Ao fazê-lo, exercitam o ofício do professor.

Durante esse período, seguindo a lógica de um exercício, os planejamentos elaborados pelos alunos são lidos, corrigidos e comentados. A regência é cotidianamente acompanhada pela professora de estágios (papel que desempenho) e pela professora coorientadora (docente na unidade escolar e responsável pela turma na qual o exercício é realizado). Em reuniões periódicas com os alunos, avaliamos, comentamos e repensamos as escolhas (de temas, métodos, materiais, formatos, gestos e palavras) postas em prática. O estágio como exercício propõe a vivência prática da docência de forma peculiar, na medida em que é realizada em equipes e é amparada pela presença das professoras. Estabelece-se uma relação também peculiar entre alunos estagiários e professores orientadores, na medida em que o conteúdo dessa disciplina curricular trata não apenas de uma materialidade externa aos estudantes mas de uma materialidade constituída na medida em que estes, através do exercício proposto, fazem-se professores. Dessa forma, ao mesmo tempo que lidamos com conhecimentos objetivos a respeito de uma disciplina, emergem questões de cunho subjetivo, como gestos, receios, temores e aptidões. Ao final, as apresentações devem versar sobre todo esse processo e, portanto, sobre o exercício de ser professor.

Esse trabalho com os estágios impõe, de minha parte, uma forma peculiar de ser professora. Isso porque não há aqui uma matéria previamente definida sobre a qual trabalhar. A materialidade se constitui ao longo desse espaço de tempo determinado no qual os estudantes são colocados em uma condição ambivalente, pois devem agir *como se* fossem professores, tendo a consciência de que ainda não o são. Ao trabalhar como professora que acompanha, orienta e supervisiona estágios, assumo, de alguma maneira, a responsabilidade de avaliar em que medida se fazem presentes, nos alunos e alunas em formação, elementos constitutivos do professor e algo de consciência a respeito das responsabilidades desse ofício. Ao observar a presença ou ausência de tais elementos, devo considerar certamente o caráter *iniciático* do estágio (na medida em que esses elementos conformam-se ao longo da formação docente mas permanecem em contínuo movimento, que com o passar dos anos ganha novos contornos e aprimora maneiras). Ao mesmo tempo, é inescapável ponderar que a docência não pode ser encarada apenas como uma escolha profissional. Não apenas. Constitui-se igualmente um modo de vida que, como qualquer outro, tem implicações. Os alunos que acompanho, quando chegam a essa etapa, sabem, teoricamente, que o direcionamento primeiro de sua formação é o ofício docente. Algumas vezes, contudo, creio que nem todas as suas facetas recebem a mesma atenção ou a mesma consideração. Lembrar, aqui, o *Stoner* de John Willians nos ajuda a pensar sobre esse éthos do professor – como você disse anteriormente – e explorar brevemente aquilo que ocorreu e que foi mote desse diálogo.

O protagonista, William Stoner, não escolhe deliberadamente ser professor. Apaixona-se pelas letras e por aquilo que se pode viver através delas. Ser professor nesse caso, parece-me, era a única possibilidade de o personagem vivenciar o amor que sentia por sua matéria, o que acarretava um grande senso de responsabilidade e certa resiliência. Talvez por isso tenha sido tão incisivo na passagem que você evoca. A reprovação do estudante tornou-se irrevogável diante da percepção de uma inadequação, tornada evidente pelo uso de palavras vazias, pelo engodo e pelo desconhecimento de tudo o que parecia mais elementar. Nas palavras de *Stoner*: "Estou impedindo que ele consiga o diploma, e estou impedindo que ele lecione numa faculdade ou universidade. É precisamente o que quero fazer. Ele se tornar um professor seria um desastre".

Falávamos, a partir de *Stoner*, sobre a difícil decisão de reprovar um aluno, mesmo quando certas inaptidões parecem evidentes. A dificuldade reside – não apenas – no fato de que se exige uma certeza inquebrantável de que tais inaptidões não são apenas circunstanciais. De que questões institucionais, contextuais ou conjunturais (que escapam, portanto, ao aluno e ao professor) não acabaram levando a um resultado insatisfatório independente do empenho, do comprometimento ou da aptidão do estudante. A reprovação é, muitas vezes, entendida como uma afronta pessoal ou certificação irresponsável e autoritária daquilo que o outro pode ou não fazer. Tal percepção, creio, vincula-se a uma sorte de *zeitgeist* hodierno, quando a excessiva positividade propagada pelos mais diversos meios acaba gerando a falaciosa ideia de que todos tudo podem. Ao considerar a reprovação como uma certificação daquilo que (não) se pode fazer, é preciso ponderar que essa (não) potência se estabelece em relação à matéria e às exigências da matéria em questão. No caso do estágio, a reprovação se dá (ou se daria) diante da constatação de que facetas elementares que constituem esse ofício e que conformam esse modo de vida não foram suficientemente incorporadas e evidenciadas. A reprovação, então, não deveria ser encarada como um julgamento depreciativo, mas quiçá como a constatação de um exercício que não foi bem executado. Quando o professor, a exemplo de Stoner, insiste naquilo que o outro (aluno) não pode fazer (ou pode não fazer), ele é encarado como apático, insensível, autoritário ou antidemocrático. É curioso que tais predicados erigem-se sobre a relação estabelecida entre professor e aluno, e omite o elemento primeiro, que possibilita o estabelecimento de tal relação: a matéria em questão.

Se nos estágios os alunos devem fazer *como se* fossem professores, as apresentações finais deveriam tratar, portanto, da experiência nas escolas e, especialmente, das implicações em ser professor. Tais implicações, porém, pareceram-me secundárias diante da atenção dada a certos chavões e lugares-comuns concernentes à educação. A ideia de mediação, a precariedade das instituições, a carga excessiva de trabalho e a autonomia dos alunos foram alguns dos temas em pauta. Ainda que sejam relevantes, creio que não deveriam ser anteriores ao que significa ser professor. Cito, a título de exemplo, o consenso do grupo a respeito da necessidade de uma aprendizagem diferente (e, logo, de ser um professor diferente). Tal necessidade fora tratada como uma evidência, como um elemento apriorístico sem uma reflexão consistente – crítica ou amorosa – que demonstrasse em relação ao que e por que deveria se diferenciar. Ser um professor diferente tornou-se uma meta óbvia, na qual o adjetivo parecia mais pertinente que o substantivo. Muito se falou sobre ser diferente e pouco sobre ser professor.

Óbvio também, durante as apresentações, era o fato de que a escola parecia justificar-se muito mais como um espaço de reconhecimento político que de estudo. Além da necessidade de promover uma aprendizagem diferente, tornou-se evidente, através das falas, que a escola teria por função primeira a promoção de reconhecimento político das diversidades. Tal debate tem, no entanto, sutilezas que, se desconsideradas, levam a armadilhas perversas. "Como falar de racismo se na sala de aula não havia nenhum aluno negro?", foi um dos questionamentos de forte ressonância. Percebe-se, nesse ponto, uma preocupante confusão entre as pelejas políticas travadas em torno da escola e a transmutação do espaço escolar, mais especificamente da sala de aula, em palco desses mesmos debates, encampados, algumas vezes, sem conexão alguma com o estudo, o exercício e o pensamento. Ainda que a pauta do acesso e permanência de todos à escola pública seja fundamental, a escola como espaço de reconhecimento, da maneira como fora reclamado, significaria que a instituição precisaria se adaptar a todas as especificidades e singularidades existentes, e que o professor poderia desempenhar sua função tão somente se encontrasse, entre seus alunos, outros iguais a si. Como se professores e alunos precisassem imperativamente compartilhar crenças, objetivos, posicionamentos e valores para que uma aula pudesse ocorrer. A ausência de alunos negros, como no caso citado, não deveria limitar a abordagem de uma temática na medida em que, na escola, os temas, assuntos e conteúdos que importam, importam para todos. Do contrário, tais elementos seriam anteriores à matéria e ao estudo, e a escola deixaria de ser escola (pensada como *scholé*), pois uma vez moldada exclusivamente pelos pressupostos políticos que disputam nosso mundo seria alijada de sua possibilidade de construção daquilo que ainda não é, do novo ou da *renovação do mundo*, como apregoado por Hannah Arendt. O risco de uma escola apropriada politicamente por certos tipos de militância é, penso, em nome das diferenças, encalçar o princípio da igualdade.

É preciso dizer que não se trata de condenar os estudantes por trazerem tais questões à tona. Ou de pensar que não poderão ser professores por exteriorizarem tais preocupações. Estas pairam como assuntos públicos se são incorporadas com forte entusiasmo por aqueles que se sentem contemplados. Muitas são, inclusive, abordadas em documentos oficiais que regem a educação em âmbito nacional. O problema não é, portanto, tematizá-las. O desolador, durante as apresentações finais do grupo sobre o qual conversamos, foi perceber que tais questões foram apresentadas não como ponto de partida de uma reflexão e sim como conclusão da experiência vivida. É como se os pressupostos dos alunos tivessem sido mantidos intactos, *apesar do* exercício realizado. Por motivos que ainda me escapam, e apesar das energias despendidas, os alunos não se deixaram tocar pelo exercício proposto. Como se as leituras, discussões, orientações e, principalmente, a experiência de estar em sala de aula, na condição de professor, em nada tivesse desestabilizado ou minimamente inquietado tais certezas preliminares. Do contrário, os alunos e alunas, em suas apresentações, rememoravam passagens do estágio apenas quando estas serviam para reiterar suas opiniões. A percepção de que, apesar das inúmeras conversas e apontamentos, tais questões mantiveram-se quase que intocadas foi tão frustrante quanto preocupante, na medida em que faz com que nos deparemos com a força de tais discursos e, igualmente, com alguns de nossos limites. O que é possível, afinal, ensinar quando não há predisposição ou vontade de aprender? O que é, de fato, imprescindível na formação de um professor, além, obviamente, do conhecimento acerca de sua matéria?

Os alunos, ao apresentarem os resultados de seus trabalhos, finalizaram suas tarefas. Realizaram os compromissos burocráticos e, a partir de uma perspectiva exclusivamente institucional, cumpriram aquilo que era imprescindível para a aprovação e atuação como profissionais. Profissionais, todavia, que, durante o estágio, estabeleceram uma relação quase que asséptica com a escola e com o próprio exercício. Sabe-se que o ofício do professor, compreendido como modo de vida, tem facetas que se desenvolvem em um espaço de tempo ampliado. Outras requerem algo de predisposição, e talvez sejam estas as mais difíceis de avaliar e reconhecer. Fernando Bárcena ressaltou, informalmente, o caráter estoico de Stoner em relação ao estudo e à sua forma particularmente resignada de ser professor. Ainda que nem todos compartilhem desse mesmo éthos, creio que a predisposição teria algo dessa abertura, dessa entrega à possibilidade do caráter transformador (ou não) de uma experiência (ou de uma leitura, ou de uma aula), dessa consciência acerca da centralidade do estudo, do empenho e do empreendimento de um tempo cuja finalidade é o próprio ato de empreender tempo para si, para o estudo e para, enfim, ser professor. A predisposição é dificilmente quantificável. Ainda que as tarefas formais tenham sido cumpridas, esse abandono de si ao estudo e ao exercício não foi verificado. Houve, creio, uma sorte de acordo coletivo em realizar o mínimo necessário. Em repetir modelos de forma irrefletida. Em cumprir horas. Diria ainda que, ao não transcenderem as tarefas formais do estágio, os alunos rechaçaram igualmente a condição de estudantes, na medida em que essa se constitui justamente por meio do estudo e da dedicação ao exercício. Cabe perguntar: É possível, o ofício do professor sem essa dimensão do estudo? Como lidar com critérios, instituições e arranjos sociais que tornam possíveis professores que abdicam daquilo que seria, talvez, o elemento definidor de sua própria existência?

Relendo aquilo que você escreve e relembrando nossa conversa, creio que meu sentimento de frustração em relação às apresentações e minha hesitação diante da possibilidade de reprovação ou não de alguns alunos e alunas devem ser pensados a partir da mesma pergunta que assola Stoner em seus capítulos finais: "O que você esperava?". Como qualquer frustração tem por origem uma expectativa, creio que a minha, em relação às apresentações finais, era que a escola e o ofício do professor fossem *os assuntos colocados sobre a mesa*. Que os debates recorrentes fossem adensados e, principalmente, que a escolha pela docência fosse pensada para além de seu caráter profissionalizante. Não ocorreu. Os assuntos colocados sobre a mesa foram sumariamente solapados com o revés das mãos.

## Dos alguns e dos outros

Essa conversa com Carol sobre o aprovar e suspender me fez pensar em um assunto que aparece com frequência em minhas conversas com Fernando González sobre o ofício. Fernando também se preocupa pela maneira exclusivamente institucional que muitos alunos têm de estar em sala de aula (aqueles que, como ele diz, substituíram o desejo de aprender pela vontade de aprovar) e, acima de tudo, a quase impossibilidade de fazer que o estudo desestabilize minimamente seus esquemas prévios de pensamento (reduzidos muitas vezes a lugares-comuns e opiniões cristalizadas em certezas); e ocorreu-me que Fernando poderia se sentir interpelado por uma das perguntas de Carol: "O que é possível ensinar quando não há predisposição ou vontade de aprender?". Além disso, nesses dias eu estava repassando a *A hermenêutica do sujeito*, de Michel Foucault, onde eu encontrara alguns motivos que poderiam centrar a conversa.

Um deles, talvez o mais óbvio, tinha a ver com a distinção (que Foucault comenta a partir de uma carta de Sêneca) entre os que estão na escola como *discipuli* e os que estão como *inquilini*, ou seja, os que se limitavam a ocupar seus assentos sem prestar atenção ao *logos*.

Outro motivo que também me interessou não tinha a ver tanto com a forma da atenção dos (maus) estudantes, mas sim com suas maneiras de falar. Aí o comentário é de Plutarco, concretamente de um fragmento em que se define a charlatanice como uma forma de falar em que ocorre uma espécie de anomalia fisiológica na qual o ouvido não se comunica com a alma, mas com a língua. A citação, muito bonita, diz o seguinte: "É uma cura difícil e torpe a que a filosofia empreende em relação à charlatanice; com efeito, o remédio de que se vale, a palavra, requer ouvintes, e os charlatães não escutam ninguém porque falam sem parar".

Foucault diz assim:

> Uma vez escutada, a coisa passa no ato para a língua e naturalmente se perde. Tudo o que o charlatão recebe pelo ouvido flui, se derrama ao ponto no que diz e, ao derramar-se no que diz, a coisa escutada não pode produzir nenhum efeito sobre a alma. O charlatão é sempre um copo vazio. E é incurável porque essa paixão pela charlatanice só pode ser curada, como as outras, pelo

*logos*. Ora, o charlatão, justamente não retém o *logos* e o deixa derramar-se de imediato em seu próprio discurso.[151]

Ambos os motivos aparecem no curso de Foucault no contexto do que poderíamos chamar de uma problematização da natureza da atenção, das regras ascéticas da escuta, da distinção entre bons e maus ouvintes. E um dos assuntos que aparecem reiteradamente em minhas conversas com Fernando não se referem tanto à palavra do professor, mas sim à frustração que produzem as modalidades de escuta dos estudantes-inquilinos, a negligência de seus modos de falar e de escrever e a enorme dificuldade de afetar em suas formas cristalizadas de pensamento.

Esses dois motivos já presentes nas antigas reflexões sobre o ofício de professor têm a ver, parece-me, com uma questão sangrenta na massificada e mercantilizada universidade atual e na figura emergente do aluno-cliente. A questão, para dizê-lo de forma pouco precisa, daquele aluno que não quer (e talvez não pode) estudar, que se nega com certa arrogância e, é claro, muito seguro de si a se converter em estudante, do que não está disposto a entrar no jogo que o professor propõe e que não é outro que o estudo. Algo disso está também no curso de Foucault em uma seção dedicada ao que nomearei como a universalidade da chamada e a singularidade da resposta ou, em outras palavras, o velho motivo que diz que muitos são chamados, mas poucos são escolhidos. Algo que emerge às vezes em uma frase conformista e no meu modo de ver prazerosa de muitos professores universitários: "há cinquenta estudantes no grupo, mas por fim você acaba trabalhando com meia dúzia". Algo que se percebe também nos professores que decidem aceitar qualquer coisa e aprovar todo mundo, às vezes com uma justificação com conotações democráticas (não é preciso fechar caminhos), por vezes, com conotações liberais (um faz o melhor que pode, mas a recepção pertence ao aluno). E algo que nesse caso de Fernando se resolve em uma mistura muito rara de exigência e generosidade nem sempre fácil de sustentar.

O que Foucault diz é que há um momento nas escolas filosóficas do período helenístico e romano em que a chamada ao cuidado de si se faz incondicional, ou seja, que se dirige a todos, sem nenhuma condição de *status* e sem nenhuma finalidade profissional ou social. Em muitas dessas escolas se problematiza a distinção entre ricos e pobres, entre origens brilhantes e obscuras, mesmo entre livres e escravos, e se declarava que todos os indivíduos eram capazes, que todos podiam se exercitar. No entanto, muito poucos respondiam ao chamado, não por incapacidade mas por terem uma escuta débil, porque poucos sabem escutar. A escola suspende as diferenças de nascimento, suspende inclusive as diferenças de capacidade, mas começa a se produzir uma distinção entre os poucos e os muitos ou, como diz Foucault numa expressão brilhante, "entre alguns e os outros":

> Como veem, agora vamos encontrar uma vez mais a oposição entre alguns e todos os demais [...]. Já não é o *status* do indivíduo o que define, de antemão e devido a seu nascimento, a diferença que vai opô-lo aos outros. É a relação

consigo, a modalidade e o tipo de relação consigo mesmo, a maneira como se tenha autoconstituído efetivamente como objeto de seu próprio cuidado: isso é o que vai estabelecer a divisão entre alguns e os mais numerosos. O chamado deve lançar-se a todos porque só alguns serão concretamente capazes de ocupar-se de si mesmos. E, como verão, reconhece-se aqui a grande forma da voz que se dirige a todos e que só é escutada por muito poucos.[152]

Se considerarmos essa citação no contexto da conversa com Carol sobre o aprovar e o suspender, ou da conversa com Fernando sobre as modalidades de escuta dos alunos, parece-me que há uma questão que não tem a ver com o acesso à universidade (se a universidade deve ser seletiva, se deve estabelecer condições de acesso) e que não tem a ver, tampouco, como dizia Carol, com a capacidade. Creio que na citação de Foucault se trata de uma distinção que não é externa, mas interna, e que não se refere à capacidade, mas à disposição.

A pergunta é que decidi redigir as duas páginas anteriores e enviá-las para Fernando para ver se lhe diziam algo que fizesse algum sentido, se queria enquadrar nelas alguma reflexão sobre o que acontece e o que lhe acontece em sua maneira de agir como professor, ou se queria deslocar o assunto, formulá-lo de outra maneira, dá-lo a pensar com outras palavras ou em relação com outras inquietudes. E não pude resistir a dar-lhe uma frase que Foucault toma de Platão, especificamente de *Fedro*, e que segundo parece recolhe uma célebre fórmula iniciática órfica: "Numerosos são os portadores do tirso, contadas as bacantes".

Em seguida a resposta de Fernando:

> Jorge, tal como vem apresentando as coisas, parece-me que à pergunta que me faz, "O que é possível ensinar quando não há predisposição ou vontade de aprender?", se podem sobrepor ou acrescentar as de se existem palavras capazes de alcançar *diretamente* a alma, palavras diante das quais seja impossível fazer ouvidos surdos, palavras que interpelem *os alguns e os outros*, palavras que propiciam o cuidado de si; e a de se o palco e a sala de aula são espaços e tempos capazes de engendrar e acolher palavras dessa natureza. Deixarei essa segunda para outra ocasião e tentarei centrar-me na primeira.

Na introdução de seu ensaio sobre *La banalidad* [A banalidade], José Luis Pardo, coloca na boca de um personagem imaginário – que bem poderia ser um de nós – as seguintes palavras:

> "Vós que me escutais, podeis ouvir minhas palavras? Não, em lugar delas, vedes minha imagem e dobrais os movimentos dos meus lábios, traduzindo-as ao jargão monótono de vossas representações conscientes ou inconscientes, pondes voz contra a minha figura, e ela os explica o que já sabíeis. Por tudo isso, eu não vos peço que digais nada, peço somente o mais difícil, o mais alto, o mais nobre, peço que guardeis silêncio, que deixeis viver as imagens, sem preenchê-las com vossa

voz, peço que os percais no labirinto de minhas palavras, em lugar de perder minhas palavras no labirinto de vossa consciência, onde não podeis ver-me e ouvir-me".[153]

"Peço... o mais nobre, peço que guardeis silêncio". Que difícil não se reconhecer em tudo isso! E talvez esteja aí o primeiro desafio, o de tentar fazer saber *os alguns e os outros* que, por sorte ou por desgraça, na sala de aula já não há tempo ou espaço para a *charlatanice*. Que em dissidência e em dissentimento com tanto profissional, experto e especialista em educação e comunicação, "a participação", "a intervenção", "o diálogo", "a espontaneidade", "a opinião" e tantos outros *reclamos* para a expressão, o automatismo, o imediatismo e a presença ficarão provisoriamente (talvez definitivamente) *suspensos*; que, em consequência, esse passará a ser um lugar *sagrado*, de silêncio e reconhecimento; um lugar em que as palavras têm que poder ressoar, percutir e afetar o que somos, no que dizemos que somos. E que esse será um tempo de repouso, de serenidade e de sossego, para atender não tanto o que acontece mas o que nos acontece e como nós o contamos. E que se o que nos convoca na sala de aula é o nosso desejo de aprender e de nos formarmos, de darmos novas formas, será sobre nós mesmos, sobre nossa maneira de escutar, de receber, de fazer lugar ao que nos é dito sobre o que se localizará questão primordial (tanto ou mais do que nos conteúdos do Programa) e que esse assunto estará intimamente ligado ao do cuidado e da atenção em relação à maneira de propagá-las e incentivá-las quando nos expressamos.

Para isso, certamente, não serve qualquer palavra, e deveríamos ser sumamente cuidadosos em sua escolha. Talvez se trate, acima de tudo e em primeiro lugar, de escolher palavras para evitar esse automatismo do qual falava Foucault entre o ouvido e a língua; essa espécie de *déjà vu* que acompanha as palavras da moda, os lugares-comuns, a linguagem dos especialistas, as ordens, os *topoi* – aquilo que Boaventura de Sousa considera como "os lugares-comuns retóricos de maior alcance de uma determinada cultura (e que) funcionam como premissas de argumentação que, ao não se discutirem, devido à sua evidência, possibilitam a produção e o intercâmbio de argumentos".[154]

Sendo assim, ao escolher as palavras, o critério bem poderia ser o de que nos permitam encarar-nos com as palavras favoritas, com nossas verdades mais firmes, com nossas evidências, com nosso senso comum... Algo como sugeria Louis Wacquant, em uma entrevista, ao referir-se ao *pensamento crítico* como esse que permite, repetidas vezes, colocar em questão de juízo a doxa e interessar-se em como foi construída e que tipo de violência a alimenta e justifica.[155] E em um plano não muito distante, Cornelius Castoriadis localizava a possibilidade de aceder à autonomia (à filosofia e à democracia) após o reconhecimento de que os nossos deuses são essencialmente isto: *os nossos*, e que talvez pudessem ser outros e, sobretudo, diz ele, que em nossa mão está que o sejam.[156]

Porque, insisto, creio que quando falamos de estudar falamos de aprender a dar sentido à vida, "desendeusando-a", a torná-la digna de ser vivida, a convertê-la em algo intrigante, a semear dúvidas; aprender, pois, a perder de vista, a suspender aquele passo firme e com a cabeça erguida que tanto se exige de nós, a atravessar o muro das nossas certezas. Em um de seus cadernos de notas, Elías Canetti diz isso magistralmente, e, mais uma vez, a empatia com ele é inevitável:

"Nas melhores épocas da minha vida, acho que estou abrindo lugar, abrindo lugar em mim; aí removo a neve com a pá e ali levanto um pedaço de céu que se havia fundido nela; há lagos que sobram, deixo a água sair – os peixes os salvo –; florestas que aí cresceram, solto nelas bandos de macacos novos; tudo está em pleno movimento, a única coisa que falta sempre é um lugar; jamais pergunto para que; jamais sinto para que; a única coisa que tenho que fazer é voltar a abrir lugar repetidas vezes, mais lugar; e enquanto possa fazer isso eu mereço viver".[157]

Mas na sala de aula e no palco, como nasce esse lugar? Como manejar uma pá?, Como alimentar esse permanente escavar aqui e ali, esse vaivém de peixes e macacos? E aí talvez o problemático já não é tanto a palavra a dizer, mas algo *inseparável* dela quando não se é um desbocado: o ar, o alento, a vibração, o movimento da língua e dos lábios... que a faz nascer e a deixa como flutuando na sala de aula, ao alcance e à vista de todos. Palavras roubadas, ressuscitadas, resgatadas, arrancadas (vá você saber de onde), mas que possivelmente só afetarão se nascerem como uma *oferenda;* se são regaladas, oferecidas com devoção, com *paixão* comunicativa, isto é, *não com a pretensão de ter razão e de resolver a discussão,* mas com a vontade de que com elas se inaugure uma vinculação com as coisas de que se fala e com as pessoas com quem se fala sustentada na gratidão, na experiência de ter sido recebido em um lugar, de ter sido levado em conta, de ter podido estar presente. Portanto, *palavras verdadeiras,* não por sua correspondência com o que nomeiam mas pela forma como foram *animadas* por quem as disse.

E às vezes penso que talvez o proveito que podemos (talvez devemos) aspirar é basicamente este: o de propiciar, pela forma como falamos e sobre o que fazemos, a *experiência,* ou se preferir, a possibilidade de ficarmos expostos tanto a esse esforço para encontrar a palavra que nos (trans)forma quanto a essa tenacidade para continuar procurando-a aqui e ali para doá-la, *fora da pretensão de impor determinados significados como legítimos* e no pulso, isso sim, para ser capaz de questionar a legitimidade dos que assim se apresentam. Creio sinceramente que esse é o melhor presente que se pode oferecer tanto a seus *discipuli* como a seus *inquilini,* nutrindo sessão após a sessão, tema após tema esse difícil equilíbrio do que fala Canetti: "O equilíbrio entre saber e não saber depende de como se adquire sabedoria. O não saber não pode ser empobrecido com o saber. A cada resposta – a distância e aparentemente sem qualquer relação com ela – deve saltar alguma pergunta que anteriormente estava adormecida...".[158]

Deixe-me, antes de confessar uma vez mais que devemos defender as salas de aula dos *inquilini* (sejam alunos, sejam docentes) para terminar com uma citação de Maeterlinck você já ouviu e leu em mais de uma ocasião (e da qual nem sequer recordo a referência), mas que ilustra maravilhosamente a maneira como, apesar de tanto fracasso, podemos lidar com a triste e obscura cotidianeidade que normalmente prolifera em nossas aulas, em nossas reuniões de departamento, nas nossas faculdades e em nossas universidades:

"Assim que expressamos algo, o empobrecemos singularmente. Cremos que temos nos submergido nas profundezas dos abismos e, quando voltamos à superfície, a gota de água que pende da pálida ponta de nossos dedos já não se parece com o mar de onde procede. Cremos ter descoberto em uma gruta maravilhosos tesouros e, quando voltamos à luz do dia, só trazemos conosco pedras falsas e pedaços de vidro; e no entanto na escuridão brilha ainda o imutável tesouro".

Pois bem, até aqui minha joalheria. E tal como lhe confessei muitas vezes, sinto que *por honestidade, por dignidade e por proteção da sala de aula, devemos abri-la a todo aquele que deseje estar*, mas também temos que desalojar de lá quem repudia a palavra presenteada e a palavra que se quer *verdadeira*; aqueles que se aposentam sem qualquer *aplicação* em seu trabalho e se desentendem por passiva e por ativa (simulação) do estudo; ou, o que é o mesmo, quem nem sequer quer prestar a mínima atenção ao que está fazendo quando diz estar estudando. Seguramente, será nosso fracasso, mas seguramente também múltiplos serão os espaços em que os *inquilini* poderão encontrar abrigo. O que é que aprenderão com isso? Possivelmente nada. Se serve de consolo, ainda me lembro que na cidade do meu pai, quando eu era criança e passava os verões ali, no final dos anos 1950, era frequente escutar que "se pode conduzir o gado até o bebedouro, mas não se pode fazer com que beba".

## Das disposições da alma e do dever de começar

Não pude resistir à tentação de enviar as páginas de Fernando González sobre a vontade (e a disposição) para aprender (e para escutar) a um jovem estudante de Medellín que estava começando a conhecer, na sua dimensão do homem frágil, no programa de rádio que fizemos durante alguns anos ("Palavras do limbo", ao qual me referi várias vezes neste livro) e a que, além disso, lhe havia parecido "coisa de bruxaria" a homonímia entre o nome do meu amigo e o do escritor antioquense conhecido como "o filósofo de Otraparte", que ela também admirava. Além disso, eu sabia que Diana Suárez estava interessada no que poderíamos chamar de "poética da educação", e me pareceu que as considerações de Fernando sobre a potência e a impotência da palavra na sala de aula podiam despertar sua atenção.

Diana respondeu, enunciando-me três inquietudes que decidi apresentar aqui, não só porque mostram as maneiras como se vão ampliando e bifurcando estas "conversas sobre o ofício de professor" mas também porque os assuntos que sugere ressoam estranhamente (nessas circularidades e "redondezas" que ela tanto ama) com a primeira dessas "incidências e coincidências" escrita em território americano ("De crianças, escolas e enseadas", que tem a ver com a linguagem escolar e a linguagem poética) e com o primeiro capítulo deste livro ("Dos começos e das disposições", que tem a ver com se dispor para começar um curso).

Isto é o que Diana me enviou como desenvolvimento, comentário ou nota de rodapé para a troca de mensagens entre Fernando que transcrevi na seção anterior:

## Querido Jorge,

Depois de lhe agradecer essa breve conversa com o homem frágil na sua dimensão de professor, a primeira coisa que me ocorre é que, no que acontece entre a palavra que se oferece e a escuta que se produz (nessas atmosferas sonoras de hoje que seu amigo chama de pré-democráticas e pré-filosóficas), martela-se também a questão do que se dá por óbvio, evidentemente, do que não se interroga: o "ingresso da linguagem" que determina como cada um foi colocado em relação à palavra, seja a própria, seja a do outro, e que tem a ver com o que Fernando chama de "palavras verdadeiras". Uma das coisas que mais me custou a entender é o que significa isso de que somos "seres-da-linguagem". E foi no encontro com Rilke e "os poetas em tempos de penúrias" que me fizeram mais claras as obviedades com as quais se despacha um acontecimento tão fundamental quanto esse. Além de ser dado como certo, só costumamos ver um lado do assunto: o necessário ingresso na cultura.

E sim, tudo o que de potente tem o ingresso na linguagem como criação (nomear e representar) se produz ao mesmo tempo que o ingresso para o que Rilke chama *"o mundo interpretado"*, que é, por definição, convencional e dogmático. Além disso, a palavra que guia nesse trânsito é sagrada, a palavra da mãe, do pai. Quase posso me lembrar de você perguntando na aula se recordávamos de quem nos havia ensinado a ler... mas e quem nos ensinou a falar? Você se referia certamente a uma recordação escolar, mas eu pude lembrar do meu pai naquele trabalho, por exemplo, e também vejo – com certa angústia – como meus irmãos vão nomeando e apresentando o mundo assim pela raiz para minhas sobrinhas. Talvez seja por isso que eu segui com muito atenção o que Rilke se perguntou:

"Quem ensina uma criança como ela é? / quem a situa em sua constelação e põe a medida da distância em sua mão? / Crescíamos livremente e instávamos às vezes / para sermos mais velhos em breve, metade por causa desses / que já não tinham outra coisa além de serem mais velhos. / E no entanto estávamos, em nosso ir sozinho, / entretidos com o duradouro, e ficávamos aí no intervalo entre o mundo e o brinquedo, / em um lugar que desde o princípio / se havia fundado para o puro acontecer."

E logo dirá com rudeza e com brilho, com aqueles rodeios esféricos de que tanto gosta, a ele e a Heidegger, e ao frágil rapaz, em suas confissões do limbo, e tantos outros:

"[...] Os assassinos / são fáceis de adivinhar. Mas isto: / conter a morte, a morte inteira, ainda antes da vida, / tão suavemente e sem irritação, / é indescritível".[159]

Então, por que é tão óbvio semelhante prodígio de dupla face que faz que enquanto crescemos mais inversamente proporcional seja a relação entre a riqueza do mundo e riqueza da linguagem? Como podemos reconhecer que é nossa casa a linguagem e que necessitamos conter e ordenar esse rio do acontecer, do mundo, e como ao mesmo tempo podemos "dizer sempre de novo", ou nas palavras de seu amigo: "Animar as palavras"? Isso é só para poetas? Não creio que seja só para os poetas, mas também entendo que isso não poderá ser transmitido como um conteúdo, e sim tem que ser vivido: experiências de aquecer as palavras, de colocá-las em movimento, de retirá-las da palidez do óbvio, das fórmulas cotidianas, disso a que seu amigo se refere com essa *charlatanice* que é tão difícil de quebrar ou, pelo menos, de suspender. Por isso, a chave que toca Fernando é essa dos lugares-comuns, das opiniões, toda a plenitude que nos indispõe ao outro – na vida como na de sala de aula –, consciente ou inconscientemente (não é qualquer uma precisão na citação de Pardo). E por aí sinto que a coisa está em posição para estar e ser no mundo, de exercícios para essas disposições, por exemplo para esse "ir ao encontro do humano, sem determinar previamente seu conteúdo, nem o horizonte em que aparece" (como dirá Zambrano), e ao mesmo tempo sem esquecer o que já sabemos: que não há garantias nesse exercitarmos a nós mesmos, nem para o professor, nem para o estudante, nem para o filósofo, nem mesmo para o artista.

Em segundo lugar, lhe direi que me causou alegre surpresa encontrar na resposta de Fernando justamente esse dizer de Maeterlinck como uma janela aberta para o mistério e para o "vale a pena", embora não haja garantias. Porque é com essa mesma citação, com essas mesmas palavras, que Robert Musil abre suas *O jovem Törless*. Penso, querido Jorge, que as explorações de Musil nesse romance vão nesta linha: explorar, indagar, cavar, dizer algo, voltar a dizer, a interrogar e voltar a interrogar uma das coisas mais duras de roer: o "tumultuoso acontecer interno" da alma humana, isso que muito no início do romance ele chamará, situando-o como um precoce interesse deste jovem, de "personalidade espiritual", "aquilo que sentimos como o caráter ou a alma de um homem".[160] E assim a exploração se abre a todo um mundo muito inquietante, porque os charlatões, os jargões monótonos, os desbocados, não são de agora unicamente, embora estejam recrudescidos e elevados a "n" potência. De que vale o espírito de uns e de outros que lhes dispõem destas ou daquelas maneiras para estar no mundo e com o outro, e lhes abre ou não a disposição à escuta, a habitar de um modo ou outro essa casa que dizemos que é nossa: a linguagem? Não diria que não vai de vontades mas tampouco o descansaria aí por completo. E se é a palavra que está na sala de aula (e em tantos outros espaços de encontro, onde se tenta dia a dia com charlatães) e se ela é a que resvala porque não há ouvintes... então, que cura difícil!

Para terminar, como um fechamento dessas duas questões, e não esquecendo minha condição de estudante (situada como a partir do outro lado dessa conversa que compartilhou comigo entre dois professores que estão se interrogando, olho no olho, sobre o que fazem e fizeram durante anos, talvez por vocação, talvez por necessidade, talvez por amor, talvez por ofício, talvez pela honestidade e o orgulho de "fazer as coisas bem"), considero que reflita acerca de seu entorno e do ingresso à linguagem, não só para perguntar-se sempre pelo dos estudantes mas também pelo dos professores. Pois bem, como diz Luc Dardenne no diário que me emprestou: "Alguém tem que começar, nosso papel é começar",[161] e esse começar é por amor.

Assim, o que diz o cineasta sobre o seu trabalho é que o filme é que engendra tempo, o que convida a durar, a permanecer, o que deve então interpelar amorosamente o espectador, embora muitas vezes pareça que se faz no vazio. Eles, os dois irmãos, dizem que tentam que seus filmes amem o espectador, assim nessa direção da relação (não que os espectadores amaram seus filmes mas que seus filmes amaram os espectadores), e por isso queriam que fossem como apertos mãos. Para nosso assunto, o dirigir a atenção à relação que com a palavra tem o professor (o qual implica sua própria história com ela) e o assumir que é ele quem "deve começar" nesse encontro de palavras que é cada classe, talvez teria a ver também com como sustentar no dito encontro não apenas gestos precisos, mas também preciosos, um balanço entre o gesto do estudioso e o do professor, estudante também ele entre estudantes, porque o que se sabe não vai só de acumulado em conteúdo e ideias mas vai também, de preferência, de maestria e cadência, de sensualidade na palavra, de confiança no mundo e no outro. Por isso, embora o professor leve por vantagem um saber de cultivo, deve estar mais bem-disposto, e por isso também está sempre em risco, no procurar constante dessas "difíceis simplicidades" que tratam de superar posturas empostadas no escutar, no enunciar, no interrogar, no propor, no nomear, no dizer, e que tratam também de ir esculpindo preferivelmente uma disposição verdadeira às palavras verdadeiras que alenta e quer procurar palavras, por sua vez, verdadeiras.

## Do viajar e do escrever

No aeroporto de São Paulo, enquanto esperava para embarcar de volta para casa e com a perspectiva de quantas semanas de trabalho dedicadas a elaborar o efeito escada do que tinha sido a minha viagem, tive sérias dúvidas sobre se saberia fazê-lo e se valeria a pena. Já no avião reli um livrinho de Enrique Vila-Matas que havia comprado em Valparaíso e, como quase sempre, a literatura veio em minha ajuda.

Primeiro porque eu caí em um parágrafo em que ele repete um motivo que eu me lembrava de algum outro livro e que tinha usado em Buenos Aires, algumas semanas antes, para introduzir minha intervenção na apresentação da nova edição de *Pedagogia profana*. Para evitar o incômodo papel de autor e me colocar na mesma posição das pessoas que falaram antes de mim (e que se haviam apresentado como leitores), disse aquilo de que se escreve para saber o que escreveríamos se escrevêssemos, de que nunca sabemos o que vamos escrever até que tenhamos escrito, de que nunca escrevemos até o lermos e, acima de tudo, de que nunca sabemos o que escrevemos até que os outros nos digam o que leram. Na versão que eu tinha em mãos, a ideia soava assim: "E pensar que uma das coisas que as pessoas não costumam compreender sobre os escritores é que não se começa por ter algo sobre o que escrever e então escreve sobre isso, mas que é o processo de escrever propriamente dito o que permite ao autor descobrir o que quer dizer".[162]

Em qualquer caso, pensei, só saberá se sabe fazê-lo quando o fizer, e só saberá se valeu a pena quando alguém o disser.

O livrinho em questão também me ajudou nos dois assuntos que o estruturam. O primeiro é a espera. Tudo o que acontece no livro se passa em uma longa espera. O narrador sente-se um expectante e imagina-se como protagonista de um romance chamado "A espera". E, além do mais, diz que a vida em si, como a trama de alguns romances, nada mais é que esperar. Então pensei que eu mesmo não estava fazendo outra coisa além de esperar para chegar a casa, que quando chegasse me sentaria para escrever e, por conseguinte, para esperar descobrir o que escrevi, e quando o houvesse escrito esperaria ter alguém que o lesse com um pouco de piedade e me dissesse amavelmente se havia valido a pena. Disse a mim mesmo que é melhor estar esperando que não ter nada que esperar, me preveni recordando-me de que quem espera desespera, e me dispus a compor estas páginas sabendo que ia me desesperar esperando, ainda que tentasse de todo o coração e com todas as minhas forças pôr-me a esperar em um estado de serena e nobre desesperança, como quem não espera nada.

O outro assunto é a elaboração de uma teoria do romance que, ao mesmo tempo, se aceita e se rechaça. Vila-Matas diz em algum momento que as vanguardas literárias dos anos 1960 entraram em um estranho estado de furor teórico e que ele mesmo lia com entusiasmo todas as teorias literárias; diz que com o passar do tempo viu cair todas as teorias literárias das quais teve notícia; diz também que a maneira mais direta de fazer uma teoria do romance é pôr-se a escrever um romance; diz que as verdadeiras teorias dos escritores são seus procedimentos, suas maneiras de escrever; diz que não é preciso renunciar às teorias porque, embora saibamos que sempre se produzem *a posteriori* e que não servem para nada, nos deixam ao menos um verniz reflexivo que não tem nada de mal; e conclui que "escrever é perder teorias". Então pensei que, se em algum momento dessas incidências e coincidências pode parecer que trato de enunciar ou de defender uma teoria do professor, talvez a melhor maneira de perder seja justamente escrevendo, tratando de mostrar, na própria escrita, quais são meus procedimentos, minhas maneiras de agir como professor e tratando de conservar, isso sim, certo verniz reflexivo. Por outro lado, visto que aqui aparecem as palavras de outros, talvez essas teorias vão ao mesmo tempo se afirmando e se perdendo na própria conversa.

Mas, além disso, o final do livro de Vila-Matas é uma espera muito parecida com a que eu estava vivendo nesse momento, no avião que me levava de volta para casa. Ao embarcar no trem, o narrador sente a "grande liberdade do espírito vacante, disponível".

E o livro termina enquanto espera para chegar a Barcelona, sabendo que, uma vez lá, ele esperará o dia em que vai partir para uma nova viagem e, no meio do êxtase, uma única certeza: "A certeza de que a minha teoria de Lyon era idêntica à minha vida [...], que não tinha sido mais que uma ata levantada com o único propósito de livrar-me de seu conteúdo, talvez uma ata levantada com o propósito exclusivo de viajar e perder países, de escrever e perder teorias, perdê-las todas".[163]

## Da conversa infinita

Poucos dias depois de chegar a casa, tive uma reunião com a professora com quem eu trabalharia no curso de mestrado a começar em janeiro. Decidi que queria continuar a conversa sobre o ofício de professor e que ia dar a ler aos estudantes inscritos algumas seções deste mesmo livro (especialmente aquelas das quais estava mais inseguro, para provar como soavam aos que seriam seus primeiros leitores). Decidi também que ia lhes propor o exercício de elaborar perguntas a propósito de cada uma dessas seções, com a ideia de jogar, em cada sessão, com as perguntas aparecidas na semana anterior e sobre as quais os estudantes e eu mesmo estaríamos obrigados a escrever alguma coisa. De pronto, tive a ideia de que poderia acrescentar a essas "incidências e coincidências" algumas das conversas que foram surgindo. Além disso, e uma vez que este livro começa com um curso, pensei que terminar com outro curso sobre o mesmo assunto e, em parte, com os mesmos materiais poderia dar à estrutura deste livro certo efeito cíclico, algo por outro lado muito próprio do trabalho de professor, enquanto a estrutura anual dos cursos universitários faz com que a pessoa a passe voltando a começar, em um estranho "outra vez, de novo".

Porém, em seguida tive algo como uma vertigem, pensei que isso me converteriria em *A conversa infinita*, lembrei-me do que diz Valéry de que os livros não se acabam, mas se abandonam, e decidi que ia abandonar este precisamente aqui, neste ponto final que, como todos, não é senão um *to be continued*, ou um *à suivre*, que são bem mais lindos que o *continuará* que se diz em espanhol, porque não são um anúncio, mas um convite, e, acima de tudo, porque não dizem nem onde nem quando a coisa vai continuar, nem quem ou aqueles que vão continuá-la, nem sequer se ela vai continuar.

De todo modo, e como estas últimas conversas do livro começam com algumas citações de Peter Handke, darei a ele a antepenúltima palavra e, com ela, a tarefa de enquadrar a posição a partir da qual tratei de compor estas "incidências e coincidências" e, em suma, o que teria gostado que fossem: "Para mim, o lugar adequado na vida é o de espectador, e escrevendo quero colocar-me menos em ação que antes, e em primeiro lugar o que quero é ser um cronista, tanto do tempo que passei nesta região quanto dos amigos que estão no amplo círculo que há atrás das colinas, e além disso manter a distância e o tom de cronista com relação a mim mesmo".[164]

A penúltima palavra será um fragmento de uma carta datada de 1903, de Rainer Maria Rilke a Lou Andreas Salomé, que foi colocado como epígrafe às *Cartas sobre Cézanne*, uma correspondência de quando Rilke esteve em Paris, junto com o escultor Rodin, onde há numerosas meditações sobre a arte como trabalho, como ofício. O fragmento diz assim: "De alguma forma, também hei de chegar a fazer coisas: realidades surgidas da prática do ofício. De alguma forma, também hei de falar o ínfimo elemento básico, a célula da minha arte".[165]

A última palavra, como não pode ser de outra maneira, está dedicada ao ofício de professor. Trata-se do poema "El professor", de Pere Rovira, e, embora pareça se referir a um professor de literatura, creio que pode ser extrapolado para qualquer professor que, na entrega de sua matéria de estudo, enobreça o mundo e a relação com ele. Diz o seguinte:

Ainda reconhece faíscas de beleza / no olhar verde de uma menina / ou no gesto impulsivo / do menino que busca nos poemas / a resposta do corpo. / Se perderão, o sabe, / se diluirá o desejo da palavra, / o sonho generoso de outro amor, / na água suja do ofício sórdido. / Esquecerão a poesia, / que agora lhes dá tempo, coração, alegria, / nobreza e sofrimento. / Daqui a poucos anos, / sua juventude será trabalho, / recordo o sentimento, / ruína conjugal a noite que hoje lhes queima. / Ele continuará ensinando e perseguindo / faíscas condenadas.[166]

# NOTAS

[1] Paris: Seuil, 1997.
[2] p. 27.
[3] WEBER, Max. *La ciencia como vocación. El político y el científico*. Madrid: Alianza, 2012.
[4] SCHLANGER, Judith. *La vocation*. p. 174.
[5] Paris: Minuit, 2009.
[6] BARTHES, Roland. *La preparación de la novela. Notas de cursos y seminarios en el Collège de France, 1978-1979 y 1979-1980*. Buenos Aires: Siglo XXI, 2005, p. 57.
[7] p. 56.
[8] p. 181.
[9] ENGUITA, Mariano Fernández. *Más escuela y menos aula*. Madrid: Morata, 2017.
[10] SIMONS, Maarten; MASSCHELEIN, Jan. *Defensa de la escuela. Una cuestión pública*. Buenos Aires: Miño y Dávila, 2014, p. 12. No Brasil foi publicado pela Autêntica Editora.
[11] ARENDT, Hannah. *La condición humana*. Barcelona: Paidós, 2005, p. 75.
[12] OAKESHOTT, Michael. La educación: el compromiso y su frustración. In: *La voz del aprendizaje liberal*. Buenos Aires: Katz Editores, 2009, p. 100.
[13] CORTÉS, Sergio Pérez. *Palabras de filósofos. Oralidad, escritura y memoria en la filosofía antigua*. Buenos Aires: Siglo XXI, 2004, p. 109.
[14] GUSDORF, Georges. ¿*Para qué los profesores?* Madrid: Edicusa, 1969, p. 227.
[15] HEIDEGGER, Martin. *Nietzsche*. v. I. Barcelona: Destino, 2000, p. 103.
[16] BOISSINOT, Alain; FERRY, Luc. *La plus belle histoire de l'école*. Paris: Robert Laffont, 2017, p. 33.
[17] NIETZSCHE, Friedrich. *Así habló Zaratustra*. Madrid: Alianza, 2009, p. 12.
[18] BARROS, Manoel de. *Todo lo que no invento es falso (Antología).* Traducción e introducción de Jorge Larrosa. Málaga: Centro de Ediciones de la Diputación de Málaga (CEDMA), 2002.
[19] PENNAC, Daniel. *Mal de escuela*. Barcelona: Debolsillo, 2008, p. 23.
[20] PARDO, José Luis. Carta abierta a Richard Sennett. *Nunca fue tan hermosa la basura*. Madrid: Galaxia Gutenberg, 2010, p. 191-192.
[21] MASSCHELEIN, Jan. El lenguaje de la escuela ¿alienante o emancipador? LARROSA, Jorge (Ed.). *Elogio de la escuela*. Buenos Aires: Miño y Dávila, 2018. No Brasil foi publicado pela Autêntica Editora.
[22] HANDKE, Peter. *Los hermosos días de Aranjuez*. Madrid: Casus-Belli, 2013.
[23] Todas as citações do texto sobre as heterotopias podem ser encontradas em FOUCAULT, Michel. Des espaces autres. In: *Dits et écrits 1954-1988*. v. IV. Paris. Gallimard, 1994, p. 752-762. A versão que utilizamos em Florianópolis está disponível em: <http://yoochel.org/wp-content/uploads/2011/03/foucalt_de-los-espacios-otros.pdf>.
[24] HANDKE, 2013. Todas as citações estão entre as páginas 59 e 64.
[25] Madrid: Rialp, 2017.

[26] p. 51.
[27] p. 56-57.
[28] p. 58-59.
[29] ROTH, Philip. *El profesor del deseo*. Barcelona: De Bolsillo, 2012, p. 181.
[30] WITTGENSTEIN, Ludwig. *Aforismos: cultura y valor*. Madrid: Espasa Calpe, 2007, p. 141.
[31] PALLASMAA, Juhani. *Habitar*. Barcelona: Gustavo Gili, 2016, p. 8.
[32] MÈLICH, Joan-Carles. *La lectura como plegaria. Fragmentos filosóficos I*. Barcelona: Fragmenta, 2015, p. 15 e 16.
[33] p. 84-85.
[34] MÈLICH, Joan-Carles. *La prosa de la vida. Fragmentos filosóficos II*. Barcelona: Fragmenta, 2016, p. 94-95.
[35] p. 72-75.
[36] p. 84.
[37] p. 97-98.
[38] p. 89.
[39] FOUCAULT, Michel. *La hermenéutica del sujeto*. México: Fondo de Cultura Económica, 2002, p. 393.
[40] NIETZSCHE, Friedrich. *La Gaya Ciencia*. Barcelona: Olañeta, 1979, p. 208-209.
[41] LARROSA, Jorge. *Pedagogía Profana (edición conmemorativa y ampliada)*. Buenos Aires: Miño y Dávila, 2017, p. 52. No Brasil foi publicado pela Autêntica Editora.
[42] Em *A la espera de Dios*. Barcelona: Trotta, 2009, p. 67-74.
[43] VOLLMAN, William T. *Los pobres*. Madrid: Debate, 2011.
[44] HANDKE, Peter. À ma fenêtre le matin. Paris: Verdier, 2006, p. 153.
[45] LARROSA, Jorge; VENCESLAO, Marta. Un pueblo capaz de scholè. Elogio de las Misiones Pedagógicas de la II República española. LARROSA, Jorge (Ed.). *Elogio da escola*. Belo Horizonte: Autêntica, 2018.
[46] FREIRE, Paulo. *A importância do ato de ler*. São Paulo: Cortez, 2015, p. 20-22.
[47] p. 24.
[48] p. 27.
[49] p. 30.
[50] p. 73.
[51] p. 75-76.
[52] Todos os exercícios junto às peças produzidas para a exposição podem ser encontrados no DVD que acompanha o livro *Elogio da escola* (LARROSA, 2018).
[53] FREIRE, 2015, p. 57.
[54] LARROSA, 2017, p. 9.
[55] SLOTERDIJK, Peter. *Los hijos terribles de la edad moderna. Sobre el experimento anti-genealógico de la modernidad*. Madrid: Siruela, 2015.
[56] LARROSA, 2017, p. 12.
[57] p. 16.

[58] p. 19.

[59] Disponível em: <http://www.educacao.ufrj.br/portal/laboratorios/laboratorio.php?lab=lecav&pgn=producao>.

[60] LARROSA, 2017, p. 9.

[61] Os textos eram "Dar a leer, quizá", "Aprender de oído" e "Leer es traducir", em LARROSA, Jorge. *Entre las lenguas. Lenguaje y educación después de Babel*. Barcelona: Laertes 2003.

[62] BLUMENBERG, Hans. *La legibilidad del mundo*. Buenos Aires: Paidós, 2000.

[63] LARROSA, Jorge. Un mundo por fin legible y deambulable (leer y caminar en una novela de Peter Handke). *La experiencia de la lectura*. Cidade do México: Fondo de Cultura Económica, 2003, p. 397-434.

[64] HANDKE, Peter. *Ensayo sobre el cansancio*. Madrid: Alianza, 1990, p. 13-14.

[65] HANDKE, Peter. *La pérdida de la imagen, o por la sierra de Gredos*. Madrid: Alianza, 2003, p. 113.

[66] p. 108-109.

[67] SERRES, Michel. *Petite Poucette*. Paris: Éditions de Noyelles, 2012, p. 37-42.

[68] NIETZSCHE, F. *Sobre el porvenir de nuestras escuelas*. Barcelona: Tusquets, 2000, p. 149.

[69] Para uma análise rancieriana dos filmes de Costa, ver: LARROSA, Jorge Larrosa. Como entrar no quarto da Vanda. Notas sobre a investigação como experiência (tendo como referência três filmes e alguns textos de Pedro Costa) e considerações sobre a investigação como verificação da igualdade (tendo como referência alguns textos de Jacques Rancière). In: FERNANDES, Fabiana; VARGAS, Maria J.; KOHAN, Walter O. (Orgs.). *Encontrar escola*. Rio de Janeiro: Lamparina, 2014.

[70] Palavras recolhidas do livro *Un mirlo dorado, un ramo de flores y una cuchara de plata* (Barcelona: Prodimag, 2008, p. 86-87) que contém uma longa conversa com Pedro Costa em que este dá conta tanto de sua forma de trabalhar quanto da história de seus filmes em Fontainhas.

[71] p. 160.

[72] SIMONS; MASSCHELEIN, 2014.

[73] *Abecedario del oficio de profesor*. Disponível em: <http://www.educacao.ufrj.br/portal/laboratorios/laboratorio.php?lab=lecav&pgn=producao>.

[74] FERLOSIO, Rafael Sánchez. *La hija de la guerra y la madre de la patria*. Barcelona: Destino, 2002, p. 114-115.

[75] RICO, Santiago Alba. *Leer con niños*. Barcelona: Random House, 2015, p. 192.

[76] Os três filmes são *Escolta*, de Pablo García, *Teoria da escola*, de Maximiliano López, e *Elogi de l'escola*, da Escola de Bordils, e estão no DVD incluído em LARROSA, Jorge (Ed.), *Elogio de la escuela*.

[77] MISTRAL, Gabriela. Del oficio. In: *Pasión de enseñar. Pensamiento pedagógico*. Valparaíso: Editorial UV: 2017, p. 63.

[78] MISTRAL, 2017, p. 63.

[79] Discurso a graduados de 1933, *Pasión de enseñar*, p. 89.

[80] Sobre el oficio, *Pasión de enseñar*, p. 64.

[81] p. 66.

[82] WALLACE, David Foster. *Esto es agua*. Barcelona: Random House, 2014.

[83] "El sentido de la profesión" (MISTRAL, 2017, p. 87).

[84] INGOLD, Tim. *Líneas. Una breve historia*. Barcelona: Gedisa, 2015.

85 SLOTERDIJK, 2015.

86 Todas as frases anteriores estão reunidas no livro ainda inédito *Lenguaje de raíces: antología del pensamiento mistraliano,* compilado por Rolando Manzano, que será publicado pelo Centro Mistraliano da Universidad de La Serena.

87 Palabras para la Universidad de Puerto Rico, em *Pasión de enseñar,* p. 99.

88 QUIGNARD, Pascal. *Los desarzonados.* Buenos Aires: Cuenco de Plata, 2013.

89 BÁRCENA, Fernando. *El aprendiz eterno.* Buenos Aires: Miño y Dávila, 2012.

90 LARROSA, Jorge. *Estudar / Estudiar.* Belo Horizonte: Autêntica, 2007.

91 QUIGNARD, 2013, p. 261.

92 PARRA, Nicanor. Los profesores. *Páginas en blanco. Antología.* Ediciones de la Universidad de Salamanca: Salamanca, 2001, p. 383-385.

93 NERUDA, Pablo. *Confieso que he vivido.* Vergara: Barcelona, 1979, p. 27.

94 NABOKOV, Vladimir. *Habla memoria.* Barcelona: Anagrama, 1986, p. 95.

95 BERGALA, Alain. *La hipótesis cine. Pequeño tratado sobre la transmisión del cine en la escuela y fuera de ella.* Barcelona: Laertes, 2007, p. 17-19.

96 GIULIANO, Facundo. *Rebeliones éticas, palabras comunes.* Buenos Aires: Miño y Dávila, 2017.

97 GIULIANO, Facundo (Ed.). *¿Podemos pensar los no-europeos? Ética de-colonial y geopolíticas del conocer.* Buenos Aires: Ediciones del Signo, 2018.

98 ANTELO, Estanislao. *Pedagogías silvestres. Los caminos de la formación.* Goya (Corrientes): Arandu, 2015.

99 p. 47-48.

100 p. 177.

101 p. 183.

102 p. 79.

103 p. 49.

104 p. 61-62.

105 p. 193.

106 p. 196.

107 SIBILA, Paula. *Redes o paredes. La educación en tiempo de dispersión.* Buenos Aires: Tinta Fresca, 2012.

108 ANTELO, Estanislao. *Pedagogías silvestres,* 2015, p. 248-249.

109 p. 254.

110 p. 190-191.

111 p. 262-264.

112 p. 228-229.

113 p. 231.

114 p. 231.

115 p. 22.

116 ARENDT, Hannah. La crisis en la educación. *Entre el pasado y el futuro.* Barcelona: Península, 1996, p. 208.

[117] ANTELO, Estanislao. *Pedagogías silvestres*, 2015, p. 266.

[118] p. 271.

[119] p. 269.

[120] BRAILOVSKY, Daniel. *La escuela y las cosas. La experiencia escolar a través de los objetos*. Rosario (Argentina): Homo Sapiens, 2012.

[121] Um dos monólogos de Austerlitz, o protagonista do romance homônimo de W. G. Sebald (Barcelona: Anagrama, 2002), relata assim a operação de embelezamento de Theresienstadt:
"Depois de começar o novo ano, considerando a planejada visita de uma comissão da Cruz Vermelha no princípio do verão de 1944 que para as instâncias decisivas do Reich eram uma boa oportunidade de dissimular o caráter da deportação, empreendeu-se a chamada campanha de embelezamento, no curso da qual os habitantes do gueto, sob a direção das SS, tiveram que realizar um enorme programa de saneamento: instalaram-se gramados, caminhos para passear e um cemitério para urnas, com columbário; colocaram-se bancos e placas que, ao estilo alemão, foram decorados com esculturas alegres e ornamentações florais, plantaram-se mais de mil rosas, instaralam-se uma casa com berços para crianças de colo e uma creche com frisos de enfeite, caixas de areia, pequenas piscinas e carrosséis, e o antigo cine OREL, que até então havia servido de alojamento miserável para os habitantes mais velhos do gueto e onde ainda pendia do teto o grande lustre na escura sala, transformou-se em poucas semanas em uma sala de concertos e teatro. Em outras partes, com coisas dos armazéns das SS, abriam-se lojas de alimentação e utensílios domésticos, roupas de senhora e cavalheiro, sapatos, roupa íntima, artigos de viagem e maletas; também havia uma casa de repouso, uma capela, uma biblioteca circulante, um ginásio, um posto de correios e transportadora, um banco, cujo escritório era equipado com uma espécie de escrivaninha e um jogo de poltronas, bem como um café, ante o qual, com guarda-sóis e cadeiras dobráveis, se criava um ambiente de balneário que convidava os transeuntes a ficar ali, e as medidas de melhoria e embelezamento não acabavam: serrou-se, martelou-se, pintou-se e envernizou-se até o momento da visita. Dessa forma o Theresienstadt, depois de ter enviado novamente para o Leste, em meio a toda aquela agitação, para sentir mil e quinhentas das pessoas menos apresentáveis, por assim dizer, converteu-se em uma cidade digna de Potemkin, possivelmente, inclusive um Eldorado que fascinou a um ou outro habitante ou lhe deu certas esperanças, onde a comissão, composta por dois dinamarqueses e um suíço, ao ser levada pelas ruas de acordo com um plano e horário detalhadamente elaborados pela comandância e pelas limpas calçadas, esfregadas com lixívia muito cedo, pôde ver com seus próprios olhos que pessoas mais amáveis e contentes, às quais se evitavam os horrores da guerra, olhavam através das janelas, que atiladamente iam todos vestidos, que estavam bem cuidados os poucos enfermos, como se distribuía uma boa comida em pratos e se repartia o pão com luvas brancas de tecido, como, em todas as esquinas, cartazes de acontecimentos esportivos, representações teatrais e concertos convidavam, e como os habitantes da cidade, ao acabarem o trabalho, acudiam os milhares às muralhas e baluartes, e tomavam ali o ar, quase como passageiros em um transatlântico, um espetáculo definitivamente tranquilizador..." (p. 243-244).

[122] COQUIO, Catherine. *Le leurre et l'espoir. Du Theresienstadt au block des enfants de Birkenau*. Paris: L'Arachnéen, 2013, p. 287. Rudolf Vrba, a partir do campo vizinho, conta assim sua estupefação pelo modo como se instalou o *Kinderblock*: "Os SS lhes ajudaram a se instalar do melhor modo possível, conseguiram ganhar a confiança das crianças, dando-lhes bombons e frutas [...]. Eu os via, estupefato, a partir do outro lado dos alambrados, organizar sua existência nova e temporal, acreditando que Birkenau era um campo de trânsito. Via-os reservar uma barraca para as crianças, uma espécie de berçário à sombra dos crematórios. Fixava-me em um homem loiro, com mais de trinta anos,

atlético, organizando estudos e jogos, e isso me fazia bem enquanto eu estava obcecado pela suspeita intolerável de que essas crianças iriam morrer" (Em *Je me suis évadé d'Auschwitz*. Paris: Ramsay, 1988, COQUIO, 2013, p. 276). Grande parte dos dados nesta seção são extraídos do extraordinário trabalho de Catherine Coquio.

[123] Sobre Dita Poláchová e "*la biblioteca más pequeña del mundo*", ver o romance de ITURBE, Antonio G. *La bibliotecaria de Auschwitz*. Barcelona: Planeta, 2012.

[124] *Le mur de Lisa Pomnenka*. Paris: L'Arachnéen, 2013.

[125] p. 38, 107, 137, 111, 209.

[126] EISEN, George. *Les enfants pendant l'Holocauste. Jouer parmi les ombres*. Paris: Calmann-Lévy, 1993, p. 31-34. Ver também DUTLINGER, Anne D. (Ed.). *Art, Music and Education as Strategies of Survival. Theresienstadt 1941-1945*. Londres: Herodías, 2001.

[127] EISEN, George. *Les enfants pendant l'Holocauste*, p. 140-141. Há um testemunho parecido de um professor do gueto de Lublin: "Com o coração acelerado fazíamos cursos, sempre espreitando as incursões dos SS nos domicilios dos judeus. Nesse caso, todos os elementos comprometedores desapareciam imediatamente. Nada de livros nem de cadernos. Os alunos começavam a jogar nas barracas e o professor se convertia em um cliente: no alfaiate, provava roupas, no sapateiro, sapatos". (KORN, Nakhman *apud* MELTZER, Milton. *Never to Forget. The Jews of the Holocaust*. New York: Harper and Row, 1976, p. 99).

[128] KRAUS, Otto B. *Le mur de Lisa Pomnenka*, 2013, p. 71-72.

[129] p. 68.
Catherine Colquio transcreve uma nota interessante de H. G. Adler, educador no Theresienstadt, sobre o caráter doutrinário e muitas vezes irreal das atividades pedagógicas militantes no gueto: "Seu ensinamento se alimentava de muitas intenções doutrinárias e de objetivos projetados sobre as crianças para não perder de vista as exigências do momento [...]. Aquelas crianças estavam privadas de quase tudo o que uma sociedade deveria garantir a suas crianças. A confiança que cobre geralmente os primeiros vinte anos da vida dos jovens, um sentimento de segurança diante da existência por vir, tudo isso lhes tinha sido arrancado desde a mais tenra idade, desde que começaram a entrever confusamente em que situação se encontravam todos os membros daquela comunidade forçada. Assim, não podendo garantir esse direito fundamental que deveria comprometer a responsabilidade de cada um em relação às crianças, os educadores tinham que se encarregar de encontrar compensações, temporárias e espirituais, mas se encontravam despossuídos. Eles não tinham certeza da própria existência, não faziam parte dela. Por isso, deram de beber às crianças um magma desastroso de influências diferentes [...] de pensamentos estereotipados e de uma compilação confusa de preceitos verborreicos saídos do comunismo, de movimentos sionistas de todos os extremos ou de certo chauvinismo assimilador. As crianças captavam até que ponto era frágil o ensino que lhes propunham e que não podiam exigir deles nenhum compromisso. Raramente os levavam a sério e, muitas vezes, sorriam" (*Le leurre et l'espoir*, p. 252-253).

[130] p. 118.
Os educadores de campo sabem da morte iminente, mas não têm certeza se as crianças sabem. O bloco infantil fica junto da vala que separa o campo das famílias do resto do campo. Cada vez que um trem chega, as crianças interrompem as aulas e vão ver por um buraco na parede o que passa: "A chegada de cada novo comboio impedia Magdalena de conduzir bem sua lição porque as crianças estavam cegas pelo trem, pelas pessoas na rampa, pela SS e pelo latido dos cães. Não perguntavam nada, mas observavam e apontavam com o dedo para isto ou aquilo, zombando inclusive de um homem que tropeçava e caia. Magdalena se perguntava até que ponto as crianças sabiam, se conversavam entre elas sobre as pessoas que viam se afastando e depois desaparecendo. Estava surpresa de que

não perguntaram nada, mas eu não saberia o que responder. O que poderia ter dito da chaminé, da fumaça, do brilho avermelhado que iluminava suas noites? Às vezes pegava fragmentos de palavras ou de frases e lhe parecia que as crianças estavam menos apavoradas que os adultos. Dizia-se que não tinham consciência da morte, e isso a confortava" (p. 53-54).

[131] KRÜGER, Ruth. *Réfus de témoigner. Une jeunesse.* Paris: Viviane Amy, 1967, p. 116.

[132] KRAUS, 2013, p. 215.

[133] p. 216-217.

[134] p. 136.

[135] p. 80.

[136] p. 36-37.

[137] Branca de Neve era muito popular na Alemanha desde a publicação dos contos dos irmãos Grimm, em 1812. Sabe-se que o desenho animado da Disney, lançado em 1937, entusiasmou Hitler e Goebbels quando o viram em uma sessão privada, em 1940. Não foi distribuído no Reich por razões óbvias, mas se converteu, aos olhos dos nazistas, numa fábula sobre os benefícios do trabalho e da limpeza. Claro, o muro de Auschwitz era outra coisa completamente diferente. E é interessante que os testemunhos das crianças que sobreviveram sejam contraditórios a respeito de se o que foi pintado foi o muro do campo ou o interior do bloco infantil, mas todos se lembram de Branca de Neve.

[138] p. 57.

[139] p. 200.

[140] p. 222.

[141] DELIGNY, Fernand. *Los vagabundos eficaces.* Barcelona: UOC, 2015.

[142] BERGSON, Henri. *El pensamiento y lo moviente.* Buenos Aires: Cactus, 2013.

[143] Disponível em: <https://artilleriainmanente.noblogs.org/page/7/>.

[144] MESCHONNIC, Henri. *Ética y política del traducir.* Buenos Aires: Leviatán, 2009.

[145] HERRIGEL, Eugen. *Zen en el arte del tiro con arco.* Buenos Aires: Kier, 2015.

[146] WILLIAMS, John. *Stoner.* Tenerife: Baile de Sol, 2010, p. 103.

[147] BADIOU, Alain. *Segundo manifiesto por la filosofía.* Buenos Aires: Manantial, 2010, p. 29.

[148] BADIOU, Alain.La filosofía como repetición creativa. *Acontecimiento*, XVII, 33-34 (2007), p. 123-131.

[149] CALVINO, Italo. *Las ciudades invisibles.* Madrid: Siruela, 2002, p. 171.

[150] En *La vida del espíritu.* Madrid: Centro de Estudios Constitucionales, 1984.

[151] FOUCAULT, 2002, p. 326-327.

[152] p. 127.

[153] PARDO, José Luis. *La banalidad.* Barcelona: Anagrama, 1989, p. 17.

[154] SOUSA, Boaventura de. Las tensiones de la modernidad. *Foro Social Mundial. Otro mundo es posible.* Barcelona: Catarata, 2001, p. 178.
Nessa conferência, Sousa dá o exemplo dos "direitos humanos" como *topos* sobre os quais se sustenta a particular maneira em que o Ocidente concebe a dignidade humana e sua racionalidade jurídica para compará-lo com o *dharma* da cultura hindu ou com a *uma* na cultura islâmica.

[155] WACQUANT, Louis. Pensamiento crítico y disolución de la *dóxa. Archipiélago, Cuadernos de crítica a la cultura,* n. 53 (2002), p. 83-88.

[156] CASTORIADIS, Cornelius. *Figuras de lo pensable.* Madrid: Cátedra, 1985, p. 116.

"Pois em uma sociedade pré-democrática e pré-filosófica não existe a possibilidade de discutir e questionar a instituição: os indivíduos não sabem que os deuses da tribo são instituições. Não sabem e não podem sabê-lo".

E quando se pensa nesses deuses dos nossos dias (a "informação", o "empreendedorismo", a "inovação", a "valorização" a "funcionalidade", o *yoyoismo*, etc.) e as dificuldades de todo tipo para regatear-lhes e negar-lhes o culto, não podem menos que admitir que isso do pré-democrático e o pré-filosófico, lamentavelmente, é de raivosíssima atualidade.

[157] CANETTI, Elías. *La provincia del hombre. Carnet de notas 1942-1972*. Madrid: Taurus, 1986, p. 13.

[158] p. 12.

[159] RILKE, Rainer Maria. *Elegías del Duino* (Primeira edição original em alemão: 1923). Trad. José María Valverde. Barcelona: Lumen, 1980, p. 53.

[160] MUSIL, Robert. *Las tribulaciones del estudiante Törless*. Colombia: La Oveja Negra, 1984, p. 15.

[161] DARDENNE, Luc. *Detrás de nuestras imágenes (1991-2005)*. Madrid: Plot Ediciones, 2006, p. 11.

[162] VILA-MATAS, Enrique. *Perder teorías*. Valparaíso: Kindberg, 2016, p. 72.

[163] p. 73.

[164] HANDKE, Peter. *El año que pasé en la bahía de nadie*. Madrid: Alianza, 1999, p. 32.

[165] RILKE, Rainer Maria. *Cartas sobre Cézanne*. Barcelona: Paidós, 1985, p. 9.

[166] GOYTISOLO, José Agustín. (Ed.) *Veintiún poetas catalanes para el siglo XXI*. Barcelona: Lumen, 1996, p. 498-499.

Este livro foi composto com tipografia Minion Pro e impresso
em papel Off-White 70 g/m² na Formato Artes Gráficas.